浙江文化艺术发展基金资助项目

杭州优秀传统文化丛书
Hangzhou Youxiu Chuantong Wenhua Congshu

走遍街巷

刘晓伟 著

杭州出版社

图书在版编目（CIP）数据

走遍街巷 / 刘晓伟著 . -- 杭州：杭州出版社，2022.8
（杭州优秀传统文化丛书）
ISBN 978-7-5565-1684-1

Ⅰ. ①走… Ⅱ. ①刘… Ⅲ. ①城市道路—史料—杭州 Ⅳ. ① K925.51

中国版本图书馆 CIP 数据核字（2022）第 009127 号

Zoubian Jiexiang

走遍街巷

刘晓伟 / 著

责任编辑	俞倩楠
装帧设计	祁睿一　李轶军
美术编辑	章雨洁
责任校对	萧　燕
责任印务	姚　霖
出版发行	杭州出版社（杭州西湖文化广场32号6楼）
	电话：0571-87997719　邮编：310014
	网址：www.hzcbs.com
排　　版	浙江时代出版服务有限公司
印　　刷	天津画中画印刷有限公司
经　　销	新华书店
开　　本	710 mm×1000 mm　1/16
印　　张	17.75
字　　数	218千
版 印 次	2022年8月第1版　2022年8月第1次印刷
书　　号	ISBN 978-7-5565-1684-1
定　　价	58.00元

（版权所有　侵权必究）

序　言

文化是城市最高和最终的价值

我们所居住的城市，不仅是人类文明的成果，也是人们日常生活的家园。各个时期的文化遗产像一部部史书，记录着城市的沧桑岁月。唯有保留下这些具有特殊意义的文化遗产，才能使我们今后的文化创造具有不间断的基础支撑，也才能使我们今天和未来的生活更美好。

对于中华文明的认知，我们还处在一个不断提升认识的过程中。

过去，人们把中华文化理解成"黄河文化""黄土地文化"。随着考古新发现和学界对中华文明起源研究的深入，人们发现，除了黄河文化之外，长江文化也是中华文化的重要源头。杭州是中国七大古都之一，也是七大古都中最南方的历史文化名城。杭州历时四年，出版一套"杭州优秀传统文化丛书"，挖掘和传播位于长江流域、中国最南方的古都文化经典，这是弘扬中华优秀传统文化的善举。通过图书这一载体，人们能够静静地品味古代流传下来的丰富文化，完善自己对山水、遗迹、书画、辞章、工艺、风俗、名人等文化类型的认知。读过相关的书后，再走进博物馆或观赏文化景观，看到的历史遗存，将是另一番面貌。

过去一直有人在质疑，中国只有三千年文明，何谈五千年文明史？事实上，我们的考古学家和历史学者一直在努力，不断发掘的有如满天星斗般的考古成果，实证了五千年文明。从东北的辽河流域到黄河、长江流域，特别是杭州良渚古城遗址以距今5300—4300年的历史，以夯土高台、合围城墙以及规模宏大的水利工程等史前遗迹的发现，系统实证了古国的概念和文明的诞生，使世人确信：这里是古代国家的起源，是重要的文明发祥地。我以前从来不发微博，发的第一篇微博，就是关于良渚古城遗址的内容，喜获很高的关注度。

我一直关注各地对文化遗产的保护情况。第一次去良渚遗址时，当时正在开展考古遗址保护规划的制订，遇到的最大难题是遗址区域内有很多乡镇企业和临时建筑，环境保护问题十分突出。后来再去良渚遗址，让我感到一次次震撼：那些"压"在遗址上面的单位和建筑物相继被迁移和清理，良渚遗址成为一座国家级考古遗址公园，成为让参观者流连忘返的地方，把深埋在地下的考古遗址用生动形象的"语言"展示出来，成为让普通观众能够看懂、让青少年学生也能喜欢上的中华文明圣地。当年杭州提出西湖申报世界文化遗产时，我认为这是一项需要付出极大努力才能完成的任务。西湖位于蓬勃发展的大城市核心区域，西湖的特色是"三面云山一面城"，三面云山内不能出现任何侵害西湖文化景观的新建筑，做得到吗？十年申遗路，杭州市付出了极大的努力，今天无论是漫步苏堤、白堤，还是荡舟西湖里，都看不到任何一座不和谐的建筑，杭州做到了，西湖成功了。伴随着西湖申报世界文化遗产，杭州城市发展也坚定不移地从"西湖时代"迈向了"钱塘江时代"，气势磅礴地建起了杭州新城。

从文化景观到历史街区，从文物古迹到地方民居，众多文化遗产都是形成一座城市记忆的历史物证，也是一座城市文化价值的体现。杭州为了把地方传统文化这个大概念，变成一个社会民众易于掌握的清晰认识，将这套丛书概括为城史文化、山水文化、遗迹文化、辞章文化、艺术文化、工艺文化、风俗文化、起居文化、名人文化和思想文化十个系列。尽管这种概括还有可以探讨的地方，但也可以看作是一种务实之举，使市民百姓对地域文化的理解，有一个清晰完整、好读好记的载体。

传统文化和文化传统不是一个概念。传统文化背后蕴含的那些精神价值，才是文化传统。文化传统需要经过学者的研究提炼，将具有传承意义的传统文化提炼成文化传统。杭州与丛书作者在创作方面作了种种古为今用、古今观照的探讨交流，还专门增加了"思想文化系列"，从杭州古代的商业理念、中医思想、教育观念、科技精神等方面，集中挖掘提炼产生于杭州古城历史中灵魂性的文化精粹。这样的安排，是对传统文化内容把握和传播方式的理性思考。

继承传统文化，有一个继承什么和怎样继承的问题。传统文化是百年乃至千年以前的历史遗存，这些遗存的价值，有的已经被现代社会抛弃，也有的需要在新的历史条件下适当转化，唯有把传统文化中这些永恒的基本价值继承下来，才能构成当代社会的文化基石和精神营养。这套丛书定位在"优秀传统文化"上，显然是注意到了这个问题的重要性。在尊重作者写作风格、梳理和讲好"杭州故事"的同时，通过系列专家组、文艺评论组、综合评审组和编辑部、编委会多层面研读，和作者虚心交流，努力去粗取精，古为今用，这种对文化建设工作的敬畏和温情，值得推崇。

人民群众才是传统文化的真正主人。百年以来，中华传统文化受到过几次大的冲击。弘扬优秀传统文化，需要文化人士投身其中，但唯有让大众乐于接受传统文化，文化人士的所有努力才有最终价值。有人说我爱讲"段子"，其实我是在讲故事，希望用生动的语言争取听众。今天我们更重要的使命，是把历史文化前世今生的故事讲给大家听，告诉人们古代文化与现实生活的关系。这套丛书为了达到"轻阅读、易传播"的效果，一改以文史专家为主作为写作团队的习惯做法，邀请省内外作家担任主创团队，组织文史专家、文艺评论家协助把关建言，用历史故事带出传统文化，以细腻的对话和情节蕴含文化传统，辅以音视频等其他传播方式，不失为让传统文化走进千家万户的有益尝试。

中华文化是建立于不同区域文化特质基础之上的。作为中国的文化古都，杭州文化传统中有很多中华文化的典型特征，例如，中国人的自然观主张"天人合一"，相信"人与天地万物为一体"。在古代杭州老百姓的认知里，由于生活在自然天成的山水美景中，由于风调雨顺带来了富庶江南，勤于劳作又使杭州人得以"有闲"，人们较早对自然生态有了独特的敬畏和珍爱的态度。他们爱惜自然之力，善于农作物轮作，注意让生产资料休养生息；珍惜生态之力，精于探索自然天成的生活方式，在烹饪、茶饮、中医、养生等方面做到了天人相通；怜惜劳作之力，长于边劳动、边休闲娱乐和进行民俗、艺术创作，做到生产和生活的和谐统一。如果说"天人合一"是古代思想家们的哲学信仰，那么"亲近山水，讲求品赏"，应该是古代杭州人的生动实践，并成为影响后世的生活理念。

再如，中华文化的另一个特点是不远征、不排外，这体现了它的包容性。儒学对佛学的包容态度也说明了这一点，对来自远方的思想能够宽容接纳。在我们国家的东西南北甚至是偏远地区，老百姓的好客和包容也司空见惯，对异风异俗有一种欣赏的态度。杭州自古以来气候温润、山水秀美的自然条件，以及交通便利、商贾云集的经济优势，使其成为一个人口流动频繁的城市。历史上经历的"永嘉之乱，衣冠南渡"，"安史之乱，流民南移"，特别是"靖康之变，宋廷南迁"，这三次北方人口大迁移，使杭州人对外来文化的包容度较高。自古以来，吴越文化、南宋文化和北方移民文化的浸润，特别是唐宋以后各地商人、各大商帮在杭州的聚集和活动，给杭州商业文化的发展提供了丰富营养，使杭州人既留恋杭州的好山好水，又能用一种相对超脱的眼光，关注和包容家乡之外的社会万象。这种古都文化，也代表了中华文化的包容性特征。

城市文化保护与城市对外开放并不矛盾，反而相辅相成。古今中外的城市，凡是能够吸引人们关注的，都得益于与其他文化的碰撞和交流。现代城市要在对外交往的发展中，进行长期和持久的文化再造，并在再造中创造新的文化。杭州这套丛书，在尽数杭州各色传统文化经典时，有心安排了"古代杭州与国内城市的交往""古代杭州和国外城市的交往"两个选题,一个自古开放的城市形象,就在其中。

"杭州优秀传统文化丛书"团队在传统和现代的结合上,想了很多办法,做了很多努力。传统文化丛书要得到广大读者接受,不是件简单的事。我们已经走在现代化的路上,传统和现代的融合,不容易做好,需要扎扎实实地做,也需要非凡的创造力。因为,文化是城市功能的最高价值,也是城市功能的最终价值。从"功能城市"走向"文化城市",就是这种质的飞跃的核心理念与终极目标。

2020年9月

(单霁翔,中国文物学会会长)

湖山佳趣图（局部）

目　录

001　大井钱塘称第一——大井巷

　　　延伸足迹：元宝街

015　勾山樵舍望伊人——勾山里

　　　延伸足迹：孝子坊　郭婆井巷

025　古梅香自佑圣观——佑圣观路

　　　延伸足迹：梅花碑

033　清河坊里寻太平——太平巷

　　　延伸足迹：河坊街

040　怜忠祠里留清白——祠堂巷

　　　延伸足迹：高银巷

049　水墨雅扇化纠纷——扇子巷

　　　延伸足迹：柳翠井巷　打铜巷

056　冷面寒铁护城神——城隍牌楼巷

　　　延伸足迹：十五奎巷

064　白马渡河救康王——白马庙巷

　　　延伸足迹：太庙巷

069　小巷走出御医官——严官巷

　　　延伸足迹：高士坊巷

074　独中三元文毅公——三元坊巷

　　　延伸足迹：东平巷

080　最闹街市羊坝头——羊坝头

　　　延伸足迹：红门局

086　夫妇惠民最相宜——惠民路

　　　延伸足迹：后市街

091　百井有眼看兴替——百井坊巷

　　　延伸足迹：皇亲巷　耶稣堂弄

099　小楼深巷听春雨——孩儿巷

　　　延伸足迹：竹竿巷　麒麟街

109　石桥相斗见人心——斗富桥

　　　延伸足迹：五柳巷

115　禅寺夜闻潮鸣声——潮鸣寺巷

　　　延伸足迹：回龙庙前　醋坊巷

123	冬暖夏凉缸甏屋——缸甏弄
	延伸足迹：瓦子巷
129	草鞋换得感恩桥——骆驼桥河下
	延伸足迹：羊千弄
135	传世珍宝一捧雪——莫衙营
	延伸足迹：永康巷
141	剑胆诗心东园情——刀茅巷
	延伸足迹：珠碧弄
147	龙潭深处藏豪门——七龙潭
	延伸足迹：海狮沟　夏侯巷
155	师徒齐名天下闻——助圣庙巷
	延伸足迹：池塘巷　青云街
163	老宅易主情怀在——岳官巷
	延伸足迹：六克巷
168	文武居士本杭人——东坡路
	延伸足迹：学士路　蕲王路

176	义父孝女照汗青——岳王路
	延伸足迹：孝女路
184	以身殉教兴女学——惠兴路
	延伸足迹：嘉树巷　石贯子巷
193	方谷有梦飞天外——方谷园
	延伸足迹：小营巷　永宁院巷
202	宰相府里蝙蝠红——清吟巷
	延伸足迹：大塔儿巷
209	江桥渔火第一香——香积寺巷
	延伸足迹：霞湾巷　卖鱼桥
220	留得信义身后名——信义巷
	延伸足迹：珠儿潭巷
226	江郎梦笔有真才——江寺路
232	妆成只为家国情——西兴老街
238	天理昭昭雪沉冤——澄清街
243	功成衣锦好还乡——衣锦街
247	上善若水润村风——贤口村

252	申屠百行孝为先——荻浦村
256	皇宫才女多村姑——西门街
260	马前泼水负薪郎——洋溪老街
264	参考文献

大井钱塘称第一——大井巷

大井巷：东通鼓楼，西出河坊巷而对上后市街，以有大井而得名。

——钟毓龙《说杭州》

很久以前，杭州的一条小巷里住着一个老人叫王婆，自酿老酒出售，酿酒剩下的酒糟用来喂猪，靠此维持生计。

有一年冬天，一个老道士经过王婆家，王婆见他冻得瑟瑟发抖，就给他斟了一碗酒御寒。老道士老酒落肚，身体暖和起来，没付钱就走了。以后连续多日，老道士每天都来喝一碗酒，然后一声不吭地拂袖而去，王婆从不计较，总是热情相待，没要过一分钱。

王婆家没有水井，要到很远的地方去挑水。有一天，老道士见王婆吃力地挑着两桶水进门，终于开口说话了："你请我喝了这么多酒，我没钱给你，就挖口井作为回报吧。"于是，他在院子里挖了一口井，以后再也没来喝过酒。

这口井看似普通，却很神奇，王婆打上来的井水散发着一股酒香，喝了一口，竟然是味道甘醇的老酒。她从此不再酿酒，就卖从井里打出的老酒，井水源源不断，老酒香满小巷，买酒的人不断，生意比以前好多了。

过了一年，老道士又来了。他问道："这酒好不好？"王婆回答说："现在我不用酿酒，当然好呀，可是我的猪没有酒糟吃了。"老道士来到井边，感叹道："小井变大井，婆心比天高。井水当酒卖，还说猪无糟。"

从这以后，井水变成了普通的水。王婆后悔自己不该贪得无厌，就把这口井挖得更深，把井口开得更大，让邻里百姓无偿使用。王婆去世后，人们感谢她的善行，在井边盖了王婆庙，庙里供着王婆的塑像。

一天，那个老道士又来了，看着王婆的塑像点点头，要来纸笔写了一副对联贴在庙门上。人们上前一看，对联写的是："钱多义少；情重财轻。"

这口大井所在的小巷位于吴山东北麓，长约 300 米，南端始于鼓楼，北端连接河坊街。它原先叫吴山坊，因为大井而远近闻名，南宋时改名为吴山井巷，后来就干脆叫大井巷了。

大井巷里的大井至今还在，井里盛满了各种各样的故事。

相传大井和钱塘江相通，明朝崇祯年间，江里有两条乌蛇精常游到井里产卵，使清澈的井水发黑变臭，无法饮用。居民想尽办法也赶不走它们，更没人敢跳到井里去杀死乌蛇。

大井的旁边住着一个姓张的铁匠，母亲在山泉边洗衣服时生下他，所以取名张小泉。他看到乌蛇作乱，决心为民除害。他从药铺买了两斤雄黄粉，倒进一坛老酒里拌匀，喝下几口老酒，把剩余的老酒浇遍全身，拿着一把大锤跳入井中，深吸一口气，潜入井底。只见两条

大井巷的旧貌新颜（左：20 世纪 90 年代　右：2020 年）

乌黑的大蛇，足有胳膊那么粗，它们把颈项扭在一起，甩动身子，想合力把他缠住。张小泉挥动铁锤猛砸蛇的七寸部位，经过奋力搏斗，终于将蛇杀死。

张小泉爬出井口，众人帮他把两条蛇从井里拉出来，只见它们的身子紧紧相缠，七寸处被铁锤砸扁了粘在一起，两条尾巴向外弯成对称的圆圈。张小泉由此受到启发，他原先做的剪刀，两个握柄是直的，用起来使不上劲，便模仿蛇身形状改成对称的弯柄，造型比原先新颖美观，用起来也更加顺手省力。

从此，大井的水重新变得清澈起来，张小泉制作的弯柄剪刀也名闻天下，成为杭州的传统特产，清朝乾隆年间还被列入朝廷贡品。

像王婆卖酒一样，这也是个民间传说。不过，张小泉剪刀店制作质量上乘的剪刀，当年用的就是大井里的水，这是可以相信的，民间有诗为证（见《武林市肆吟》）：

利似春风二月天,掠波燕子尾涎涎。
并家新样张家好,紧对吴山第一泉。

传说归传说,这口大井之所以名气很大,最主要的原因是它千百年来一直造福于民。

南宋淳祐七年(1247),江南大旱,杭州城里的河道干涸见底,水井也几乎枯竭,百姓无处取水,干渴难耐。就在这紧要关头,人们听说在城隍山脚的一条小巷里有一口井,怎么用也不会枯竭,于是挑着木桶、端着脸盆纷纷赶来,果见井水清澈,取之不尽,百姓就靠这口水井渡过了难关。

这口救命井为何这样神奇呢?这就要说到一位名叫德韶的和尚。

德韶(891—972),浙江龙泉人,15岁出家,云游名寺禅院,求教高僧佛理,几经辗转来到江西临川,拜法眼宗(禅宗五家之一)创始人文益禅师为师。学法不久,他便浅尝辄止,得过且过。有一天,一个僧人问文益禅师:"如何是曹溪一滴水?"文益禅师答道:"是曹溪一滴水。"旁边的德韶听见后,顿时开悟,从此潜心研习佛学,成为文益禅师的高足。后来,德韶又到天台国清寺修行,终于成为高僧,时任台州刺史的钱俶常向他问道求教,两人交往密切。

五代后汉乾祐元年(948),钱俶继任吴越王位,邀请德韶到杭州,尊其为国师。德韶一边讲经弘法,一边行善济民。

旧时的杭城靠近钱塘江入海口,江潮咸涩,无法饮用。德韶为解决百姓用水困难,在城隍山麓探查到地下泉脉,让人凿了一口周长四丈的大井，上开五眼，井底与吴山的泉脉相通，清凉宜人，终年不竭。据南宋《咸淳临安志》记载："品其水味，为钱塘第一，盖山脉融液，独源所钟，不杂江湖之味，故泓深莹洁，异于众泉。"明万历《钱塘县志》这样描述："寒泉迸溢，清甘不竭。"因此，民间称这口井为"寒泉"。人们常将其与虎跑泉、龙井、玉泉、郭婆井并称为"杭州之圣水"。

凿井引泉，润泽四方百姓，可谓功德无量。杭州知府为了彰显德韶的善举，在大井所在位置建祠盖亭。明洪武七年（1374），浙江参政徐本在井边立一石碑，上刻"吴山第一泉"，在石碑后面记述此井的来由，表示饮水不忘挖井人。这口大井还享有"钱塘第一井"的美名。据史料统计，自591年至1930年的1300多年里，杭州共有4842口水井，这口大井被称作"第一"，足见名气之大。

现在，这口有着悠久历史的水井是浙江省省级文物保护单位，吸引着四方游客前来寻古探幽，观井思源。

大井巷里还有不少很有名气的店铺，例如朱养心膏药店、胡庆余堂药店、张小泉剪刀店、王老娘木梳店，这些店家制作产品用的都是大井的水。

大井对面的13号墙门就是朱养心膏药店。明朝万历年间，浙江余姚人朱养心在这里开店，用大井和自家院内的一口井取水熬制膏药，专治跌打损伤、痈疽疮毒等病痛，疗效显著。遇到穷苦人家无钱买药，朱养心就为他们免费治病，分文不收。

有一天，一个穿着破旧衣衫的老头一瘸一拐地走进店里，朱养心见他的两只脚长满毒疮，流着脓血，赶紧端来热水，亲自给他洗净创口，敷上膏药。不料老头抬脚起身时，踢翻了洗脚盆，盆里的脏水泼进了旁边的药缸里。朱养心见老头可怜，不仅没有责怪，还留他在店里住下，每天给他洗脚换药。过了半个月，老头治好了脚，他指着药缸对朱养心说道："我没有东西答谢，只是通晓一点医术，都留在这药缸里了。"临走时，他还在药店墙上画了一条喷水的乌龙，然后告辞离去。

从这以后，朱养心膏药店的膏药果然药效更好了，人称"铜绿膏"，其中的五香膏、阿魏狗皮膏、鸡眼膏和珍珠八宝眼药尤其有名。原来，那个跷拐儿老头就是道家的八仙之首铁拐李，炼得专治风湿骨痛的药膏，被封为"药王"，他听说朱养心的作为后，慕名前来药店探访，果见名副其实，便留下那缸"药汤"。后来，大井巷发生火灾，烧掉很多房屋，朱养心膏药店却安然无恙，人们说一定是铁拐李画的那条喷水的乌龙显灵了。

时过境迁，大井巷里的有名店堂或已不存，或已搬迁，只有一家百年国药老店还在原地，依旧生意兴隆，名扬四方，这就是胡庆余堂。

20 世纪 90 年代的钱塘第一井

胡庆余堂位于大井巷北端巷口，毗邻河坊街，整个建筑像一只仙鹤栖居吴山脚下，象征延年长寿，是杭州唯一保存完整的清代徽派商用建筑，被列为全国重点文物保护单位。而药店最早的老板就是红顶商人胡雪岩。

胡雪岩祖籍安徽，自幼丧父，来到杭州一家钱庄当学徒，凭借聪颖能干受到老掌柜赏识，继承了阜康钱庄。后因给左宗棠筹措军款药品，被朝廷加封为从二品，以红珊瑚为顶戴，成为名噪一时的"红顶商人"。富甲一方的胡雪岩不满足做一个官商，清同治十三年（1874），他创建胡庆余堂，用中医药广济世人。

清代中叶，中医药业繁盛，杭州成为江南中药生产销售集散地。胡雪岩将药店开在大井巷，可谓集天时地利人和。从钱塘江上游和对岸来杭的香客，可以从南星桥码头上岸，经由大井巷到吴山城隍庙进香，香客游人路过胡庆余堂，看到恢宏的建筑和气派的门面，常会进去看看。里面回廊曲折，厅堂宽敞，可以寻药问诊，也可以驻足休憩，人气自然很旺。胡雪岩还在药店临靠河坊街的高墙上写了"胡庆余堂国药号"，每个字都有一丈见方，让人过目难忘，杭城家喻户晓，足见中国商人早就有了广告意识。

光靠门面聚集人气是不够的，更要靠优质诚信的服务赢得人心，传奇商人胡雪岩深谙此道。他认为："凡百贸易均着不得欺字，药业关系性命，尤为万不可欺。"为此，他亲笔写下"戒欺"二字制成匾额，作为店训高悬药堂，还把孟子的名言"医者，是乃仁术"刻在门厅墙上。他告诫员工要靠"戒贪"经商，以"仁术"济民，坚持诚信行医，决不弄虚作假。药店广收古方、验方和秘方，结合临床实践调制成四百多种中药，每一种药都遵循"采办务真，修制务精"的祖训，精益求精，"真

胡庆余堂大厅

不二价"。

传说胡庆余堂开业不久,有一个苦读十年经书的贫穷书生,终于考上举人,不料兴奋过度,引发癫狂病,家人乐极生悲,到处寻医不见效果,就来胡庆余堂求治。坐堂名医诊断后,认为服用"龙虎丸"才能治愈,家人转悲为喜,可是这种药需用砒霜配制,而砒霜剧毒,配制时如果药粉不匀,服后性命难保。药工不敢配制此药,胡雪岩急人所急,告诉药工一个"秘方":将砒霜和其他药粉摊放在竹匾上,用木棍在药粉上书写"龙虎"二字,要写999遍才行。药工如法炮制,砒霜和其他药粉经木棍反复划拨,搅拌均匀,制成药丸后,病人服用果然见效。

传说只是一说,但由此可见胡庆余堂的诚信经商和仁术济民。正是依靠这样的经营之道和立业之本,百年老店才长盛不衰,享有"北有同仁堂,南有庆余堂"的

河坊街胡庆余堂高墙

美誉，被定为首批中华老字号，入围首批国家级非物质文化遗产名录。

一代巨商胡雪岩做的善事还有很多。

清朝末年，杨乃武和小白菜蒙受冤屈被判死刑，家人伸冤无望，走投无路，想去京城告御状，却苦于无钱。胡雪岩听说后，就资助他们赴京伸冤的全部费用，最终使二人无罪释放。

旧时的杭城，晚上街巷没有照明。胡雪岩看到人们摸黑行走十分不便，就在大井巷竖立多根木杆，上挂灯笼，一到夜晚便点亮灯笼，为来往路人照明。大井巷由此成为当时杭州城里第一条有"路灯"的小巷。

2012年，大井巷经过保护性重建，成为与河坊街相

胡庆余堂墙雕"是乃仁术"

连的历史文化街区。各地游客到此一游,还有学美术的学生来这里写生,他们在画板上勾勒疏密有致的线条,就像在为千年古城描画岁月留下的皱纹。

延伸足迹:元宝街

> 元宝街:东起金钗袋巷北段,西贯牛羊司巷至袁井巷。……为现时杭城唯一之石板路。元时省府宝藏库在朝天门外,其旧址疑即在此,故名。胡庆余堂国药号创始人胡雪岩曾居此。
> ——杭州市地名委员会办公室编《杭州市地名志》

要了解胡雪岩其人其事,最好再到他的故居游览一下。胡雪岩故居离胡庆余堂不远,沿着大井巷往东走,经过鼓楼(旧时称朝天门),穿过中河路就到了。

要问杭州城里最窄的一条用青石板铺成的老街在哪里，人们大多答不出来，如果在"街"前加上"元宝"二字，知道的人就多了，这就是元宝街。它东端通往金钗袋巷，西端连接中河路。称它为街，其实只是一条用青石板铺成的，2米多宽、100多米长的小巷。

别看元宝街窄小，可是"财气"最旺。元代时，省府富藏库就设在这里，故名元宝街。据《武林坊巷志》记载："今之元宝街，疑即元之富藏库址，元宝或因富藏称欤。"民间的说法更为形象：这条街的地面中间高，两头低，形似一个倒置的元宝，可以聚集钱财，故称元宝街。说它财气最旺，还因为红顶商人胡雪岩的"江南第一豪宅"就在这里。

元宝街与豪门贵族有着不解之缘。南宋丞相秦桧曾在此建有豪宅，后来经过多次扩建，成为宋高宗赵构用来颐享天年的德寿宫的一部分。清同治十一年（1872），红顶商人胡雪岩耗资300万两白银，用时三年，在这里（今元宝街18号）建成豪宅。

这座豪宅占地十余亩，"所置松石花木，备极奇珍。姬妾成群，筑十三楼以贮之"。宅内青砖黛瓦，红楼紫阁，其中的楠木厅雕梁画栋，富丽堂皇，堪称旷世奇楼。宅邸后面的芝园（胡雪岩为纪念父亲胡芝田而取名），风亭水榭，假山碧池，回廊曲桥，清雅秀美，是清代名扬四方的私宅园林，也是杭州现存较为完整的晚清名园。

传说当初建这座豪宅时，胡雪岩请风水先生测了风水。风水先生说地基定要正方形，大门必须朝南开，这叫"宝地一方，福居财旺"，门前要铺上大块青石板，

元宝街的旧貌新颜（左：20 世纪 90 年代　右：2020 年）

这叫"青云之路，生财有道"。铺路容易，胡雪岩有的是钱，马上买来一百多块上好的青石板，可是要地基方正，却让他犯愁了。

原来，在准备建宅的这块宝地的西北角，住着一户人家，主人说房子是祖传产业，如果把宅基地让给别人，是不肖子孙，无论给多少钱都不肯搬离。百般无奈之下，风水先生出了一个主意：地基须正方，西北缺一角，就在东南补，可用石头做一个大元宝，放在宅基地东南角"压财"。胡雪岩采纳了这个建议，于是，在豪宅东南角围墙外的青石板路上，放置了一个石头做的大元宝，为这条小巷平添了一个独特的景物。

世事难料，胡雪岩与成群妻妾在这座豪宅只住了九年，便因官场纷争遭到排斥，致使经商屡屡受挫，终至破产。

清光绪十一年（1885），一代富商在失意惆怅中离世。其宅邸先后辗转于多个家族，后来一度成为民居杂院，豪华气派的宅院在百年风雨的剥蚀下颓败殆尽。

2000年，杭州市政府不惜重金，将胡雪岩故居按其原貌整修一新，其成为对外开放的游览景点，后为全国重点文物保护单位。老宅重展新颜，不知昔日的房主胡雪岩在九泉之下闻之，是否也会舒展眉头？

元宝街的东端巷口还有另一个"名宅"，就是元宝街1号。南宋时这里是宰相府，清代是道台府，民国时安徽茶商在此开设源丰祥茶号，从而留下这一徽派建筑群，是杭州市市级文物保护单位。为了纪念1949年10月23日成立的新中国第一个居委会——杭州市上城区上羊市街居委会，2008年，源丰祥茶号旧址改建为全国首个"社区建设史料展示中心"。

胡雪岩故居

时光如水,带着如烟往事在高墙和青石板间悄然流逝。今天,人们漫步于这条幽静的小巷,可以浏览一座建筑的兴衰图景,回顾一代名流的起伏人生。

勾山樵舍望伊人——勾山里

> 勾山樵舍：在清波门荷花池头之西，有小阜，旧名竹园山……翰林院侍讲学士、太常寺卿、书法家陈兆仑乃卜居于此。陈号勾山，名其舍曰勾山樵舍。乾隆十六年，其孙女端生在此出生。端生后以撰写弹词《再生缘》知名于世。今勾山里侧有勾山樵舍故址。
>
> ——钟毓龙《说杭州》

"柳浪闻莺"是西湖十景之一，隔着南山路，对面有一条在坡地上延伸的小巷，叫勾山里，它的西端始于南山路，东端连接荷花池头。这里毗邻车水马龙的景区大道，却是环境幽静，漫步小巷，可以穿越历史，与古代一位著名的才女相遇。

元朝成宗年间，尚书孟士元有一个女儿叫孟丽君，貌美才高，许配给云南总督皇甫敬的儿子皇甫少华，不料另一高官的儿子刘奎璧也看中孟丽君，孟士元让两人比武决定谁娶女儿，结果皇甫少华赢了。刘奎璧不肯罢休，利用父亲权势让皇甫全家获罪，并想害死皇甫少华，皇甫少华被迫改名王少甫出走他乡。

刘奎璧强娶孟丽君，新娘不从，投湖自尽，被丞相梁鉴救起，收为义女。其实新娘并非孟丽君，而是她奶

勾山里的旧貌新颜（上：20世纪90年代　下：2020年）

妈的女儿映雪，映雪为救孟丽君而假扮新娘。

　　孟丽君不愿屈服礼教束缚和恶人迫害，改名郦君玉，女扮男装，入京参加会试名列榜首，丞相梁鉴不知实情，把义女映雪嫁给孟丽君。孟丽君考中状元后，担任主考官，看到考生王少甫武艺高强，一举夺魁，录他为武状元，并向朝廷推荐重用。王少甫带兵抗击外敌全胜而归，被朝廷封为忠孝王，孟丽君却不知这位武状元正是从未见过面的未婚夫皇甫少华。

孟丽君后来当了丞相，治国有方，铲除奸臣，但是和父亲、公公、未能成婚的夫婿同在朝堂而不相认。有一天，孟丽君喝醉酒显露真身，皇上得知，免除她的欺君之罪，却想逼她入宫为妃……

欲知后事如何，且听下回分解。

以上讲述的故事出自一部古代名著《再生缘》。可惜的是，想听"下回分解"的读者无法听到如何讲解"后事"了，因为作品尚未完篇，作者的生命却画上了句号。

这位作者就是清代女文学家陈端生，她的故居就在勾山里。

清朝雍正年间，有一位进士叫陈兆仑，号勾山，是桐城派代表作家方苞的弟子，文才很高，有"文章宗匠"之称，担任过翰林院侍讲学士、太常寺卿等职。他在西子湖畔的这个坡地建造宅邸，给宅邸取名"勾山樵舍"，这里便叫勾山里。方苞游杭州时曾来过这里，称此地"根源盛大，望之有深山大泽、龙虎变化气象"。勾山里是否有这样的"气象"不得而知，倒是勾山樵舍不仅名字别致，更有别样景致：坐山面湖，推窗可见烟柳粉荷，出门即入山水画图。

清乾隆十六年（1751），有一个女孩在勾山樵舍诞生，取名陈端生。她的祖父就是陈兆仑，父母也都能诗会文，这个出身于书香门第的女孩，从小受家庭文化熏陶和秀丽湖山浸染，满腹诗书，一身才情。

陈端生 18 岁时，开始创作七言排律叙事诗（即长篇弹词）《再生缘》，历时 16 年，完成 17 卷，共 60 万字，其间家庭连遭变故，祖父去世，父母病亡，女儿夭折，

勾山里与勾山樵舍

丈夫因乡试作弊被遣送新疆戍边。命运的沉重打击使她卧床不起，不得不收墨搁笔，回想和丈夫灯下吟诗、窗前对词的情景，贫病交迫的她落寞无助。后人曾写诗感慨："从古才人易沦谪，悔教夫婿觅封侯。"等到丈夫遇赦回到杭州时，陈端生已带着不尽的期盼和无奈离开人世，年纪还不过半百，只留下《再生缘》中女主人公未解的命运之谜。而现实中情投意合的夫妻，一朝分离，竟成永别，正应了作者生前的悲叹："婿不归，此书无完全之日也！"

一代才女，英年早逝，《再生缘》未能终稿。时隔多年，杭州女作家梁德绳与之有"缘"，使其"再生"，她补续三卷，《再生缘》得以完篇。梁德绳在"尾言"里感叹道：

> 再生缘，接续前书玉钏缘。业已词登十七卷，未曾了结这前缘。既续前缘缘未了，空题名目再生缘。

《再生缘》留给世人的并非是"空题名目"，而是一出巾帼不让须眉、追求男女平等的经典大剧。这部作品结构宏大，情节曲折，人物生动，文辞优美，韵律和谐，是我国古代浪漫主义的优秀作品。陈寅恪称赞"端生此等自由及自尊即独立之思想，在当日及其后百余年间，俱足惊世骇俗，自为一般人所非议"，并称《再生缘》为"弹词中第一部书"，郭沫若认为可与《红楼梦》并称为"南缘北梦"。《再生缘》问世以后，世人广为传抄，还被改编成越剧、黄梅戏《孟丽君》搬上舞台，并成为弹词演唱的传统剧目。

历经两百多年的风雨，斯人已逝，勾山仍在，樵舍早已不存，现在的两层青砖小楼为民国初期所建。1961年，郭沫若来杭州探访勾山樵舍时赋诗一首：

> 莺归余柳浪，燕过胜松风。
> 樵舍勾山在，伊人不可逢。

2013年，杭州市政府将勾山樵舍列为杭州市文物保护单位，对房屋和环境做了全面整修。游人路过勾山里，常会探身张望，看到院墙上铜雕的"再生缘"三个字，不知会有多少人知晓那个巾帼不让须眉的动人故事，又会有多少人想起那位集才华与悲情于一身的杭州才女，真可谓——

西子浸润才女情，樵舍有幸书再生。人生苦短缘未了，勾山里头望伊人。

延伸足迹：孝子坊

周孝子弄：在清波门北，今名孝子坊。北达荷花池头，南抵清波门直街，东通四条巷，西有二弄。……南宋初，理学家周敦颐之孙奉周之遗像来杭避金兵之乱，于像片刻不离，人称孝子，弄因此得名。

——钟毓龙《说杭州》

从勾山里沿着荷花池头往南走到河坊街，街对面有一条小巷，它的北端始于河坊街，南端与清波街相通，这就是孝子坊。

北宋天禧五年（1021），重阳节那天，几个人来到湖南一个叫楼田堡村的地方，看到村前的五个大土坡，有人提议给五个土坡各起一个名字，大家你说一个我说一个，都不满意。村里的一个男孩在旁边玩耍，随口说道："这五个土坡就像五颗星星，东边的叫木星，南边的叫火星，西边的叫金星，北边的叫水星，中间的叫土星，合在一起就叫五星堆好了。"几个人都说取得好，从此，"五星堆"便成了当地一景。

这个男孩叫周敦颐，长大后成为社会名家，今天的人们对下面这段话一定不会陌生："予独爱莲之出淤泥而不染，濯清涟而不妖，中通外直，不蔓不枝，香远益清，

勾山樵舍望伊人——勾山里

孝子坊

亭亭净植，可远观而不可亵玩焉。"这就是周敦颐写的散文《爱莲说》里的一段话，是中学生都会背诵的古文名句。

周敦颐（1017—1073），道州（今湖南道县）人，从小喜欢探究，勤于思考，后来潜心研究理学，提倡文以载道，尊师重教，成为著名的理学家和文学家。

周敦颐为官清正廉洁，一生喜爱荷花。他在江西创办濂溪书院讲学时，在堂前自挖池塘，取名"莲池"，闲时临池赏花，写就散文《爱莲说》，通过赞美莲花"出淤泥而不染"的高洁形象，借花喻人，表达了对趋炎附势风气的厌恶，对洁身自好品格的追求，寥寥119个字，成为千古名篇。

南宋时，金兵不断南侵，周敦颐的孙子为了躲避战乱，携带祖父周敦颐的遗像，费尽周折来到杭州，居住在这条小巷。他在屋内供奉祖像，时刻守护，不敢远离，并在毗邻小巷的清波门外建周敦颐祠，人们称他是孝子，小巷便叫周孝子弄，后来改叫孝子坊。民间传说周敦颐遗像上盖有宋代皇帝印章，还有明代著名书法家董其昌的题字，均为珍贵文物，可惜都在清代咸丰年间毁于战乱。

如今，风雨飘摇的老屋旧宅经过整修，白墙黑瓦的江南民居重现小巷。当年的周家子孙怀抱祖像辗转南归，不仅是出于对列祖列宗的孝顺之道，还有对家乡故土的执着情怀。

孝子坊，承载的便是这样的孝道和情怀。

郭婆井巷

郭婆井巷：东北出四宜亭，西出花牌楼，在铁冶岭东。宋《志》已有此名。

——钟毓龙《说杭州》

走出孝子坊北端巷口，沿河坊街往东行不多远就到了四宜路，四宜路的西侧有一条小巷叫郭婆井巷，巷内有一口十眼水井，人称郭婆井。对于为何这样取名，民间有两种说法。

一种说法是，该井与晋代文学家郭璞有关。郭璞精通八卦，会看风水、寻水源，在各地为缺水的百姓打过很多水井。余杭塘栖的"郭璞井"就是其中之一，相传康熙皇帝南巡来到塘栖，喝了用这口井水泡的茶，称赞味道极好。郭婆井巷的这口井也是郭璞开凿，杭州方言里"璞"与"婆"发音相同，所以叫成郭婆井巷。

另一种说法同样很有味道。

相传古代有一个叫郭公的人，一家三口为解百姓饮水之难，在杭城开凿水井。郭公在高士坊巷凿一井，叫郭公井；儿子在清平山凿一井，叫郭儿井；妻子在此凿一井，人称郭婆井。

郭婆井

郭婆井位于吴山脚下，与泉脉相通，水质清澈，长年不竭。明末清初戏曲家李渔晚年居住吴山脚下，曾写《郭婆井赋》，称赞井水为"不浊不咸"的美泉。后来有书生在此居住，觉得水井叫"郭婆"不雅，遂改为"郭璞"。

郭婆井一丈见方，上开十眼，以便多人同时汲水，井圈之多，为杭州之最。2003年，郭婆井被列为杭州市市级文物保护点，修缮一新。现在仍能看到附近居民在井边汰衣洗菜，多为中老年人，而在现代都市长大的下一代人不再这样使用井水，他们只会充当水井的"看客"了。

古梅香自佑圣观——佑圣观路

佑圣观巷：北出荐桥直街，南接梅花碑，以佑圣观得名。观为南宋孝宗潜邸，光宗、宁宗均生于此。淳熙间改为道院，规模甚大，东至佑圣观巷之南端。

——钟毓龙《说杭州》

位于杭州城南的佑圣观路，南端连接河坊街，北端通往解放路，是杭城历史最长的道路之一。如果认为路名带有"圣"字，它的历史多半与皇帝或朝廷有关，这可说对了。

南宋在杭州建都后，皇宫就建在城南的凤凰山上。南宋绍兴十二年（1142），宋高宗赵构的养子赵昚被封为普安郡王。赵昚在河坊街东南侧的潜邸（登上皇位前住的府邸）居住多年，他的儿子宋光宗赵惇、孙子宋宁宗赵扩都在这里出生。宋孝宗赵昚继承皇位后住进皇宫，南宋淳熙三年（1176）把潜邸改为道院，用来供奉北极真武佑圣真君。

时隔多年，宋理宗赵昀继位。有一天，他到佑圣宫奉祀佑圣真君，要御赐一块匾额。随从拿来纸砚，赵昀挥毫弄墨，用篆体字写下"右圣宫"三个字，当时篆书的字库里没有"佑"这个字，所以写的是"右"。

道观将皇上的御笔制成匾额悬挂门厅，围观的道士纷纷点头称赞，只是看到"右"没有人字旁，在意思上难以说通，众人都觉不妥，却面面相觑，不敢直说。这时，一位道士脑筋一转，看似无意地自言自语道："宫无人，如何自立？"听者有心，传到朝廷，赵昀觉得言之有理，于是重写匾额，在"右"的左边添加人字偏旁。

元代时，佑圣宫遭火灾烧毁，元大德八年（1304）重建，改称佑圣观，这一带后来就叫佑圣观巷。

佑圣观路的旧貌新颜（上：20世纪90年代　下：2020年）

到了明代，观内设立管理道士的机构道纪司，香火一直不断。每年皇帝生日，文武官员都要到佑圣观供奉万寿龙牌，举行隆重的庆贺仪式。明崇祯十七年（1644）三月十九日，北京城被李自成的农民军攻破，崇祯皇帝在煤山悬树自尽。由于信息不通，直到四月底，浙江的官员才从自北京南归的人嘴里得知这一消息，便在五月一日齐聚佑圣观举行为皇上哭灵的仪式。

明清时，每逢三月三日北极真武佑圣真君的生辰，佑圣观都要举行庆祝活动，人们头戴荠菜花，前来进香献花，杭城便有"三春戴荠花，桃李羞繁华"的民谚。佑圣观前还会表演各种娱乐节目，其中的"雀竿之戏"更是引来众多观赏者，只见空地上竖起一根三丈高的竹竿，表演者像猴子一样身手灵活地爬到竿顶，在上面表演"金鸡独立""鹞子翻身""玉兔捣药""钟馗抹额"等惊险动作，观众一会儿屏息凝神，一会儿鼓掌喝彩，十分热闹。

清代初年，佑圣观的部分建筑改为火药局。清顺治十年（1653），火药局发生爆炸，多座殿宇被炸毁，这一带逐渐冷落，直到同治年间重修佑圣观。

佑圣观路之所以历史悠久，还因为这里曾是南宋皇帝的御苑所在。

南宋绍兴三十二年（1162），56岁的宋高宗赵构退位当了太上皇，选定原先的秦桧相府，大兴土木建造德寿宫作为养老之处。建在凤凰山麓的南宋皇宫叫"南大内"，位于北面的德寿宫又叫"北大内"，宫墙从望江路的望仙桥向北延伸，一直到佑圣观路的水亭址，东面靠近城头巷和吉祥巷，西面毗邻中河东岸，宫内楼阁殿堂无数，园林胜景处处，是南宋时杭州城里规模最大、最华丽的建筑群。

皇帝住的宫苑少不了御花园，德寿宫的后苑仿照西湖修建，楼台亭榭错落，曲径古树掩映，还有白莲碧池的"小西湖"，假山叠石的"飞来峰"，山水如画，景色优美。赵构在这里住了25年，直到81岁去世。宋孝宗赵昚退位后，也在此颐享天年，置身美景之中，他曾作诗《冷泉堂》赞道：

日长雅趣超尘俗，散步逍遥快心目。
山光水色无尽时，长将挹向杯中渌。

在德寿宫里，最让赵构和赵昚赏心悦目的是梅石园。园内种植了沁人心脾的苔梅，枝干繁茂，花姿婀娜，还有一块造型奇特的太湖石，高达1.7米，周长3米，尽显奇石的"漏、皱、丑、瘦、透"的特点，被称为"太湖石之王"，形状就像一朵出水绽放的莲花，又有"芙蓉石"的美称，因在德寿宫内，也叫"德寿石"。梅石

梅石园

园内奇石古梅相映成趣，园子由此得名。赵眘到德寿宫拜见太上皇赵构时，父子二人常在梅石园的古梅奇石前流连忘返。

弹指一挥近千年，这座规模宏大、华丽壮观的德寿宫已湮没于岁月的尘埃里，不见一点痕迹，只为后人留下不尽的疑问和想象。佑圣观也早已被拆除，所在的小巷已拓宽成路，但佑圣观作为一个文化地标，一直留存在千年古城的现实生活里。

延伸足迹：梅花碑

> 梅花碑：在佑圣观路中段西侧，地为南宋德寿宫之后圃。……庭中有芙蓉石，玲珑苍润，宛似芙蓉。又有古梅，同为德寿宫旧物。其议事厅即称"梅石双清"。其南有碑，碑上刻有明蓝瑛画石、清孙杕画梅。后清乾隆帝来杭，将此碑移至北京圆明园（今在北京大学校园内）。另摹刻一石留于原处，乾隆手书"梅花碑"三字镌于碑上，其地遂名梅花碑。
> 　　　　　　　　　　——钟毓龙《说杭州》

梅花碑是连接佑圣观路和城头巷的一条小巷，长度不到 200 米，这一带就是当年德寿宫的梅石园所在地。

明朝万历年间，南宋皇室早已不存，德寿宫也逐渐荒废，而梅石园里奇石依旧静卧，古梅年年绽放。浙江布政司用德寿宫的一部分建筑作为下属机构，主政官员被苔梅奇石吸引，请来花鸟绘画高手孙杕绘成《梅石双清图》，并叫工匠将《梅石双清图》镌刻在一块石碑上。画家的神来之笔和工匠的巧手技艺结合，梅石叠印，相得益彰，为梅石园增添新景，也在告示这里曾是德寿宫旧址，前来观赏的人络绎不绝，这一带因此被叫作"梅花碑"。

其实,《梅石双清图》并非孙杕一人绘制,而是和另一位名叫蓝瑛的画家合作完成,孙杕画的是梅花,蓝瑛画的是奇石。

转眼百年,朝代更替。清乾隆十六年(1751),乾隆皇帝第一次南巡来到杭州,游览德寿宫遗址,步入梅石园,见古梅早枯,碑石仍在,便赋诗一首:"傍峰不见旧梅英,石道无情亦怆情。此日荒凉德寿月,只余碑版照蓝瑛。"他想起世间对梅石碑作者的误传,又题诗为正其讹:"孙杕那须留石缺,蓝瑛实未写梅枝。"并撰写对联一副:"名迹补孙蓝,还斯旧观;清风况梅石,寓以新题。"

最让乾隆连声叫绝的是那块太湖石之王,他用衣袖拂拭芙蓉石,爱不释手,赞叹道:"皇山峭透房山壮,兼美端堪傲米家。"意思是如此精美的芙蓉石,就连明朝奇石收藏家米万钟收藏的奇石珍品都无法和它媲美。

清乾隆三十年(1765),乾隆皇帝第四次南巡杭州,旧地重游,已过天命之年的他站在梅石碑前,感慨岁月流逝,物是人非,不禁赋诗叹道:

> 临安半壁苟支撑,遗迹披寻感慨生。
> 梅石尚能传德寿,苕华又见说蓝瑛。
> 一拳雨后犹余润,老干春来不再荣。
> 五国风沙埋二帝,议和嬉乐独何情。

陪同的地方官员见皇上这样喜爱两件珍宝,就把芙蓉石和梅石碑作为贡品,用船经大运河运到北京。乾隆皇帝非常高兴,见芙蓉石形似一朵荷花,乘兴写下"青莲朵"三字，让人刻在芙蓉石上。当时圆明园里的茜园刚建成，便将芙蓉石置于茜园的太虚空院，梅石碑置于青莲朵奇石旁边，又让绘画和石刻高手模仿梅石碑制作一块梅石双清碑，运来杭州立在梅石园里，乾隆还为此赋诗：

> 昔年德寿石，名曰青莲朵。
> 梅枯石北来，惟余碑尚妥。
> 德寿岂复存？久矣毁兵火。
> 不禁兴废感，碑亦漫漶颇。
> 因之为抚迹，驿致江之左。
> 新碑临旧碑，那见梅石我？
> 重摹置石侧，为结无缘果。

梅花碑

清咸丰十年（1860），圆明园被英法联军焚毁，青莲朵石湮没在残垣断壁中。1927年，北洋政府建中央公园（今北京中山公园），把散落在圆明园废墟中的青莲朵石移到中央公园西门外，并把梅石碑放置在刚建成的燕京大学（今北京大学）未名湖畔。2013年，青莲朵石移到新建成的中国园林博物馆保存，历经几百年的岁月侵蚀，奇石上的御笔字迹仍清晰可见。

1985年，杭州市政府在佑圣观路重修梅石园，面积虽不大，仍有小桥流水、亭台回廊，环境幽静，闹市中有这样一方市民休憩之地，十分难得。园内新立一块石碑，碑上的芙蓉石图按照蓝瑛所作芙蓉石的拓片仿制而成，苔梅图由画家重新绘制，碑的背面记述了《梅石双清图》的典故和重立新碑的情况，亭柱上写有一副对联："问帝宫何处；看梅石此间。"

如今的梅石园，奇石已不存，新梅照旧开，人们漫步回廊，闲坐亭内，可以从暗香浮动的石碑上，慢慢品味这个散发着花香诗韵的地方掌故。

清河坊里寻太平——太平巷

东、中、西三太平巷：南出河坊街，三巷相通。东巷西通上后市街，北为十三湾巷。南宋时张俊之故宅清河王府在此。张贪得无餍，在王府设酒肆，名太平楼，巷因此得名。

——钟毓龙《说杭州》

也有一个历史人物和这条街有关，他早已化为尘土，后人可以在西子湖畔的岳庙里看到跪在岳飞墓前的四个铁铸人像，其中一个就是此人。

南宋时，偏安杭州的宋高宗赵构有一次大宴群臣，席间让几个说唱杂耍艺人表演节目以助酒兴。这时，有臣子向皇上推荐一个会星象术的艺人，说他有看出每个人是天上什么星宿下凡人间的本事，赵构便要这个艺人当场表演。艺人说要通过玉衡才能看到各位大人对应的星象，可是身边没带玉衡，只能用铜钱代替。只见他来到赵构面前，拿出一枚铜钱，从铜钱的方孔里端详片刻，说道："我看到的是帝星高照。"文武百官听了齐声高呼："皇上万岁万万岁！"赵构频频点头，非常开心。

宰相秦桧见此情景，急不可耐地对艺人说："你快给我看看，我是什么星宿下凡的？"艺人拿着铜钱细看了一会儿，说道："我看到的是相星辉煌。"秦桧听了十分得意。

魁伟勇猛的将军韩世忠也想讨个吉利，要艺人看看自己是什么星宿下凡。艺人把铜钱对准他，说道："我看到的是将星闪耀。"韩世忠听了开怀大笑。

这时，站在旁边的一个大臣也想试试。艺人把铜钱对准他用左眼看了一会儿，又用右眼看了一会儿，然后放下铜钱，想说又不敢说的样子。那个大臣叫他尽管说，艺人这才开口："我没有看到星宿，只看到一个人坐在钱眼里。"引得众人大笑，大臣满脸尴尬，悻悻地退回去了。

这个"坐在钱眼里"的大臣名叫张俊。

张俊（1086—1154），甘肃天水人，他生逢乱世，年轻时从军，初为弓箭手，作战勇敢，宋徽宗时升为武德郎。后领兵跟随康王赵构，屡建战功。赵构当上南宋皇帝后，他担任御营司前军统制，抗金平叛，深得赵构宠幸。金兵攻破扬州、镇江后，张俊随赵构退至杭州，继续抗击南侵金兵，收复宿州、亳州，名声大振，与岳飞、韩世忠和刘光世并称"中兴四将"。

张俊功成名就后，迎合朝廷与金议和的主张，自请解除兵权，担任枢密使。后来追随宰相秦桧，诬陷岳飞犯谋反罪，致使岳飞父子被害，一代名将成为千古罪人，他被后人铸成铁像，长跪于岳飞墓前遭万民唾骂。

张俊是否真的参与对岳飞的陷害，历史上存有争议，不过，这个大将军因敛财聚富而出名，则是不争的事实。他除了享有丰厚俸禄外，还拥有一万亩田地，每年光收田租就有六十万石，相当于南宋最富裕的绍兴府两年的税收，号称"占田遍天下，而家积巨万"。传说他怕家财被盗，把成堆的银子做成一个个重达一千两的大银球，取名"没奈何"，意思是盗贼眼见千两银子也无力搬动，只能徒叹无奈。

赵构因张俊尽忠效力，封他为清河郡王，并在河坊街赐地给他建造清河郡王府。河坊街在北宋时已成热闹街市，南宋把杭州定为临安府后，将府治设在街的西段，在街的中段设御史台、秘书省等中央官署，在街的东段建御园豪宅德寿宫，御街（今中山路）与之相交，故河坊街旧时属"皇城根儿"。能在这一方宝地置地建宅，可见张俊确为朝廷宠臣。

南宋绍兴十二年（1142）六月六日，郡王府建成，层楼叠榭，华丽无比，赵构亲临府邸书写匾额"德勋"。南宋绍兴二十一年（1151）十月，赵构驾临郡王府（赵构在位时只到过两个臣子的府邸，还有一个是宰相秦桧的府邸），张俊大摆筵席，宴请皇上和随从官员，天上飞的有鸳鸯，地上爬的有熊掌，山里长的有珍果，水中游的有蟹鳖，山珍海味齐全，堪比满汉全席，同时进奉皇上及高官无数金器珠宝和书画丝帛。对此，宋代文人周密在《武林旧事》一书中记录了这场豪宴的详尽清单，读后令人眼花缭乱，叹为观止。

张俊身居高位，不是居安思危，而是耽于享乐，挥霍无度。他还在张家军里挑选"花腿"士兵（士兵身体健壮，手足刺有花纹，故得名），在郡王府修建豪华酒肆，取名太平楼。张俊的骄奢生活引起民众不满，一时怨声载道，民间流传一首歌谣：

张家寨里没来由，使他花腿抬石头。
二圣犹自救不得，行在盖起太平楼。

20世纪90年代的东太平巷

歌谣中的"二圣"指的就是当时被金兵囚于北方的宋徽宗赵佶和宋钦宗赵桓两位皇帝,"行在"意为南宋皇帝出行所在的地方,指杭州。

清河郡王府所在坊巷从此叫作太平巷,它位于河坊街中段北侧,是三条并列的小巷,分别称为东太平巷、中太平巷和西太平巷,这一带统称清河坊,原先的马路由此得名河坊街。

谁料时运有变,富贵难保太平。南宋嘉泰二年(1202)六月六日,清河郡王府连同太平楼突发大火,毁之殆尽,这时距离这座豪宅建成刚好六十年。建成和焚毁都在六月六日,如此巧合,不知是否应了天意?

郡王府遭焚后,张俊的后人请求朝廷重建,获准后由张俊的曾孙张镃自筹资金建成家庙,取名"德勋庙"。张镃还请自己的老师陆游撰写庙记,陆游知人论世,对张俊的抗金之功仍给予很高评价,称其为"社稷臣"。

张宅一直由张俊的后人居住，直到元代初年，被征为江浙行省官署，这座历经一百多年沧桑岁月的宅邸就这样消隐在历史的尘埃中。

如今，太平巷已不复存在，只在老杭州的地图上留下一个地名。历史人物的复杂性同样在张俊身上显现无遗，一代名将，功过自有后人评说。

延伸足迹：河坊街

> 清河坊：为南北大街。清时南有抚署，西有藩署（即布政使署，布政使掌全省民财两政）。按清河为张姓郡名，南宋时谋害岳飞之张俊，封清河郡王，其宅在清河坊西之太平巷。自宋以来，其地即称清河坊。
> ——钟毓龙《说杭州》

河坊街（即清河坊街）是杭州历史最悠久的街路之一，它的东端始于建国南路，经吴山广场，西端连接南山路，正对"西湖十景"之一的柳浪闻莺公园。这条古老的道路如同一条历史长河，历经千年岁月，源远流长，成为杭城味道最浓、人气最旺的老街。

早在唐代，杭州刺史李泌就在河坊街西段开凿阴窦（即暗渠），与涌金门和清波门的西湖水闸连接，引湖水入城，以解决民生问题。南宋定都杭州后，称这里为清河坊，设御史台、秘书省等中央官署，并在其东面建德寿宫等皇亲国戚的御园豪宅，"御街"（即中山路）与之相交，故河坊街旧时属"皇城根儿"，十分热闹。

清代时，河坊街得到拓建，自东向西分别叫宗阳宫街、塌牌楼、司前街、外龙舌嘴、流福沟、荷花池头。1925年，

河坊街夜景

孙传芳军队进入杭城，想要搜掠居民，侵扰百姓，时任商会会长的王竹斋出面交涉得以幸免，市民便将河坊街西段称作竹斋街以示纪念。1953年，东西各段统称河坊街。

河坊街与中山中路相交地段，老杭州人把它叫作"清河坊四拐角"。这里历来是繁华之地，酒肆商铺林立，百年老店相连，有胡庆余堂、种德堂、回春堂、万隆火腿庄、张允升帽庄、边福茂鞋庄、万源绸庄、羊汤饭店、状元面馆等，杭城著名的张小泉剪刀、王星记扇子、孔

清河坊里寻太平——太平巷

凤春香粉、都锦生锦织、宓大昌旱烟，即"五杭"特产（杭剪、杭扇、杭粉、杭线、杭烟）也出于此。

2002年，杭州市政府将河坊街改建为商业旅游步行街，再现吴越、南宋市井风情。这条千年老街现已成为旅游景地，人们在这条历史长廊里漫步，浏览各地特产，品尝风味小吃，观赏民俗表演，领略"清和""太平"的古都风情。

怜忠祠里留清白——祠堂巷

祠堂巷：北通太平坊巷，南出河坊巷，东由高银巷出太平坊。宋时名南新街，明于忠肃公谦之宅在此。后其宅改为怜忠祠，故有此巷名。

——钟毓龙《说杭州》

杭州的老街巷如同一本厚重的史书，如果把一年当作一页的话，那么从2020年开始往前翻622页，就是1398年，这一年，有一个男孩诞生在杭州的一条小巷里。这条小巷叫太平里，而这个男孩在并不太平的年代里，成了一个名垂青史的人。

男孩长相机灵，周围的人们都说他以后会出人头地。一个叫兰古春的和尚想知道是否真的如此，见到男孩头上扎着两个小髻，戏弄道："牛头且喜生龙角。"男孩听了，同样嘲讽道："狗嘴何曾吐象牙。"和尚一时无语，只得尴尬地走开了。

过了几日，两人又碰到了，和尚看到男孩头发束成三个小髻，不甘心上次受的嘲弄，满脸不屑地说道："三角如鼓架。"没想到男孩马上回应道："一秃似擂槌。"和尚自讨没趣，再也不敢戏弄这个男孩了。

这个男孩果然聪慧过人，6岁在私塾读书，就在同伴中出类拔萃。一天，教书的先生外出回来，看到一群学生没在念书，正绕着房柱子捉迷藏，非常生气，便要责罚他们。男孩申辩道："我们是做完功课才玩的。"先生哪肯罢休，男孩说："那就请先生考考我们吧，如果我们答不上来，怎么处罚都可以。"先生看男孩口气这么大，就想难难他，说道："一言为定。我出上句'手攀屋柱团团转'，你给我对出下句来。"男孩脱口而出："脚踏楼梯步步高。"先生又出一句要他对："三跳跳落地。"男孩马上答道："一飞飞上天。"

先生暗暗称赞，嘴里却不肯退让："你可以免去处罚，其他人仍要罚。"男孩说道："我们是在一起玩的，应该一视同仁，要不罚都不罚，这样才公平。"先生无言以对，心想，这个男孩长大后，一定是个不同凡响的人物。

这个男孩就是后来成为民族英雄的于谦。

于谦（1398—1457），钱塘人，出生于一个世代为官的家庭，祖辈都崇仰民族英雄，把文天祥的画像供在家里。受这样的家庭影响，少年时代的于谦就以文天祥为做人楷模，在文天祥的画像旁边题写赞词："殉国忘身，舍生取义；气吞寰宇，诚感天地。"以此励志，并写下流传千古的《石灰吟》：

千锤万凿出深山，烈火焚烧若等闲。
粉骨碎身浑不怕，要留清白在人间。

于谦心目中的文天祥就是不怕粉骨碎身、留下清白的人。南宋末年，元军直逼南宋都城临安，在江西赣州做官的文天祥忧心如焚，卖掉家产，召集两万人马赶到临安保卫京城。此时元军三面合围，兵临城下，朝廷百官或主张求和，或四散逃命。文天祥担任右丞相兼枢密使，奉朝廷之命，到城外的皋亭山与元军主帅伯颜谈判，他义正辞严，面斥伯颜，后被拘留，又逃归。后来坚持抗元，被俘后宁死不降，最终被元军杀害。文天祥的铮铮铁骨、浩然正气，激励着于谦决心像先贤那样，"人生自古谁无死，留取丹心照汗青"。

于谦天资聪颖，人称"天童"，其实他的聪颖来自勤奋学习。他15岁通过院试录取为钱塘儒学生员（即秀才），就读于杭州吴山（即城隍山）三茅观。每天天不亮，他就从山脚下的祠堂巷出发，翻过城隍山去三茅观读书。有一次下大雪，山路湿滑，他照旧天不亮就出门，经过山上的城隍庙前，庙里的神像看到这个少年背着书箧在雪地里蹒跚前行，为之感动，居然眨了一下眼睛。这当然只是民间传说，但于谦读书之刻苦，则是人们眼见为实的。

正是依靠这样的勤奋精神，于谦24岁考中进士，29岁担任江西巡按，33岁升为兵部右侍郎。他恪尽职守，奔走各地考察民情，兴修水利，赈灾济民，严惩贪官，平反冤案，百姓称他是"于青天"。

当时，宦官王振专权，结党营私，官员想进见王振，必须奉送一百两银子，如能奉送一千两银子，便可享有豪宴款待，酒足饭饱而归，官员们争相贿赂。而身居高位的于谦时时以"名节重泰山，利欲轻鸿毛"警示自己，为官清廉，不媚权贵，每次进京朝会，除了带简单行装，都是两手空空。别人问他为何不带进贡礼物，他的回答掷地有声："吾唯有清风而已。"他还写了一首题为《入京》的诗用以明志："手帕蘑菇与线香，本资民用反为殃。清风两袖朝天去，免得闾阎（闾阎指市井里巷）话短长。"一代贤臣的傲骨清风跃然纸上，令人感佩。

明正统十四年（1449），蒙古瓦剌大军包围京师，明朝危在旦夕，于谦临危受命，担任兵部尚书，坚决抗战，反对南逃。他披甲上阵，屹立于德胜城门，对官兵慷慨陈词："国土沦丧，京城被围，我们只有以身报国，方能洗刷耻辱！"他严令部下："临阵将不顾军先退者，斩其将；军不顾将先退者，后队斩前队！"面对数倍于己的瓦剌军队，他身先士卒，带领官兵誓死守城，苦战五天五夜，终于击退瓦剌军，瓦剌军最后只得与明朝议和，从而保住了社稷江山。

于谦卫国有功，升职为少保，官至从一品，统管全国军务。后人曾这样赞道：

銮舆北幸国无人，保障须凭柱石臣。
不是于公决大议，中原回首尽胡尘。

20世纪90年代的祠堂巷

明景泰八年（1457），皇室发生争夺皇位的"夺门之变"，于谦被人捏造罪名诬陷，于同年正月二十二惨遭杀害，卫国有功之臣没有死在敌手，竟死在他拼命守护的城门之下！行刑之日，围观的百姓无不为他鸣冤叫屈，可谓"行路嗟叹，天下冤之"。于谦死后，家产被抄没，"食无兼味，衣无累帛"的他没有财物积存，唯有清白留在人间。

明成化二年（1466），明宪宗为于谦平冤昭雪，称于谦为权奸之所害，"朕心实怜其忠"，朝廷追谥他为"忠肃"，并将他在北京的住宅改建为节忠祠。于谦的遗骨后来由其女婿朱骥运回故乡杭州，葬于西子湖畔的三台山，精忠报国的岳飞也埋葬在这里。后人在墓旁修建旌功祠，现在改建为于公祠，是全国重点文物保护单位。祠内有一副楹联，说的是春秋的伍子胥、南宋的岳飞和明朝的于谦，同遭诬陷而屈死，三代忠臣，一样命运：

千古痛钱塘，并楚国孤臣，白马江边，怒卷千堆雪浪；
两朝冤少保，同岳家父子，夕阳亭里，心伤两地风波。

青山有幸埋忠骨，秀丽的西湖因为有这样的英魂相伴而更显分量。对此，同为杭州人的清代诗人袁枚写下这样的诗句：

江山也要伟人扶，神化丹青即画图。
赖有岳于双少保，人间始觉重西湖。

是非曲直，自在人心。于谦冤案得到昭雪，杭城百姓奔走相告，官府顺应民意，将于谦在太平里的故居（今祠堂巷42号，于谦在这里住到24岁）改建为祠堂，定

怜忠祠里留清白——祠堂巷

祠堂巷于谦故居

名"怜忠祠"。于谦的儿子于冕受父老乡亲之托,满怀激情地叙写先父的一生事迹,并请大理寺卿夏时正撰写《怜忠祠记》,镌刻于石碑,太平里由此改叫祠堂巷。祠堂巷的南端连接河坊街,北端通往太平坊巷。

除了祠堂巷的于谦故居和三台山的于公祠,于谦家乡的人民还用不同方式表达对他的敬仰之情。例如,杭州城西有一座石桥,原先取名"日晖桥",在杭州方言里,日晖和石灰发音相近,当地百姓都叫它石灰桥。曾有官员觉得叫石灰桥太土气,想不让人们这样叫,百姓却不买账,说于谦写《石灰吟》咏赞石灰的品格,叫石灰桥,可以提醒大家像于谦那样刚正不阿,清白做人。于是,石灰桥就这样被叫到了现在。

1992年,于谦故居被列为杭州市重点文物保护单位。重修的故居保留了江南庭院式民居风格,内有三个院落,面对大门的院墙上刻着书法家沙孟海手书的《石灰吟》诗句,忠肃堂内正中墙上挂着于谦画像,画像两边有一副对联:"公论久而后定;何处更得此人。"陈设简陋的书房里展示的是少年于谦勤奋读书、立志报国的情景。院落墙边静卧着一口"于氏古井",一汪"忠泉"映照出故居主人的一生清白。真可谓——老宅有幸今犹在,祠堂留名怜忠魂。

走出祠堂巷口,便是游客熙攘、人声喧闹的河坊街。漫步这条历史长廊,可以游览祠堂巷的怜忠祠,寻访大井巷的胡庆余堂。一座祠堂,一家药店,是最好的反腐课堂和诚信教材,它们就像悬挂于千年古城的两座铜钟,长鸣不止,警世有声。

延伸足迹:高银巷

> 高银巷:东出太平坊大街,西通祠堂巷。宋时名肉市巷,亦称灌肺巷,以卖灌肺出名。……宋时有珠子市场在此,买卖以万计,故有高银巷之名。
> ——钟毓龙《说杭州》

祠堂巷的中段有一条小巷与之相交,叫高银巷,它的东端连接中山中路,西端与后市街相通。南宋时,这里以出售糯米灌猪肺出名,所以原先叫灌肺岭巷、灌肺新街。

相传很久以前,有一个姓高的青年在这里开了一家卖糯米灌猪肺的店铺,小本经营,勉强度日。有一天,青年出门买糯米,忽然看到地上有一只小布袋,打开一看,竟是满满一袋银子,他又惊又喜,心想用这笔钱做大买卖,就可以过上好日子了。但是,他觉得这样做太缺德,丢钱的人一定焦急万分。于是,青年不为所动,忍着饥饿在路边等待失主。

高银街的旧貌新颜（上：20世纪末　下：21世纪初）

　　过了一会儿，失主果然来了，原来是一位做珠宝生意的富商，骑马经过灌肺岭巷时，放在马背上的一袋银子掉落地下。青年一文不少地交还失主，富商拿出银子作为酬谢，青年说这是做人的本分，婉言谢绝。

　　富商看到这个年轻人诚实厚道，不贪钱财，很是赞赏，就收他为徒，帮自己做珠宝生意。青年勤恳耐劳，诚信待客，深得富商信赖，富商付给他优厚的报酬。过了几年，这个姓高的青年也发了财，在灌肺岭巷开了家珠宝店，一如既往地诚信经商，信誉很好，人们就把小巷叫作高银巷了。南宋时，这里开有多家珠宝店，进出银两多达万贯，是杭城著名的珠宝交易市场。

巷内有一所高银巷小学，该校建于1917年，已有100多年历史，在杭州城里曾经蛮有名气。有两个在这所小学里读过书的男孩，后来在改革大潮中激流勇进，奋力拼搏，成为著名的民营企业家，他们就是青春宝集团有限公司前董事长冯根生和娃哈哈集团有限公司董事长宗庆后，两人与姓高的青年虽处不同时代，但诚信经商是创业致富的不变真经。

高银巷现已拓建成高银街，西端连接劳动路，酒楼饭店林立，以经营传统杭帮菜和新派杭州菜为主，成为吸引四方游客的美食街。

水墨雅扇化纠纷——扇子巷

扇子巷：北出荐桥街而对盔头巷，南达布市巷，以柴垛桥而分为上下扇子巷。古名集庆巷。因昔时巷多扇店，故名。

——钟毓龙《说杭州》

小小扇子可以生风送爽，这是众人皆知的，但人们未必知道，有人还能借扇行善，这个人就是当过杭州父母官的苏东坡。

北宋熙宁四年（1071），苏东坡受朝廷委派到杭州担任通判，负责监察工作。有一阵子连日阴雨，某天，苏东坡待在官府里觉得气闷，便出去散步，走到丰乐桥边，突然有一个人向他递上一份状纸。苏东坡展开细看，上面写的是："小民李小乙，小本经营丝绸店，邻居洪阿毛向本店赊账买去十两银子的白绢，说好两个月还钱，大半年已过，分文未付，分明是想赖账，请通判大人明断。"苏东坡当即让衙役传讯二人到州署衙门听候审理。

被告洪阿毛到堂后，承认李小乙所言属实。苏东坡问道："你为何要赖账啊？"洪阿毛连连诉苦："大人，小民哪敢赖账不还啊！我本想买白绢做团扇赚钱养家，扇子做好后，不料一直下雨，天气凉快，一把扇子都没卖掉，哪里有钱还他呀？"说完连连磕头，恳求宽恕。

苏东坡又问李小乙和其他证人，他们都说是这么回事。苏东坡沉思片刻，目光停留在桌案的笔墨上，然后对洪阿毛说道："你回家拿二十把扇子过来，本官自有办法帮你卖掉。"众人都疑惑不解，通判大人怎么也会卖扇子呢？

洪阿毛听了自然高兴，赶紧回家取了一捆白绢做的团扇，放到衙门大堂里。只见苏东坡拿了一把团扇放在桌案上，展开扇面，手握毛笔，时而浓墨重泼，时而淡墨轻点，落笔之处，楷书劲健，草书狂放，花鸟生动，兰竹清幽。不到半个时辰，二十把扇子就画完了，每一幅都堪称书画佳作。苏东坡让洪阿毛把这些扇子拿去卖掉，嘱咐他每把扇子卖一两银子，就能还清债务了。

洪阿毛将信将疑地把团扇拿回店铺，心想一把扇子要一两银子，谁会来买啊？不料，人们看到扇面上是苏东坡的亲笔书画，争相购买，二十把团扇很快就卖完了，洪阿毛不仅还清了欠款，还有盈余继续做生意。

苏东坡公正办案、两全其美的故事就这样在坊间流传开来，他体恤民情、借扇行善的作为，更赢得了百姓的口碑。于是，在天下名寺灵隐寺的大雄宝殿里，便有了这样一副对联：

  古迹重湖山，历数名贤，最难忘白傅留诗、苏公判牍；
  胜缘结香火，来游初地，莫虚负荷花十里、桂子三秋。

对联中的"白傅"是指曾任太子少傅的白居易，"苏公"就是苏东坡。两人都在杭州当过父母官，各有作为，同留美名。

20世纪90年代的扇子巷

故事里的李小乙就住在扇子巷，小巷的南端与河坊街连接，北端和清泰街相通，住在巷子里的人家开了很多制售扇子的店铺作坊，这里就叫扇子巷了。

说到团扇，它和折扇一样都是我国传统手工艺品。团扇源于唐代，大多用丝绢制作，圆形扇面，配以短柄，扇面绘有花鸟或仕女图案，故有"雅扇"之美称，古代女性喜欢随身佩带，北宋时期尤为盛行。南宋时，许多制扇工匠从北方来到杭州，南北制扇工艺得到交流发展，精美雅致的细画绢扇、细色纸扇、影花扇、藏香扇、漏尘扇等品种繁多，争奇斗艳。

明清时期，杭州的制扇业更是兴盛，共有50多家作坊，分布在杭州城南的扇子巷、太平坊、保佑坊、三元坊、官巷口、羊市街一带，多为前店后厂的生产经营方式。著名的舒莲记扇庄就在扇子巷里，它和张子元扇庄、王星记扇庄并称杭州扇业的三大名庄，制作的扇子与丝绸、龙井茶被称为"杭州三绝"，清代时还成为进奉朝廷的贡品。

扇子巷现已成为中河路的一部分，小巷虽无处可寻，但杭州的制扇工艺仍得到传承发展，品种更加丰富多彩，有竹编扇、芭蕉扇、绢扇、羽扇、葵扇、纸折扇、檀香扇、麦草扇等，或简朴轻便，或典雅华贵，琳琅满目，享誉天下。在拱宸桥畔的中国扇博物馆里，人们可以漫游五彩缤纷的扇子世界，尽兴观赏这一精美的传统工艺。

延伸足迹：柳翠井巷

> 柳翠井：在城内柳翠井巷。宋为抱剑营地，井为南宋营妓柳翠所凿。今井不知所在，而巷犹以其井名。
> ——钟毓龙《说杭州》

扇子巷的西侧有一条与之平行的小巷，叫柳翠井巷，南端通往河坊街，北端连接元福巷，与之相交的一条弄堂叫柳翠桥弄。两条巷弄毗邻中河，都取同名，是因为它们和一个人有关。

南宋绍兴年间，山东人柳宣教在杭州担任府尹。金兵侵扰山东，他的妻子沈氏为躲避战乱，带着幼女柳翠，辗转颠簸来到杭州寻找丈夫，一家人终于团圆。可惜好景不长，柳宣教身患重病，不久就去世了，他为官清廉，没有给家人留下资产，母女二人节衣缩食，相依为命。谁料祸不单行，沈氏也一病不起，客死杭州，只剩柳翠一人住在这条小巷里。

柳翠才貌俱佳，擅长音乐，她在异乡举目无亲，孤苦伶仃，迫于生计当了艺妓。沦落风尘的柳翠信奉佛教，乐善好施，用自己的积蓄救济穷人。为帮助百姓解决饮水和行路之难，她出资在巷内开凿水井，在河上建造石桥，人们称赞这位孤女的善举，把水井和石桥叫作柳翠井和柳翠桥，所在的巷弄也由此得名。

柳翠井巷的旧貌新颜（左：20世纪90年代　右：2020年）

柳翠后来出家为尼，死后葬于城北皋亭山，山下建有柳翠修道归真塔。柳翠井和柳翠桥在旧城改造中均已不存，唯有地名保留下来，成为一位女子行善作为的印记。

打铜巷

打铜巷：南对鼓楼，北抵清冷桥。宋时名沙皮巷。清代以来，巷中多响器店，遂名打铜。

——钟毓龙《说杭州》

柳翠井巷的南端隔着河坊街，对面有一条小巷叫打铜巷，这条小巷的北端连接河坊街，南端通到鼓楼，清代时，巷内有很多制作铜器的店铺，所以叫打铜巷。老底子杭州市民的生活用具，从锅子、煤炉、火钳、吊桶，到脸盆、暖手炉（烧木炭的俗称铜火熜，灌热水的俗称汤婆子），大多用铜铁材料制成，所以这条小巷是最"接地气"的地方，穿行其中，铜铁器具琳琅满目，叮当之声不绝于耳。

打铜巷的旧貌新颜（左：20世纪90年代　右：2020年）

　　打铜巷33号是一幢青砖墙、石库门的二层房屋，由浙江兰溪药商诸葛氏建于1930年。诸葛氏世代践行"不为良相，便为良医"的祖训，自明清以来，在各地开设药行，行医治病，名闻四方，乾隆皇帝还为其题写"文成药行"。诸葛家族常住上海，一个名叫胡钟英的妇产科医生租下打铜巷33号房屋，开设"钟德产科诊所"。

　　胡钟英为什么给诊所取名"钟德"呢？这大概和一家挨得很近的药堂有关。

　　清嘉庆十三年（1808），精通医术的慈溪人叶谱山在靠近打铜巷的清河坊购地建房，创建种德堂，店名取自苏东坡《种德亭》中的诗句"名随市人隐，德与佳木长"，意思是行医治病只为积德扬善。种德堂是杭州开设最早、规模最大的一家药行，经营道地药材，精制丸散膏丹，疗效好、价格低，享誉四方，清朝光绪年间，与胡庆余堂、万承志堂、张同泰、泰山堂、方回春堂并称"杭城国药号六大家"。

　　胡钟英也许正是受种德堂行医之道的影响，取自己名字中的一个字，给诊所取名"钟德"。这个隐落在小巷深处的诊所，没有气派门面，只有几张病床，却给多少妇女带来福音，为多少家庭带来安康。

如今，打铜巷西侧中山中路上的种德堂经过整修，门楼气派，厅廊精致，继续传承着华夏中药文化。打铜巷作为清河坊历史街区的组成部分得以保留，33号列入历史建筑保护名单，也已修复一新。在小巷里穿行，再也听不到昔日敲铜打铁的叮当之声，33号石库门上的"钟德产科诊所"字迹仍然依稀可辨，仿佛在昭示世人，无论古今，治病救人，行善积德，理应一脉相承。

冷面寒铁护城神——城隍牌楼巷

城隍牌楼：东出凤山门大街，西上城隍山，南出大马弄、丁衙巷，东北接十五奎巷。宋代称保民坊。……附近有祇园寺，因此亦称庙巷。……因从其处可直上城隍庙，因名城隍牌楼。

——钟毓龙《说杭州》

中山南路有一条城隍牌楼巷，东端始于中山南路，西端连接十五奎巷，它正对吴山上的城隍庙（今城隍阁）。清康熙三十八年（1699），在巷口建门楼牌坊（即山门）和直达城隍庙的甬道，所以叫城隍牌楼巷。

全国各地有很多城隍庙，供奉的都是护城之神，而吴山城隍庙里的这座神像，却是一个破案高手的化身。

很多年以前，有一天，一位司法官员骑马出行，在一个地方下马歇息，只见成群的苍蝇在马脚边飞来飞去，仔细一看，地面干净，马蹄也没有沾上污物，他挥手驱赶，苍蝇刚飞走又嗡嗡叫着飞回来，落在马蹄踩着的地面不肯离去。官员觉得蹊跷，就叫随从找来锄头铁铲，挖开爬满苍蝇的泥地，露出一具尸体，经过勘查，发现尸体上有一块小布片，上面盖着布匹商标的印章。官员派人拿着商标四处询问，在一家布店里查明买过这种布匹的人，经过寻踪侦查，很快确定尸源，将抢劫布匹的杀人

城隍庙

犯捉拿归案。

这位根据"蛛丝马迹"破案的官员,名叫周新。

周新(?—1413),广东人,明永乐元年(1403)担任监察御史,刚正不阿,秉公办事,深得明成祖朱棣的信任。永乐三年(1405),他调任浙江按察使,主管浙江司法刑狱,恪尽职守,办案公正。传说他赴浙江担任按察使时,穿着平民服装在市井坊间巡察,地方上的县令听说按察使将要到任,担心自己贪污受贿的罪行败露,就把他关进牢房。周新在狱中向囚犯了解情况,掌握了县令的犯罪证据后,告知县令自己就是朝廷派来的按察使,然后依法严惩了县令。

周新每遇疑案,常能明察秋毫,"片言剖决"。有一次,两个人同时来官府告状,说对方抢走自己的雨伞,又都拿不出证据证明是自己的伞。周新对他们说道:"既然如此,那就将伞各分一半,这是最公平的。"说完,叫衙役将伞从中间剪开，让两人各取一半回家，并让衙役悄悄跟随其后。

两人走出衙门，一路仍在争执不休，一个说："我早就说把伞给我，我给你一半钱，现在你连一半钱也拿不到，真是活该！"另一个说："这伞原本就是我的，你凭什么拿走却只给我一半钱？"衙役回来把听到的话告诉周新，周新心里已经有数，让人核查属实后，把说"活该"的那人拘押治罪。

还有一次，官府抓到一个犯盗窃罪的嫌犯，嫌犯交代是一个叫范典的人指使自己作案。审理此案的周新命衙役把嫌犯另屋关押，再传讯范典到堂，范典跪地连叫冤枉："我根本不认识那个人，怎会指使他偷东西呀！"因缺人证物证，一时难辨真假。

周新心生一计，叫衙役脱下衣服，让范典穿上后站在自己身边，又让衙役穿上范典的衣服跪在大堂里，嘱咐两人不得说话，然后传唤嫌犯到堂，要他当场对质。嫌犯指着跪在地上的人说："他就是范典，是指使我偷盗财物的人。"周新喝令："你可认清楚了，如若有假，可是罪上加罪！"嫌犯仍然一口咬定："大人，我没认错，他就是范典，说偷来的财物可跟我一起分赃。"

"啪！"周新猛拍惊堂木，厉声质问嫌犯："此人是我的衙役，你竟敢胡言乱语，陷害无辜，还不从实招来！"

嫌犯见谎言戳穿，只得如实招供。原来有个人与范典积下仇怨，要嫌犯诬陷范典，事成给他酬金。案情明了，嫌犯和那人都被绳之以法。

周新对贪赃枉法、巧取豪夺的行为，一向铁面无私、严格执法。例如一些权贵侵占西湖地块，影响蓄水抗旱，周新将其侵占之地全部抄没，还地于民。所以，百姓称他是"冷面寒铁周廉使"，而那些贪赃枉法的权贵则对他恨之入骨。

有一次，锦衣卫指挥使纪纲的一个下属到浙江办事，仗势欺人，为非作歹，周新将其捉拿问罪，因此得罪纪纲，纪纲向明成祖朱棣诬告周新，说他狂妄自大，目无皇上。朱棣命人将周新押回京城问罪，周新面对皇上，不卑不亢地说道："我身为朝廷命官，理当恪尽职守，公正执法，何罪之有？"由此触犯龙颜，朱棣下令处死周新。周新面对屠刀，慨然说道："生为直臣，死当作直鬼！"

公道自在人心，直臣永世敬仰，百姓在各地建祠立碑纪念周新。后来，朱棣后悔错杀良臣，追封周新为浙江城隍神，并在杭州吴山建城隍庙供奉之。每年农历五月十七日周新诞辰日，官府民间都要举行祭祀活动，吴

吴山城隍阁

山因此也叫城隍山。

城隍庙历经沧桑，几度焚毁，多次重建。20世纪90年代，杭州市政府在原址建造城隍阁和周新祠，为吴山和西湖增添新的景观。楼前祠边，几株百年古樟依旧郁郁葱葱，擎天而立，陪伴着这位冷面寒铁的周廉使，与他一起护佑着千年古都和杭城百姓。

延伸足迹：十五奎巷

> 十五奎巷：东北出鼓楼，西南至城隍牌楼。宋时名竹竿巷，属长庆坊。
> ——钟毓龙《说杭州》

沿着城隍牌楼巷往西走到巷口，就到了十五奎巷，这条小巷的南端与城隍牌楼巷相交，北端通往中山南路，与望仙桥对接。

南宋绍兴二十年（1150）正月的一天，宰相秦桧从望仙桥的府邸出门，乘坐轿子前往枢密院，一路鸣锣开道，前呼后拥。经过众安桥（民间也有说望仙桥）时，突然从桥下跑出一个人，手持利刀冲到轿前，挥刀向坐在轿内的秦桧砍去，轿夫们慌忙躲避，轿子摇摆晃动，那人一刀砍在轿杆上。"有刺客！"卫士们惊呼着一拥而上，将那人按倒在地。秦桧吓得面如土色，命令手下将刺客押到大理寺审问。

这个行刺秦桧的人叫施全，是殿司的一个小军官，对秦桧陷害忠良义愤填膺，决心为民除奸，替天行道。秦桧问他："大胆刺客，受谁人指使？"施全毫无惧色，义正辞严地答道："举天下皆欲杀虏人，汝独不肯，故我欲杀汝也！"秦桧恼羞成怒，以杀官谋逆罪将施全押

十五奎巷的旧貌新颜（左：20世纪90年代　右：2020年）

往众安桥，以磔刑（一种酷刑）处死。

众安桥，正是当年岳飞遇害的地方，施全慷慨赴死之时，是岳飞蒙难的第九年。

在百姓的心里，正义不灭，英雄永生。施全遭受磔刑时，据说受了72刀才死。岳飞平反昭雪后，杭州百姓在众安桥等处修建72座祠庙纪念施全，十五奎巷也有一座施公祠，祠堂匾额写的是"独伸正气"。后来还在巷里建忠节祠，纪念伍子胥、褚遂良、岳飞和于谦四位杭州先贤。

一条小巷，并立两座彰显大义大节的祠堂，足见居住在这里的百姓崇义尚武的风气之盛。

唐代开始实行武举考试制度，通过测试骑马射箭、负重摔跤选拔军事人才，考中的文举人称"文魁"，武举人称"武魁"，应试者众多。明朝嘉靖年间，这条小巷的居民尤其喜欢习武，其中有十个人骑射技艺特别高强，参加武举考试全部考中武魁，人称"十武魁"，他们住的这条小巷便叫十武魁巷，后来讹传为十五奎巷。小巷的东端还留有一口三眼水井，据说十位武魁当年饮用该井水考中状元，俗称"状元井"。

十五奎巷还有更为神奇的传说。

相传杭州城隍山上，十二个石头做的生肖动物旁边，原先还有一只很大的石头乌龟，受山神点化，千年的石龟成了精，常在夜深人静时爬下山，看到市井生活后想回归东海，苦于身体笨重，难以成行。

有一天，观世音菩萨从西天返回东海普陀，经过城隍山时，身子碰到山上的百年樟树，怀揣的宝瓶倾斜了一下，洒落几滴仙水落在乌龟背上，乌龟顿时就能快捷地爬行，它想下山后经过十五奎巷，再从望仙桥顺河道游到入海口。没想到，经过吴山的伍公庙时，笃笃的爬行声惊动庙里的潮神伍子胥，伍子胥岂肯放过它，就用铁链把它锁住，放在吴山脚下的十五奎巷，永世不得移动。从此，进出小巷的人便可看到一只大石龟趴在路边，于是给小巷取名石乌龟巷，后来觉得不好听，改叫十五奎巷。

这当然是虚幻的神话传说。不过，20世纪50年代修路时，人们在小巷的徽州会馆前的路面下，确实看到过一只体形硕大的石头乌龟。

如今，十五奎巷的施公祠和忠节祠均已不存。在岳飞的故乡河南汤阴县，早年修建的宋岳忠武王庙旁还留存宋义烈将军施全祠，祠前跪着五个铁铸人像，分别是陷害岳飞的秦桧夫妇、万俟卨、张俊和王俊，身后站立怒目圆睁、高擎利剑的施全铜像，两侧楹联写的是："蓬头垢面跪阶前，想想当年宰相；端冕垂旒临座上，看看今日将军。"这也是对在杭州舍生取义的施全的最好纪念。

2012年，为纪念义士先贤，杭州在十五奎巷和四牌楼相接处新建一座牌坊，上面刻写"民不能忘"四个大字以告知天下：千古英烈，铭记人心，君不见，牌坊有字，口碑为证。

白马渡河救康王——白马庙巷

> 白马庙巷：南起严官巷，北折东与中山南路相接……白马庙，宋建炎间建，以祀磁州崔府君者，传说泥马渡康王者是也。杭人不重崔而重白马，称白马庙，巷因此得名。
>
> ——杭州市地名委员会办公室编《杭州市地名志》

从城隍牌楼巷走出，沿着中山南路往南行不多远，会看到一条叫白马庙巷的小巷，它的东端始于中山南路，西端通往严官巷。南宋时，这里常有金车宝马出入，他们究竟为何而来？这就引出了八百年前的一个有趣故事。

北宋靖康元年（1126），金兵大举进兵，十万铁骑渡过黄河进犯中原，围攻北宋都城汴京（今河南开封）。被封为康王的赵构奉朝廷之命前往金国求和，途经磁州（今河北磁县）时，看到前面人声喧哗，一群人拦在路上不让通过，上前一看，原来是抗金名将宗泽带领官兵和百姓在这里等候，宗泽慷慨陈词，力劝赵构坚持抗敌，不要与金媾和。赵构也担心此行凶多吉少，弄不好被金军扣留，于是掉头折返，连夜渡过漳水，马不停蹄地向相州（今河南安阳）奔去。

不久，汴京落入金兵之手，赵构的父亲徽宗赵佶和哥哥钦宗赵桓也成为亡国之囚。赵构犹如惊弓之鸟，仓

白马庙巷的旧貌新颜（左：20世纪90年代　右：2020年）

皇出逃，途中遇到一条大河横在面前，周围没有一只船。金兵的追杀声越来越近，情势万分危急。就在这时，只见一匹白色骏马从河对岸游了过来，上岸后跑到赵构面前停下，随从急忙扶他上马，白马跃入河中向对岸游去。

　　白马驮着赵构上岸后，一路飞奔，在一座寺庙前停下。惊魂未定的赵构走进庙里，只见大殿正中有一座塑像，旁边立着一匹用泥巴做的白马。经打听，唐朝时有一个叫崔子玉的人在磁州任滏阳县令，勤政清廉，受民拥戴，死后当地百姓建了这座寺庙，把他塑成神像供奉，取名"崔府君庙"（旧时人们对神也称府君），常有人来烧香祈福。赵构望着崔府君和白马的塑像，心想莫非是先贤神佑，天助我也？

　　赵构在临安建都后，为报答白马的救命之恩，在太庙附近修建崔府君庙，供奉神像和白马，庙里香烟缭绕，烛火长明。赵构还让南宋画院的名家萧照、苏汉臣绘制精美壁画装饰庙宇，这在南宋都城临安四百多处庙观祠堂中仅有两处（另一处是西湖孤山四圣观）。这座庙在民间俗称白马庙，小巷也由此得名。

为了感念白马对先祖的恩泽，白马庙受到南宋历代皇帝临幸，每年六月初六崔府君诞辰日，皇帝都会带领百官到庙里奉祭礼拜。南宋淳熙十三年（1186），宋孝宗赵昚将白马庙改名显应观，封崔府君为真君，后来继位的宋理宗赵昀还亲书《洞古经》石刻陈放观中。

无论是皇帝为渲染"神助真命天子"的奇幻色彩，还是百姓想嘲讽帝王"泥菩萨过河"的尴尬窘境，多少年来，"泥马渡康王"一直是杭州说书先生爱说的段子，在市井坊间流传。时至今日，历代帝王早已成为史书中的人物，供奉着泥塑白马的寺庙更是不见踪迹，只有小巷还在，它就像一条历史文脉，把这座城市的过往与现在连在了一起。

延伸足迹：太庙巷

> 太庙巷：东通凤山门大街，西至紫阳山麓，西折北通大马弄。南宋时皇帝家庙在此，已有此名。
> ——钟毓龙《说杭州》

白马庙巷的北侧毗邻一条小巷，叫太庙巷，它的东端连接中山南路，西折北通往大马弄，因靠近太庙而得名。

古代帝王常在京城建造太庙，就是祭祀祖先的宗庙，民间也把它叫作皇帝的家庙。太庙里供奉历代皇帝的神主牌位，神位两边分列已故的文武功臣。

北宋的太庙建在汴京，金兵占领中原后，宋高宗赵构一路南逃，几经辗转，将太庙里的神主牌带到杭州。

南宋绍兴四年（1134），赵构在紫阳山东麓新建太庙，历时二十多年终于完工，共有七个正殿，分别供奉宋朝历代皇帝的神位。太庙后经多次修缮扩建，规模与凤凰山麓的南宋皇宫相差无几。每年大祭之日，皇帝带领文武百官到太庙举行隆重的祭祀典礼，新的皇帝登基继位也要来太庙朝拜，例如宋孝宗赵昚继承赵构的皇位时，也到太庙拜谒先祖。

太庙在元代被毁，其宏伟壮观的样子只能留在后人的想象中，直到700多年后才渐渐从历史的尘埃中显露一角。

1995年，太庙巷在旧城改造时拆除，建筑工地发掘出南宋太庙东围墙、东门址和大型建筑台基。现在，人们只能看到明清时期的太庙，这是我国经考古发掘的时代最早、保存最完好的太庙遗址，被评为当年中国十大考古新发现之一。

在延续150多年的南宋王朝中，先后有6个皇帝在杭州登基，却没有留下一座皇室建筑。因此，太庙遗址

南宋太庙遗址

的发现，对南宋都城考古研究具有重要意义。为了保护太庙遗址，杭州市政府撤销已规划的工程项目，对发掘的太庙遗址进行填埋式保护，并在遗址新建太庙广场，广场中央竖立一段按太庙遗址原样仿制的围墙，上面刻有南宋皇城图。

以太庙广场为中心的这一区域，共有严官巷、白马庙巷、高士坊巷、察院前巷、城隍牌楼巷、大马弄、太庙巷、十五奎巷、四牌楼和丁衙巷等二十三个坊巷，大多始于宋、明两代，房屋以清末民初建筑为主。2011年，政府启动"南宋御街·二十三坊"保护工程，经过综合整治，二十三坊成为传统民俗和现代业态集聚的历史街区。

小巷走出御医官——严官巷

严官巷：东起中山南路南段，西至紫阳山南麓……据传宋孝宗病痢，有严姓医生治愈之。因赐以金杵臼，并命为官。里人称之"金杵臼严防御家"，巷因此得名。

——杭州市地名委员会办公室编《杭州市地名志》

　　白马庙巷南侧紧挨着一条小巷，它的东端连接中山南路，西端通到紫阳山脚。宋高宗赵构坐稳皇位后，在城南的凤凰山大兴土木建造皇宫，关于南宋皇室的故事便在皇城根下的街巷里延展着，严官巷就是其中的一条小巷。

　　赵构像历代皇帝一样，很早就在考虑继位人选，无奈自己没有留下后代，最终选定宋太祖的七世孙赵昚为太子，悉心培植。赵构56岁时让出皇位当了太上皇，退居德寿宫颐养天年，赵昚于1163年改元，他就是宋孝宗。

　　南宋王朝偏安一隅，尽享杭城的美景美食，江南的湖蟹细嫩鲜美，更是人见人爱。这一年又到九月，秋风起，蟹儿黄，肥美的湖蟹是皇宫膳食中必有的美味佳肴，御厨给宋孝宗赵昚每天都奉上一盆肥硕的湖蟹，只只蟹肉厚实，蟹黄饱满。赵昚用醋姜蘸着食用，赞不绝口，常常一连吃好几只还不解馋，不料肠胃消化不良，腹泻不止，服用御医开的药都不见效。眼见赵昚一天天地身虚体弱，这可急坏了太上皇赵构，他派人四处寻访名医，并在坊间张贴告示，如能治愈宋孝宗的病，必有重赏，但是一直没有结果。

这天，赵构从住所德寿宫前往凤凰山的皇宫看望赵昚，经过紫阳山脚的一条小巷，看见一家挂着"严防御药店"招牌的小药铺，便让侍从进去询问，得知开店的是一个叫严防御的郎中，自称出身医药世家，专治肠胃疾患。赵构求医心切，急忙召他进宫。

严郎中来到赵昚床前，先把手脉再看舌苔，然后不紧不慢地说道："皇上是寒气淤积，得了冷痢，用新采藕节研末调以温酒服下，便可健脾消食止泻。"赵构听了将信将疑，让御医赶紧如法炮制。

赵昚服药后，果然没几天就康复如初。赵构大喜，赐封严郎中为朝廷医官，还赏给他一只金子做的杵臼，专供御医捣碾药材之用。于是，京城上下都知道有个

严官巷

"金杵臼严防御家",医术高明,治好了皇上的病。严郎中当上御医后,仍常来往坊间,为平民治病,人们把他住的小巷叫作"严官儿巷"(杭州方言中很多词语带"儿"字)。

2005年,万松岭隧道建成,严官巷成为隧道的东接路段。岁月悠悠,一代帝王早就作古,那位凭着医术升官的严郎中的居所也无迹可寻,只留下这个故事仍在民间流传。

延伸足迹:高士坊巷

高士坊巷:东起中山南路南段,西达清平山东麓,北连严官巷,南接大马厂。……宋徐复隐居于此……沈文通守杭,榜曰高士坊,巷由此得名。
——杭州市地名委员会办公室编《杭州市地名志》

严官巷的中段与一条小巷相交,这就是高士坊巷,它的北端和白马庙巷、严官巷相接,南端通往凤山门。小巷毗邻六部桥,南宋时,这里是中央官署三省(中书省、门下省、尚书省)六部(吏部、户部、礼部、兵部、刑部、工部)所在地。在这条"官气"十足的小巷里,住过一个不求做官、淡泊功名的文人。

宋仁宗年间,福建有个叫徐复的书生进京参加科考,结果榜上无名,来到杭州在高士坊巷居住,闭门研修《易经》。他精通算卦之术,占卜知晓自己此生无俸禄之享,从此一心治学,不求仕途。宋朝皇帝大概是感其宁静处世、韬光养晦的为人,给他赐号"冲晦处士"。

徐复没有做过高官,却因才学和为人,深得杭州两位父母官的赞赏。

高士坊巷的旧貌新颜（左：20世纪90年代　右：2020年）

北宋皇祐元年（1049），范仲淹到杭州任知州，当时旱灾严重，庄稼歉收，粮商唯利是图，乘机抬高价格，每斗米卖到一百二十文钱，民不聊生。范仲淹心急如焚，拿出自己的薪俸救济灾民，并宣告把米价提高到每斗一百八十文铜钱，在钱塘江和运河沿岸张榜公示。各地粮商闻讯纷纷运米到杭州卖粮，杭城米市供应充足，粮价随行就市，自然回落，从而民生安定。

有人劝范仲淹乘当官时在西湖边建别墅，退位后可在此养老享福。范仲淹断然回绝："吾之所患在位高而艰退，不患退而无居也。"意思是我身居高位，担忧的是难以真正做到恪尽职守，不必担忧退职后身居何处。

古人说："同师为朋，同志为友。"范仲淹听闻徐复不求功名利禄的作为，视为同道之人，慕名登门拜访。徐复对为官一任、造福四方的范仲淹十分敬佩，以礼厚待，二人遂成挚友。

杭州人沈遘（字文通）凭借真才实学，在朝廷担任知制诰一职，专门为宋仁宗赵祯撰写诏令。北宋嘉祐七年（1062），沈邈出任杭州知州，同样是一位勤政爱民的父母官，他把官府宴请送礼的款项用于公益事业，资助无钱下葬的贫苦百姓和无钱出嫁的穷困孤女。他还像前任"市长"李泌和白居易一样，在城内开凿水井，解决市民饮水困难，百姓把这口水井叫作"沈公井"，可见其深得民心。沈邈和范仲淹一样，十分赞赏徐复的才华和为人，他在徐复的居所旁建一牌坊，题名"高士坊"，小巷也由此得名。

独中三元文毅公——三元坊巷

三元坊巷：以东出三元坊而得名。
三元坊：明代严州府淳安县人商辂，赴乡试、会试、廷试，连中三元，因于县、府、省城各建石坊以自炫。省城之坊即在此，商亦居巷内。

——钟毓龙《说杭州》

　　杭州中山中路有一条小巷，叫三元坊巷，它的东端连接中山中路，西端和比胜庙巷相通。读者如果由巷名想到"独中三元"这个成语，是可以得满分的。

　　明代时，有一个独中三元的人住在这条小巷，名叫商辂。

　　商辂（1414—1486），浙江淳安人，明代著名的学士和文臣。明宣德四年（1429），他来到浙江开化县霞山村，游访江南四大书院之一的包山书院，借宿在石匠张卯生的家中。张石匠沏了一壶新茶招待商辂，商辂啜饮后，满口留香，沁人心脾，便问道："好茶好茶，是何名茶？"这茶是张石匠从云遮雾罩的高山上采来的，他随口说："是高山云雾茶。"

　　明正统十年（1445），商辂因有功被朝廷赐予宅邸，他请张石匠到淳安帮忙建造府第，张石匠带了几斤新茶

三元坊巷的旧貌新颜（上：20世纪90年代　下：2020年）

送给商辂。霞山村有个叫郑旦的财主，早闻大学士商辂的名气，想与之结交，就托张石匠邀请商辂来家里做客，商辂欣然答应了。

为迎接客人，郑旦重修宅第永敬堂。完工那天，商辂与张石匠应邀赴会。三人同年同月同日生，按时辰排定，张卯生为长,郑旦次之,商辂最小。郑旦让商辂坐上座,却让张卯生坐在末位。商辂推辞不过,只得落座。席间,郑旦常以言辞褒商贬张,并送给商辂名贵的西湖龙井和峨嵋珠茶,商辂则拿出张石匠送的高山云雾茶,请郑旦比较三种茶的味道。郑旦喝了张石匠的茶连声称好,说道:"一饮涤昏寐,情思朗爽满天地;再饮清我神,忽如飞雨洒轻尘;三饮便得道,何须苦心破烦恼。"

商辂听了,说道:"人生交友,犹如品茶,高山云雾,虽无龙井之贵,亦不及珠茶之富,然吸天地之灵气,饮岩泉之浆乳,质淳而德厚,此乃其他名茶之不及也。"郑旦和张石匠连连点头。商辂接着问道:"茶分三种,各有千秋,何不以长补短,相得益彰呢?"

郑旦听出商辂的言外之意,对自己重名轻友的举动深感羞愧,于是向张卯生鞠躬致歉,请他和商辂并排同坐。商辂举杯说道:"这茶喝到此时,已喝出味道来了,我提议以茶代酒,义结金兰如何?"三人便拱手行礼,结为兄弟。商辂还乘兴挥毫为永敬堂写了一副楹联:"爱亲者不敢恶于人;敬亲者不敢慢于人。"郑旦连声称好,并请商辂题写"爱敬堂"三个字,把正堂挂的匾额"永敬堂"换成"爱敬堂"。

商辂的才华来自勤奋学习,矢志不移。他22岁时在省城参加乡试,考取举人第一名,后多次参加会试接连落榜,仍锲而不舍,32岁赴京城参加会试名列榜首,继而在殿试中再夺第一,成为明代近三百年科举考试中两个"三元及第"的人之一,集解元、会元和状元于一身。独中三元,不仅是家族的荣耀,也是家乡的光彩,人们在他住过的小巷建了一座青石牌坊,上刻"三元坊",意为"连中三元",小巷也由此得名。

天道酬勤，有志者事竟成。就在殿试力拔头筹的那年除夕夜，独中三元的商辂在杭州三元坊巷的住所里送旧迎新。屋外爆竹震响，礼花绽放，回想十多年的坎坷科考之路，他百感交集，挥笔撰写了一副对联：

乡无名，会无名，廷更无名，三十年间，天眼不开人眼瞎；

冬得意，春得意，夏益得意，八九月内，蓝袍未旧紫袍新。

走上仕途、官袍加身的商辂，先后担任翰林院学士、兵部尚书、户部尚书、文渊阁大学士、吏部尚书等职。他身居高位，刚正不阿，讽谏皇上广开言路，勤政戒奢，严惩恶吏，平冤安民，并与于谦一起力主抵抗瓦剌军，反对南迁，因此广受敬重，被时人赞为"我朝贤佐，商公第一"。

商辂年过花甲，辞官回到家乡淳安。大臣刘吉曾去拜访商辂，见他儿孙满堂，颐享天年，不禁感慨道："您身为朝廷重臣，不见笔下枉杀一人，理应得到上天厚报啊！"商辂平静地答道："我身为臣子，只是不敢让朝廷妄杀一人而已。"

明成化二十二年（1486），商辂去世，享年73岁，谥号"文毅"。这位独中三元的名臣魂归故土，后人在建德严州城内建"三元坊"牌坊，至今仍立在三元桥边。杭州三元坊巷的牌坊已无，小巷仍在，如同一页史书，记载着商辂的传奇人生和一世英名。

延伸足迹：东平巷

东平巷：东出寿安坊，西出青年路，以巷内有东

20世纪90年代的东平巷

平王庙而得名。东平王者,即唐时守睢阳之张巡。庙建于明洪武间。

——钟毓龙《说杭州》

三元坊巷的北侧有一条与之平行的小巷,叫东平巷,东端连接中山中路,西端与青年路相通。南宋时曾叫下百戏巷,后来改名与一位古人有关。

唐代将领张巡(708—757)为人正直,不媚权贵,担任真源县(今河南鹿邑)县令时,除霸惩恶,深得百姓拥护。安史之乱时,他与许远率军坚守雍丘和睢阳,抵御安禄山军队进攻,弹尽粮绝,宁死不降,二将与士兵皆阵亡,为平定安史之乱立下大功,被朝廷封为东平王。

杭州百姓一向尊崇忠义之士,为了纪念张巡,南宋建炎二年(1128),在坊内建东平忠靖王庙供奉之。元代时庙宇毁坏,明洪武三十年(1397)重建,小巷改叫东平巷。1979年,庙址改建为上城区少年宫。

巷内9号的一座联体仿石库门为"渤海医庐"所在，是中医妇科医生裘笑梅的故居。裘笑梅于1933年获得杭州市第一张中医证书及行医执照，是老杭州人所知晓的名医，家门口常有患者通宵排队求医治病。石库门前有一口年代久远的水井，一代名医用仁术济民，正如这水井，以清流积德，留下口碑。

最闹街市羊坝头——羊坝头

> 羊坝头：东即平津桥，西接九刀庙前。古时濒海，此为筑坝御潮之处，应作洋坝。俗作羊坝，非也。……俗称坝头，盖正当坝之所在也。此可谓杭州最古之古迹。……市肆甚多，灯市尤闹。明清两代，除清和外，此亦为阛阓最盛之地。
>
> ——钟毓龙《说杭州》

走出三元坊巷，沿中山中路往南行不多远就是西湖大道，这条大道从城站一直通往西湖，是杭州的一条门户大道。今天的人们很少知道，随着这条马路的建成，一个老杭州人熟知的地名从此消隐在记忆里，它就是羊坝头。

羊坝头，是与三元坊巷平行的一条小巷，东端始于中山中路，西端连接定安路。杭城临近江海，古代在这里修筑阻挡洋潮的堤坝，俗称"洋坝"，这一带便叫洋坝头，口口相传，后来就叫成了羊坝头。

羊坝头也是出过功臣的地方，这人就是抗倭名将万表。

明朝嘉靖年间，倭寇经常袭扰我国东南沿海，一些由和尚组成的僧兵抗击倭寇，骁勇善战。杭州的寺庙里也寄居着很多少林寺武僧,他们整日习拳舞棍,闭门练武。有一个同样武艺高强的人常来庙里,与武僧交谈甚欢,结下友情。这个人就是驻守浙江的明军将领万表,他认为国家太平日久,士兵不善打仗,而这些少林武僧精通格斗之术,国家危难时可以重用。

很多官员对僧兵并不看好,万表为了让众人信服,便在杭州涌金门举行格斗比赛。明军派出八个教头,武僧只有孤舟和尚一人出阵。比赛号令一响,只见腾挪翻滚,棍棒飞舞,才几个回合,孤舟和尚就赤手空拳夺下明军教头的棍棒,将八人全都击倒。官员这才信服,将少林武僧编入守卫杭城的明军。

明嘉靖三十二年(1553)六月,倭寇进逼杭州,万表让明军将领吴懋宣和孤舟和尚率200个僧兵迎战。两军对垒,倭寇想用钱财诱使僧兵放弃抵抗,清心寡欲的武僧不为所动,趁着夜色火攻敌营,大败倭寇,杭城重获安全。僧兵名声大振,万表更是受民推崇。

万表(1498—1556),出身武官世家,从小聪颖好学,白天练习骑术,晚上秉烛苦读,17岁就世袭担任宁波卫指挥佥事,武举考试排名第一,会试考中武进士。他爱国忧民,文武双全,不仅精通用兵之道,而且长于写书作文,是万氏家族中的杰出人物。

倭寇猖獗的地区,百姓纷纷逃离,无法耕种,官府仍要征收田赋,很多人被迫投奔倭寇。万表向巡抚周琉建议免除百姓田赋,奖励回村耕种的农民,这样既可让他们不再投奔倭寇,又能为明军招募士兵,从而做到"如我得千人,则贼减千人"。他的建议被采纳,果然稳定了民心,军力大增,最终逐退倭寇,难怪古人认为万表的将略与戚继光齐名。

万表大半生都战斗在抗击倭寇第一线，屡战屡捷。明嘉靖三十三年（1554），倭寇进犯江苏和杭嘉湖地区，已经57岁的万表率兵痛击，倭寇射来的箭密集如雨，他身中一箭，血流不止，不退半步，终于击退倭寇。家人听说他受伤十分担心，他写信给儿子说："我家世以力战报国，我独持文墨议论，不任兵。今晚年增一箭痕，不亦美乎！"

两年后，万表病故，忠骨葬于杭州欧家山。他为官四十年，一直以"宁静淡泊"为座右铭，心系家国，不贪名利，家里简朴无华，没有多余钱财。普通百姓在路上遇见他，都不知道他是一位抗倭名将。

羊坝头曾经住过这样一位民族英雄，知道的人不多。在老杭州人眼里，羊坝头是杭城人气最旺的地方，即"阛阓（街市）最盛之地"。这里南面靠近鼓楼，北面毗邻官巷口，与之相交的中山中路在南宋时为御街，酒肆相连，灯火通明，成为商业娱乐中心。民国时期，羊坝头一带更是杭城最热闹的地段，店铺林立，市面繁荣，有万源绸庄、高义泰布店、豫丰祥百货店、采芝斋食品店、亨达利钟表行等著名老铺商行，还有日用百货店和旧货店，顾客络绎不绝。

羊坝头与中山中路相交处也是老杭州的金融中心。人们在这里可以看到几幢古典风格的西式建筑，条石砌墙，华贵气派，象征着财富和稳固，这就是建于民国时期的浙江实业银行、浙江兴业银行（现为工商银行羊坝头支行办公楼，浙江省文物保护单位），在旧中国银行界的"南三行"中占了两家（还有一家是上海商业储蓄银行），说这里是当时杭城最"有钱"的地方，实不为过。这几家银行的兴衰历程，也在中国金融史上留下浓墨重彩的一笔。

城市圆舞曲：西湖大道立交桥

1999年，羊坝头拓宽为街，与相接的涌金路贯通，成为杭城一条东西向的主干道，统称西湖大道。西湖大道南侧与之平行的一条小路，仍保留着羊坝头的地名。作为杭州曾经最热闹的一个地段，著名老店和银行大楼仍在，只是人气再不如前。

延伸足迹：红门局

红门局：东起定安路中段，西至鸿兴里折南转西至劳动路，北连涌金路。……明永乐中于涌金门建织造局……以其大门为红色，故称红门局。
——杭州市地名委员会办公室编《杭州市地名志》

羊坝头与定安路相交处的南侧有一个"红门局"，

很多人以为它是一个部门单位，其实它是一个巷名。这条小巷的东端连接定安路，西端与延安路相通，数百年前，这里是杭城最绚丽华贵的地方之一。

杭州地处江南水乡，蚕桑物资丰富，丝织业发达。明永乐二年（1404），朝廷在杭城旧御史台原址设织造局，负责采办绫罗绸缎，制作皇室百官和豪门权贵穿戴的华冠锦袍、纶巾缎靴等。织造局的大门是红色的，所以人们叫它红门局，所在的地方也因此得名。

红门局设官厅和织厅，官厅负责采集运输及管理等事务，有各种用房上百间，并建三个大厅，正厅悬挂"天章首焕"的匾额；织厅由一百多个织染作坊和两个库房组成，大堂的横匾写有"经纶"二字。据史料记载，明代时，红门局年产龙缎三万匹，清朝康熙年间拥有织机六百张，能工巧匠两千多人，精染细纺各色绫罗绸缎，做工考究，华贵精致，并能仿照日本、高丽等国的贡品缝制丝帛衣物，可谓真正的丝绸之府。

20世纪90年代的红门局

红门局除了办公用房和加工作坊外，采用园林布局，假山曲廊，栽桃种梅。每当暖风绽苞时，彩帛与鲜花相映成趣，引来很多市民登门观赏，更有文人雅士赋诗助兴，曾有《红门局看梅》二首写道：

红墙宛转护官梅，早向东风取次开。
笑我三人头尽白，也随游女看花来。

嫩晴天气午风和，坐对茶烟扬碧柯。
领略花间春意趣，机声停处鸟声多。

花开花落，人间几何。繁盛百年的红门局在风雨中已成明日黄花，而杭州人对丝绸服装业的贡献则世代为人称道，正所谓——

红门不再"红"，难忘"局"中人。

夫妇惠民最相宜——惠民路

> 惠民路：东起中山中路南段，西至旧藩署。……后市街将此路分为东西两段，东段南宋时为市南坊即巾子巷，或称金子巷。《梦粱录》称金子巷口有徐官人幞头铺。巾子巷之名或由此而来。又名惠民巷。西段原为宋理宗之潜邸，后改为龙翔宫。
>
> ——杭州市地名委员会办公室编《杭州市地名志》

羊坝头的南侧有一条与之平行的路，叫惠民路，它的东端连接中河中路，西端通往延安南路。这条路同样留下了苏东坡施政惠民的美谈。

北宋元祐四年（1089），苏东坡第二次来到杭州，担任知州，当时正逢旱涝灾情严重，瘟疫流行，百姓贫病交迫。苏东坡忧心如焚，急奏朝廷请求拨粮减赋，救济灾民，同时在侍妾王朝云的鼎力相助下，在杭城的巾子巷办了一座病坊，取名"安乐坊"，请精通医术的郎中和僧人坐堂，开展防疫治病工作。这一善举普惠于民，延续多年。南宋时病坊改建为施药局，元代改为惠民药局，小巷于是就叫惠民路了。

苏东坡有名的妻妾有三人，发妻叫王弗，和他感情深厚，相守十一年，不幸早逝。王弗去世十年后，苏东坡写了著名的《江城子·乙卯正月二十日夜记梦》，慨

夫妇惠民最相宜——惠民路

惠民路

叹"十年生死两茫茫。不思量，自难忘"，每当梦中重逢，总是"相顾无言，惟有泪千行"。

丧妻三年后，苏东坡娶了王弗的堂妹王闰之，夫妻相濡以沫。王闰之在苏东坡被贬官的困难时期，不离不弃，陪伴二十五年，最终也先他而去。

苏东坡与王朝云的结合则更有戏剧性。北宋熙宁四年（1071），苏东坡第一次到杭州，担任通判，在朋友聚会时与歌女王朝云相识。王闰之也十分怜爱这位年幼的歌女，将其收为侍女，夫妻两人教她写字读书。后来，苏东坡纳王朝云为妾，两人虽年龄悬殊，精神却十分契合。传说有一次苏东坡吃完饭，摸着肚子问侍女："你们说我腹中有何物？"一人说："学士满腹文章。"苏东坡摇摇头。另一人说:"学士满腹见识。"苏东坡不以为然。这时,只听王朝云说道:"学士一肚皮不合时宜。"苏东坡想到自己因政见不同而遭排挤,仕途坎坷,不禁笑道:"知我者,唯有朝云也。"

苏东坡为"知我者"王朝云写的诗词最多,常作完一首便让她以歌舞应和。王朝云演到动情处常声泪俱下,难怪苏东坡将她视为红颜知己,称她是"天女维摩"。

苏东坡筹建安乐病坊也有王朝云的功劳。当时朝廷的拨款只是杯水车薪,王朝云将自己的金银首饰和积攒的钱财全部捐出,受其感召,一些富商也相继捐款,终于办起了病坊。苏东坡和王朝云常亲临病坊看望病人,与医者商议治病对策,其中有一种中成药叫苏合香丸,就是在苏东坡亲自过问下配制的。此药专治中风中暑、心胃气痛等症,中药店至今仍有售。

苏东坡人生起伏多变,王朝云一直相守不离,可惜34岁即病故。失去知己的苏东坡,只剩不尽的伤感与思念,再未婚娶。他为王朝云修墓建亭,写的楹联是:"不合时宜,惟有朝云能识我;独弹古调,每逢暮雨倍思卿。"

如今,小巷拓建为马路,斯人均已逝,唯有路名存。无论过去多少年,行善惠民,永远不会"不合时宜",而"能识"苏东坡的,不仅有朝云,还有众百姓。

延伸足迹:后市街

上后市街:北通下后市街,南出河坊巷……宋时已有此名,殆取"前朝后市"之意。

下后市街:南接上后市街,北出羊坝头。……宋理宗潜邸在街西,后改为龙翔宫。魏惠王府、哲宗孟后及光宗李后之宅均在此。南宋时繁华之地也。

——钟毓龙《说杭州》

东西走向的惠民路与一条路相交,将其分为南北两段,这条路叫后市街,它的北端始于羊坝头,向南贯通惠民路直达河坊街,与大井巷隔街相对。

南宋都城在杭州存续了130多年,其间演绎了皇室多少悲喜故事,宋光宗的皇后李凤娘便是众多主人公中的一位,她曾在后市街住过。

传说李凤娘出生时,有一只黑凤凰在门前盘旋,所以取名凤娘。也许这是造物主使然,李凤娘长大后姿容俏丽,却心狠手辣,当上皇后以后,处处操控生性懦弱的宋光宗赵惇,挑拨宋光宗与宋孝宗的父子关系,甚至宋孝宗临死前也不让宋光宗见父皇一面。更令人发指的是,有一次赵惇洗脸时,一个侍奉的宫女捧上毛巾,赵惇看到她的双手纤细白嫩,随口称赞了一声,正好被旁边的李凤娘听见。第二天,赵惇收到一盒食品,侍从说是皇后送的,他打开盖子一看,竟是那个宫女血肉模糊的两只手,赵惇吓得魂飞魄散,经常在噩梦中惊醒……

宋高宗赵构建都杭州,在城外的凤凰山麓建造皇城,并修建十里御街(今中山南路、中山中路、部分中山北路)贯通主城。清河坊毗邻御街,是中央官署集中之处,皇亲国戚和达官显贵也争相在这一带建府邸私宅,宋理宗赵昀做太子时的府邸就在这里。赵昀做了皇帝后,府邸改为龙翔宫,龙翔宫旁边是太后和皇后的宅邸,其中便有宋哲宗皇后孟氏和宋光宗皇后李氏的宅邸,后者就是那个心狠手辣的李凤娘。

古代都市的街区,往往前面是皇朝府邸,后面是商店街市，所以有"前朝后市"的说法。后市街面向凤凰山麓的皇宫，位于闹市清河坊后面，故这样称之。南宋时，这条街上有很多商家店铺，酒馆歌楼，人气很旺，特别在节庆期间，更是市民云集，人群熙攘，旧有《观灯诗》，写的便是当时的热闹景象：

> 文锦坊西后市南，闹竿挑过百花篮。
> 少年游手夸轻俊，拾得双头碧玉簪。

现在，后市街已经拓宽，住宅楼鳞次栉比，紧邻的两条老街巷都改建成商业街——河坊街上商家店铺密集，各地游人摩肩接踵；高银街上酒楼饭馆林立，四方食客纷至沓来。

世纪更替，沧桑巨变，位于闹市后面的后市街，依旧名副其实。

百井有眼看兴替——百井坊巷

> 百井坊：在万岁桥西南，仁和县巷，旧为祥符寺北界，有吴越王九十九眼井。……尝考《十国春秋》，吴越宝正六年浚中兴寺戒坛院井，井九十九眼，号钱王井。则九十九是眼数，非井数明矣……坊曰百井，当从此得名。
>
> ——丁丙《武林坊巷志》

杭州很多里弄坊巷用水井命名，百井坊巷便是其中之一，它的东端与中山北路连接，西端与延安北路相通。这条巷和一位很有作为的古代帝王有关，他就是吴越国王钱镠。

钱镠（852—932），五代十国时期吴越国的创建者，他在位时采取保境安民政策，吴越国人才荟萃，经济繁荣。他发动20万民工修筑捍海石塘阻挡潮水侵害，扩大垦田，使"钱塘富庶盛于东南"。曾有风水先生建议他填埋西湖以扩建城市，这样可延续国业千年。钱镠说："百姓无水何以生存，国家无民何以延续，从来没有千年的王朝，吴越能立国百年我已心足。"杭州百姓有幸，风景秀美的西湖因此得以保留。

钱镠定都杭州，人口剧增，百姓用水成为头等大事。杭州近海临江，土地受海水浸渍，地下水咸涩难饮。百井坊巷一带人口稠密,早在南朝时就在这里建发心寺,唐代改叫龙兴寺,宋代改名祥符寺,寺庙占地五十亩,范围延至九里,僧众多达千人,寺庙附近还驻有兵营,一时佛事兴隆,人烟繁盛,用水问题也尤为突出。

为解决黎民众僧和官兵的饮水之难,钱镠在寺庙内外广挖水井。这里地处城北,古时离海更近,土地盐碱化严重,往往要挖很多口深井才能找到淡水,一共挖了99眼水井,号称百井。于是,这里就叫百井坊巷,世人称道"百井得名地,千家受福时"。

民间还有一个传说。五代后唐天成四年(929),钱镠因得罪素有旧怨的枢密使安重诲,被后唐明宗李亶削除官爵。钱镠的儿子钱元瓘等人上奏朝廷申诉,两年后,李亶惩治安重诲,恢复钱镠官爵。这一年钱镠正逢八十寿辰,便在祥符寺开凿99眼水井,以示功德圆满,寿延百年。

至于钱镠是否真的挖了99眼水井,人们大多认为这并非实数。古人挖一口井,常在上面开数眼井圈,以便

20世纪90年代的百井坊巷

多人同时汲水，所以 99 眼并非是井的数量。九是数目中最大的，古代常用九表示数量最多，因此 99 眼是形容挖井之多。正如有人写道："休哉吴越王，凿井泽愈普。井有九十九，未能成仆数（意为数不过来）。后人难名称，遂将成数举。"

如今，人们早已告别饮用井水的年代，而水井造福于民，泽被四方，是不应该被遗忘的。2001 年，百井坊巷拓宽为街，巷内尚存一口井，井边立有一块刻着"饮水思源"的石碑，街口放置了五个石质井圈和居民使用井水的雕塑，显示着被井水浸润的城市文脉。

2020 年的
百井坊巷

延安路上的钱王井

百井大多不存，在百井坊巷西端巷口对面的延安路上，还能看到当年祥符寺后院菜地里的一口水井。钱镠时代留下的这口水井俗称铁甲泉，泉水清澈，终年不涸，人们为纪念钱镠，称之为钱王井，也叫祥符井。

水井如人，伫立路边，就像一位久经沧桑的老者，在默默地怀念着过往的岁月，观看着社会的兴替。

延伸足迹：皇亲巷

皇亲巷：北出百井坊巷，南出宝极观巷。旧名太平巷，亦称皇清巷、报恩里。明孝惠太后死后，于此立勋戚牌坊，故名。

——钟毓龙《说杭州》

百井坊巷南侧有一条小巷，南端始于凤起路，北端连接百井坊巷。它叫皇亲巷，一看名字就知道一定和皇族有关。

明天顺八年（1464），明宪宗朱见深继位。这位曾被叔父朱祁钰废黜的太子当上皇帝后，治国理政较为开明，任用贤臣，减税宽刑，还为于谦平反冤案，《明史》赞其"恢恢有人君之度"。

明成化十二年（1476）秋天的一个夜晚，月光皎洁，枫叶染红，朱见深正在紫禁城的御花园观景赏月，忽然听到花木掩映处传来女子吟诵诗歌《红叶》的声音：

宫漏沉沉滴绛河，绣鞋无奈怯春罗。
曾将旧恨题红叶，惹得新愁上翠蛾。
雨过玉阶秋气冷，风摇金锁夜声多。
几年不见君王面，咫尺蓬莱奈若何？

声声幽怨，句句伤感，朱见深十分好奇，后宫里有如此"旧恨新愁"的会是何人呢？近前一看，是一位姿容美丽的宫人。朱见深被她的才貌所动，便册封她为宸妃，后来晋封为贵妃。

原来，这位宫人来自浙江昌化一个平民家庭，父亲邵林以淘沙为生，只有一个女儿。她14岁时被卖给杭州镇守太监，后被带到京城。邵氏女天生丽质，知书达理，被选入宫中，却因出身寒门，受到得宠的万贵妃嫉妒，只能待在后宫寂寞度日。

邵氏女生了三个儿子，孙子朱厚熜就是后来的明世宗，即嘉靖皇帝。她在皇宫生活50多年，并不骄横跋扈，且能体恤民情。来自江南平民之家的她对当上皇帝的朱厚熜说："女子入宫之苦，饮食起居，皆不得自如，以后选女毋下江南，亦见我开恩于江南女子也！"

女儿当上贵妃，父亲自然成了皇亲国戚。邵林被封为昌化伯,享受厚禄,还在杭州住过的小巷建豪华住宅,取名"邵园"。当年邵氏女住过的这条小巷,由此得名皇亲巷。

明嘉靖元年(1522),邵氏女去世,朱厚熜谥祖母为孝惠皇后,并在皇亲巷立"勋戚牌坊",还耗银十万两将曾祖父邵林和曾祖母厚葬在杭州南屏山麓。说来奇怪,坟地周围生长大片蚕豆,颗粒大、味道好,杭州百姓称之为"皇坟豆"。

到了20世纪30年代,皇亲巷里的皇亲国戚早已不见踪迹,一位画家和文学家曾在小巷安居,他就是丰子恺。丰子恺住在皇亲巷9号,把自己的老宅雅称为"肖囥"。这是一幢两层三开间的江南民居,白墙衬托黑瓦,开窗便见庭院,他在这一方天地里灵思泉涌,妙笔生花,为世人留下大量精美隽永的绘画和散文作品,正如著名文学家俞平伯对他的评价:"一片片的落英,都含蓄着人间的情味。"

1995年,凤起路扩建,丰子恺故居被拆除,昔日的皇亲巷成为皇亲苑住宅小区,小区的南门立有"丰子恺艺术纪念碑",为这条小巷留下了一抹历史的印痕。

耶稣堂弄

耶稣堂弄:东起中山北路,西至延安路。……又名兴福寺巷、青春巷。清时,司徒雷登父亲司徒尔在此建有耶稣堂,故名。
——杭州市地名委员会办公室编《杭州市地名志》

从百井坊巷沿中山北路向北走没多远就到了天水桥,这里有一条与百井坊巷平行的小巷,东端始于中山北路,西端连接延安路，宋代叫兴福寺巷，后来因为与一个外国人的邂逅而改叫耶稣堂弄。

清光绪二年（1876）初夏的一天，一个美国男孩诞生在这条小巷里，取名司徒雷登。他的奶妈是杭州人，这让他在嗷嗷待哺时汲取的是杭州的乳汁，牙牙学语时最先接触的是杭州的方言。难怪他长大后，人们听到这位深眼眶、高鼻梁的外国人会说很多杭州的方言俚语，无不感到惊讶好奇。

司徒雷登的父亲约翰·司徒尔是美国传教士，在天水桥建了一座教堂"天水堂"，还办起学校和育婴堂，他居住的地方就叫耶稣堂弄。司徒雷登在这条弄堂里度过了童年，他和中国小伙伴一同摘银杏果、看社戏和观彩灯，喜欢吃中国的年夜饭，常和家人坐彩船游西湖，雷峰塔、灵隐寺也是他流连忘返的地方。

司徒雷登11岁回美国读中学，大学毕业后子承父业，又回到杭州当了传教士，人称"司徒先生"。1919年，他在北京创办燕京大学（后与北京大学合并）并担任校长20多年，他苦心经营的这座被人誉为世界上最美丽的校园，为中国培养了大量杰出人才。太平洋战争爆发后，他因拒绝与日军合作被关押四年，抗战结束后担任美国驻华大使。1949年，司徒雷登离开中国，他没有运走任何资产，带去的是对这片故土的深情眷念。

司徒雷登常说："我是一个中国人更甚于是一个美国人。"他为传递中美两国人民友谊不遗余力，被授予杭州"荣誉市民"称号。去世后，又回归生于斯、长于斯的中国，和他的父母兄弟安葬于杭州的碧水青山。

司徒雷登的故居在耶稣堂弄3号，是一幢两层砖木

位于耶稣堂弄3号的司徒雷登故居

结构的中西式楼房，并有花园假山。故居于2003年重建，被列为杭州市文物保护单位。当年约翰·司徒尔在院子里栽种的银杏树和榉树依旧枝繁叶茂，紧邻的天水堂经过重修面貌一新，弄堂也已拓宽，"耶稣堂弄"的牌子仍然挂在巷口，无声地表达着杭州人民对这家美国朋友的恒久情怀。

小楼深巷听春雨——孩儿巷

孩儿巷：东出同春坊对北桥，西抵西牌楼。宋代为保和坊之砖街巷，似因以砖砌路而得名。陆游任军器少监、礼部郎中时居此巷。亦名泥孩儿巷，以昔时地多泥孩儿玩具铺，后简称孩儿巷。

——钟毓龙《说杭州》

杭州有一条小巷，取名"孩儿"，别看名字充满"孩子气"，其实年岁已很长，故事就更多了，主人公既有孩儿也有老人。

先来讲讲孩儿的故事。

很久以前，巷子里住着一户人家，只有母子二人，男孩备受母亲宠爱。有一天，男孩看到邻居院子里晾晒着杭州人喜欢吃的白鲞，见邻居家没人，就偷偷拿了一条白鲞，回家不敢拿出来，怕被母亲责骂，没想到母亲看到后却夸儿子懂事能干，知道顾家。男孩就这样养成了小偷小摸的习惯，从顺手牵羊到入室偷窃，贼胆越来越大，长大后成了大盗，最终被官府抓获判处死刑。

临刑那天，母亲站在围观的人群中悲痛欲绝。监斩官问儿子有什么话想对家人说，儿子说想再吃母亲的一口奶水，不忘母亲哺育之恩。人之将死，其言也善，监

位于孩儿巷 98 号的陆游纪念馆

斩官同意了他的要求。母亲走上前去，流泪解开衣襟，不料儿子把脑袋伸到母亲胸前，用力咬下了母亲的奶头，哭着说道："娘啊，没有你的纵容，孩儿怎会有今日！"儿子伏法后，母亲痛不欲生，悬梁自尽。

这个"浪子回头咬奶头"的故事口口相传，人们便把这条小巷叫作"害儿巷"，时间长了，因发音相近，后来叫成孩儿巷。相同版本的故事很多地方都有，说的都是父母溺爱娇宠孩子的危害，因而成为古今家教的生动教材。

上面讲的故事只是民间传说，孩儿巷与孩子有关，则是实实在在的。

每年农历七月初七，是我国传统的七夕节，也叫乞巧节和女儿节。这天夜晚，人们仰望星空，沉浸在关于牛郎织女的浪漫故事里，也是儿童无比开心的时候。

南宋时，随着都城南迁，把北方特别是东京汴梁（今河南开封）的一些风俗带到杭州，例如七夕节时，杭州民间也像北方那样流行用泥巴捏制摩睺罗（摩睺罗为梵文译音，即泥孩儿的意思）。孩童们手里挥动新摘的荷叶，模仿泥孩儿的各种形态，在街头巷尾手舞足蹈，嬉戏玩耍。南宋典籍《梦粱录》里是这样描述的："市井儿童，手执新荷叶，效摩睺罗之状。此东都流传，至今不改。"许多外地游客也到孩儿巷购买色彩斑斓、形态各异的泥孩儿，作为礼物回家送人。

南宋时，杭州还流行一种叫"拴泥儿"的习俗。一些想要生儿子的人家，大年初一到寺庙烧头香时，用红色绒线拴着一个泥做的男娃娃，放在菩萨面前，表示儿子已经拴住，然后持香跪拜，再用红布包好拿回家，供奉在祖宗牌位旁，以求神灵和祖宗保佑早得贵子。

有需求就有市场，孩儿巷制售泥孩儿的店铺一家挨着一家，满巷子都是"泥孩儿"，人们叫它孩儿巷自然名副其实了。

如今的孩儿巷已拓宽成街，东端始于中山北路，西端跨延安路连接武林路，街名仍叫孩儿巷，可以算是杭城最长的一条小巷了。

再来讲讲古今两位老人的故事。

这位古代的老人就是我国著名的爱国诗人陆游。陆游（1125—1210），越州山阴（今浙江绍兴）人，从小亲历金兵入侵带来的战乱，对靖康之耻感受深切，年轻时就立下"上马击狂胡，下马草军书"的豪迈志向，走上仕途后，爱国忧民，力主抗金，却屡遭秦桧等人排斥。

南宋淳熙十三年（1186），因主战被削职在家5年的陆游，经丞相王淮提名，奉诏从山阴来到杭州，被朝廷任命为严州知府，掌管富春江畔的建德、淳安、桐庐等地政事。他在杭州等候朝廷召见时，住在孩儿巷的一座小楼里，虽已62岁，仍然壮心不已，渴望为国建功，他上书宋孝宗赵昚，愿率兵北伐，平定中原。不料，赵昚偏安南方一隅，无意收复故土，对陆游说："严陵，山水胜处，职事之暇，可以赋咏自适。"意思是严州一带山清水秀，你还是乘任职之暇纵情山水，吟诗作词，自得其乐吧。

山河破碎，"但悲不见九州同"的陆游怎有心情游山玩水？他独自待在小楼里，彻夜难眠，去严州任职并非自己所愿，本想征战沙场，不惜马革裹尸，却是报国无门，壮志难酬，满腹的惆怅苦闷难以排遣。

时值早春，春雨淅沥，陆游望着窗外，幽深的小巷烟雨朦胧，偶有行人从楼前走过，雨珠从屋檐落下，滴答有声。此情此景，让陆游想起同时代的抗金名将岳飞写的"莫等闲、白了少年头，空悲切"的词句，自己已是六十老翁，"靖康耻，犹未雪"，再难看到"王师北定中原日"的到来，只能对天长叹。

不觉天色渐亮，春雨停歇，楼下传来小贩叫卖杏花的吆喝，声音在幽深的小巷里回荡，随着晨雾飘散开去。陆游推开窗户，循声望去，似乎闻到了早春的芬芳，还有家乡的气息，不禁触景生情，挥笔写下一首七言律诗，题为《临安春雨初霁》：

世味年来薄似纱，谁令骑马客京华？
小楼一夜听春雨，深巷明朝卖杏花。
矮纸斜行闲作草，晴窗细乳戏分茶。
素衣莫起风尘叹，犹及清明可到家。

陆游在诗里表述的是，自己既然已经看透如同薄纱的世态人情，为什么还要客居京城呢？独坐小楼，只有夜雨相伴，叫卖杏花的声音让人更添春愁，只好写字饮茶打发时光。身在官场，自己不会被污浊风气沾染，但愿清明节就可以回到家中了。

这首不足 60 个字的诗，表达了看似闲适寂寞的心境，其实是无奈惆怅的悲情。其中"小楼一夜听春雨，深巷明朝卖杏花"成为千古佳句，当时传入皇宫，宋孝宗赵昚大加赞赏。对此，清代的谢启昆在《树经堂诗初集》中这样写道："小楼杏雨临安客，早有诗名入禁中。"清代的舒位在《书剑南诗集后》中也作了评论："小楼深巷卖花声，七字春愁隔夜生。较可尚书词绝妙，一晴一雨唱红情。"

20 世纪 90 年代的山子巷

孩儿巷的南端连接着弯曲延伸的山子巷（也叫山芝巷或山枝巷），历来有人推测，多次来杭州居住的南宋诗人陆游，当年也可能在山子巷住过，其著名诗句"小楼一夜听春雨，深巷明朝卖杏花"中的"深巷"，或许指的就是这条蜿蜒幽深的巷弄。

陆游究竟是在孩儿巷还是山子巷写下《临安春雨初霁》，尚无确证可考，毋庸置疑的是，这首诗生动含蓄地表现了千年古城的市井风情，也为江南小巷增添了丰富的文化意蕴。

创作这首诗不久，陆游就离开杭城去严州赴任了，在担任严州知府期间，恪尽职守，积极作为。当时遇到严重旱灾，他一边上奏朝廷要求减免赋税，一边开展抗灾救助活动，深得人心。富春江的山光水色也赋予诗人太多的灵感和激情，他在任期间，创作了大量的诗词文章。

说到孩儿巷，还有一位今天的老人也值得一提。

孩儿巷现已拓建为宽阔的街道，马路两边都是商家酒店和住宅高楼，全无"深巷"的味道，只剩一座白墙黑瓦的老宅显得有些另类。老宅的门牌上写着孩儿巷98号，这是一幢建于清代中晚期的建筑，占地0.08公顷，双层回廊式木结构，共有五进，门窗、板壁、楼道和围廊镂刻蝙蝠、八卦等文饰，牛腿（房梁与外墙连接的突出部位）为仙鹤与麒麟组成的木雕，具有典型的江南传统民居特色。

1998年，孩儿巷一带实施改建工程，孩儿巷98号列入拆除范围。从小就住在这里的钱希尧老人对旧宅深有感情，不忍心看到这座百年老屋从此不复存在，多方奔走呼吁保留这一建筑，进行多年的诉讼，一审法院判决钱希尧败诉，老人继续上诉。我国著名古建筑专家阮仪三也到孩儿巷98号进行考证并提出保护建议，杭州市政府十分重视，杭州市中级人民法院撤销一审判决，百年老屋终于得以保留。这一全国首例民间力量通过法律途径保护历史建筑获得胜诉的案例，为依法处理城市建设与文物保护的问题提供了借鉴，在社会上引起很大反响，《人民日报》和中央电视台等媒体亦对此做了报道。

2004年，孩儿巷98号被列入杭州市历史建筑保护名单，重新修复，作为陆游纪念馆对外开放。老宅再现新颜，向人们展示着孩儿巷延伸的历史文脉，还有杭州市民的文化情结。

延伸足迹：竹竿巷

竹竿巷：东接众安桥，西至饷部前。宋时为纯礼坊后洋街。传杭州编篱花之细竹在此集市，故名。

——钟毓龙《说杭州》

孩儿巷的南侧有一条与之平行的小巷叫竹竿巷，这条小巷东端连接永丰巷，西端通往延安路。宋代时，这里是买卖竹子的集市，专门出售编制篱笆、箩筐和插花用的细竹条，所以叫竹竿巷。

竹竿巷也是达官名士居住之地，其中有北宋的殿前都指挥使赵密，南宋的靖王、秀王、太师史浩，清朝的名士毛奇龄和东阁大学士梁诗正等的宅第，名宅故居就有二十多处。

苏东坡在杭州担任知州时，也在竹竿巷住过。有一次，有人运送官粮到京城，乘机暗藏私货，为了偷逃税款，在私货的包装封口上写的发货人是"杭州知州苏内翰"

竹竿巷

（苏东坡曾任翰林学士，故世人也称他为"苏翰林"或"苏内翰"），沿路关卡一看是苏东坡发送的货物，都不细查，一路放行。那人自以为得意，没想到最终还是被官府查获，问他何以如此大胆，竟敢冒名作案，那人只得如实招来："论最负盛名，哪个能和苏先生相比呢？想用此招蒙混过关，以为可通行无阻，结果还是被抓了。"消息传到杭州，苏东坡听了并没动怒，反而付之一笑，让人告知那边官府，把包装封口上的发货人直接改成"竹竿巷苏学士"即可，税款照罚便是。

苏东坡的这一举动，史书多有记述，人们从中读到的大多是他豁达幽默的性格，而东坡居士把"杭州知州"改为"竹竿巷"，将发货人"去除官职"，或许也有为官行事应当公私分明的用意吧。

麒麟街

麒麟街：南出孩儿巷，北抵宝带桥河下。旧名新营街。麒麟或为新营之讹。然据考名麒麟亦有据。此街元时近贡院,昔时以麒麟为祥瑞之征。

——钟毓龙《说杭州》

孩儿巷的北侧有一条小街与之相交,它叫麒麟街,南端连接孩儿巷,北端通到凤起路。杭州的老街巷用动物命名并不鲜见,而它的名字居然是传说中的一种神兽,就有点稀奇了,这就要说到六百多年前的一场考试。

古代的科举考试分为乡试、会试和殿试三级。报考者先要参加童生试,通过后的童生称为生员,也就是秀才,然后才有资格参加乡试。乡试通过的称为举人,会试通过的称为贡士,殿试通过的称为进士。

元至正十年(1350)秋天,来自浙江各地的生员到杭州贡院参加乡试。八月二十二日深夜,万籁俱寂,在贡院看门的人听到院墙外有响动,开门一看,只见一只怪兽从面前飞快地跑过,吓得他大声喊叫起来。众人闻声出来一看,怪兽已消失在街道尽头,不见踪影,大家以为是一只狗,值班的看花了眼,便回屋去睡了。

第二天一早,考官来到贡院,听说昨夜发生的事,问看门的人到底看见了什么,看门的仍惊魂未定,说道:"那只怪兽长着独角不像鹿,长着牛蹄不像牛,长着驴尾不像驴,浑身长鳞不像龙,是个四不像。"考官听了后不仅没有吃惊,反而面露喜色地说道:"这不是麒麟吗?善哉!善哉!"

原来,麒麟是我国古代神话传说中的一种动物,民间也叫"甪端""獬豸""独角兽",它长着麒麟头、狮身、独角、长尾、四爪,可日行一万八千里,与凤、龟、龙并称"四灵",居于四灵的首位。人们认为麒麟可以驱

麒麟街

邪消灾，带来吉祥太平，所以又叫它瑞兽和神兽，古代帝王常制作麒麟的石像护佑皇陵。民间还有"麒麟送子"的说法，认为麒麟送来参加考试的童子将来都能科举中第，成为贤良之臣。

再说这位认为"善哉"的考官，他走进乡试考场，想起昨夜有麒麟经过贡院，灵机一动，何不就以"甪端"为题，让考生作文，既能带来吉利，也能看看考生临场发挥的能力。考生都没想到会出这样的怪题，只得冥思苦想，借题发挥。考完后，考官批阅试卷，发现真有几篇堪称佳作，其中有两篇《甪端赋》后来还收录在《至治之音》一书中。

从那以后，贡院所在的这条街就叫麒麟街。明代时，它曾改叫新营街，大概当地居民觉得还是原来的名称更加吉利，于是又叫它麒麟街，直到今天。

石桥相斗见人心——斗富桥

斗富一桥：在断河头北，宋时名通利桥，亦名平安第一桥。昔时凡过客由杭东渡者，皆于此登陆。

斗富二桥：在一桥北，宋时名米市桥。……旧名平安第二桥。

斗富三桥：在二桥北，宋时名五柳园桥，近老儿营，旁有巷，犹名五柳。旧名平安第三桥。

按以上三桥，均以斗富名，其义不可晓。……宋时已有平安之名，何时易为斗富，无可考。俗讹作豆腐。

——钟毓龙《说杭州》

北宋末年，金军将领兀术率50万金兵，挥师南下，攻城略地，宋王朝岌岌可危。抗金名将陆登奋勇抗敌，战死疆场，夫人也尽节自杀，留下一个男婴名叫陆文龙。金兀术感佩陆登夫妇精忠报国的气节，收陆文龙为义子，陆文龙长大后成为他的手下将领，武艺高强，骁勇善战。

岳飞军中有一个部将叫王佐，他英勇杀敌，战功卓著。王佐愿意只身冒死到金营说服陆文龙归顺南宋，岳飞担心难以成功。王佐说可用苦肉计取信金兀术，说完拔剑斩断自己的右臂，岳飞只得含泪答应。

王佐来到金营，对金兀术说道："小臣王佐，劝岳飞与金军议和，岳飞不仅不听，还斩断我的右臂，我只得投奔大将军。"金兀术信以为真,将王佐留在金营。王佐乘机接近陆文龙,告知他的身世。陆文龙决心为父母报仇,便跟王佐投奔宋营,后来率兵大败金军。

王佐出使金营有功,为此失去一条胳膊,再也不能打仗。经岳飞推举,宋高宗赵构封他为安乐王,并特许他在杭州建一座王府,尽享安乐生活。

王佐自然高兴,打算在杭州菜市河(今东河)附近建造安乐王府,于是征集民夫,大兴土木,把摆渡的木船都用来运送石材木料,给当地百姓的生活带来很大不便。人们怨声载道,编了民谣唱道:"安乐王,安乐王,一人安乐众人忙。"

王佐知道百姓的不满后,深感不该居功享乐,建房扰民,决定不再建造豪华王府,腾出一部分上好的石料在东河造一座石拱桥,以便人们通行。桥造好后,百姓感念其德,叫它安乐桥,还把那首歌谣改成新词传唱:"安乐王,安乐王,为民造桥美名扬。"

有人听说这事却不高兴了,此人就是宰相秦桧。他看到百姓交口称赞一个断臂将军,顿生妒意,心想,不就是造了一座桥吗,我有的是财富,在菜市河上造三座桥,看谁斗得过谁。于是,官府抓丁拉夫,摊派徭役,弄得民怨沸腾。

几个月后,三座桥造好了,一座比一座气派,下属询问给桥取什么名字,秦桧得意地说,就叫斗富一桥、斗富二桥和斗富三桥。这三座桥外观确实胜过安乐桥,可是没过多久就石板塌陷,护栏破损,一看便知是"豆腐渣工程"。原来,工匠们都痛恨秦桧的奸诈为人,造桥时有意偷工减料,敷衍对付,难怪这三座桥又被人们叫作"豆腐桥"了。

就这样，东河上的这几座桥因为故事而有名，它们所处之地也因桥而得名。现在，人们说到这些桥，实际上指的是桥所在的街巷了。

斗富一桥东起建国南路，西折北至河坊街。南宋绍兴三十二年（1162），宋高宗赵构在这一带建德寿宫，填埋菜市河南端，河道至此而断，这里故称断河头，又叫旱河头。斗富一桥后来名存实亡，旧时有民谣流传：

一桥二桥水不流，三桥桥畔多泊舟。
侬情常如江上水，愿郎弗住断河头。

2002年，河坊街扩建，向东延伸至江城路，并将过去填埋的东河南端与中河沟通，河上新建一座石砌拱桥，昔日的断河头已经不再"断头"。

斗富二桥位于斗富一桥北侧，东起姚园寺巷，西至直吉祥巷。南宋建都杭州，市民增至百万，每天需三千多石粮食。粮商用舟船经东河运粮到斗富二桥，桥边开有几十家米铺，店家提供米袋，并有脚夫相帮运送，买卖公平方便，斗富二桥成为米市集散中心，故又称米市桥。

如今，原先的石拱桥已改建成钢筋混凝土平桥，米市也早就消隐在远去的历史中。那条名叫斗富二桥的小街还在，从小街两边的二层木结构房屋前走过，不知是否会有人想起当年米市的繁盛情景？

斗富三桥位于斗富二桥北侧，东起建国南路，西至城头巷，与梅花碑相接。该桥毗邻德寿宫的五柳园，又叫五柳园桥。南宋时，这里还有寿慈宫营，先后住过几

斗富二桥的旧貌新颜（上：20世纪90年代　下：2020年）

位太上皇后和皇太后，百姓便把这里叫作老儿营，民间有诗相传：

    三桥河埠水偏清，越角吴根管送迎。
    风里但劳游客榜，烟中谁觅老儿营。

  斗富三桥的北侧，就是那座安乐桥，它东起建国南路，西接五柳巷，毗邻板儿巷。这一带曾建有景隆观、金刚寺、灵顺宫和安乐园，后人写诗这样描述：

> 道院仙宫常补葺，金刚灵顺迹犹存。
> 版儿巷口河桥路，苍莽难寻安乐园。

今天，我们已难觅安乐园的踪迹，原先的安乐桥现已改为钢筋混凝土平桥，成为西湖大道东段的一部分。

关于安乐桥和斗富桥的故事，多少年来有许多不同版本，而产生这些故事的古桥所承载的世道人心，则是泾渭分明、古今相同的。

延伸足迹：五柳巷

五柳巷：东南通斗富三桥，北抵毛竹弄，东北出安乐桥，西为城头巷。宋时有五柳园，一名西园，巷为其遗址。

——钟毓龙《说杭州》

斗富三桥附近有一条小巷，叫五柳巷，它的南端连接斗富三桥，北端通往城头巷。南宋时，这里毗邻宋高宗赵构颐享天年的德寿宫，建有东御园（即富景园），依傍东河还有一个西园，园门前栽有五棵柳树，故叫五柳园，住在德寿宫的南宋皇室人员常来这里游览赏景。

到了清代，五柳园被称为杭城的第一名园，园内花草茂盛，景色宜人，人们坐车、乘舟或步行，到昔日的皇室御园赏花观鸟，饮酒品茶。后来，五柳园荒废，日渐冷清。清光绪三十三年（1907），沪杭铁路建成后在临近的清泰门设立车站，车来人往，这里搬入很多住家，民宅密集，形成巷弄，就叫五柳巷。

五柳巷的旧貌新颜（左：20世纪末　右：21世纪初）

现在，五柳园已成昨日风景，五柳巷还留有很多民国时期的房屋。这条东河边的老巷是杭州主城区最后被改造的街巷之一。2014年，五柳巷与周边的斗富三桥、城头巷、四维里等一起被定为历史文化街区，并修缮一新，民居白墙黑瓦，深巷石板铺地，重现江南市井风情。

禅寺夜闻潮鸣声——潮鸣寺巷

> 潮鸣寺：在庆春门北之潮鸣寺巷，五代梁时所建。传宋高宗赵构为金兵所逐，南渡来杭，暂驻此寺，惊魂未定。夜闻钱江怒潮之声，以为金兵至，大骇。此为寺名潮鸣之由来。
>
> ——钟毓龙《说杭州》

杭州的很多巷弄是以寺庙命名的，例如祖庙巷、助圣庙巷、觉苑寺巷、定香寺巷、比胜庙巷、长明寺巷、九刀庙巷、青莲寺巷等，可见当年杭城香火之旺，佛事之盛。这些巷弄为后人留下的很多故事，就像历史长河溅起的点点水珠，浸润着这座历史名城的深厚文脉。

杭州拱墅区有一条潮鸣寺巷，东端连接醋坊巷，西端通往建国北路，它就是一条有故事的小巷。

五代后梁贞明元年（915），吴越国王钱镠在此修建寺庙，取名归德院。那时，这一带地处庆春门外，临近钱塘江畔，地偏人稀，伴随潮涨潮落，只闻庙里和尚敲打木鱼、捻珠诵经之声。

到了北宋末年，金兵侵占中原，宋徽宗赵佶和宋钦宗赵桓成为金朝的阶下之囚。康王赵构逃到商丘称帝，后来逃到扬州，原想在这里苟且偷安。金兵穷追不舍，

潮鸣寺巷的旧貌新颜（上：20世纪90年代　下：2020年）

南宋建炎三年（1129），十万金骑攻破扬州城，赵构只得渡江南逃，来到杭州（后升为临安府）东郊。这时，天色已暗，人困马乏，忽然前面有烛火闪亮，近前一看，原来到了归德院，便决定投宿庙里。寺庙住持忙吩咐僧人烧水煮饭，腾屋铺床，安顿赵构一行休息。

半夜里，赵构入梦正酣，忽然传来惊心动魄的隆隆声响，就像战鼓齐鸣，万马奔腾，他急忙起身走出庙门一看，茫茫夜色中，只见重重黑影以雷霆万钧之势迎面扑来。赵构和随从大惊失色，以为金兵大队人马杀将过来，慌忙逃出归德院。

夜色下，赵构与部下慌不择路，拼命往南逃去，经过一座石桥时，已是气喘吁吁，实在跑不动了，只得在桥上休息。这时却没有了隆隆声响，抬头环顾周围，只见星光闪烁，万籁俱寂，不见一个金兵的影子。正在困惑不解时，探路的随从回来禀报，原来是钱塘江的晚潮上涨，后浪推拥前浪，惊涛拍岸，震耳欲聋，就像千军万马奔腾而来。赵构这才回过神来，看来是虚惊一场，于是和随行人员原路返回归德院。

第二天，赵构一觉醒来，已是天色大亮。为了感谢归德院在危难时刻相助，赵构赐给寺院一块匾，住持请他题写匾额。赵构握笔蘸墨，想起昨夜潮声惊梦，感慨万千，便在匾额上题写"潮鸣"二字，还乘兴抄录苏东坡的一首诗作：

野水参差落涨痕，疏林欹倒出霜根。
扁舟一棹向何处？家在江南黄叶村。

不知是无意笔误，还是有心为之，赵构把原诗第一句中的"野水"写成了"野寺"，想必这样措辞是因触景生情，更合当时的境遇吧。后来，人们就把归德院改名潮鸣寺，这一带就叫潮鸣寺巷，"潮鸣梵唱"景观便成为"东园十景"之一。

南宋绍兴八年（1138），赵构定都临安（今浙江杭州），他为潮鸣寺留下的御笔自然成了宝贝，寺僧把皇上所录的苏东坡一诗刻成石碑立于寺院东庑中。几个世纪后，清代人士穆彰阿写了《潮鸣寺》一诗，便是由此引发的一段"岁月随想"——

> 寿皇当日听潮处，曾写坡公七字诗。
> 今日斜阳冷钟梵，更无人能话残碑。

除了匾额和残碑，潮鸣寺所藏宝贝还有不少。寺内曾经收藏宋朝名士张樗寮的手书《华严经》多卷，传说他是天上的水星下凡人间，所写书卷能避火患。还有明朝宣德年间的画家戴文进绘制的十三幅佛家画像，戴文进遭到陷害逃亡外地，就把画作藏于潮鸣寺，成为镇寺之宝，清末名士丁丙等人为保存这些作品，募集资金加以装裱。真可谓野寺藏宝贝，庙小文物多，可惜世事难料，这些藏品都已不知去向。

朝代更替，潮鸣寺几度毁于大火，多次重建，最终湮没于历史风雨之中。随着江岸的不断延伸，这一带早就不闻钱塘潮声。潮鸣寺在20世纪50年代改建为潮鸣寺巷小学。现在的潮鸣寺巷已是成片的住宅小区，人们只能从巷口的石碑上读到它的趣闻逸事了。

延伸足迹：回龙庙前

> 回龙庙前：南起潮鸣寺巷接醋坊巷，北至游泳巷东连刀茅巷。……《西湖游览志》卷十八："潮鸣寺……初名归德院，高宗南渡，驻跸寺中"，赐今名。"寺北有回龙桥"，即高宗闻潮回驾处。后建回龙庙。地以庙名。
> ——杭州市地名委员会办公室编《杭州市地名志》

潮鸣寺巷的东端和一条小巷相接，这条小巷叫回龙庙前，它的南段始于潮鸣寺巷，北端通往游泳巷。800多年以前的一个夜晚，这里同样留下了宋高宗赵构的足迹。

　　前面说到赵构被金兵追赶,暂宿于潮鸣寺,半夜被钱塘江潮惊醒,以为金兵追至,慌忙往南逃去,一路马不停蹄,来到一座石桥前,感觉似曾来过,仔细一看,原来正是昨夜从这里转身折返潮鸣寺的石桥。再次走过这座石桥,赵构心里真是五味杂陈:他或许想到大宋王朝的一度昌盛,自己的一路溃逃;或许想到宋朝军队如

回龙庙前的旧貌新颜(上:20世纪90年代　下:2020年)

能像钱江大潮一样势不可当，何愁不能击退金兵收复故土呢？远处，繁华的临安城已经在望，自己能在那里延续大宋的基业吗？

后来，人们把赵构掉头返回的那座石桥叫作回龙桥，还在桥边建了土地庙，取名回龙庙。杭州于是又多了一条以庙命名的小巷，它的南端始于醋坊巷，北端连接游泳巷和刀茅巷，这里因此成为"东园十景"的其中一景，取名"回龙辇草"。

醋坊巷

> 醋坊巷：南起庆春路东段，北至潮鸣寺巷接回龙庙前。……宋时有醋库十二，此地为其中之一，故名醋坊巷。
>
> ——杭州市地名委员会办公室编《杭州市地名志》

沿着潮鸣寺巷往东走，有一条与之相交的小巷，叫醋坊巷。它的南端通往庆春路，北端连接回龙庙前巷，中间有三条平行的支巷，分别叫醋坊一弄、二弄、三弄。

南宋初年，赵构在南京应天府（今河南商丘）即位，不久金兵占领中原，半壁河山已破，只得一路南逃，辗转各地，最终在临安（今浙江杭州）定都。北方的百姓和皇室权贵纷纷涌入杭州，城市人口剧增。

赵构在杭州坐稳皇位后，和朝廷百官沉迷于游山玩水、歌舞升平之中。对此，南宋诗人林升在《题临安邸》一诗中作了生动的讽喻：

> 山外青山楼外楼，西湖歌舞几时休？
> 暖风熏得游人醉，直把杭州作汴州。

20世纪90年代的醋坊巷

在这样的暖风熏陶下,酒楼饭馆生意兴隆。食醋可以助兴调味,还有消毒保健的功效,市场需求自然旺盛,一些头脑活络的商人乘机控制货源,抬高价格,当时民间流行两句话:"欲得官,杀人放火受招安;欲得富,赶着行在("行在"又称行都,即都城临安)发酒醋。"官府为了统一管理醋业市场,在城里设立十二个醋库,由官库酿制储存食醋,其中一个醋库就设在这里,小巷因此得名。

醋坊巷里住的多是贫苦百姓,有人开了很多织机作坊。小巷和潮鸣寺巷之间原先有一个湖荡,很多女人在湖荡边漂洗茧丝,碰到冰雪天气,就把冰层敲开,双手冻得通红。巷子里还有一个红亭,傍晚闲时,常有一些女子聚在这里唠家常、诉苦情,"红亭夕照"便成为"东园十景"之一。

醋坊巷里还有一个显真道院,建于南宋建炎三年(1129)。明景泰八年(1457),于谦被诬谋逆罪入狱,传说他解下自己身上围的周长四尺、嵌有碧玉的玉带,托人交给道院保管（于谦年轻时曾在道院的后楼读书）。道院内还藏有清朝雍正年间大将军年羹尧被贬杭州管太平门时遗留的铁枪两支。清咸丰十一年（1861），道院毁于兵乱，玉带和铁枪均不知去向。

如今，"红亭夕照"已是昨日风景，醋坊巷也成为宽街阔路，却仍然保留着原先的叫法。人们看到这个巷名，就会想到这里曾经是一个与食醋密切相关的地方。

冬暖夏凉缸甏屋——缸甏弄

缸甏弄：东起建国北路南段，西至东河边。……旧时从宜兴运杭之缸甏在此设栈，故称缸甏弄。

——杭州市地名委员会办公室编：《杭州市地名志》

　　潮鸣寺巷的西端巷口，隔着建国北路，斜对面有一条小巷，叫缸甏弄，它的东端连接建国北路，西端通到东河。这里位于菜市桥和太平桥之间，水路方便，商贩用船将江苏宜兴出产的缸甏经东河运到杭城，在此泊岸设栈。这里成为缸甏交易转运的集散地，缸甏弄由此得名。

　　缸和甏是南方人家常用的生活盛器，用陶土烧制，涂上暗黄或酱红色的釉，大的叫缸，小的叫甏，几乎家家都有，有的用来蓄积雨水，有的用来酿制酒醋，有的用来腌泡咸菜，也有的在里面放上石灰存放茶叶等干货，可见缸甏与市民生活关系密切。杭州民间有"八个甏儿七个盖"的说法，形容七颠八倒，顾此失彼，不会过日子。

　　传说很早以前有个姓王的生意人，在东河边专做缸甏买卖，他有一个雇工叫石雄，白天干活，晚上看管缸甏。石雄和妻子来自诸暨，勤劳憨厚，干活卖力，王老板却为人苛刻吝啬，常克扣工钱，还不给他们安排住宿。夫妇俩只得蜷缩在缸甏的夹缝中过夜，冬天寒风呼啸，他们冻得瑟瑟发抖，爬进大缸里，铺一些稻草，就这样熬过腊月寒冬。

　　缸甏是易碎品，把船上的缸甏抬到岸上，必须小心翼翼，不能磕碰，把它们一只只依墙叠立就更难了，成百上千只缸甏堆得有两层楼高，如果一只摆放不稳掉下来，会接连滚落一地，摔成碎片，夫妇两人的工钱就会全被扣光，还要倒赔。有的缸甏虽有裂缝或碰掉一块，还可以修补再用。这是个力气活，也是个技术活，好在石雄是个能工巧匠，加上吃苦耐劳，总算勉强生存下来。

　　后来，老婆怀孕了，石雄犯了愁，总不能让妻子在露天生下孩子吧。他看到堆放在角落的缸甏碎片，这些都是商家顾客丢弃不要的，心想：何不用这些材料盖一

20世纪90年代的缸甏弄

间屋子呢？说干就干，他把残破不全的缸甏叠成一排，用泥灰砌成墙，再把稻草盖在上面当屋顶，一间缸甏草屋就搭好了。

不久，缸甏草屋里传来哇哇的哭声，孩子出生了，石雄给孩子取名"甏生"。孩子长大后继承父业，后来自己开了缸甏店，生意不错，在东街路很有名气。石雄夫妇用缸甏砌墙造房的事情传到他们的家乡诸暨，那里的人们也仿效起来。直到20世纪50年代，在诸暨的利浦溪、下新屋一带还能看到这样的缸甏草屋，当地人说这种屋子可以废物利用，而且冬暖夏凉，中空的缸甏当墙，隔音效果也好。

如今，东河两岸高楼林立，家家户户已不见缸甏的踪影。作为与百姓生活密切相关的物件，缸甏见证了一个城市的历史变迁，也为这个城市留下了芸芸众生的故事。

延伸足迹：瓦子巷

瓦子巷：北通菜市桥街，东出普安桥，为南宋菜市桥瓦子所在。

——钟毓龙《说杭州》

沿着东河向南走不远，就到了菜市桥，这座桥的南侧有一条小巷叫瓦子巷，东端连接建国中路，西端通到菜市桥南河下。小巷取名"瓦子"，可别望文生义，以为它和盖房子的瓦片有关。

古代把众人聚集的娱乐场所叫瓦子，之所以这样叫，是以"来时瓦合，去时瓦解"作比，即聚散自由的意思。旧时瓦子巷有很多这样的娱乐场所，小巷由此得名，因位于菜市桥，所以也叫菜市瓦子。

穿行在这条小巷里，今天的人们很难想象几百年前，杭州市民在这里搭台唱戏是怎样的热闹情景，其中有一出戏更是吸引了无数观众。

唐代时，洛阳总管李世杰有个女儿叫李千金，年方十八，姿容美丽。一天，李千金在后院赏春，工部尚书裴行俭的儿子裴少俊骑马路过，两人隔墙相遇，一见钟情，约定月上柳梢时在后院相见。夜晚，两人在后院约会，被家人发现，裴少俊带李千金逃回自己家中，将她藏在后花园隐居七年。裴行俭发现后，怒骂李千金败坏儿子的前程。李千金辩称两人是天赐姻缘，裴行俭叫她把玉簪磨成针，如果没有折断，就同意这桩婚姻，李千金只得从命，快要将玉簪磨成细针时却断成两截。裴行俭又用细线系住一个银壶，要李千金用它到井里打水，如果线不断，就认她为儿媳，结果线断壶沉。裴行俭认为这是天意，责令儿子赶走了李千金。

20世纪90年代的瓦子巷

后来，裴少俊考中状元，当上洛阳县尹，找到李千金与之相认，裴行俭也前来认错，夫妻终于团圆。

这就是元代著名杂剧《墙头马上》讲述的故事，也是杭州的瓦子里常演不衰的剧目之一。

宋代经济繁荣，市民阶层对闲暇娱乐的需求增加。到了南宋，作为都城的杭州，娱乐业更加繁荣，共有大小不下17家瓦子，名气较大的有市西坊三桥巷的大瓦子（又叫上瓦子）、市南坊三元楼的中瓦子、众安桥的北瓦子（又叫下瓦子）、盐桥的东瓦子、清冷桥的南瓦子、章家桥的荐桥门瓦子等，数量和规模都超过北宋都城汴京。菜市桥畔的瓦子巷也是灯红酒绿的场所，和街北的花灯巷成为"东园十景"之一，这就是"花灯弦管"。清代陈春晓在《花灯弦管》中这样写道：

> 街分南北踏灯行，彻夜笙歌沸旧城。
> 楼阁参差花十里，鱼龙变幻月三更。
> 两行火树鳌山叠，一曲云璈凤管鸣。
> 曾是昔年歌舞地，繁华销歇梦难成。

瓦子里的表演丰富多彩，有说书、歌舞、杂技、戏剧和皮影戏等，并有酒肆茶楼招徕顾客，所以这些场所又叫瓦肆、瓦舍或瓦市，成为市民汇聚、游客云集之地，从平民百姓，到达官富商，甚至皇亲国戚都常来光顾。瓦子里用栏杆分隔成多个场地，这些场地叫勾栏，也叫钩栏或勾阑，可以同时表演节目，例如众安桥的北瓦子就有13个勾栏。

在这些瓦子里，还有一种杭州百姓喜闻乐见的表演，表演者一个人站在一张木凳上敲着铜锣，用杭州方言边说边唱，采用民间小调，歌词通俗风趣，连带推销东西。

这种说唱艺术叫"小热昏"（意思是热昏了头的人在说滑稽有趣的话），老底子在杭城的街头巷尾常看到小贩唱着小热昏卖梨膏糖，现在还可在杭州传统曲艺节目里看到这样的表演，它被列入国家级非物质文化遗产名录和浙江省民族民间艺术保护名录。

今天，杭州的娱乐场所不再叫瓦子，瓦子巷也早已不存，而民间传统艺术仍然焕发着勃勃生机，就像菜市桥下的河水，润泽两岸，长流不断。

草鞋换得感恩桥——骆驼桥河下

> 骆驼桥：汇东园诸沟渠水，穿艮山门内直街，西出菜市河，桥跨直街上。
>
> ——丁丙《武林坊巷志》

经过体育场路和建国北路的交叉口，沿建国北路往北走不多远，路两边各有一条小巷，东边的小巷叫骆驼桥东河下，西边的小巷叫骆驼桥西河下。街巷以桥取名并不奇怪，可骆驼号称"沙漠之舟"，江南水乡的桥与骆驼又有何关系呢？

原来，在南宋时，杭州庆春门外的东园一带，地势低洼，湖荡连着湖荡，人称"七十二荡"。江南多雨，湖荡里的水经常满溢，汇聚成河，顺着地势流入东河，从这里进出艮山门的行人，都要经过一座石桥过渡到对岸，人们便叫它落渡桥，后因发音相近，就改叫骆驼桥了。

这座桥是谁造的呢？这就引出一个有趣的故事。

很早以前，东园住着一个名叫陆大的男子，从小父母双亡，靠邻里乡亲接济长大。陆大是个心地善良、懂得感恩的人，常帮老弱邻里到河埠头挑水，从来不要报酬。让人好奇不解的是，陆大每次挑着满满两桶水吃力地行走时，嘴里不停地念着"阿弥陀佛"。他脚上的草鞋穿

20世纪90年代的骆驼桥东河下与西河下

破了也舍不得扔掉,洗干净晾干放在箩筐里。每年黄梅天一过,邻居们把箱柜里的衣物拿到太阳下晒掉潮气,他也从破草棚里端出几筐东西来晒,里面都是穿破的草鞋。

陆大看到河上没有桥,人们过河十分不便,就想要为大家造一座石桥。很多人嘲笑他自不量力,白日做梦。

一天,一个和尚经过这里,看到陆大为邻居挑水,口中念念有词,就问他为何走一步念一声佛,陆大答道:"师父,我从小孤苦伶仃,全靠乡亲救助才长大成人,我想造一座桥回报大家,苦于没钱,只能祈求老天,我相信心诚则灵,菩萨会帮我的。"和尚深受感动,拿起箩筐里的破草鞋仔细地看着,然后悄悄告诉陆大一个办法。

过了几天,有几个人来找陆大,说是杭州府台大人派来的差丁,要买他的破草鞋。陆大不知官府搞什么名堂,说道:"府台大人真想买我的草鞋,就让他自己过来。"差丁只好回去禀报。第二天,一群人抬着一顶轿子来了,从轿子里走出来的正是府台大人,说要买下陆大穿破的全部草鞋。陆大和邻里都感到奇怪,破草鞋怎么成了值钱的东西呢?

原来,府台大人在杭州做官,衣食不愁,想尽孝道,就把年迈的母亲从乡下接到杭州来过好日子。不料,母亲水土不服,皮肤过敏,奇痒难忍,连呼吸都感到困难,府台大人请了很多郎中,都诊断不出是什么病。眼见老母的病情越来越重,这时差丁说门口有个和尚求见。府台大人哪有心思对付和尚,就令人打发他走,差丁说,和尚说能治好老太太的病,于是将信将疑地让他进了门。

和尚来到老人床前,不问病情,也不把脉,就开出一个方子:找几筐穿过的草鞋,用火点着熏一下房间,去除晦气,病就会好的。府台大人犯愁了:一时到哪里去找这么多穿过的草鞋呢?和尚说,陆大家里就有,向他去买即可。

府台大人于是亲自来找陆大买草鞋,说不管什么价钱都同意。一心想造桥的陆大脱口而出:"我的草鞋可以卖给你,钱不用多,只要够造一座桥就可以了。"府台大人面露惊愕神色,心想这可不是一笔小钱,无奈救母心切,只好答应。但他不相信这些破草鞋能治好母亲的病,就对陆大说,我先把草鞋拿去,等治好了母亲的病再付钱。陆大怕府台大人反悔赖账,一定要先造桥再给草鞋。就在两人争执不下时,那个和尚又来了,说道:"这好办,造桥和治病同时进行,如果桥造得越快,病也就好得越快。"府台大人想想也是,就同意了;陆大觉得毕竟治病救人要紧,也答应了。

差丁将一筐筐破草鞋搬到府台,和尚在老太太的屋子里燃起香烛,点着草鞋,屋里烟雾弥漫,烧了一天一夜,然后打开门窗。过了几日,老太太的身体果然康复了。原来,府台大人重新装修了母亲的房间,还把家具油漆一遍,怕母亲受寒着凉,平日紧闭窗户,老母亲得的是油漆过敏症,让屋子通风,散尽油漆气味,老人的病自然就好了。

与此同时,府台大人调拨银两,安排劳力,运来石料,并亲自到现场监督,日夜开工。不久,一座坚固美观的石桥就造好了。

从此,人们就可方便地进出艮山门,再也不必为蹚水过河发愁。大家都感谢陆大,就把桥取名陆大桥,口口相传,因为发音相近,后来就叫骆驼桥了。

从元代开始,杭州城区向外扩展,这一带的居民逐渐增多,他们填平湖荡作为菜地。到了明代中期,河床因泥沙不断堆积而干涸,骆驼桥下已不见流水,骆驼桥也不再具有"过渡"的功能,而是成为一个地域分界,桥两边的区域分别叫作骆驼桥东河下和骆驼桥西河下。

草鞋换得石桥,陆大是为便民,府台则为救母,同出报答之心,一座骆驼桥可以成为感恩教育的生动教材。

延伸足迹:羊千弄

羊千弄:北通头营巷,南穿莫衙营出体育场路。
——钟毓龙《说杭州》

在骆驼桥东河下的东侧,有一条小巷叫羊千弄,它的南端与骆驼桥东河下相接,北端通往头营巷。南宋时这里曾建富景园,养羊数千,民间后来就把这里叫作羊千弄。

南宋在杭州建都后，为防御金兵从北面来袭，在北边城门艮山门驻扎兵营，所以附近巷弄的名称多带有"营"字，例如头营巷、莫衙营和陈衙营。

军营周围长满野草，附近的百姓在这里牧羊，把羊肉卖给军营里的官兵，以此为生。其中一户贫苦人家只有母子二人，靠养羊相依为命。儿子杨遇生性粗蛮强悍，让60多岁的老母在荒野里割草牧羊，自己却好逸恶劳，终日赌钱酗酒。母亲疼爱儿子，从不抱怨，而是默默承受一切。有一次，杨遇喝醉酒跟人斗殴，被人打断腿骨扔进水塘，眼看快要淹死，母亲不顾一切地跳进水塘，拼尽全力把儿子救上了岸。

杨遇不知感恩，仍旧好吃懒做。一天，他晒着太阳无所事事，看到一只小羊羔双腿跪地，匍匐在母羊身下吮吸乳汁。杨遇不解地问母亲，小羊为什么要跪在母羊面前吃奶，母亲没有回答，而是泣不成声。邻居家一个姓张的妇女实在看不下去，对杨遇气愤地骂道："小羊跪着吃奶是为了感激妈妈的哺乳之恩，连小羊都懂得孝顺，你对自己母亲这样无情无义，真是连畜生都不如啊！"

20世纪90年代的羊千弄

说完，举起鞭子朝杨遇打来。杨遇拖着受伤的腿躲闪不及，鞭子落在儿子身上，疼在母亲心里，杨母急忙以身相护，母子紧紧抱在一起。

面对小羊跪乳和慈母护儿的举动，杨遇终于悔恨交加，决心痛改前非。他从此孝敬老母，辛勤劳作，养了上千只羊，家境渐渐好转，过上安定的生活。这个浪子回头的故事在邻里之间传为佳话，人们把这个地方叫作羊千弄，还有人就叫它至孝弄。

传世珍宝一捧雪——莫衙营

莫衙营：西出东街，东折北通头营巷。明时有名士莫云卿居此，故名。

——钟毓龙《说杭州》

骆驼桥西河下隔着建国北路（即东街），对面有一条小巷叫莫衙营，它的西端始于建国北路，东端往北通往头营巷。之所以叫莫衙营，是和两户姓莫的人家有关。

明朝嘉靖年间，有个叫莫怀古的官员喜欢收藏名画古玩，其中有个叫"一捧雪"的玉杯堪称绝品。这个玉杯用新疆和田玉雕琢，晶莹剔透，造型奇特，形状如五瓣梅花盛开，杯底琢一花蕊，杯身环绕梅枝，上缀十七朵梅花。更为神奇的是，手捧玉杯，斟入酒后，便会光影浮动，如雪花飘舞，所以叫它"一捧雪"。据说，用此杯饮水不仅赏心悦目，还可驱邪除病。

有个字画匠叫汤勤，穷困潦倒，莫怀古的管家莫成将他带回莫府，让他替主人裱糊字画。莫怀古见汤勤衣衫褴褛，又冷又饿，就让莫成用桌上那个玉杯盛点酒给汤勤喝，暖暖身体。汤勤捧着玉杯，只见一片片晶莹的雪花在杯中飘飞舞动，知道这是一件稀世珍宝，莫成嘱咐他千万不可对人说见过此杯。

过了一年，莫怀古将汤勤介绍给同样喜欢收藏古玩的内阁首辅严嵩做门客，汤勤为巴结讨好严嵩，对他说莫家藏有"一捧雪"玉杯。严嵩垂涎三尺，命儿子严世蕃到莫府索要"一捧雪"。莫怀古岂肯舍得，说："玉杯乃先人遗物，容我择吉日祭奠列祖列宗之后，再送严府。"

打发走严世蕃后，莫怀古知道难逃一劫，就让莫成将一个玉杯赝品交给严嵩，自己带着玉杯和家小连夜逃出京城。严嵩拿到玉杯正在得意，却听汤勤说是赝品，大怒，令人包围莫府搜寻玉杯和莫怀古，但已不见踪影。严嵩向皇上诬告莫怀古，朝廷派人四处追捕，终于在蓟州将莫怀古抓获，命蓟州总镇戚继光将其处死。戚继光与莫怀古是好友，不忍下手，莫府管家莫成甘愿替主人赴死，莫怀古得以逃脱。戚继光将莫成的人头送到京城，不料又被汤勤识破，戚继光因此被锦衣卫拘捕。

莫怀古带着"一捧雪"东躲西藏，最后在河南新野县隐居下来，为避追杀，改姓为李。后代子孙就将"莫李"作为姓氏，世代守护玉杯，每逢大年初一祭祖时，都要供奉"一捧雪"告慰先祖。

这是明末清初戏剧家李玉所著话本《一捧雪传奇》中的故事情节。主人公取名莫怀古，是想通过莫怀古收藏古玩竟落得丢官改姓、家破人亡的经历，告诫人们，世事莫测，莫要收藏古玩。莫氏家人因收藏古玩而遭厄运，但他们不畏权贵、历经艰辛保全珍宝的作为让人感佩不已。

其实，"一捧雪"确有其宝，藏宝者也真有其人，只是不叫莫怀古，真名叫王世贞。这个传奇故事在《明史》

20世纪90年代的莫衙营

《张汉儒疏稿》《新野县志》中均有记载，还被改编成京剧《一捧雪》，马连良、梅兰芳、程砚秋和张君秋等京剧名角都出演过这个传统剧目。

王世贞（1526—1590），江苏太仓人。明嘉靖二十六年（1547）考中进士，先后担任大理寺左寺、浙江左参政、山西按察使、兵部侍郎和刑部尚书等职。他精通书法，文才很高，是明代著名的文学家、史学家，与李攀龙、徐中行、梁有誉、宗臣、谢榛、吴国伦并称为明代文坛"后七子"。

历经四百多年后，传世之宝"一捧雪"经故宫博物院鉴定，被确认为明代玉器的珍品，属国家二级文物。故事的主人公当年住过的小巷，就留下了莫衙营的名字，还有一同流传下来的"一捧雪"的故事。

如果说，莫怀古与莫衙营的关系带有文学创作的成分，那么，另一个姓莫的人确实在莫衙营住过，他就是明代著名书法家莫云卿。

莫云卿（1537—1588），原名莫是龙，出身书香门第，酷爱书法，看到书法大师米芾的石刻真迹"云卿"二字，便把它作为自己的字，故又名莫云卿。他的父亲莫如忠曾任浙江布政使，写得一手好字，尤擅草书。莫云卿从小耳濡目染，8岁出口成诵，10岁落笔成文，被称为"神童"。

这样的才子原本可以通过科举考试走上仕途，不料考运不济，莫云卿四次赴京赶考都榜上无名。莫云卿从此告别考场，不再求取功名。人生的挫折没有让他自暴自弃，反而更感读书的乐趣，他认为"人生最乐事，无如寒夜读书，拥炉秉烛，兀然孤寂清思"，于是，在"不见县官面目，躬亲农圃之役"的生活中自得其乐。他寄情山水，与同道结社吟诗作画，倾半生精力潜心书法，兼学各家之长，尤其钟爱王羲之、王献之、米芾、苏东坡的笔法，自认"余生平雅好书画，壮年精力半疲于此，虽未便诸古人，然当其得趣"。

功夫不负有心人，莫云卿终于成为著名书法家。小楷精致俊秀，行草飘逸豪放，其墨迹被世人当作书法典范临摹学习，故宫博物院也收藏有他的作品。

莫云卿的成才经历是"高考落榜自有路"的古代版，时过境迁，对今天"不拘一格降人才"同样具有现实意义。

延伸足迹：永康巷

永康巷：西起建国北路北段，东折南连莫衙营。
——杭州市地名委员会办公室编《杭州市地名志》

羊千弄的西侧有一条小巷与之相交，叫永康巷，它的东端始于羊千弄,西端连接建国北路。

相传赵构从北方逃到杭州城郊,已是人困马乏,为躲避金兵追赶,慌不择路,看到一户农家的羊圈,顾不得体面就一头钻了进去,躲在里面大气都不敢出。

过了不久,蜷缩在又脏又臭的羊圈里的赵构听到有人走过来,吓得心惊肉跳。羊圈的门打开后,进来的是一个农妇。农妇看见这个狼狈不堪的陌生人也吓了一跳,

永康巷的旧貌新颜(上:20世纪90年代　下:2020年)

猜到一定是被金兵追赶的人，就轻轻带上门出去了。过了一会儿，农妇端来冒着热气的饭菜，吃惯山珍海味的赵构早已饥肠辘辘，虽然是普通的农家饭菜，却吃得津津有味。在这个农妇的帮助下，落难皇帝再次渡过难关。

后来，坐稳皇帝宝座的赵构没有忘记在羊圈里避难的经历，为了感谢这个农妇的救命之恩，下旨免除当地百姓的劳役赋税，并给该地赐名"永康"。

如今，这一带已成为永康苑小区，楼房鳞次栉比，居民生活安康。农妇救赵构的故事毕竟只是传说，这个故事和羊千弄浪子回头的故事流传至今，是因为人们想要代代传承一种东西，这就是注重情义，学会感恩。无论是平民百姓，还是达官显贵，这都是应有的做人之道。

剑胆诗心东园情——刀茅巷

> 刀茅巷：北抵体育场路口，南出庆春门直街。《成化志》称新开路旧麻柴巷。……田氏《西湖游览志》亦称新开路旧名麻柴巷，又名刀茅巷，茅殆由麻而来。
>
> ——钟毓龙《说杭州》

杭州城东有一条很长的小巷，叫刀茅巷，南端始于庆春路，北端连接体育场路。它的南段为上刀茅巷，北段为下刀茅巷。几百年前，这里可是杭城的"军工厂"所在地。

南宋初年，金兵不断进犯中原，百姓纷纷从北方逃往江南，其中有一些打铁匠来到杭州，在城东的麻柴巷开铁匠铺，靠打造生活用具谋生。他们在逃难途中看到金兵烧杀抢掠和宋军武器短缺的情景，有人倡议打造长矛短剑，为抗金军队提供兵器，尽早收复家园。倡议激起众人的家国情怀，一呼百应，大家推出首领，马上行动，小巷里打铁声声，磨刀霍霍。

铁匠们打造兵器的消息传到朝廷后，秦桧妄图阻止他们的爱国行动，对宋高宗赵构说，百姓在私造兵器图谋造反。赵构信以为真，下令把铁匠首领抓了起来。这下激起民愤，人们聚集在官府前要求释放铁匠首领，还有人头顶状纸跪在门前，人群越聚越多，抗议呼声不断高涨。赵构好不容易在杭州坐稳皇位，时时担心外敌南侵，害怕再生内乱，又听打探回来的人说，铁匠打造刀剑是为抗击金兵，于是想平息事态，笼络民心，只好放了铁匠首领。

从这以后，小巷里铁匠铺越开越多，整日炉火熊熊，叮当作响，各路抗金义军都到这里购买刀剑，就把麻柴巷改叫刀矛巷，后来人烟渐稀，茅草丛生，所以又叫成了刀茅巷。清代文人曾这样写道："茅柴闭幽巷，巫医隐词客。"

刀茅巷本是制作短刀长矛之地，何来舞文弄墨的"词客"呢？

原来，在宋代时，刀茅巷的北端有一个御园，位于城东，所以叫东园，由此生出一条东园巷，即现在的东园街，与刀茅巷相交。元代末年，杭城东扩，这里临近城墙，城外是护城河（即城河，又叫贴沙河），城内有与城墙平行的道路，叫东街路（今建国北路）。城墙与东街路之间有很多水荡、菜地和庵庙，居民以种菜养蚕、织锦纺丝为生。民间传说东园有三多，即水荡多，尼姑庵多，机坊多，还有"东园七十二荡、七十二庵"的说法。对此，古人在诗里写得十分生动：

> 城曲东园里，庵多俗舍稀。
> 地宽都种菜，巷隘总鸣机。
> 野雀窥僧饭，村犬吠客衣。
> 隔尘无半里，风景已全非。

东园远离闹市，环境僻静，村道蜿蜒，水塘垂柳，别有一番风景，常有文人学士在此观荷赏菊，吟诗作词，发思古之幽情，书声琅琅，机杼声声，于是便有"东园十景"

之一的"云锦机声"。有一首古诗是这样描述的：

> 东里相传俗最良，家家机杼事偏忙。
> 隔邻更有书声答，一夜长喧古锦坊。

东园的丝织业也像春蚕吐丝，绵延发展，一直延续到民国时期，这一带成为丝绸织品集散地，居民逐渐增多，东街路日益繁荣。

东园的"词客"中不乏才华横溢的作家，他们为刀茅巷增添了诗韵墨香和人文情怀。清代著名文学家袁枚曾在东园巷居住，他为官多年，无意仕途，闲居东园，把住所取名"随园"，写的《随园诗话》最为有名，散文《祭妹文》堪称佳作。另外还有一位名叫厉鹗的文人，很有才华，科举考试却未中榜，静心撰写了《宋诗纪事》和对研究杭州历史很有价值的《东城杂记》。

清代戏曲家洪昇同样与东园有缘。他也是屡试不第，创作不朽戏剧《长生殿》，讲述的是唐玄宗李隆基和杨贵妃的情感故事，一举成名，却因在孝懿皇后忌日演出《长生殿》，被革职下狱，后人叹其"可怜一曲长生殿，断送功名到白头"。"白头"的洪昇晚年重回杭州，故地重游，目睹东园织女忙碌的身影，耳闻潮鸣寺里敲响的晚钟，触景生情，写下《东园》一诗：

> 故苑景全非，闲游趣不稀。
> 鸠贪桑实醉，鼠恋豆根肥。
> 日落机丝急，风回梵磬微。
> 潮鸣留古寺，辇路草霏霏。

清朝康熙年间，有一个名叫项守约的人也在刀茅巷留下踪迹。项氏家族经营盐业，家财充盈，后代多为科

刀茅巷

举入仕。他的曾孙项廷纪是颇有名气的杭州籍词人，写词水平可与清代著名词人纳兰性德媲美，项廷纪把"不为无益之事，何以遣有涯之生"作为人生格言，对世人影响很大。

项守约人如其名，信守情义，乐做善事。有一年，杭城遭遇潮水侵袭，房屋被淹，死了很多人，他出钱帮贫穷人家修坟安葬。他精通盐业经营之道，浙江巡抚整顿盐政都要向他征询意见。可他偏偏不求名利，自号"菜园"，到城东僻静的刀茅巷隐居，引泉种树，开垦菜园，面积虽小，别有景致。尤其值得称道的是，他幼年丧父，靠母亲抚养长大，晚年一心侍奉老母。为了让老母开心，60多岁的他常身穿花衣裳，扮作孩童模样，拉着母亲的衣袖一同跳舞，可谓孝顺至极。项叟所为虽属家人娱乐，倒也不妨看作刀茅巷仗义情怀的遗风再现。

历史翻到20世纪这一页，注入现代气息的刀茅巷，依然延续着这样的情怀。1928年，法国天主教会修女郝格勒变卖家产来到中国，在这里创办仁爱医院，这就是现在的杭州市红十字会医院。红会医院把仁爱和医术带给杭州市民，从此成为杭州城东的一个地标性建筑。

延伸足迹：珠碧弄

珠碧弄：南起庆春路中段，北至回龙庙前，东连刀茅巷，西接醋坊巷。……相传清时曾有朱、毕两家相毗邻，在交界处各让三尺为弄，珠碧系谐音。
——杭州市地名委员会办公室编《杭州市地名志》

刀茅巷的西侧有一条与之平行的小巷，叫珠碧弄，这条弄堂的南端连接庆春路，北端与回龙庙前相通。

原先这一带地处东青门（即庆春门，又称菜市门）外，有很多水塘菜地。相传有姓朱和姓毕的两户人家，用种菜积攒的钱开设丝绸作坊，经商致富，想扩建宅院。破土动工时，他们发现两家新砌的墙基靠得太近，中间的弄堂变得非常狭窄，邻里难以通行。朱家和毕家经过协商，各自把墙基退后三尺，拓宽弄堂，以便大家行走。人们称赞两家的举动，把这条弄堂取名朱毕弄，后来因发音相近叫成了珠碧弄。

这让人想起发生在安徽桐城的"六尺巷"的故事。它说的是清朝康熙年间，大学士兼礼部尚书张英，他家与邻居吴家的院墙紧挨在一起，常发生纷争，两家各不相让。张家给在京城做官的张英去信，本想"借势"让吴家退让，不料张英在回信里这样写道：

千里修书只为墙，让他几尺又何妨。
长城万里今犹在，不见当年秦始皇。

20 世纪 90 年代的珠碧弄

家人看信后觉得有理,就把院墙向后移了三尺,吴家感动其作为,也把自家院墙向后移了三尺,六尺巷从此享誉天下。

2016 年春节晚会上,一位演员用歌声诠释了安徽的六尺巷:"我家两堵墙,前后百米长,德义中间走,礼让站两旁。"杭州的珠碧弄也可成为古人之诗和今人之歌的生动例证。

龙潭深处藏豪门——七龙潭

七龙潭：东出海蛳沟，近太平桥，西通遥祥寺巷。原有龙王庵在东青巷内，元末毁于兵。明洪武初，传东河有黑龙见，其下成潭。僧人普光塑龙王像以镇之。

——钟毓龙《说杭州》

杭州的东河开凿于唐代。南宋在临安（今杭州）建都时，位于东城墙外的河道成为护城河，城外菜农用船从东青门（元代改叫庆春门）运菜入城，在沿河的船埠和桥边开设菜市，所以东河也叫菜市河，庆春门内有菜市桥。到了元代，城区不断扩大，城墙东移，东河成为杭城一条南北向的主要河流，它历经数代，一直是市民的重要水源。

明朝洪武年间，东河里的水突然发黑变臭。民间传说在东河的太平桥河段有一个深潭，直通东海，东海里有一条龙经常游到深潭兴风作浪，这条龙浑身乌黑，就像涂了很厚的黑漆，人们叫它漆龙。每到酷暑季节，漆龙受不了酷热，蹿出水面大口喘气，气泡翻腾，搅动河底污泥，使河水发黑变臭，无法饮用。更要命的是，由于环境严重污染，蚊蝇乱飞，瘟疫流行，沿岸很多居民染疾得病，不治而亡。百姓非常恐慌，在河边烧香点烛，祈求漆龙回到东海不再扰民，漆龙却变本加厉，把河水搅得更加污浊不堪，两岸居民纷纷逃离，人去屋空。

有一天，一个法号叫普光的和尚来到这里，看到民不聊生的景象，决心为民除害。他在河边立了海龙王塑像，自己端坐岸边，手捻佛珠，念经三天三夜，然后让两岸居民燃放爆竹，声音震耳欲聋，火药烟气弥漫。到了七七四十九天，只见狂风大作，暴雨倾盆，河水翻滚，风停雨止后，水面不再冒气泡了。

普光和尚对居民们说，漆龙已被赶走，要想水清如初，必须整治东河。他发动居民深挖污泥，疏浚河道，用石块砌筑堤岸，在岸边种植柳树。过了一段时间，河水终于像原先一样清澈，百姓喜笑颜开，重新回来居住，他们给这里取名黑龙潭，又叫漆龙潭，因为"漆"和"七"发音相同，后来就叫七龙潭了。

其实，东河水质变坏，是宋代以来疏于河道整治，环境污染所致。漆龙害民虽是神话传说，倒是可以做成一个动漫故事，对今天的人们进行生动的环保教育。

七龙潭的东端始于海狮沟，西端连接遥祥寺巷，长不足百米，宽约两米，算是名副其实的小弄堂。别看弄堂小，人气还是蛮旺的。

古代不像现在，有各种洗发露，而爱美之心古已有之。我国民间流行一种养发美发的方法，就是把木匠用刨刀刨出来的卷曲木花（俗称刨花），用水浸泡做成刨花水搽在头发上，可以使头发熨帖平顺、亮丽爽滑。在古代，盛放刨花水的刨花缸是民女村姑、戏子艺人乃至宫廷嫔妃梳妆台上的常见用品，也是女子结婚的陪嫁物，一些地方就有这样的民谣：

清早穿上新衣裳，我给姐姐送嫁妆。一送扑粉盒，二送刨花缸。

龙潭深处藏豪门——七龙潭

七龙潭3号梁宅

七龙潭

这种天然无毒的养发美发用品不仅为女人常用，古代男人也束发留辫，所以需求量很大。做刨花水的刨花只有做木工活时才会有，用榆树、香樟树的刨花调制的刨花水效果最好，于是就有人做起"刨花养发液"的生意，有走街串巷叫卖的，也有开店摆摊出售的。旧时的杭城有很多这样的店铺，其中要数七龙潭巷口的一家最有名气，很多市民到七龙潭这家店来买刨花水，清代丁立诚在《武林市肆吟》里这样写道：

添妆芳泽鬓堆鸦，脂粉余钱买刨花。
试向七龙潭上望，门前挑出玉春瑕。

一直到20世纪60年代，仍然可以在杭州城里的杂货店买到制作刨花水的干刨花。

七龙潭的人气旺盛，不只是民居密集，小小弄堂，300多年前，还有一位"大人物"看中这里，在此建豪宅大院，此人名叫梁肯堂。

梁肯堂（1717—1801），钱塘（今浙江杭州）人，家境贫寒，读书勤奋，清乾隆二十一年（1756）乡试中举担任知县，历任河南巡抚、直隶总督、刑部尚书、漕运总督等职，政绩显著，很得人心。他官至高位，廉洁奉公，五次负责治水赈灾，经手600万银两，全部用于救济灾民，自己不留分文。因辅政有功，受到乾隆皇帝和嘉庆皇帝宠幸，乾隆称赞他："汝能为朕用财，此国计民生之大务，非浮费也，何介焉！"清乾隆四十六年（1781），乾隆皇帝赐其杭州一座私宅，这就是人们所说的梁宅。

梁宅占地2500平方米，分东西两院，共有七进，楼阁百余间，天井敞阔，庭院幽深，檐廊迂回，砖雕精细，是典型的清代中期江南官宦宅邸。清嘉庆六年（1801），梁肯堂告老还乡，在此颐养天年。他80岁生日时，嘉庆皇帝赐御书"耆寿宣勤"匾额并赠厚礼以表庆贺。

梁宅原址在七龙潭3号，两百多年过去了，它依旧深藏在小巷里，在岁月的侵蚀下，虽已破败，基本建筑仍存，墙基上刻着的"乾隆四十六年墙界"清晰可见。过道里有一口年代久远的水井，据在这里居住的老人说，当年乾隆皇帝也饮用过这井水。如果乾隆皇帝真的来过梁宅，那个年代没有自来水，此说倒也可信。

2009年，杭州市政府将梁宅定为杭州市文物保护单位，修缮一新。七龙潭的故事和改换新颜的梁宅，一虚一实，给这条小巷平添独特意味，漫步其中，如同穿越悠长的时光隧道。

延伸足迹：海狮沟

海蛳沟：南接东青巷，北通太平桥弄。《夷坚志》谓太平桥有张四者，世以贩海蛳为业。《西湖游览志》

称海蛳沟之名即由此。

——钟毓龙《说杭州》

沿着七龙潭往东走，没几步就到了海狮沟。海狮沟的南端连接东清巷，北端通往太平桥横街，这是杭州城里又一条用动物命名的小巷，老地图和巷口牌子上写的是"海狮沟"，其实此海狮非彼海狮，而是一种生活在水里的硬壳软体动物，就是螺蛳。

螺蛳的体形比田螺小，酱爆螺蛳一直是杭州人喜欢的美味佳肴。先把螺蛳剪去尾巴洗净，然后下油锅用酒姜煸炒，再加豆酱、辣椒、白糖、小葱即可，食用时用牙签（杭州人老底子用缝衣针）挑出螺蛳肉放进嘴里，鲜美无比。民间有"螺蛳过老酒，强盗来了不肯走"的说法，形容喝酒用螺蛳做下酒菜，就是强盗上门都舍不得放弃，可见味道之好。

海狮沟毗邻东河，很多穷苦人家在河边搭建棚屋居住，靠在河里捞螺蛳为生，杭州人叫摸螺蛳。他们向路人兜售鲜活的螺蛳，卖不完时就把螺蛳肉挑出晒干再卖。时间长了，河岸上的螺蛳壳堆得像小山一样，加上这一带地势低洼，人们就把这里叫作海蛳沟，后来误写成海狮沟。

南宋淳熙年间，有个叫张四的人住在东河边，他不仅摸螺蛳，还开了小饭店，专门烹调螺蛳，食客盈门，生意很好，每天都有很多进账。一天深夜，张四正在熟睡，忽然感到身上有东西在爬动，起身一看，螺蛳都从水盆里爬了出来，墙上密密麻麻的都是，还有不少紧粘在身上。张四吓得大叫，跪在地上对天发誓，再也不捕捉杀戮螺蛳了。只见螺蛳纷纷掉落地上，张四把螺蛳都投入东河放生，从此改开豆腐店，靠卖油煎豆腐干和臭豆腐为生。

海狮沟的旧貌新颜（上：20世纪末　下：21世纪初）

小小螺蛳，杭州百姓还把它和民族英雄联系在一起。

民间传说，在一个黑漆漆的深夜，有个人背着一样东西走出钱塘门外，来到东河边的螺蛳堆前，挖了一个坑，把背来的东西埋在坑里，然后用螺蛳壳覆盖在上面，跪在地上拜了三下，悄悄离去。

这人名叫隗顺，是大理寺狱的一个狱卒，他看到抗金名将岳飞在杭州风波亭被杀害，悲愤交加，乘着夜色偷偷把岳飞的遗体背出城外，埋在这里。第二天，秦桧不见岳飞的遗体，派人四处搜寻都没找到。后来，每到清明节，隗顺都会来这里祭奠岳飞。

宋孝宗赵昚即位后，为岳飞平反昭雪，张贴告示用重金寻找岳飞的遗骨。这时，隗顺已经去世，他的儿子在告示旁贴了一张纸条，上面写着："欲觅忠臣骨，螺蛳壳里寻。"宋孝宗派人在东河边的螺蛳壳堆里找到岳飞的遗体，把他的骸骨迁葬在栖霞岭，并请120个和尚在原葬地做全堂水陆道场，为岳飞超度亡灵。老百姓闻讯前来祭祀，纷纷打听在哪里做道场，有人告知说："螺蛳壳里做道场。"这句话就这样传开了，后来还成为杭州的一句俗语，表示在狭小的场地做重要的事情。

岳飞遇害后，他的遗体最初被狱卒隗顺埋葬在哪里，民间有不同说法，有说是埋在钱塘门外九曲丛祠旁（今昭庆寺附近），还有说是葬在众安桥边。说海狮沟是岳飞遗骨的初葬之地，自然更有神奇色彩。三者孰是孰非并不重要，更值得看重的是，忠骨归处所牵系的世道人心。

夏侯巷

夏侯巷：西出青龙街，东曲折至河边，地在新桥之西北。据陈春晓《觉庵续咏》，广安新桥夏侯巷亦名彩虹渡，每岁重五竞渡极盛，为东城十景之一。
——钟毓龙《说杭州》

沿着海狮沟向北走，向东拐入新桥直街，有一条小巷与之相交，它叫夏侯巷，南端连接新桥直街，北端通往体育场路。

20世纪90年代的夏侯巷

该巷原先叫彩虹渡，这里毗邻东河新桥，河段宽阔，每年农历五月初五端午节，当地百姓为纪念屈原，在河里举行龙舟比赛，锣鼓喧天，彩旗飘舞，人头攒动，欢声震耳，成为旧时"东城十景"之一。

这条小巷后来改叫夏侯巷，缘于一个民间传说。

相传巷内有一户姓夏的人家，养有一女，天生丽质，与做木匠的张哥青梅竹马，两人相恋生情，准备喜结良缘。这天，朝廷到市井坊间为皇宫挑选美女的官员经过夏家窗前，看见夏姑娘正在给陪嫁用的枕头绣一对鸳鸯，模样端庄秀丽，便将其强征入宫。张哥闻讯赶到夏家时，只见屋里只留下一对绣好的枕头。有情鸳鸯就这样被无情拆散，他悲伤欲绝，忧郁成疾，不久便去世了。

夏姑娘被皇上封为妃子后，虽然享受优裕生活，仍一心思念张哥，常在后宫暗自落泪，茶饭不思，最终忧郁而死，归葬故里。人们听到这个凄楚的故事，无不伤感悲悯，就给这条小巷取名夏后巷，后讹传为夏侯巷。

师徒齐名天下闻——助圣庙巷

> 助圣庙巷：南穿威乙巷与遥祥寺巷相接，北折西出大东门直街。……地属宋时平安坊褚家塘地方，有助圣庙，祀唐褚遂良。据《咸淳志》，褚家塘在蒲桥军寨之北，褚遂良世居于此，故名。
>
> ——钟毓龙《说杭州》

　　沿着海狮沟往北走不多远，就来到了助圣庙巷，该巷南端始于威乙巷，北端连接助圣庙前巷。巷内原有助圣庙，用以祭祀一位"辅助圣上"的有功之臣。

　　唐代初年，杭城毗邻东河的褚家塘住着一户姓褚的人家，父亲褚亮担任散骑常侍，才华横溢，是当时有名的"十八学士"之一。褚家的儿子天资聪颖，拜名师虞世南和欧阳询学习书法，在家风熏陶和师傅指导下，技艺不断长进。

　　年轻人受到夸赞，很是得意，自以为书法可以登堂入室了，便问师傅虞世南："师傅，你看我的字与智永禅师相比，怎么样？"他原以为会得到师傅满口称赞，不料师傅毫不留情地说："智永禅师练字殚精竭虑，四十年不下楼，终成书法大师，有人出钱五万才能买到他的一个字，你才练习几年，怎能和他相比？"

年轻人很不服气，大言不惭地又问："那么我的字和欧阳询相比，你觉得如何？"师傅答道："欧阳询是本朝书法大家，作品被公认为今人楷书第一，不管怎样的纸张和毛笔，到他手里都能挥洒自如，笔笔精妙，你又怎能比得？"

年轻人无言以对，深感惭愧，再也不敢狂妄自大，从此苦练书法。

功夫不负有心人，十年过去了，年轻人再次请师傅批阅自己的书法习作，师傅评价道："手与笔调，取意自然，可以卓然成家矣。"

这个年轻人名叫褚遂良，他没有辜负师傅的教诲，终于成为著名的书法家。他深得王羲之书法的神气，又有自成一家的风韵，落笔坚挺凝重，浸透骨力，运墨疏瘦灵动，尽显丰润。他和虞世南、欧阳询、薛稷被称为书法界的"初唐四大家"，对后来的颜真卿等书法家影响很大。

说起褚遂良的师傅虞世南，也是出自名师门下，师傅就是那位智永禅师。智永禅师是书圣王羲之的第七代孙，其楷书是后人学习的典范。虞世南虚心从师，同时继承王羲之、王献之的传统，笔法刚柔相济，圆融遒丽，宋代诗人黄庭坚对其代表作《孔子庙堂碑》写诗赞道："孔庙虞书贞观刻，千两黄金那购得。"可谓字字墨宝，价值连城。

虞世南深得唐太宗李世民敬重，称他是"德行、忠直、博学、文词、书翰"五绝。有一次，皇宫装饰屏风，李世民让虞世南在屏风上书写《列女传》，没有底本可抄录，虞世南全靠记忆写完全文，不错一字。

还有一次，李世民出行，一个官员请示是否随车带上书籍典册和公文副本，李世民说："不用，有虞世南在，就是朕此行的秘书。"

虞世南不仅博闻强识，而且为人刚正，直言劝勉皇上勤政戒奢，积极辅助朝廷实施良策。李世民曾作宫体诗，自以为写得很好，让虞世南唱和，不料虞世南不愿应和，直言道："圣作固然工整，但内容却并非文雅端正，下面的人看到陛下喜欢，就会趋之若鹜，臣担心天下人都会效仿这样的诗风。"李世民觉得言之有理，自我解嘲道："朕不过是在试探你罢了！"为表彰虞世南的直言讽谏，还赐给他五十匹布帛作为奖赏。

唐贞观十二年（638），虞世南去世，李世民悲伤不已，叹道："虞世南没后，无人可与论书者矣！"下旨为虞世南家设五百僧斋，还为他造了一座天尊像。

都说名师出高徒，作为虞世南的门生，褚遂良同样精通文史，长于书法。李世民急需像虞世南这样的人才，宰相魏徵向朝廷推荐褚遂良，称赞他"下笔遒劲，甚得王逸少体"。李世民召见褚遂良，让他辨别大书法家王羲之的墨迹真伪，以检测他是否真有才学。

臣子们拿出唐太宗收藏的王羲之的所有书法作品，这些作品或重金收购，或各地敬献，数量之多令人惊叹，只是难辨真伪。臣子们屏气凝神，不敢出声，想看看虞世南的高徒如何完成这项无人能做的事情。

褚遂良知道绝不可轻言妄断，要是说错，人们会认为他徒有虚名，甚至会获欺君之罪。他缓缓展开一幅幅书法作品，仔细审视，一会儿退后远观，一会儿近前端详，不放过一个细节，然后一一道来，全都判断无误。就这样，褚遂良因书法进入朝廷，因真才得到重用。而皇帝身边有了这样的鉴宝专家，再也无人敢向朝廷进奉书法赝品了。

面对虞世南的弟子褚遂良，李世民常会想起虞世南，曾作诗怀念之，感叹道："钟子期死了以后，伯牙从此不再鼓琴。如今虞世南不在了，朕的这篇诗又能给谁看呢？"他让褚遂良拿着这首诗到虞世南的灵帐边诵读，然后放在香炉里焚烧，化作纸灰青烟，但愿虞世南在天有灵能感知这一份思情。

虞世南的为人也深深影响着褚遂良，作为弟子，褚遂良不仅深得恩师的书法真传，而且秉承了师傅的人品性格。他先后担任起居郎（专门记载皇帝言行的官职）、谏议大夫、中书令等职，执掌朝政大权，李世民遇到大事都要和他商议。

唐代的贞观之治，国泰民安，李世民便想去泰山举行祭祀天地神灵的封禅大典。满朝百官纷纷赞同，褚遂

20世纪90年代的助圣庙巷

良却极力反对，他向李世民劝谏道："天下安定时日不久，百姓生活刚有改善，皇上如去泰山封禅，兴师动众，劳民伤财，必会耗尽国力，对大唐王朝不利。"他还以史实为例，秦始皇建造长城导致民怨沸腾，百姓造反，尽失天下，希望皇上以史为鉴。李世民认为说得在理，虚心纳谏，放弃泰山封禅的打算，称赞褚遂良像诤臣魏徵一样一片忠心。

褚遂良的确堪称忠直之士，他没有辜负师傅虞世南的教诲，身居高位而不顾个人得失，直言相谏，成为唐代政坛举足轻重的大臣。李世民去世前，还把太子托付给褚遂良，嘱咐他和开国功臣长孙无忌一同辅助太子治国。

刚正耿直的性格会带来机遇，也会带来厄运。李世民去世后，唐高宗李治继位。唐永徽六年（655），李治为了摆脱元老集团控制，想要废除王皇后，立宠妃武媚娘（即武则天）为皇后。褚遂良极力反对，不惜丢冠舍命，冒死相谏，他把官笏放在台阶上，摘下官帽，用头叩地，直到头破血流，被皇帝喝令士兵强行拉出朝廷。

褚遂良因此得罪武则天等人，屡遭诬陷排斥，被贬到偏远的西南一带，最终在流放中去世，时年63岁。他的子孙后代也遭连累，流放到他死去的地方。直到四十多年后，褚遂良才得到平反，被朝廷视为建立大唐王朝的功臣，祭祀于高宗庙。

杭州百姓对这位辅助圣上治理天下的贤臣和书法家也情有独钟，在褚遂良居住的池塘巷附近修建助圣庙祭祀之，庙所在的地方就叫助圣庙巷。现在，小巷已成住宅小区，庙已不存。

延伸足迹：池塘巷

> 池塘巷：东起林司后，西至长宁街。……咸淳《临安志》卷三十八："褚家塘在蒲桥军寨之北，褚家故居。"原称褚塘巷，后讹为池塘巷。
> ——杭州市地名委员会办公室编《杭州市地名志》

助圣庙巷南端连着威乙巷，沿着威乙巷往西走到新华路，斜对面就是池塘巷。唐代"十八学士"之一的褚亮曾在这里住过，地因人而出名，褚家住地便叫褚家塘，也叫褚塘巷，后来大概是说起来顺口，就叫池塘巷了。

池塘巷除了褚遂良在这里住过，民间还流传着关于岳家军的故事。

南宋时，岳飞率领官兵抗击金兵，曾在池塘巷附近驻扎。当时正是酷热夏季，久不下雨，河水下降，池塘变小，居民用水紧张。岳飞下令官兵不得使用池塘里的水，必须到很远的河里挑水，无奈找不到很多水桶，加上远水解不了近渴，给官兵的生活造成很大困难。但是，军令如山，不得违抗。身为副帅的牛皋十分焦急，想说服岳飞有所变通，岳飞不为所动。

当地居民看到官兵用水困难，自发地挑桶端盆把水送到军营。官兵们想要谢绝，一位老人代表众人说："你们为百姓守土抗敌，百姓给你们送水理所应当。"岳飞十分感动，对乡亲们说："大家的心意我们领了，水塘里的水本已不多，你们全靠它喝水浇地，千万不要再送水了！"看到众人不肯答应，他又说道："大家先回去休息，明天我们再作商议吧。"众人这才离开军营。

第二天，天刚蒙蒙亮，居民到池塘取水，发现原先很小的水塘变成了大池塘。大家猜想一定是岳家军昨天晚上做的好事，纷纷说："岳家军比龙王爷还灵啊！"居民们来到军营想要表示感谢，军营里不见一人，官兵们已开拔征战去了。

时光如流水，转眼近千年。池塘巷里的褚遂良故居早已不在，而华夏书法艺术一直传承至今，熠熠生辉；岳家军的故事也仍在民间不胫而走，成为佳话。

青云街

> 青云街：北出贡院，南与永宁街相接。因地近贡院，昔时售应试用具、书籍之店肆聚集于此。
>
> ——钟毓龙《说杭州》

沿着池塘巷继续往西走到巷口，就到了青云街。青云街位于中河东侧，南端连着长宁街，北端通往贡院前。中河上有一座石拱桥，明清时举行科举考试的贡院设在桥的北侧，所在地便叫贡院前。

明太祖朱元璋登上皇位后，开设科举，浙江的读书应考之风浓厚。考生在贡院参加乡试，金秋发榜时，举办隆重的庆祝仪式，榜上有名者由贡院布政使带领，披红戴花，穿街走巷，一路敲锣打鼓，引来众人围观，十分热闹。中举的考生经过这座石拱桥，石栏上雕刻的是鲤鱼跳龙门，喻为"荣登考榜"，这座桥叫登云桥；过桥后经过一条平坦笔直的小街，意为"青云直上"，这条街便有了吉祥的名字，人称青云街。

每逢乡试，青云街车水马龙，贡院前考生云集，为乡试服务的市场应运而生，坊间称作考市。街上茶楼旅舍林立，书店、笔庄一家挨着一家，专门出售各种书籍和笔墨纸砚等文化用品，著名的商家有瀚海堂书铺、陈云杓刻石店（陈云杓与江苏昆山朱氏并称江南两大石刻名家）、林云楼装池、许虚白笺纸斋，还有沈茂才笔庄，所售毛笔用料考究，做工精细，《武林市肆吟》一书中收录有坊间流传的民谣：

兔颖羊毫善取裁，青云街里管城开。
一枝买得文三万，独数杭州沈秀才。

因为是读书人聚集之地，青云街上的酒家茶楼也很有文化气息。店内陈列盆栽秋菊，挂着名家字画，还留有一面空白墙壁，给中举和落榜的考生酒后茶余挥笔赋诗，抒发感慨之用。

清光绪三十二年（1906），贡院旧址改建为浙江官立两级师范学堂（今杭州师范大学前身）。一年又一年，莘莘学子从青云街走过，在这条求学之路上铺满了重重叠叠的脚印。

老宅易主情怀在——岳官巷

学官巷：东出忠清里，西出六克巷。旧名小打铁巷，亦作岳官巷。明中叶，有殳云桥、殳龙山兄弟，同为学官，故名。

——钟毓龙《说杭州》

　　池塘巷的东端与林司后相接，林司后是南宋时为朝廷掌管茶酒果品的翰林司所在地，故得名。沿着林司后往南走不多远，左侧有一条带"官名"的小巷，叫岳官巷，东端通往新华路，西端连接六克巷。

　　明朝万历年间，名叫殳云桥、殳龙山的两兄弟在这里建宅居住，他们都担任学官，这条小巷便叫学官巷，"学"和"岳"在杭州方言里发音相近，后来讹称岳官巷。

　　清朝康熙年间，从官场退职的翁嵩年买下殳家两兄弟的宅邸，在这里居家养老。翁嵩年当官多年，作风端正，勤政为民。他担任刑部郎中时，看到官府审理案件，受审的人如果为自己申辩，常会遭到酷刑折磨，受刑者满口流血，牙齿掉光，惨叫不止。翁嵩年便上书朝廷，终于将这种酷刑废除。

　　翁嵩年担任广东提学时，有一次到雷州半岛督学，按照规定，考场设在雷州半岛，琼州（今海南岛）的考

20世纪90年代的岳官巷

生要渡过琼州海峡才能赶考，如遇大风，海浪汹涌，乘坐舟船渡海十分危险。翁嵩年知道这个情况后，说："我岂能以一己性命换取千万人性命？"当即决定将考场改在琼州，让考生在当地应试，琼州的考生闻之欢呼雀跃。开考那天，翁嵩年坐船赶赴琼州督察考务，渡海途中，风浪大作，木船在波涛中颠簸，同行的人都非常紧张，翁嵩年却放声高歌，镇定自若，此事一时传为佳话。

清乾隆十年（1745），翁宅的主人换成孙氏家族。孙家有个叫孙宗濂的，三次参加乡试，屡试不第，决定弃考经商，后来凭自己的才能赚钱致富，不忘师恩，接济照顾已故老师的妻子儿女。他曾请一个姓汤的文人做家教老师，汤某患病，孙宗濂花了很多银子为他求医治病，没收取一分钱。他还资助友人陈某去云南赴任，陈某同样为官清廉，借钱料理丧事后无力偿还，孙宗濂听说后反而很高兴，认为这样做官的人不愧为自己的朋友。正因为有这样的为人，孙宗濂去世时，受他帮助的人都来悼念，满屋哭声。

到了清朝咸丰年间，云贵总督吴振棫买下孙宅并加以扩建，改称吴宅。吴振棫在任时也是体恤下情，颇多作为。他曾任山东济南、安徽凤阳等地知府，清理三百多件狱案，并上书朝廷改革贩盐税制，减轻百姓生活负担。退职后，他在岳官巷养老，生活节俭，深居简出，不与达官豪绅来往，却常接济穷困之人，还在宅邸办了敷文书院，重文兴教。他的儿子吴春杰受其影响，在担任山西雁平道台时，同样为官清廉，扶贫济民，赢得口碑。

吴宅就在岳官巷4号，被列为杭州市重点文物保护单位。2000年，重修吴宅，面积5.3亩，保留明代住宅建筑的总体布局，内有五进院落，门楼窗棂，雕物镂花，假山水池，高墙掩映，是杭城仅存的明代风格的木结构建筑。

一座老宅，历经风雨，几易其主，不变的是温良的宅风，传承的是仁义的情怀。

延伸足迹：六克巷

> 六克巷：北出林司后，南出盐桥街。旧时有翁家花园，文人常聚于此，时称前后六客行。六克乃六客之讹。
>
> ——钟毓龙《说杭州》

林司后的南端与六克巷相接，沿着六克巷往南可到庆春路，隔路与皮市巷相对。

清代时，六克巷有一翁家花园，一些文人雅士常来园内闲坐聊天。一位姓沈的店主开的三元楼茶肆（后改名松声阁）更是茶人满座，其中有六位常客，分别叫朱西泉、曹金籥、温汝超、何政霖、胡啸嵋、孙儒伯，大多考中过举人，性格迥异，各有才气，三元楼茶肆的门联便是出自朱西泉的手笔:"不淡不浓,味堪适口;有红有绿,客也从心。"他们握盏碰杯,小啜豪饮,清谈热议,赋诗论文,号称"六客",小巷因此得名,后来误叫成六克巷。

六克巷是杭州城里典型的市井百姓聚居之地,自然也是坊间逸事、邻里趣闻滋生的地方,这为酒友茶客提供了取之不尽、嚼之有味的谈资,以下便是一例。

六克巷原先有一处冯宅,住着一个叫冯天的人,靠杀猪谋生,辛苦半生攒了一些钱,过上温饱不愁的日子。

20 世纪 90 年代的六克巷

他年老时想到自己杀生无数，似有悔意，准备去天竺山灵隐寺烧香，修得来世好做人。

一天，寺庙里的老和尚操持佛事完毕，洗漱安寝，半夜里梦见观音菩萨对他说，有一个住在六克巷的屠夫要来拜佛进香，此人杀死的生猪的尾巴连接起来，从他住的地方一直到天竺山，可以绕三个来回。老和尚听了双手合十，连说"罪过罪过"，便问观音菩萨，屠夫果真来庙里如何是好，菩萨回道："合门，不纳可也。"

这日，屠夫来到灵隐寺，只见庙门紧闭，久敲不开，正要悻悻而归时，听到门内有人说道："放下屠刀，回头是岸，若要从善，心诚便可。阿弥陀佛！"屠夫听了若有所悟，回去后再也不碰屠刀，日子倒也过得十分安耽。

文武居士本杭人——东坡路

东坡路：南起仁和路西段，北至武林路。……以纪念北宋杭州刺史苏东坡得名。

——杭州市地名委员会办公室编《杭州市地名志》

西湖边有一条路，南端始于仁和路，北端连接庆春路，它在杭州城里名气很大，不是由于道路宽阔，也不是因为商业繁华，而是和杭州的一位姓苏的"老市长"有关，他就是苏东坡。

北宋熙宁四年（1071），苏东坡担任杭州通判，北宋元祐四年（1089），再度来杭，任知州，在任期间，赈灾济民，兴修水利，治理西湖，政绩突出。上任杭州通判时，正遇城内疫病流行，他将友人赠送的五十两金子捐出，在众安桥设立安乐病坊，收治穷家病人。他的公益作为得到朝廷肯定，北宋崇宁二年（1103），宋徽宗诏令各地推广苏轼的做法，在各地设立安济坊，让更多老弱贫困者受惠。

苏东坡慷慨济民，自己的生活却很随意，戴的帽子因太宽松常掉下来，就用一根麻绳系住帽子，旁人见了都感叹其"简率如此"。

正因为如此简率，苏东坡深受杭州百姓好评，很多人家挂着他的画像，称"家有画像，饮食必祝"。他为官数年，从东坡肉到东坡路到苏堤，为杭州刻录了天下独有的印记，杭城的街巷里弄也留下了很多他的故事。

在西湖边的一条小路上，住着一位老妇人，靠摆茶摊为生。有一天，一个路人路过这里想买碗茶喝，一摸衣兜却没带钱，他和老妇人商量能否赊账喝茶，日后定会奉还。老妇人看他口渴的样子，一口答应，心想即便这位茶客食言，就当自己做了一件善事吧。几天过去了，那人没来还钱，老妇人也把这事忘了。

过了一段时间，茶摊前来了一个相公模样的人，老妇人觉得面熟，仔细一看就是那位赊账的茶客。只见茶客连声道歉，说是专门来还茶钱的，可是匆匆出门又忘了带钱，实在不好意思再拖欠，可否作一幅画代替茶钱。老妇人说一碗茶钱就算了，但见茶客执意要这么做，就拿来纸笔。茶客展纸握笔，很快就画好了，笑着说道："不知此画能否当得我的茶钱？"说完，双手作揖，告辞而去。老妇人不识字，收下画后也没细看，就去接待其他茶客了。

晚上，老妇人对家人说起那位茶客用画换茶的事。家人好奇地展开一看，是一幅水墨画，画的是西湖的秀水青山，大家都说"好画好画"，再一看落款，不禁惊呼起来，落款者竟是"东坡居士"，方知这位茶客原来是知州苏轼。

苏东坡到过这里的消息很快传遍四邻，他信守承诺的举动成为坊间美谈。后来，人们为了纪念苏轼，就把这条路叫作东坡路。如今，这条路已成为湖滨商业景观街，四方游客络绎不绝。

东坡路上还有一个地标性建筑，就是东坡剧院，20

东坡路

世纪六七十年代属于杭州的高档剧场,在这里看戏看电影,已成为老杭州人的一种文化记忆。2019年,与断桥隔湖相望的东坡大剧院经过改建重新开业,上演的开幕大戏是经典神话传说《白蛇》,有评论说,这是在最接近西湖的剧场上演了一出最西湖的故事。

苏东坡在杭州为官五年,留下世代美名,深得百姓的民心与厚待,难怪他说"居杭积五岁,自忆本杭人",还想"平生所乐在吴会,老死欲葬杭与苏"了。

延伸足迹:学士路

学士路:以江学士桥得名,明工部侍郎江晓居此,称江学士。

——钟毓龙《说杭州》

说到东坡路,就要提到与之相交的一条路,路名同样很有文化味,叫学士路,它的东端起于岳王路,西端贯通延安路和东坡路,与湖滨路相接。明代时,工部侍郎江晓在这里居住,他的家族五代有七人考中进士,成为名门大户。他去世后,被朝廷追封为学士,江宅附近的桥因此叫学士桥,路因毗邻学士桥而得名。

民间关于学士路的来由还有一说,就更有文化味道了。

学士路的旧貌新颜(上:20世纪90年代 下:2020年)

苏轼在杭州为官时，喜欢便服出行，一来为了消解忙于政务的疲累，二来可以了解社情民意。有一天，他经过一所民房，听到传来读书声，探身一看，只见屋里一位先生在教一群孩子识字，其中有几个孩子光读不写，只是看着先生教字。苏东坡一打听，原来这是一所私塾，那些孩子因家贫没钱买纸笔学习写字。

苏东坡闻之便生恻隐之心，想捐钱资助这些贫家子弟读书，但转念一想，给人钱财只能解困一时，教人励志才是育人根本。于是，他和私塾先生商量，说自己可以教这些孩子不用纸笔学习写字，私塾先生十分好奇，同意试试。

苏东坡把贫家子弟领到学堂外的沙地上，对他们说："没有纸笔无妨，人人脚下有纸。"说完，捡起一根细树枝，在沙地上写起横撇竖捺来，笔锋有力，字迹潇洒，孩子们看了都跃跃欲试。苏东坡让他们以树枝代笔，把沙地当纸，一笔一笔地学写汉字笔画。孩子们兴致勃勃地练习着，可几个家境富有却不想学习的孩子，常在旁边吵闹干扰。苏东坡就在沙地上画一条长线，说这条线叫"学字界"，线的左侧是学习区，右侧是玩耍区，每人在各自区域做允许的事，不得越界，违者要罚，效果果然很好。那些穷苦孩子在线的左侧用心练习，看到那条界线淡了，就重新画好，还用小石头把"学字界"固定起来。

大学士苏轼教孩子写字的故事在坊间传开，人们从此就把这条路叫作学士路。也有人说，杭州方言里的"学士街"与"学字界"发音相近，由学字界而为学士街又改叫学士路，所以才这样叫的。哪一种说法更准确并不要紧，重要的是，苏东坡之所以深受百姓的拥戴和怀念，不仅是因为他的为官政绩，更是因为他的仁义作为和悲悯情怀。

蕲王路

> 蕲王路：南起学士路，北至长生路西段。……民国初建路，为纪念南宋抗金名将蕲王韩世忠，故名。
> ——杭州市地名委员会办公室编《杭州市地名志》

沿着学士路往西湖方向走，有一条与东坡路平行的路，只有100多米长，南端始于学士路，北端连接长生路，它叫蕲王路，是用一位赫赫有名的武将的封号命名的。

南宋建炎四年（1130）三月，正是春意正浓时，长江两岸却摆开两军决战的阵势。几个月前，金军统帅完颜宗弼率领号称十万的金兵，渡江追赶南逃的赵构，在杭城大肆劫掠后，乘船沿运河北上，企图从镇江渡江回到中原。不料，宋军八千官兵乘坐海船先行到达，在北岸严阵以待。宋军统帅带领官兵拼力阻击渡江北归的金军，同时堵塞运河入江口，切断金军退路，宋军主帅夫人梁红玉亲临前线擂鼓激励士气，激战数日，歼敌数百，金军未能渡过长江一兵一卒。完颜宗弼愿意归还劫掠的金银财宝并赠送名马，以求放金军过江，宋军主帅断然拒绝："我不要财宝名马，只要还我中原！"

金军只得沿长江西进，寻机渡江，宋军乘船同向进发，紧追不舍。最后，在黄天荡这个死水港湾再次摆开决战阵势。宋军用船队封锁黄天荡通往长江的唯一水道，没有退路的金军冲出黄天荡时，宋军抛掷绳索铁钩，拖拉金军的小船使其倾覆，同时用海船两路夹击。双方相持四十多天，金军最后用火攻突围，总算撤回北方，接着又在建康被岳家军大败，从此再也不敢南侵。

这就是历史上著名的黄天荡之战，指挥大战的是南宋名将韩世忠。

蕲王路的旧貌新颜（上：2000年　下：2020年）

韩世忠（1090—1151），陕西人，18岁从军，作战勇猛，担任宋军将领后，治军有方，身先士卒。随宋高宗赵构南下后，多次大败金军，金军不敢来犯。特别是黄天荡之战，为保全南宋半壁江山立下大功，时称"中兴第一功"，与岳飞、张俊和刘光世并称"中兴四将"。他多次上书朝廷反对议和，力主恢复中原，忧及社稷安危时常涕泪纵横。当岳飞被秦桧以"莫须有"罪名陷害时，满朝文武百官，唯有他敢于当面责问秦桧："'莫须有'三字，何以服天下？"因此不被朝廷重用，自请解职。

解甲归田的韩世忠住在杭州学士路的一条小巷里，自号清凉居士，从此以西湖为伴，头扎一方纶巾，身骑一头毛驴，游走山水之间，处世淡然自如，全无曾握兵权的将帅风范。

有一天，韩世忠登上灵隐寺前的飞来峰，看到"飞来"二字，不禁想起岳飞在安徽池州驻防时，登山游翠微亭写的七绝《池州翠微亭》："经年尘土满征衣，特特寻芳上翠微。好水好山看不足，马蹄催趁月明归。"昔日并肩抗击金军，八千里路披星戴月，如今征尘未洗却长眠地下，想到此，韩世忠百感交集。为了纪念岳飞，他在西湖边的飞来峰建了一座亭子，取名翠微亭，但愿英雄重回人间，再来这里寻芳吟诗，看尽好山好水。

亭小情义重，转眼数百年。翠微亭历经风雨，早已毁坏，1924年又在原址重建。飞来峰上，翠微亭边，松柏常青，芳草枯荣，亭柱上刻着一副对联："路转峰回藏古迹；亭空人往仰前贤。"西湖山水有这样的英魂相伴，杭州百姓有这样的前贤为师，幸哉！

南宋绍兴二十一年（1151），韩世忠病逝于杭州，后来，宋孝宗追封他为蕲王，谥号忠武。杭州百姓一直铭记韩世忠，把这位"清凉居士"居住的巷子叫作蕲王路。

义父孝女照汗青——岳王路

岳王路：南起仁和路东段，北至庆春路西段。……俗称老岳庙（众安桥小学校址）。民国拆旗营墙筑路，为纪念岳飞，取名岳王路。

——杭州市地名委员会办公室编《杭州市地名志》

讲述杭州的历史故事，岳飞肯定是其中的一位主角。杭州除了有岳飞墓和岳飞庙，还有好几条街巷与他有关，岳王路便是其中之一。

南宋绍兴十一年年末（公元1142年），岳飞被宋高宗赵构和宰相秦桧以"莫须有"的谋反罪名，在大理寺（最高审判机关）狱中的风波亭执行死刑。临刑前，这位渴望"壮志饥餐胡虏肉，笑谈渴饮匈奴血"的抗金名将仰望苍天，满腔悲愤地在供状上写下八个大字："天日昭昭，天日昭昭。"壮怀激烈的他最终未能看到"还我河山"的那一天，含冤离世，年仅39岁。

按照规定，在大理寺狱中处死的犯人，尸体要埋在监狱的墙角地下。狱卒们敬佩岳飞精忠报国的精神，都不忍心这么做，又不敢违抗规定。其中有一个叫隗顺的狱卒，一直仰慕岳飞的英名，暗暗决定冒死一搏。

当天夜深人静时，隗顺看到风波亭已无一人，就背

20 世纪 90 年代的岳王路

义父孝女照汗青——岳王路

起岳飞的遗体，悄悄走出监狱，翻越城墙，来到钱塘门外的北山（今宝石山）下，将遗体放进一个简单的棺木里，埋葬在九曲丛祠旁（今昭庆寺附近）。月色下，他看到遗体胸前有一个东西发着亮光，拿起来一看，是一块玉环，这是岳飞和妻子的信物，生前一直佩戴在身上。隗顺把玉环小心地系在遗体的腰上，但愿岳飞长眠地下，有它陪伴永不寂寞。

隗顺掩埋好岳飞遗体，在坟前种了两棵橘树作为标记，并在墓前立了一块碑，上面写的是"贾宜人之墓"（"宜人"是宋代妇女因丈夫或子孙而获得的封号），以免秦桧奸党发现，然后向坟墓鞠了三躬，消失在黑夜里。

从此，这个普通狱卒就是唯一知道岳飞遗体埋葬之地的人。清明时节，他常会一个人到这里点上一炷香，默默祭奠英烈。

许多年过去了，隗顺临终前将儿子叫到床前，向他透露了这个不为人知的秘密，嘱咐儿子，官府日后如要识别岳飞墓地真假，棺木上系着一个铅筒，上面刻有大理寺的"勒"字，这就是岳飞埋葬之地的记号。

南宋绍兴三十二年（1162），宋孝宗赵昚继位，他知道岳飞冤案难平天下人心，也为了向世人表明自己的抗金态度，加之太学生程宏图等人上奏朝廷要求"昭雪岳飞之罪"，于是下旨为岳飞平反，恢复名誉，予以改葬。时隔二十多年，无人知晓岳飞遗体埋在何处，官府四处张贴布告寻找知情者。

隗顺的儿子看到布告后，对官府说出父亲留下的秘密。就这样，长眠地下的英烈终于重见天日，朝廷以一品官的礼仪将岳飞安葬在西子湖畔的栖霞岭，并在墓穴旁建岳庙祭祀岳飞。墓道两边立有石人、石虎、石羊、石马，墓前跪着四个铁铸人像，分别是陷害岳飞的秦桧、王氏、张俊、万俟卨。从此，岳庙成为杭州的一个著名景点，庙前的路取名岳坟街。

一代英烈终于魂归青山，让后人千秋凭吊。正如岳庙的楹联所写："青山有幸埋忠骨；白铁无辜铸佞臣。"而那位侠肝义胆的隗顺，被视为"千古第一狱卒"，同样受到世人称颂。

民间还有传说，岳飞遗骸初葬于众安桥的扁担岭（后为众安桥小学校址）。清道光十三年（1833），杭州府掌管狱司的典史吴廷康根据这一传闻，在众安桥修建岳飞墓和岳飞庙。清代时在这里建旗营，民国初拆除旗营扩建道路，为纪念民族英雄岳飞，定名岳王路，俗称老岳庙，该路的南端起于仁和路，北端穿过平海路与庆春路连接。1928年在庙址建岳王路小学，1950年更名为众安桥小学，1994年建娃哈哈美食城，庙被拆除。

延伸足迹：孝女路

  孝女路：南起学士路东段，北至庆春路西段。……以路北端有孝女井得名。地处旗营东北隅，民国始名孝女路。相传岳飞被害后，幼女银瓶，悲愤填膺，叩阙上书，被逻卒拦阻，遂抱其父生前所赠之银瓶在家院投井而死。

——杭州市地名委员会办公室编《杭州市地名志》

  岳王路的西侧有一条与之平行的路，叫孝女路，它

孝女路的旧貌新颜（上：2000年　下：2020年）

的南端始于学士路，北端连接庆春路。这条路同样有关于岳飞的故事，为老杭州人津津乐道。

相传，岳飞的小女儿名叫孝娥，她聪颖好学，深明大义。岳飞和长子岳云、部将张宪遇害后，孝娥怀着满腔悲愤来到皇宫前，拼命叩击宫门，想要上书朝廷申诉冤情，却被巡守的卫士阻挡。孝娥叫天不应，叫地不灵，回到家里，看到自己最喜爱的银制水瓶，这是父亲生前送给她的。孝娥捧起银瓶，睹物思人，悲痛欲绝，泪如雨下。她抱着银瓶来到院子里的一口水井前，井水映出她的身影，身影背后是朗朗苍天，可是苍天无眼，奸人当道，忠臣屈死，自己何不随父亲同去，在阴间仍做他的爱女，于是纵身一跃，投井而死，年仅 13 岁。

从此，人们不仅记住了精忠报国的武穆岳飞，也记住了以身殉父的银瓶姑娘。

明朝正德年间，按察使梁材顺应民意，在孝娥殉难的水井上建造亭子，题名孝娥井，民间也叫孝女井和银瓶井，岳飞住地就叫孝女路。后来亭子颓圮，水井湮没，清同治六年（1867），吴廷康为纪念孝娥，在岳飞住宅的西侧（今庆春路和延安路相交处）建亭立碑，取名孝女亭，俗称银瓶娘子庙，地方官员每逢春秋两季都要到庙里祭祀。

孝娥为父亲为道义悲壮赴死的行为，感天动地，一直为后人传颂。元代文人杨维祯在《银瓶怨》里这样写道：

> 岳家父，国之桢。秦家贼，城之倾。皇天弗灵，嗟我父与兄。生不赎父死，不如无生。千尺井，一尺瓶，瓶中之水精卫鸣。

元代提学（负责全省教育的官员）刘瑞也为孝娥井撰写铭文，称赞这位烈女子：

> 天柱髌，日为月，祸忠烈，奸桧孽。娥叫父冤冤莫雪，赴井抱瓶泉化血。血如霓，愤如铁，曹江之娥符尔节。噫嘻！井可竭，名不可灭。

20世纪90年代，风波亭和孝娥井因扩建庆春路被拆除。2003年，为了实现杭州市民"恢复风波亭遗址"的愿望，市政府在离孝娥井原址不远的西湖钱塘门，按宋代风格重建风波亭，亭边置放孝女碑和井圈。重建后的风波亭二层瓦盖，八角翘檐，亭柱上刻着清代文人喻

重建的风波亭

岳家湾的旧貌新颜（左：20世纪90年代　右：2020年）

长霖撰写的一副对联：

> 有汉一人，有宋一人，百世清风关岳并；
> 奇才绝代，奇冤绝代，千秋毅魄日星悬。

岳飞和长子岳云蒙冤遇害后，岳飞夫人李氏和次子岳雷、三子岳霖被流放到岭南。南宋绍兴三十二年（1162），宋孝宗赵昚继位，下诏为岳飞平反冤案，岳飞的后代得以回到杭州。岳飞原先的住宅是南宋绍兴九年（1139）朝廷所赐，位于众安桥北，岳飞遇害的第二年，故宅改建为太学。相传在太学大院里住读的太学生们，对故宅主人岳飞心怀敬仰之情，眼前常会惊现岳将军的身影。

20多年过去了，时过境迁，岳飞家人即便能回旧地居住，难免睹物思人，徒增伤悲。当时，岳飞的部将高冲住在毗邻东河的高家河头，这里临近河湾，生活方便，也许是为了得到照顾，也许是想环境清静，岳家子孙便在这里住了下来，人们便把这里叫作岳家湾。

岳家湾原本是一条窄小的弄堂，现已拓宽成马路，南端连接凤起路，北端与体育场路相通，街道两边都是住宅小区和商家店铺，这里毗邻车水马龙的主干道，却仍然显得十分清静。今天的人们大多知道岳飞和杭州的关系，却很少有人会把岳王路和岳家湾联系在一起，好在它们的地名依旧留存在杭州的记忆中，一直留存在古城的文脉里。

以身殉教兴女学——惠兴路

> 惠兴路：纪念惠兴女士。女士姓瓜尔佳氏，旗人。清末创办女校……校建成后即名惠兴，路亦以此名。
>
> ——钟毓龙《说杭州》

岳王路的南端连着仁和路，沿着仁和路往西没走几步，就到了惠兴路，这条路的北端始于仁和路，南端通向解放路，与青年路对接。

像孝女路一样，这条路的故事主人公也是一位"义女"，她和孝娥都选择自尽的方式结束生命，一个以身殉父，一个献身事业。

清光绪三十年（1904）九月的一天，杭州贞文女子学堂举行开学典礼。一位青年女士走上讲台，面对走进这所学校的第一批女生，她充满激情地发表演讲，告诉学生"非兴学无以自强"，鼓励她们求学成才，勇于向"女子无才便是德"的传统观念挑战，说完挽起衣袖，用刀割下手臂上的一块肉，激动地对众人说道："这块臂肉，作为开学的纪念，若是以后贞文女校能够推广，臂肉还能复生，若是贞文女校半途而废，我定要将这身子，殉了这事业！"

这位慷慨陈词并做出惊人之举的人，名叫瓜尔佳·

惠兴。

瓜尔佳·惠兴（1870—1905），出身满族官宦世家，从小迁居杭州，结婚后不久丈夫即去世，一直独居。读书和自身经历让她认识到，女子只有接受教育才能自强自立，摆脱卑微地位。

清光绪二十九年（1903），慈禧太后允许各地办女子学堂。杭州也办起一所公立女校，惠兴女士不顾家族反对前往报考，因主办者带有偏见而被拒绝，于是，她决定自己创办女子学堂。她四处奔走，一年后，募集三百多银元，为了补上资金缺口，她又找旗营里的富有女眷募集钱款，并向当局申请土地，终于创办了贞文女子学堂。

天有不测风云，一些答应校舍建成即捐款的人却违背承诺，拒付钱款，还对惠兴女士冷嘲热讽，承建学校的人又不断登门讨要工钱。学校勉强维持了一年，已无经费再办下去，惠兴女士只能以命相搏。她分别给镇浙将军和全校学生写了一封绝命书，请求当局将遗书转呈朝廷。遗书陈述了兴办教育、开启民智与国家富强的关系，企盼政府能给学校长年经费，最后写道："愿以一死动当道，兴女学，图自强。"

清光绪三十一年（1905）十一月二十五日清晨，初冬的杭城寒风渐起，黄叶飘零，一片萧瑟。惠兴女士服下毒药，走出屋门，步履蹒跚地来到镇浙将军署，向镇守将军面交遗书，终因体力不支，倒地不起，经抢救无效死亡，年仅35岁，她留给世人的最后一句话是："此禀递上有长年经费矣！"

杭州市民闻之群情激奋，人们称惠兴女士为"中国

惠兴路

六千年来十界（即天地人间）第一伟人"。此事也震动朝野，镇浙将军和浙江巡抚联名上书朝廷，慈禧太后下旨为惠兴女士建立牌坊，将其遗体葬在西子湖畔的孤山放鹤亭后。

惠兴女士的义举更是感动了全社会，北京著名艺人举行义演募集资金，浙江官府拨下专款，将贞文女子学堂改为官立惠兴女子学堂，把学堂所在道路改名惠兴路，以纪念这位为教育殉身的女子。

义女兴教，薪火相传。一百多年来，无数学子从这所学校走出，成为社会有用之才，蔡元培、沈钧儒、马寅初、苏步青、夏承焘等社会名流曾在该校担任校董和教师。惠兴女子学堂后来改为杭州第十一中学，2000年定名惠兴中学。这所有着悠久历史的学校，为杭州的近现代教育史留下耀眼的一笔。

延伸足迹：嘉树巷

嘉树巷：（本）枣木巷，西通石湖桥，宋时范成大所居，号石湖，故名。

——丁丙《武林坊巷志》

岳王路的东侧有一条嘉树巷，它的东端始于中山中路，西端连接岳王路，这也是古代一条很有"文气"的小巷。清朝乾隆年间，钱塘人吴世英（自号嘉树）在这里居住。他出身寒门，勤奋读书，才思敏捷，孝顺老母，广受赞誉，人们便把小巷叫作嘉树巷。

嘉树巷还住过一位文臣兼诗人的名家。

南宋乾道元年（1165），金国完颜仲出使南宋递交国书，要求按两国惯例，宋孝宗赵昚必须面朝北方，跪地接受金国国书。赵昚不愿忍受这种带有侮辱歧视性质的礼仪，想让负责朝会礼仪的官员受书，遭到完颜仲反对。正在互不相让时，太上皇赵构担心冒犯金国再惹战火，极力劝说赵昚忍之，赵昚只得屈从。

南宋乾道六年（1170），赵昚打算派使者前往金国都城中都（今北京），和金国商议更改受书礼仪，并要求归还在河南的宋室皇陵。此举可能激怒金国而有去无回，大臣们无人敢领命前往。这时，一位儒雅的文官挺身而出，他就是范成大。

范成大到了中都后，拜见金国皇帝完颜雍（金世宗），呈上国书，慷慨陈词，希望修改受书礼仪。金世宗岂肯轻易答应，不愿接受国书，范成大长跪不起，坚持要求修改礼仪。立于旁边的金太子被激怒，拔剑想要杀他，范成大面无惧色，不肯退让半步。

弱国无外交，但是弱国却有可杀不可辱的使臣。在金国皇帝面前的就是这样一位使臣，连金国的官员都十分佩服他的勇气和胆魄。

最终，金国同意迁走宋室皇陵，并归还钦宗梓宫。范成大出使金国，虽然没有完全达到预期目的，但是能够不辱使命，保全气节而归，受到朝野一致称赞。

其实，历史上的范成大是作为诗人而更为人知的。

范成大（1126—1193），苏州吴县（今江苏苏州）人，年少聪慧，静心读书十年不出山，号称此山居士。考上进士后，先后担任四川制置使、参政知事、资政殿大学士等职，为官体恤民情，很有作为。

范成大的文才同样出类拔萃，诗风自成一家，田园诗清新淡雅，爱国诗雄浑激昂。例如，他在出使金国时写下72首绝句，其中一首《会同馆》这样写道：

万里孤臣致命秋，此身何止一沤浮！
提携汉节同生死，休问羝羊解乳不？

20世纪90年代的嘉树巷

该诗写的是范成大住在金国的会同馆里，听说要被扣为人质，不禁想到汉代的苏武出使匈奴，手持汉节，宁折不弯，被匈奴放逐荒野，孤身牧羊，必须等到羝羊（公羊）产奶才能放还。范成大自比苏武，为国何惧一死，只求不辱使命。短诗仅有四句，充分表现了诗人傲然不屈的铮铮铁骨和气冲云霄的民族气节。

范成大的诗歌创作成就，使他与杨万里、陆游、尤袤并称为南宋"中兴四大诗人"，对后人影响很大，世称"北有范仲淹，南有范成大"，二人是南北两宋两位都姓范的著名诗人与文臣。

范成大曾在嘉树巷西侧的石灰桥边住过，晚年以家乡的石湖为名，自号石湖居士，石灰桥后来就被人们叫作石湖桥了。

石贯子巷

石贯子巷：在嘉树巷南，东出弼教坊，西出岳王路。石贯子为十官宅之讹。盖宋时之宗学在其南，有宗子十人居此，故称十官宅。

——钟毓龙《说杭州》

嘉树巷的南侧有一条与之平行的小巷，它的东端连接中山中路，西端贯通岳王路与学士路对接。这条小巷长不足百米，名字也很普通，过去曾是皇室子弟居住读书的地方。

宋代王朝为了培养宗室子弟（即皇族后代），在各个王府宫院里为宗室子弟开设学校，由专职学官训导教诲，称为宫学。南宋嘉定年间，很多宗室子弟在皇宫外面的宅邸居住，宋宁宗赵扩于是改宫学为宗学，在皇宫外设立学校，沿袭太学办学模式，宗室子弟集中接受教育，可以通过乡试入仕为官，从而激发了求学热情，且住读于市井坊间，更能接触社会了解民情。宗学与太学、武学并称为"三学"，对培养宗室人才发挥了很大作用。

南宋在杭州建都时，皇室睦亲（宗族中的近亲）读书的宗学就设在石贯子巷南侧，这一带就叫睦亲坊，曾有十位求学的宗室子弟在小巷居住，小巷取名宗学巷，俗称十官宅巷，后来因发音相近叫十贯子巷，再后来就叫成了石贯子巷。明朝成化年间在此设立按使署，建有弼教坊，故这一带也叫弼教坊。

石贯子巷是宗族子弟求学念书场所，便有一些书铺开在这里，为小巷增添了书卷气。开书铺者不乏学深趣雅的文化人，其中有一位名叫陈起，别称武林陈学士，宋宁宗时乡试考了第一名，在这里开设"陈宅经籍铺"，编著、出版、销售古籍数万册，尤其善刻坊本（书坊刻印的书），和福建建安余氏并称宋代刻书两大家，刻印

20世纪90年代的石贯子巷

唐宋文集和笔记小说近百种，成为坊刻精品，为后世珍藏。后来还有南宋刻书家、藏书家陈思在这里开设书肆"续芸居"，"续芸"意为秉承陈起（号芸居）的作为。他喜欢收藏研校古籍，按照正史体例编著10卷《书小史》，收录自远古伏羲氏至五代入宋500多位书法家的小传与作品，是关于书法史的重要著作。

弼教坊不仅充满了书卷之气，而且还激扬着浩然正气。

明末清初，民族英雄张苍水变卖家产，投笔从戎，与郑成功联合抗清，兵败被俘后押至杭州。面对西湖的秀丽景色，他想到坚守民族气节的岳飞和于谦都在这里魂归青山，顿生崇仰先贤、以身报国的豪情，以诗言志：

国亡家破欲何之，西子湖头有我师。
日月双悬于氏墓，乾坤半壁岳家祠。

清廷对张苍水多次劝降，并以杀害其妻儿要挟。张苍水坚贞不屈，只求以死报国，他在监狱的墙上书写一首《放歌》，留下气壮山河的诗句："予生则中华兮死则大明，寸丹为重兮七尺为轻。"

清康熙三年（1664）九月七日，张苍水被押到弼教坊刑场，临刑前为世人留下了最后一首诗："我年适五九，复逢九月七。大厦已不支，成仁万事毕。"写毕，仰天长叹："好山色！"然后昂首挺胸，慷慨赴死。

张苍水的遗骨被义士葬于杭州南屏山，墓旁建有张苍水祠，他和岳飞、于谦都埋骨西子湖畔，后人称之为"西湖三杰"。

如今，石贯子巷已拓宽成街，与学士路连成一路。它和很多老街巷一样，融入了杭州的历史文脉，与岁月一起沉淀，为这座古城积累着生命的厚度。

方谷有梦飞天外——方谷园

> 方谷园：东出直大方伯，西出马市街。传为布政使应朝玉之后花园，欲与石崇之金谷园媲美，故称方谷园。
>
> ——钟毓龙《说杭州》

  杭州的马市街，南端始于解放路，北端通到庆春路，是老底子连接这两条马路的主要通道。它原先是一条宽仅三四米的小巷，南宋时在这里开设马匹市场，所以叫马市街。

  从解放路走进马市街，东侧第一条小巷叫方谷园，它的西端始于马市街，东端连接直大方伯。方谷园里原先建有芳谷园，它和古代的一个大富豪有关。

  这个大富豪就是西晋的石崇，他自以为有钱，喜欢与人争强斗富。晋武帝的舅父王恺也是豪门贵族，生活奢侈无度，石崇处处想比过他，为此不惜挥金如土。他听说王恺家里用麦芽糖刷洗锅子，就让家人用石蜡烧火做饭；他看到王恺在道路两边用丝布做成40里长的防护布障，就令手下用锦缎做成50里长的布障；他看到王家用赤石脂（中药材）涂刷墙壁，就用香料刷满院墙。

  这还不够，石崇为了显富，还在洛阳城外大兴土木，建造豪华别墅金谷园。金谷园方圆几十里,楼阁殿堂,金碧辉煌,修竹掩映,池鱼游弋,亭榭错落,清溪蜿蜒,规模之大,豪华之极,与皇宫御园不相上下,这就是洛阳八景之一的"金谷春晴"。

石崇在金谷园过着纸醉金迷的生活,奢靡程度令人难以置信,对此,南朝文人刘义庆在《世说新语》里多有记述。例如,石崇经常在金谷园里设宴豪饮,让侍女劝客人喝酒,如果客人喝不完,杯里还有剩酒,石崇就让侍卫砍掉劝酒侍女的脑袋。有一次,丞相王导和大将军王敦到金谷园赴宴,王导的酒量有限,又不忍看到陪酒的侍女被无辜杀害,只得来者不拒,喝得大醉,石崇才肯罢休。王敦生性刚直,不愿屈从,无论侍女怎么劝酒,就是不喝,石崇就连斩三个劝酒的侍女,残暴至极,令人发指。

2000年的方谷园

到了明朝仁宗年间，浙江布政使应朝玉在杭城的东河西岸建宅邸。古代把统领地方的长官叫作方伯，所以也称应朝玉为方伯，他的宅邸所在地就叫大方伯里，后来改叫直大方伯。

应朝玉位居高官，家境富有，他看到《世说新语》中对金谷园的描述，十分羡慕，心想石崇能建，自己为何不能建，于是就在直大方伯的宅邸后面，模仿金谷园建了一个豪华庭园，取名"芳谷园"，小巷也由此得名，后来叫成方谷园。

再豪华的宅邸也经不起岁月的冲蚀，芳谷园几经易主，逐渐颓败。清顺治十七年（1660）十月二十三日，芳谷园一带突发大火，火势蔓延数里，殃及芳谷园，仅存部分房屋庭园。现在位于方谷园和小营巷之间的小营公园，就是芳谷园的一部分遗址。

在方谷园狭长的小巷里有一个很深的墙门，门牌是方谷园2号。从这个墙门里走出过一个人，他对国家的作用至大，以至于当年他打算从美国回中国时，美国海军部副部长金贝尔说："这个人抵得上五个海军陆战师，我宁可把他枪毙，也不能让他回中国。"

这个人就是被誉为"中国航天之父"的钱学森。

民国初年，芳谷园尚存的房屋庭院归杭州富商章家所有，章家把多才多艺的女儿章兰娟许配给同样博学多才的钱均夫，并把芳谷园作为女儿的嫁妆。钱均夫和章兰娟结婚后生了一个儿子，取名钱学森。钱学森幼年在方谷园住过一段时间，后随父亲到北京读书，1935年赴美国留学，成为著名物理学家。1955年，他放弃在美国的优厚待遇，毅然回国，和科学技术人员艰苦奋斗，为我国的国防科技事业做出卓越贡献。

　　钱学森的故居占地1.3亩，二层木结构房屋十余间，三进深，两个院落，一口水井。2003年，方谷园2号被列为杭州市文物保护点，现已修缮一新，成为爱国主义教育基地。

上：钱学森故居　　下：方谷园

一条小巷，留下不同时代两个人物的人生足迹，他们对社会的作为和价值却有着天壤之别。只有尽心为民、热血报国的人，才会得到人们的纪念和历史的垂青。

延伸足迹：小营巷

小营巷：东与万安桥斜对，西出马市街。……西首与马市街相接处为顾鸾之之宅，甚宏敞。太平军入杭后，即以此宅为诸王之王府厅。

——钟毓龙《说杭州》

方谷园的北侧有一条与之平行的小巷，叫小营巷，它的东端始于直大方伯，西端连接马市街。

清朝道光年间，富户顾鸾之在小营巷与马市街相接处建造豪宅，取名篁庵，即现在的小营巷58号。清咸丰十一年（1861），太平军攻入杭州后，镇守杭州的太平军主将听王陈炳文在杭州乡绅顾鸾之的宅第设立指挥部，人称听王府。由于清军围城日久，城内断粮，听王开仓济民，维护治安，并在宅第东侧的直大方伯筑台宣讲教义政纲，每天有成千上万人来这里听讲。后来，百姓把太平天国驻军营地叫作大营盘，把听王府所在地称为小营巷。

1958年1月5日，毛泽东主席到小营巷视察卫生工作，走进普通人家看望居民。从此，小营巷作为全国爱国卫生先进单位闻名全国。

小营巷现在是杭州市旧城风貌保护区，太平天国听王府被列为杭州市文物保护单位。巷内的小营公园原为明代浙江布政使应朝玉私家花园的一部分，现为居民晨练休憩场所。

小营巷的旧貌新颜（上：20世纪90年代　下：2020年）

永宁院巷

  永宁院巷：东通马市街，西出皮市巷，因有永宁禅院得名。又有唐侯庙，祀唐时之李泌。
——钟毓龙《说杭州》

  小营巷的西端隔着马市街，对面有一条小巷，它的东端始于马市街，西端连接皮市巷。巷内原先有一座永宁禅院，所以小巷就叫永宁院巷。

永宁院巷还和杭州的一位"老市长"有关，他就是李泌。

李泌（722—789），祖籍辽东，从小聪颖，被视为"神童"。唐玄宗李隆基听说后想看看他有多聪明，就召他入宫，让正在和自己下棋的著名文人张说考考他。张说以"方圆动静"为题说道："方若棋局，圆若棋子，动若棋生，静若棋死。"年仅7岁的李泌思考片刻，不紧不慢地对道："方若行义，圆若用智，动若骋才，静若得意。"李隆基听了十分赞赏，把李泌抱在怀里疼爱有加。李泌长大后，担任待诏翰林，起草诏令，议论时事，被封为邺县侯，世人称他李邺侯。

李泌性格刚直，在官场上屡遭排斥，他便潜心苦修道家方术。有一天，他在山中寺庙里过夜，夜深人静时，听到有僧人还在念经，起身一看，是一个在庙里干杂活的和尚，平时吃些剩饭剩菜，然后就在角落里睡觉，人们不知道他的姓名，都叫他懒残。李泌心想，这一定是位得道很深的禅师。

一个寒冬的夜晚，李泌去找懒残，看见他冻得瑟瑟发抖，用捡来的牛粪烧火取暖，吃烤熟的芋头充饥。李泌一声不响地跪在他前面，懒残只顾吃芋头，还骂他想要偷自己的东西吃。过了一会儿，他把吃剩的半个芋头递给李泌，李泌接过来吃了，懒残见了点头说道："看你诚心的样子，就许你以后做十年的太平宰相吧。"说完，拍了拍衣服上的尘土，扬长而去。

此言竟然成真。唐德宗李适继位后，仕途坎坷的李泌当上了宰相。在成为宰相前，他曾担任杭州刺史，任期只有四年，却很有作为。

杭州临海近江，潮水倒灌，饮水苦咸。李泌上任后，四处走访，了解民情，实地探查西湖水质，实施前所未有的改造城市供水系统的方案。他在城内不同地区开凿六口水井，分别叫相国井、西井、方井、白龟池、小方井和金牛池，在西湖的涌金门、钱塘门与六口水井之间挖暗沟铺设瓦管竹筒，将西湖的淡水引入城内六井，解决了市民用水之难。

此举造福一方，得到市民交口称赞，后任的两位"市长"也给予很高评价。同样担任过杭州刺史的白居易在《钱塘湖石记》中写道："（杭州）郭中六井，李泌相公典郡日所作，甚利于人。"担任杭州知州的苏轼在《乞开杭州西湖状》中是这样写的："杭之为州，本江海故地，水泉咸苦，居民零落。自唐李泌，始引湖水作六井，然后民足于水，井邑日富，百万生聚待此而后食。"

解放路上的相国井

饮水思源，杭州百姓为了感谢李泌，在他居住的永宁院巷建了唐侯祠，用来祭祀这位仁政惠民的李邺侯。

南宋淳熙十一年（1184），人们在浣纱河边修建相国寺，用来祭祀李泌，并在相国井上盖了亭子。浣纱河上的一座石桥叫作井亭桥，1973年填河建路，桥被拆除。李泌挖的六口水井，现在只剩下相国井，位于解放路与浣纱路相交处西侧，井圈用整块汉白玉石料凿成，是杭州市重点文物保护单位。

宰相府里蝙蝠红——清吟巷

> 清吟巷：北起杨绫子巷，南折西连下华光巷。……亦名清宁巷，宋皇城司、亲从、亲事指挥营在此。清吟殆亲营之讹。据传，巷本在今清吟巷之南，清光绪时体仁阁大学士王文韶于此大造宅第。
>
> ——杭州市地名委员会办公室编《杭州市地名志》

从永宁院巷西端巷口走出，就到了皮市巷。皮市巷是一条与马市街平行的小巷，南端起于解放路，北端连接庆春路。南宋时，这里开设皮具作坊，经营皮货生意，所以叫皮市巷。巷内建有存储皮革制品的御用仓库富藏库，仓库后来改为元帅庙，因库庙常会散发难闻的硝皮加工气味，民间有"活臭倒弄（杭州话，很臭的意思）皮元帅"一说。

沿皮市巷往北走不多远，有一条与之相交的路，叫清吟街。南宋时，赵构在凤凰山麓建造皇城（俗称大内），并在丰乐桥一带驻扎亲从指挥营和亲事指挥营，二营分别承担皇城守护和宫殿巡逻任务，称作亲营，后因发音相近，这里就叫清吟巷了。

清吟巷原先宽仅两米，一百米长，在这条幽深的小巷里，留存着一座名人豪宅，流传着一个神奇传说。

清吟巷10号是一个普通的石库墙门,原先是豪门贵族的宅邸,主人姓王,早在清朝康熙年间就住在清吟巷,后来家道衰落,宅邸萧条。王氏后代有一个叫王文韶的,成为光宗耀祖的人物。

王文韶(1830—1908),仁和(今浙江杭州)人。他从小顽皮,无心读书,常和小伙伴玩赌博游戏,输了钱就把家里的东西拿去还赌债。有一次,临近过年了,很多人到他家索要赌债,父亲靠开酱油店维持生计,本不富裕,看儿子这样不学好,自然生气,却并不打骂儿子,

上:20世纪90年代的皮市巷　　下:王文韶故居

而是把准备过年的鸡鸭鱼肉拿去抵债。春节这几天，王文韶看到别人家吃鱼吃肉，鞭炮震耳，自己家素菜淡饭，冷冷清清，才知道自己错了。他悔恨交加，把赌具扔到河里，决心洗心革面，努力求取功名，光宗耀祖。

王文韶从此发奋读书，清道光二十八年（1848）考中秀才，三年后考中举人，第二年又考中进士。走上仕途后，因治政得力，王文韶被左宗棠和李鸿章举荐，先后任湖北按察使、湖南巡抚、兵部左侍郎、云贵总督、体仁阁大学士等职。他为官多年，为国为民做了很多有益的事，例如开办学堂，兴修水利，整顿水师，辅助新政，备受朝廷器重。

1900年，八国联军长驱直入，北京危在旦夕。惊慌失措的慈禧召见文武百官急商对策，大臣们想的是如何自保，最后来上朝的只有三人。慈禧眼看大势已去，只得带着光绪皇帝逃出京城。

国家危难之际，最后到朝廷来的那三个人，有一个就是时任军机大臣的王文韶。

王文韶见皇上带领大臣和侍从一路西去，急忙赶到军机处取来玉玺，徒步拼命追赶，一直追到第三天，双脚都走肿了，才在怀来县追上队伍。慈禧看到这位71岁的老臣风尘仆仆、竭诚效忠的样子十分感动，解下身上的一块价值连城的佩玉赠给王文韶。

王文韶担任湖南巡抚时，他在同族先祖王乃斌写的《红蝠山房诗钞》里看到一段记述：一天夜里，作者梦见在杭州清吟巷祖宅里，有五只红蝙蝠围绕房梁上下飞舞，醒来后对人说起此事，都认为"蝠"与"福"同音，这是吉兆，祖上托梦，家族兴旺指日可待。

王文韶小时候并未在清吟巷的祖宅里住过，作为王氏后代，要为光宗耀祖而尽力，这个愿望伴随他走南闯北。到京城当上体仁阁大学士（即宰相）后，享有优厚俸禄，终于有了实现夙愿的机会，红蝙蝠梦飞老宅的传说更让他欲罢不能，于是在清吟巷买下大片地产，花费巨资修建大学士府。

新建的府邸占地20亩，门厅悬挂蓝底金边蟠龙的"太保大学士第"匾额，府内建有退圃园、红蝠山房、藏书阁，楼阁错落，曲廊相连，厅堂敞阔，花径幽深，既富贵气派，又清幽典雅，民间称它大学士府，也叫宰相府。

清光绪三十三年（1907），作为最后一位杭州藉的宰相，王文韶退职回到祖宅养老，可惜才住一年就去世了，享年79岁。

岁月流逝，大学士府已经风光不再。后来宅院住进多户居民，一部分改为清吟巷小学，只有上下三层的藏书阁还在，重檐翘角，雕花勾栏，明清建筑风格犹存。

清吟街

光阴无情，老宅有幸。2000年，大学士府被列为杭州市重点文物保护单位，现存5000平方米，2007年修缮一新。幽深的清吟巷也已拓宽成宽阔的马路，与相接的杨绫子巷统称清吟街，东端与直大方伯连接，西端与中河中路相交，车流穿梭，不再清静。

延伸足迹：大塔儿巷

> 塔儿巷：有大小之分。大塔儿巷东出皮市巷，西出华光巷。小塔儿巷南出丰乐桥街，与大塔儿巷成丁字形。宋时有觉苑寺，寺中有塔曰城心塔，居郡城中心之意。巷以塔名。
>
> ——钟毓龙《说杭州》

春日，飘着雨丝的杭城缠绵而温润，撑一把伞在小巷里漫步，可以品味江南古城独有的情韵。杭州城里有一条"雨巷"因为与一位著名诗人有特殊情缘，从而另有一种意境。

它，就是大塔儿巷。

大塔儿巷位于清吟巷南侧，两条巷平行并列，东端始于皮市巷，西端连接中河中路。

90多年前一个飘着细雨的日子，住在这条小巷里的一位少年，撑着一把油纸伞，沿着大塔儿巷前往皮市巷的宗文中学（后曾改为杭州第十中学）读书。悠长的小巷，寂静的墙门，缠绵的雨丝，朦胧的人影，让他浮想联翩，又感到迷惘惆怅，后来他就把这种想象和情绪写成诗歌，题目叫《雨巷》：

撑着油纸伞，独自

宰相府里蝠红——清吟巷

20世纪90年代的大塔儿巷

> 彷徨在悠长、悠长
> 又寂寥的雨巷，
> 我希望逢着
> 一个丁香一样的
> 结着愁怨的姑娘。
> ……

这首诗在《小说月报》发表后广为传抄。也许是因为表现了少男少女朦胧柔美的暗恋情愫，也许是因为表现了那个时代的青年执着追求和孤独迷失的矛盾心态，这首低吟着"雨的哀曲"的诗歌，成为中国现代派诗歌的代表作之一，作者也因此获得"雨巷诗人"的称号。

这个少年就是后来享誉中国文坛的戴望舒。

戴望舒（1905—1950），浙江杭州人，中国现代著名文学家。他出生在大塔儿巷，在曲曲弯弯的小巷里度过少年时代。中学毕业后考入上海大学文学系就读，后留学法国，担任过报刊主编和大学教授，1950年病逝于北京，享年45岁。这位才子一生创作和翻译了很多作品，可留给读者印象最深的，还是他在大塔儿巷获得独特灵感和浪漫情怀而创作的《雨巷》。

光阴荏苒，大塔儿巷经历几多风雨，早已物是人非。现在经过"雨巷"时，仍然会有人默默地回味将近100年前在这里留下的缠绵诗句——

> 像梦中飘过
> 一枝丁香地，
> 我身旁飘过这女郎；
> 她静默地远了，远了，
> 到了颓圮的篱墙，
> 走尽这雨巷。
> 在雨的哀曲里，
> 消了她的颜色，
> 散了她的芬芳
> ……

江桥渔火第一香——香积寺巷

> 香积寺：在湖墅江涨桥北，始建于宋太平兴国三年，大中祥符间改名香积寺，其地即名香积寺巷。寺内有清康熙时所建石塔，至今犹在。
>
> ——钟毓龙《说杭州》

　　大兜路位于江涨桥和大关桥之间，南端起于霞湾巷，北端通往大关路。江涨桥横跨大运河，旧时钱塘江涨潮，江水涨到桥畔，桥名由此而来。从宋代开始，这里就是拱宸桥码头来往城内的主要通道，舟船穿梭，渔火如星，米行蟹市，货栈林立，成为城北重要的贸易中心，也是"十里银湖墅"的中心区域，清人称为"江桥渔火"，是"湖墅八景"之一。如今，大兜路已改建为步行街，成为人们的休闲游览之地。

　　沿着大兜路往北走不多远，就到了香积寺巷，这条小巷的西端始于大兜路，东端延伸到长浜路，曾经名列杭州城外三大寺之首的香积寺就在这里，小巷因此得名。

　　香积寺建于北宋太平兴国三年（978），初名兴福寺，北宋大中祥符年间，宋真宗赵恒赐额"香积"。寺庙在元末毁于战乱，明洪武四年（1371）重建。关于这座寺庙的来历，老百姓也有自己创作的故事。

大兜路

　　北宋末年的一天，在杭州城北的半山，一位姓倪的农家姑娘正在山上松树林里耙树枝作柴火，俗称耙松毛，看到一个人惊慌地跑来，上气不接下气地说："姑娘，金兵在追我，快救救我！"姑娘对入侵中原烧杀劫掠的金兵十分痛恨，叫他赶快躲进筐子里，上面盖满松枝。她看到金兵追了过来，就用竹耙将沙土扬向空中，尘土弥漫，金兵看不清前方，只得掉头回去了。

　　金兵走后，那人感谢姑娘的救命之恩，说自己是皇帝，以后一定接她到皇宫里做贵妃娘娘。

　　原来，这个人就是宋高宗赵构，他被金兵追赶，一路南逃，幸亏农家姑娘相救才保全一命。

　　赵构在杭州安顿下来后，却把这事忘了，而人们听说姑娘已被皇帝封为贵妃，没有人家再敢娶她，姑娘孤苦度日，不久就病故了。村里人都说："姑娘一把黄沙救了皇帝的命，皇帝一句话却害了姑娘一条命。"姑娘死后，村里人在半山为她造了一座庙，就叫半山娘娘庙。

民间传说还有一个版本,说赵构逃到半山的一个岔路口慌不择路,就向在河边洗衣服的一位姑娘求救,姑娘伸手指着右边的一条小路说:"你快从这边走!"赵构急忙朝右边的小路跑去,姑娘从地上抓起一把把沙土撒向空中,风卷扬尘,路口一片混沌。

金兵追到路口,被沙尘迷了眼,看不清前面的路,就问姑娘是否看见一个人从这里跑过。姑娘镇定地回答:"没看见。"金兵就向右边的小路追去。姑娘一见急了,连忙叫住金兵,说:"刚才好像是有一个人先向这条路跑去,后来又转身往左边的小路跑去了。"金兵将信将疑,威胁道:"你胆敢骗我们,回来就立马杀了你!"说罢,掉转马头朝左边追去。姑娘知道金兵追不到那人,回来一定不会饶过自己,她无路可逃,就投河自尽了。

赵构做了皇帝后,派人到半山寻找洗衣姑娘,听说她为救皇上而投河自尽,便下旨册封她为"撒沙护国显应半山娘娘",并建半山娘娘庙,民间又叫撒沙夫人庙。庙堂里供着半山娘娘塑像,每逢正月初三,赵构都要带文武百官来半山娘娘庙朝拜。

一天晚上,赵构在宫里恍惚又看到那位姑娘在洗衣服,赶忙上前,忽然云开雾散,金光万道,洗衣姑娘飞上天空,赵构伸手想拉住她,只抓住一只脚。这时,响起一声惊雷,赵构睁眼一看,自己身在金銮宝殿,并没有姑娘的影子,原来是在做梦。

巧的是,第二天地方官上奏朝廷,说城外一条小巷里,前天夜里突然一道亮光,雷声震耳,接着从天上掉下一块石头,形状很像女人的一只脚。赵构以为是天神授意,就在这条小巷建造了一座寺庙,取名香积寺,并把那块天外来石放在神像的莲台下面。

夜幕下的香积寺

　　故事虽有不同的情节和结局，但说的都是民女有恩于康王赵构。正因为如此，南宋朝廷后来恩准浙江女子出嫁时，可以像皇后娘娘一样凤冠珠翠戴满头，雕龙花轿坐上头，这也算是皇上有信于民的一种作为吧。

　　传说毕竟是传说，香积寺则是真实的存在，它历经风雨，几度兴衰，余"香"不断。

　　香积寺毗邻江涨桥，苏南浙北杭嘉湖一带的香客乘船沿运河到杭州，前往灵隐寺和天竺山进香，香积寺是

江桥渔火第一香——香积寺巷

登岸进城必经的第一座寺庙,因此是烧头道香的地方,故称这里是运河第一香,民间又叫"香火头道门"。

每年农历二月春暖花开时,杭州举行西湖香市,码头停满船只,进香者多为同村的老年妇女,背着黄色香袋,在"香头"带领下,成群结队到香积寺求神拜佛,祈愿保佑农家桑蚕多产,五谷丰登。这已成为一个民俗节日,香客们烧香拜佛与踏青观光、游乐购物结合,庙前寺中,人群熙攘,香烟缭绕,烛火长明,一直延续到农历五月端午节。

香积寺的大门前，东西两侧各有一座高约 12 米的石塔，建于清康熙五十二年（1713），塔身八面九层，第三层东面悬匾，上刻"慈云"二字，下有须弥座，用汉白玉石雕凿，形状如木结构楼阁。东塔毁于 1968 年，西塔幸存，被列为浙江省和杭州市重点文物保护单位。

2009 年，在香积寺原址西侧重建香积寺，寺庙建筑均用铜材，门前仿照西塔原型重建一座石塔，还原了一寺双塔的原有风貌，成为国内唯一主供大圣紧那罗（"紧那罗"意为"音乐天""歌神"，是佛教天神"天龙八部"之一）王菩萨的寺庙。

如今，千年古寺香火又旺，游人如织，作为杭州城北最大的佛教旅游景点，昔日的"杭州运河第一香，湖墅市井风情地"，胜景重现，风情依旧。

延伸足迹：霞湾巷

> 霞湾巷：西起大兜路南端，东至吴家石桥。……明称衙湾巷……后音讹为霞湾。名始于清。
> ——杭州市地名委员会办公室编《杭州市地名志》

香积寺巷的南侧有一条与之平行的小巷，叫霞湾巷，西端始于大兜路，与江涨桥相接，东端通往胜利河边的章庵弄。这条小巷明代称衙湾巷，俗称牙湾巷，"衙"和"霞"在杭州方言里发音相同，到了清代就叫霞湾巷了。

霞湾巷临近河湾，民居密集，是城北著名的水产品交易市场。这里渔船衔接，摊铺相连，海鱼河虾，买卖兴隆。每年秋天入夜，鱼市更是灯火通明，人声鼎沸，生意尤其闹猛，新鲜上市的螃蟹肉壮膏黄，买家成串拎回家，或者煮熟蘸姜醋，或者浸酒做醉蟹，都是杭州百姓餐桌

霞湾巷的旧貌新颜（左：20 世纪 90 年代　右：2020 年）

上的最爱。清代诗人魏标在《湖墅杂诗》里这样写道：

秋晚牙湾贩海鲜，蟹舟衔尾泊淮船。
团脐紫爱香浮屑，酒瓮藏留醉隔年。

老底子的霞湾巷不仅弥漫着鱼腥气，也充溢着诗画味，这里还有一位著名的诗人和书画家的故事。

康熙 8 岁时，有一天，他在宫廷里玩耍，看到主管钱物的户部尚书陈廷敬走过来，就对他说："陈大人，给我一些钱玩玩吧。"陈廷敬说："我手头没有钱，等领了俸禄再给你。"康熙听了很不乐意："你的俸禄哪里够我玩的，你从国库里给我拿个三五万两银子不就行了。"陈廷敬回道："朝廷有规定，国库的银子谁也不能挪用，为臣岂敢给你啊！"康熙生气地叫道："明明是觉得我没有亲政才不愿给我，等我亲政后就砍你的脑袋！"六年后，康熙亲理政事，对担心被砍头而多次请辞的陈廷敬说："那时我年少不懂事，是先生做得对啊！"

此事可否当真，无从确考，而这位当过康熙皇帝老师的陈廷敬，倒真是一位刚直不阿的良臣，不过他也曾经"附和"过皇上。有一次，一位官员被朝廷任命为少宰兼掌院，前来热河（今河北承德）感谢皇恩。康熙皇帝听闻他擅长写诗，就令其呈上一阅。这位官员呈上所写的《文光果》一诗，康熙皇帝读后连连点头，十分赞赏，便乘兴挥笔，与之和诗一首，其中有"丛香密叶待诗公"一句，受到满朝高官推崇，就连不愿一味奉承的文渊阁大学士陈廷敬也作诗应和，可见《文光果》一诗写得确实好。这位官员被皇上称为诗公，自然更负盛名，众人也都叫他诗公了。

这位诗公就是清代著名诗人和书画家汤右曾，当年曾在霞湾巷住过。

汤右曾（1656—1722），字西厓，仁和（今浙江杭州）人，年少时勤奋苦读，初试落第，锲而不舍，终于考中进士，官至吏部右侍郎。他诗才横溢，书画皆佳，是浙中诗派的代表诗人。后人有感于他的勤勉精神，在他住的衙湾老屋的石壁上刻有"汤西厓读书处"，可惜未能留存至今。

霞湾巷位于胜利河与运河交汇处，水路通达，漕运方便，这一带曾开设多家米行粮仓。

香积寺巷的北侧有两条平行的弄堂，分别叫仁和仓南弄和仁和仓北弄，明正统六年（1441），巡抚周忱在这里建仁和县便民仓，用来收购储存粮食，需要时用船北运，调拨给京城和军队。其间难免官商勾结，贪腐成风，民间有诗这样描述："重门静锁不轻开，兵饷官粮逐渐裁。可惜年年饱仓鼠，饥民能吃几颗来？"

霞湾巷南侧还建有著名的富义仓，古代有"北有南新仓，南有富义仓"之说。清光绪六年（1880）十二月，浙江巡抚谭钟麟为解除杭州市民的粮食之忧，发动士绅购粮十万石储存于粮仓，因旧有粮仓储存不下，故耗白银一万一千两，购买十亩土地新建仓库，于光绪七年（1881）七月建成，取名富义仓。富义仓有粮仓八十间，每间约二十平方米，并有去壳舂米的作坊，可储存四五万石谷物，供百姓购粮，备灾年之需，成为江南谷米的集散地，进贡朝廷的粮食也从这里北运京城。

2007年，富义仓按原貌修复，是杭州现存唯一的清代运河航运仓储建筑，被列为全国重点文物保护单位。

上：富义仓　下：胜利河美食街

仁和仓早在1951年就改建为大型厂丝储备仓库，现被列为杭州市历史建筑。富义仓和厂丝储备仓库作为历史遗存，为今人展示着我国的漕运仓储文化。

2009年，霞湾巷拓宽成街，东端延伸至上塘路，该巷东段沿胜利河新建胜利河美食街。晚上，灯火相连，餐馆飘香，人们纷至沓来，既可临窗观赏运河夜景，又可品味海鲜美味杭帮菜肴，这里成为杭州市民青睐的休闲美食场所。

卖鱼桥

> 卖鱼桥：宋时称归锦桥，明仍之，因其地为旧时鱼市所在，故俗称卖鱼桥。桥跨老余杭塘河，余杭塘河自西向东注入运河。
> ——马时雍主编《杭州的街巷里弄》

霞湾巷的西端与江涨桥相接，江涨桥东端与湖墅北路相交处就是卖鱼桥，这座桥横跨老余杭塘河。这里水路交汇，码头相连，船运方便，鱼市聚集，老底子说的"百官门外鱼担儿"就是这块地方，后来人们就叫它卖鱼桥了。

卖鱼桥最早建于何年已无从查考，后多次重建。因它位于"十里银湖墅"的繁华中心，所以对老杭州人来说，卖鱼桥不仅是一个桥名，而且是一个知名度很高的区域名称，它指的是江涨桥、信义巷、草营巷和霞湾巷这一带地方。

传说很久以前，有个年轻人在卖鱼桥边以卖鱼为生，他为人忠厚，价钱公道，从不短斤缺两。鱼行老板见他老实可欺，给他的鱼常掺有很多死鱼，刚拿回来就发臭了，不仅没人来买，还要亏本。

有一天，一个走路一瘸一拐的人来到桥边，实在走不动了，就坐在年轻人的鱼摊旁边。他衣衫破旧，脚上长满了疮，创口用树叶贴着，皮肤已经溃烂，散发着难闻的气味，路人叫他烂脚佬，经过这里都避之不及，年轻人的鱼更没人买了。

年轻人看这个烂脚佬十分可怜，就把身上仅有的一点钱给了他，说："这桶死鱼也都给你，多少换点钱，赶紧寻郎中把脚病医好吧。"烂脚佬连声道谢，拿着死鱼吃喝起来，等了半天也无人问津，年轻人无奈地准备收摊回去。这时，烂脚佬说道："且慢！"只见他从烂脚上揭下一片树叶放进桶里搅动几下，嘴里叫着："快来看，死鱼变活鱼喽！"路人好奇地围上来看，鱼果然动了起来，不一会儿就都活蹦乱跳的，大家以为这是能起死回生的神鱼，争相购买，很快桶里就只剩那片树叶了。年轻人想把卖鱼的钱给烂脚佬，却不见了他的身影。

从这以后，年轻人卖鱼时，用那片树叶在桶里划几下，死鱼又变得鲜活了。鱼行老板听说后，心想这可是生财之道，便带人来到桥边要抢走那片树叶。他们踢翻鱼桶正要抓到树叶时，忽然刮来一阵大风，树叶就像长了翅膀一样飞了起来，鱼行老板赶紧伸手去抓。树叶越飞越高，人们抬头一看，只见天空出现一个仙人，一手拄着拐杖，一手拿着树叶飘然而去。有人说那就是八仙之一的铁拐李，鱼行老板吓得连连叩头。

从这以后，鱼行老板再也不敢欺负那个年轻人了，年轻人照旧在桥边卖鱼，前来买鱼的人特别多，卖鱼桥发生的故事也流传开来。这个故事包含的不仅是"好人得好报"的寓意，而且也在告诫着人们，无论是卖鱼小贩还是商业巨头，善良为根，诚信为本，才是经商之正道，致富之秘诀。

留得信义身后名——信义巷

信义巷：东起湖墅北路南段，与江涨桥相对，西至莫干山路中段与余杭塘路相对。……《湖墅小志》卷三："护堂巷，一名信义巷，巷内陆姓家住最久……主人陆冰，乾隆己亥举人，官江西新昌县，有政声，居官不积一钱，或问之曰，我为清白吏耳。"信义之名由此而来。

——杭州市地名委员会办公室编《杭州市地名志》

卖鱼桥的西侧有一条小巷，叫信义巷，它的东端连接湖墅北路，隔着江涨桥与霞湾巷相对，西端通往莫干山路。这条小巷宽仅3米，巷名却有着沉甸甸的分量，这就要说到一位名叫陆冰的清代官员了。

清朝乾隆年间，陆冰勤奋苦读，应试中举，被任命为江西新昌县令，按官场惯例，可坐四人大轿前往码头登船前往。陆冰却不愿享受这种待遇，给了轿夫一点辛苦费，说道："码头不远，步行即可，就不劳各位了。"

陆冰到新昌上任时，正遇大旱，庄稼歉收，饥民走投无路，只得到龙王庙里烧香求雨，而米店却抬高粮价，或存米不售。陆冰速报朝廷要求免征赋税，开仓分粮，当地的米店老板仍然我行我素。赈灾就是救命，刻不容缓，陆冰心急如焚。

留得信义身后名——信义巷

信义巷的旧貌新颜（上：20世纪90年代　下：2020年）

　　这天，所有的米店老板接到县衙役告知，县太爷陆冰邀请他们去龙王庙赴宴。老板们高兴地来到龙王庙前，只见酒桌上没有鸡鸭鱼肉，只放着一锭银子，旁边的一口大锅里正冒着热气，走近一看，煮的是黑乎乎的野菜、树皮。老板们正在纳闷，只见陆冰向他们拱手作揖，说道："大灾当前，龙王在上，特请诸位商议共渡难关之计，本官理当以身作则，捐出一月俸银，赈灾济民。"

　　老板们面面相觑，再看看桌上的一锭银子和满锅的野菜树皮，自感羞愧，有人带头捐出银两，其他人也都纷纷表示马上给灾民捐粮送米。

灾情缓解后，陆冰发动百姓兴修水利，开垦荒田，扶贫济困，造福一方。离任时，自己却两袖清风，没有存下一文银钱。

陆冰退离官场后，在霞湾巷购得一处宅园，在这里居家养老。这个宅园是清代文人王晫的故居，取名梭山草堂，宅内假山叠翠，花径蜿蜒。故居主人王晫，字丹麓，钱塘人，喜欢踏青野外，独坐溪边，聆听风过松林之声，所以又自称松溪子。他考中秀才后，淡泊仕途，隐居草堂，闭门读书，工于诗文，同时喜交名士，为人注重信用，承诺之事从不爽约，被称为杭州"北门四子"之一。他撰书多本，尤以《今世说》8卷对后世最有影响，该书仿效《世说新语》的体例，采录清代文人名士的言行逸事，被收入《四库全书总目》。

住进梭山草堂的陆冰与草堂原主人王晫有着同样的做人格局。他为政廉洁，严于律己，有人问他为何如此做官，他回答说"我为清白吏耳"，认为丰厚的家产如果留给贤明的子孙会损其志向，留给不贤明的子孙会让其多犯过失。人们听闻陆冰的作为，无不对他诚信守义的品德感佩赞颂，于是就把他住的小巷叫作信义巷。

现在，信义巷经过开发改建，北侧为住宅小区，南侧为商业步行街。小巷虽已不存，信义自当延续，这也是这个地名留给后人的启示。

延伸足迹：珠儿潭巷

珠儿潭巷：东起湖墅北路南段，西至信义新村。……《湖墅小志》卷四："珠儿潭近贾家弄"，

"其地多池沼林园之胜。"……旧时湖墅八景"寒潭雁影"即在此。此巷于1959年建成,巷以潭名。

——杭州市地名委员会办公室编《杭州市地名志》

信义巷的中段有一条小巷与之相交,这条小巷叫珠儿潭巷,东端起于湖墅北路,西端连接信义巷。此处临近运河,古时商船云集,米市兴隆,也是湖墅八景之一的"寒潭雁影"所在地。

传说杭州城西的狮子峰上有一头雄狮,常下山伤害村民,百姓闻之色变。山下村子里有一个叫龙泓的泉池,与海相通,井里有一条龙,人们把泉池叫作龙井。这条龙要为民除害,飞到山上跟狮子搏斗,一时吼声震天,地动山摇。狮子打不过龙,跑到山洞里躲藏起来,龙追到洞里,狮子见没了退路,猛扑过来,用锐利的爪子抓住龙头。龙的两只晶亮的眼珠被抓了下来:一只眼珠落在仙姑山的清涟寺里,成为一方泉池,人称玉泉;一只眼珠落在城北的拱墅区,留下一个方潭,人称珠儿潭。

这当然是神话传说,玉泉后来成为著名的西湖景点,为人熟知,而珠儿潭则很少有人知晓。它深藏于杭州的一条小巷,清澈见底,久旱不竭,更奇妙的是,每当下雨,会有水珠从潭底冒出,如成串珍珠翻涌而上,连绵不绝,附近居民常来取水观景,就把这条小巷叫作珠儿潭巷。

清代时,一位姓范的商人经营米市致富,在珠儿潭巷建宅,将水潭置入庭院中,珠儿潭便成了私家宅园的景观。有一个名叫张洵的人从小在巷子里长大,清朝咸丰年间考中进士,后来担任翰林院编修,他对珠儿潭喜爱有加,赞叹"独有斯潭朗如鉴,照彻万类呈妍媸",并在《珠潭歌》里这样描述晶莹灵动的潭珠:

20世纪90年代的珠儿潭巷　　　　珠儿潭

> 大珠何累累，小珠何离离。
> 珠跳若雨点，珠散随风漪。

1861年，太平军攻克杭州，张洵的妻儿死于战乱，母亲不久亡故。在外地任职的张洵赶回杭州故居，徘徊于珠儿潭边，睹物思人，百感交集，写下《绝命词》后投珠儿潭自尽。

清朝咸丰年间，江苏江浦县令凌燕庭退休后来到杭州，为珠儿潭的奇妙景观所吸引，买下范家宅园，安享晚年，他的女婿就是清代著名藏书家丁丙，著有全面介绍杭州人文地理的《武林坊巷志》一书。丁丙常来这里临潭观珠，想到先贤张洵在此投水自尽，不禁写诗感慨道：

> 张公清节近珠潭，咳唾成歌采笔涵。
> 誓向白云堆里殁，杜鹃飞北不飞南。

凌燕庭去世后，丁丙在潭边建凌家祠堂，常来这里奉祀凌家父辈。潭水依旧，物是人非，他也许想起了《菜根谭》里"雁度寒潭，雁去而潭不留影"的名句，也许有感于潭冷叶落，孤雁哀鸣，就在祠堂悬挂一块匾额，上写"寒潭雁影"，于是，"寒潭雁影"便成为"湖墅八景"之一。

如今，小巷已建成住宅小区，珠儿潭得以留存，石栏相围，游鱼隐现，方池依旧，只是不见碧珠泛起。

江郎梦笔有真才——江寺路

萧山老城区以前叫城厢镇,这座有着千年历史的古城,河道蜿蜒,石桥众多。城河(也叫萧绍运河)由西向东穿过全城,无数光阴从这里经过,河上的老桥承载着丰富多样的市井文化,桥下的河水流淌着色彩斑斓的民间传说。

毗邻城河的江寺路上,就有这样的一座桥,叫梦笔桥。

相传古时有一个少年,天资聪颖,6岁就能写诗,被人称为"神童",他梦想成为辞赋家。有一天,他在梦中遇到一个老人,讲述了自己的梦想,老人送给他一支笔,说用这支笔可以写出精美的诗文。少年醒来后,看到床边放着一支五彩笔,赶忙到桌前研磨展纸。说来神奇,他的笔触到纸张,再不像以前绞尽脑汁都想不出妙语佳句,而是文思如泉,源源不断,写完一读,果然文情并茂,辞章华丽,可谓"梦笔生花"。从此,少年下笔如有神,所写诗文广受推崇,名扬四方,人称"江郎"。

江郎长大后走上仕途,却文思枯竭,再也写不出脍炙人口的诗文来。有人说他"江郎才尽",江郎说自己在回乡途中投宿冶亭,晚上做梦又见到那个老人,老人对他说:"我的生花妙笔给你用了多年,现在应当还我了。"他只得把那支笔还给老人,这以后他用再昂贵的笔也写不出精妙诗文了。

这位江郎就是南朝著名的辞赋家江淹,"江郎才尽"这个成语由此而来。那么,这个老人又是谁呢?此人非等闲之辈,他就是东晋著名的辞赋家郭璞。

郭璞(276—324),河东郡闻喜县(今山西闻喜)人,年少即博学多识。他曾向一个叫郭公的人拜师学习,郭公送他九卷《青囊中书》,他由此精通阴阳八卦,擅长风水占卜,人称"郭仙"。后来,他的门人赵载偷走《青囊中书》,谁知还没来得及读一页,书突然自燃,烧成了灰烬。

西晋末年,20岁的郭璞来到建康(今江苏南京)躲避战乱。一天,他在后湖(今玄武湖)散步,看到几个少女在湖里划船采菱,小船突然倾覆,站在船头唱歌的少女落入水中拼命挣扎,郭璞来不及脱衣服,急忙跳入水中将她救起。少女的父母感激不尽,邀郭璞到家里换了衣服。郭璞告辞时,少女送到门口,对他说:"请先生千万珍重。"

十年过去了,郭璞在镇东大将军王敦手下任记室参军。王敦想篡夺皇位,要郭璞给他算卦占卜。郭璞来到王府,看到一位女佣觉得面熟,女佣趁周围没人,悄悄对他说:"请先生千万珍重。"郭璞这才想起,原来她是自己当年救的那位少女。这时,传来脚步声,女佣急忙退出去了。

王敦进来后,说:"有一位道人说我有天子之相,你给我占卜看看究竟如何?"郭璞直言劝阻,说卜的是凶卦，起兵谋反必败，如果不这样做则寿长不可限量。王敦听了大怒，问道："你知道你的寿命有多长吗？"郭璞想起刚才女佣"请先生千万珍重"的嘱咐，答道："时不过正午。"果然，王敦就在当天下令将郭璞押往玄武湖处死。郭璞走向刑场途中，对人说道："我必死在两棵柏树之下，树上有个喜鹊窝。"到了行刑之地，果真有两棵柏树，树枝间有一个喜鹊窝。郭璞就这样被杀害了，时年49岁。

王敦后来谋反失败，晋明帝视郭璞为抗节不屈的第一忠臣，为他建坟立碑，但遗体无处可寻，那位女佣拿出郭璞当年救自己时换下的衣冠，将其葬在墓中。每年清明节，人们都能看到这位女子来玄武湖边祭奠郭璞。

还有一个说法更为神奇。传说郭璞在经过越城时路遇一人，他把自己的衣服送给那人，那人觉得奇怪，郭璞说："只管拿去，日后自会有用。"几年后，行刑者正是那个人，他把郭璞送的衣服葬在墓中。

不论是哪种传说，玄武湖畔郭璞的衣冠冢至今还在，又叫郭仙墩，被列为南京市市级文物保护单位。

郭璞不仅能卜会算，还开创了中国游仙诗体，所作词赋被称为"中兴之冠"，在中国古代文学史上独树一帜，足见文才之高。不过，说江淹是借郭璞之笔才写得一手好文，倒是冤枉了这位江郎。

江淹（444—505），宋州济阳考城（今河南商丘）人，生于南朝，家境贫寒，13岁失去父亲，他好学苦练，文笔颇佳。20岁走上仕途，曾任建平王刘景素的秘书，被人诬告贪污受贿，他在狱中写了申冤信，情感真切激昂，文字洋洋洒洒。刘景素阅后叹服不已，心想能写出如此好文章的一定不会是坏人，就把他放了，由此可见江淹的文笔确实了得。他的才华得到多位君王赏识，先后担任中书侍郎、尚书左丞、御史中丞等官职，还主编了国史。

让江淹闻名于世的并非卓越的政绩，而是突出的文学成就，他创作的辞赋以描摹悲情伤感见长，最有名的作品是《恨赋》和《别赋》，被誉为辞赋绝唱、传世佳作。

至于"江郎才尽"这个典故的由来，看来与江淹自己的一个说法不无关系。《南史》中记载了这个说法，江淹说他担任宣城太守不久被解职，乘船回家时，停泊在禅灵寺附近的河边，夜里梦见西晋著名文学家张景阳对他说："我以前把一匹锦缎寄放在你这里，时日已久，可还给我了。"江淹只得拿出那匹锦缎，张景阳一看只剩尺余，生气地问道："怎么只剩这么一点？"然后转身对身边的丘迟说："剩下这点也无用场可派，就送给你吧。"这个丘迟后来成为南朝著名的文学家，而江淹自从没了那锦缎，就再也写不出佳作来了。

关于"梦笔生花"的故事也有多个版本，故事的主人公还有李白、李商隐等著名诗人。人们之所以把"江郎才尽"安在江淹身上，大概是感慨他在文学创作上的前后反差之大。其实，江淹的文才并非一日之功，更不是靠一支"神笔"就能成为辞赋大家，而是天才加勤奋所得。他人生坎坷，阅历丰富，方能吟诗作赋，抒怀言志，写出荡气回肠的篇章；中年以后周旋官场，生活安逸，少有创作激情灵感，自然才思减退，"江郎才尽"也是情理中事。

"江郎才尽"的故事不仅浓缩成中国的一个成语，也成为一个历史遗迹留存于世。

江寺路有一座江寺，也叫觉苑寺。江淹当年路经永兴（即萧山）时在此居住，南朝齐建元二年（480），他的儿子江昭玄为了纪念父亲，将旧居建成寺庙，宋代书法家张即之为寺庙题写"江寺"匾额，故称江寺，现为萧山区文物保护单位。江寺所在的路便叫江寺路，它的南端始于文化路，北端连接萧绍路。

江寺前的城河上有一座单孔石拱桥，这就是梦笔桥，也叫江寺桥。该桥始建于480年，1024年重建，为萧山区最古老的桥之一，也是萧山区文物保护单位。唐代诗人罗邺在《闻友人入越幕因以诗赠》里写道："岸边丛雪晴香老，波上长虹晚影遥。正哭阮途归未得，更闻江笔赴嘉招。"诗中的"江笔"就是指江寺与梦笔桥。

江郎梦笔，古桥有幸，春去秋来，文人墨客漫步桥头，写下很多咏桥诗，其中有北宋文人华镇的诗作：

绿波照日情无奈，碧草连天恨未消。
欲向梦中传彩笔，柳丝低拂曲栏桥。

江寺前的梦笔桥

南宋开禧元年（1205），诗人陆游在梦笔桥下泊舟登岸时，也留下了咏怀诗句：

梦笔桥东夜系船，残灯耿耿不成眠。
千年未息灵胥怒，卷地潮声到枕边。

此外，还有诗人吴徐修的借景抒情诗：

离歌飘处伫诗骚，柳絮风轻月满桥。
一自江郎遗彩笔，萧然载梦到今朝。

2002年，为延续城市历史文脉，萧山区政府新建江寺公园，占地3万多平方米。园前古寺老桥对望，园内朱亭碧池相映。春去秋来，寺前的老树满枝吐绿，一地铺黄，围着保护石栏的梦笔桥静卧河上，向游客讲述着一个历久弥新的故事。

妆成只为家国情——西兴老街

在古代，滨江区的西兴街道是京杭大运河与钱塘江的重要水运枢纽，临江的西兴老街建有官员中转和公文传递的驿站，就是西兴驿，唐代叫樟亭或庄亭。古时人们来到这里，可登楼观潮，也可歇息住宿。历代多有文人过客在此挥洒笔墨，例如唐代诗人白居易在《宿樟亭驿》里这样写道：

夜半樟亭驿，愁人起望乡。
月明何所见，潮水白茫茫。

庄亭确是望乡之地，驻足此处，面对夜空明月，茫茫江水，会引发多少人对2000多年前一位"愁人"的无限怀想。

公元前485年的一个秋日，越国的鉴湖已是青山泛黄，秋水渐寒，伴着风吹芦叶的瑟瑟声响，一群南归的大雁从天空飞过，留下一路凄清的雁鸣回声。

在茫茫的江面上，一艘船慢慢驶来，停靠在铁陵关渡口，一群侍女随从簇拥着一位窈窕女子离船登岸，来到庄亭歇息。侍女们围在女子身边，为她梳头盘发，涂脂施粉，佩钗戴花，整衣理裙。梳毕妆成的女子更显妩媚妖娆，宛若天仙，周围的人们见了无不惊羡赞叹，可是女子却不见笑颜，而是面露一丝愁容。

这时，钱塘江潮水已退，随行的大夫说道："时辰已到，送皇姑娘娘启程喽！"顿时锣鼓敲响，角号悠扬，众人护送女子走向码头。沿路站满送行的人，他们都是住在附近的乡亲，从白马湖里挖了很多鲜嫩的莲藕送给女子，嘱咐她道："请收下乡亲们的心意，这些藕浸润着家乡的水，裹着家乡的土，皇姑娘娘远离故土，思念家人时多多食用。藕虽断，丝相连，水土服，身体安。"

女子登上木船，船解缆离岸，沿着钱塘江驶往吴国都城姑苏（今江苏苏州）。秋风瑟瑟，钱江水寒，女子的千般离愁万种别绪，化作泪水涟涟，她依依不舍地挥手和大家告别。船渐行渐远，女子一直依栏而立，面对渐渐模糊的故土和亲人，始终没有转身。岸上的人们伤心地和她告别，大家知道，皇姑娘娘是前往异国他乡，恐怕再也不能回来，可她此行不是为了自己的幸福，而是为了千千万万父老乡亲的安宁。

此情此景，让人想起"风萧萧兮易水寒，壮士一去兮不复还"的悲壮绝唱，不同的是，吟唱者不是一位壮士，而是一位弱女，是一位倾国倾城的绝色美女，她就是西施，那位领头相送的就是越国大夫范蠡。自那以后，西施登岸梳妆的庄亭，民间也叫梳妆亭或妆亭。

西施，春秋末期越国人，原名施夷光，出生于苎萝西村，所以又叫西施。历来对西施的出生地有不同说法，有的说是萧山，有的说是诸暨。据考证，两地都有苎萝村和浣纱溪，在古代，浦阳江的上游地区称上诸暨，下游地区称下诸暨，下诸暨在西汉时单独设县，叫余诸，三国时改称永兴,唐代改叫萧山。西施的故里位于下诸暨,即现在的萧山区域,古时则属诸暨范围,因此也有人认为西施是诸暨人。

西施出身贫寒,父亲靠卖柴养活家人,她从小帮母亲在浣沙溪边浣纱,村里人便叫她浣纱女。西施天生丽质,姿容秀美,与王昭君、貂蝉和杨玉环并称为中国古代四大美女,西施位居第一。人们形容她有"沉鱼"之容,就连心口痛时皱眉抚胸的样子也是楚楚动人,邻家丑女想要模仿变美却适得其反,从而有了"东施效颦"的典故。

公元前494年,吴王夫差击败越国,越王勾践被迫俯首称臣,给他养马,甚至为他尝粪诊断病情,夫差叹曰:"亲如子,尚不及勾践也。"勾践就是这样受尽屈辱,终于取得夫差的信任被释放回国。他卧薪尝胆,励精图治,发展农业,训练精兵,并采纳大夫文种的灭吴计策,让相国范蠡在全国挑选美女,准备用美人计以柔克刚,报仇雪恨。

范蠡在全国各地遍寻美女,都未找到满意人选。他来到苎萝村,看到浣纱溪边浣纱的西施,惊叹她的美貌,便将西施送往京城,沿途人们争相围观,道路拥堵。头脑精明的范蠡向下传话:"欲见美女,付钱一文。"众人为一睹西施倾国倾城的芳容,纷纷掏钱,一时观者如云,收银无数。范蠡回到京城后一文不留,全部交给国库。西施仰慕范蠡的才智和品德,这为传说中的两人日后生情埋下伏笔。

西施住在越国宫内,天天学习歌舞,研修礼仪,三年之后,终于练成仪态万千的国色天香,被越王勾践封为皇姑娘娘。勾践见时机成熟,决定把西施进献给吴王,于是出现了本篇开头描述的情景。

西施到了吴国后，吴王夫差被她的美貌倾倒，在都城建造春宵宫和馆娃阁，整日与西施泛舟戏水，骑马踏青。西施擅长"响屐舞"，夫差又建造"响屐廊"，下置百口大缸，上铺华贵木板，西施脚穿木屐，裙缀铜铃，翩翩起舞，铃声在缸内叮当回响，曼妙的舞姿和悦耳的音响，让夫差看得如痴如醉。

西施在博取夫差的欢心时，伺机向越国传递情报，离间吴王夫差和吴国大夫伍子胥的关系。有一次，越国向吴国借粮，夫差犹豫不决，西施向夫差进言："越国是大王的属国，越国的百姓就是大王的臣民，难道大王忍心让自己的臣民活活饿死吗？"夫差被说动了，下令借给越国十万石粮食。第二年，越国如数归还粮食，不料吴国播种后却颗粒无收，原来越国把这些稻谷都煮过了，用此计削弱吴国的实力。

夫差只知纵情享乐，不理朝政，拒绝忠臣伍子胥的苦劝，反而赐剑逼他自杀。伍子胥临死前，对门客说："把我的眼睛挖出置于东门之上，我要看着吴国是怎样灭亡

庄亭

的。"这话果然成真,九年后,勾践东山再起,打败吴国,夫差落得个亡国身死的下场。

当然,吴国的败亡是统治者的昏庸腐败所致,没有西施,吴国也难逃覆灭的命运。正如唐代诗人罗隐所言:

家国兴亡自有时,吴人何苦怨西施。
西施若解倾吴国,越国亡来又是谁?

西施之所以被人们传颂,是因为她在国难当头之际,忍辱负重,以身救国。唐代诗人王维称西施是"朝为越溪女,暮作吴宫妃",无人知晓这位"吴宫妃"是怎样经受身处异国的孤独、伴君如虎的苦楚和思念亲人的煎熬。正是这位"越溪女",帮助自己的国家实现了"乱吴宫以霸越"的目的,因此,比起身穿盔甲的武士,她堪称灭吴雪耻的一位功臣。早有人在西施祠写下楹联:"越锦何须衣义士;黄金只合铸娇姿。"意思是并非只有越国的义士才能穿锦衣,黄金更应该为娇媚的西施铸像,这便是对西施在灭吴中所起作用的形象表述。多少年以后,人们来到西施去国离乡的庄亭,仍能看到风雨剥蚀的亭柱上所写的:"若论破吴功第一,黄金只合铸西施。"

西施后来的归宿一直众说纷纭,有人说她被勾践溺水而死,有人说她自投江中,也有人说她重回故里终老家乡。民间更有关于西施和范蠡缠绵动人的爱情故事,说两人终成眷属,驾舟离开越国远游四海。这只是后人想象的理想结局,表达的是对这位忍辱负重献身家国的绝代美女的美好愿望。

2014年,杭州市政府将西兴老街定为历史文化街区。2400多个春秋过去了,在历经风雨的老街上,立于庄亭遗址的四根石柱就像四支香烛，祭奠着一位美丽而壮烈的女子；又像四个感叹号，表达着一种质朴而强烈的愿望——让一个绝色美女担负国家复兴的使命，西施实在难以承受其重，人们更愿意看到的是，一位清纯少女荷塘采莲、竹溪浣纱的身影，一位善良村姑月下幽会、儿孙绕膝的情景……

天理昭昭雪沉冤——澄清街

公元前222年,秦王朝就设立了余杭县,余杭县城即人们说的"老余杭"。县城很小,人称"四角方方一座城,一条横街九巷弄",这条横街就是县前街,后人为纪念乡贤、国学大师章太炎而更名为太炎路。九条巷弄中最有名的是澄清巷,当年在这里曾经发生过一起惊动朝廷、举世关注的大案,这就是"清末四大奇案"之一的杨乃武与小白菜案。

晚清光绪年间,在余杭城南门外的准提庵里,一个尼姑闭目独坐,诵经念佛,敬香添灯,扫地掸尘,并在庵前空地种菜养鸡,就这样孤身一人,日复一日。知道她身世的人会告诉你,这个女子就是从鬼门关前走回人间的小白菜。

小白菜原名毕秀姑,是余杭仓前毕家塘人,长得身材高挑,白皙秀丽,平日喜穿绿色上衣,腰系白色围裙,一副江南村妇常见的打扮,邻里都叫她"小白菜"。她从小死了父亲,在一户姓葛的人家做童养媳,后来嫁给这户人家的儿子葛品连,随丈夫的姓,所以人们也称她"葛毕氏"。

夫妇俩在澄清巷向一户姓杨的人家租了一间屋子开豆腐作坊，杨家的二儿子叫杨乃武，知书识文，他生性耿直，好管不平之事，看到官吏收粮舞弊，欺压百姓，常为百姓写状申述，人们叫他杨二先生。毕秀姑有空就帮杨家干家务，杨家待她如同家人，杨乃武还教她识字读文，两人过从甚密，街坊便有"羊（杨）吃白菜"的闲言碎语。为避流言蜚语，小白菜和丈夫葛品连搬到太平弄口居住。

就在小白菜夫妇搬离杨家两个月后，葛品连的流火丹毒病复发，小白菜将东洋参和桂圆熬汤后喂丈夫喝下，不料葛品连病情加重，两天后去世。婆婆葛喻氏看到儿子口鼻流血，怀疑中毒而死，便向县衙报案。官府验尸后，把口鼻流血误断为七孔流血，认为葛品连死于砒霜毒杀，根据街坊早有小白菜与杨乃武"男女授受不亲"的传闻，将两人捉拿归案。这一年是清同治十二年（1873），杨乃武33岁，刚刚考中举人。

知县刘锡彤坐镇县衙审问嫌犯，小白菜一口否认谋害丈夫。刘锡彤喝令"大刑伺候"，衙役用竹棍用力夹住她的手指，小白菜痛得撕心裂肺，接连三次受刑，终于忍受不了严刑逼供，只得违心承认是杨乃武指使她用砒霜毒杀丈夫。

刘锡彤对为民主持公道的杨乃武早有积怨，为了置他于死地，徇私枉法，对杨乃武酷刑拷问。杨乃武多次昏死过去，拒不画供，刘锡彤竟篡改案卷，交由杭州知府陈鲁再审。陈鲁不做调查，照旧严刑逼供，并说小白菜已供认是受他指使，杨乃武最终屈打成招，说在仓前镇爱仁堂药局买了砒霜，让小白菜毒杀葛品连。爱仁堂药局老板钱宝生否认卖过砒霜，也不曾见过杨乃武，但经不起官府威胁，还是写下曾卖砒霜给杨乃武的证明。

蹊跷的是，钱宝生没等到与杨乃武同堂对质，就突然死在狱中。陈鲁依据《大清律例》，判杨乃武通奸杀人，斩首示众；判小白菜谋杀亲夫，用凌迟（最残酷的行刑法）处死。

杨乃武的姐姐杨菊贞和妻子詹彩凤不服判决，向浙江抚台上诉。刘锡彤怕劣行败露，以重金贿赂浙江巡抚杨昌濬，杨昌濬敷衍塞责，按原判上报刑部核准，待秋后行刑。

杨菊贞和詹彩凤四处奔走，求告无望，她们卖掉田产作为盘缠赴京申冤，"江南药王"胡雪岩闻之资助她们二百两银子。在十多位浙籍京官的同情帮助下，两人将杨乃武写的屈打成招的申诉材料递交刑部和都察院。林则徐的儿子林拱枢在刑部分管浙江刑狱，认为案情可疑，禀奏皇上细审此案。垂帘听政的慈禧太后令礼部侍郎胡瑞澜重审此案。不料，胡瑞澜害怕得罪杨昌濬，阳奉阴违，让刘锡彤的姻亲边葆诚等人代为审理，继续用酷刑逼问，致使杨乃武脚骨断裂，小白菜四指尽折，再次屈打成招。杨乃武濒于绝望，在狱中写下悲情一叹：

举人变犯人，斯文扫地；学台充刑台，乃武归天。

杨乃武家人没有放弃，四处奔走，鸣冤叫屈，日益引起社会关注。二十多位浙江士绅联名上书都察院和刑部，请求公正断案。英国商人办的上海《申报》连续报道此案，揭露官官相护，欺上瞒下，致使民间舆论压力日增。光绪皇帝的老师、时任户部侍郎和都察院左都御史的翁同龢也向慈禧太后提出重审要求，慈禧太后令刑部尚书桑春荣亲审此案，就在杨乃武和小白菜的问斩日期临近之际，转机终于出现了。

明断此案的关键是确定葛品连是否服毒而死，刑部派人挖出葛品连的尸棺，从余杭快速运抵京城海会寺重新验尸。验尸的这天，海会寺前人山人海，都想一看究竟。当验尸官宣布死者并非中毒身亡时，人们欢声雷动。在现场的一位法国记者马上跑到等候判决的杨乃武和小白菜面前，兴奋地用手比画着说"无毒！无毒"，并拍下了两人身戴木枷等候处决的照片。

天理昭昭，杨乃武与小白菜终于洗雪奇冤，刘锡彤、陈鲁、杨昌浚和胡瑞澜等三十多个官员均被查办，有的革职，有的流放。

无罪释放的那天，久陷囹圄、身体衰弱的杨乃武和小白菜走出牢门。杨乃武与詹彩凤和杨菊贞相拥而泣，没有亲人来接的小白菜，独自默默地离开了。

这一天是清光绪三年（1877）农历二月十六日，距离冤案的发生已经过去了三年半。

杨乃武重获自由，但未能恢复举人的功名，他靠亲友帮助，赎回几亩桑地，以种桑养蚕为生，所育蚕种很有名气，远近都来购买。他出狱后写过一本《虎口余生》，讲述自己的蒙冤经历，1914年去世，终年74岁。

小白菜出狱后回到余杭，婆婆和家人都不接纳她，这位善良无辜的女子，受尽天大的冤屈，已经看破红尘，来到南门外准提庵削发为尼，法名慧定。她于1930年去世，终年75岁。临死前，她托人写了一张纸，向后人陈述了自己的清白和屈打成招诬陷杨乃武的实情，并表达了对杨乃武的愧疚之情："杨二爷蒙不白之冤，乃因我受害。二爷之恩，今生无法报答，只有来世再报。"

爱仁堂药局

　　100多年来，杨乃武与小白菜案被改编成戏剧、电影和电视剧等多种艺术形式。人们不会忘记这个沉重的故事，在余杭建了小白菜墓塔和"杨乃武与小白菜奇案展示馆"，用以昭示天下，是非必须澄清，正义终将伸张。

　　如今的老余杭城面貌一新，澄清巷已拓宽成街，在公交车的站牌上还能看到"澄清巷口"的地名。仓前古镇满街都是装潢漂亮的商店饭馆，背街临河的那家爱仁堂药局还在，为杨乃武与小白菜的故事留下了一个延续百年的生动注解。

功成衣锦好还乡——衣锦街

临安老城区在吴越国时叫衣锦城，老城里还有一条老街叫衣锦街。1000多年前，有个人在这里出演了一场"衣锦还乡"的大剧，这座古城因此得名"衣锦城"。

唐大中六年（852）的一天，临安石鉴乡一户姓钱的农民家里，一个男孩呱呱坠地。家中添丁应是喜事，可父亲钱宽看到男孩相貌丑陋，认为对家族不吉利，要把刚出生的儿子扔到井里淹死。笃信佛教的阿婆（临安人对奶奶的称呼）不忍孙儿夭折，一把抢过婴儿，男孩的命就这样留下来了，从此小名就叫婆留。

阿婆对孙儿疼爱有加，常给他做锅贴饼，松脆香甜，孙儿吃得津津有味。男孩后来当了官，让夫人向阿婆学做锅贴饼，下属们吃了都说味道好，众人听说它的来历后，便把锅贴饼叫作"婆留饼"。就这样，婆留饼成了临安的一种风味小吃，流传至今。

这个小名叫婆留的人，就是吴越国国王钱镠。

钱镠生于藩镇割据、战乱不断的唐末，少时好勇善斗，长大后以贩卖私盐为生，为躲避关卡，爬荒山穿野林，练就健壮体魄和过人才干。21岁开始从军生涯，领兵打仗有勇有谋。黄巢军队攻打临安时，守城的钱镠寡不敌众，来到一个叫八百里的地方，他让路边的老人告诉追兵，就说临安的守军屯兵八百里。黄巢大军追到这里，听老人一说，以为敌军在八百里范围排兵布阵，不敢冒进，只得退去。仅此一例，足见钱镠用兵的足智多谋。

钱镠平叛有功，被唐朝皇帝封为镇海节度使，管辖两浙十四州。907年被封为吴越王，923年建立吴越国。他在位时，坚持实行"保境安民"的国策，兴修水利，发展农业，广招人才，鼓励经商。钱镠在杭州建立都城后，三次扩建杭城，对杭州经济文化的繁荣发展功不可没，使吴越国成为"东南形胜第一州"，也为"上有天堂，下有苏杭"打下良好基础。钱镠因此赢得百姓的口碑，民间流传的钱王射潮更是脍炙人口的故事。

杭城地处钱塘江畔，潮水凶猛，堤坝刚筑就被冲毁，劳民耗财，却难见成效，民间有"黄河日修一斗金，钱江日修一斗银"之说。

为了彻底解决江潮祸患，农历八月十八日潮神生日这一天，钱镠精选一万名弓箭手列队六和塔前，在江边严阵以待。随着隆隆声响，潮水翻涌而来，后浪推动前浪，潮头高达一二十米。钱镠一声令下，率先对准凶猛扑来的潮头射出一箭，顿时万箭齐发，潮头受骤雨般利箭的阻挡，势头减弱，开始退去。钱镠令弓箭手一鼓作气，继续追射潮尾，大潮只好掉头向西涌去。自此，江水便在六和塔前拐弯前行，形成"之"字形，人们便把这一带叫作之江。

射退潮水后，钱镠又组织20万民众加紧修筑捍海石塘。经过不懈努力，终于解除了危害多年的江潮之患，百姓欢庆，把海塘称为钱王堤，又叫钱塘，称钱镠为海龙王。

钱镠成就大业后，认为"富贵而不归故乡，如衣锦夜行"。他两次荣归故里，却是判若两人。当上镇海节度使后，他回到临安，在邻里乡亲面前得意忘形，没想到父亲却闭门不愿见他。进屋后，父亲忧心忡忡地说道："我们世代都是平民，你现在成了显贵之人，如忘乎所以，必有后忧啊！"

父亲的提醒给钱镠敲了警钟，他成为吴越王后，谨慎施政，力戒奢靡。每年除夕举办宫宴，从不铺张浪费，平时生活简朴，衣被都用布做而不用绸缎，甚至帐子破了也不换新的，这些作为都跟父亲的教导不无关系。更令人称道的是，有个算卦看相的人向钱镠献策："扩建宫殿不过受益百年，不如填平西湖以扩建都城，这样大王的基业便可延续千年。"钱镠付之一笑："天下哪有千年而不出贤明君主的呢？何苦再劳民伤财！"就这样，钱镠为后代留下了一个"淡妆浓抹总相宜"的绝美西湖。

当上吴越王的钱镠再次衣锦还乡，沿途旌旗飘舞，百姓夹道欢呼。他宴请家乡父老，席间乘兴唱起自己写的《还乡歌》：

三节还乡兮挂锦衣，碧天朗朗兮爱日晖。功成道上兮列旌旗，父老远来兮相追随。家山乡眷兮会时稀，今朝设宴兮觥散飞。斗牛无孛兮民无欺，吴越一王兮驷马归。

一曲唱罢，不见喝彩，原来乡亲们听不懂歌词的意思。钱镠拱手向父老乡亲行礼道："我少时不懂事，多有得罪，还望各位包涵。"说完，他用临安方言唱起了山歌：

"尔辈见侬底欢喜,别是一般滋味子。永在我侬心子里。"歌声未了,众人纷纷拍手叫好。

978 年,吴越归顺北宋,由此结束了 70 多年的建国史。在宋代编的《百家姓》中,第一句就是"赵钱孙李",钱姓排名第二,足见钱镠家族的繁荣昌盛,这个"两浙第一世家"的家族贤才众多,名人辈出,其中有钱穆、钱钟书、钱学森、钱伟长、钱三强等。

钱镠去世后,叶落归根,葬在临安城北的太庙山,墓前修建钱王祠,祠中的楹联是对钱镠最好的盖棺定论:

一代枭雄铸吴越;千秋鼎铭事中国。

深受钱镠之惠的杭州百姓,也在杭州玉皇山修建表忠观纪念钱镠。北宋时,担任杭州通判的苏东坡撰写表忠观碑记,对吴越的国泰民安和钱镠的施政功绩做了这样的评价:

其民至于老死,不识兵革,四时嬉游,歌鼓之声相闻,至于今不废。其有德于斯民甚厚。

时代的篇章翻到了 21 世纪,临安城新建吴越文化公园,再现了钱镠衣锦还乡的盛景。钱镠住过的吴越街上的房屋,后来改成净土禅寺,现在还能见到寺庙遗迹。当年的婆留井也保存着遗址,人们在这里憩息休闲,有老人在给孩童讲述一个遥远的故事:"从前,有一个男孩,大家都叫他婆留……"

上善若水润村风——眝口村

距离富阳区中心 20 公里的大源镇，有一个历史悠久的古村落，叫眝口村，它位于萧山、桐庐、诸暨和浦江之间，自古以来，村里人通过水路和陆路进出货物，在村中老街开店摆摊，吸引了南来北往的商家顾客。作为"土纸之乡"的眝口村，村民用手工制作的用于书画的宣纸和如厕的草纸，远近有名，民间这样形容来自诸暨、东阳和义乌的生意人："一担猪肉来，一担黄纸去。"

说起这个村的村名，大多数人不知道"眝"这个字的发音，这个字读"yàn"，传说汉字里原本没有这个字，是古代一个皇帝专门为这个村庄造的新字。这是怎么回事呢？

早在南北朝时，这个村子就有了，原先叫燕口村。村里老街上有一家药店，店主名叫李昌林，擅长采集熬制草药，专治腰痛疾病，登门求治者不断。妻子去世多年，他靠这个医术维持生计，把女儿李翠云抚养长大。

李昌林的名声传到富阳县城，县太爷一直被腰痛病所苦，四处求医，无法治愈，听说李昌林医术高明，就召他来给自己治病。经过一个疗程治疗，病情果然见好。

这时，县太爷奉命赴建康（今江苏南京）就任新职，想要李昌林同去南京继续给他治病，官命难违，李昌林带着女儿李翠云一同前往建康。

建康是南北朝时齐朝的都城，李昌林在这里行医，有了更大的天地。谁料那位县太爷触犯刑律被关进牢房。为免受株连，父女俩逃离建康，躲到荒郊野外，以采草药维持生计。

一天，父女俩来到一个悬崖前，这里少有人至，长着很多不容易见到的草药，他们正高兴地采挖着，忽然发现野地里躺着一个人，拨开草丛一看，是一个年轻男子，穿着打仗的盔甲，浑身是血，已经昏迷过去。当时正是战乱年代，救一个身份不明的军人，弄不好要被抓捕甚至砍头。但是，救人性命要紧，李昌林和女儿不顾风险，将受伤的年轻人背回茅草屋。经过父女俩的救治护理，年轻人的身体逐渐康复。他说自己带兵和齐朝的军队打仗，被敌军追赶，跌下山崖，对父女俩的救命之恩感激不尽。

年轻人得知李昌林父女从富阳来建康的经历，十分同情他们的遭遇。在养伤的日子里，李翠云为他敷药洗衣，年轻人帮她采药砍柴，烧火做饭，两个年轻人在同享甘苦的生活中渐渐产生感情。李昌林看到年轻人勤劳本分，在这兵荒马乱的时候，女儿能有托付也好放心，就让二人成了亲。

过了一段时间，年轻人身体痊愈，要回军队继续打仗。李翠云对丈夫依依不舍，她拿出一直珍藏的用玉石做的一对燕子，这是母亲留给她的纪念物，她交给丈夫一只玉燕，自己留下一只，期盼今天劳燕分飞，来日再能团聚。

送走年轻人后,父女俩为避战乱,又回到老家燕口村。不久,李翠云生下一个儿子,日子过得十分艰难,但是有儿子陪伴,又给了她生活的乐趣和希望。

转眼过了三年,李昌林生了一场大病,不久便病故了。剩下母子二人,丈夫一直没有音讯,李翠云思夫心切,终因贫病交加,卧床不起。她知道自己在世的日子不多,就将儿子托付给村里的阿婆抚养,并将那只玉燕交给阿婆,说如果有谁拿着同样的一只玉燕来寻找亲人,那人就是自己的丈夫。几天后,李翠云就去世了。

一天,阿婆正在河边洗孩子的衣服,这时来了一队人马,前呼后拥着一个人,那人气势不凡,向阿婆打听村里是否有个叫李翠云的女子。阿婆听说他们是来找李翠云母子的,想起李翠云生前的嘱咐,就要他们拿出玉燕来看看。那人果然拿出一只玉燕,阿婆把它和自己保存的那只玉燕仔细比对,完全一样,高兴地说道:"老天哪,这下总算可以让翠云放心了!"

那人找到了自己的儿子,惊喜万分,他感谢阿婆对儿子的抚养之恩,说:"阿婆,我要奖赏你,你要什么尽管说。"阿婆心想,这人好大的口气,正在将信将疑之际,旁边有人告诉她:"这是大梁国的皇帝呀!"

原来,这个当年被李昌林父女相救的人不是一般人,而是南朝时齐朝的名门子弟,西汉相国萧何的二十五世孙,名叫萧衍。他要推翻腐朽的齐朝统治,暗地里准备兵器,把砍下的竹子树木沉到檀溪河底。南朝齐中兴元年(501),他在襄阳举兵,把沉在檀溪里的竹木打捞上来制成舰船,迅速投入战斗,由于顺应民心,连连获胜,攻入齐朝都城建康,建立梁朝,当上了梁武帝,在位四十八年,是南朝当皇帝时间最长的。当然,这是后话了。

再说村里人看到阿婆家来了很多陌生人，都前来围观。阿婆面对萧衍的许诺，一时不知怎么回答，村里的长者开口说道："有难相帮是做人的本分，我们什么奖赏都不要，燕口村的百姓一向喜欢书法，就给我们村写一幅字吧！"萧衍满口答应，要来纸笔，写下"尪口"两个字，见众人不解其意，萧衍说道："我征战沙场，浴血奋战，又到处寻找失散多年的亲人，终于在燕口村见到儿子。为了感谢父老乡亲的大恩大德，请允许我把村名改一个字，就叫尪口村吧！"众人听了纷纷点头。从此，燕口村就被人们改叫成尪口村了。

关于尪口村村名的传说，现在知道的人已经不多，人们说得更多的是尪口村的善良民风，这种民风就像这个古老村子的根基，在家家户户延伸着，生生不息。

尪口村的溪坑边长着很多苦竹，村民把砍下的苦竹在溪坑里浸泡，再经过斫竹、断竹、浸料、抽丝、油漆等工序做成竹帘，成为当地特产。老街上开着很多经营竹帘的店铺，其中有一家口碑特别好，它就是唐元泰帘店。

唐元泰帘店的店主叫唐百英，这个店是他爷爷三兄弟唐双喜、唐双福和唐双泉合伙开的，爷爷唐双福排行老二，是当家人。三兄弟都结了婚，并不分家，住在一起和睦相处。他们为人厚道，善待雇工，村里一些腿脚不便的残疾人生活无靠，他们就招这些人到店里干力所能及的工作，让他们可以养活自己。斫竹、浸料是力气活，都是唐家人自己做。他们把雇工当作自家人，遇到有人身体不适，会煮面条、红枣粥给他吃。对一直没有成家的雇工，唐家还为他们养老送终，有三个没有后代的雇工，去世后都是唐家为他们料理后事，同唐家阿太葬在一道。

每年清明节，唐家后代在给祖辈上坟时，也会给这些去世的雇工点香祭祀。

真心换真心，老板这样善待雇工，雇工自然也尽心尽力地干活。唐元泰帘店制作的每一张竹帘都质量牢靠，如果发现次品，即使亏本也当废品处理。唐元泰帘店就这样打出名气，吸引了临安、孝丰甚至上海的人们赶来购买。直到20世纪20年代，上海的造纸厂已能生产香烟纸，人们仍到唐元泰帘店定制生产香烟纸的竹帘。

眝口村的老街上还有两家祠堂，一家是盛氏宗祠，一家是李氏宗祠。传说盛氏和李氏都要建造宗祠，两家宅地紧挨在一起，李氏家族发现宅基地还需增加三尺才能建房，明知宅地是寸土不让的，李氏家族还是硬着头皮和盛氏家族商量，恳请对方让出三尺地来。没想到，盛氏家族爽快地答应了，从而圆了他们的想法。

李氏家族准备动工建造祠堂，发现没有预留搭脚手架的地方，怎么施工呢？李氏家族又犯难了，觉得再让盛氏家族让地，实在不好意思开口。谁知，盛氏家族看到他们又有难处，没等他们提出，就主动再送李氏三尺地，使李氏家族终于造好了宗祠。

盛氏家族二让宅地的作为深得人们好评，于是，这个"圆三尺、送三尺"的故事便在远近村落流传开来。

如今，眝口村人正在建设美丽新农村，富裕起来的村民更加注重精神富有，眝口村成为富阳区首批"小康村"。上善若水，眝口村民的善良之心，如同村里的溪水，源源不断，润泽着代代相沿的古朴村风。

申屠百行孝为先——荻浦村

距离桐庐县城 16.5 公里的江南镇，有一个荻浦村，村子因临近荻溪而得名。别看荻蒲是个小山村，却已有 900 年的历史。在这个古村落的老街上，有一座木结构的房屋叫"兰桂堂"，门楣上挂着一块匾额，上面写的是"圣旨 孝子 大清乾隆三十年浙江巡抚熊题"。想知道这块门匾的由来，就要穿越到三百多年前的荻浦了。

清康熙三十三年（1694）的一天晚上，在桐庐通往诸暨的山路上，一个年轻人正匆匆赶路。山势险峻，道路崎岖，他吃力地往上攀登，累得气喘吁吁也不停步，擦一把汗继续往前走。到了石板岭，黑云压顶，暴雨倾盆，他迷失了方向，看到岭上隐约有灯光闪烁，到近前一看，是一座空无一人的庵庙，困乏不堪的他就蜷缩在庵庙里过了一夜。

第二天天刚亮，年轻人就继续赶路。他来到诸暨一个叫横塘下的村庄，找到一位姓边的郎中，说自己家住桐庐荻浦村，求郎中去给自己的父亲治病。边郎中不愿长途跋涉去出诊，但被年轻人的孝心感动，就跟他来到荻浦村。经诊断，老人是久患痔疮，身虚体弱，服药休养一段时间即可痊愈，而这个翻山越岭、夜行百里为父求医的年轻人的孝行故事，便在荻浦一带传开了。

这个年轻人名叫申屠开基，是荻浦村的一位普通村民。

申屠开基家境贫寒，12岁就下田帮大人干活。他性情敦厚，孝顺双亲，用餐时总是让父母先吃，为父母盛饭添菜，晚上给父母端水洗脚，早晨给父母清洗便桶，冬天用体温为父母焐热被窝，夏天给父母挥扇驱蚊。父母患病时，他陪侍床边，亲口尝试药汤再喂父母，一年到头尽心服侍，从无怨言，村里人都称他是大孝子。

在申屠开基到诸暨为父亲寻医的三年后，父亲的背部长了一个大疮包，俗称"千头疮"，溃烂流脓，气味难闻，老人痛苦不堪，备受煎熬。申屠开基找了很多郎中，都说无法医治。他听说浦江县有一位专治疮痈的名医，救父心切的他带了干粮就上路了。浦江比诸暨更远，山路有野兽出没，途经羊角岭（今杨家岭）时，忽然刮来一阵大风，从林子里蹿出一只老虎挡在面前。申屠开基又惊又怕，只能祈求苍天保佑："为救重病父亲，求老天放我生路！"只见老虎朝天长吼一声，转身跑进了树林。

申屠开基历经艰险，终于请来浦江的名医。医生诊断后认为老人已病入膏肓，恐难治愈，只有排出毒疮脓血，也许还有希望。申屠开基二话不说，跪在父亲床边，嘴巴贴近疮口，舔开腐肉，吸吮脓血，吐掉后再吸，直到把脓血全部清除，才瘫坐在地上。医生和家人看了，无不感动至极。接连几天，疮包一出现脓血，申屠开基就用嘴吸出，同时让父亲服用医生开的药。经过一段时间治疗，终于医好了毒疮，医生不禁感叹："真乃奇迹！"

申屠开基不仅孝敬父母，对家里的其他人也是重情重义。他尽力照顾有病的妹妹，分家产时把好的田地房屋分给弟弟，弟弟病故后，又将年幼的侄儿扶养成人。不料侄儿也早逝，他又把侄孙当亲孙一样照顾。

在以申屠姓氏为主的荻浦村，这位大孝子的作为被记入《申屠氏宗谱》，在民间传为美谈。清乾隆十九年（1754），桐庐县衙将其事迹载入《桐庐县志》和《严州府志》，并上报朝廷。乾隆三十五年（1770），乾隆皇帝感动于申屠开基的孝道精神，授予他用以嘉奖乡里贤士的"乡饮介宾"官阶，并赐"孝子"匾额，还拨钱款在荻浦村口建孝子牌坊彰显于世，牌坊上镌刻圣谕："桐庐县孝子申屠开基，孝义兼全，旌表给银建坊。"还刻有乾隆皇帝对世人的告诫："永言孝恩，终身行孝，才能永保余庆。"自此，这个牌坊就像一面警示做人的明镜，文官到此必落轿，武官到此须下马，孝义古风在邻里乡间传扬，成为荻浦村世代延续的文脉。

历经三百多年的风风雨雨，申屠开基的故居兰桂堂因年久失修，已破败不堪。申屠开基的第九代裔孙申屠忠君，从小耳濡目染祖传的孝道文化，他秉承73岁老父申屠德福之意，放下在外地的创业，2002年回到故乡，自筹资金重修兰桂堂。门楣上悬挂写着"圣旨　孝子　大清乾隆三十年浙江巡抚熊题"的匾额，在厅堂挂起太祖公申屠开基的画像，两边配有对联"祖功垂福泽；宗德衍家声"以表心志，申屠子孙将承继文明家风，再续孝义根脉。

荻浦古村现存历史建筑四十余处，包括三座较完整的明代房屋建筑。这些建筑都彰显着孝道文化，例如有供奉申屠宗族先人灵位的申屠氏宗祠，有刻着十二孝故事壁画的佑承堂，有盛满报恩情怀的范家井（又叫父母井），还有明朝礼部尚书姚夔建的保庆堂。

申屠氏宗祠

说起保庆堂，也有一个尽孝的故事。明代时，一个叫申屠妙玉的15岁农家少女嫁入姚家，34岁不幸守寡，生活没有依靠，只得带着年幼的儿子姚夔回到娘家。姚夔在舅舅等申屠家人的帮扶下长大成人，他当上朝廷大官后，修建申屠氏宗祠，并搭建一座做工考究的大戏台，作为寿礼送给舅舅以示感恩。母亲申屠妙玉给戏台取名"保庆堂"，她因孝敬母族和教子行孝，被封为一品诰命夫人。

2007年，荻浦村与同为申屠宗族的深澳村被列为国家级历史文化名村，并被评为省级历史文化村镇，各地游客纷至沓来，徜徉十里花海，感受孝道文化。

走在荻浦村的老街上，只见粉墙黛瓦，古樟繁茂。有时还能看到一位中年人推着轮椅上的老人慢慢前行，那是申屠忠君在陪老父散步。他们被落日余晖染成金色的身影，和矗立村口的青石牌坊一道，演绎着一个世代相传的家族故事，延伸着一种温暖的人间情怀。

皇宫才女多村姑——西门街

位于千岛湖的淳安县城,在古代叫贺城,已有1800多年的历史。东汉建安八年(203),东吴统帅孙权派将领贺齐带兵先后平定山越、黟县和歙县等地战乱,建安十四年(209)建新都郡城,贺齐任新都郡太守,他大力兴修水利,发展农业生产,百姓安居乐业。后人为纪念这位淳安的首任知县,在县城修建贺庙,庙里供奉贺齐的塑像,并将县城叫作贺城。

到了宋代,新都郡城迁往梅城,贺城后来改叫淳安,意为淳朴安宁。历任官员注重教育,兴建书院,培养人才,光是两宋期间,这里就出了144位进士,被视为"两浙望县,严陵首邑",成为淳安县政治、经济和文化中心,人称"锦山秀水,文献名邦",李白、王维、范仲淹、沈括等古代著名文人都在此留下足迹。

贺城有一条主要街道叫西门街,西门街上有一幢古建筑,门上的匾额写着"绣衣第",它是南宋皇帝赐予的住宅,所赐对象并不是功臣名将,而是普通的宫女。这是怎么回事呢?

江浙山清水秀多美女,南宋建都临安后,朝廷令地方官员为皇宫选送美女。贺城的官员奉命走村访镇，挑选容貌出众的女子入宫。

这天，朝廷选美官员来到淳安辽源（今里商乡），打听是否有一个叫杨桂枝的女孩，结果在一户人家找到了她。女孩才十一二岁，长得眉清目秀，机灵乖巧，当即被选定送往京城临安。

原来，女孩的养母张氏是民间艺人，早年被选入宫廷乐部当了女伶，因演技出色，深得太皇太后吴氏（即高宗皇后）赏识。后来很久不见女伶上台表演，吴太皇太后询问何故，侍从答道："已死矣，有养女颇聪慧。"吴太皇太后也许是出于对女伶的思念或同情，让人到女伶的家乡淳安，将其年仅十一二岁的养女召入宫中。

养女杨桂枝不仅姿容美丽，多才多艺，而且知书会文，举止得体，深得太皇太后宠爱，留在身边陪侍，在后宫一待就是20多年。南宋绍熙五年（1194），26岁的宋宁宗赵扩即位，有一天，他到太皇太后处问安，见到杨桂枝，被她的美貌倾倒，以后便常去太皇太后那里，实为杨桂枝而来。太皇太后便让两人成了婚，封杨桂枝为平乐郡夫人，这位在后宫苦度青春的村姑就这样改变命运，当上了贵妃，南宋嘉泰二年（1202）被封为皇后。

出身寒门的杨桂枝当上皇后以后，心系家乡，体恤民情。得知浙江百姓为交"生子钱"而不堪其苦，便请求宋宁宗免去这个重赋。父老乡亲感激杨桂枝的作为，把她出生的里商乡叫作"皇后坪"，这个遗址一直保存至今。

杨桂枝的多才多艺更是历代皇后中所少见。她诗词皆通，书画兼工，书写的《道德经》字体娟秀俊健，画作《百花图卷》都是存世的墨宝。她以宫廷生活为题材写的《杨太后宫词》诗词集，也得到好评，今淳安里商乡杨家村保存的《弘农杨氏宗谱》，就刻录其中的30首，其中有一首诗表达的是求贤若渴、唯才是举的愿望：

> 思贤梦寐过商宗，右武崇儒治道隆。
> 总览权纲求治理，群臣臧否疏屏风。

淳安选送入宫的民间女子中，还有三人因为擅长刺绣，做了绣花宫女。

有一年，宋宁宗赵扩为了庆贺太平，令宫女们三个人一组绣一件衣服，绣得最好的人有重赏。三个来自淳安的应姓宫女商议后，决定为皇帝绣一件五龙戏珠赭黄袍。她们精心设计，巧手刺绣，用了三个月的时间才完工。中秋节这一天，宫女们绣的衣服都挂在金銮殿里，百官逐一评选，当看到五龙戏珠赭黄袍时，全都眼睛发亮，啧啧称奇。赵扩穿上后，果然气宇轩昂，满堂生辉，便要重赏这三个宫女。

三个宫女奉诏来见赵扩，跪谢皇恩后，说不图重赏，只求能回家侍奉父母。赵扩面露不悦神色，还是皇后杨桂枝动了恻隐之心，说道："难得一片孝心，就请皇上开恩，让她们回去孝敬父母吧。"赵扩答应了，将三个宫女赐金放还，并让工部在贺城为她们造一幢宅第，赐名"绣衣第"，供她们及其父母居住养老。

绣衣第规模宏大，分前后两厅，二层建筑，楼下东西厢房并列，楼上南北花窗相向，房屋雕梁画栋，做工精美豪华，令村民称羡不已。而绣衣第所在的地方，从此便叫绣衣弄。

三个姓应的宫女回到贺城后，将父母接到绣衣第一起居住，她们仍以绣花为业。绣过皇帝龙袍的纤纤细手，自然为绣品增添了身价，人们都慕名前来请她们绣花。

三位孝女又回归民间，男人却因其曾为宫女而不敢迎娶，她们都没有嫁人结婚。她们去世后，家人把她们住的地方叫作"应家勘"，并在绣衣第的天井里种了一株白梅，精心养护。寂寞白梅，悄然吐蕊，清香四溢，给这座老宅平添思古之幽情。受其影响，贺城很多人家也喜欢种植梅花，每到入冬季节，花开十里，连绵不绝。

20世纪50年代，淳安建造新安江水电站，全县很多地方成为库区，百姓迁移他乡。有着千年历史的贺城连同无数古镇老村，一同沉入千岛湖底，留下的是人们对这座古城的无限遐想，还有浸透了千岛湖水的故事传说。

马前泼水负薪郎——洋溪老街

位于建德市城东的洋溪街道,原先是属于建德的一个镇,叫洋溪镇。漫步洋溪老街,可以寻觅到这个千年古镇的历史文脉,还有代代相传的民间故事,其中一个故事写进了《三字经》。《三字经》里有"头悬梁,锥刺股",说的是古人勤苦读书的典故,这已为人熟知,后面还有"如负薪",说的便是发生在建德的一个故事,知晓者就不多了。

西汉景帝刘启继位不久,诸侯纷争,战乱不断,百姓流离失所。一个叫朱买臣的书生从吴县(今江苏苏州)逃难来到建德下涯溪畔的大周村(今大洲村),他俯身喝了几口清凉的溪水,说道:"水香而善,其地可居。"村民见这个落魄书生可怜,便留他在一间茅草屋里住下。

朱买臣是一介寒儒,没有谋生手艺,靠上山打柴到集市卖点钱勉强度日。他每天上山时都带着书,干活累了便拿出来读,就连挑柴回来时,也是一路摇头晃脑地吟诵诗文,一群孩子跟在后面学他的样子,他却自得其乐。他还在门前挖了一个水池,清洗毛笔砚台,时间长了,池水都成了黑色,后人叫它涤砚池,也叫朱池。

村里一位姓崔的老人见朱买臣忠厚勤快，又识文懂理，就招他当了上门女婿，让他不用砍柴，就在家安心读书。谁知好景不长，崔老生病去世，朱买臣只得重新上山砍柴维持生计，照旧一边干活一边读书。

这样日复一日，村里人经常嘲笑朱买臣穷酸迂腐的样子，妻子更是整天埋怨丈夫没有本事。朱买臣总是宽慰妻子："我现在吃得苦中苦，以后定有富贵之日，会让你过上好日子的。"妻子听了更加来气："你只有砍柴的本事，跟你一辈子都别想有好日子过，只会饿死在山沟里！"

转眼，朱买臣到了40岁，仍然不见时来运转，妻子忍无可忍，决意离开。朱买臣苦留不住，慨然叹道："嫁鸡随鸡，嫁鹅随鹅；我不弃妻，妻自弃我！"他流泪写下休书，卷起铺盖回到原先住的茅屋里，妻子则改嫁给村里一个家境殷实的人家。从此，人们又看到山道上这个樵夫背着木柴吟诗诵文的身影。

有一年清明节，朱买臣背着柴下山，饥肠辘辘，经过一片坟地实在走不动了，靠在石头上休息。有一对夫妻在扫墓，那妻子正是朱买臣的前妻崔氏。前妻看到他饥寒交迫的样子，动了恻隐之心，拿出祭奠崔老的食物给他吃。朱买臣想到昔日的夫妻之情，不禁潸然泪下。

一晃又过了几年，年届五十的朱买臣已是学识渊博，满腹经纶。他生活在社会底层，了解民生疾苦，怀着忧患之心把治理天下的见解写成奏章，却苦于无法呈交给朝廷。

机会终于来了。当地官员每年都要运送文书物品到京城，朱买臣谋得一份押车的差事，跋涉千里，历经艰辛来到京城长安，通过同乡严助推荐呈上万言书。汉武帝阅后觉得朱买臣是个人才，便召他进宫面试，要他解说《春秋》《楚辞》。朱买臣腹有诗书气自华，慷慨陈词，颇有见地，深得汉武帝赏识，被任命为中大夫。

已到"知天命"之年的朱买臣，老天果然让他时来运转。他不负皇恩，颇有作为，后来升任主爵都尉，丞相长史，位列九卿。他不仅是朝廷重臣，在辞赋创作上也很有成就，与司马相如一同成为西汉著名的辞赋家。

西汉元封元年（前110），朱买臣因向汉武帝献计平定东越有功，被封为会稽郡太守。他重回故里任职时，穿着以前的旧衣，把官印藏在身上。到了府邸后，几个吏卒以为来了一个寒儒，只顾喝酒，没把他放在眼里，后来看到他衣服里露出的官印，方知是新上任的太守，当地官员赶忙前来拜见。

"朱买臣当上太守了！"消息很快在当地传开。村民们没有想到，当年他们把这个背井离乡的穷书生留在村里，竟然为小山村招来一位贤才。于是，后人就把村名改为招贤里，村里的石桥改叫招贤桥。

朱买臣是有情有义的人，在他的第二故乡宴请照顾过自己的邻里乡亲，发钱接济村民，正如唐代诗人白居易对朱买臣的评说："君不见买臣衣锦还故乡，五十身荣未为晚。"衣锦还乡的朱买臣并没忘记结发妻子，他到崔老坟前祭奠，跪谢老丈人的昔日之恩，并为前妻崔氏和她的丈夫修了宽敞的房子，让他们过上衣食无忧的生活。

崔氏看到前夫飞黄腾达，顿生悔意，她来到郡府找朱买臣，想要破镜重圆。朱买臣正要上马外出，崔氏跪在马前痛哭流涕，恳求重归于好。朱买臣对她说："崔老待我恩重如山，我与你有幸结为夫妻，可惜无缘白头偕老。你今已为人之妻，我乃朝廷命官，又岂能拆散他人家庭？你还是回家相夫教子，好好过自己的日子吧。"

崔氏仍不死心，跪在地上不肯离开。朱买臣看到马夫端水饮马，就说道："你我夫妻一场，好比盆中盛水，夫妻分离，犹如盆水倾覆。"他让马夫把那盆水泼到地上，说道："你要能把水收回盆里，我们就可以再做夫妻。"崔氏看着洒了一地的水，明知无法做到，悔恨交加，无地自容，不久就在院子的老槐树上自缢而死。朱买臣闻之也很伤心，给了崔氏的丈夫一笔钱，让他厚葬崔氏。唐代诗人李白后来在《妾薄命》里感叹道："雨落不上天，水覆难再收。君情与妾意，各自东西流。"

这就是"马前泼水"和"覆水难收"典故的由来，《汉书》《三言二拍》等古书里都有记载。在京剧、昆剧、评剧和婺剧的舞台上演出的《朱买臣休妻》《马前泼水》等剧目，甚至还有连环画《朱买臣休妻》，讲的都是这个故事。

2000多年过去了，在毗邻洋溪老街的朱池村，由朱买臣的故居改建的朱公祠仍在，祠后面的小山上有朱买臣墓，墓碑为明万历十一年（1583）建德知县俞汝为所立，上刻"汉右相朱公讳买臣之墓"，朱公祠前便是涤砚池。这些古迹以松涛声和鸟鸣声为背景音乐，演绎着一个负薪郎穷不丧志、勤奋成才的经典故事。

参考文献

1. 〔宋〕吴自牧：《梦粱录》，二十一世纪出版社集团，2018年。
2. 〔清〕丁丙：《武林坊巷志》，浙江人民出版社，1990年。
3. 钟毓龙：《说杭州》，《西湖文献集成》第11册，杭州出版社，2004年。
4. 马时雍主编：《杭州的街巷里弄》，杭州出版社，2006年。
5. 傅伯星：《杭州街巷旧闻录》，杭州出版社，2007年。
6. 朱金坤主编：《杭州老房子（再编）》，中国美术学院出版社，2007年。
7. 刘晓伟：《杭州老街巷地图》，浙江摄影出版社，2005年。
8. 孙跃：《杭州的名人》，杭州出版社，2003年。
9. 王锡才编：《白马湖传说》，西泠印社出版社，2014年。
10. 蒋水荣编：《大杭州名胜古迹民间故事集》，浙江摄影出版社，2002年。
11. 朱睦卿主编：《洋溪老街的故事》，百花文艺出版社，2015年。
12. 杭州市地名委员会办公室编：《杭州市地名志》，浙江人民出版社，1990年。
13. 杭州市拱墅区政协编：《运河边的街巷》，杭州出版社，2013年。
14. 杭州日报社编：《钱塘轶事（杭州地名故事）》，华艺出版社，1995年。
15. 杭州市下城区政协文史委编：《武林话旧》，2002年。
16. 钱益知：《杭州地名史话》，中国国际广播出版社，2017年。

草木人生

CAOMURENSHENG

在这片土地上/是谁/如此热爱生活/把一颗颗赤心伸向太阳/
是谁/敢把自己点燃/穿透十月的沙漠

陈立明 /.著

敦煌文艺出版社

序 言

　　本书描写的是发生在20世纪80年代，在大西北乌鞘岭山脚下一个偏远村庄的故事。

　　这是一个美丽而安静的村庄，四面翠绿的群山环抱着田地，土墙掩映在绿荫中时影时现，一条小河在山脚下欢快的流淌。

　　这年正赶上土地改革的时候，东坪沟的乡亲们仿佛才从贫穷的噩梦中苏醒，不顾一切地想把天下的东西占为己有，没有人去想明天，没有人去想以后，眼下田地是一切，吃饱肚子是一切。乡亲们争先恐后地去砍伐树木、开荒地、灭动物……在短短数月内将这个美丽的村庄破坏的泥土裸露，草木不剩。

　　护林员孔大叔和小儿子孔刚想尽办法阻拦乡亲们伐木，甚至跪地求劝。但在个人利益面前，亲情，乡情，友情都显得微不足道。

　　靠天吃饭的东坪沟随着气温变暖，天气干旱，产量下降，山体滑坡，乡亲们有少数人才意识到当年砍树木就是给以后的自己挖了坑。也意识到田地不是一切，有田地不一定就能吃饱饭。一棵树一根草不值什么，一棵树一根草不能当饭吃，但每个人挖掉

一片草地，砍掉一片树木，就等于在毁了自己，毁了一个家，毁了一个村……

　　大多数乡亲们似乎也感觉到了这些，但他们将错就错，怨天怨地不怨自己，破坏自然顺其自然，他们选择了逃避，选择了背井离乡，选择了一走了之。他们把所有的不幸都推卸于天灾人祸。其中孔祥孔齐就是典型，他们好吃懒做还想过上好日子，盲目的做了省城大哥阿龙的马仔，在阿龙的带领下，孔祥、孔齐开始涉黑、抢劫、杀人、贩毒。最后兄弟两都为自己的所作所为付出了沉重的代价，孔祥落入法网，受到法律制裁。孔齐自食恶果，被人刺杀身亡。

　　孔刚为了拯救这一切，放弃了自己美好的学业，他想和父老乡亲们同甘共苦把自己的家乡变成原来的样子，他呼吁乡亲们植树造林，修路，搞养殖业，年轻人出去学技术，小孩子上学受教育……

　　但在乡亲们心中，早已对东坪沟这块种一袋收一袋的土地失去了信心，孔刚的正义、热情、希望、预言、在他们眼中变成无稽之谈，贫穷是每个人最好的遮羞布，谁会饿着肚子去和大自然斗？谁会白辛苦去栽十五年树？东坪沟不养人还有别的地方，东坪沟没有树砍别的地方还有，这些都是乡亲们的一致想法。

　　后来东坪沟的气温变的更是让人难以捉摸，夏天干旱无雨，秋天雨多成涝，秋收时乡亲们几乎颗粒无收，孔刚家更是苦不堪言，虽有单飞、杜义两位好友鼎力相助，但孔刚还是未能从贫穷中挣扎出来。孔刚并没有向困难低头，在他心中贫穷并不是人生的绊脚石，他领头植树、修路，希望乡亲们在他的带领下有所改变，但无济于事，乡亲们是铁了心的无动于衷，甚至还有人砍尽了孔刚才栽的小树苗。面对乡亲们的所作所为孔刚欲哭无泪，他不明白，过苦日子的乡亲们为什么不去奋斗、不去努力、不去思维、不懂得淡定和珍惜。

　　孔大妈临终前留下遗言，让孔刚把他两个侄子找回来，孔刚不得不离开家乡来到遥远的西藏，在西藏，孔刚得到洛桑叔的帮

助开始寻找失散的亲人，整整四年孔刚和洛桑走遍了大半个西藏，要找的人却如石沉大海。为了不在拖累洛桑，孔刚告辞了洛桑，独自来到拉萨。

在拉萨，孔刚和严茹相遇、相识后同居，因为严茹的刁蛮任性使孔刚身遭车祸，孔刚在无奈、痛苦中选择了自杀……

随着孔刚的离去，东坪沟也变成废墟一片，在这片贫穷的土地上，没有眼泪，没有爱情，没有才子佳人，没有富贵荣华。不管它曾经养育了多少人，不管有多少人对它爱而不舍，这一切都已不复存在。也许孔刚的正义、热情、希望、预言、还在废墟的角落里碰撞，还能在茶余饭后的夜晚给诸君带来些沉思。

目录
CONTENTS

第一章　草木劫 …………… 001
第二章　恼爹娘 …………… 026
第三章　初奔波 …………… 052
第四章　龙蛇斗 …………… 081
第五章　归故园 …………… 111
第六章　阑珊处 …………… 126
第七章　坠深渊 …………… 164
第八章　前路难 …………… 197
第九章　好梦破 …………… 228
第十章　骨肉散 …………… 258
第十一章　寻亲侄 …………… 274
第十二章　终身误 …………… 292

第一章　草木劫

1

　　一九八零年六月的一天，太阳刚刚落山，乌云摸黑爬上了山头，一阵北风吹过，雨点打得路上的黄土直冒烟。一时间，牛吼马嘶，鸡鸣狗叫，呼儿唤母的声音在东坪沟响成一片。雨下了整整一夜。

　　第二天清晨，清新的空气润人肺腑，蔚蓝的天空万里无云，金色的阳光把一切都照得赏心悦目。南湾的松柏树看上去愈加翠绿；东岭的杂树林里夜莺的歌声婉转动听；河畔上的杨树林里各种野花争鲜斗艳，绿油油的小草像地毯一样从这头铺到那头，蝴蝶们陶醉在这里久久不愿离去；田地里麦苗轻松地翻着麦浪，油菜花一片片，一块块继往开来，石燕展开翅膀一遍又一遍地在上空挥画着生机。一切都那么美好，只有几只猫头鹰躲在石缝里享受着温暖的阳光，好像这一切都与它无关。

　　这天是东坪沟改革开放的第一天，人们顾不上疲倦顾不上泥泞，争着分完了田地，分完了牲畜，分光了粮仓。很快人们又涌向了南湾，涌向了东岭，涌向了河畔，在数月内将无数棵树木洗劫一空。

　　护林员孔大叔为了阻拦乡亲们伐木，与十四岁的儿子孔刚在村头跪了整整三天。人们都抢红了眼谁还理他父子俩，路过的人们都说，赶紧走吧，再不抢都没了。树长在山里是野的，放在一起是伙的，拿到家里才是你的。

　　也许人类是大自然的天敌，乡亲们砍完了附近的树木，很快又把目光

瞄准了后山的大片森林。后来还是政府制止才平息了这场大规模破坏生态的行动。可晚上东坪沟的乡亲们仍然去偷伐树木，仍然在雨天里要结伙去趟县城，回来仍然嘲笑着：城里的女人走路一条线，城里的萝卜带秧卖，城里的学生放学说的"咕嘟拜"……

这一年，东坪沟的家家户户院里院外都堆满了木头，还有更多的树木被廉价卖到了外面。渐渐地，乡亲们有了钱便开始筹划着修房子添家具，两年以后，从村东头到村西头一排排崭新的房屋陆续建成，每家屋里都摆满了新做的红油漆家具，看上去果真有几分新时代的面貌。再加上这两年风调雨顺又获丰收，乡亲们个个面露喜色，日子过得有滋有味。

唯有孔大叔家，仍然烂檐旧屋破柜朽桌的，丝毫未变。孔大妈倒无怨言，每天默默无语操持家务。可儿子们年轻气盛看着别人家新屋宅院的气派，早已嫉妒成恨，便将这怨气全怪罪到父亲头上，说他重木不重人，不替儿女们着想，不知道给后代们霸占家业；当了一辈子护林员，让后人们两寸长的木棍也没有得着。

于是大儿子孔龙便背着父亲，天天去砍些树木来卖了，攒了钱在村东头盖了一院新房又做了家具，就教妻子和父母闹着分家另过去了。

二儿子孔祥今年二十二岁也已定亲，本想早日把媳妇娶过门的，苦于老丈人嫌他家穷不肯答应。孔祥为了讨得岳父的欢心，每晚也去砍些树木来变卖成钱，今日给岳父买条烟，明日再给他提瓶酒，过两日再给他拉车木头去，直哄得岳父把亲事定到明年三月才罢。

三儿子孔齐从小就爱干些偷偷摸摸的事情，又在去年看了一场露天电影后更是歪道得很，每日钻进树林里苦练拳脚，没过几月活活打死一棵白杨树，从此自以为功夫了得，呼朋唤友尽干些偷鸡摸狗的勾当。乡亲们谁要跟孔齐过不去，孔齐就要跟谁家的家禽过不去。人们都知道孔齐的毛病平日也没人和他来往，孔齐就成天和一群外村的青年人混在一起。这次伐木搞破坏自然少不了他，整天里勾外联，领着一群一群的外村人，比谁都砍得多，比谁都砍得狠。他伐了树木又不敢拿回家，就让别人随便给些钱卖了，得了钱就在外面吃肉喝酒花光了才回来。

只有小儿子孔刚虽然年幼却不同凡响，从小人见人爱，乡亲们都夸他是孔家兄弟四个中最懂事的一位，现年在乡中学读书。这次大规模伐木事

件发生后，只有他明白破坏环境之事非同儿戏，也只有他才懂父亲的心。便向老师请了假，写了块"草木虽贱，与人同存"的牌子陪父亲跪在了村头，希望乡亲们能停止伐木行动。可连跪了三日，父子俩的做法非但无人在意，反而遭了不少乡亲们的冷嘲热讽。快到下午时，孔刚看三位哥哥也掺和在人群中抬木头，便觉得再跪下去也没有意义，第四天早晨就把父亲硬拦劝住了。

　　孔大叔待在家里又气又急，索性把杜义的父亲叫来，把一头小牛犊子也卖了，坐在门前的青石板上足足抽了一天的烟。孔大妈知道老头子心里难受，吃晚饭的时候狠狠教训了儿子们一顿。可儿大不由娘，哥三个索性白天装病睡觉，晚上仍然悄悄出去伐木，连田地里的农活都没人干了。孔大妈只好忙里忙外一个人操持家务。

2

　　这年秋天又喜获丰收，人们忙完农活就开始商量着要大祭土神。有人去外面请了些巫婆道士来，杀鸡宰羊在土场上设了祭坛。

　　孔大妈也想过去看看热闹，急着吃了晚饭找了件外衣披了要走。孔刚怕母亲回来时夜黑，也陪着孔大妈一起去了。谁知来晚了，土场上人早围得水泄不通。母子俩转了一圈挤不进去，只好准备回家。刚走到半路拐弯处，却看见杜义一手提个大茶壶，一手抱着一摞碗，哼着小曲走来。孔大妈看着可笑，就对孔刚说："你看你杜义哥，手里提的提、抱的抱，嘴里还不闲着，急脚鬼似的也不知道这是要去哪。"杜义却听见了，忙停住脚步说："孔大妈这么早就要回去？我妈还在土场里等着您老。我本来也是要早过去的，可我爹非要让我给那伙道士们熬了热茶送去，烧了水竟不开，急得我心里都起泡了，我爹还说这是积公德，让我耐心些。正经热闹没看一眼还要白辛苦这一趟。"孔大妈听了冷笑着说："你爹你不清楚吗？有名的高工，一辈子神鬼缠身不知道自己姓啥名谁，干正事总掺三分的邪气，出门都要拿指头捻捻算算，那么讲究的人这次提着斧头砍树的时候怎么脸不红心不跳？我都不敢相信他也是干护林员的人，怎么就狠心动得了手。为这事，你孔大叔气得很，现在都躲在屋子里不愿意出来，我看你爹

以后怎么好意思再来见他。"杜义把茶壶和碗递给孔刚，看着孔大妈笑笑，不以为然地说："您老回去好好劝劝孔大叔吧，让他想开点，我们东坪沟的人个个如狼似虎，就算我爹一个人不参加，山里的树也照样一棵不剩，到头来为众人的事周全吃亏的还是自己。"孔大妈听了生气地说："狼虎也不吃树的，听你这话，就知道你和您老子一个德行，算盘打得精。"杜义却呵呵笑着说："老子的儿子老虎的皮子，我能不和我爹像吗？我们还是赶紧去土场吧，有什么话在那边去说，再晚了看不上头尾。"孔大妈说："要去你自己去，我们去了也是人落人挤不进去。"杜义说："没关系有我这壶热茶在看谁敢不让道，我保证让你们进到土场最里面去看。"孔大妈想了想，还是和孔刚跟着杜义返回了土场。

　　杜义在土场东边找了处人少的地方，喝了声："开水来了，小心烫着！"人们往两边一闪，孔大妈三人忙挤了进去。还不等孔刚母子俩观看清楚，不料柴虎家的也慌慌张张挤了进来，三步并两步跑到一位巫婆面前跪下求说道："老仙家，弟子有事相求。"巫婆倒让柴虎的老婆给吓了一跳，忙喝问道："谁家的弟子如此鲁莽，现在正是请神迎仙之时，你凡人怎敢擅自闯入仙境，若惊动了各路神仙看你如何担当得起？"柴虎家的听了吓得磕头如捣蒜，忙向巫婆求道："还望善人开恩，在诸神面前替我多说吉言，弟子也知道神仙的尊贵，平日里也是个吃斋念佛之人，可惜遇了个丈夫是粗人，死活不信佛事。这月初一，我敬香时他不慎说了脏话冲撞了神心。不料得了报应，拴得好好的一头牛鬼使神差就丢了，四处找却找不到。可喜今日佛光普照，菩萨定能帮我排忧解难。这不我才破了规矩贸然来犯仙境，希望能在神仙面前得个喜信。"巫婆听了便说："既然你家有难，菩萨哪有不救之理，你就跪着等候佳音吧。"

　　巫婆说完一手拿了驱鬼鞭一手捧着照妖镜，看着镜子唱道："我东沟里找啊西沟里找，牛娃儿已生三天了……"柴虎家的忙打断说："老仙家，我们家丢的是头公牛。"巫婆听了不以为然仍看着镜子唱道："山又高来雾又大看的神仙眼都花。公牛旁边的草疙瘩我还看成是尕牛娃，公牛的卵子明晃晃，我还看成是牛奶脬。我云里也找雾里也找，这牛怎么不见了，这位弟子你听好，要想得到真消息扁的圆的少不了。"柴虎家的听了越是唬得手足无措，忙又问巫婆道："老仙家，那可让我怎么办？"巫婆向柴虎家的走近了两步放低声音说："破财消灾嘛。"柴虎家的这才恍然大悟，忙从口袋里掏出钱来，双手递给巫婆说："老神仙，早就筹备好了的只是给唬忘了，别嫌少拿着买些香纸吧。"巫婆将钱装进口袋，小声对柴虎家的说："一分不嫌少，二十不嫌多，求神问仙心诚则灵。"巫婆说完又要接着作法。柴虎家的又忙补充说："老神仙，我们家的牛是今天下午才丢的。"巫婆听了大怒，随手抽了柴虎家的一驱鬼鞭骂道："可恶的婆娘胆敢欺神骗佛，害得菩萨翻山越岭枉费神功，半天竟查出些不相干的事来，难怪宝镜忽明忽暗原来是你在作怪！"柴虎家的听了越是吓得筋松骨软，趴在地上哀求道："请神仙明察，弟子哪敢有半分相欺之心，都怪我心拙口笨未能将事情禀告清楚，还望神仙开恩。"巫婆却不再理柴虎家的，看着镜子继续唱道："云里雾里不去了，山里沟里不跳了，这次神仙明白了，东边的山上没草料，南边山高它过不去，西边有河拦住了，看见了看见了北边顺路跑远了。"巫婆作法完毕，看柴虎家的还趴在地上，便喝道："卦象已定，你不去追牛，还跪在这里，难道是想等神仙把牛送回来你才满意吗？"柴虎家的这才谢了恩，在土场里叫了些人慌忙往北追牛去了。

孔大妈看着柴虎家的走了，笑着对孔刚说："你这柴嫂子越活越有样子了，前年为讲迷信失火险些烧了房子，这才几年就忘了，牛丢了不去找，却跑到这里来赶场子凑热闹，就是有个真神也轮不上她遇。你看你王大妈就我们来这会儿工夫，她就烧五次香了，也不知道她有多少怕人知道却想让神知道的事情。我们还是赶紧回去吧，再看下去还不把人牙气掉。"孔刚只得随母亲挤出人群回家去了。

3

第二天早起，孔大妈看要变天，忙着上房顶去收萝卜干，好不容易爬上房顶才想起忘拿袋子了，心中又气又笑，只得转身准备下去再拿，凑巧看见单飞提着些东西路过自家门前。孔大妈忙央求道："好侄子，麻烦你将我家院里鸡棚上的一个袋子递给我。你看我这脑子，已经上房顶要用了才想起来，没把它带上。"单飞这才知道孔大妈是站在房顶上和他说话，

忙说道："孔大妈你怎么爬房顶上去了？有什么活让孔刚哥几个上去干就是了，这么高你爬上爬下多危险，万一不小心摔着了，哪个多哪个少？"孔大妈说："孔刚上学去了，他两个哥哥还在睡觉，等他们醒来还不知要等到什么时候，我怕下雨湿了萝卜干，才自己够趴着上来了。"单飞说："您老站着别动，我上来帮你装就是了。"孔大妈忙摇摇头，说："你把袋子递给我，你忙你的去吧，一年三百六十五天就没让你空闲过一回。"单飞说："没事，我和孔刚是兄弟，你家的事就是我的事，再说你们也不是经常过去给我帮忙吗？"孔大妈又往房檐边走了走说："话虽这么说好，可我心里总觉得过意不去，自己有四个儿子，却还要经常占用你的时间。"单飞忙低声说："您老快别说了，听见了又要和你闹。"刚一说完，单飞进院拿来袋子上了房顶先把孔大妈扶下梯子，自己才装好萝卜干背下了房。

　　孔齐听到说话声也起来了，蓬头垢面地站在院子里，等单飞一下梯子就急着问道："单飞，你从哪弄来这么些好牛肉？"单飞帮孔大妈把萝卜干放在廊檐下避雨处，才回答说："柴虎哥家的牛吃了囫囵豌豆撑死了，早起扒了皮，乡亲们你家三斤我家五斤地分了来吃，回头再算给他家钱。要不然那么大一头牛一时三刻往哪卖去？"孔大妈忙问道："你柴虎哥家的牛不是他媳妇算卦向北走丢了吗？怎么又说是吃豌豆撑死了，这到底是怎么回事？"单飞冷笑道："巫婆媒婆说白道黑，这些人全靠嘴皮子混饭吃，谁知柴嫂子却信以为真了。柴嫂这人不是我背后说她，本来就爱些神神鬼鬼，昨天为了看祭神，忙得牛也没拴，门也没收拾紧成就走了。后来回家拿供品才知道牛丢了，也不仔细找，就忙着跑去问卦，结果让巫婆胡乱一指点，她就领人向北追去了。一直追到后半夜，人都走不动了，也没有看见一根牛毛。几个人商量了回来，等天亮借马骑着再去追。谁知回到家里听侧房里有响动，点了灯推门一看牛却在房子里，拉了一地牛粪，牛肚子胀得像扣了两口锅。柴虎哥忙请兽医来，兽医看了一眼牛摇头说，拉出去一刀给它个痛快吧。柴虎哥这才下了狠心，叫了几个帮忙的人把牛给宰了，牛肚子里挖出来整整一大盆闷胀的豌豆，你说这牛还能活吗？这下可好，牛死了，柴嫂越来劲了，哭着喊着怨柴虎哥得罪了神才受到了这种惩罚。让称肉的人听着都起鸡皮疙瘩，好像我们吃的不是牛肉而是龙肉一样。"

听单飞说完，孔齐也不等母亲开口，抢着说："单飞，也许你听了白给你吃，你就舒服了。"孔大妈瞪了孔齐一眼，说："你也过去称五斤牛肉回来，成天尽说些没用的，谁家不遇个三长两短的事。"说完扭头就走了。孔齐看母亲走远了，对单飞说："柴虎家虽是死了头牛，可让乡亲们这么一帮凑倒是赚了。"单飞听了生气地说："你要眼热就给你家骡子也喂些沙子，让它给你拉些金子出来。"孔齐红着脸说："单飞，你别说说就和人说不到一起，柴虎又没和你沾亲带故，你又何必护着他！"单飞说："人家也没招你惹你，你又何必人前是腿背后是脚地捣鬼。"孔齐说："单飞你伟大，有本事去把柴虎家的牛肉全买了来，我就服你。"单飞说："我能吃多少饭自己清楚，不像你吃着包谷面放的点心屁，里外不一。"孔齐听着急了指着单飞说："你别以为谁都对你好，我要不看在孔刚的面子上，早就让你头朝南了。"一听这话，单飞双手叉腰说："有胆量你就过来，我一手放在腰带上也能把你小子绊三绊。"孔齐又卷着袖子说："看来你是想躺两天了。"两人还没有来得及动手，孔大妈抱着两个大萝卜从屋子里走出来，看着他俩的样子便问道："你们两人这是要准备干什么？"孔齐忙笑着对母亲说："我和单飞想试一试谁的力气大！"孔大妈瞪了孔齐一眼说："我看你俩劲都大，大清早起来就干这没名堂的事。有这闲工夫，还不如过来帮我把这几袋麦子抬到旮旯屋里的粮仓上去，有力气往正点上使。"孔齐和单飞两人只好抬粮食去了。

孔大妈等他俩抬完粮食，就把两个萝卜递给单飞说："拿去炖牛肉吃也行，切了拌萝卜丝也行。今年虽是雨水广，但不像往年多，今年的萝卜就有点生虫了。萝卜虽是平常物，却是个水才货，稍一干旱就不一样了。"单飞忙接过萝卜说："你们家这碗口粗的萝卜还嫌不好，我们家一园子菜荒的荒蔓的蔓，忙得都没有顾上收拾，现在还烂在园子里的。"孔大妈叹了口气说："你们父子俩一年也够忙活的，等翻过年你把媳妇娶过门，再多个帮手，你也能稍微轻松些。"单飞说："谁知道，八字还不见一撇的事，彩礼都送完多久了，也没有给我定个日子，今日推明日，明日推后日，我都往丈母娘家跑麻了。"孔大妈笑着说："好事多磨嘛，人家一把屎一把尿把女儿拉扯大，正是一家人幸福的时候，就把女儿许配给你，是谁谁也舍不得。你那丈母娘我熟，不爱说话一辈子的好人。想她女儿也不错，你就耐心等着吧，娶进门肯定是一等一的好媳妇。"单飞笑着说："看着就蔫头耷脑地不说话，也不知道心里木讷不木讷。"孔大妈说："成家过日子，还是老实的好，疯的也和你不般配。"单飞笑着低头不说话了。孔齐却在旁边插言道："单飞就是笨，换成是我，一有空就往丈母娘家跑，和对象商量好一起私奔，不就解决问题了吗？"孔大妈忙呵斥道："你赶紧称牛肉去吧，把谁都想的和你一样，尽干些伤风败俗的事。"孔齐撇着嘴，一边往外走，一边回头对单飞说："哥们，听我的话没错，反正是自己的媳妇，没什么丢人不丢人的。"说完就走出院门外了。

  孔大妈忙对单飞说："你别听这混账的话，他就这么个糊涂虫，没有一点好思想。"单飞忙说："孔大妈别担心，我知道他只是说句玩笑话，谁还往心里去。"孔大妈说："别听最好，你们现在的年轻人心中没数儿，眼里看着一、心里想着二、手里干着三，想想都让人害怕。那天孔齐、季玉和陈才三个人站着说话，我听得清清楚楚，孔齐对季玉说：'你要抽陈才一个耳光我就服你。'季玉平日看着多聪明的一个孩子，他就真抽了陈才一个耳光。当时我气坏了，逼着让陈才也抽孔齐和季玉两人耳光，陈才却不敢。后来我问陈才为什么，陈才说他俩是老大，他不敢惹。我骂他窝囊一个，不像个热血男儿。地大还在屁股下面坐着的，谁都欺软怕硬，谁是老大？"单飞回答说："他们那一帮子经常搞这些名堂，连我们同辈的也不知道他们是怎么想的，别说是您老了。"单飞说着把萝卜装进牛肉袋子里，准备要回家去。

  孔大妈抬头看了看天，对单飞说："今天我替你做主了，把东西提回家你就过来，刚好有牛肉，我再把那只公鸡也杀了，今天你就在我们家过阴天，路过时把杜义顺便也叫上，反正天一搅和，也干不成什么活，还不如大家坐一起热闹他一天。"单飞忙推辞说："孔大妈不用客气，牛肉我称的有，回家随便做些吃了，我还想好好睡一天的。"孔大妈说："你有是你的，过来坐坐是我的心意，好在有这么个机会，你又这样客气起来。"单飞只好说："我过去再看吧，说不定我老子又想好什么活等着让我去干。"孔大妈有些不高兴地说："你别拿您老子当遮祸皮，到时候你来就好，不来我让人端到你家门上去。"单飞只好答应着去了。

1

孔大妈看单飞走了，忙着给鸡撒了把秕麦子，又听到猪在圈里叫，给猪喂了食，狗又在一旁叫，孔大妈正忙得不可开交时，看儿子孔祥打着哈欠来到她身旁问道："妈，我听孔齐去称牛肉，为什么这么长时间还不见回来？"孔大妈没好气地回答说："谁知道，你们兄弟几个，哪一个知道死活，这都快睡到中午了才起来，还一个个神志不清。就是等着让老鸦扒粪吃，你也得把头伸出来早些接，看能不能吃上口热的。"孔祥说："这个时候黄田又没烂在地里，起早了也没事干。"孔大妈说："还犟嘴，秋收的时候也没有见你起早过，你就是个没耳性的人，油瓶倒了也不扶，要能听我一次话，我就谢天谢地了。就你那老子什么时候累死，你们也就心甘了。"孔祥索性双手捂住耳朵，说："妈，你别说了，我知道你们都嫌弃我，整天没完没了地唠叨，还不如给我分间房子，让我单另过去得好，免得让你们不开心。"孔大妈一听这话怒从中来，破口大骂道："别人嫌弃不嫌弃你，自己不清楚吗？我早知你泥槽就有变驴的心，媳妇还没娶过门就先打算好了，把家里好坏的东西都往你岳父家拿，从小到大，你都没有为别人想过一回，只顾你自己，天底下哪有一勺儿的便宜让你拎？"孔祥从未见过母亲如此大发雷霆，吓得往后退了两步说："我就这样，管别人什么事？"孔大妈继续盯着孔祥说："这世上拿金子往别人脸上抹的人少，你吃不到饭别人才高兴。一个人要懂得自己很重要。小时候让你上学，你偏说放羊好，天天背书包偷着去放羊。现在羊饿死在羊圈里，你也不去看一眼，我都不知道你到底喜欢干什么？"孔祥看母亲气得脸上青筋暴跳，忙低声说："小时候我就是喜欢放羊，但现在又不喜欢了。"孔大妈说："怎么不喜欢了，羊不会说话也叨叨你吗？懒汉就是懒汉，脖子上挂了烧饼也饿死，找借口能救得了你吗？"孔祥只好强笑着说："懒人有懒福，饿死了再说。"孔大妈长叹一声说："你等着饿死就晚了，父母不和你平老共死。"孔祥一听母亲又这样，不耐烦地说："妈，你别说了，我自己的事自己清楚，用不着再考虑。"孔大妈见儿子死性不改，颤声说："既然你觉得好，以后就别再有抱怨，我们都是人，都要面对现实的，单不是你一个人活在这世上。"孔祥不想再听母亲说半个字，立即转身说："妈，你别说了，听得我头疼。你还是忙你的，我这就去找孔齐回来。"孔大妈也不再理他，含泪侧过头看鸡抢啄食。

孔祥走出院门直奔柴虎家去，柴虎家门前已经聚了不少乡亲们，有三五个站着闲聊的，有蹲了一圈儿下棋的，还有一大群吵得最凶的，在用碗遮着两个骰子猜大小赌钱。孔齐也在其中，好像是输了钱，正与季玉吵得不可开交。孔祥听得真切，急忙拨开人群，挤到孔齐身旁，伸手就向他要牛肉。孔齐输了钱，正不自在，只说了声"没有"，就再也不理孔祥。孔祥也不和他计较，也不催他回家，反而劝孔齐说："没关系，你接着玩。"孔祥说完转身挤出人群，让柴虎挑好牛肉称了五斤的一份，两斤的一份，就提回了家。

孔大妈做好了早饭，盘算着这个时候孔大叔也该回来吃了，又想着天凉，便特意给老伴打了两个荷包蛋，可出院门看了两次，还是不见孔大叔的踪影。孔大妈等着心急，心里暗骂道："死老头子，这个季节牲口又吃不到庄稼，谁家的都放出去不管了，他偏要天天跟着羊屁股转，一辈子起早贪黑，谁领你的情？"孔大妈想着又要走出院门外去看，孔祥却提着牛肉回来，一进门就说："妈，你快看，这牛肉红鲜鲜的，我看着好，就多称了两斤。趁着天阴有时间，想去一趟岳父家，你看行不行？"孔大妈看一眼孔祥说："行不行，你都已经干了才问我。一个大小伙子去趟岳父家，就提两斤牛肉，你也能穷酸得来。真要想去，就听我的，别小气，再去称上十斤八斤地提着，免得让你那岳父看不起你，又在别人面前说长道短。"孔祥高兴地问孔大妈道："那我就真去了？"孔大妈说："去吧，我还给你丈母娘做了双鞋也捎去。见着面了，替我问声好，就说我也想去看她的，只是腾不出手。再就是给你那老丈人说，与我们孔家做亲戚，不会让他吃亏，别老跑到我们家来哭穷，剩下的彩礼，等你爹找个主儿把羊卖了，就给他补齐。"孔祥喜不自禁，忙把肉袋递给母亲，就急着又要去柴虎家。孔大妈忙问道："你先别急着走，让你叫的人在哪？"孔祥知道母亲在问孔齐，忙向母亲靠近了一步低声说："孔齐在柴虎家门口赌博，我连叫了他三次，他没有给我应一声，还用眼瞪我，我拿他没办法，只好自己回来。"孔大妈一听这话，气急败坏地指着孔祥说："你这次要叫不回来他，你们兄弟俩都别回这个家，上次为赌博你老子要剁了他的指头，他赌咒发誓地戒了。咋这么快他又犯贱了？"孔祥忙对母亲说："孔齐没志气，说话不算数。"孔大妈又气又急，拍着双腿说："赶紧去吧，你也好不到哪里，你们兄弟俩都不长些记性，为你们我天天跟着受气，您老子怨我把你们宠坏了。可你们谁知道疼妈啊，蒸不上馒头连气都争不上。"孔祥忙上前抓住孔大妈的胳膊说："妈，你放心，这次我就是拉也把他拉回来。"孔大妈心里的气稍微缓了点，叹口气说："来不来，你们自己想，这么冷的天都到这个时候了，你爹都没吃上一口饭。你们这么自自在在的，还不是您老子的好。我希望你们也替他想想。"孔祥忙安慰说："我爹你不用担心，刚才回来时我见桑叔背着雨衣、提着馍馍过山梁去了。我想他俩肯定搭伙在一起。"孔大妈说："和他在一起有什么用，你桑叔抠得给鸡都不多丢一把粮食的人，他能舍得把馍馍分给你爹吃？你赶紧去，等回来不管是谁先给你爹送饭去。"孔祥答应着走了。

孔大妈看孔祥走了，怕他叫不来孔齐，自己就坐在门前的青石板上等着。工夫不大，孔祥兄弟俩一前一后地回来了。孔大妈先指着孔齐问道："让你去称牛肉，你又干什么去了？"孔齐忙掩饰说："没干什么，他们在那里赌博，我站看看了会热闹。"孔大妈又问道："你到底是在玩还是在看？"孔齐拍着口袋说："我一毛钱没有怎么玩？"孔大妈说："你二哥怎么说你在玩？"孔齐侧过身瞪着孔祥问道："你是用那只眼看到我在赌博？"孔祥也瞪着孔齐说："还不承认，难道是我在对季玉说'上把你欠了我五元，这次还我'这话的吗？"孔齐生气地甩袖子就要进家门，孔大妈见孔齐不但死不认错，还理直气壮，指着孔齐呵斥道："站着，不管你是玩还是在看，总而言之，你是参与了，这难道不是事实吗？很多事端都是因为缺钱才引起的，这你比谁都明白。"孔齐红着脸不说话了。孔大妈又接着说："人的言行如精气系心系德，如何能马马虎虎，你又用个骗来掩盖事实，那就更不像话了。"孔齐说："我就在看没有玩。"孔大妈说："只要是谎言就没有实质意义，何必还要去费心，你不累别人累，从小到大的毛病谁不知道，遮遮掩掩的，怕人知道就不要去做……"孔齐却不愿意再听母亲说下去，低着头先回屋里去了。孔大妈和孔祥也跟着进了屋。

孔齐坐在椅子上赌气连早饭也不吃了，孔大妈连催了几次，他偏不应

声。孔祥也不吃早饭，急着装了牛肉立刻要走岳父家去。孔大妈看着他兄弟俩这个样子，也放下饭碗说："不吃都不吃了，一家人东里一个西里一个，吃饭都不在一起了，这过得还叫什么日子？"孔祥忙笑着对母亲说："妈，我这是有想法的，我提这么多牛肉到她家，在她家吃不赔本。"孔大妈听了越是生气，敲着桌子骂孔祥道："瞧你那点子出息，你什么时候才能说句人话？"孔齐听了孔祥要提牛肉送他岳父家去，便不愿意了，站起身对孔祥说："怪不得你殷勤不似往日，原来是有短处的，家里的东西全让你递盗光了，你还只是往你岳父家拿。他女儿是七仙女还是白骨精，这么贵重？"孔祥红着脸说不出话来。孔大妈忙指着孔齐说："你们兄弟俩都别吵，先坐下来吃饭，今天本想好好做顿饭，一家人坐一起舒舒服服过阴天的，谁知道就连这么个想法也难如愿。孔祥，你要想今天去，也把你自己收拾干净了再去，你岳父那张嘴不饶人，别让他抓着短处天天说你。孔齐，吃完了就给你爹送饭去，回来顺路把杜义和单飞也叫来，一年四季光麻烦别人，闲了还不让人家过来吃点喝点。"孔齐却说："我爹的饭我可以去送，但杜义和单飞我是不去叫，东坪沟我最看不起的就他俩。"孔祥瞪着孔齐说："你不去叫我去叫，这村子里你和谁都不团结。"孔大妈看着孔祥和孔齐说："既然你们想不到一块，就都听我的安排，孔祥今天也别去你岳父家了，现在天凉牛肉放到明天也坏不了，你改明日再去也不迟。孔齐去找你爹，他要是和你桑叔在一起，你就对你桑叔说，让他今天帮忙给你爹放一天羊，过后给他顶两个工。要是你桑叔答应了，你就让你爹回来，我做些好吃的给你们吃。这段时间家里总不和气，你们一个个吹胡子瞪眼地闹，我总觉得心里憋闷。"兄弟俩听了母亲的话，只好吃了饭分头行动去了。

5

孔大妈看着他兄弟俩出了门，就忙着开始做饭。她挨个数了三遍，只有七道菜，是个单数；想做六道，又怕不够；做八道，却想不起要添个什么菜，只好翻箱倒柜，把一些晒干的野蘑菇找了出来，用开水泡了才想起把鸡忘算了。孔大妈正在哭笑不得之时，孔大叔却回来了，看到孔大妈独自一人站在地上笑,便问孔大妈道:"这么老的人,还有啥美事让你偷着乐的?"孔大妈先给孔大叔倒了碗热茶,又把做菜的事给他说了一遍。孔大叔喝了一口茶说:"又不逢年又不过节讲究什么?切个土豆丝儿一炒也是一盘菜,锅前面站老的人,炒几个菜还难吗?七碟子八碗炒那么多干什么?"孔大妈看着孔大叔说:"过年过节也没有见你给我们丰丰盛盛地吃过一顿。怎么我想做些菜来吃,难道还要等你点头同意了才行吗?"孔大叔忙说:"是你想多了,我怕你累才这么说说,这么好的天,你不舒舒坦坦躺着睡觉又忙活什么?"孔大妈说:"怕你嘴上说的不是心里的话,赶紧把饭吃了帮我把鸡宰好,我这头还等着要做。我让孔祥去把杜义和单飞那两个孩子也叫来坐坐,怕是这个时候也该来了。"孔大叔听着往蛋汤里泡了些馍馍吃着说:"这两个孩子没说的,一年帮我们家不少忙,是该把他们叫来坐坐,我在园子里还藏了几瓶酒,等会儿也拿出来,我要和年轻娃儿们喝几杯。"孔大妈笑着说:"看把你嘴馋的,这么老的人了还是那么贪酒。"孔大叔拍着胸脯说:"老啥?人活六十正当年,三六十八能活几天,我这还正在得力的时候。"孔大妈说:"站稳吧,别把自己吹翻了,让孩子们听了还不笑掉牙。"

　　孔大妈话音刚落,就听到杜义在院子嚷道:"孔大叔去年就许我一对鸽子的,到现在还不见开口,你们瞧瞧他家的鸽子多得都没地方落了。"孔大叔听了忙放下饭碗,笑着迎了出去说:"杜义快进来坐吧,你们家那廊檐里油漆糊得老远就能闻见味道,你把鸽子抓去了它也未必住。"孔大妈也笑着对杜义说:"你别说是抓一对鸽子,就是拉一只羊,你孔大叔也不会说你什么。你想要,今晚就来抓,八只十只随你挑,只是别破了窝,这种鸽子性野。上次孔祥给他岳父家抓了四只,可能是响声大了些,惊动了它们,鸽子有好几天都不往我家屋顶上落。后来我撒了食放了水,才又慢慢引回来的。"杜义忙说:"孔大妈,我是和孔大叔开玩笑的,想抓我还不早抓去了,我爹不喜欢这些东西,我要抓去了,也是三天半。我也不费这心情,也不惹他生气。要不然他又骂我和他在作对。"孔大妈说:"这么想就好,年轻人就该体谅老了的人,我们稍微上些岁数的人身也懒了,瞌睡也少了,晚上一有个动静就睡不好觉。上次他舅妈来我们家住了一夜,倒是让人家受罪了,一晚上几乎都没睡觉,连着起了四五次夜,回去就感冒了。不过我是习惯了，晚上睡不着觉，听听这些鸽子们咕咕的叫更声，倒觉得还不那么空寂。"孔大叔笑着对杜义和单飞说："你们大妈这次说谎了，每天晚上往炕上一躺，小呼噜一直打到天亮，哪有个睡不着的时候。记得有天晚上，我肚子不舒服，叫她点个灯，连喊了三声，谁知她翻起身，给我来了句'这么快就天亮了吗'？扭头看了看窗外又倒身睡了。"单飞和杜义都听着笑。孔大妈也笑着对孔大叔说："你赶紧让开些，让孩子们上炕去坐吧。我一天累得跟老黄牛一般，晚上还不让我睡个安生觉？"

孔大叔忙让单飞和杜义上炕坐，单飞上炕坐了，杜义就在炕沿边坐下说："我今天穿了棉衣上炕坐不住。"孔大妈切完了葱，放下菜刀对杜义说："你把棉衣脱了上炕去坐，我们家屋子里还不冷。这个季节正是人乱穿衣的时候，昨天我还看到季玉光个膀子在那里晃。"杜义说："他那二百五，十一腊月也不见穿棉衣来着，不过也怪，反是他一年四季不着病，我们倒两天头痛三天脑热地不舒服。"孔大妈说："穿衣还是要跟着季节走好，要不然老了浑身是病。我们小时候家里穷，兄弟姐妹六个，大哥的衣服二哥穿，二哥穿了三哥又穿。那时候年年都盼着姐姐们快快长大，到冬天能穿她们的旧棉衣，哪里还有挑这回事。等到我十八岁那年，都要结婚了，我妈才给我做了一件水红色的棉衣，可一直没舍得拿出来穿，现在都放在柜子里的。刚把虎子他妈娶进门那年，我拿出来想送给她，谁知她还看不上。你们现在的年轻人，都生在时候上了，幸幸福福的，有了还要挑好的，得了好的又不穿，只挂在柜子里摆样子，一个个冻得鼻青脸紫的，要排场，你们哪里知道这风寒的厉害。我们是过来人养生之道多少还是懂些的，像我现在就落下了一身病，每逢变天浑身关节痛得动不了。"单飞就在一旁取笑杜义道："看来你今天的棉衣是穿对了。"杜义也不理单飞搓着手继续问孔大妈道："怎么不见孔齐他人，这么好的天我还想和他玩几把牌的。"孔大妈忙阻拦道："你快别招惹他，和他斗哪有你的米和面，他一天都寻不上你这么个主儿，早起出去称牛肉就在柴虎家门口玩上了，我让老二喊了两道才回来，为这事你孔大叔是发了狠心让他戒的，要他在听你这么说还不拼命？"孔大妈说完又扭头问孔大叔道："孔齐不是去叫你了吗？怎么单你一个人回来？"孔大叔回答说："和我一道回来的，在柴虎家门口说是有事就走了，我又不知道他会给老子来这一套。等他回来，看我不扒了他的皮。"孔大妈忙说："好酒的不往茶馆里跑，他肯定又去赌博了。孔祥，你赶紧再跑一趟把他找来，再把你大哥大嫂还有虎子也叫来。今天大家都高兴，老头子你也别生气，你要想治了他这毛病，以后有的是时间，等他回来我们都装不知道，要不然又为这事扫了大家的兴。"孔祥极不情愿地走了。孔大叔也随后提着开水宰鸡去了。

孔大妈急着找出碟儿碗儿来，准备就要炒菜。杜义看孔大妈忙得额头上都出了汗，忙说："孔大妈，你也过来坐着歇会吧，这个时候还不饿，吃着不香，不如我们坐着多说会话，晚一些等孔刚放学回来一起吃。"孔大妈笑着说："等他回来天都黑了，怕是等不了，你放心，我每炒一道菜给他留一点，饿不着你朋友的。孔刚不挑食，等他回来一热，吃着也一样。"杜义看被孔大妈猜中了心思，就笑着说："孔大妈，我也不光是为孔刚，我是怕把您老累着，想给你帮忙，但又笨手笨脚的。"孔大妈说："坐着吧，有心就好，这都是炒炒切切的活，你哪里能会，你要真想帮我，就和单飞剥点蒜。"杜义接过蒜盆，与单飞头对头剥起了大蒜。孔大妈看着他俩认真的样子，高兴地说："孔刚有你们两个朋友真好。"单飞和杜义听着也会心地笑了。单飞有些激动地说："我们也有同样的感觉。"杜义也说："孔刚虽小大志却成，他身上有许多长处，我们当哥的自愧不如。"单飞对杜义说："知道自己缺什么，你还算是个明白人，别以为比人多吃两年闲饭，就能比别人骨头也大。孔刚可是我们乡中学的优秀生，你跟他比真是天上地下，孔刚看书就跟你杜义吃肉一样。"杜义红着脸低头想了想说："这倒是真的，我上学的时候数学总是学不懂，每次考试都如临大敌……"单飞抢着说："你那是空者乱，无者烦，愚者盼，不者止。你哪是如临大敌，简直是如牛负重。"杜义笑着不理单飞，继续问孔大妈道："也不知道孔刚在学习方面有什么好方法，同样的学校同样的老师为什么他就能出类拔萃？"孔大妈回答说："他哪有什么好办法，依我看，他只是比别人更努力些罢了，每天起早睡晚没放松过一刻。"单飞说："有付出就有回报，他千辛万苦，能有好成绩这是自然的。看来孔大妈以后可就享清福了，等孔刚考上大学再领来个城里媳妇，给您老端茶倒水地伺候着，您老就可以安度晚年了。"孔大妈笑着说："我的老天爷，我哪有那么好的福气。你们也知道,我们家穷檐漏屋,就是飞来只凤凰,也没钱给它搭个窝。"杜义忙对孔大妈说:"看把您老难的,你把黄河引到家,还愁没你喝的水,人家既然当了你家的媳妇,还能嫌弃这些吗?"孔大妈笑着说:"说这些话还早,谁知道以后的事,人生哪里有尽如人意的。"单飞又说:"不管怎样,我们都要在背后给孔刚加油才对,这样他才会更努力,更加有信心。"孔大妈听着叹了口气说:"说心里话,也就他能给我们做父母的长精神些,每次看到他有好成绩,我心里也骄傲。想着他那一股子努力劲儿我就高兴,不管他成不成功,我是要用十分的心来支持他的。人活一世还不就图个为孩子们嘛,要不然自己顾自己,活着还有什么意义?"杜义说:"孔大妈,我最佩服你的这种想法,我爹就和你不一样,只要他能看到我天天有活干,他就心满意足了。"孔大妈说:"傻孩子天天让你有活干也是为你好,做父母的也难,我们总得想办法让你们懂事,你们明白了就能知道这是爱,你们糊涂了,它就是祸根。我看你爹在人前常提起你,说明你也是他心中的骄子,以后的路总是要靠你们自己走的,做父母的想着在能走动的时候教你们多学些东西,让你们以后能更好地生活下去。"杜义说:"孔大妈,难道真是这样的吗?"孔大妈说:"也许是你真的不懂罢了,天底下父母的爱是真诚的,也是在能力范围内的,只是你没有感觉到或者忽略了。难道你天天听您老子说,我们一起上天堂看月亮你就满意了吗?没有这种父母,就是有这种父母也好不到哪去。我们平头老百姓做父母的人都很现实,毕竟条件有限,多都不想些不切实际的好事,来指望自己的儿女们会有什么好运气。我看你爹做的这事就好,你读书不成,他也没有什么好的家业让你继承,种田务农是你唯一能生存的渠道,所以才让你勤谨些去学,这难道有错吗?"杜义笑着说:"我还以为爱就是棉花糖,谁知道还会有这么复杂。"孔大妈有些要责怪杜义地说:"我说句难听话你别往心里去。你就和我们家孔齐是一个想法,让他去参军说是白替人出力不去,让学种田他又说没有前途,整天游手好闲地淘气,胸中没有一点志向,还对谁都不服气,什么事都看不惯。男子汉小不为家大不为国,就连自己都收拾不好,我看以后你们该怎么办?"

杜义听孔大妈把自己和孔齐相提并论,有些不服气地说:"孔大妈,我可是一年四季一天也没有闲着。"孔大妈见杜义面露不悦,笑着说:

"傻孩子，瞎勤劳还是不够，要懂得钻研才行，要不然又跟你孔大叔一样，一辈子不是受苦就是吃亏，干不出什么大业绩来，平常心谁都有，不足为奇。我在这里不是嫌弃你们，只是希望你们要胸怀大志，专专心心地去干件自己喜欢的事，一辈子别放弃。有你们这么年轻聪明的人，再加上遇这么个好年代，十头八年还不造架飞机出来？"杜义听了孔大妈的话，忙摆手说："孔大妈你快别拿我开玩笑了，飞机是爬着的还是坐着的，我都没有见过，怎么可能会造出飞机的？"孔大妈笑着说："我是打个比方说说，一个人要真心干件事情，我想在十年内肯定有所成就，什么事都是人创造的，只要努力一切都有可能。你们不信我的话就去试试，要无结果就拿我脑袋去当夜壶用。"杜义看孔大妈说得这么认真，有些无奈地说："孔大妈我是相信你说的话，可我不知道该干什么才好。"孔大妈说："这才是问题的关键，一个人不知道把自己的身心放到哪里，一辈子稀里糊涂地过日子，有了就吃，没有就挨着，从不打理自己的人生，最后一事无成。稍微有头脑的人，家里就过得要宽裕些，我们村你白叔就是榜样，人家也是个庄稼人，一辈子兢兢业业地种地，就是县长来了他也不眼热。他就是死心塌地地要做个好农民，一有闲时间就坐在地头上琢磨，黄土地里埋什么种，黑土地里又埋什么种，红土地里长什么好，沙土地里又长什么好，他都心里有数。你看看人家的收获就是好，就连工具都比别人先进得多，从包产到户到现在，他就能和别人家明显不一样。所以说，要发展、要进步，还是要专业一点好，要不然浪费了时间，结果还是一样。你孔大叔就不听我的话，护着林还要放着羊，更要种着地，结果林子没了，羊也七死八活，庄稼也是好一坨坏一坨不成样子。人一说，他还是歪着脖子犟，一辈子就是让倔脾气给害完蛋了的人。"孔大妈话音才落，孔大叔就提着宰好的鸡进屋，把鸡放在盆子里，便问孔大妈道："你怎么三句不是话就说到我头上了？"杜义忙说："孔大妈在夸你，说你养的羊好，种地也是一把好手。"孔大叔听了才高兴地哈哈笑道："老把式嘛，还用说吗？"单飞和孔大妈两人听着都偷着在笑。

这时，孔祥、孔齐还有孔龙一家三口都来了，孔大妈看薛兰没给孙子裹条毛毯，虎子两个脸蛋红扑扑的，清鼻涕也流了出来，忙心疼地接过孩子说："要是我孙子感冒了，我饶不了你们。四个人都是木头，这么冷的天，也不知道给孩子披件东西就来了。"孔龙却说："穿得跟熊一样，我小时像他这么大时下雪天不穿裤子，也没有冻死。"孔大妈就骂孔龙道："那是你命不好，生在那个年代了，又不是有了吃的穿的娘老子不给你，让你经常念经一般地说。你现在总什么都有吧，怎么也不舍得给你儿子穿？"薛兰看孔大妈真生气了，就忙说："妈，你别听他在那里胡说，是我想着虎子体子壮，让他泼皮些好，不要像我哥家的孩子，无论冬夏裹得严严实实，一见风鼻涕哈喇就流。"单飞也说："要想小儿安，就要三分的饥和寒。男娃娃家冷一点没有关系。"孔祥说："要不然也冷不着他，可能是刚才我们在李四家门上站久了。"孔大妈忙转过身又问孔祥道："你们明知道抱着孩子，还站到他们家门上又磨蹭什么？"薛兰忙抢着说："哎吆，妈，你还不知道，李老汉借了季家的钱不还，两家人为这事吵得凶，看看都要动上手了，我们刚好路过就劝说了他们这半天。"孔大妈说："人都好不得，欠债还钱理所应当的事，这有什么跟人好吵的？现在的人也不知道是怎么了，有钱的没钱的都不饶人。"薛兰又说："不是李老汉不还，季老头也不好，既然给人家借钱了就算是帮忙，可又经常跑到别人面前说李老汉的不是，你想李老汉人家愿意吗？"孔大妈说："你季叔心好嘴不好，可能是在别人面前嘀咕了什么。但李老汉不给人家还钱，他没有道理。"孔大叔在一边接着说："道理不道理，人家就是想赖他的账，过去给他一顿棒，他就乖了。"孔大妈忙对孔大叔说："人家又没欠着你的，你发什么火？"孔大叔说："路不平了众人修，东坪沟什么事都好说，唯有赖账赌钱的我看不惯。"孔大妈就冷笑着说："你出去把这事摆平了，我就算你能。"

孔大叔却哈哈笑着从孔大妈怀里抱过虎子，上炕用被子围住孩子的腿说："啥事都没有我孙子重要。"孔大叔说完用胡子在虎子脸上蹭，虎子怕痒，依在爷爷怀里哈哈地笑，大家都回头看着他爷俩乐，孔大妈也高兴地说："我一看到孙子这一脸的笑，就觉得满天的乌云都散了。"杜义就趁机说："孔大妈您老撒手别管了，上炕来坐，孔大嫂嫁到我们东坪沟多少年，我还没有吃过一口她做的饭，平日光听她吹得有鼻子有眼，今日倒是要尝尝她的茶饭。"薛兰边脱外衣边说："你们听听杜义说话有没有良心，前几年春种秋收，你过来帮忙，不是我做的饭是谁做的？"杜义摇着头说:"那个不算,忙日子人累得口水都干了,见个草都想往嘴里塞,谁还能尝出饭是酸的还是甜的。"杜义说完听得满屋子人都笑起来。薛兰看今天人多也想表现得好一些,便催着让孔大妈洗了手上炕坐了。孔大妈就和孔大叔坐在一起你一言我一语逗虎子玩。孔龙、孔祥、单飞、杜义四人,迫不及待地拿出牌来玩了起来,孔齐本也想玩但又怕父亲责骂,只好坐在孔龙身后偷偷观看。没玩几把,孔齐看大哥每次把要赢的牌总是打输,急得左手搓着右手,但又不好对孔龙说什么,只是一声一声地咳着干着急。

　　薛兰十分利索,不一会把该烧的菜烧了,该炖的菜炖了,拿了盆到隔壁房里去挖面,才要出门,门里却突然进来个人,吓得薛兰叫了一声,大家忙回头一看是李老汉,便都不去理睬。孔大妈觉得过意不去,忙招呼着让李老汉坐了,又让薛兰给端了杯茶来,才对李老汉说:"刚才还说你人的,现在却来了。"李老汉红着脸说:"让大家笑话了,我心里气得很,这不才来找你们诉诉苦。"孔大妈为了给李老汉留面子,便故意说道:"光听你们在吵也不知道详细情况,你倒是说说我们也听听。"李老汉说:"今年开春买化肥我向季老头借了钱,本来是要准备还他的,谁知昨日他在别人面前说我穷得没个人样,像个讨吃,给我借钱就等于是往冰窟窿里擢。你们给我评评理,他说这话是让我还他钱还是不还?今日早起,我去问他,他却不承认。"孔大妈低头想了想说:"依我看还是给他好,再好的东西也不是你身上的肉,别舍不得。人言可畏,还是给自己留条后路的好,以后还有求人的时候,你这么一次把路走绝,乡里乡亲的都知道了,谁还敢再帮你。不管怎样,人家是借钱给你了,人们只认囫囵不认破,谁都只会向着季家说话,绝对没人同情你李老汉。是对是错,自己知道就对了,何必要去争?"李老汉却说:"可是我这口气咽不下。"孔大妈有些生气地说:"我笑你看不透,气是什么东西,你拿出来给我看看?"听得满屋子人都哄堂大笑起来,李老汉也目瞪口呆,坐在那里再不说话。单飞又趁机对李老汉说:"你借了我一袋麦种的,还记不记得?"李老汉忙回答说:"这怎么能忘,天天在院里晒着的,怕湿了拉过去亏你。"单飞说:"吃亏占便宜就一袋粮食的事,你要方便明日就拉来,再往后天冷,我懒得收拾。"李老汉忙说了几声"明日一定"的话。单飞就不再理他。李老汉只好喝着茶,又试探着问孔大叔道:"今天的孔大哥怎么没去放羊?"孔大叔更不理他,用手摸着虎子的脸说:"羞,羞,羞。"孔大妈只好对李老汉说:"今天他和桑叔换了工想歇一天。"李老汉又喝了口茶慢慢说道:"季老头还为砍树的事,在人前骂孔大哥是狼,不吃草还不让羊吃。"孔大叔听了,再也忍不住了,破口大骂道:"李云贵是狼是羊自己不知道吗?你走过的路上长不长草,你回头看看?你把我犁头拿过去就当你自己的在用吗?"李老汉忙说:"这事真给忘了。"孔大叔又骂道:"你借别人的东西都忘了,谁家有什么你都知道。现在你就给我扛去,在天黑之前要是扛不回来,我今晚就睡在你家。"李老汉再也坐不住了,答应着一溜烟似的去了。

孔大妈看李老汉走得尴尬,就对孔大叔说:"都是墙倒众人推,想要东西迟几天也不晚,偏要赶着往这火头上浇油。"孔大叔瞪着孔大妈说:"你懂什么?他这是搬救兵借刀杀人来了,他闹不过季家,想挑拨我去给他出气。他那点子诡计谁不清楚。"孔龙也回头对母亲说:"李老汉空手套白狼,只借不还。他占了便宜还不落好,只管给人穿小鞋搬是非,小算盘打得比我还好。"杜义正巧摸了把好牌,高兴得摇头晃脑地说:"看来单飞的一袋麦种是打水漂了。"单飞却说:"有那一袋粮食也不富,没它也不穷。他要想还就拉来,不想还我也不去要,就算是给红十字会作贡献了。"孔大妈赞成道:"还是单飞有涵养,会想事情。人家李老汉一个光棍汉想事肯定有些偏激,我们都体谅着些他就是了,一个人寡分分地过日子也难。乡里乡亲的明知道他是这种人,还都愿意借给他。"单飞笑着对孔大妈说:"人有时候做事很奇怪,好像帮人不全是为了别人,倒似乎是为了自己,每次看着他那副可怜样,就觉得给他不好不给更不好,最后还是给他的安心。"孔大叔接着说:"我们别再提他了,什么人有什么人的活法,李老汉这种人天生就是独鬼。我看薛兰的鸡已经做好。你们也把牌收了,我们边吃边聊该有多好。"孔大妈忙对薛兰说:"你拿两个空碗给孔刚留一份,再多留一碗,我过后给吴嫂子送去,让她也尝尝你做的鸡。"薛兰答应着说:"孔刚的我已经留着了,我再留一碗给她就是了。"孔大叔忙看着孔大妈说:"你怎么吃什么都想着她?"孔大妈回答说:"都是老姐妹,吃东西不和她分享,心里还不实落。人家在旧社会只称两斤半肉过年，做了菜还给我热腾腾地端了来。你说我吃好的能忘了她吗？"孔大叔说："你们女人就是啰唆，哪像我们男人在一起，一人一碗茶一喝就完事了。"孔大妈说："你和杜义他老子两人，今日他送你一包茶叶，明日你送他一包烟卷，你们那又算什么？"孔大叔吃了块鸡肉，慢慢嚼着说："我们这是能力范围之内的正常来往，哪有你们女人那么累。"孔大妈说："就你死有理，一辈子老黄牛也拉不回头的人，你说是白我们也跟着说是白，你说是黑我们也跟着说是黑，你就高兴了，从不体谅别人的感受。"孔大叔却得意地说："一家之主没有威信怎么行。"孔大妈也不再去和他去争论，用开水淘尽鸡块上的辣味给虎子喂肉吃。都快吃到一半时，孔大叔才突然对孔祥说："尽顾着吃肉，却忘记酒了，你快到园子里最东边的那棵榆树下，我埋了三瓶酒，你把它挖了来，我们今天就把它喝了，要不然又让杜义在背后说我小气。"孔祥忙答应着去拿了来。

  杜义看着酒笑着对孔大叔说："做了这么多好吃的已经让孔大叔破费了，想不到还有酒喝，难怪昨晚梦中你家的杨树上结了几个大苹果，圆溜溜红彤彤，想吃只是摘不到。后来又落了几个雀儿在上面喳喳叫，我怕它们啄坏果子忙捡了石子来打，但老是打不着，心中着急人就醒了。早起还想着是个好梦的，果然应在你们家树上。"单飞看着杜义说："你那是日有所思夜有所梦，再不控制小心做梦啃了自己的手指。"孔大妈也笑着说："梦着尖嘴的是有食吃，但叽叽喳喳的，怕是要犯口舌。"孔大叔看着孔大妈说："你别再扫兴，自己人坐一起不说话还不矛盾？前几日，我还梦见老鹰捉鸡，怎么白天还挨了一天的饿，也没有人说我半句不是？你们哪来这么多穷讲究，梦中的事也认真。"孔大妈笑着说："不信你等着，不是今冬就是明春，你总会遇个福祸双全的日子。"孔大叔也笑着说："你这算什么逻辑，就像算命的人一样胡说八道，非忽悠的人提心吊胆等着，有这么一天到来，才能落实你的话是真的？"杜义忙插言道："可能孔大叔的梦象大，怕要等段时间才能实现，我的梦象小今天就应了，有酒有肉还能说些牢骚话。"孔大叔笑着说："杜义这小子就跟他老子一样，得了便宜还卖乖。"孔大妈也笑着对孔大叔说："孩子们哪有你事情多，我看你最老最贪心，有了吃的还想着喝的，我看你吃了喝了还想干什么？"孔大叔说："病从口入祸从口出，管不住嘴的人多，美酒佳肴神仙都喜欢的

事，我一凡夫俗子当然也更好这一口了。"杜义刚好喝了口茶，一听孔大叔这话，撑不住喷了单飞一身，单飞吃着肉呛得喘不过气来，孔齐笑得弯腰用左手搓着大哥的背，孔龙笑得流出了眼泪，伸手还要去拿孔祥手里的酒，孔大妈也笑着对虎子说："你土老怪爷爷又在搞笑。"虎子就伸着个油脑袋，歪着脖子在每个人的脸上看了一遍说："我爹在哭。"众人接着又了笑起来。

孔大妈紧紧抱着虎子说："我这宝贝疙瘩也变成小土怪了。"孔龙也顾不上疼儿子，提着酒瓶细细看着说："老爹的这几瓶酒放得有年没日子了，今天怎么舍得拿了出来？"孔大叔说："陈酒往事老朋友贵如宝藏，哪能轻遇。今天要不是杜义的梦做得好，恐怕又难记起它。"单飞先迫不及待地尝了一口，果然酒味香醇甘甜四溢，便举着酒杯赞不绝口。杜义也尝了一口，连连点头，忙问孔大叔道："正品皇台酒我喝过，但比起孔大叔这酒来却相差甚远，也不知道您老用什么妙法把酒弄得这么好喝？"孔大叔听着越是高兴，眯着双眼看着杜义说："秘密，这是秘密。"杜义急不可耐地追问道："是不是把酒埋在地下时间久了，它就会变得好喝起来？"孔大叔却摇着头说："没那么简单，藏酒首先要选一块风水宝地挖好尺寸，埋单不埋双，口不对口，底不对底，上面盖上新鲜活土，这样酒才能借天地之灵气和万物之精华，十年后才能得此佳酿。"杜义听得目瞪口呆，揉着眼睛问孔大叔道："你看我们家菜园子里藏酒行吗？"孔大叔摇着头说："你们家园子里就一棵白杨树，剩下的不是死萝卜就是烂白菜，怎么能藏出好酒来？"单飞就看着杜义说："你嘟瑟什么？你幸运的就是秋天里做了个梦，白杨树树叶都落光了，树上还留着些红苹果。"杜义急得酒也不喝了，一连声地说："我们家园子里要藏不成酒，那可怎么办？"孔大妈笑着对杜义说："你别听你大叔神乎其神地忽悠人，他藏酒的时候我在身旁，就在榆树下胡乱挖了个坑，把酒放进去埋好，还怕人知道，在上面撒了把干土。我算算，他这酒也就是埋了五年半还不到六年，非要给你编出个十年的奥妙来。"杜义这才放心地说："那我们家园子里也可以藏酒了。"单飞却说："你们家园子里真不行。"杜义问道："为什么？"单飞说："你们家院子不安全，今天才埋了明日就让人给挖跑了，你还不如多买些酒来就埋在孔大叔家园子里，喝的时候过来一挖，这样又省事又不怕被人偷。"孔大叔也忙对杜义说:"我藏的酒你也尝过了。你明日就去买酒来,我帮你埋,在这个季节里藏的酒味道更好。"杜义故意想了想说:"埋在孔大叔家的园子里可能也不安全。"单飞忙问道:"为什么?"杜义说:"因为有孔大叔在。"单飞听出了杜义的用意,就先笑了起来。孔大叔琢磨了半天才说:"我原来是让杜义这猴儿给捉弄了。"孔大妈笑着对孔大叔说:"你活该,谁让你先想占人家孩子的便宜?"孔大叔也笑着说:"喝酒、取笑、逗乐儿,低调些也无妨,只要大家都高兴就好,要不然一个个不说话吃饱喝足了不都散了吗?"

就在别人说话这会儿工夫,孔齐已经喝了六七杯酒。孔大妈看得真切忙阻拦道:"孔齐,别喝这么多酒,像你这么大岁数根本就不该喝酒。"孔齐说:"妈,我都长这么大了,还不让我喝酒是为什么?"孔大妈说:"孩子,你应该明白,人急着长大不是一件多么好的事情,等你长大后酒有你喝烦的日子。"孔齐又啃块骨头美滋滋地说:"妈,我们什么时候才能吃香的喝辣的,天天过上好日子?"孔大妈笑着说:"好日子谁都很期待,可我们得去创造去努力才会实现,光坐着等,好日子也只是个梦想。"孔齐说:"可我就想过上这种好日子。"孔大妈说:"你就满足吧,我在你这么大的时候正是闹饥荒的年代,一年三百六十五天里,三百六十天就吃不饱肚子,要是除夕能吃顿肉,那都算是菩萨保佑了。天天有酒有肉不一定就是好日子,我们一家人平平安安就是福。"孔齐却不满地说:"妈,现在都什么年代了,你还要说这些话。"孔大妈听了生气地说:"轮到你们头上生活是过得好些了,可你也应该知足珍惜才对,怎么能说我们那个年代和你们没有一点关系?你要知道我们在那个年代里受了多少痛苦和煎熬才换来你们现在的幸福!你不信就去试试,我们那个年代离你并不远,也许就是一回头的路程,你要不好好地把握,很快你就能尝试到它。我就不信生在你们这个年代的人造化有多好,还能天天睡在家里什么事都不做,难不成炕上就能给你们生出钱来?"孔齐说:"可我也不至于惨到饿肚子的地步。"孔大妈说:"但愿如此,妈就怕你没信心落在人后。"孔齐肯定地说:"妈,不会的。"孔大妈就高兴地说:"只要你稍微争口气,妈就会为你骄傲。"孔齐忙给母亲夹了些菜,孔大妈越是喜欢地说:"想喝,等歇会再喝一两杯就成了,酒喝多了到底伤人。"

孔大叔等孔刚母子把话说完，才问杜义道："你们家的牛昨天我见还好好的，怎么今天早起就瘸了？"杜义说："昨天下午牛偷吃了猪食，让我老子一顿棒打的。"孔大叔说："你爹这毛病就不好，总是在喑哑牲口上使威风。"孔大妈侧着头，对孔大叔说："就你好，愚气上来，还不是追得鸡飞狗跳满院子跑。"孔大叔喝了杯酒看着孔大妈说："怎么我说什么你都堵？"孔大妈回答说："堵不堵你就没道理，五六十岁的人了，还干这损人利己的事。"孔大叔着急了："谁损他了？不信你问问杜义，是不是他们家的牛年年都拖着条瘸腿？"杜义说："这倒不假，我爹打牲口就是下手重。"孔大叔听了杜义这话，又得意地对孔大妈说："怎么样？我没胡说吧，小毛病谁都有可不能像他这样经常使出来用，习惯了我看是个问题。"孔大妈说："我看人家也没把牛活煮了来吃，倒是大车大马日子过得比你好。"孔大叔说："他这是眼前的富不长久……"孔大妈听老伴说到不好处，忙打断孔大叔的话说："我看你是喝多了酒，尽在这里胡说八道。杜义也在这，你就不怕孩子生气？"孔大叔却说："就因为是自己人我才开这口的。你们想想，现在我们东坪沟树砍光了还不算，这两年开荒地、捕獐子、卖鹿茸、打狐狸、套狼、吃野兔、打野鸡、放老鼠药，干什么事的人都有，什么事他老子没有参加过？"孔大妈说："那又怎么样，这也不是很正常的事吗？"孔大叔说："在你们的眼里人吃人也是正常的，砍树木灭生态、毁家园的行为比鬼子进村更可怕，你们还以为这是小事吗？"孔大妈说："大事小事在你嘴里都是天理，树木是擎天柱，砍了天要塌，我们都记住了，你别天天念叨这些不疼不痒的事好吗？"孔大叔说："难道你们不知道我们东坪沟是靠天吃饭的地方吗？"孔大妈说："靠天吃饭的地方多，不光是我们东坪沟，我就不信，这么大个地球，就我们这里少几棵树，天上就不落雨了。"孔大叔说："你以为就我们东坪沟的人爪子长吗？你走出这山沟沟到外面去看看，周围十里八乡的地方，哪个人是省油的灯！"孔大妈说："就算是你又能奈何得了谁？"孔大叔说："我奈何不了别人，但我能管住自己，我就要鸣不平，就要呐喊，就要献我这份穷心。"孔大妈看老伴有些激动，还真以为他喝多了酒，就笑着对杜义几个说："你们听听，这还没喝几杯就已经舞马长枪醉话连篇了。"杜义也笑着对孔大叔说："我也讨厌那些狼兔狐子，它们不是咬羊就是吃鸡，整天躲在庄稼地里糟蹋粮食，我看把它们灭光了还清静。"孔大叔说："有它们吃的才有人吃的，这是自然规律，也是造物主造好的。这些动物都要灭绝了，东坪沟的末日也就可能到了。"

这次大家都确定孔大叔是醉了，全都看着他笑。孔大叔也明白，再说下去也没有必要，在座的人根本就没人在意他说的事，只好悲伤地说："信不信由你们，我再活个十年八载一伸腿就走了，你们要觉得这是个一笑了之的事，就接着笑。"杜义和单飞就忙异口同声地回答说："信，我们都信。"说完忙给孔大叔加菜敬酒，把他哄高兴了。两人看天色已晚，就要告辞回去，孔大妈看吃喝得也差不多了，就对他俩说："坐不住就都散了吧，抽个时间我们还像今天一样，什么也不去计较，什么也不去牵挂，再在一起高兴一天。"孔大叔也不看孔大妈，摸着胡子说："那你还不真成神仙了？"单飞和杜义俩笑着先走了，薛兰帮孔大妈洗了碗筷，才抱着虎子一家三口人告辞去了。

第二章　恼爹娘

1

孔齐推故说是去给陈才做伴也溜出了家门,他先来到季玉家门口连吹几声口哨,季玉很快走了出来,两人相互递了眼色来到陈才家。陈才的父母果真不在,孔齐和季玉就围着陈才又比又划说了一阵,三人锁了房门乘着夜色直奔邻村去了。

第二天清晨,孔大妈醒来后算着今天是星期天,想让孔刚再多睡一会,自己就静静地躺着,不敢起身,后来实在躺不住了,就慢慢穿了衣服,下地推门一看,孔刚却早在院子里背书。孔大妈无可奈何地摇头笑着去洗了脸,准备要做饭。不料此时,杜义却慌慌张张跑了来,拽着孔大妈的手就往外跑。孔大妈也不知道发生了什么事,忙对杜义说:"你快松开手,有什么事你说清楚了再走也不迟,你这么风风火火的,我都快让你给拖倒了。"杜义还是不松手边走边对孔大妈说:"我刚才看到孔齐、季玉和陈才三个被一大群人用绳子五花大绑地捆着,看样子是要来你们家。"孔大妈一听,腿先软了,硬扶着杜义走出了院门外。

一大群人早已站在了门外,孔齐、季玉和陈才三人满脸血迹,看样子受伤不轻。孔大妈先冷静了一会,才松开杜义的手,强打起精神走到孔齐面前问道:"告诉妈到底发生了什么事?"孔齐低着头不肯回答,站在他旁边的一个邻村男子,伸手就在孔齐脸上重重打了一拳,喝着孔齐道:"还不快说出来,你们都干了些什么好事?"孔齐还是不肯回答,血慢慢从鼻孔里流了出来。孔大妈忙用衣袖给儿子擦净了脸上的鲜血，回头盯着刚才打孔齐的那个男子说："天大的事你先说出来，我们该怎么处理就怎么处理，你不要当着我的面打我的儿子。"那男子好像是抓住了孔大妈的把柄，跳着大声对周围的人说："你们听听她养了这么个孽种还有脸护着。"孔大妈心如刀绞，忍着悲愤说："他再不好也是我儿子，就是犯了滔天大罪也自然有说理的地方，我看你们打也打了骂也骂了，难道还想弄出人命？"那个男子说："我就是来看看这三个是谁家有人养没人教的孩子，要是真没人管，我就把他们拉到龙沟山里去喂狼。"男子说完又要伸手打季玉。孔大妈奋不顾身扑上去，一把推开了那男子，伸开双臂护着季玉说："这三个都是我的孩子，我决不允许你再碰他们一下，我不管你是来兴师问罪的，还是讨公道讨说法的，先把事情说清楚讲明白，他们还是些孩子，你不能占点理就想置人于死地。"杜义单飞几个年轻的也拿了家伙，站在那男子背后齐声喝道："我们不允许你在东坪沟撒野，有理说理，没理放人！"那男子看势头不妙，赶紧指着孔齐三个说："昨晚他们三人翻墙进入我家院内，偷了我家十六只鸡后还不肯罢休，顺手把我的一头牛也牵走了。幸亏我起夜时发现院门是开的，忙叫了人看了踪迹，断定是往你们东坪沟方向来了，我们十六个人紧追到你们村后湾，才抓到了他们三个。"孔大妈知道孔齐这次是闯大祸了，忙喝退了杜义一伙，转身对那男子说："这事已经发生了，我很抱歉，也许就像你说的那样，是我不好没有管教好我儿子，在这里我先给你赔不是了。"孔大妈说完跪在那男子面前。孔刚看得真切，忙跑向前要扶起母亲，孔大妈却对他说："你也跪下，替你哥哥给这位先生赔个不是。"孔刚只好也跪下。

人们顿时静了下来，邻村男子也不知道该如何是好。杜义趁机走上前对那男子说："事情发生了就得了断。我看你气也出了，这不是也给你赔了。依我看，你该饶人还得饶人，虽然这事让你受了些惊吓，但还没有造成多少经济损失。他们三个人我清楚，你就宽宏大量给他们一次改过的机会，往后他们都会记着你的好，你要是硬闹出个事来，这几家人都结了怨，以后你日子也不好过。"那男子想了想，也只能这样，便挥手领着人回去了。

孔大妈一直跪在地上，看着那群人走远，才对孔刚说："我知道，这样对他们不仁义不道德，可妈没有别的办法。"孔刚看母亲流泪哭了，忙起身扶她进了屋。单飞杜义两人也给孔齐等人松了绑看了伤势，杜义又对他们三人说了些警告安慰的话，才扶着他们进了孔齐家。

孔大叔生气地羊也不去放，话也不说，坐在炕头上狠劲地吸着烟。孔祥倒不在意，只是看了几眼孔齐，也不批评也不安慰，收拾了东西走岳父家去了。孔大妈顾不上多想，让孔齐三个洗净了脸，又煮了一锅荷包蛋来让他们吃。孔大叔赌气不吃，孔大妈也不理他，招呼着先让孩子们吃了。单飞和杜义一直在孔大妈家待到下午，看孔刚一家人气氛缓和些了，两人才告辞回去。

从此后，孔齐倒是安稳了几日，孔大叔和孔大妈也天天忙着为孔祥的婚事而筹划，就连春节也不曾过好，东借西挪，终于在婚庆前一天把一切都筹备齐全。

2

东坪沟有个习俗，谁家有喜事，乡亲们每户都要去一个人讨杯喜酒喝的，孔祥结婚这天自然也不例外。乡亲们有送彩绸布匹来的，也有提一串鞭炮来放的，也有送钱财来的，还有什么也没带就来的。孔大妈高兴地站在门口，不停地招呼着说："快往里请，今天来的都是客。"乡亲们就对孔大妈说些道喜祝福的话，都进屋里喝过了茶，挤在院子里吃着喜糖，品头论足地看着孔祥和新娘子拜天地。等庆典仪式一结束，孔龙就让杜义一伙在屋内院外，开始放桌子摆酒席，乡亲们也不客气，八人坐一桌，说着无关紧要的话吃喝起来。一直忙到下午，孔龙估摸着该招待的客人都招待了，就在堂屋里又另设了两桌酒席，让杜义等帮忙的人也来吃喝。

杜义和单飞到孔祥家来帮忙已有三天了，可看上去倒不是很累。杜义满脸笑容，对谁都嘻嘻哈哈；单飞虽不多言，但在必要的时刻能给杜义的搞笑锦上添花，逗得坐一起的年轻人都看着他俩笑。杜义趁机挑好的一顿海吃，等他酒足饭饱后，摸着油嘴看单飞刚夹了块排骨要吃，自己起身说要去给孔祥闹洞房，急得单飞吃也不是放也不是，最后只好用手拿着排骨一路吃着往孔祥新房走去。进了新房门，看黑压压挤了一屋人，杜义靠着墙边硬挤到孔祥面前,伸手揪住了孔祥的耳朵问道:"孔祥,你知不知道新房门上的对联写着什么?"孔祥被问得莫明其妙,忙回答说:"知道。"杜义说:"你说说,我听听对不对。"孔祥便说道:"一对恩爱夫妻,两个劳动模范。"杜义又问孔祥道:"这与你适合吗?"孔祥怕疼忙说:"不适合。"杜义又问道:"不适合,怎么办?"孔祥忙说:"随便你,只是先松了手。"杜义松了手,想了想说:"我看你俩口子倒像是一对撑衣架子,两个造粪机器。"孔祥刚要开口说话,杜义一口气吹灭了蜡烛,手就伸进了新娘的衣领里。孔祥慌忙掏了火柴来点亮蜡烛,杜义早抽出手和闹新房的人哄笑着散了。

当孔祥还沉寂在蜜月的幸福中沾沾自喜的时候,孔齐却失踪了,这是个谜,人们议论纷纷,有的人说他被狼吃了,也有的人说他让人给暗杀了,也有人说他离家出走了,还有人说他作孽多了,让黑白无常给收走了。

这是孔大妈第一次感到无奈、悲痛、绝望、恐惧同时向她袭来的日子,她几乎失去理智,流着泪找遍了村里村外的每个角落。孔刚也请了假,陪着父亲、大哥、二哥,还有单飞、杜义几个人四处打听,先去邻村找,后又到远方亲戚朋友家找,最后又去了趟县城,还是没能打听到孔齐的下落。

转眼半月过去了,人们该找的地方都找遍了,最后只好决定在家里等着孔齐自己回来。孔大妈每日都站在院门口张望,到晚也不肯回家。孔大叔就让儿子们把她硬抬回来。孔大妈不吃不喝也不睡觉,对着窗户整夜哭泣。孔刚看母亲这样也不敢去上学,便形影不离地陪着她。白天,母子俩就站在院门口看;晚上,母子俩就侧着耳朵听,希望有人来敲门,孔齐会奇迹般出现在他们面前。孔大叔也是焦头烂额,刚开始他想挖地三尺也要把孔齐找到,将他碎尸万段,以解心头之恨。后来看老伴天天以泪洗面,孔刚跟在后面左声娘、右声妈的,实在可怜。慢慢地,孔大叔明白了,如果孔齐不回来,全家人就永远不会快乐;如果孔齐不回来,这个家也永远不可能像从前的那个家。孔大叔甚至原谅了儿子从前的过错,更觉得孔齐的淘气和无知,是对他这个父亲的一种考验。孔大叔越想越多,想得越多,到晚上越睡不着觉。于是三口人对着漫漫长夜唉声叹气,外面每个细小的响声都能牵动他们的心。

终于有人敲门了,这是深夜二点钟,孔大妈断定是儿子孔齐回来了,

挣扎着站起身要去开门，孔刚早下了地一阵风似的跑去开了门。门外果然是孔齐，他身后还站着个女孩。孔刚也不多想，拉了三哥的手进了屋，那女孩也跟在后面。孔大妈看儿子和一个女孩一起回来，心里便一下子明白了，站在地下呆呆地看着他们，孔大叔早已怒发冲冠，下了地提着烟斗要打孔齐，孔刚忙上前死死拦住父亲。孔大叔没打到孔齐，生气地把烟斗扔在桌上，对孔大妈说："你还不快做饭，愣着干什么？"孔大妈这才回过神，忙点着头说："对对对，做饭做饭。"孔刚却拦住母亲，自己生了火，将昨天的剩菜剩饭热了。孔大叔低着头，痛快地吃了两碗，孔大妈也吃了，孔齐也吃了，那个女孩却不吃，低着头用手指不停地扣着纽扣。孔刚也不勉强，自己把剩下的一点也吃了。

　　孔大妈等孔齐放下碗筷，才试探着问孔齐道："你这段时间跑哪去了？"孔齐指着那女孩说："在她一个远方亲戚家。"孔大妈又问道："你俩一直在一起吗？"孔齐点头，算是回答了。孔大妈又问道："这个女孩子是谁家的，今年多大岁数？"孔齐回答说："邻村刘家的，和我同岁。"孔大妈想了想，又问道："是刘吉德他们哪一门子的吗？"孔齐说："和刘吉德家同姓不宗，她爷爷是刘庆国，他爹叫刘生贵，她叫刘婷。"孔大妈又问道："你们这是在交朋友闹着玩，还是怎么回事？"孔齐回答说："只是闹着玩的。"孔大妈沉着脸说："有你们这么闹着玩的吗？明天你把这女孩从哪领来的原送到哪去，看人家的娘老子知道了，还不打断你俩的腿。"那个叫刘婷的女孩低着头，走到孔齐面前问道："当初你不是发誓要和我一辈子不分开，天涯海角一起走的吗，怎么现在就反悔了？"孔齐不敢看刘婷，也不说话，只是红着脸坐在那里。孔大妈看着他俩这个样子，叹了口气说："你俩都把自己给毁了，这么小的岁数，你们知道什么叫一辈子，你们以为这是小时候过家家，蒙着眼睛摸摸就过去了吗？"刘婷却说："我才不管那么多，我现在生是你孔家的人死是你孔家的鬼。"孔大妈听了吃惊地看着刘婷问道："你了解我们家孔齐吗？"刘婷回答说："常在一起玩怎么不了解？"孔大妈忙说："傻丫头，玩和过日子是两回事，听婶子的话，你们还年轻，有好多事在等你们去做，别盲目地给自己的青春下结论，人生最美好的也就是这段时光了，你们这么稀里糊涂地就糟蹋了，以后不后悔吗？"刘婷回答说："这我不在意。"孔大妈说："你不在意可我在意，我们家孔齐吃了上顿不管下顿，你俩在一起怎么生活？"刘婷却说："我跟着他就是要饭也无怨无悔。"孔大妈又说："好孩子，说句话轻松，在往后的日子里，有很多事情都会把你今天的誓言变成空话，也许那时候你就会明白，你今天的选择和冲动是多么的荒谬。听我一句劝你还是回去吧，这不是偷偷摸摸能解决的事。"刘婷却对孔大妈说："婶子你别劝了，我虽是个女孩，可心里还是有分寸的，既然我跟孔齐出来了，还有可能再跑到娘家门上去丢人现眼吗？"孔大妈听刘婷说得坚决，自己倒是没了主意，只好看着孔大叔，希望孔大叔能有什么好办法。孔大叔却说："你看我干什么？这事本来就得从长计议，哪有你儿子把人家的闺女领出来十头半月再送回去这个理？"孔大妈就忙问孔大叔道："那依你该怎么办？"孔大叔说："该怎么办就怎么办，现在最要紧的是好好睡一觉，这段日子都熬成蛤蟆眼了。"孔大妈叹着气不说话了。孔大叔又对孔齐说："你去把你二哥叫起来，让这女娃儿和你二嫂睡去，你们三兄弟也睡去。"孔齐答应着去了。

　　孔大妈等孩子们都走了才对孔大叔说："你先别急着睡，倒是拿拿主意，这事到底该怎么办才好？"孔大叔边脱衣服边说："生米都做成熟饭了，还能有什么办法？"孔大妈又问道："你的意思是就这么定了？"孔大叔回答说："不这么着，你还想把他们再赶出家门去？"孔大妈想了想说："这女孩论长相平头整脸的，不难看，可看她那身打扮却让人瘆得慌。"孔大叔说："好的能找你儿子吗？英雄访好汉，鬼子访的王八蛋，这女孩肯定和孔齐是一路货，两人才鬼混到一起的。"孔大妈忙说："你这不是在害孩子们吗？"孔大叔说："你养的儿子你不清楚？谁家的好孩子能干这没脸的事。依我看，也就他俩一个破锣儿一个烂对头能凑一块，倒不如就随了他们的愿，让他们早些生个娃儿，身上放些负担，或许还能好些。"孔大妈又担心地问道："那你怎么给这孩子的父母交代？"孔大叔翻了个身说："我给他们交代什么？这是年轻人你情我愿的事，我自己都头痛，我哪有什么好办法给他交代？"孔大妈看孔大叔已经蒙头睡了，自己呆坐在炕上看着灯，前思后想，总觉得这事不妥，但细想想又没有别的办法，只好也熄灯睡了。

　　凑巧这天早起，单飞和杜义约了赶早去买肥料，两人才走出单飞家门

口，迎面来了一群人，个个手里拿着家伙气势汹汹的。杜义觉得奇怪，忙问单飞道："这么早，这帮人来我们东坪沟干什么？"单飞说："我看中间有几个人像上次来孔刚家闹事的人。"杜义看着单飞想了想说："不好，看样子这群人又是去孔刚家闹事的。"单飞也慌忙问杜义道："那可怎么办？"杜义说："你去叫人，我先跟着看个究竟。"杜义说完就紧跟在那群人身后，果然那群人把孔大叔家围了才敲起了门。杜义觉得情况不妙，便忙吆喝道："你们这帮人，大清早敲什么敲？"邻村人误认为杜义是孔家的人，都围着杜义说："快把你们家孔齐交出来。"杜义说："你们找他干什么？"有个男子说："少装蒜，你么家孔齐拐了我的女儿，难道你们还要耍赖，装作不知道吗？"杜义说："这一月我们都找不见孔齐的人影，什么时候又拐跑你们家女儿了？"站在那男子身旁的另一个男子说："别信他的，昨晚我明明看见孔齐和刘婷一起进了他们家，肯定是他们已经把人藏了，现在装作不知道。"杜义冷笑着说："我看你们这帮人就是故意来闹事的，以前你们村的牛丢了牛不会说话，你们说是孔齐抢了，我们就得承认，你们说是孔齐偷了，我们也得承认。现在你们的人不见了，也由你们血口喷人吗？那我们的人也失踪了，又是谁拐的谁偷的，我们又找谁要去？"邻村人却说："别听这小子的，我们先砸开门找到人再和他理论。"杜义便拦在他们面前说："就算他俩真是在一起，你们也不能这么不讲理，到底是谁拐走了谁的，我们还不清楚，不能说你们家的是女孩就有理胡闹，我们男方家就应该低声下气地忍受。"

这时院门开了，走出来的是孔大叔，邻村人马上做好了要往院里冲的准备。孔大叔看着人群问道："你们谁是刘婷的父亲。"刚才和杜义第一个对话的男子往前走了两步说："我是。"孔大叔打量着刘婷的父亲说："孩子们都在里面，请进来坐吧。"刘婷的父亲看孔大叔如此相待，自己倒是不得主意，正在犹豫时，身后的同伴们却齐声喊道："别和他啰唆，抓住他们家孔齐，我们回去。"刘婷的父亲也只好对孔大叔说："对，把你们家孔齐交出来。"孔大叔说："虽然我们家孔齐不成器，可这事一个巴掌拍不响，昨晚我看他俩一起回来，我当时气得都快咬我自己了。打孔齐刘婷护着，打刘婷孔齐又拦着，再加上他妈杀猪般嚎，换你也受不了，最后我躲进牛圈里想了一夜也没有想出个办法来，还好现在你来了，依我看这事还得你多费些心。"刘婷的父亲却说："你凭什么让我多费心?"孔大叔继续说："刘家亲戚，你说这话我可就不爱听了，首先我觉得你这个父亲当得不称职，俩孩子做了错事，你我都有不可推卸的责任，你不能耍赖把责任全推到我一个人头上，你凭什么挺着腰杆领些不相干的人，围着我的家，就要拆我的房子治我的罪？你我都是做父亲的，我们将心比心，你觉得这样对我公平吗？"刘婷的父亲一时无言对答，孔大叔又趁机向院里大声喊道："孔齐，你是自己出来认罪，还是让我来请你！"孔祥便硬把孔齐推出了门外。孔大叔指着孔齐对刘婷的父亲说："人我给你带来了，要杀要剐随你的便。只要你能把这事处理得跟没发生之前一样，我就对你感激不尽。"孔大叔说完也不看孔齐一眼，就进院门去了。

邻村人蜂拥前来捉拿孔齐，杜义一个人怎能阻挡得了，才拦住这个那个又冲过去了，把那个拉回来这个又过去了。眼看孔齐就要被擒，孔祥还站在原地无动于衷，气得杜义冲上前就在孔祥的屁股上踢了一脚说："你傻呀，还不过来搭把手。"孔祥才哆嗦着腿勉强和杜义拦在孔齐面前，孔齐吓得躲在杜义身后浑身发抖。邻村人看杜义动了手，便齐声喊道："娘的，他到先动手了，都过去给我打。"孔祥明白今天这阵势只有自己挨打的份，便索性双手抱了头蹲在地上。杜义急了找了一圈，地上连块石头也没有，忙抓了两把土就向邻村人打去。幸好此时刘婷及时赶来，提把菜刀护在杜义面前，邻村人才住了手。

刘婷父亲看到女儿激动得一时竟说不出来话。刘婷的二叔却指着刘婷骂道："你不是你爹心中的宝贝吗，怎么干出这下流事来了？我早就劝过你爹别生个麻雀当凤养，他还骂我心肠不好，今天验真了吧？你到底不是什么好东西，把我刘家祖祖辈辈的脸都让你给丢光了。"刘婷也不理二叔先给父亲跪下说："爹，女儿不孝，给您老丢脸了。"刘老抹了把泪说："婷婷，什么也不说了跟爹回家。"刘婷也流泪说："爹，女儿再怎么糊涂也不能一错再错，既然我当初选择了跟孔齐在一起，我就没打算再走回头路。如果我现在跟你回去了，我会一辈子都活在有罪恶感的阴影里。我无法面对妈妈，也无法面对这个世界。我知道你们看不起孔齐，看不起我做的一切，可它对我来说是全部。要爹爹不原谅女儿，非逼我回去，我只有一死了之。"刘婷说完，便将菜刀搭在自己的脖子上，刘老看女儿如此执

迷不悟，心中便有了打算，嘴上却说："好女儿放下刀，天大的事等回家爹给你办就是了。"刘老边说边向女儿走去，他每走近一步，刘婷握刀的手就向自己的脖子用力一次，才走了三步，只见刘婷的脖子已经流出了血，刘老怕伤了女儿性命只得含悲领人离去。

邻村人一走，孔齐忙上前夺了刘婷手中的刀查看伤势，刘婷怕羞，起身进了院门。单飞便凑到杜义身旁小声说："想不到孔齐这二百五偷偷摸摸，却拐来个烈女。"杜义没好气地说："烈你个头啊，都是事后诸葛亮，刚才怎么藏头的藏头缩尾的缩尾，半天见不着个有气的出来，我让你去叫人你却躲哪里去了？"单飞忙解释说："这么早，人不都在睡觉吗？"孔齐也瞪着杜义说："你说什么说，没有你，这事能成这样吗？"杜义更是气得跺脚，骂孔齐道："你真是个狼心狗肺的东西，刚才你为什么不放这屁，躲在我背后可怜什么？要不是我拦着人家，早倒了你这坏脑浆，还有你现在站着嘚瑟的份吗？你看人走了，你给我耀武扬威地神气神奇什么？夸你会偷、会骗、会拐？还是你不乍呼，怕别人不知道你拐个丑女来？人不说你你倒恶心起人来了，拐也拐个好的来，龇牙咧嘴就长她那样的，你再倒搭头牛看我要不要……"单飞忙拉了杜义边走边说："你小声些，别让老人听见了不好。"杜义还不依不饶地骂道："怕什么？谁又不是他家花钱雇来的，一年四季白出力还要受这白眼狼的气。"单飞忙拉着杜义一路小跑去了。

孔大妈听外面吵得厉害，扶着孔刚要去看个究竟。孔大叔却死死拦着说："今天你们谁也别掺和这事，我保证孔齐不会少根毫毛。"孔大妈半信半疑，靠着门好不容易等到刘婷回来，却见她脖子在流血。孔大妈忙拉过刘婷看着伤势问道："我的天呀，这都割二寸长个口子，是谁干的？"还不等刘婷开口，孔大叔忙回答说："是我教这孩子用的苦肉计，要不这事能这么快就平息吗？"孔大妈瞪着孔大叔说："也就你能想出这阴招来，我看今天那些人要是来硬的，这孩子的命就丧在你手上了。"孔大叔忙说："不会的，我看他老子慈眉善目的，不像恶人，我才这么做的。"孔大妈还是生气地说："他爹是不是好人我不知道，可这次你是坏透了，你为什么不把刀夹在你自个的脖子上玩这把戏？"孔大叔说："我这也是被逼无奈，如果我把刀夹在脖子上能让他爹走的话，别说是划个二寸长的口，就是割断了喉咙系我也愿意，问题这不好使，他爹和我没感情，人家不吃这套。这事只有刘婷才能让她爹为难，换谁都白搭……"孔大妈听得不耐烦了，一把推开孔大叔对孔刚说："你去外面叫你三哥回来，让他领刘婷去看医生。"孔刚出院门叫孔齐回来，孔大妈便让孔齐领着刘婷去了诊所。

  吃过早饭孔大叔看老伴还是闷闷不乐，只得搭讪着对孔大妈说："都快过端午节了，就落两场雨，看来今年的麦种又埋稠了。"孔大妈还是低着头纳鞋底，孔刚忙对父亲说："我看后坡地里的豌豆苗长势还好，胖乎乎的，都快勾手了。"孔大妈只得对孔刚说："前两年雨水广的时候，到这节儿苗地里藏只鸡都看不到，秋天随便扯起个秧儿来一数，都结七八层角儿。去年说是收成好，我数过最多的也就结四五层。"孔大叔叹着气说："今非昔比呀，山里有几口泉都干涸了。"孔大妈就盯着孔大叔看了一眼说："提什么你都在行，这么能的人年年蹲到地头上后悔什么？"孔大叔忙说："这不和老天爷在赌吗，往后这两月要雨水多，我这不是蒙对了吗？"孔大妈说："你还等什么及时雨，现在天气摆明了要一年比一年旱，这事王二麻子都比你清楚，人家地里那苗子不稠不稀均均匀匀，哪年收成不是比我家好，你干什么事情除了蒙还会干什么？"孔大叔听了有些不满，梗着脖子说："王二麻子算得准，怎么年年碾小麦往雨里泡？"孔大妈放下鞋底说："还犟？往年雨多人家播种播得稠，你却播得稀，你的收成就不如人家，这两年天旱人家都播稀了，你偏又往稠里夯，你的收成又不如人家，这难道不是事实吗？"

  孔刚怕父母意见不同要吵架，忙插言道："我们这里的喜鹊都飞绝了，这几日外面的人都在议论这事。"孔大叔夫妇吃惊地看着儿子说："我们都忙得没注意这些事情。"孔刚说："这是真的，我留心观察了一阵子，确实没有看到有喜鹊在飞。"孔大妈问道："光是我们村吗？还是别的地方也一样？"孔刚回答说："我问过很多同学，他们那里也是这种情况。就连学校那棵大杨树上住着的那对喜鹊，现在也看不到了。以前每天早上，我们在树下背书，雀儿们都在枝头喳喳闹，有些同学嫌烦就提着弹弓打，现在没有了喜鹊，一下课谁都要跑去树下看一眼，盼着那对喜鹊再飞回来。"孔大妈说："鸡飞蛋打是人们常干的事，就像胡二嫂上次遇见我，摸着腰，咧着嘴，干巴巴地说，还是以前好啊！到处绿葱葱的，天热

了在哪干活都不怕，提个大西瓜靠着树一剁一吃，再舒舒服服睡一觉起来，又精精神神干活去了。现在热死也没个歇凉处。昨天，她在东岭地里锄草，中午天热想靠着土壕歇一歇，谁知一躺下就迷糊了，一觉醒来腰疼得动不了。我就故意对她说，不是她家还堆着好多木头吗？让胡二哥给她做个纳凉车，她走哪一拉，天热了往里一躺，多受用！她说我别挖苦她了，其实他们辛辛苦苦收拾来的那些棒棒棍棍算得了什么。我说她就知足吧，她已经是我们村的首富了，还想怎样才高兴？她却扭着老腰说，她家这样也算富的话，那杜义家就是暴发户了。我说，杜义家虽也好，但家口大负担多，没有她自在。她就站着给我抖了一身的笑，临走时我还好心劝她，自己身体要紧，树没有了可以再栽，人没有了可就真的什么都没有了。谁知事后她就在人面前说我嫉妒她，你们说我嫉妒她干什么？谁家还不一天吃三顿土豆拌面条，好不好现在瘫倒了，见个人进去嚎眼抹泪地诉苦，佛倒了再拜有用吗？就是再有十车木头，她也笑不出来了。人到底要心好，胡话说得再好，报应来了，还得把吐沫星儿添掉。"孔大叔听孔大妈说完才语重心长地说："依我看，喜鹊飞绝可不是什么好兆头。"孔大妈说："你再别神道了，还不是这阵子谁家都放老鼠药给闹的，说不定等到冬天又都飞回来了。"孔大叔说："我看这事不简单，祖上三代也没听说过喜鹊会挪窝的……"孔大妈直接打断孔大叔的话说："你别在杞人忧天了，还是想想我们自己家的事该怎么处理吧。"孔大叔忙问道："我们家还有什么事要处理？"孔大妈指着孔齐和刘婷说："这俩孩子的事就这么定了吗？"孔大叔说："不这么着你还想咋的？等会你过去把对面那间屋子收拾出来，让他俩一住这事就完了，难道你还想天天往这事上费劲吗？"孔大妈却说："谁愿意谁弄去，说什么这事我是不插手。"孔大叔也不理老伴，领着孔祥几个小的收拾房间去了。

$\mathcal{S}$

从此后刘婷对孔大妈怀恨在心，设法串通了孔祥媳妇杨秀，两人隔三差五地把孔家闹得人不自安、鸡犬不宁。孔大叔这才后悔当初不该草率成全此事，每逢闹得凶了，便提把铁锹躲到自家树园里暗自懊丧。没料想，刚到年近岁逼腊月二十九这天，刘婷提着上吊绳，杨秀拿着亡命刀，打滚撒泼逼着婆婆给她们分家另过。孔大妈早已被闹得焦头烂额，也不多想就点头答应了她们。

刘婷急着抢了骡子，杨秀便牵了牛，刘婷霸了猪，杨秀又占了鸡。刘婷舀面，杨秀装粮。孔祥孔齐也不闲着，请了证人冒着风雪去田地里，将所有好土地都做了标记，占为己有。四个人疯了般忙到半夜，只给孔大妈留下一袋粮半袋面，就连锅碗瓢盆也不曾给孔大妈多剩一个，就这样四人还不肯罢休，提着斧子想连夜把树园里的木头也砍了来。孔刚实在看不下去了，便拦着两位哥哥，说："你们好自为之吧，大半夜的就算你们把那些树木全砍来，又能解决你们多少难题？两位嫂嫂都有孕在身，你们就不怕在雪地里摔着碰着？"孔祥兄弟俩才领着媳妇各自回屋去了。

孔大妈早已万念俱灰，坐在炕上呆若木鸡，孔大叔很想劝劝老伴的，可又不知道该从何说起，越觉得心中烦恼，只得掏出烟斗借此消愁。孔刚也一言不发，一家三口人默默坐到除夕早晨。听见有人敲门，孔刚才起身开了门，进来的是杜义母亲和吴婶，孔大妈一看是两位老姐妹便不由泪如雨下。杜义妈忙上前拉着孔大妈的手说："老姐姐，什么也不说了，我们都知道了，这不都过来看你了吗？"

紧接着，杜义在院里叫孔刚，孔刚答应着出去了。杜义妈又接着说："杜义、单飞，还有他老子也都过来了，老吴嫂给你装了五袋小麦、两袋面粉，还抓了四只鸡。单飞他老子也给你装了两袋小麦，还把他们家的小黄牛也给你拉来了，单飞提了个大羊腿，我也给你挑了三只母羊来，让孔大叔喂着慢慢赢去，另外杜义老子又给你装了几袋麦子，抓了三只鸡，剁了半拉猪肉，也给你拉来了。我们大伙都商量好了，今年就在你家过年。"孔大妈哭着说："家门不幸，惊动各位不得安宁，这已经是我的过错了，我哪里还敢再承望让你们如此破费。"吴婶说："我们患难之交的姐妹，又不是外人，好的拿不出来，这豌豆、麦儿还有的是，你就放心收下吧，谁也欠不着谁的，集体时候日子那么难，你都能省一把给我们俩糊口，难道现在我们还能让你饿着？"杜义妈也说："吴嫂说得对，这都是人心换人心的事，你不接受我们的帮助，我们心里也不痛快。"孔大妈又哭着说："我教子无方已经有愧于天地了，哪里有脸再让姐妹们如此费心！"吴婶说:"儿大不由娘的事,这有什么愧不愧的,谁家的儿子不都是忘恩负义的,这东坪沟里哪个做父母的吃过儿子们热腾腾的一口饭?还不都是自己倒腾着过吗?早几年,谁都夸着秦棋孝顺,可最后还不是和他老子划地为界,院中央砌了道墙,父子俩反目成仇了吗?"孔大妈又哭着说:"我不指望吃他们的饭,也不和他们计较,我只盼着他们能懂事些,心里也没这么难受,可就是没人能知道我这苦。"杜义妈擦着孔大妈脸上泪水,说:"老姐姐振作些,你听外面人家都放鞭炮了,我们也赶紧准备准备,再大的事也不能挡到年这边。"吴婶也忙说:"对,对,对,今天我主厨,做几道拿手菜让你们尝尝我的手艺。早起本想还带两只宰好的鸡过来,后来你们催得紧,也没有顾上。我让老头子正在收拾,谁去到我家跑一趟,把鸡拿了来,我先把它炖了。"杜义妈忙说:"杜义去吧,让孔刚歇着,最可怜的也就这孩子了,这么好个人我们都没有善待他。"孔大妈又哭着说:"可不是,要不是有他,我死的心都有了。"吴婶听着忙往地上呸呸呸吐了三口说:"大过年的不说吉利话,晚上让孩子们多放几串鞭炮炸炸这晦气。"杜义就高兴地说:"要不我现在就放去?"杜义母亲便对他说:"不是让你去取鸡吗?怎么说了半天你都不动弹?"杜义就对母亲说:"我刚忙完,屁股还没有坐热,你们就又使唤上了。"杜义母亲就瞪着他说:"来,你上炕来坐着我拿去,还天天把你闲得谋不住了,吃得肥头大耳朵的,人不使就不知道主动干会活。"单飞也忙对杜义说:"你赶紧去拿了来,我们三人去贴对联。"杜义这才望着母亲笑了笑,磨蹭着去了。

  吴婶看单飞父亲不说话,也不上炕坐在椅子上,只是默默喝茶,便转身笑着对杜义妈说:"你看单飞他老子,也学年轻人装秀气了,不声不响,倒让人不习惯。"单飞父亲就看着吴婶半天,突然说:"没什么好说的,一切尽在不言中。"孔大叔听着先笑起来,杜义妈也笑着对单飞父亲说:"你也上炕来坐吧,知道你们老哥俩都好那口,袋子里我装了两瓶酒,你们要坐不住就先拿出来喝。"孔大叔招呼着让单飞老子也上炕坐了,孔刚忙给两位老人换了热茶,便看着父亲问道:"爹,酒我先给你们温热吗?"孔大叔说:"你别听你婶子的,这么早谁喝酒。"孔刚又给其他人也挨着换了热茶。

  杜义妈看孔刚还穿着去年那件旧棉衣,便回头问孔大妈道:"也没有给孩子买件新衣服吗？"孔大妈说："闹得都快要人命了，谁还能顾上他。"杜义妈又回头看着孔刚道："你哥嫂这么闹着你不在意吗？"孔刚回答说："我当然也有想法，可我又能对自己的哥哥说什么？"杜义妈又说："你哥嫂抢东西，你怎么不拦着，你知不知道他们拿的东西有一半是属于你的？"孔刚忙说："我不在乎，只要母亲愿意，我就愿意，只要他们能心安，我就能承受。他们糊涂，我不能跟着糊涂，他们可以毁了这个家，但我却不能。"杜义妈感动地看着孔大妈说："你这儿子真正体贴人心。"孔大妈又流着泪说："可别的也是我儿子，也是我心头上的肉。"孔大叔瞪着孔大妈说："别尽哭丧那些没用的，十个手指还不一般齐的，你儿子要个个都是大拇指，那你还不成孟母了，自己做事就不靠谱，好一阵歹一阵，还怨儿子们不争气！"孔大妈抹了把眼泪对孔大叔说："你是父亲，教儿育女就该是你的责任，你怎么能全怪我？"孔大叔说："我管他们你能愿意吗？他们个个都是你心中的宝，打这个你拦着，骂那个你护着，现在给你献黄脸了，你倒往我头上推。"吴婶笑着说："你俩别吵了也别后悔，我作证你们年轻的时候都尽力了，现在我们都是一大把年纪的人了，回头看人生当然是另一回事。依我说，儿女们成器的就是成器的，不好的你就是割块肉下来他也是馊的。"杜义妈也说："讨论好啊！讨论问题就说明有责任心，依我看，孩子们该管的还得管，该严惩的还得严惩，要不然他们的心就跟野草一般，风东吹东走了，风西吹西跑了。"单飞父亲也笑着说："养儿女就得费心，你进不到土里就得为他们伤脑筋。小时候他哭了你得哄，他笑了，你还不能哭，他不哭不笑了，你还得想是为什么。长大了，你想看他笑一个，比登天还难，整天拉个脸不冷不热，好像做父母的对他们有亏欠。"孔大叔说："可不是操心大，早知道这样还不如不生好。"单飞父亲说："孔大哥这话就离谱了，每个孩子都是上帝赐给父母的咏心经，只有慢慢学着一天天去读懂他。哪个做父母的要想学别人家的育儿经，可见他是多么的愚昧，每个孩子都有自己的本性，养五个孩子就得学会五种应对方法。有疼一些就懂爱的孩子，也有严一点管好的孩子，也有不管就能自学成才的孩子。还有一种孩子，父母还没有了解他，他就已经懂父母的心了。这种孩子身上有天赋，等他长大了不管干什么都是天下最棒的。"吴婶听了忙说："你们听听他一个大老爷们，竟然能把养儿育女的方法说得头头是道，看来他这辈子真是费心了。"单飞父亲笑着说："我也是生活所迫，不得已才拿鸡毛当令箭的，哪像你们爹是爹妈是妈的，相互有个依靠。"吴婶说："你这已经让我自愧不如了，正因为我们比你多个伴才有了依赖，一个推一个没人把心往孩子们身上放。"单飞父亲忙说："其实这些想法，我也是最近这两年才总结出来的，年轻时候还不是和你们一样缺吃少穿的，谁还把心往孩子身上放？"吴婶指着单飞说："这孩子已经很优秀了，你难道想把他培养成岳飞才满足吗？"单飞父亲说："他要能顶半个岳飞，我也不想这些事了，他越大，我就觉得他毛病越多。现在都快成家立业的人了，有了钱还不会计划着用，大手大脚，装多少挥霍多少，哪有他过好的日子。还有他这争强好胜的性格，就能影响掉他半个人生，再就是他这见人不哼不哈没礼貌的行为，也就把他那剩下的另一半人生给糟践了……"杜义妈忙抢着对单飞父亲说："你快别说了，你再说下去，我就觉得我们家杜义浑身上下都没有好处了。"孔刚就盯着单飞只是笑，单飞红着脸说："我们还是去杜义家贴对联吧。"单飞说完拉着孔刚的手去杜义家了。孔大叔看两个孩子都走了，忙对单飞父亲说："你少说两句吧，孩子们都听不耐烦走了。"单飞父亲说："听了是他们的福气，不听我还不想费这口舌，让他们鼻子里钻点烟，那时候说什么他也听着是好的。"

　　吴婶先将杜义家拿来的猪肉剔了骨，割了块五花肉提着对孔大妈说："这种肉烧了来吃最好，要不等会你教我做红烧肉吧。"孔大妈看了一眼说："烧着吃这些肉少了，你再割一块下来，我这就下炕教你做。"吴婶高兴地说："你也该下地散散心了，别老锁个眉头，坐久了对身体不好。"孔大妈答应着下了地，杜义母亲也跟着下了地，两人刚穿好鞋子，却见虎子穿着身新衣服慢慢走了进来。孔大妈忙上前抱着孩子说："我的宝贝，这么冷的天，你怎么一个人来了？"虎子用手擦了把鼻涕说："我爹让我来……"之后就不吭声了，杜义妈忙从袋子里抓了些瓜子糖塞到虎子口袋里，哄着问虎子道："你爹让你来干什么？"虎子低着头，想了想说："让爷爷奶奶去吃年夜饭。"杜义妈就揪着虎子的红脸蛋说："你爹也真行，请爷爷奶奶吃顿年夜饭还使个你来。"孔大妈拿毛巾给虎子擦着脸说："你吴奶奶要做好多好吃的，你也在我们家陪爷爷奶奶一起过年吧，到晚上让你叔叔们领你去放鞭炮。"虎子高兴地答应了。吴婶也过来摸了把虎子的头，对孔大妈说："你还是上炕哄你孙子开心吧，等做红烧肉的时候，你教我做就是了。"孔大妈说："你就把肉切成五寸长的块煮了，等煮到七八成熟时捞出，再将铁锅烧红把猪皮烫黄，洗干净切成块再放入锅中，将肥油煎出，再在锅内放油加白糖，制成糖色，放入肉块，拨拉两下，放一两个草果、五六个八角、两段桂皮，扔几片生姜，炒到肉入色，加盐加水，炖到肉烂出成色时，放点青椒块、葱节儿、蒜苗儿、味精一收汁，这菜就做成了。想吃辣味的多扔把辣皮子，不想吃辣味，不放辣子也行。"吴婶说："这大概方法我也知道，可我每次做出来的红烧肉，不是发甜就是后味苦，吃着总不香。去年春节，老头子在你们家吃了你做的红烧肉，回去给我说好吃得不得了，第二天我也给他做了些来吃，谁知他只尝了一口头就摇得跟拨浪鼓一样，说我糟蹋了肉，还不如水煮了蘸点蒜汁吃。"孔大妈说："甜是你放多了糖，要不就是糖没化，苦是你又把糖色炒过火了，这菜你不掌握火候一辈子也别想做好。"吴婶说："所以要你今天就要好好教教我。"孔大妈说："一次两次你也学不会，老都老了的人，还学这干什么？我们东坪沟的人除了年头节下，谁家还天天吃肉。"吴婶说："你今天给我教了，我这一正月三天两头就做着吃，实在不行我就烧土豆。我还不信我学不会。"孔大妈说："你不烦你就学，放着你那么年轻能干的儿媳妇不使唤，你自己折腾个什么劲。"吴婶说："现在的年轻人，你知道吗？不找你的麻烦就是万幸了，哪里还敢对他们有指望，我还是自力更生得好，谁还猪闲狗不爱地等着吃她那口下眼子饭。"孔大妈说："你快别鸡蛋里挑刺了，你那儿媳妇要嫌不好，东坪沟就没有好媳妇了。"吴婶说："一个锅里不搅勺子你不知道别人的脾气，你别看我们家儿媳妇在人前装得有模有样，其实她心里是怎么想的，我清楚。今年夏天，我身上有几日不舒服，她那脸就吊得比苦瓜还长，吃顿饭摔碟子掼碗给我看。之后，又给陆六媳妇说，要和我誓不两立。我就想着再不好我也是你的长辈，又没和你结深仇大恨，何必要说这话。想养活了，是你的孝心，不养活了我也是阎王就收的人，我畏惧什么？谁没有老的一天，我就看她们一辈子刚刚强强活下去。"孔大妈说："你那是掉进蜜罐甜腻了，我们家的这些母老虎好，你来尝尝。"

这时，杜义妈开了碗柜要拿盘子来用，柜子却只放着三个碗，忙问孔大妈道："你那么多盘子碗都哪去了？"孔大妈叹了口气说："让他们全拿光了。"杜义妈气得用力关了柜子门说："实在太过分了，眼小的连几个盘子碗都稀罕，他们拿的时候你怎么不照脸儿给他们一人扣一碗，我就不信儿媳妇不讲理是外人，儿子们也反天了？"孔大妈低着头不吭声。吴婶接着说："儿子媳妇还不是鼻通一气商量好的，女人出来闹，男人避事堂儿里一坐装好人，儿子们要是有孝心，她们女人敢母老虎一样凶吗？"单飞父亲忙说："你们别再凑事了，这事要落到你们头上，你们也是干瞪眼，缺盘子差碗，等会让单飞拿去。"孔大叔说："不怕你们笑话，他们连土豆蛋子也没给我多留几个，我昨天气得后心都胀了，提铁锹想拍死两个的，可孔刚拦着求我不让伤害他两个哥哥，他说别把不好的事都看成是灾难，也许是非里有情义，错误是人一时的无知和冲动交织而成的。谁都有良心是好是坏让他们自己感受去，只要他们觉得能过去，我们也无所谓。总有一天，谁都会明白是是非非的。最后他还给我讲，我是父亲，也是他们的根，枝叶可以摇摆，根却不能动摇。事后我也想了，还是小儿子说得对，我是他们的父亲，也是他们的根，我得支撑着他们去感受阳光，感受风风雨雨，我得容纳他们的对对错错……"

门外响起了噼里啪啦的鞭炮声，杜义、单飞、孔刚三人已经贴完对联回来了，一进门，杜义就笑着说："柴虎哥又出洋相了。"杜义母亲就瞪着杜义说："就你话多，大过年的人家又怎么出洋相了。"杜义说："他把'勤饲养六畜兴旺，多积肥五谷丰登'的对联，贴到院门上去了。"杜义妈说："他就是把对联贴到哪，都是让人看的，谁家不是盼着米面满箱、牛羊满圈？难道非要把这对联贴到圈门上，才能堵上你的嘴吗？让你去拿鸡你非要磨上半日，利索人去趟县城都回来了。"吴婶也笑着说："人不识几个字活着也难，柴虎一年四季也够让人可笑的。记得是去年开春，咱村来了辆豌豆换麦种的车，这柴虎第一个知道的，他看麦种好，怕别人先换到，就把换种的人先叫到他家门上去了，谁知道做买卖的没诚信，用四袋麦种换了柴虎的十五袋豌豆。事后柴虎总觉得不对劲，就忙到我家找老头子帮他算算，不料一算竟错了不少，柴虎的十袋豌豆让人给骗走了，老头子忙和柴虎追出来找人，做生意的早开车翻岭跑了，把个柴虎气得跺着脚说：'这不是我们家的破豆豆换了人家的金种种了吗？'老头子没办法还蹲着劝了他半天。"

孔大叔却突然急着下了炕说："你们慢慢聊，我得去给先人们烧张纸。"孔大妈忙说："你再等等吴嫂子做好菜，你各样端些了去，大过年的空拃白手怎么好意思。"孔大叔不听，倒了半壶酒，拿了烧纸，边往外走边说："我不信后人们不烧，我也就罢了，祖宗们再看不到我的苦处，这人就难活了。"孔大妈看孔大叔还是走了，便对吴婶和杜义母亲说："就这么个人，拿他没办法，你说一，他偏说二，你说东，他就往西，从来就没听过我一句话。"吴婶说："他去你就让他去，给先人们烧个纸，也就是个心意，拿再多的好吃的不也喂狗了吗？"

单飞父亲想想了对孔大妈说："南湾新开的荒地虽好，孔大哥可能不愿意种，明年我就把边墙根的自留地给你们。"还不等孔大妈开口，吴婶又接着说："我也早想好了，河边那块水地给你。"杜义妈也说："我阴坡上的那块地也分一半给你。"孔大妈忙说："你们给多了也没人种，杜义家的那块地离家近些，我就要了。"单飞父亲说："你在别推辞谁家的都收下，要是怕忙不过来，春种秋收还让单飞和杜义两人过来帮忙。我看这事就这么定了，你再不把我们的好心当回事我们坐着就没意思了。"孔大妈想了想说："那我就暂且收下，等孔刚再大些让他给你们还这个情意吧。"杜义妈笑着说："啥情意不情意的，你这分明是不拿我们当姐妹，吃大锅饭的时候谁有一口吃的先拿来一起分着吃，谁也没想过谁占便宜谁吃亏的。怎么现在能吃饱肚子倒在乎起情义了，人是不是生活越好就计较得越多？"吴婶也说："可不是，现在的人没以前想得开了，你看那刘七哥在生产队管账的时候一碗水端得多平，谁是谁的，一分一厘都写得清清楚楚，谁家有事他是第一个忙前忙后来帮忙的人，那时候谁都夸他是活雷锋、活榜样，自从分给个人，他咋就变了样？你要是向他张个口，他就坐着左思右想拿主意，等到借钱的都想走人了，他就来句'下次吧'，就完事了。胡德小两口儿打架把媳妇的头打破了，刘七哥在家听得清清楚楚，就是没去拦一把。你们说说这让人怎么想？为什么说变就变了，也不知道是想得多了，还是怕得多了？总而言之，现在的人都不往一条路上想事了。"杜义妈又说："依我看，还是现在的人太看重钱了，和别人都比较

着过上了。我外甥女在省城工作，你们是知道的，去年她有心接我去了趟省城。她那家里收拾得明明亮亮，让我这个乡下老婆子觉得就没个地方落屁股。她一天就上八小时班，一进门就喊累，给我说外面的公交车有多挤，空气污染有多严重，我问她上班很辛苦吗？她说就是看看报纸、喝喝茶、接接电话，偶尔也出去一趟。我一听这不就是神仙过的日子吗，还埋怨什么？她又给我诉苦说现在能挣到钱了，物价却涨了，同事们都提干换新房开私车了，可她还是丝毫未能如愿，所以她干什么都没有信心，干什么都提不起劲来。我就劝她房子已经够宽敞了，如果少摆些家具电器，在我们乡下都可以当小电影院了。车子没有，不是刚好可以环保吗？坐公交车多好，花个几毛一块的，人家就把你拉到地方了，你既不担风险又省事，自己开车要有个闪失那该怎么办？她却说有保险公司怕什么，我无语了。后来，她休息领我去了趟五泉山，说等第二天还要去白塔山的，我是死活不去了，不是风景不好，而是我受不了人家那排场，走到哪都要撕张票，我问她要这玩意干什么？她说拿去报销。我的天呀，你说你几千几百的，费这劲也行，吃碗牛肉面你也撕张票，你不累我累，我这么大老远来了，你拿公款糊弄我。我是来来回回一共六天，在回家的路上我就总结了，像她那样的别说是提干，保住不丢饭碗已经是她的运气好。你们说她一个名牌大学生，放着好好的安心日子不过，你跟别人攀比什么？比来比去把自己的心都比穷了，还怎么安心过日子？人真是活不老经不了，再活下去，我看狗都能上供桌了。"孔大妈笑着说："人家再差劲也比我现在一无所有的强，在这改革开放的时代里，谁不想先富起来那是他脑子有问题，只要是不犯错误，谁都有权利去追求美好的未来。我要是在年轻个十岁八岁，我也要轰轰烈烈地干一场，我就不信奋斗个五七八年还弄不出个一二三来。只可惜我这把老骨头是心有而力不足，就是真有个好机会给我，也是白可惜一场。不过我不后悔，受不动苦，还可以享几天福。虽然我现在身老祸逼，但我还是赞成大力发展的，因为有发展才有前途，竞争和自私是这个年代将要付出的代价，这是每个人都要面临的问题，所以人与人之间有比较、有计较是难免的事。你们先别急着说别人，也许以后我们三个死老婆子，都会变成这世上最让人受不了的人。"杜义妈笑着说："不会的，我们就是放开手脚，也没那个条件，我还不是怕你不愉快，才搜肠刮肚地逗你开心。"还不等母亲开口，孔刚就急着说："我听着妈妈和二位婶子都说得有道理，现在人们都在忙于发展忽略了很多东西，甚至忽略了发展的真正目的，特色不过是戴在美好头上的帽子，到底什么是美什么是好，却没有人去想过。发展是我们中国每个公民最伟大、最严肃的事业，但发展并不是光富起来这么简单，如果发展和贪婪的欲望一同进行，这将会给人类带来毁灭性的灾难。"孔大妈说："你这不是和我们唱反调吗？我们发展不是为了富，还能为什么？"孔刚笑着说："经济虽然是发展的主要命脉，但发展的目地不是钱，而是人本身。发展对每个人而言都是种使命，都是机遇，也是考验。能不能有真的好的发展，还得靠我们每一个人去观察、去努力、去创造才能实现。发展是个大智慧，它不允许人再用庸俗的目光看问题，每个人再不能等着国家富起来再去沾光，政府也不能等着人民富起来去搜刮些油水，发展应该面向世界、面向未来、面向全方位，这里面包含着人文、生态、资源、环境等问题。我们东坪沟的人已经给自己的发展画上了句号，伐木、开荒、灭生态，虽然给现在的我们带来了些暂时的财富，但这些钱很快就被时代的浪潮所吞没。接下来等我们的将是一个更贫穷、更恐惧、更无奈的世界，我们再也无法活得心安理得，我们再也无法和社会和谐相处，留给我们的只会是悔恨和内疚……"孔大妈不等孔刚说完忙递着眼色对他说："你这孩子，别尽说些文话来吓唬人，我们庄稼人只要有土地在，春种秋收哪里还有吃不饱肚子的事情，我看你是读书读昏头了，尽搬些歪道理来胡。我们在座的人，哪个吃掉的盐不比你走过的路多，看世道论人情的事，还用你教我们吗？"吴婶也笑着对孔刚说："还是你妈说得对，我们普通老百姓好也好不到哪去，赖也赖不到哪去。不管他三七二十一，我们都随众，鸭子过去鹅过去，孙子过去爷过去。只要别人能进一步，我们也落不了半步。"单飞父亲忙说："我们都别提这事了，等孔刚老子回来听见又不自在了。"大家便不再提这事了。

等孔大叔回来吴婶已经做好了饭菜，三家人坐在一起边吃边拉着家常一直聊到深夜，单飞杜义孔刚三人又领着虎子放了鞭炮才散去。

初一，杜义赶早过来请孔大叔，三人去他家乐了一天，初二单飞又来请，初三这天孔大叔家的春节就算是过完了。

1

谁知天不开眼这年东坪沟遭天旱。秋收时麦高不过尺无法下镰，人们只好跪地里双手扯拔，孔刚看父母年迈体弱更是艰难，只得又在学校告了假同父母一起下地抢收。不料三日后，孔刚双手血泡疼痛难忍，孔大妈将一件旧衣服撕成布条，让他裹在手上，孔刚忍着疼痛奋力抢收，好在种的地少，不过二十天就收割已尽。孔刚又过去给杜义单飞两家各帮了两天忙才去了学校。

这晚，东坪沟的乡亲们还深睡在疲倦的梦里，外面却下起了倾盆大雨，第二天早起河流山谷遍地洪水，人们只得冒雨抗洪，无奈水势凶猛，人们顾得了家园，却救不了田地，许多平地都被洪水淹没，山坡上田地里也被冲得沟沟坎坎。本来就很不景气的农作物，又被洪水冲去了一大半。从村北到南湾一带又整体滑坡，严重处竟出现了两百米的悬崖，幸无村民伤亡。乡亲们好不容易等到雨过天晴，都聚集在悬崖边怨天怨地讨论了几日后，顺着地势修了条勉强能通车马的便道，都各自忙各自地去了。

这年，东坪沟的村民们几乎颗粒无收，人们内心充满了前所未有的恐惧，一入冬，又结伙去到后山偷伐树木，但路途遥远搬运艰辛，人们伐来的树木，也只能换些微薄的收入。孔大妈家更是艰难，还不到腊月就已经米面全无。还好，吴婶、单飞和杜义三家还有往年的存粮，又给孔大妈拉来了些粮米面粉。孔大妈家才勉强度过这个冬天。

三月，东坪沟来了位找建筑工人的老板，此人个头不高上下浑圆，油头油脑。很快杜义就给他起了个绰号叫"三寸钉"。三寸钉给乡亲们的承诺是包车费管吃住，上不上班每月都有二百四十元的工资，还可以提前预借一月工资留在家里，这是天上掉馅饼的好事，顿时在东坪沟吵得沸沸扬扬，乡亲们相互讨论着，互相询问着，可谁也拿不定主意。这事对他们来说毕竟是第一次，人们既向往又担心，很快就有人对这事产生了质疑。他们都坚信，好运不会在平凡人身上降临，他们也坚信出门一里，总不如在屋里，别人的金窝银窝都不如自家的狗窝，甚至还有人认为离家出外务工就是冒险，也有一小部分人却认为出外务工是另一条出路，就算不挣钱也可以去看一看外面的世界，于是很快就有十五个人愿意报名参加，其中就有杜义、单飞和孔龙。

这些日子，家里的处境让孔刚内心很矛盾，他想好好上学，但他更想让自己的父母脱离贫穷，从此不再那么艰难地活着。因此他也无心学习，满脑子都想着怎样才能有钱，怎样才能让自己的父母过上好日子。星期六放学回家，他听到有人来村里招工的消息后更是心烦意乱，他该怎么办，他该怎么办？

孔大妈看孔刚这星期学习不似往常紧张，还以为他作业不多，也没有在意，把些积攒了的鸡蛋卖了，让孔刚去镇上买些盐醋来，另外又多给了他一元钱，让他拿着零花。孔刚哪里舍得花这一元钱，到镇上买了盐醋，又在地摊上给父母每人买了双袜子带回家。

孔刚回到家中，孔大妈一看儿子买了两双袜子回来，心中便明白是怎么回事，一把将孔刚拢在怀中说："我的儿，你说你干的这叫什么事，一星期我总共就给你这一元零花钱，你还要给我们买双袜子来，难道妈这双臭脚还比你的命值钱吗？你这不是成心不让妈活了！"孔刚笑着安慰母亲道："妈，你就放心吧，我用的纸儿、笔儿都有，学校的食堂里伙食费也是交过的，上次你给我的零花钱，还有五角钱在口袋里，我再没有用钱的地方，我看你和爹的袜子都缝几遍了还穿，疙疙瘩瘩地穿着怎么舒服？今天我路过地摊，看着袜子便宜就买了两双，只是看着颜色浅了，也厚了。等天再热些，我给你们买双单的来。"孔大妈摸着孔刚的脸哭着说："难怪你这次回来妈看你眼睛也深了颧骨也高了，脸色也难看，你是不是在学校里压根就没舍得往饱里吃？"孔刚忙说："妈，你就放心，学校里的饭虽是缺盐少醋，但吃饱肚子还是可以的。"孔大妈说："如果真是这样，妈就能安心些，但你可不能撒谎骗我，要是真吃不饱就给妈说，妈给你另想办法。"孔刚说："妈，你就放心吧，我又不是你捡来的孩子，吃不饱肚子不敢给你说。"孔大妈听着"噗嗤"笑一声说："不管穷穷富富，只要你们健健康康就好。"孔刚也笑着说："妈，我们现在都长大了，哪里还让你操这些心。"孔大妈叹了口气说："我也不想活得这么累，可你们哥几个总不让妈省心。以前，妈也盼着把你们养大了该是妈幸福的时候。现在你们都长大了，可妈心里总不是个滋味，你大哥干事藏头缩尾。你二哥、三哥多好个人样子，可就是心里糊涂，都爱些歪门邪道，怕是兆头不好……"这时孔大叔从外面走了进来，瞪着孔大妈哼了一声说："猪生象的也少，你自己头上就没长角，平头老百姓家的孩子还不都一样，你有必要天天说这些吗？你都一把老骨头自身难保了，还有心思管他们？"

孔刚怕父母又要吵架，忙拉着母亲一边往外走一边说："妈，我们还是去树园里看看，我去年栽的那些小树苗是不是全都发芽了。"孔大妈本想和老伴理论一番的，无奈孔刚拉得紧，只得挣扎着回头对孔大叔说："老鬼你等着，我跟你没完。"孔刚就硬拉着母亲来到树园里，指着些小树苗一一让孔大妈看，这是棵榆树，那是棵杏树，这又是棵杨树，那又是棵野玫瑰。杨树十年后能长多高，玫瑰将来开花多艳多香，这棵杏树等它长大，他要到川里去找些桃枝来嫁接在上面，让它结出又大又甜的杏子。还有这几棵沙枣树苗子好，过几年他要把它移植到村口去，一开花让全村人都能闻到它的清香味等。渐渐地，孔大妈也被儿子说动了心，也指着几棵榆树苗和玫瑰苗说："这榆树和刺玫瑰耐旱，盘根也快，你还不如趁早把它们种到上面干旱些的地方去，这里潮湿，你到山里多移些小松树来种到这里，保证活。你看我在菜园里种的芍药花和山丹花，哪年开花人不来看，那也是我在山里移来的。你再看看你爹种的这些白杨树，一棵棵不是七扭扭就是八歪歪，哪里有个树样！一埋进土里，他就再没有管过一天，怎么能长出个好材料。你也别像你爹那样只兴三天半，扔到那里半死不活的，又是我的麻烦。"孔刚高兴地说："妈，不会的，等天再暖和些，我就去趟山里。"孔大妈想了想说："还是等你爹去山里放羊的时候，给你挖几棵回来吧，一天就这短些时间，一来二去，还不耽误了你的学习？"孔刚忙说："妈，在寒假里我还不是一边学习，一边把那几只羊喂得白白胖胖的吗？"孔大妈有些不高兴地说："傲劲儿又上来了，你要觉得时间够用就随便你，你一提羊我倒想起我的鸡到现在还没喂食，我们还是回去吧，站半天身上也觉得凉。"孔刚就随母亲回到家，先让母亲进屋坐了，自己去侧房里准备取了食来喂鸡，开了门却发现秕粮食所剩无几。孔刚忙又看了一眼粮仓，粮仓里也麦豆精光，着实吃了一惊，给鸡酌量撒了些食，回到房中也不敢多言，拿本书回到自己房间闷闷不乐，一直坐到下午。

晚饭吃面条的时候，孔刚发现唯有自己的碗里有两个荷包蛋，便放下碗筷不吃，也不说话，只是看着母亲。孔大妈明白儿子的意思，忙笑着对孔刚说："你吃你的吧，我们想吃了，改天再吃。"孔刚还是不吃，只是看着母亲。孔大妈只好又说："孩子听话，再放面都坨了，妈看着你吃比妈自己吃着都香。"孔大叔也笑着对孔刚说："你就赶紧吃吧，我们老了，吃什么都皮里不生骨里不长，你正是长身体的时候，就该多吃些有营养的才对。"孔刚却不听，夹一个鸡蛋放进父亲的碗里，又将另一个鸡蛋一分为二，给母亲夹了一半自己留了一半，看着父母说："儿子明白你们的心意，可你们老人才是最需要营养的人，我们年轻人身强力壮，怎么都好活，天下哪有年轻人吃好的让老人看着这荒唐的事？别说是让我在你们面前吃两个鸡蛋，就是有山珍海味摆在面前，你们若不吃，我吃着也味同嚼蜡。"孔大叔听着儿子的话感动地看着老伴，点着头说："好，好，好，我们都吃。"一家三口人低着头含泪吃完了这顿饭。

这天夜里，孔刚躺在炕上感慨万分，一双袜子、一个鸡蛋竟然能让一家人幸福地哭一场。这世上还有什么是苦难？什么是不如意？还有什么值得去计较？还有什么不能承受？还有什么不可以放弃……孔刚坐起来想一回，又躺下去想一回，焦躁得一夜不曾合眼。第二天早晨便决定要去找三寸钉，不管是对是错，他都要去为自己心中的爱奋斗一场。昨天的事让孔刚深深地体会到，世上再没有什么能比父母恩情更重要的了。于是孔刚找到三寸钉毫不犹豫地报了名，也提前预借了一月的工钱，坐车去了学校，找老师说明了自己家里的情况，求着让老师给他请了一年的假，背着行李就回家了。

孔大妈看儿子把行李全搬回了家，唬得扶着墙忙问为什么，孔刚撒谎说："今年学校突然要重建，所以全校学生只能放假。"孔大妈生气地看着孔刚骂道："你们这是什么破学校，这不是耽误孩子们吗？那么多学生在上课，怎么敢说停课就停课？鸟搭个窝也有季节日子的，我就不信你们学校里的老师全是傻子？"孔刚被母亲说得无言以对，只好怔怔地看着孔大妈。孔大妈又对孔刚说："你看我有什么用？也该是你运气不好，本想让你再好好读几年书的，谁知还七事八事地不顺。既然都遇上了，就顺其自然吧，你就在家里自己琢磨着学。"孔刚听母亲把话说完，才松了口气，忙点头答应着进屋把东西放了，在家里装模作样转了一圈，又出外到村里走了一趟。回来看父母正在坐着喝茶，孔刚紧挨母亲坐下，低着头试探着问母亲道："妈，我今年不去上学，在家里不知道有没有什么事情可做？"孔大妈以为孔刚怕耽误了学习才这么问的，忙安慰道："你就在家安心写你的作业，家里的事有我和你爹在。"孔刚却说："如果家里没有什么事情要做，闲着也难受，我刚才外出听有人说我们村来了位招建筑工人的老板，各方面条件还不错，有很多人都报了名要去。我想，既然家里也没有什么重要事情可做，还不如也跟着他们一起去，也好挣些钱来补贴补贴家里，要不然一个大小伙子成天待在家里，让别人看着笑话，自己也闷着难受。"孔大妈听了儿子的话大吃一惊，忙指着孔刚说："你快死了这份心吧，妈不指望着花你的钱。你就在家里规规矩矩写作业，要是嫌闷得慌，就陪我到田里去干活，我不信在家里坐着能捂坏了你身上的肉，你才多大个人，就鼠腹鸡肠地想着钱了，有本事往正地方上用，上学才是你的正经事。我就是砸锅卖铁也不让你操家里的心。"孔刚忙求着说："妈，你就答应了我吧，在工地上我可以白天上班晚上看书，这样挣钱学习两不误，该多好……"孔大妈立即打断了孔刚的话，说："你也别说了，今天你就是把泥菩萨求活了，我也不让你去。你以为你是三头六臂，一边干活一边还可以学习？你这话说给鬼听鬼也不信。你是学生，时间和努力是你最好的本钱，别再耍些小聪明来害自己，你就是给妈拉一车钱来，妈也不稀奇、不答应。除了这事，你就是要天上的星星我也给你摘去。"孔刚听母亲说得坚决，知道这事不妥，急得站起身掏出钱来说："这可怎么办，我已经答应了人家，钱也拿了指纹也按了，现在说不去就不去了，这不是让我失信于人吗？"孔大妈听了如揪心般疼，顿时哭得说不出话来。孔大叔本也不愿意让孔刚出外打工，后来一听事已至此，知道不好再去辞退，细想想家中的情况，也只能如此。于是，他心中更是烦恼，看着老伴哭得和泪人一样，心中越是着急，用烟杆敲着桌子说："哪里这么多猫尿？动不动就哭丧，儿子又不是去跳油锅，用得着嚎天扯泪地放悲情吗？依我看，让他到外面走走也好，免得将来眼短识薄，伸不开手脚。"孔刚听父亲已经答应了，知道这事准成，便围着母亲百般劝说。孔大妈不理孔大叔父子俩，不说话直愣愣走出门外，先找着三寸钉细细询问了一番，又到报了名的各家打听了半日才回来，低着头给孔刚收拾行李去了。

　　单飞和杜义得到孔刚也要去的消息后，高兴得晚饭也不吃就来到孔刚家。三个人躺在孔刚的炕上，兴奋地猜想着出外将会要发生的事情，一个说坐上火车一定很潇洒、很神气；一个又说外面的世界一定很美好，这次出外肯定能遇上些想象不到的人和事；另一个又说不管怎样，三个好朋友能在一起共事，就是天大的快乐。三个人你一言我一语，一直说到深夜才散去。在他们年轻的心中只有冲动和激情，没有担心和顾虑。这一夜的星空格外明亮，孔刚静静躺在炕上又失眠了。

第三章　初奔波

1

次日，东坪沟这只外出务工的队伍终于出发了，由于要和其他地方的务工集合，孔刚一伙先随三寸钉坐汽车来到武威火车站。买了火车票是深夜两点的。三寸钉就在车站附近的小吃摊上给每人叫了碗牛肉面，自己推说有事匆匆走了。杜义却不管三七二十一，先招呼着让大家吃过了饭，又在旁边的小吃摊上买了三张油饼，找了处避风的墙角放下行李，把孔刚和单飞两人也叫了来，每人给一张饼，三人就坐在行李包上吃将起来。此时，有一位穿着时髦的本地女子从此路过，看到孔刚三人一副模样，便在心里看不起，故意捂着嘴从他们面前远远绕了过去。单飞看得真切，生气地看了看手中的油饼，又盯着那女子，对杜义说："这娘们对我们有歧视。"杜义嚼着一口油饼，鼓着腮帮子对单飞说道："那你还不赶紧骂她，愣着干什么？"单飞就忙对着那姑娘喊道："喂，你嚣张什么？我看你最好也就是个卖菜的。"气得杜义看着单飞骂道："你是在骂她，还是在夸她，就放这一句就没词了？"那姑娘回过头来瞪着单飞看，杜义却不示弱，看着那女子拍着手说："来了个姑娘长得美，高高的个子罗圈腿，一头黑发卷成堆，二行细眉眼缺水，身上的皮衣红又亮，裤子绷在肉身上，肩上挎个盒子枪，嘴上带着红印章，胸脯挺成黄继光，哪里需要往哪里闯。"也许是这女子平日性情高傲、目中无人，今日之举动也不过是平常行为罢了，谁知却遭了杜义这一番戏弄，顿时恼羞成怒，指着杜义破口大骂道：

"你，臭流氓一个。"她骂完便含恨离去。单飞和杜义两人就看着那女子的背影大笑起来，孔刚忙阻拦说："你俩真是闲得慌，好好地逗人家取乐干什么？"单飞却说："我是气不过才收拾她的，我们是建设者又不是破坏者，她为何要这样看待我们？"杜义也点着头说："单飞说得对，我们要维护自己的尊严，我们同样是人，凭什么城里人就对我们乡下人横挑鼻子竖挑眼，他们比谁长一点还是多一横？"孔刚却说："心上无冷病，不怕吃凉食。我们是干什么的自己清楚就对了，你们两个何必又多事。"杜义说："平白无故，很生气。"孔刚说："自卑是心理问题，不必去强求别人理解，太在意反而会害了自己。"杜义又对孔刚说："那种德性的女人，我们也只是活动活动舌头逗逗她，谁还要真的和她一般见识？你又何必为她抱打不平。"孔刚说："活着让人看不起不重要，这世上也有我们看不起的人，但往往就在这些我们看不起的人身上，才有着我们无法预料的力量。也许就在我们相互评头论足的时候，已经有人走在了我们前面，所以人没有必要谁看不起谁，自己才有生命的主宰权。善解人意是一种涵养，妒忌是通病，怎么活着还得靠自己，因为别人不懂得你的生活。"

杜义就不再言语，单飞却低着头扳手指算了算说："还有十多个小时才能坐上火车，有这么多时间不如我们进武威城去逛逛，听人说武威有个马踏飞燕很是出名，到底是个什么东西倒要去看识看识。"杜义有些担心地说："人生地不熟到哪去找这马踏飞燕看？"单飞皱着眉头对杜义说："找不着你鼻子下面不是长个嘴不会问人吗？你不是在东坪沟能得上天入地，怎么到外地就寸步难行了？"杜义心里不服，反唇相讥道："这不是有你这么个拖累跟着，我才不敢大意嘛。"孔刚听着忍不住笑了一声，说："依我看就别去了，心里都乱糟糟的，去了也是心不安，还不如等完工回来，轻轻松松玩他一天再回家多好。"杜义说："就这是个机会去看一眼就好，回来还不等到黄花菜凉了。"孔刚想了想说："要去你俩去我留下看行李。我心情不好去了也是扫你俩的兴。"单飞有些不满地说："大家都高高兴兴地出来了，怎么你又在这点小事上和我们想不到一起去了？"

孔刚叹了口气，把自己如何辍学的事一五一十说了出来。杜义听了先抢过孔刚的行李说："难怪你小子这两天皮笑肉不笑，原来是心里藏了鬼。走，你现在就跟我回家去，放着好好的书不读，出来跟我们胡混什

么，我们是久已的人了，你怎么能和我们比？"单飞也对孔刚说："这事你真做得不对，打工总不是件出息的事，无论怎样都不能和读书相提并论，这一点你应该比谁都清楚，为什么还要搬石头砸自己的脚？"孔刚忙说："你们两人先别着急说我，我的家庭情况你们是知道的，你们说我不这么着还能怎么样？"单飞生气地说："你家里又怎样了？我和杜义不是和你讲好的吗？你上你的学有事我们两先替你做，你当时也是答应好的，怎么说变就变了？你要是怕没有钱花，等我和杜义回来一人分你一半还不行吗？"孔刚忙摆着手说："你们的好意我领了，以前是我忽略了你们，其实你们也难，你们的事也很重要。你们老这样帮着我，却让我活在一种自责里，还有我父母更是寝食难安。我真的是想做你们的朋友，但我不想成为你们的负担，希望你们也能体谅我的苦处。"杜义生气地坐在行李上抱着头说："都怪你那几个无情无义的哥哥，如果他们稍微有些人样，你也不会活的这样难。"孔刚说："怨谁都没有用，现实很残酷，人活着就要面对一切，逃避也许越陷越深。"单飞对孔刚说："你的为人我们都清楚，但桥归桥路归路，读书的事你自己还得掂酌，父母毕竟是老了的人。"孔刚说："就因为父母老了我才要这么做，我年轻体壮怎么都好活。父辈这一代人一辈子没享过福，我从他们的一举一动、一饭一粥里，都能感觉出他们的艰辛和无奈。在东坪沟不光是我父母，每一个老人都很可怜，他们不仅仅是老了才艰辛，其实他们一辈子都活在一种煎熬里。我用心地听过每一个老人讲他们过去的故事，也留心观察过他们做事的一举一动，他们懂得物品的珍贵，也知道一饭一粥的不易。在他们的故事里，十粒米可以让全家人吃顿饭，一块肉可以让一家人幸福地哭一场；臭牛粪里扒拉出两粒小麦来，就可以兴奋一个月，一只母鸡生蛋就可以够一家人开销，舔净碗里的饭汁才算是真真地吃净了饭。"杜义说："我们也知道这些事情，那都是过去的陈谷子烂芝麻，现在提它有什么意义？"孔刚说："这都是活生生的人和事，每天耳闻目睹，怎么能说是过去？我每次听他们这样讲，每次看他们这样做，都那么的虔诚。每次我都在想，难道这就是生命的真谛生活的意义？可我每次都没有结果。有一次我认真地去问二舅爷，二舅爷抽着旱烟看着我只是哼哼地笑，也许他不知道，也许全村的老人都不知道。但他们依然对过去留恋，依然对奋斗过的苦日子自豪，依然为生命的力量而兴叹。每次我也想舔净碗里的饭汁，可我做不到。我没有经历过水深火热的日子，无法将虚伪的舌头伸进碗里，去尝试生活的另一半是什么滋味。后来我妈告诉我，人有的时候还得去感谢那些苦日子，它能让人懂得淡定思维和努力。我的心被震撼了，在我心中这些老人已经做得很好了，他们已经做得让我们无法挑剔了，我们还能对他们要求些什么？我真的希望他们能好好地活着，而且一直活下去……"

孔刚说着早已泪流满面，单飞也哭得泪迹斑斑，杜义性急，受不得这些，本想要劝劝孔刚和单飞俩的，但又不知从何说起。刚好此时看三寸钉又领了一群人返回了车站，杜义心中更是着急，不停地跺着脚说："瞧瞧你俩这副嘴脸，要是让别人看到了，你们以后还怎么办？都风风光光地出来了，一个个嚎天扯泪像什么？还不赶紧都把脸拾掇净了，都过去听听，三寸钉站在那儿指手画脚地在给大伙说什么？"单飞和孔刚只好一边擦泪，一边提行李，跟杜义走了过去。

三寸钉正在给大家介绍一位瘦高个秃顶的中年男子，先是夸此人如何能干，技术如何高超，最后提示大伙儿要重视领导服从安排。杜义听着三寸钉的话，仔细把那位秃顶男子打量了一番后，便不耐烦了，硬将孔刚和单飞两人叫回了墙角边，远远指着三寸钉说："估计今年我们是有得受了，一个三寸钉矬不溜秋，已经让人难以琢磨，怎么又来了个聪明绝顶的？他们在那里一唱一和，谁还看不出他们那些小伎俩，皇亲国戚，姐夫做老板，小舅子自然是管事的，还有天没地在那里乱吹，是骡子是马，时间长了谁还看不出来，用得着自吹自摆地夸吗？有钱人就是会装样子，都把我们受苦人当傻瓜一样糊弄，什么乱七八糟的威信了、高超了、无条件服从了，我们是来出力挣钱的，又不是赶考选秀的，要是不看在钱的面子上，谁认识你是哪个王八！"孔刚忙对杜义说："你快别胡思乱想了，知道自己是来干活的，把活干好就行，你管人家这长那短干什么？"单飞也瞪了一眼杜义说："你又不当人家的上门女婿，龇牙咧嘴地紧张什么？"杜义想要和单飞理论，单飞却不等他开口，就又对孔刚说："我们还是到候车室去吧，太阳一偏西这里也冷得坐不住人，杜义要是不怕冷，就站在这里一个人想说什么就说去，没有人和他淘气。"孔刚和单飞先去了候车室，杜义也忙跟着一溜烟似的去了。

候车室有六排座位，右边已经坐满了一些穿戴整洁的男男女女，有的正在天南地北地大声喧哗，有几个男子仰着头旁若无人地在那里吸烟，旁边有一对情侣正在窃窃私语，旁边站着一位年轻女子，口里嚼着东西，一眼一眼地偷看着那对情侣，显得有些嫉妒而不安。

左边的三排座位上，挤满了外出务工的农民，过道里堆满了大包小包的行李，没有座位的就坐在行李包上，三个五个坐一圈，一边玩纸牌一边在鸡肥狗瘦地拉家常。

孔刚三人把候车室左右看了一番，就在左边找了个干净地方坐了，紧接着孔龙一伙前呼后拥，跟着三寸钉和七根发走进了候车室，却去靠右边坐了。杜义就笑着对孔刚说：“你看你大哥点头哈腰的样子，要是在抗日战争时期肯定是个好汉奸。”孔刚瞪了眼杜义，再也不去理他，掏出本书认真地看了起来。

单飞和杜义闲得无事，在候车室里慢慢转了几圈后，两人坐在行李上交头接耳地议论着：三寸钉的脖子里堆了几层肉，七根发的光头上抹了油，这个男子的头发有多长，那个女子的衣领有多低，这个男子的大脚有多臭，那个女子多孤单，这个说什么调，那个装什么腔，这个女学生说话有多娇，那一对情侣太肉麻，这个老汉多硬朗，那个老太婆掉了牙等，两人你一言我一语，嘻嘻哈哈一直说到吃晚饭。

2

天一黑，候车室里又陆续多了些人，其中有一个男子只有一条腿，拄个木棍，蓬头垢面看不出年龄，身后跟着个六七岁的孩子，头发很长，分不清是男是女，但一双大眼睛明亮而可爱。候车室似乎是他们经常避寒过夜的地方，孩子熟练地扶父亲坐下，又在地下捡了几个烟头递过去，男子就靠着墙吸烟，孩子就坐在旁边一眼一眼地看着别人吃东西，也许是孩子的肚子实在太饿，当他看到一个男子正要掏出鸡腿来吃时，忍不住看着父亲哭起来。

孔刚看着可怜，忙从包里掏出鸡蛋来，数了数只有四个，便伸着手对杜义说：“把你那盒刚买的饼干也拿来。”杜义以为孔刚要吃，就有些舍不得地说："这才吃过饭，你怎么又要吃东西，我还想留着上了车再吃的。"孔刚说："谁想要吃你的饼干，我是要把它送给那孩子。"杜义看了一眼孩子，惊讶地对孔刚说："我长这么大，今天才买了第一盒饼干，还没舍得尝一口，你却要拿去送给要饭的。你脑子是不是让山风给掠了，外面杂七杂八什么人没有，你别献殷勤让人给骗了。"孔刚说："骗什么骗，都惨到这样了，还要落井下石，你身上除了这些破行李，还有什么是值钱的，还疑神疑鬼地怕人骗?"孔刚说完气呼呼地要走，单飞忙叫住孔刚说："我这里也有几个鸡蛋，你拿去给那孩子吃吧，杜义的饼干要真舍不得就给他留着，我是看透了杜义，一盒饼干就能挖了他心上的油，这种人往后难私交。"杜义听了单飞的话，便觉得左右为难，看看那孩子，想了想还是把饼干递给了孔刚，孔刚这才高兴地接过饼干，边走边回头对杜义说："等有钱，我买十盒还你。"

　　孔刚将食物递给了孩子，孩子接过来就吃，也不笑也不说谢，一脸的冷漠，倒是孩子的父亲过意不去，忙对孔刚点头道谢。孔刚也不和孩子计较，继续摸着他的头问道："你几岁了?"孩子不吭声。孩子的父亲忙替孩子回答道："六岁半了，可还是个没嘴的葫芦，整天就知道吃。"孔刚又问道："你妈妈呢?"谁知孩子像触电一样瞪着眼，对孔刚吼道："讨厌，别在我面前提'妈妈'这两个字。"孔刚被弄得莫名其妙，红着脸看着孩子的父亲。孩子的父亲叹了口气，对孔刚说："不怕兄弟笑话，这事说来惭愧，我是本地人，姓刘，名能，孩子叫刘凉州。你哥我当年也是敲山震虎的人，领着一帮小兄弟，当车匪路霸也风光过几天。那时候谁愁过钱来，整天吃香的喝辣的，在这武威城里也是说一不二的爷，谁知好景不长，有天夜里我们哥几个又准备爬上火车去卸点货，可我失手了，一条腿被火车轮给齐扎扎地碾没了。我那狠心的婆娘看我成了半边汉，心一脏把我弄来的钱财全拿跑了。还好有个兄弟义气，帮我卖了房屋，端汤喂药，算是捡回了我这条残命。这兄弟本打算还要帮哥料理料理余生的，也是我这人命不好，就在这节骨眼上，天网恢恢案犯了，我那伙兄弟全被抓得抓、判得判，都落了个人财两空，谁还能顾得上我。我落到这般田地，也算是自作自受，更可恨的是还留了这么个孽障，整天跟着我没吃没喝活受罪。"孔刚听着刘能的话，看他一根根吸着残剩烟头，不觉眼圈一红，忙

走到杜义面前，又求着要了杜义的半盒香烟，回来送给了刘能，刘能越是感动得不知所措。孔刚忙安慰刘能说："你千万别想多，这些小事我还是有能力帮助你的，眼下你要面临的问题是该如何让你这孩子去上学。"刘能点着头说："我可不是为这事日夜愁肠，可又有什么用，这不都山穷水尽，屁股上拦毡了，谁还能顾得上这些？"孔刚忙问道："那你家里哥儿兄弟不帮你吗？他们总不能眼睁睁看着你走上绝路吧。"刘能摇着头说："我有一个哥哥两个妹妹，他们日子都过得好，前些年我有钱的时候，他们三天五日领着孩子到家去逛，今日给哥家的孩子买衣服，明日给妹的孩子零花钱，那时候大家都亲得不分你我。可事一出都变脸了，我哥还行，给我丢了五十元钱，两个妹妹什么都没帮过，一见面尽说些丧气话，好像我们父子俩连根草都不如。刚开始，我受不了，后来一想，受不了又能把他们怎么样？我心一横，领着小凉州离开了村子，丢人我到外面丢去，何必让他们鬼神一样看待我？"孔刚听了叹着气想了想说："那你不去找找你们当地的政府，或许他们能帮你。"刘能说："我又偷又摸谁不知道，政府不判我的刑，这已经是给我面子了，我哪还有脸再去求政府。"孔刚听了苦笑着问小凉州道："想上学吗？"小凉州回答说："上也行，不上也行。"刘能便责怪小凉州说："上与不上你总得有个决定，你这吭葫芦哈葫芦算什么态度？"小凉州又不言语了。孔刚又继续问小凉州道："想吃牛肉面吗？"小凉州这下来劲了，看着孔刚不停地点头。孔刚说："想吃牛肉面就把鸡蛋给你爹留着，你都吃四个鸡蛋和一盒饼干了，是不是想饿死你爹？"小凉州就高兴地将鸡蛋全给了父亲，跟着孔刚到外面吃饭去了。

　　刘能看儿子跟孔刚走了，越觉得心里不是滋味，可细想想又无可奈何，就在心里把自己恨得咬牙切齿，不料此时杜义突然走到他面前说了声："唉，要饭的，你别蹬鼻子上脸，我那兄弟情况也不好，你别没完没了地缠着他。"杜义说完就走了。刘能越是心如刀绞，呆呆地一直坐到孔刚和小凉州回来。

　　孔刚并无察觉，催着让刘能先吃打包回来的牛肉面，刘能哪里能吃得下，尴尬地看了眼孔刚，又侧过头去看看杜义。孔刚不明真相也不多想，忙笑着对刘能说："你赶紧吃你的，我那两个哥们都是吃过饭的，再放面都坨了。"刘能也不知道给孔刚说些什么好，只得有一口没一口地吃了起来。

孔刚等刘能吃完了饭，才对刘能说："刚才我在路上已经想好了，也许有一个办法可以让小凉州上学。"刘能忙问道："有什么好办法？"孔刚说："去我家。"刘能惊得把筷子扔到地上，摇着手说："那怎么行，我这残得残，弱得弱，走到哪都是拖累，还不如在这里要一口吃一口地过着，要是哪天真饿死了，也是他小凉州的命不好……"孔刚忙打断刘能的话说："客气的话就别说了，我们山里人都不拐弯抹角，虽说这两年我们村收成不好，但也饿不着你们，想去了明后日就动身，我身上还有几十块钱，也留给你当路费用。坐了去省城的车，在东坪沟村下车，一问人孔刚家在哪，谁都知道。我再给父母写一封家信你带着，我父母自然会替你安排好一切的。"刘能听着孔刚的话，心中却另有打算，便胡乱答应了孔刚。

孔刚就拿出纸笔来写道：

亲爱的爸妈：
你们好！
我怀着万分复杂的心情离开了家，本以为外面的世界是美好的，是和谐的。可我错了，在这漫长的一天里，有很多的事让我感慨万分。
我遇到了一对流浪街头的父子，父亲是位残疾人，孩子只有六岁大，可以说他们的日子举步维艰。他们的遭遇让我有了太多的想法，以前我总以为我们家就是世界上最不幸的了，谁知道还有人活得比我们更可怜，更无奈。我们再不幸我们还有家，我还有你们，我们还有努力，我们还有希望。可这对父子活得连梦想都无能为力了，我真不知道该说什么好。
记得小时候，你们常对我说，爱是这个世界的核心，可我认为不幸同样是这个世界的核心。人们平常喜欢去赞美爱而封杀不幸，却不知道爱虽然能温暖人间，不幸却能腐朽整个地球，爱能传播，不幸也同样能传播，爱能自私，不幸却不能。正如我眼前这对父子，如果我不向他们伸出援助之手，也许他们就会饿死在街头，我一辈子就会活在要背负两条人命的阴影里，以后我就会对别人更多更大的不幸视若无睹，直到失去人性。所以我不能撒手不管这件事。

父亲母亲，我不知道我的想法在别人看来是否正确，但我坚信在你们二老心中我是对的，我们还有能力帮助这位小凉州去上学，让他快乐地活下去勇敢地站起来。我更希望他们父子俩能在我们东坪沟平静地享受完他们的生命历程，也希望他们能感受到人间还有情，人间还有爱。

由于时间紧迫我就不多写了，望父母见谅，当你们看到小凉州父子时一切都会明白，我也相信，你们一定会安排好这件事的。

最后儿子祝二老贵体安康。

孔刚

孔刚写完信，略看了一遍，也无心再改，便掏出钱来和信一起递给了刘能。刘能接过了信，却不拿钱，孔刚忙把钱塞进刘能的口袋说："拿着吧，没钱你寸步难行，到我们村去找一位叫白玉的人，让他带你去见我父母，我父母不识字。"刘能激动地拉着孔刚的手抖着下巴不停地说："好人啊，好人！"不料杜义又突然冒出来对着刘能说："好什么好，有本事到有钱人那儿使去，何必穷鬼杀叫鬼。"杜义说完急忙拉孔刚回来。

孔刚甩开杜义的手，生气地说："你何必这样对待一个残疾人！"杜义却对孔刚说："不光是我一个人对你不满，那边你大哥翻一眼瞪一眼都骂翻天了，说你自己的事情自己不清楚，和一个要饭的称兄道弟地套近乎，在老板面前给大家丢脸。我越听越生气，这才拉你回来的。不过你大哥也说得对，遇到要饭的给他个一毛两角，已经是赏他脸了，谁还有心情和他谈三论四地扯家常？"孔刚生气地说："你们不累，你们想说什么说去，是对是错我不在乎。"单飞也责怪杜义道："就你是非，忙也帮了，钱也花了，你又在那里混搅，反倒落个我们这些人好不好坏不坏的，像什么？你满嘴虾呀蟹呀的，你给我说，他老板长着什么脸，要饭的又长着什么脸？"杜义却不理单飞，抖着腿不停地吹口哨。孔刚也不再吭声，抱头坐在行李包上。单飞想找个东西来砸杜义一下,一回头却发现小凉州父子俩不见了,忙问杜义道:"人呢?"杜义却不知道单飞在问谁,愣在那里。孔刚知道情况不妙,想着是杜义刚才说的话伤了刘能的自尊,刘能才走的,忙追出候车室去找,却不见了小凉州父子俩的踪影。孔刚回来便怨杜义不该说话伤人。杜义却不这么认为,反倒得意地对孔刚说:"上当了吧!要饭的就是要饭的,你就是把心挖出来给他,他也觉得是你应该喂他。"孔刚也无心和他理论,又出候车室寻找了一遍,还是不见小凉州父子,只好闷闷不乐回来,坐在单飞身旁。

杜义赌气在候车室里走了两圈,回来便急得抖着腿说:"也不知道火车坐着好不好,这等车的滋味可是让我受够了。"单飞瞪了一眼杜义,转过身去坐了。孔刚只好对杜义说:"你就耐心等吧,候车的人心里都急,你这么走来走去的,自己累还不招人待见。"杜义说:"我这也是不由自主地急,看着你们都坐得安安稳稳的,我更是急,总想做什么但又不知道。"单飞转过身说:"急了你就走路去,何必在这里干叫唤。"杜义却说:"单飞你还别说,我倒真有这个想法,你要是条汉子就跟我走,别坐在那里装斯文,让人越看越气大。"孔刚忙阻拦说:"你俩再别嚷嚷闹闹,这里是公共场所,大呼小叫惹人烦,我看那头有很多人都背了包,是不是已经到了上车的时候?"杜义又忙去询问了一番,跑来就急着背了包,喘着气说:"还是把包背好吧,那边的人说了,虽然离车到站的时间还早,但今天坐车的人多,怕到时候挤不上车,可就麻烦了。"单飞听了也慌得背了包,急着往人群里挤。孔刚笑着说:"你俩别着急,这还没到时间,等车进站背包也就一两分钟的事,你们又何必这么紧张。"单飞回过头,笑着说:"你坐着,我们先排个队,待会好上车。"孔刚只好笑着点了点头,还坐在原地。

时间漫长得像没有尽头,渐渐地人们头上都出了汗,好不容易等到要乘车的时间,候车室的高音喇叭里却传来了几句让人崩溃的话:"各位旅客,你们好,由于天气原因,客车将要晚点,请各位旅客耐心等待。"人们又开始喧哗,有些人甚至开始大声咒骂,但谁都不肯放下包,因为没有时间限制的东西比有时间限制的东西更让人受不了,人们就这样说一阵停一阵,一直等到深夜三点半客车终于进了站。

3

孔刚忙背好包抬头一看，杜义和单飞已经不见了踪影，只好跟着人群往里跑。好容易找到了自己要乘坐的车厢，车门口却挤满了人，只见一个挤住了另一个的头，一个又揪住了一个的包，还有人不停地喊："我的脚被夹住了。"可后面的还是往里推前面的。孔刚这下也着了急，也想用劲往里挤，却听背后杜义在叫："孔刚，快，包，包，包。"孔刚回头一看，单飞和杜义已经在车上，从车窗里伸出头来，不停地叫他，孔刚忙把包递了上去，杜义又叫着："手，手，手。"孔刚手一伸，单飞和杜义就把孔刚拉进了车厢。

人们陆续登上了车，站台上又恢复了平静。杜义看着车窗外又着急地说："这都坐多久了车还不开，我是记住了，下次坐火车就是有人给我给钱，我也不这么着急了，害得我两个包的带子都断了，单飞还把鞋子也扯破了。"单飞也笑着说："快别提了，鞋子破了事小，脚上的皮都擦破了，回想起来还真是有些害怕，坐车的人你争我抢，都被夹在车门里，一个不让一个谁也上不来。有个妇女背个包还抱个孩子站在我身后，我听那孩子都快挤断气了，就狠劲往里挤前面的人，一用劲，前面的人是被我挤进去了，可我脚下一滑，鞋子扯破了，脚也擦伤了，当时也没有顾上疼就冲了上来，那女子才趁机上了车。"孔刚听着不停地点头，杜义却说："就你们两个爱管闲事，等哪天套进去了就一个个蔫了。"单飞生气地说："你以为我们也和你一样，心里从不装别人。"杜义瞪着眼对单飞说："你凭良心说句话，我待你和孔刚两人如何？"单飞这才笑着说："你再对我们哥俩不好些，你还算个人吗！"杜义说："知道说句好还行，不过，我这个人也怪，你别看我平时嘻嘻哈哈和谁都能说得来，实际我内心很封闭。我从不轻易和人深交，可一旦深交了我就想和他一辈子好下去。你看我在村子里，就找你们两个玩，别人家我都不去。"孔刚说："你就这样挺好的，说出来倒让人觉得别扭。"杜义说："心里话是宝，不知己的人我还不说。"单飞说："你的心里哪还能存话，一天搜肠刮肚，一句话说十遍，临睡前还要补充一遍。"杜义笑着说："我就想和你们做一辈子好朋友，不管你们怎样对待我，我都是可以原谅的。但对别人我是有计较的，我容不下我不在意的人在我面前有丝毫的差错。有时候我也想改变改变，可是难呀！但回头一想管他三七二十一，就活一辈子人，何必那么累，天生就这么个性格就这么个人，能抓天还是能挠地，我们受苦受难的时候菩萨不照样也看不到吗？"单飞笑着说："你是吃土豆吃傻了缺心眼，连走路都高一脚低一脚地不和正常人像。"杜义笑着还要说什么，孔刚却说："你们两个也该歇歇了，火车都已经开了，还不知道要坐多久才能到。"杜义就头往孔刚肩膀上一靠说："是该歇歇了，我困得眼睛都酸了。"单飞笑着看了看杜义，也闭上了眼睛。

刚要蒙头睡去时，火车又到了一站，孔刚忙向车窗外细看，站台上有许多提着鸡蛋水壶的人在围着窗户喊叫，他不明白是为什么，想打开窗户问，但又不会开，便叫杜义过来帮忙，杜义帮孔刚把窗户打开，原来是卖开水、苹果之类的人。孔刚连忙摆手说不要，那些人便骂咧着走了下一个窗口，只有一个十二三岁的小男孩，手里提着水壶还站在那里，孔刚问："小朋友，你也是卖水的吗？"小孩一看生意来了，便高兴地走近了车窗，回答说："哥哥，你要买开水吗？"孔刚又问："开水是怎么卖的？"小孩说："五毛钱一杯。"孔刚一听吓了一跳，杜义对小孩说："小鬼，你是在卖开水，还是在抢钱？"小孩并不在乎，还是满脸笑容地说："你们要不买，我可要走了，这一路你们就挨着。"杜义摆着手说："你赶紧走吧。"那小孩转身没走多远又回来了，还是一脸的笑望着孔刚说："哥哥，便宜要不要？"孔刚问："几毛钱？"那小孩说："今天买水的人少，就给你二毛钱一杯吧！"孔刚便说："一毛钱一杯，我买三杯。"那小孩高兴地答应了。孔刚让杜义拿杯子，杜义说："杯子里还有水，一毛钱一杯也不要，这么小个孩子不在家里读书，跑到火车站来凑什么热闹？成群结队地尽给甘肃人丢脸。"孔刚连说："小孩子，你也一般见识。"杜义哼了一声说："别看他们不是老人就是妇女孩子，人家口袋里比你实在，这种人乘人之危，与打劫的没啥两样，一个小孩子一杯水就问人要五毛钱，那些大人还不知道要多少钱。"小孩子听了杜义的话，突然变脸骂道："穷鬼，没钱你跟我磨什么牙？"骂完转身跑了。

孔刚便怨杜义道："他一个小孩子卖开水怎么就乘人之危、趁火打劫

了?"杜义说:"水火是天理之源,人物共享,哪有买卖?"单飞听着可笑,便对杜义说:"你又从哪收拾了这些废话来天天当回事地说?"孔刚也对杜义说:"凡事有好有坏,就看你站在谁的立场上说话。依我说,这是铁路部门的错,是他们没有给旅客提供足够的饮用水,才引起卖水买水的风波。如果没有这些卖水的人,我们坐车的人只有忍着渴受罪。这种便道取利的事,哪个车站附近的人都干,这跟丢脸穷富扯不上关系。"杜义刚要说话,陆六匆匆跑来说:"你们别吵,有四个小偷把孔大哥和刘仁的钱都偷光了。"孔刚一听急忙问道:"偷钱的人在哪?"陆六说:"过车厢那头去了。"孔刚又问:"为什么早不吭声?"陆六忙说:"谁敢说,你大哥自己都瞪眼,看着让人家把钱掏走了,也没敢吭一声。"孔刚气得骂了声"窝囊",站起来便往车厢那边追,杜义连忙拉住孔刚说:"兄弟别太冲动,强龙压不住地头蛇,我们出门在外多一事不如少一事,你就忍着点吧。"孔刚看着杜义说:"你看见没有,那几个毛贼还在那里偷人家的钱,全车厢竟然没有一个人敢吭声,真是气人。"孔刚说着便甩开杜义的手冲了过去。

　　孔刚追到站在最后面一个小偷身后,用手在小偷肩上一拍,小偷惊得一跳,忙扭头一看,只见孔刚抡起拳头顺势将他打翻在地,另外三个听到叫声才明白同伙已被打倒在地。三人递了眼色,掏家伙冲了上来。孔刚并不惊慌,往前走了两步,深吸了一口气,站好姿势等在那儿。眼看刀就要刺到脸上,说时迟,那时快,孔刚拳头已经打在第一个小偷的腰上,接着大喝一声,抬起右腿踢向第二个小偷的肩上,那毛贼被孔刚踢得像扔旋转的萝卜一样飞了出去。孔刚又一转身,抬起左腿又踢中第三个小偷的胸口,那小偷也惨叫着向后倒去。小偷们还未来不及起身,转眼被杜义一伙围打得起来。

　　孔刚怕人多拳脚重打坏了人,喝住了杜义一伙说:"兄弟们能饶人处且饶人。让他们知道厉害就行了,把他们四个拉到座位上去,再到车厢里问问谁被偷了钱,让他们快点来拿走。"单飞答应着忙去张罗,杜义赶着小偷回来,从他们身上搜出来五百多元赃款,车厢里被偷者领取后,还有四十多元却无下落。孔刚便问小偷剩下的钱是谁的。那四个小偷只是求孔刚放了他们,剩下的钱也不要了。

孔刚也想放了他们的。谁知此时来了位高个子乘警，将四个小偷全拷了，在他们屁股上踢着赶走了。杜义拿着剩下的钱追着喊道："警察同志，这还有四十元赃款。""留着你们买烟抽吧，算是给你抓小偷的辛苦费。"警察说完头也不回地走了。杜义高兴地拿起钱来看了一眼，说："当警察的果然善恶分明。"单飞拉杜义坐下说："你笑着舒服吗？我看你才是真正的乘人之危。"杜义笑着说："下流的事我们不干，老天有眼这是我们应得的善报，反正钱在谁手里都是花，我们也跟钱没仇，还不如带着好在路上贴补贴补。"孔刚无法只好说："收起来吧，到了地方买些日用品带上。"杜义早已装了起来。

那头，孔龙和七根发坐在一起，头对头嘀咕了半天。孔龙就向往孔刚这边走来。单飞忙给孔龙让座，杜义却不理孔龙，孔龙更不理杜义拉着孔刚的手说："兄弟，有些话我不知该说不该说？"孔刚说："哥，有什么话你只管说。"孔龙说："本来你这次干的是件好事，但兆头不好，听七根发说这伙小偷不好惹，一站连一站，接二连三，每一站都有他们的人。想你断了人家财路，又打伤人，怕是有后患。俗话说'不怕贼偷，不怕贼抢，就怕贼惦记'说的就是这理，他们做贼的小人，讲究什么？哪个下流他给你来哪个。你在明处他们在暗处，不妨可能要吃亏，晚上少睡觉多留神不可大意，我们飞来的沙子盖不住本地的土。"孔刚忙答应了。杜义听着气炸了肺，摆着手对孔龙说："你赶紧回去留神你自己的口袋吧，你要是不丢钱，谁吃饱了撑得管这闲事，你别装得跟没事人一样，充和事佬。"孔龙气得咬着牙说："杜义，我在跟我弟弟说话与你有何关系？"杜义盯着孔龙问道："现在你知道孔刚是你的弟弟，刚才我们都帮着打架你哪去了？是聋了，是瞎了，还是让山风把头打了？坐在那里装死人，现在你又活了，跑到这里来唱这么一出。"

孔龙吃了哑巴亏，气哼哼地回座位去了。单飞怕孔刚脸上挂不住，忙坐下来推了一把杜义递了眼色，努了努嘴，笑着说："孔刚，知人知面不知心，我算是白和你一起长大了，以前我总以为我们是兄弟，好的不分你我，今天看来是我错了，想不到你把这一身好功夫藏得滴水不漏，要不是今天亲眼所见，我非被你蒙死在鼓里不可。"孔刚还没来得及开口，杜义就抢着说："单飞，这世上你不知道的事还多，孔刚练功的时候你我早在梦中。"单飞忙问杜义道:"这么说,孔刚会武功的事你也知道?"杜义说:"略知一二。"单飞说:"知道就是知道不知就是不知,你这半吐不吐地算什么回答。"杜义说:"前年中秋,有天深夜,我妈胃疼,家里缺药,我心中着急,去孔刚家找些药来,走过土场,月色下看有人影在晃动,我心中吃惊,壮胆前去观看究竟,不料有人在土场上耍得正紧,我吓得不敢再挪动一步,蹲下身只想办法。谁知事不凑巧,那人收功后向我走来,我忙摸了石头以防不测。走近细看,却是孔刚,喜不自禁,大喊一声,却险些吃他一拳。"单飞忙问孔刚道:"杜义说的可是实情?"孔刚笑笑说:"没有他说得那么玄乎,看书僵了身子出外活动活动筋骨,赶巧让他碰见在那里,只管添油加醋。"杜义说:"眼见为实,你还敢强词夺理?"单飞也说:"孔刚心中有鬼是我错看了人,想我兄弟不分你我谁知各藏私心。"孔刚无法只好说:"是会些花拳绣腿,怎敢在人前炫耀。"杜义说:"还不老实,伸胳膊抬腿锻炼的人我见过,哪里有你这般身手,精神气也看着不像。"单飞也说:"不能以诚相待,兄弟难做,以后各走半边。"孔刚只好如实说:"小时候,修铁塔的部队在我们村住过三年还记得吗?"单飞说:"无缘无故,提这些不相干的事来转移话题越是可恶。"孔刚接着说:"有位叫郑杰的叔叔是连长,就是他给我传授的武艺。"杜义笑着说:"有印象的,浓眉大眼身材魁梧,好亲切的一个人。早知是他我也投在门下练个三招两式,和孔刚比划比划,免得他嚣张,自以为得了绝世之宝,吞吞吐吐话都难打。"孔刚起身要和杜义打闹,单飞却拦在面前护着杜义说:"饶了他吧,脓包一个抖了惹祸。"杜义突然笼住单飞的脖子说:"你倒聪明,指桑骂槐地说谁?"单飞忙向孔刚求救,孔刚摆手说:"你活该,谁让你灭虢取虞一箭双雕。"单飞只好给杜义求饶说:"好兄弟放开手,自有好处。"杜义说:"有什么好处?"单飞说:"包里好的都归你。"杜义松了手低着头想了想,又看着单飞笑了笑,起身从包里掏出只卤鸡来,看着单飞和孔刚说:"我这有好的,你们笨,没有发现。"单飞就把杜义从头看到脚,又从脚看到头,说:"今天的太阳是不是真从西边出来了?杜义能把到嘴的肉让给人吃,这可不是你往日的作风。怕是黄鼠狼给鸡拜年没安好心吧?"杜义说:"我哪里有什么非分之想,不就是只鸡嘛,给你吃了我还能把你拐着卖了?真是好心没好报。我还不是想着就一只鸡,一个村子里来了十六个人,我们三个吃着让他们看着你吃得下吗?分给他们我们又吃什么?要是有头牛还好办放开让大家都吃,谁都大大方方的。我这真是有了的比没有的还难。"单飞就不再吭声了。孔刚却说:"还是分了吃吧,乡里乡亲的,我们怎么好意思吃独食,尤其在外面,谁都可能会在意这些事情,不要为吃只鸡,回村大伙都和仇人一样,没意义。"单飞也忙说:"我们这伙人里还真有这样的人,记得去年陆六到我家借镰刀,我正在吃饭,他催得急,我就放了饭碗,取了镰刀给他,还把他送到门口,就是忘了招呼他吃饭,谁知事后他镰刀不还我,还在人前骂我小气没家教,乱七八糟说了一箩筐的闲话。早知这样,那天我就留他宰只鸡都可以,我不丢这人,你们看,到现在我们俩见面还吹胡子瞪眼地不说话。"杜义听了单飞的话,低头看着鸡说:"好分了吃,我的鸡还由不得我做主了,哪这么多破规矩。"杜义说完便挽了袖子来撕鸡,单飞等着一份一份给其他人送去。还不等单飞送完,陆六几个也给他们三人送来了些鸡蛋、馍馍、肉,满满摆了一桌,看得杜义心花怒放,不停地点着头说:"人心换人心,这还差不多。"单飞笑着说:"你不是怕亏着你了吗?现在你要吃多少没有?都是一个村的人,谁还不一个心肠?"杜义看着单飞三两下把好吃的全挑到孔刚面前,对孔刚说:"兄弟这些你都吃了,单飞这小子不厚道,龇牙咧嘴地把我们当猴耍,他在那里装好人。"孔刚忙笑着说:"你们两个都好,快坐下来一起吃吧,深更半夜又全是凉的,我们都少吃点,吃多了对胃不好。"孔刚才说完,单飞早抢了个鸡腿边吃边说:"我这胃吃生铁都能消化,这个时候有两斤羊肉吃了才好。"杜义说:"你要是实在嘴淡得慌,我这被子是羊毛做的,不行你先嚼嚼?"单飞说:"只要你舍得,我就敢吃,又不是什么大方人还经常说大话。"杜义却不再理单飞,只是看着孔刚说:"把这些都吃了,看这些天你都皮包骨头了。"还不等孔刚开口,单飞就先对杜义说:"杜义今天举动异常,我猜你心里肯定藏了什么,才对孔刚这么亲热。"杜义红着脸说:"是有些想法,但跟你单飞没关系。今天我看着孔刚那身手心里好羡慕,人要会个一招半式就是好,手一伸腿一抬一个倒下了,脚一落手一甩一个又倒下了。所以我盘算好了,希望孔刚给我也教教,成不成我也过把瘾。"单飞说:"有什么话你就直说别扭扭捏捏的,你那狗肚子里装不住

二两酥油，还想学武功，让孔刚拔筋动骨弄上你三天，我保证你这一辈子再听着练功夫就尿裤裆。你以为什么东西都是你妈蒸的热馍馍，你一伸手就得了。"气得杜义瞪眼看着单飞，哼了几声才说："单飞，不管人家说什么事你都要搅上一杠子，人家孔刚还没吭声，你嘎嘎什么？"孔刚也对杜义说："丑话是理话，单飞说得对，练武功确实是件很辛苦的事。"杜义忙说："我才不在乎单飞说什么，只要你答应教我练练，能成我就学，要不行我就撒手，要不然心里热腾腾地让人放不下。"孔刚看杜义对武术有这般热心，倒也高兴，便答应着说："只要有信心，没有办不成的事，你们想学，我也乐得多个伴。"杜义听了高兴地在车厢跳了起来。

三人正说着火车又渐渐慢了下来，杜义忙向车窗外细看，原来又到了一站。单飞先东瞅西看，着急起来。孔刚明白单飞的心意，拍着他的肩膀说："你就安心坐着，如果小偷小摸的人有那么大的势力，那还了得。你以为他们是当年的铁道游击队，还真处处有点、站站有人，虚张声势地吓唬谁？我要有时间，一个车站一个车站地找着把他们给灭了。坐着这么一车厢的人，倒让几个小偷吓得嗦儿抖颤，真让人恨都没劲。都是我们这些人缩头缩脑，人家才这么张牙舞爪的，你们要不信，等会小偷要真来了，车厢里的每个人就坐着喊一嗓子打小偷。我保证小偷他不钻地缝也跳车。"单飞嘴里应着心里到底害怕，只要有人路过他面前，他总是要一惊一乍地多看几眼。杜义虽然也悬着心，但表面装得冷静，手中却暗暗握着玻璃瓶时时提防。孔刚却爬在窗户上看起了外面的景色，其他乡亲们也有想助战的，也有胆小准备逃跑的。孔龙却和七根发索性歪在那里装睡起来。总之，凡是东坪沟的人，除孔刚外，个个都盼着火车快快启动。

果然被孔刚料中了，这一站竟然不见有半个贼影。车终于开动了，大家才松了一口气。孔龙装得如梦方醒，抖着腿赶紧去了厕所。孔刚三人又说了会闲话，单飞和杜义陆续睡去。孔刚从包里掏出书，靠过道坐着看了起来。不觉也要蒙头睡去时，突然听到乘务员喊道："前面一站就是嘉峪关。"大家一下子又乱成了马蜂窝，有摸包的，有摸行李的，还有麻木了腿不能动急着喊叫的，还有早把行李背在身上的。杜义和单飞也忙成一团，一个人要去提包，另一个人的手也伸了去，一个刚要往包里装东西，另一个却把包封了起来。孔刚笑着对杜义说："毛病又犯了，上车你害怕下车你也猴急，背个大行李，站在过道里看堵不堵。"杜义红着脸说："我们这不是'慢雀儿早飞迟落架'嘛，看着别人都积极，自己总怕落了后。"孔刚说："不累，你们就站着堵。"杜义和单飞只好放下行李耐着性子坐了下来。

终于到站了，东坪沟的十六个兄弟背着沉重的行李，如同一窝蜂拥下了车，你挤我赶一溜烟似的跑出了车站，跟着七根发穿街过巷的来到工地。房间里又阴又暗勉强能住得下十六个人，大伙已是筋疲力尽，不管三七二十一，先打开行李挨挨挤挤地睡了。

4

孔刚一觉睡醒已是艳阳高照，忙起了床到外面一看已到中午过后，转身进来叫起单飞和杜义，要去找七根发做饭。其他人起来也跟着去了，七根发睡得正香，孔刚上前推醒他说明来意，七根发才懒洋洋地打着哈气穿了衣服，领大伙来到一个用木板拼凑起来的食堂门前，换了几次钥匙打开了门，里面有七八只大胆的老鼠爬在半袋面粉上，七根发大喝了一声，老鼠才四散而逃。只见锅碗瓢盆、柴米油盐上处处脏污垢迹无从下手，七根发却不以为然说了声"自己收拾做饭"，便买菜去了。

孔刚看收拾干净能吃上饭也要等到下午，就叫了杜义和单飞出来，求他俩一起去看长城。杜单二人也正有此意，三人回宿舍，胡乱收拾了些包里剩下的零食，一边吃一边打听着方向，来到嘉峪关。不料门口却挂着"凭票方可入内"的牌子，三人又忙跑到售票厅一看不觉脸红，同时摸着口袋，相互递了个眼色，就在关外观看起来。

嘉峪关依山而筑，墙身以石筑成，异常坚固，西门有城楼一座，雄伟壮观。西望只见茫茫戈壁看不到边，临南便是祁连山白雪皑皑，在阳光下银光闪闪，有几只雄鹰在天上来回盘旋，让人由不得想捧酒施怀，拉弓射箭，骑马驰入那滚滚黄沙去索回那一片雄心。杜义和单飞一边看，一边想入非非。杜义便不由自主说："难怪古人说'不到长城非好汉'，单飞快放狼烟，给我们牵马，我要和孔将军追杀那贼人去了。"单飞也说："你们两位哪里是贼人的对手，倒不如我们三人一起前往，杀他个痛快。"杜

义和单飞说着上前要和孔刚玩耍。孔刚忙说:"你俩别闹了,我真想作首诗的,好不容易才有了两句,让你们这么一搅和又忘了。"杜义笑着坐在孔刚身旁说:"好好地不玩,怎么又想起作诗来了?"孔刚回答说:"自然要作一首的,毕竟长城来之不易,我们来一趟更不容易。"单飞忙对杜义说:"你别再打扰,让孔刚继续想。"说完自己也坐在旁边。孔刚思索了半天说:"有了。"杜义便说:"有了就快说,又别忘了。"孔刚便念道:

怒浪峰中争长短,
锦绣山川一叶帆。
谁识秦王手中刃,
雕得雄心是龙身。

单飞先拍手叫好。杜义斜着眼看着单飞说:"狗看星星不知道稀稠,你懂个什么一点两横,有本事说出这诗的思想来。"单飞想了想说:"孔刚这诗的意思,我琢磨着就是……是……"杜义接着说:"是……是胡言乱语,是照猫画虎,不懂就站着,再是、是、是,都成结巴了。有种也作首诗出来。"单飞说:"作就作免得你狗眼看人低。"说完也站着深思起来,一会儿去摸土,一会儿又扶墙远望,一会又和孔刚说上两句,最后干脆靠墙望着远方不动了。杜义一边看着单飞,一边找了个地方坐着笑。不料孔刚又得了一首来念道:

万年雄风万里长,
关连驿站城连墙。
难解秦王心中事,
寻望长城问落日。

还不等杜义喝声彩,单飞急着随口也念道:

万里长城万里长,

土块石头都上墙。
　　谁人不听秦王令，
　　更着白骨垒上墙。

　　杜义听着笑弯了腰，孔刚忙安慰单飞说："诗好不好有勇气做，就已经有了魂有了魄，再坚持下去它就成形了。至于好到什么程度，还要看个人的天赋和造化。"单飞就高兴地对杜义说："你听听让行家说，凡事都怕门外汉，你一个不懂的人一添乱，什么事都不会有头绪。在东坪沟谁不知道杜义是个睁眼瞎。"杜义却不满地看着孔刚说："单飞他这也算行的话，我想都不用想就有的是。"单飞忙说："有你就说出来，谁有没拿馒头塞上你的嘴，急得你上不来气。"杜义念道：

　　都说长城百姓修，
　　无钱难登城门楼。
　　他日杜义要上去，
　　也为长城添砖土。

　　单飞听着本要取笑杜义的，杜义却盯着他说："你别打岔，我这还有的是。"单飞就不再说话了，杜义又继续念道：

　　长城长来长又长，
　　长城脚下话凄凉。
　　都说长城育好汉，
　　可我还是穷光蛋。

　　杜义念完美滋滋地对单飞说："怎么样？说个顺口溜还不多的是。"单飞笑着说："可不是，你那废话多得和东坪沟的羊粪蛋蛋一样，遍地都是。"杜义和单飞两人真说着，背后孔刚又大声念道：

　　谁说志气难寻觅，

一抚长城雄风起。
莫笑昔日秦王痴，
留得足迹警万世。"

单飞听了又忙叫好，杜义就盯着单飞说："好什么好？我越看你越像马瘸子赶牛，跟在后面只管嚎嚎叫，你能听出个山高还是水低？"单飞侧头看着杜义问道："难道你还不服？"杜义回答说："我自然不服，我的诗朗朗上口，意思也明明白白，让人一听就懂，那像孔刚的诗念了一大串，我一句都没听懂。"单飞骂道："听不懂那是你弱智，榆木脑袋里没有肉没有血，只有腐朽和虫子，哪里懂得人间灵气的神圣？"杜义也生气地对单飞说："你拉倒吧，别在这里神啊、灵啊的，故弄玄虚，作个诗还不就和我们种庄稼一回事，谁的好谁的赖？你家的骡子我家的马，拉来一遛，还不都一样，什么皮厚毛长，那么多讲究，不信你拍着脑袋问孔刚是不是这么个理？"孔刚明白和杜义争论诗的问题没有意义，便对单飞说："杜义说得对，人与人的对比是有缺陷的，看透了它就是诗，它就是意，它就是苦与乐相容时的火焰，自私而真诚。没有人愿意出卖良心，可虚伪出现了，无人能阻挡得住，它占据了自己的心灵，还想占据别人的心灵。所以伤心是副面具，很难分辨真假，人都要活着，还要更好地活着，没必要在是非的漩涡里挣扎。其实我的这几诗，在人家诗人眼里，还不定是个什么。可我们总不能因为别人看不起，而放弃一切不做吧。就像杜义说的一样，我们有权维护尊严，我们甚至在别人的歧视下超越一切。今天我激动说多了话，可我说的都是肺腑之言，我真的希望能和朋友们一起站起来，在我们共同努力下超越一切，一辈子不放弃。就像作诗，如果杜义要坚持下去，以他的天赋和口才，一定会有所成就的。"杜义却说："孔刚，我就泥腿子一个，经不起你上汤挂水。你知道我连八字有没有一撇都恍惚的人，还什么诗不诗的，我也就这样了，喜欢个穷欢乐，踏踏实实做个庄稼人简单。我年年在田地里种的是春，收的是秋，历的是夏，度的是冬，什么意义不在其中，何必跟你费这脑子。再说我也不是这块料，从小一摸书就瞌睡，这你们是知道的，刚才我只是想激激孔刚，结果你还真上了当。看你着急的样子还蛮可爱的，眼睛睁得牛大又指手画脚地说……"单飞起身拧住了杜义的耳朵说："我还以为你这一根筋一直要拉断的，弄了半天，你是在戏弄我们，还非把自己装得和猴一样爬在高处，有本事去爬在长城上永远别下来，那才算你能。"杜义忙对孔刚说："你别听单飞的他嘴里就没好听的……"杜义说着趁单飞不防备挣扎开跑远了。单飞也不去追，看着孔刚说："我们别理他赶紧回去吃饭，中午就没有吃饭，下午再不吃，明天怎么给人家干活。"

杜义看孔刚和单飞要回去，忙喊着说："单飞有本事别走，我们猜谜语，看谁说得多，输了的以后洗碗筷。"单飞说："比就比，比什么你杜义也是输。"杜义先说："鸡又被我吃半只，打一字。"单飞说："你这容易，我的是，强压牛头吃亏，打一字。"孔刚也说："知道有病看不起，打一字。"杜义说："土生土长，也一字。"单飞说："九日遇墙翻跟头，算两字。"杜义忙说："马不一色才像它，打一字。"孔刚说："鸟要成仙凭半身，打一物。"杜义说："一人心间有伤，打一字。"单飞说："两人共守寸土，打一字。"孔刚说："三人难分高低，打一字。"杜义说："虫遇丰收肚儿圆，打一字。"单飞说："或虫或鬼都像它，打一字。"孔刚说："非虫似虫房间爬，打一物。"杜义无语，单飞又说："三车相撞声音大，打一字。"孔刚说："见刀藏头跑得快，打一物。"杜义还是想不起其他的谜语来，急得红着脸看单飞，单飞说："杜义给你一分钟时间，要再不说就算输。"杜义却说："这个不算，我们扔石头，谁扔得远谁赢。"单飞说："你一个人扔吧，空嘴说空话，谁和你玩。"单飞说完，拉孔刚先走了。杜义并不着急，捡了些石头往沙漠里扔了几个，才吹着口哨慢慢回去了。

工地上早已吃过了饭，一进门，白强就对他们哥仨说："快去吃饭吧，留着满满一盆的，虽说缺盐少醋，可吃着比家里的香。"杜义说："我们才不去吃，麦粉里都有老鼠屎，做了饭怎么吃？"白虎忙说："麦粉确实不干净，我们去找七根发让他重买，他不愿意，糊弄着让我们吃了别浪费，我们也厉害，问他做了饭吃不吃？七根发不吭声，我们又说其他事都好商量，唯独吃饭不凑合。想让我们好好出力，就别这么对待我们。七根发才磨叽着买了一袋新麦粉。那嗇皮吃饭的时候，我们也没叫他，自己摸着进来舀了半汤盆走了。我们还把食堂也收拾净了，老鼠洞也糊得明明

亮亮的，和家里一样。你们就放心去吃吧，我干事你们还不放心吗？"杜义连声谢都没来得及说就进厨房舀饭就吃了起来。单飞和孔刚两人也去吃了。

天刚黑，大伙准备要玩会牌的，七根发同志却来了，在宿舍各处看了一遍，站在地中间也不看谁，拉着脸问道："你们中间有识字的人吗？"杜义忙回答说："有。"七根发又说："明天七点开饭，七点半上班，中午休息一小时，下午九点下班。一天算十分工，迟到扣两分，早退扣两分，干不好扣两分，不上班扣两元伙食费，干半天不记工，干不到年底不给工资。"杜义忙对七根发说："这些话，你姐夫当初收买人心的时候可没说。"七根发说："他说不说这是工地的规定，要不然几百号人怎么管理？"杜义又问道："那你这干不好扣两分，干好干不好是个什么标准？难道你还有衡量人体力劳动的仪器吗？如果我干好了是不是有奖金？"七根发不耐烦地说："这你不用操心，我自有办法。"说完狠狠地拍门走了。杜义看着大伙说："还玩什么玩，赶紧都睡吧，听着心里都乏困，从早上七点到晚上九点，起得比鸡早，睡得比狗晚，还按工分计算，这不比吃大锅饭还难吗？"其他人也不理杜义，都陆续睡了。

5

第二天，大家都安心干活，唯独孔龙心不在焉，一边慢慢磨蹭，一边在心里盘算着：在工地上混下去还得想个办法，要不这么长天老日的，怎么能干到年底？于是自己在心中如此这般筹划了起来。趁中午吃饭时间，孔龙出去买了盒好烟回来，每次见到七根发都要笑脸相迎上去递根烟。晚上又买瓶好酒来去找七根发喝。七根发也不拒绝，与和孔龙边喝边聊，孔龙就拍着胸脯说自己聪明能干、威信好，村里人都听他指挥。一连几日如此，七根发明白孔龙的用意，便故意将工地上的事情临时托付于他。孔龙得意忘形，从早到晚督促乡亲们拼命干活。七根发看在眼里喜在心中，索性日日外出游玩。孔龙更是觉得自己被七根发重用，便擅自主张把乡亲们唯一的中午休息时间也取消了。

这天七根发坐在窗户前喝茶听收音机，看工地上除孔刚外，其他人都不再听孔龙的指挥，便冷笑着走出门口在工地转了一圈，把孔龙叫到一条管沟前，问孔龙道："你看，几天可以将这条沟回填完？"孔龙看着沟回答说："这么多人还不就两三天工夫的事。"七根发说："你也别两天三天了，就给你四天时间填完了算你能。这是最后一点活，催着干完就让你们去新工地。那里工地大人多，我自然会重用你的。我出去几日回来就搬家，但丑话说到前面四天要干不完，一切后果自负。"孔龙毫不犹豫拍着胸脯答应了。七根发走时还特意给孔龙扔了包香烟，孔龙越是受宠若惊，抱着烟为自己感叹了一番。

那边杜义看着孔刚说："你看你大哥多聪明，这才来几天就被提拔成小队长了。要是再努力点，夏天你也能升个组长当当。"孔刚装作没有听到，只是低头干活。

孔龙拿着香烟走了过来，他想给大伙每人分一支抽，一是显摆显摆自己，二是想鼓励大家明天赶快填沟。孔龙刚走到杜义面前，却被杜义拦住了。孔龙忙给杜义递烟，杜义拒绝说："留着你自己熏吧，我这几日肺痛。"孔龙忙问道："壮得牛一样的人，好好的，怎么又喊肺疼？要不，你给钱我出去买盒药回来。"杜义说："有钱谁不会花，单你眼珠子是动的？我们家的狗要在，扔个骨头它比你会摇尾巴。"孔龙忙问杜义道："你怎么说说就骂人了？"杜义说："骂你都是给你面子了，你别老母猪看镜子不识相，你想攀高枝别拿我们当枪使，一天十几个小时不停地干活谁不累？人心都是肉长的，你去把七根发叫来，让他挂着铁锹把站着，看他能不能站到天黑。"孔龙说："你有什么不满找七根发说去，在我这叽叽歪歪有什么用？"杜义说："你不管用？那你指手画脚地使唤谁？刚开始我还想都是村里人，对不对装一装就过去了，现在你还越耍越红了，饭碗放稳没有你就骂磨，当官的也没你这么忙。我们挣的是人家的钱，你跳上跳下地激动什么？就十几张铁锹，又不是挖土机，怎么干你才能满意？"孔龙说："干活就要有个干活的样子，吊儿郎当怎么能行。"杜义说："你过去看看，你弟弟的手都磨得大泡擦小泡了，你还得意什么？那你就站着别干，混他几个钱。我们起早睡晚地支持你也行。你又图不上个一大两小，还只管拖累我们干什么？"孔龙低着头说："天底下哪有好干的活，我这么做还不也想着到年底大家都能多拿钱。"杜义冷笑着说："好听的

你留着哄陌生人吧，狗肚子里装几两量油，大伙都知道。我给你孔大提个醒，改了便好，若不改，我们都走，留着你给七根发做牛做马，是你的事，别拿我们的肩膀往上踩。混到年底，看有没有你的好果子吃，七根发抠得饭里都不让多放一滴油，他会舍得把什么许给你？"孔龙说："人心都是肉长的，别把谁都想得和你杜义一样坏。"杜义说："我是好是坏老天知道，我杜义敢对天发誓我问心无愧，你孔大敢吗？"孔龙说："我又不傻，无缘无故，跟你胡说八道干什么？"杜义说："我们都吃一个泉里的水长大的人，怎么单把你一个人吃聪明了？听我的，老老实实干你的活，能挣多少挣多少，有你十个绑在一起，也不顶人家一个七根发头脑好。人家把你找来就是干活的，你在人家眼里就像拴在糟前的牛一样，明天干什么活、喂什么草，心里都是有数的，你再好也不可能把牛拉来和你同桌吃饭吧？道理就这么简单，搞的鬼多，吃的亏多，不信我们都等着看祸会落到谁的头上。"孔龙却说："杜义你别嫉妒人，你心里想什么，我也清楚。有本事你也让你的烟囱里冒烟，别恨他人端饭碗。"杜义听了怒气冲天，扔了铁锹就要和孔龙打架，众人忙来阻拦。孔龙看护的人多，越挣扎着对杜义说："有本事你往我这儿打，看谁弄死谁……"孔龙话还没有说完，不妨让杜义在下面踢了一脚，孔龙就躺在地下嚎叫起来。单飞忙把杜义拉回宿舍，又跑来劝说孔龙。孔龙哭着说："我不活了，非要老羊皮换他张羔子皮。"单飞笑着说："孔大哥你领导级别的人，和他换皮不划算。"大伙也笑着说："单飞说得对，孔大吃过的饭比杜义走过的路多，别和他一般见识。"孔龙这才站起来说："我混好了，能亏大家吗？可这小子不如人还不服人，一天尽添乱，我要不念同乡的情分，他早卷铺盖走人了。"单飞又故意说："可不是孔大哥说了算，七根发又不在，干脆下午我们就休息吧。"孔龙就点头答应了。

　　第二天清晨下小雨，孔龙就反复站在雨里试着还能勉强干活，便催大伙出去上班，但乡亲们都无动于衷。孔刚怕大哥生气拿了铁锹要去，杜义拦着孔刚看着孔龙说："受苦人就盼个刮风下雨歇歇身子，这难道也不行吗？"孔龙只好一个人提了铁锹去填沟，不料雨越下越大，只好又悄悄回来睡了。

　　雨一连下了两天第三日才雨过天晴，可泥土湿滑又无法开工，孔龙心中着急，饭也不得好吃，觉也不得好睡。等第四天天一亮，孔龙忙催大伙开工。下午，七根发就坐着辆大解放车回来了，进了工地，也不打声招呼，就站在渠沟边抽烟。孔龙心虚，低头走到七根发面前说："世事难料，谁知连下了两天大雨误了工期。"七根发却说："哪来的大雨，天气预报分明报的是小雨转多云，你想偷懒尽编些谎言来骗人，我不管你说七道八，工期是你误的，这所有损失都由你来承担。"孔龙吓得不敢再吭声。

杜义早知道这是七根发给孔龙设的圈套，便冷笑着对七根发说："你工地上就十八张破锹，一口脏锅，再就这一条烂沟，有什么费用好算的，我们都是吓大的，你怎么咧咧，我们都听你的？"七根发指着汽车说："这车我租来的，每天的费用比你这些人的工资还高，还有，你们这些人一天都不吃不喝了？"杜义说："那还不好办嘛，你把车开到外面去，我们都装作没看见，我们吃什么喝什么，你也装作没看见，这不就完事了吗？"七根发听了这话，火冒三丈，拍着大腿说："你把我当傻子来耍吗？"杜义说："你傻不傻，我不知道，但你能把雨天说成是阴天，可见神志不清、胡言乱语，这些症状你是有的。我们这些小手段比起你领导来真是小巫见大巫。"这时孔刚也走上前对七根发说："有些话我本不想说，可你也太不地道了。这是你的工地，你应该堂堂正正，我们就挣点血汗钱，能分得了你的家产吗？没必要在我们这些人身上动脑筋。我们每个人两个肩膀一个头还能有什么？你好，我们就多干几天，你不好，我们一拍屁股就走人。这么重的体力活，到哪都有。你也别以为手里有几个钱，我们就会顾虑，实话告诉你，我们既然敢来就敢走，翻脸的时候我们也一样难缠，不信你现在就试试？"七根发忙摆着手说："我们说东你怎么又扯到西上去了。"孔刚生气地说："什么扯东扯西的，他是我哥，你不是想在他身上扣些费用吗？现在就跟我们走，还有把那辆车也开上，到我们东坪沟保你有吃有喝，到年底你算费用就对了，比你在这守工地强。"杜义听了孔刚的话，先第一个爬上了车。七根发根本就不相信孔刚他们敢这么做，就冷笑着对孔刚说："我去了，你们有钱给我吗？"孔刚也冷笑着说："这就是诚信。我们千里迢迢地到你这里来，可是相信你的，你有没有钱我们也不知道，但你都做了些什么？既然你给了别人权力，就已经代表了诚信和威信。可你出尔反尔使用手段，摧毁了你在我们心中的形象，让人很难和你共同相处。我知道你看不起我们,但你不能不相信我们。我们虽穷,可我们有诚信,答应了人的事绝不更改,你要不信就到我们东坪沟去体验体验。"孔刚说完拉着孔龙上了车。

司机不敢开车,孔刚摸了把榔头在驾驶室里乱敲起来,司机心疼车边忙发动车。七根发这才慌了神,伸着双手拦在车前面,不停地喊着:"我只是在开玩笑。"孔刚头伸出车窗外对七根发说:"开玩笑也到我们村开去,我们村的人比你更幽默,你去了保证让你天天笑得肚子疼。"七根发又忙改口说:"兄弟我错了,你下车来,我们一切都好商量。"孔刚说:"和你商量什么?商量着我受苦你发财?还是你把我卖了,我帮你点钱?"七根发笑着说:"兄弟别开玩笑,只要你下车来,提什么要求我都答应你。"孔刚想了想说:"你的话也就只能听,如果你觉得我们干活还行的话,你就给我们写字据立证明,写清楚我们是几月几日来的,每人每天多少工钱,有事有病要预借工资,回家时要付清工资。再就是要有你们的单位名称和印章,还有你的亲笔签名。"七根发想了想,便点头答应了。

孔刚等七根发写好了证明,细细看了一遍后,给了单飞,又笑着对七根发说:"这是你教给我们的经验,又用在你自己身上,还真让人不知道该说什么好。"七根发笑笑不说别的,只管催大伙抓紧干活。孔刚看看天说:"干不干天都黑了,今天大伙都让你折腾累了,明天我们抓紧些也一样。"七根发听了心里虽然不高兴,但也没有说什么摆摆手回宿舍去了。

第二天,大伙都高高兴兴地干活,孔龙再也不敢胡思乱想,在一旁只是低头铲土。杜义看着有气又笑,捣捣身边的单飞,向孔龙努努嘴,单飞瞪了眼杜义,继续干活。杜义觉得无趣,趁单飞不注意,就将他推进了土沟。等单飞爬出土沟来,杜义早跑去上厕所了。单飞就坐在地上,一边拍鞋子里面的土,一边看着孔龙说:"孔大哥,这个时候家乡的麦芽该出土了吧?"孔龙说:"傻子,这个季节都该除草了。往年这个时候的牛都进山了。今年也不知道雨水广不广,要是雨多我们家菜园子里的菜都能下饭了。"单飞问道:"想家了吗?"孔龙回答说:"不想是假的,尤其想吃些家里的饭。"这时杜义刚好回来,忙插嘴说:"想孔大嫂了就直说,还拐弯抹角,说是想饭了。"单飞忙对杜义说:"你别打岔,我想和孔大哥拉拉家常。"杜义说:"傻吗?拉家常一个站在东一个坐在西,你们以为七根发是聋子还是瞎子？"单飞说："他早出去了。"杜义笑着说："难怪你小子一声比一声大，原来是这么回事。"孔龙也说："还是单飞贼，有七根发是一种人，没有又是一种人。"杜义说："你俩都是伪君子，可不是会装。"单飞对杜义不耐烦地说："你到别处去干，让孔大哥到这边来，我们说说话。"杜义说："你们爱说不说，我就站在这。"

孔龙过来挤在单飞左侧干了起来，单飞也往旁边让了让，说："去年，你麦地里到底是谁家的牲口给吃的，清楚没有？"孔龙说："想都不用想就是李老汉干的。他不是借过我一些粮嘛，他不还我，我要了几次，他可能恼了，背地里给我使坏。"单飞说："我怎么听人说是桑叔的羊吃的？"孔龙摇着头说："不可能，地里碗大的马蹄印放在那儿，怎么能说是羊吃的？"杜义接着说："管它羊吃的还是马吃的，都过去了还提它干什么，要是田七来就好了，那人爱热闹，你们说的这些鸡毛蒜皮的事，他全知道。"单飞说："他没有来好，来了，这钱他也挣不了。你看，我们才来多长时间，一个个都苦成圈了。"孔龙红着脸说："工地上的活也确实不好干，一天快不得慢不得停不得站不得，老牛不死稀屎不断，一点都不自由，不像我们干农活，要干狠狠干一阵，要歇好好歇一会儿。在这里歇一歇，人家就说是磨滑，整天左右不是。"单飞说："可不是，从早到晚都打疲劳战，还干不出活来，肚子饿得也撑不到天黑。"杜义说："人家自有账算，你小混，他大混。人家也是数人头挣钱的，你们白吃萝卜淡操心。"这时孔刚也插言道："昨天忘了给七根发说正事了。"单飞忙问道："什么事？"孔刚说："忘了让七根发给大伙加顿餐。"单飞说："七根发会答应吗？"杜义说："这不是他答不答应的问题，我们肚子饿是事实。我在家里干农活，一天要吃五顿饭，在这里一天，死不死活不活，还不如去坐牢。"这时单飞急急地说："都别吭声，七根发同志来了。"杜义生气地说："他来就来，又不是老虎。"孔刚放下铁锹迎了上去，七根发就停住了脚步，孔刚忙招呼说："老哥，昨天忘了给你说件重要的事。"七根发不满地问道："又是什么事？"孔刚说："日子渐渐长了，到下午时候都喊饿，没力气干活，你看能不能给我们加顿餐？"七根发不言语。孔刚又忙说："就给吃顿开水馍馍也行。"七根发想了想说："加顿餐可要好好干活的。"杜义就在背后大声说："好人有好报的，我们吃饱了，

079

不干活也撑得慌。"七根发再不吭声，转身走了，加餐的事就算是答应了。

　　第七天下午，大家终于把沟回填完毕。傍晚，七根发催乡亲们装了行李，连夜赶到玉门另一个工地。玉门的工地大工人也多，一到吃饭时间，两百多号人都提着饭碗往食堂冲，跑快的吃过了饭，跑慢的还没打到饭。每天都有人为吃饭吵架或打架，三寸钉和七根发就站在旁边看热闹。

第四章　龙蛇斗

1

东坪沟的乡亲们住在二号宿舍，其中还有青海队的农民工，两个队共有八十多人。青海队有个叫豹子哥的，人长得身材魁梧，满脸刀疤，曾因抢劫坐过牢。孔刚看豹子不善，悄悄告诫乡亲们，不要和此人交往。后又见豹子多次醉酒赌博，殴打工友，孔刚就想找机会教训他。

这日雨天工地放假，工人们都想借此机会休息一天。孔刚也想好好看会儿书，可豹子却吆喝了四五个同乡喝起了酒。杜义和单飞又在身边不停地捣乱，孔刚心中烦躁，对杜义和单飞说："你们过去给那边的乡亲们说说，这是集体宿舍，大家都要相互关照，不要谁都由着性子闹，这么多人住在一起天又热，不讲卫生，不讲文明，活不到年底，大家都完蛋了。我们甘肃队，天天扫垃圾，他们没有一个人站出来搭把手。这些人不自觉，懒得自己的脚都不洗，一过他们那边，就臭烘烘的。你们过去给他们说，要么一个队，值日一天，要么两天，我们再不学雷锋了。还有那喝酒的，也说一声，要么就声低点，要么就别喝了，喝喝喝，又扭一起打了。天天都那样，天天还喝。有那么多钱，不在家里享福，还跑出来打工干什么？"杜义和单飞答应着去了。

孔刚看杜义和单飞走了，笑着躺下想舒舒服服看会书，宿舍那头却传来了"打，打，打"的喊叫声。孔刚害怕出事，忙穿了鞋冲了过去，单飞和杜义已经被豹子打翻在地。豹子又扔个酒瓶，向孔刚打来，孔刚闪身躲过，立即飞起一脚向豹子踢去，豹子躲闪不及，被孔刚踢翻在地。豹子的四个酒友，也同时向孔刚打来。孔刚脚落拳起、拳落脚起，瞬间，将那四个酒鬼打了个落花流水。

豹子恼羞成怒，拿了把铁锹照孔刚头顶打去。孔刚往左一闪，抬右腿踢豹子下盘，豹子慌忙躲闪，不料孔刚这招是虚的，落右腿、起左腿，一侧身，踢在豹子右肩上。豹子惨叫一声，又被踢翻在地。这时单飞和杜义又找了顺手的家伙围了上来，也要打豹子，孔刚忙喝住他俩。豹子又起身疯了般扑向孔刚，孔刚不等豹子接近，抬腿轻踢他小腹，豹子弯腰躲闪，孔刚顺势一个右勾拳，又将豹子打翻在地。这次豹子再没有站起来，躺在地上嗷嗷地叫。孔刚也不理他，叫了单飞和杜义回来蒙头睡了。

第二天又是阴雨天，豹子派了两个兄弟出外买了些酒肉来，五个人你推我搡来到孔刚面前。杜义警惕拿了把铁锹，站在他们身后。豹子忙笑着对孔刚说："兄弟别误会，我们是来给你赔不是的，他们都知道我这人还不赖，就是爱喝两盅，有时候控制不住喝多了也混账。今日早起他们告诉我，我和你动手了，我一听傻眼了，这不赶紧过来看看是不是伤着你了。你瞧瞧我这人，一喝酒稀里糊涂什么事都不记得了。"孔刚笑着说："稀里糊涂的事情，就让它稀里糊涂地过去吧，认真了反倒没意思。"豹子忙说："那怎么能行，都住一屋里的兄弟，抬头不见低头见，中间隔张纸怎么过？有什么我们坐一起，吃一点喝一点，哈哈一笑都过去了。这又不是多难的事。你看我酒肉也买来了，你再不给面子，我这脸往哪搁？"孔刚忙说："赶紧回去歇着吧，你的心意我领了。"豹子说："买都买来了，你多少得表示表示，我们兄弟要成一条心，往后看他别人还敢说什么。"孔刚明白豹子的意思，便冷笑着说："这全是受苦的兄弟，用不着拉帮结派，像你这岁数的人，正是养家糊口的时候，干这么累的活，挣钱不容易，你喝光赌光了算什么？"豹子身后有个瘦高个抢着说："他没有家室，光棍汉一个，一人吃饱全家不饿。"孔刚说："人就没他这么活的，单身过更应该谨慎才对，一个人没有依靠，疼了病了没人管。还不趁早找个伴，要么就多攒些钱，一无所有到老，有受不完的罪。"豹子却对孔刚说："你说的这些话我也经常想，可习惯成自然改不了了。不怕你笑话，我也就这样了，有一天算一天过吧。"杜义就在背后笑着对孔刚说："你听听，他就和你们家老三是同一个鬼转世的,他们的话就不能听,才说定的事,你前脚走,他后脚该往哪走还往哪去。"孔刚又对豹子说:"你别站着,赶紧回去睡吧,我压根就不会喝酒。"豹子不相信地说:"你骗人,现在的年轻人,哪个不抽烟喝酒?"杜义接着说:"谁闲得没事骗你干什么,我们这兄弟还是学生。你以为谁都和你一样五毒俱全。"豹子吃惊地看着孔刚说:"你还真是学生?"孔刚回答说:"真是。"豹子又问道:"那你不好好读书,跑工地来干什么?"孔刚说:"家里父母年迈,经济困难,出来挣点零花钱。"豹子惋惜地说:"有你这么好的身手,来工地受苦,太不应该,听我的,去大城市往哪一站都是钱。这年头只要你有本事,钱还不多的是。"孔刚笑着说:"到工地出苦力挣点钱都七事八事的,我就不信城里的钱都砸站着的。你这分明是让我去挨打嘛。"豹子忙说:"你没有听懂我的意思,你要真缺钱,我带你去,就十来天工夫,我包你发财。"杜义就在身后骂道:"哪风大,你到哪凉快去,人家就和你不是一路人。逗你两句,你还真来劲了,你再胡说八道,信不信我再在你头上拍一锹。"孔刚忙喝住杜义,又对豹子说:"你要是条汉子,酒也别喝,赌也别耍,好好挣点钱,回去再做打算。男子汉就要顶天立地,不要成天都干些龌龊的事。人的命是金子铸成的,不该拿钱来衡量。我们的心也不该让贫穷来涂抹。你要是真心和我交朋友,就听我一句劝,酒拿回去,放着你们下班累了喝一口,工地上危险,喝多了酒更容易出事。"豹子看看酒,又看着孔刚问道:"这酒你真不喝吗?"杜义生气地说:"你哪来这么多废话,能喝还不早喝了,难道怕你不成?"豹子转身要走,忽又回来对孔刚说:"往后扫卫生的事,我们青海队全包了。"孔刚忙说:"这事你不能全揽。保护环境是每个人都要有的责任,大家自觉了才能维持。要不你在那边扫,我在这头扔,没有意义。还不如两个队分组干,大家都动手谁都会珍惜。"豹子低头想了想,说:"这样也好,就听你的,我刚想着你们队已经扫几个月了,我们也该表现表现,要不然不公平。"杜义又说:"要算公平到年底也算不清。你赶快去让你那些兄弟把头和脚都洗洗,臭烘烘的,又不是猪窝。"孔刚也笑着说:"天热,住的人多,不讲卫生容易得病,回去了都洗洗,人也精神。"豹子答应着,边走边大声说道:"往后下班回来谁不洗头洗脚,我就剁。"杜义抚着铁锹把,看着豹子呵呵地笑。

从此后，豹子还真不再喝酒赌博了，每日一有时间就来找孔刚说话。孔刚也不嫌烦，每次都给讲些自己家乡的事，也常听豹子说说他的过去，两人还真成了无话不说的朋友。

七月十五刚过，工地上贴出了"大干一百二十天"的标语，三寸钉站在水泥台上，给工友们讲了些鼓励人心的话，要求大伙争分夺秒地干活，确保按期交工等。

当天晚上，七根发就吆喝着工人出去加班加点，而且夜夜如此。还不到半月，年轻体壮的工人还能勉强支持，年迈体弱的早就力不从心。于是工地上就出现了白天上班打瞌睡，晚上睡觉说梦话的现象。更严重的是，工人们人心涣散，敷衍了事，再不像往日尽心干活，个个都偷工的偷工，减料的减料。整个工地都沉积在一片混乱之中。

2

七月底八月初的一个晚上，工地上四楼发生了外架倒塌事故，重伤六人，轻伤二十人，其中孔龙伤势最为严重。当孔刚和杜义找到他的时候，只见孔龙满身是血，躺在地上不停地哭叫。孔刚忙招呼工友们把所有伤员都送往医院。医院的检查结果是六位重伤员三位胳膊骨折，两位腿骨折。孔龙头部两处受伤，小腿骨折，其他轻伤员都是皮外伤，并无大碍。一连三天，工地上没有一人再去上班，有到医院探看工友的，也有趁机去溜达玩耍的。

七根发便给三寸钉献计，将所有的伤员接回工地，备上药留人看护。工友们毕竟老实，心想着在医院也是躺着，在工棚里也是躺着，反正天天有药，有人看护，便答应了出院。

孔龙整天摸着腿伤，嚎眼抹泪地说："谁知我老虎般的人，竟落到今天这般地步。"杜义等听了，一边暗笑，一边少不了说些安慰的话。七八天后，受轻伤的工友，让七根发甜言蜜语哄骗着上了班，只剩下六个重病号躺着养伤。刚二十天，七根发就调走了看护人员，满一月又把药也停了，后来还扬言病人吃饭要扣伙食费，再不继续上班的人，工资不给结算。工人听了都很气愤，上班干活，讨论这事，吃饭睡觉，也在讨论事。第二天，有一半工人不去上班；第三天，只有十几个人去上班；第四天，全体工人都罢工了。

停工第二天早起，孔刚一伙来到三寸钉办公室，三寸钉和七根发知道孔刚难应付，连忙让座递茶地客套，三寸钉说了些给工地出力辛苦，是不是这几天干累了想休息的话。七根发却故意说，天天都有很多人来找活干，这年头没活干的人多，要不就再大批量地进些人来。两人都装出一副不冷不热的样子。孔刚忍着性子，等七根发说完，才说："进不进人那是你的权利，也是你们当工头的事情，我们工人插不得言。今天我们只是想问问，为什么调走了伤员看护人员还停了他们的药？难道你们当工头的，不知道工伤事故该如何处理吗？"狡猾的七根发说："天大的事怎么能不知道，只是苦于正在用钱用人之时，偏出了这档子事，忙天忙地把几位受工伤的兄弟给耽误了。"孔刚冷笑两声说："你前言不搭后语，刚才还说这个季节找活干的人多吗？"七根发说："话说着容易，就你们我都养不起，再找些人来我还不赔光了，你们工人哪里知道做老板的难处。"孔刚说："谁养着谁来的，你把话说清楚，你就换谁来，也得给钱没人给你白干活。做老板就要担风险，我们在你工地上干活，出了事故你就得负责。"七根发说："工地上发生磕磕碰碰，是在所难免的事，大家都要相互体谅。"孔刚说："折胳膊断腿，也算磕磕碰碰吗？你把我们工人当什么看待了，今天你必须给我们一个说法，这不是你三言两语随便就打发的事。还有，我们这些人在你工地干了多半个年头，也没见你一分钱，早起我们听你扬言要拿工钱来威胁我们，有这回事吗？"七根发一听孔刚提到钱，脸色先变了，尽量装出一副十分羞愧的样子，拍了拍孔刚的肩膀说："兄弟，哪壶不开你提哪壶，你明知道现在工地上经济吃力，还故意开玩笑揭老哥的短。"孔刚正色道："谁跟你开玩笑？你不仁我不义，你先说这六位受工伤的人，该如何对待？"七根发想试探试探孔刚，对工伤事故了解多少，便反问孔刚说："哥现在忙昏了头，对这事正没个头绪，不如你帮我说说该怎么办？"孔刚说："六位伤员都行动不便，必须要有人陪护，你不但调走了看护人员，还停了他们的药，就连吃饭你也不舍得给。明知故问，这就是你领导的作风吗？"三寸钉忙说："兄弟，这不让你帮我出主意吗？"孔刚说："怕你心口不一，我说了也白搭。"七根发说："解忧排难，有好建议，我们还是采纳的。"孔刚说："对待工地受重伤工人：第一，必须有专人看护；第二，不准停药停检查；第三，要给病人适当的营养品；第四，病人所有费用包括误工费都有你来承担；第五……"七根发不等孔刚把话说完，抢着说："兄弟，咱们走哪说哪的话，工地毕竟是工地，没有你说的那些条件。依我看，不如给六个受伤的工人，先发给一半的工钱派人送回家去，车费由我来付，剩下的事以后再说。其他人明天继续上班，好吗？"孔刚说："你囫囵吞枣地说着，我听不明白，你的以后是何年何月？你不要自以为是，每个人不是你要点小手段，就能应付得了的。还有我们干了半年的工资，都要先发清，你再说开工的事。因为所有的工人，都信不过你。"七根发冷笑了两声说："我们工地规定干不够一年不发工资，想走的只管走，到年底来找我领钱。随随便便的，我都不知道你们懂不懂工地上的规矩？"孔刚生气地说："规矩在你嘴里都是分寸，你说什么就是什么你觉得行吗？我们也是吃盐长大的，我们没有钱还没有脑子吗？你当初在这纸条上写了什么难道忘了？"孔刚说完将七根发写的证明狠狠拍在桌上，把个三寸钉惊了一跳。七根发却说："那是你逼我写的，不算。"孔刚随手拿起旁边的顶门棍，指着七根发说："你们红口白牙说了的不算，白纸黑字写着的也不算。既然你们无情无义，就休怪我翻脸不认人，三日以后如果算不清工钱，这就是你的下场。"孔刚说完两手拿着木棍一抬左腿，大喝一声木棍一断为二。孔刚将木棍扔在地上，领着大伙走出了办公室。杜义跟在后面，得意得像一位得胜将军。

  工友们都听说了孔刚要让三寸钉在三日后给大伙付工资，也有喜的，也有忧的，也有说不可能的，也有跑来和孔刚套近乎的，孔刚也无心和这些人空欢喜，叫了杜义单飞还有豹子，在工地大门口如此这般筹划去了。

  第二日仍旧没人出工，第三天中午，七根发就停了伙食，工人们没了饭吃更是气愤。第三日早晨，孔刚还没起床，工友们早已站在院中静静等候。孔刚起床洗了脸叫了豹子，到木板后面提了两桶汽油，直奔三寸钉办公室而来。

  办公室里坐了十几个满脸杀气的汉子，孔刚知道三寸钉已有防备，也顾不了许多，一进门让豹子先把门关了，自己随手把一大桶汽油推翻在地，流得满地是油，三寸钉等人一闻是汽油，有几个正在抽烟，吓得忙熄灭了烟。孔刚一只脚踩在油桶上，手中拿着火柴看着三寸钉说："我数到三，如果你还不给工人发工资，我就点火。"说完从火柴盒中掏出五六根火柴来，对在擦皮上数道："一，二——"孔刚刚数到二的时候，三寸钉忙喊道："别点火，我算，我全算。"孔刚听了，便把油桶拿到一边，打开门说："留下七根发和三寸钉，剩下的全给我滚。"那些汉子全是七根发花钱雇来吓唬人的纸老虎，看到这阵势，早吓得丢了魂魄，一听孔刚喊叫，你争我抢挤出门外，等在院中的工友又一阵大声吆喝，那几个汉子头也不回一溜烟跑出了工地大门。

杜义让人团团围住办公室，单飞也领人守住了大门。三寸钉和七根发早吓得抖成一团。孔刚对豹子说："你领十个身强力壮的，在办公室里守着，看三寸钉给大伙算账发钱，让工友们不准拥挤一个挨一个地来，挣多少拿多少，少一分也不行多一厘也不准。只要三寸钉好好算工资，我们就不准动粗。"豹子答应了。

孔刚又出门外对杜义说："你领六个伤员的亲戚也行，朋友也好，再去趟医院买些止痛消炎药，再把他六个人一天所要用的医药费，还有他们的病愈期，让医院给开个证明来，再按病期把误工费也算了，给我拿来。"杜义忙答应着转身要走。孔刚又问道："敢去吗？"杜义拍着胸脯说："庙都占了还怕他和尚？"孔刚笑着说："别大意，领上十个兄弟，这光头不是什么善人。"杜义答应着走了。孔刚又让陆六带八个兄弟，到宿舍去看护六位受伤病号，没有什么事不准他们离开宿舍，陆六也答应着去了。孔刚又让人去伙房开火做饭。去了的人回来说，做饭的几个也是工头的内亲早跑得没了踪影。孔刚便问工友们谁会做饭，有二十个人都答应着会做，孔刚便笑着说："厨房里能站几个人，就几个人去做，剩下的人休息，随时准备领钱换班。"孔刚一一安排好，回到宿舍，让陆六给六个病号端了水来喝。孔刚坐在大哥身边将外面的事情一一讲明，孔龙激动地呜呜啼哭。陆六就挤着眼小声对孔刚说："看你大哥又懦夫上了。"孔刚装作没听见，忙走出门外去了。

过了半日，杜义从医院回来给孔刚看着证明说："医药费和病愈期证明都开好了，我还让医生给每人多开了两日的病愈期。"孔刚说："你就按病愈期先把误工费算了，再把医药费加上把他六个人的钱先算来，你再

领人去吃饭，吃完饭到大门口换班，让单飞一班人再吃饭，等他吃过饭，让他的人做六副担架。"杜义高兴地忙问："是不是要回家了？"孔刚说："回不回家，这六个病人总是要送回去的，工钱都拿到手了，谁想干继续干，谁不想干就回家。"杜义答应着去了。

孔刚看陆六低头闷闷不乐便问他道："想回家吗？"陆六说："求之不得，在这里累死累活的，没有人知情。"孔刚说："这个时候回去，怕要闲在家里。"陆六说："回去晒太阳也自在，这种钱挣不挣都两样，干久了熬场病出来，还不够吃药钱。"孔刚问道："怎么，累得受不了？"陆六回答说："累是一方面，心情不好，总觉得挣他这点钱，心里难受。"孔龙也说："可不是遭罪，毛钱不给，脾气还大的不行，我们为几块钱卖命都不像。"孔刚本也要说些什么的，看杜义已经拿着病人的钱回来，他忙让杜义把谁的钱给了谁，又给大哥一一点清说明。孔龙睁着眼两道清泪，直向外涌。杜义和陆六就站在旁边看着孔龙笑，孔刚忙催杜义去吃饭，杜义走了。孔刚又看着陆六说："你们也去吃吧，回来顺便把病人的饭也端来。"陆六答应着也走了。

孔刚拿了碗准备去吃饭，豹子却端了两碗面条走了进来说："不用你去了，我已经打来了。"孔刚前去接碗，说："真是不好意思，让你给我端饭，不是让你在办公室盯着算账的吗？"豹子笑着说："那边不用操心，闲着的人把办公室围得水泄不通，还怕他三寸钉飞了不成。"孔刚笑着问豹子道："到天黑能算完吗？"豹子摇着头说："哪能这么快，今晚不睡觉连夜算，也到明天早晨了。"孔刚想了想说："就让他们连夜算，今晚我和你到门口去值班，我总觉得这七根发不简单，他不会让我们就这么轻易地走了。我怕他狗急跳墙，还是防着点得好。你先过那边盯着，等会我让单飞来换你。"豹子答应着要走，孔刚又说："你让做饭的多蒸些馍馍，走的时候让兄弟都带着，我们这么多人，一时半会儿可能走不了。"豹子答应着走了。

陆六几个也给病人端来饭菜。孔刚忙说："让他们几个先把病人扶起来坐好，能自己吃的让自己吃，不能自己吃的帮忙喂喂。"孔刚一边说一边扶起了大哥给他喂饭。这时单飞也回来了，孔刚又忙对单飞说："你也赶紧去吃饭，吃了饭帮忙给做六副担架。"单飞说："这个容易，工地上什么都有做担架，还不就一会会的工夫。"孔刚又想了想说："还是做九副六副怕不够。再另做十二个梯子"单飞说："就六个病号，你做九副担架十二个梯子干什么？"孔刚说："你就照我说的做，有用得着的地方。"单飞就不再言语，拿了碗吃饭去了。

孔龙看着单飞走了，就忙问孔刚道："你看我这腿能好吗？我怎么觉得这两天越疼得厉害，尤其到半夜胀痛得不敢翻身。"孔刚忙说："会好的，这几日疼是断了药，再加上天又热捂着，能不难受吗？我让杜义给你们买药回来，等吃过饭，你们都把药喝了安安心心养病，剩下的事，不用你们操心，过几日就能到家。"孔龙看着腿说："回家好啊，我这几日什么都不想，就想家。"孔刚说："算完了账，也就这两三日就能到家，去了再让冯接骨匠给你好好看看伤。"孔龙又问孔刚道："我这腿好了有影响吗？"孔刚说："镰刀割条口，康复了，草死草活还发痒，你受这么大的伤，遇个刮风下雨天，肯定和平常不一样。"孔龙听了孔刚的话，又流着泪说："就我倒霉，腺事单落到我头上，两条多直的腿，回去一瘸一拐的，让人看着笑话。"孔刚忙说："大哥快别这样，让人看见了不好。男子汉大丈夫，该怎样就怎样，只要自己不松气，天塌下来也能顶得住，你这么愁一回悲一回对身体不好。凡事都往好处想，对于病人来说，信念就是良药。医生不也给你说过，只要你好好休息，是不会有什么大碍的。"孔龙又流着泪说："我是怕以后不方便嘛。"孔刚说："大哥怎么我越说你越愚，你就安心养伤以后要是瘸了拐了我养你……"孔刚正说着，看豹子走了进来，就不再说什么了。

豹子走上前给孔刚递着钱说："我把你的账也算了。七根发白日做梦，他在那拨拉着算盘已经做了两手准备，一是明天算完账就开工，二是退一批人，重新找些人来。他以为工资一发，照样水行磨转，我们该叫他怎么使唤还怎么使唤，他做梦去吧！谁还给他干。我是一天都不愿意在这待了，一看见他们那两个油脑袋，我就想抓两把。"孔刚说："谁不愿意干就一起走，有愿意留下的就继续干，我们也不害他三寸钉，不知他那帮子皇亲国戚都跑哪去了？"豹子说："是不是害怕不敢回来还是搬救兵去了？"孔刚说："不好说，那帮人平时就做得看不起人，他们跑外面不回来，一定有阴谋。"豹子忙问道："难道这事还真没完？"孔刚说："八九

不离十，我们还是小心些好，你等我把这几口饭吃了，我也到工地外面去看看，你回去了别乱跑，也别在三寸钉面前提这事。"豹子忙点了头，孔刚三两口吃完了饭，与豹子一起走了。

　　单飞做好了担架，来找孔刚，满工地走了一圈，也不见有孔刚的踪影，就坐在院子的木头上独自纳闷。不料，孔刚却在房顶上喊他道："单飞，你找我干什么？"单飞抬头一看，孔刚却站在屋顶上，便问道："这么热的天，你上房顶干什么？"孔刚跳下房顶拍着手上的土说："站的高才能看得远，要不然我怎么知道你在找我。"单飞招着手说："你快过来看我把担架和梯子都做好了，把三寸钉的麻绳也快用完了。"孔刚说："我都看到了，你快招呼人休息去吧，晚上还要值班。"单飞说："值班就值班，这么热的天怎么睡觉？"孔刚说："睡不睡躺着休息会也行，到晚上可不能马虎。"单飞说："这场面谁还有瞌睡，你要是不放心，我就到那边凉快凉快。"孔刚说："去吧，只是别出工地门就行。"孔刚看单飞走了自己也想回宿舍喝点水，进门一看六个病人都睡了，便小声问陆六道："药都喝了吗？"陆六回答说："都吃过了的，你看一个个都睡舒服了。"孔刚喝了几口水说："你们也睡会吧，晚上多操些心，我估计白天是不会有事的。"陆六说："你忙你的，我们睡不睡都是躺着的。谁瞌睡谁眯一会，有些人还没拿到钱。"孔刚说："不着急，差了谁一分钱，我们都和他三寸钉弄清。"陆六就笑着不再说话了。孔刚摆摆手走出门口，本打算是去办公室一趟的，走到半路又嫌七根发烦，转身又往大门口走去。

　　杜义看孔刚来了忙招呼说："兄弟到这边来坐，这凉快。"孔刚边坐边问道："你们说什么，说得这么热闹？"杜义往旁边让了让说："还不就工地上那些破事，这小子说他有十一天没有上班，七根发竟然没有发现，他拿的钱还和我们一样多。"孔刚忙说："这件事以后都别提了，要是三寸钉听到了，又是麻烦。谁占了便宜，回家后再乐去，高兴得太早了泄气。"杜义说："这能怨我们吗？我们又没偷又没抢，怕他什么，钱都装进口袋了，他还能掏了去？"孔刚说："你别死有理，到底白拿人家的钱自己心虚。这么多人知道的，就一个人混了十几天，要是再有这么二十个，你算算是多少钱？钱数少了好说，数多了看人家和你闹不闹。"杜义说："我们这些人在工地上当牛做马的一夏天，没有功劳也有苦劳，最后这三寸钉一翻脸，连句人话都没有。我越想越气大，二号楼挖地基的时候那土多硬，我和你抡大锤，一天不说别的，光锤把都换不急。我们这些人，哪个地方对不起他三寸钉？别说是多拿他几块钱，就是把这工地都给我们，他都有亏欠，你问问工地上谁要不这么说我杜字倒着写。"孔刚说："你赶紧闭嘴吧，累了都回去歇歇，我一个人在这就行。"杜义说："我哪都不去，这凉快，这么舒服的还到哪歇去？我都等不到有这么一天出出这口气，可就是不见个垫背的。你说他那伙亲戚也几十号人，怎么装熊都溜走了？"孔刚不由地笑了一声说："就你事多，拿你一点没办法。我好心让你去休息，还给我犟嘴。我们到这来是为了挣钱，受了再多的苦，是自己愿意的，你现在说这些牢骚给谁听？"杜义说："那做饭的胖子更不是东西，一个锅里能做出两样饭。天天都是那一锅养命食，打饭还要看人下勺子，厉害人他就捞稠的，囊人他就舀清的，谁是他爹谁是他妈他不抬头就知道。今天他要不溜走，真要捣他一顿拳。"孔刚说："你就是个祸事根子，提谁都有差错。"杜义说："这本来就是事实，要不然怎么能犯众怒。"孔刚笑着说："我们的离开就是实实的结果，难道你想煽风点火弄出条人命来？"杜义笑着躺下身去，在旁边揪了根草放在嘴里叼着，说："我们不提这些了，你说这个时候家乡的农活干完没有？"孔刚说："我记得去年这个时候，庄稼收光牛羊都放开了。也不知道今年我父母是怎样把那些粮食收割完的。"杜义说："这些事你不用操心，我妈早计划好了的，春种秋收一家人都过去帮忙。人家老姐妹的关系比我和你铁。只求老天爷保佑再遇个丰收年。"孔刚说："但愿如此，要不然我们这些人就有挨饿的可能。"杜义说："我想还就那样，这天旱了，算算这地方才落几场雨。"孔刚说："不一样，这地方是水浇地，我们那是山区，我们那地方要这么旱，哪还有人活的希望。"杜义摇着头说："就那么个地方，好也好不到哪去，你看这地方，一年不落几滴雨，庄稼好得不得了，光地头儿上的蔬菜瓜果都吃不断。我们那地方除了死萝卜、大白菜，顶多再加个芹菜就这几样，连个歪瓜裂枣都不结。今年，我要不来这里，我连平常的茄子、辣子是怎么结出来的都不知道。"孔刚指着杜义说："你小子不地道，一方水土养一方人的，我们那里有的东西它这也没有。我和你的感觉不一样，我爱咱那里的每一个地方，这里一望无际让我很渺茫。"杜义却说：

"你还小，过两年就不这么想了。庄稼人就图个吃什么有什么，自由自在，要不然，一辈子守着土地干什么？"孔刚说："你就知道守着地，地里你埋个土豆能结出西瓜来吗？地是死的，人是活的，办法是人想的，一辈又一辈的人都活过来了，单到我们这一辈就守不住了？我们那里的森林、冬虫夏草、动物，搬出来哪样不是世界珍贵东西，可我们全村的人谁珍惜过？还不都和你一个思想，树砍光了当地，草皮挖了当地，动物打完了保护地，好像地就是命，地就是一切。只要霸占了地，其他的都不重要。春天种，夏天除除草，就等着天下雨收获了。剩下的时间，就是灰头土脸地叹气说闲话。要说自由，就数我们村的人消极了。就像你，有这白羡慕人的工夫，还不如回家去多想想自己的事情。"杜义说："那些东西是好，可不是你的，也不是我的，那是国家的，整天龇牙咧嘴的，还不如收拾完了心静，剩下的你说，就那么个地方，就那么个条件，我就是把头发想白了，也是白搭。要是光阴过得稍好些，谁还跑到这里来受这窝囊气。"孔刚说："知道你天天就那些说法，还不如不说，我们都省点劲，应付眼前的事吧。"杜义说："我时刻准备着，就怕他不来。"孔刚说："既然不累，我们就干些有用的。你领着你的人。往东南西三面的屋顶上搬些小石头，石头要比拳头小、比鸡蛋大，每个房顶上要三堆，中间一堆两头各一堆，三个房顶都一样。院里有单飞做的九个梯子，先照着放石头的位置摆了好上下。"杜义不解地说："屋顶上没人捡个石头上去干什么？"孔刚说："你去吧，有用它的时候。"杜义就招呼着人走了。

　　孔刚靠着墙，想好好休息一会，不料单飞又跑来说："杜义是不是疯了，往房顶上搬石头干什么？我过去问他，他不言语，让我在他屁股上狠狠地踢了一脚，他才拌着嘴说，让我来问你。"孔刚说："是我让他去的，你也把你的人叫来，我们也捡些石头放门两旁，晚上视线不好，我们都站里边。你再去找十根结实的木桩、四五十米麻绳、两把大锤来。"单飞就站在门口，叫了人来让捡石头，自己选了两位兄弟走了。

　　孔刚先让大伙找了合适的位置堆了石头，等单飞三人回来，马上让其他人按他划好的位置，从门左则每隔三米钉一个桩共钉五个，右边也同样让钉了。再让闲着的人从门口左边的第一个木桩系紧麻绳，拉到右边的木桩上拴了。单飞看拴绳的没有拉紧绳，就抢过绳子自己绑着说："这就是绊马索，松松垮垮的，哪有劲。"其他人也照单飞的样子绑了。孔刚检查一遍，又让单飞带人把工地上的十字镐全拿到院门口来。

等吃过晚饭，孔刚把杜义、单飞、豹子、陆六四人叫来，先看着杜义说："你带五个领过工资的弟兄，拿上家伙，上东边的房顶，要是情况紧急，院中自然有人接应。记住，你只守看东边的屋顶，其他地方不用你操心。如果谁的地方出了差错，责任就由你负责人来承担。"杜义领着人去了。孔刚又看着单飞和陆六说："你们两个也一样，一个去南边一个去西边，也同样各管各的地方。"陆六和单飞也答应着去了。孔刚又问豹子道："大门口留十人，办公室留十人，病号那儿，留五人还剩多少人？"豹子算了算说："刚好还有八十五人。"孔刚说："太好了，一个组刚好能分十个综合支援者，还剩五十五人，这五十五人由你带领，埋伏在大门口对面的水渠里。等大门口有喊叫声，你就迅速冲出接应。"豹子没有听明白孔刚的话，挠着脑门儿说："我不太理解你的意思。"孔刚笑着说："不怪你，是我没有把话说清楚，这八十五人你给东面房顶分十人，但这十人要留在院中，如果东边的房顶上先有情况，这十人全部上房顶支援，如果大门口先有情况，这十人要留五人，准备支援屋顶，五人迅速支援大门口。南边西边的二十人也一样，剩下的五十五人你领着，等天黑埋伏在门外。"豹子点着头说："这次我听明白了。"孔刚又说："你把守门的十人先派来，再到办公室找五把电灯，给屋顶上扔三把你留一把，再让人给我送来一把。告诉弟兄们别害怕，打不打，嗓子喊得亮，把人吓跑就好。"豹子点头走了。孔刚等守大门的人一到，又去院中屋顶大门外——如此这般的安排了一番才回来。

这一天工地的夜晚格外安静，人们似乎能听到自己的心跳声。孔刚就坐在大门口闭目养神，当他听到大门口的脚步声越来越近、越来越密时，突然睁开了眼睛。刚好，偷袭的人冲了进来，被麻绳绊倒了黑压压一地。孔刚喊一声："打。"顿时院里院外。喊打声四起。偷袭者知道中了埋伏，急忙四散而逃。孔刚忙让豹子撤进院内，清点人数。豹子笑着说："不用数，我们的人就没离开过水渠，站着还没多扔几个石头，他们就跑了。妈妈的，今晚才把那伙人的苦胆都吓破了，跑最后那个，我手电一照，慌得他一连摔了三跤，才挣扎着跑走。"孔刚又问道："看得清他们有多少人吗？"豹子摇着头回答说："不好说，看着黑乎乎的一大群，估计比我们

人多。"孔刚说："关闭大门，留三十人看守，每个房顶上面再多去十个人，剩下的都坐院中随时听我调遣。"豹子忙去安排好了人手，就随孔刚坐在院中吸烟。孔刚嫌呛，往旁边坐了坐说："少抽点，别老在烟上报仇，命是你的，让我常劝，你好意思吗？"豹子说："我都憋了半夜，再不抽口，我都想睡觉了。"孔刚说："瞌睡了，你就去睡，总比你吸烟得好。"豹子说："依我看，把人都撤了睡觉，那伙人，再借他十个胆子，他也不敢再来了。"孔刚说："来不来是人家的事，防不防是我们的事。如果今晚我们大意，早让人家包饺子了。"豹子说："怕什么，大不了让他揍一顿我挨了，明天我还不找着挨个儿拍他。"孔刚说："明天就晚了，你怎么拿来的钱，人家怎么拿走，你还得灰溜溜地给人家白干活，要不你空着两手怎么回家？"豹子说："那怎么可能？我到手的钱拼了命，也不给他。"孔刚说："你我是不怕的，可这么多兄弟怎么办？他们要有一个吃亏，我们大伙都没意思。"豹子想了想说："那倒也是，看来今晚我们这劲还不白费。"孔刚说："先歇歇吧，等明天我们就可以离开这个地方。"豹子说："那好吧，我和你背靠背坐坐，我这么蜷缩着腰困。"孔刚说："那你就过来靠着。"豹子也不起身，往孔刚这边挪挪，靠着孔刚说："你先操点心，我眯一会儿。"孔刚说："那你就快睡。"

豹子正要蒙头睡去时，突然听到屋顶上又传来了喊打声，惊得起身去上房顶，却跑到了大门口，慌得揉着眼睛辨清了方向才往东跑。刚跑到梯子前，杜义就在屋顶上照着电灯说："都别上来了，那些狗日的都是来扫兴的，还没扔几个石头就又跑了。"孔刚已经从南边的屋顶上下来，站在豹子面前说："你再别睡了，稀里糊涂的，要是真打仗，我看你就撞枪口上去了。"豹子红着脸低下了头。孔刚又对豹子说："你还是到办公室去看一眼，别让三寸钉也睡着了。"豹子打着哈欠去了，不一会儿回来说："就算是完了，有两个的工日对不上，在那里扯皮。"孔刚问道："错得多吗？"豹子回答说："一个的一天，一个的半天。"孔刚说："你再跑一趟告诉三寸钉，血汗钱一分都不能少，他要是嫌吃亏，你就给他说，我们少吃几个馍馍来顶账。"豹子笑着说："你这是什么算法，人家三寸钉又不傻，能答应吗？"孔刚说："就因为他不傻，你才给他这么说，他要是真傻了这事还不早完了。"豹子只好又去了办公室。孔刚就对身边的人说：

"你们几个上房顶去让房顶的兄弟都撤了，记住千万别让他们弄出一点响声。"有三个忙答应着上了房顶。

第一个下来的是杜义，走到孔刚面前刚要说话，孔刚摆手不让他说，杜义就急得在地上转了个圈，才站到孔刚旁边。等房顶的兄弟全部下来，孔刚才小声问杜义道："都问过了吗？有没有要留下继续干的？"杜义说："还用问吗？挣点钱，就像抢银行一样，再留下还不呜呼到这了。"

孔刚和杜义正说着豹子又回来了。孔刚忙问豹子道："三寸钉答应了吗？"豹子说："他还真就答应了，还把我纳闷得不行。"孔刚说："你纳闷什么？三寸钉的眼睛都会说话，他让人一天少蒸一锅馍馍给你吃，人家连你的跑路钱都赚去了。"豹子笑着说："这账我倒没算清，原来这还真不是个笑话。"孔刚说："想离开这里，我们就先不说这些，你们都仔细听着，四十分钟后我们要出发。做饭的兄弟，现在就去伙房，把蒸好的馍馍拿来交给陆六。其他的人都别动，听我安排完再走。豹子单飞一组领四十人前面开路。陆六领一组四十人护送病人走中间，院中有九副担架，六副抬病人，三副抬行李，剩下的人跟着我和杜义断后。从现在开始不要大声说话，二十分钟内准备好一切。二十分钟后熄灯装睡觉，四十分钟准时出发。走时别忘了拿家伙，杜义现在去办公室，把那十个兄弟也叫来，就说是去睡觉。我一人到门口站哨。"孔刚说完转身要走，杜义却拉着孔刚的胳膊小声说："你一个人去守门危险，要不我和你去？"孔刚说："你不用帮我，陆六的时间可能有些紧，你帮帮他倒是正事。你再磨蹭天就要亮了，我们再走可能又有麻烦。"杜义就忙去了办公室。

孔刚来到大门口先让守门的人撤了，自己找了个隐蔽的地方，坐着监视起办公室来。十五分钟后三寸钉走出了办公室，回了宿舍很快就熄灭了灯，估计是睡了。七根发却还在办公室里，一直等到三十分钟时，才走了出来，在门口张望了一会，又蹑手蹑脚地来到大门口，看了看大门，又回办公室去了。孔刚料定七根发现在是不会睡觉，也不去理他。等到三十五分钟的时候，悄悄开了大门。四十分钟刚到豹子一伙，准时来到门口，孔刚打手势让他们先走，接着陆六一伙也到了，孔刚看有两个抬病人的并排走在一起，忙要说声小心，那小伙子已经撞得大门"哐啷"一声。孔刚暗叫不好，忙催促乡亲们走出工地门口。

话说三寸钉和七根发被迫无奈，给工人们发完了工资，三寸钉累得筋疲力尽，揉着蛤蟆眼，就要去睡觉，七根发忙阻拦说："你先别急着睡，我看这些人鬼鬼祟祟，怕是钱拿到手就要走。昨夜我听有几次喊打声，想是侄子他们找人来救我们的，也不知是什么缘故，却不见进来。"三寸钉说："我早就给你说过，没有这个必要，你非要毛手毛脚地搞鬼，这下可好，花钱不说还不定要添乱。人家是来挣钱的，你把钱给人家你还使你的人，你以为现在的人还像前几年的人，让你找几个人来吓唬吓唬，他就老实了。做事不动脑子，要是人家害怕真走了，我看你给老天爷伸手吗？"七根发却说："你不用担心，这个节儿秋收已过，他们这会儿跑回去青黄不接的，喝西北风吗？"三寸钉说："人心难测，你这里又不是金坑银坑，人家舍不得。"七根发说："料这些咸鱼也翻不起什么大浪，只要看紧些，明后天再做顿肉给他们吃，糊弄糊弄一开工就没事了。"三寸钉说："你不累你就折腾，是看着还是哄着你自己拿主意，都有些岁数的人了，做事总不靠谱，非搅和得心闲落个心不闲，你就舒服了。"三寸钉说完便睡觉去了。

七根发等三寸钉走了，便敲着桌子自言自语道："做人真难，管也有错，不管也有错，我成出气筒了。要是人走了，我看是你急还是我急。今年要是还给那么多钱，明年你磕头请，我也不来。"七根发嘴里这么说着，人却走出了办公室，站在门口仔细听了听，没有动静，又悄悄去看了看大门是关的，以为工人都睡了，回到办公室浓浓泡了杯茶，坐着开始盘算明天的事。他正想着开工后要好好收拾谁谁谁的，忽听到院中有响声，忙走出门口一看，恍惚有几个身影闪出了大门。七根发忙跑到宿舍去看，宿舍里连半个人影都没有，唬得三蹦两跳地来到三寸钉门口喊道："姐夫，不好了，所有的工人都回家了，你还不快起来追。"这话把三寸钉吓得裤子都穿不上，好不容易穿了裤子，也不穿上衣，光着膀子跑出来一看，人都走远了，一边追一边骂七根发没用，两人像追魂赶命一样赶了上来。

8

这时天已大亮，孔刚看三寸钉和七根发已经追了来，便带着人站在那儿，看着三寸钉和七根发喘气。杜义等得不耐烦了，说："多谢二位工头前来相送，如果没有什么话说，我们可要走了。"三寸钉忙拉住孔刚的手，哀求道："兄弟，如果你能把这些工人给我留下，你要什么都行，要不，你不用干活，我月月给你两倍的工资行吗？"孔刚冷笑了两声说："我谢谢你的好意，天底下容易干成的事只有放弃。我睡在床上，你月月给我两倍的钱，这种好事我恐怕还没命享受，也许这种幸福是你的专利，留着自己享受吧，再说我哥腿也受了伤，我必须把他送回家。我们东坪沟的人是再不会给你卖力了。"杜义急得推开孔刚，对三寸钉说："我们东坪沟的人就是回去吃黄土，也不挣你这王八蛋的一分黑心钱。你有钱是你的，别老在人面显摆，黄鼠狼似的，你没钱了也和鬼一般。"三寸钉也不理杜义继续求着对孔刚说："如果能把这些人给我留下，我现在就给你一万元你一个人回家。"孔刚说："我不是劳力贩子，这些人要走要留，与我没有一毛钱的关系。我没有丝毫的权利管人家的事。我劝你还是到前面去问问，说不定还有人愿意留下来干。"三寸钉如听圣旨，忙和七根发跑到前面挨个去问，点头哈腰地给工人们发誓说工资一月一发，后来喊成半月一发，最后干脆说一天一发，也没人愿意留下来再干。

　　三寸钉和七根发像泄气的皮球瘫坐在地上，瞪眼看着孔刚走到面前。杜义嘻嘻地笑着说："七根发平时的气派都哪儿去了，你不是一手遮天一手遮地的人王吗？三寸钉不也说离开了谁地球照转吗？现在怎么两个秃子都没发了？丑话就是理话，你别不爱听，以后拿钱当枪使，还得脑袋做盾牌。我劝你俩还是回家去，把你们的家人全都叫来干，这样又省心又不发工资，吃亏占便宜，都是你们家的事，何必如此狼狈。"七根发也不管杜义如何嘲笑他，只是盯着孔刚狠狠地说："好小子，你等着瞧。"杜义招呼着兄弟们，从路边捡上石头就要打，把三寸钉和七根发吓得抱头跑了。

　　前面的人已经走到镇头，豹子跑回来问孔刚怎么办。孔刚说："先找个地方，让大家休息吃点东西，等我们赶上来再说。"豹子答应了一声转身走了。孔刚和杜义也加快脚步赶上了大伙，只见路旁四棵榆树下面黑压压坐满了人。孔刚这下犯愁了，叹着气对杜义说："你暂时再辛苦一趟，让豹子和单飞两人陪你一起去趟火车站，问问这些人可不可以同坐一趟火车，再问问有没有今天的火车票。"三人便兴兴头头地要走，孔刚却说："光你们三人去恐怕不好，再带上十五个兄弟一块去。"马上就有十五个人跟杜义三人去了火车站。

孔刚先给六位伤员检查了伤势，又给他们吃了馍馍喝了药，坐在旁边和他们闲聊，等了四十多分钟后杜义一伙才回来，一见面杜义就喊晦气，孔刚说："说正经的，好端端的，喊什么晦气？"杜义一屁股坐在孔刚身边："那个买票的娘们隔着窗口嗲声嗲气地说，'先生，对不起，今天没有车辆可一次载你们这么多的客人，也许明天也没有。你们这么多人，为什么一定要一起同往？'你说这晦气不晦气？"听着大伙都笑了起来。孔刚却着急地跺着脚说："真是怕什么来什么，要是两天离不开这里，我们的麻烦就多了。"豹子突然想起一件事，红着脸对孔刚说："有件事我忘记告诉你了，我们回家和你们不同路。"孔刚忙问豹子说："怎么不同路，你们不也是坐火车到兰州再转车去青海的吗？"豹子说："这么走也可以，但有点南辕北辙，甘肃青海绕一圈了。我们往西走近，火车坐到柳园再到敦煌，在敦煌吃点饭，再坐开往青海的车翻过当金山，一个大下坡就到家了。"杜义伸手拧住了豹子的耳朵说："听听你这脑子，别人都急得火烧眉毛了，你在这儿慢溜溜地说着，怎么就到家了？你早说，我也少跑一趟火车站，把你那六十人拨拉开不算，说不定我们今天就先能到家。"豹子说："对不起，我这一紧张全忘了。"孔刚说："你们两先别吵了，看来我还得去趟火车站，你们照看好兄弟们，别等我回来又都跑散了。"杜义却说："还是我一个人去吧，就这么牙长点路，一来一去，也就二十分钟的事，人多了反倒不利索。"孔刚还没有来得及阻拦，杜义就已经走了。孔刚只好对单飞说："还得你再领些人跟了去，他一个人说着痛快，到底让人担心。我再给你些钱拿着，你给这六位病人带些饭回来。"单飞说："让他先走，我们远远跟着，我也正想看看他杜义是嘴硬还是腰硬。"孔刚掏了钱递给单飞，单飞不接看着孔刚说："留着吧，我这有的，买几碗饭谁掏不一样，咱哥们还分你我吗？"孔刚只好说："那就别忘了给做饭的说一声是病人吃的，葱韭辣蒜千万别放。"孔龙也忙对单飞说："单家兄弟，能不能给我捎几个鸡蛋来，这几天嘴里淡淡的，特别想吃这个，我口袋里有钱你拿了去。"单飞笑着说："你躺着吧，想吃人肉我没有办法，吃几个鸡蛋我去给你要，也能要几个来。"孔龙就高兴地摸着腿说："好兄弟，等我这腿好了，说什么也要报答你的恩情。"单飞说："要报答你就报答你弟弟孔刚吧,有这么个兄弟是你上辈子修来的福气。"孔龙说:"我自己的兄弟自然没有说的,乡亲们的好我也是记着的。这些天我躺着想了很多,活着只有情义是真的,别的都是虚的。等我腿好了,第一件事就是要对我自己有所改变,再不能像以前那么活了。"单飞看着天说:"你孔大哥的嘴是从不饶人的,今天说这话就和晴天响雷一样。也不知道你心里是怎么想的,但这话听着就暖人心。今天我就是给你买头牛来也愿意。"孔龙忙说:"单飞相信我,我心里真是这么想的,只是嘴笨,说得不全面。"单飞说:"想改变自己用不着别人去相信,你主宰一切。如果你堂堂正正,别人不敢说你歪七扭八。"孔龙笑着说:"就是这个理,全让你说对了。"孔刚着急地对单飞说:"有什么话回来再说,杜义走了都半天了。"单飞忙招呼人走了。孔刚看大哥好像还有什么话要对他说,便忙安慰道:"大哥,好好休息。等你病好了从头开始就好,有些话不说出来比说出来更有意义。"孔龙又眼中含着泪水点了点头,躺着不说话了。

豹子等他兄弟俩说完了,才插言道:"忘记给杜义少说句话了,让他也帮我们问问火车票的事。"孔刚说:"你放一百个心,他会问的,这么长时间了,你还不了解他刀子嘴豆腐心一个,等他回来,你别吭声,他就先说了。"豹子笑着说:"也许是急着回家的原因,我心里也是这么想的,可不说说总觉得心慌。"孔刚说:"你这不是白说吗?说来说去,你就是不放心他。一个大老爷们就是把你一个人留下……"孔刚还没说完豹子就用胳膊碰着不让他说了。孔刚一抬头看见杜义已经回来了。

一见面,杜义就对豹子说:"你们西去的车我也问清楚了,明天早晨七点就有一趟,你自己拿了钱去买,我脚后跟都跑疼了。"豹子和孔刚听着笑了起来。杜义被笑得莫名其妙,忙低头看了一下自己身上,并无尴尬之处,便猜出他俩肯定说了自己的坏话,一转身,先拧住了豹子的胳膊问道:"老实说出来,你们到底说了些我什么?"豹子说:"是你多疑了,我们压根就没提你。我说七根发的头上没头发,孔刚偏说是有的。我和他打赌请吃饭,等单飞回来作证,因为他给七根发头上擦过泥巴。"杜义松开手说:"七根发头上是竖着几根毛的,早晨太阳一照,看着很明显。他这名号还是我起的,我能不知道吗?我作证,这次豹子你输了。"孔刚忙阻拦道:"杜义说正事,你没有看到单飞吗?"杜义回答说:"看见了的,刚还跟在我后面鬼鬼祟祟的，后来路过一家饭馆时不见了。想都不用想，去下馆子吃饭了。人就怪，平时说得多好多好，吃饭的时候就吃独食去了。"孔刚忙对杜义说："你错怪单飞了，是我让他给病人们买饭，不是他自己去吃。他要是去吃饭，不叫我，也得叫你。"杜义说："我怎么知道，反正他去饭馆是真的，我又没冤枉他。"孔刚说："你把车票的事先说完，想吃饭我们等回就去，听你馋的，张口闭口都是吃。"杜义才说："我们要坐的车也在明天早晨九点，人家说得清楚，想买现在就去，晚了不一定还有。还是那女子，还是那腔调，只是看着有些不耐烦。"孔刚说："谁问你这些了，赶紧收了大家的钱，我们去买票。你这次拿了钱去，她就高兴了。要不然你两个肩膀扛个头一趟一趟的，人家还以为你癞蛤蟆想吃天鹅肉了。"杜义说："我就知道你俩刚才没说好话，还不承认。"说着又来抓孔刚要打闹，孔刚笑着早跑远了。

单飞回来给病人买的是牛肉面，还特意加了两个鸡蛋。孔龙边吃边看着单飞说："兄弟，这饭香得呀！我都舍不得吃完它。你为什么也没有吃一碗就给我端来了？"还不等单飞说话，杜义就接着说："听听现在的孔大哥活得越没样子了，就白吃一碗牛肉面，也能感动得稀里哗啦的。前几天我给你买了卤肉来，你也没给我说声好的，吃半天，还剩半碗给我留个没意思。"孔龙忙说："杜义你的卤肉也好，吃着只是硬了点，我脸上有伤，嚼不动，也没心说话，但我心里感动得很，后来我不是硬忍着疼吃完了吗？"杜义这才笑着说："你这么说还差不多，别让有些人以为你孔大哥有奶就认娘，只把我杜义看成狼了。"单飞转身就抓住了杜义说："我早知道你狗嘴里吐不出象牙来，谁是有些人？谁又是狼，谁又是娘？你今天要是说不出个一二三来，我非扒了你的皮。"杜义忙求饶道："好哥哥放了我吧，你知道我说话有口无心的，还和我计较，下次记着去饭馆也叫我一声。我说句不怕你见笑的话，这一夏天我馋得做梦都流哈喇子。"单飞说："等会吃饭，我给你切两斤肉吃，看把你嘴紧的，都犯羊角疯病了。"杜义等单飞松了手才说："那就这么说定了，别去了饭馆，你又看钱钱好看肉肉好。我可在别人面前不给你留情面。"单飞看孔刚回来了，便故意问杜义道："那我们去吃饭，孔刚怎么办？"杜义却说："你是请客的人，你问谁？想请了，是你的心意，不请了，谁还好意思硬跟了去。

换我请客,人越多越好,吃不吃,捧个场自己有脸面,钱挣来就是花的,要不然装着还不如纸。再说,你平日不是最要紧孔刚的吗?怎么今天吃饭又突然问起我了?"单飞忍不住笑了起来。杜义回头一看孔刚就站在身后,指着单飞说道:"你小子果然阴,原来说请吃饭是往冰沟里哨狼,你以为我是傻子,你哄我去吃饭,我就要出卖自己的兄弟吗?"孔刚忙对杜义说:"你先别闹了,我让你收的钱在哪儿?"杜义指着那边说:"那不二十个人在帮忙收吗,我一个人还不收到天黑了。"孔刚说:"去催催,都抓紧些,等买了票,大家都安心了,想怎么闹随便你。"杜义就问道:"有些人没零钱怎么办?"孔刚说:"拿纸笔把姓名钱数记清楚,等车票买回来,多退少补。"杜义一边催单飞拿纸笔,一边小声对孔刚说:"我这两天都让你给使唤成机器了,做什么事情都要问你,自己都没有了主见。"单飞说:"你本来就是八五不分的货,干什么事情都像没有头的苍蝇,比如夏天七根发明明让你去上楼拉灰,你嘴里答应着,还拿了铁锹去挖沟。人家找不到你要扣工分,还不是我给人家解释了半天,七根发才饶过你的。"杜义指着单飞说:"算你会钻空子,等我忙完再收拾你,你的人我不清楚吗?我就真没了头,也顶你这样的十个。"单飞怕孔刚着急,就给杜义摆着手不说话了。杜义去了一会,点着钱数,走到孔刚面前说:"你看,这么多钱都要拿去给车轱辘帮盘缠。"孔刚说:"小心装好,这可都是大伙的血汗,钱少一个子,你也好着回不了家。"杜义一边把钱往口袋里塞,一边说:"那倒也是。"孔刚说:"陆六留下,我、你、豹子、单飞去买票。"

　　杜义兴奋地走在最前面,边走边回头说:"你们都跟紧点,这次我去要个人,看那老娘们还给我搭脸不搭。"孔刚三人就跟在后面笑,快走到镇子中间时,孔刚发现有人在跟踪他们,便放慢了脚步,故意在瓜摊上问问,又在果摊上摸摸,确定跟踪的只有两人后,也不去理他们,回头一看豹子却不见了,杜义和单飞已经进了车站。孔刚怕杜义出事,也顾不上找豹子,忙赶到火车站。售票厅里人并不多,杜义和单飞已经在窗口买票,孔刚这才松了口气站在门口里外张望。

　　杜义和单飞买好了票出来,杜义把所有的车票都递给孔刚看着说:"可惜得要命,那么多钱,就买回来这些纸。"单飞说:"可惜什么,你以为火车也像你家的破骡车,扔一把草,吆喝一声,就能把你拉着满大路

101

跑?"杜义说:"那他还在车站门口写那么大个'人民铁路为人民'的字干什么?我们家的破骡车怎么了,还不是一年四季为乡亲们拉东拉西,也不见谁给我家的骡子喂口草吃的,难道我还在骡圈门上也写上'你们不喂我家的骡子,我家的骡子也不为你们'吗?"孔刚等他俩说完便问杜义道:"豹子哪去了?"杜义回答说:"我还正要问你的,你们俩不是走后面吗?"孔刚暗叫不好,忙催杜义和单飞前去寻找。

半道上,豹子却在一家饭店门前等着他们,杜义先埋怨豹子说:"这么大个人走路都歪歪扭扭地能走丢,没忙没闲的,我们在找你,你却在这里图凉快,看见人脸也不红,还只管咧咧个嘴能笑得出来?"豹子忙解释说:"我想过了,我去不去火车站票都能买来,还不如在这买好饭,你们一来一吃,我们就走了多好。"杜义这才喜欢地说:"我就说豹子平日心长,这次怎么就不体贴人了,原来是要给我们个惊喜。"孔刚忙说:"那么多兄弟都在等我们回去,我们怎么好意思在这里吃饭。"杜义说:"他们等他们的,我们又没有拿他们的钱吃喝,有必要往心里去吗?就这肝肠都跑断了,也没人知情,要是谁有话说,我挡着。我就不信人有这么多毛病,我吃顿饭还要给他们请示汇报吗?"豹子也对孔刚说:"饭菜都摆上桌了,不吃怎么能走?"孔刚只好跟着走了进去。只见餐桌上还摆了酒肉,孔刚又对豹子说:"我们风吹日晒挣点钱不容易,你还是把酒肉给退了,把钱带回家用吧。我们吃碗面就走。"豹子说:"这饭馆里的东西,哪有上了桌还能退的,像你们父母在的人多好,省也有省头,我孤魂野鬼一个,也没有人在乎。好不容易遇到你们,可转眼又散了。有这几个钱,没这几个钱,对我来说都一样,咱们兄弟一场明日一分开,还不知何年何月才能见上面。你们都别多想,给哥面子,喝上几杯酒,吃上两片肉,也是我一片心意,穷穷富富,也不在这一顿饭上。"孔刚看着豹子说:"又开始自暴自弃了,都给你说多少次了,单身过更应该仔细谨慎才对,怎么都当耳旁风了?破罐子破摔,不如不活。"杜义摆着手说:"都别说了,不就是吃顿饭吗?看那端饭的姑娘一惊一乍的,还以为我们是来吃白食的。孔刚坐下来,几个大男人在一起有什么好难肠的?就凭豹子这句话,就是有条龙也吃它。今天大家都放开吃,不够我再点。"孔刚忙说:"我们朋友好一场,也不在这吃吃喝喝上,怎么我越说你们越较上劲了,你们再犟嘴，我可真走了。"豹子忙拦着孔刚说："我们兄弟情义决不掺和到这酒肉上，辛苦了多半年，也没有好吃过一顿，今日破费一回，也不为过。如果你要觉得过意不去，这顿饭就由你来请。"孔刚这才坐下吃了起来。

杜义早甩开腮帮子边吃边说："哪有到嘴的肉不吃的人，你们要怕油腻挑瘦的吃，肥的留着哥给你们解决。"单飞说："你快吃吧，看把你说的，现成的三片肉都堵不住你那张嘴。"杜义说着半盘肉一碗面早就拨拉光了，看看孔刚三人也快吃光了，杜义悄悄走进后堂找老板又要了四碗面、四斤肉，把账给付了，回来看孔刚他们也吃光了面，三人正在推让着吃盘子里剩下的几片肉。杜义走上去，二话不说，两筷子就把肉给吃完了。孔刚三人谁也不好说什么，只是看着他笑。杜义装作不知道，也看着他们三人笑。豹子赶紧打开酒瓶说："这酒还没喝。"孔刚起身去找酒杯，顺便也溜进后堂找老板说："像刚才的各样再上一份，只是去了酒，等会一块算给你。"老板忙说："刚才的那位兄弟已经要过了，这不都做好了要端吗，账他已经付过了。"孔刚回来，便拧着杜义的耳朵说："你们个个都装老大，拿我当猴耍。"杜义忙说："谁耍你了，不就是吃顿饭吗，都是自家兄弟，何必你争我抢让外人听了笑话？豹子说得好，辛苦了多半年，再不吃上顿爽口饭，这一年四季还倒腾个什么。你也别争了，往后又不是没有你请客的机会。"孔刚说："你是不是又要多了肉？等会吃不完浪费。"杜义说："浪费那是有钱人说的话。饭馆里的东西缺斤少两，我们四个人要放开吃，十斤八斤也不够，哪还有浪费的……"杜义正说着，饭店老板已经吆喝着端来了饭菜，杜义看着饭店老板说："你这生意做得好，肉舍不得给够，盐也舍不得吗？少盐缺醋的，一锅烩出来，让人怎么吃？"老板不以为然地说："众口难调，缺什么我去拿。十年老店了，说什么话的都有，伺候人的事你们不知道，爷爷进来吃片片，奶奶进来吃丝丝，叔叔来了吃条条，阿姨来了吃丁丁。一天有七十二变，也应付不过来。"孔刚也笑着对饭店老板说："这就是你的不对，吃丝的来了你做丝，吃条的来了你做条，人们到你这里来就图个方便自在，嫌麻烦你挣不到钱。"杜义对孔刚说："别给他教这些，他就会一锅烩，明天我们去别处吃，这老板欺生。"饭店老板听了忙说："明天你们只管来，就是吃天上的星星我也摘去。"杜义说："那要看你表现好不好，别等明天我们来了

你又把星星也烩了。"老板忙说:"不会的,以后你们来我变着花样给你们做,既然都好说话我也喜欢,送你们一盘花生米下酒。"杜义还是摇着头说:"小气,我们到别处去都送两的,单只单个的,成不了好事。"饭店老板笑着想想了说:"再送你们一盘凉拌皮冻,再多了我不挣钱。"杜义指着豹子对饭店老板说:"你要有这份心,就是把一盘花生米一倒二端来,我们也要天天来给你捧场,我们的这位老板有的是钱。"单飞刚要说什么的,却被杜义踩了一脚。饭店老板就高兴地送来了两碟小菜,还把辣子、醋壶也一起端了来。杜义往面碗里加了醋,又加了些油泼辣子,用筷子搅和了几下说:"盐改精神醋改乏,辣子花椒一把抓。你们也加上酸酸辣辣的,吃了我们喝酒。"单飞看着杜义说:"你真是个胡吃胡喝还胡说的人。"杜义就对单飞挤着眼小声说:"出门在外,不圆滑些自己吃亏。"豹子忙着斟满了酒,看着孔刚自己先喝了一杯说:"分手以后多保重,有什么事情只管到青海来找我,多话不说了,哥哥我先干为敬。"孔刚从不喝酒,也不知道该如何应答豹子,只是尴尬地看着单飞和杜义。杜义说:"不碍事,就你这身体喝点酒,还不跟老虎吃只苍蝇一样。"单飞也举起酒杯来劝孔刚喝,孔刚无法只好喝了一口,只觉得从喉咙一直辣到肚子里面去了,摇着头死活也不喝了,还抢着把剩下的酒倒给了杜义。杜义笑着说:"不喝就对了,酒放在瓶里是水,喝进肚中闹鬼,别看它平平静静的,少喝壮阳,多喝横躺,因人而异。你孔刚只有打虎的力,没有喝酒的命。"杜义说完催着单飞和豹子一口酒一口肉地吃喝起来,孔刚看着忙劝道:"慢些慢些,喝快了等会儿上了头。"杜义把最后一片肉塞进嘴里说:"就这么点蒸馏水能上了谁的头?"说完用手擦了把嘴看着空杯子叹气说:"才把酒瘾喝犯,可惜就没有酒了。"孔刚看杜义三人只是坐着不走怕他们还喝,自己先走出饭店门口等着,杜义三人才走了出来。

孔刚边走边留心观看,只见一路上又多了些鬼鬼祟祟的人在那里指手画脚。孔刚叹着气,在心里做好了打算,一到地方,先上高处看好了地形,回来就和大伙商量道:"镇上所有的旅馆加起来也住不下我们这些人,看来今晚只能在外露宿,不知道大家愿不愿意?如果有到旅馆去过夜的也可以,但要注意安全。"人们一听这话,立即有人回答说:"外面空气好又凉快,比三寸钉的工棚强十倍,谁又不傻,拿着钱去住旅馆找罪受，我们谁都愿意在这里过夜。"孔刚说："既然大家愿意在外过夜，一切还得听我安排。左边有条通往田地的半截路，路头树木茂盛，我们现在就搬了去。"杜义听了，先吆喝着大伙走了。

等孔刚一到杜义就高兴地说："这真是块风水宝地，凉快平坦还安静，好像是专门给我们留的一样。"单飞先对杜义说："你再别穷酸了，都沦落到这般田地了，还能咋呼得来。你以为真落草为寇当山大王了，在那里耀武扬威的，不羞？"杜义看着单飞说："你这种人就扫兴，有本事你到旅馆住一夜，我明天背你回家。"孔刚搬了块石头放在大树下坐了，看着杜义说："你把谁的车票给谁，再向大伙每人收一块钱，领了人再去趟镇里，这里的瓜果便宜，多买些来让弟兄们就馍馍吃，饭馆里的饭贵，还不合胃口。都是辛辛苦苦挣来的钱，能省一个算一个，再剩点钱买半袋豌豆来。"杜义问孔刚道："这么热的天，你还吃豌豆吗？"孔刚说："我什么时候给你说我要吃了，我要生的用。"单飞趁机揪住了杜义的耳朵说："你一天到晚就记着吃，等会让你捡石头，也是让你吃的。就几个月时间，你为什么变得见人喝凉水，也要喝三口。你张嘴，我看看，到底是嘴馋还是心馋？信不信，我塞你一嘴树叶堵上？"杜义推开单飞说："你取火车票，我领人买瓜，别像孔刚一样没大没小地使唤人。"孔刚起身来抓杜义，杜义笑着又跑远了。孔刚叫豹子也坐在身边问道："回去以后怎么打算。"豹子叹了气说："前面的路是黑的，走一步看一步，你也知道穷汉干事乱子多，种地天不下雨，打工又这样，不想还好一想没活路。"孔刚说："你往好处想，人都一样，往前看不如人，往后看人不如，总是抱怨着，哪有好运气。别的不打算可以，但人没个伴活着难，听我一句劝，回去找个合适的结婚，人不是一个人生活的。"豹子摇着头说："这就更难了，现在的社会，姑娘们都瞅着有钱的，我们村的丫头都跑外面去了，剩下一匀儿的光棍汉，我连寡妇都匀不上。二十几岁的小伙子找不到对象的，都多多的，哪有我们这些老男人的份。不行，明年我去大同掏金子，听说那里发了财的人多，我也去碰碰运气。今年有个老乡叫我，是我想多了没去，听说那里钱好挣，但是非也多。我是不想再蹚浑水了，要再出个祸事，我这辈子就完了。"孔刚说："有这想法就好，人活着命重要，钱财多少是个够？打打杀杀的年代过去了，现在是文明社会，野蛮已经行不通了。踏踏实实过日子，没有文化，能吃苦也行，人活着总要占一头的，其他的都白搭。"豹子说："道理谁都知道，可做起来难。"孔刚说："人都是心病，习惯养成自然，做什么事都不难。"豹子说："长旧的身子，生久的肉，哪能说改就能改的？今年遇到你，我都改变了许多。可我觉得人就不能轻易改变，要不然事事都觉得不顺心，前怕狼后怕虎，干什么事都犹豫。"孔刚笑着说："看来你还是不想改变自己，以前虚伪惯了，干事总要在人前装一装，不怕狼不怕虎的。其实，人活着就要爱自己，往火坑里跳的不是英雄，英雄也不往火坑里跳。懂得道理还犯错误的人，内心不牢靠，你是不是这样，你自己明白，改不改你自己掂量，人生三起三落，要在几两上都能占才行。回头给我多写信，我希望你能活出个样子来。我们再不说这些了，杜义已经买瓜回来我们去接接他。"豹子就跟在孔刚后面迎接杜义去了。

杜义背着半袋豌豆满脸是汗，高兴地转过身，看着后面的弟兄们对孔刚说："你看我买多少瓜果回来？这地方的东西便宜，我七十块钱就买下个瓜摊来。那卖瓜的老汉激动得要套了驴车来送，我拦住了，等他套个车来天都黑了，我们这些人你有个瓜山也搬完了。"孔刚忙说："辛苦你们了。"杜义忙说："你快换换我，我这左胳膊都麻了。"孔刚接过了杜义的袋子，豹子也接了身旁一位兄弟的瓜袋子背了。大伙一路说说笑笑地回来了。

杜义先打开了西瓜举起来让大伙看，笑着说："你们看看这瓜瓤沙的，看着就流口水，大伙都抓紧吃，只是别糟蹋，细心些，我们能吃好几顿。"单飞看着杜义，说："你这高帽子，要是种这么些西瓜出来，还不自夸到明年，好不好是人家种的，你就跑了趟腿，至于这么张扬吗？"杜义说："我又不和你单飞一个锅里搅勺子，你凭什么事事都挑我的刺？想吃了你就吃，不想吃你给我放下，我不信有了猪头还献不到庙里。"单飞看杜义生气了，就不再理他，转过身对孔刚说："你尝尝这地方的瓜，真好吃，水甜水甜的，我们就不知道以前也买些来吃。"孔刚说："吃嘴的东西天天吃就没味，稀稀罕罕吃一顿才香。你和杜义都别再斗嘴了，让别人听着牙黄垢臭的，赶紧吃过了都睡觉，我觉得今晚又得熬夜。"单飞说："今天我才不怕，昨天我们是在工地上，现在他们再来，我就跟他们拼命。我就不信哪有这样欺负人的。"孔刚说："你不怕不等于人家不来，刚才镇上有人在跟踪我们，你们都没有看见。我想三寸钉还行，七根发绝不会善罢甘休。"杜义把瓜皮扔在地下说："单飞，你和我回工地去，找着七根发敲烂他的油脑门，看他还嘚瑟不？"孔刚忙说："都安稳坐着，七根发他奈何不了我们，只要我们安安全全回家，比干什么都强。他七根发着急，我们不跟着他屁股转。今晚他要再不依不饶的，我们就给他点脸色看看。"豹子吃完了瓜，摸着肚子说："都睡觉去吧，有孔兄弟在，我们不操这心，七根发他钱多就只管来，再牛皮他也调不来部队，我还憋一肚子火没地方发去。"豹子说完先靠着树睡了。杜义不再说什么，啃了半个瓜也睡去了。孔刚等陆六吃完了才对他说："把中间这棵榆树下面让开，让六位病号睡在中间，你领十五个兄弟睡在病人周围，晚上不管发生什么事，你们都不能离开病人半步，你们的任务就是保护他们。"陆六听了，忙去挑人行事。孔刚又对孔龙说："大哥，你们六个要睡不着，就给大伙放放哨，我们也休息休息，到吃晚饭的时候叫醒我们。"孔龙忙说："怎么，七根发还要来吗？他这不是撵着往瘸腿上敲棍吗？你们快睡吧，昨晚就没眨一眼，我们身上有伤，但眼睛是连便的，看个人还不成问题。"孔刚不再说什么，找了个凉快的地方准备睡觉，单飞也跑了来，躺在孔刚身边，问道："说会话还是睡？"孔刚说："有什么话回家再说，我现在乏困得很。"单飞翻过身睡了，孔刚把头往舒服枕了枕，也睡了。

下午吃饭时候，孔龙叫醒了大伙，孔刚催着弟兄们吃过了饭，说："如果今晚七根发真要带人来，肯定手中有凶器，所以我们不能和他们近距离打斗，只有远距离攻击，记住我们是自卫，不是攻击，适可而止就好。等会豹子单飞领人把所有的瓜皮都撒在里这十米以外的路上，不要撒稀，稀了不起作用，能撒多少撒多少。单飞领四十人埋伏在路左边负责打前面，只要他们一踩响瓜皮你就开打。豹子领四十人埋伏在右边的小树林里，你今晚还给他来个绊马索，单飞这面一打，他们的人自然要往树林里躲，你不费吹灰之力，就能打他个人仰马翻。剩下的人跟着杜义就守在这里，准备支援单飞和豹子。我提豌豆去一百米的地方断他后路。他们前脚一过，我后面跟着撒豌豆，只要他们往回跑，磕不掉牙也能蹭破他们的脸。"杜义等孔刚说完，看着孔刚说："我听着好是好，但你一个人去后面怕是要吃亏。"单飞忙对杜义说："你操好你自己的心，孔刚还不顶你

这样的十头八个。"孔刚也对杜义说："没关系，我一人反倒安全。这么黑的夜，我就是悄悄跟在他们后面不说话，他们都能把我当成自己人。"杜义说："话虽这么说，但小心些为好，老虎也有打瞌睡的时候，你别太胆大吃了亏。"孔刚知道杜义是一片好心，便忙对他说："你放心好了，今晚我要少一根毫毛，随你说什么都行。让你的人在离这六十米的路边给我也捡一堆石头就好。"杜义就不再说什么挑人行事去了。

等杜义一行人都走了，孔刚才对陆六说："晚上多留点神，你们这里要出了事，其他人都白搭。"陆六说："你放心，拼了命我也不让他靠近病人半步。"孔刚笑着说；"谁让你拼命来的，你要顶不住就叫杜义，他就在你这。"陆六说："那你就更不用担心，我们这么多人，有只虎也把它放翻了。你一个人倒是操心，黑天半夜的不要有什么闪失。"孔刚说了声"不会的"，背着豌豆找了个隐蔽的地方躲了起来。

深夜两点，果然又传来了密密麻麻的脚步声，孔刚仍在闭目养神，等最后一个人的脚步声刚过。孔刚睁开眼睛提了袋子迅速上路撒起了豌豆。孔刚紧撒慢撒，那头已经传来了单飞喊打的声音，接着又传来杜义和豹子的喊打声。孔刚知道来不及了，提着袋子迎了上去，逃回的人已经到了面前，孔刚一甩袋口将剩下的豌豆迎面向他们撒去，马路上顿时传来了惨叫声、惊叫声和喊骂声。孔刚又迅速撒到堆石头的地方，捡了石子狠狠打去。那头单飞又大声喊着："兄弟们，前面拦住别放走了一个。"来偷袭的人更是慌张，跑在前面的人滑倒了，后面的就从他们的身上踩过去，过去的人又滑倒了，后面又踩了过来，好不容易跑到没豌豆的路上，杜义已经打着手电筒招呼人围了过来。杜义照着路上摔倒的人，喝道："跑，起来再跑。你们这些狗娘养的，都把我们当仇人了，又是马刀又是砍刀，想把我们砍死的心都有，刚才我还让弟兄们手下留情，早知道你们这么可恶，打断了你们的狗腿才对，让你们一个个躺在这儿，给我个说法。"单飞忙对杜义说："你先别数落他们，把他们弄那头去再说。"杜义就骂着躺在地下的人说："都起来过那面去。"躺着的人既不说话也不起身。杜义就踢着身边一个人的屁股说："现在躺着装狗熊还想害我，你们再不起，信不信我一把火全烧成烤猪？"躺着的人还是不起。杜义就对身边的人说："拿着手电筒去地边搬柴来，这火说放就放，看谁硬得过谁。"孔刚阻拦说："再别胡闹，过去把他们全扶了回树林里。"单飞领人把他们全扶了起来，杜义点着头数了一遍说："整整二十个，还个个喝的酒气冲天，全赶到那头去一个个挨着审问。"杜义说完前面照亮，大家围着这二十个人走回了树林。豹子也捉住了八个，杜义很是高兴地说："今晚没有白折腾，打了胜仗还抓了俘虏，要是再挖个陷阱，让他们全军覆没就更好了。"

孔刚问旁边一位小伙道："今晚你们来了多少人？"小伙吓得牙齿直抖，说不出话来，另外一个回答说："一共来了一百五十多人。"孔刚又问道："七根发是怎么找来你们这么多人的？"那人回答说："他给了我们钱。"杜义听了冲上去给了那人一个大耳光，骂道："就你这样的还跟出来挣这种钱。等天亮全送公安局去。"孔刚忙说："杜义算了，他们也是被人利用，想弄几个钱花，恨就恨这七根发人不好。"单飞说："孔刚说得对，这七根发不是人，要不我们再杀回工地找他算账？"孔刚说："我们现在去了，也找不着他的人，恶人自有恶人报，像他这种不义之人用不着我们去动手，留着自然会有人去收拾他。"杜义说："那怎么办？这也不行那也不行，难道是要放了他们不成？"孔刚说："留几个人看着，等天亮了再说。"杜义抢着说："你们睡你们的，我亲自看他们，别人我不放心。"杜义说完先让那二十八个人脱了鞋坐成一圈，又叫了十个人拿家伙在旁边看守。孔刚说："大伙抓紧时间睡觉，我和单飞值班。"杜义说："你们都睡，有这些人在我们手里傻子也不会再来。"孔刚想了想说："那你就多操点心我们眯一会儿，到六点半叫醒我，我去送豹子他们坐车。"杜义说："睡睡睡，就这点子事，别鹞鹰也熬着，猫头鹰也熬着，我坐在这里又不是吃干饭的。"孔刚就催大伙睡了。

杜义耐着性子值班，刚到六点就叫醒了孔刚。孔刚睡得正香，被杜义叫醒，揉着眼睛问杜义道："到时间了吗？"杜义说："刚六点还是都起来吧，赶路投早不投晚，早走一步好，宁可人等车，也不能让车等人。平时你们都笑我没心没肺，你看看豹子睡得喉咙系都快拉断了。"孔刚忙叫醒了豹子，催着他起来吃了饭好赶路。豹子张着嘴说："脸都洗不了，而且还这么早，谁能吃得下，事赶事全赶上了，要不是坐车，我能睡三天三夜。"杜义说："那你就接着睡，我一夜没打一个盹，也没你这么顾脸。"豹子说："你不睡倒好，我们睡得半生不熟，反倒难受。"杜义看着孔刚说：“你听听这就是人心，身上的肉割给吃了都不说好。”孔刚笑着说："你俩这半年天天都争高低，也没有看见谁比谁多长出来一点。从今往后分开了我看你俩找谁拌嘴去？"杜义说："分开了好，眼不见心不烦，免得他整天挑我的刺。"豹子看着杜义问道："你说的是真的吗？"杜义也看着豹子说："真真假假，你也不在乎，这盒烟拿着路上抽。"豹子接过烟，笑着不再说什么了。孔刚又对豹子说："剩下的瓜果还多，让你的弟兄们带点路上吃。"豹子说："不带，谁饿了，谁想办法，又不是三岁的孩子，我尽操他们这些心干什么，今年他们都沾我的光了。这些人我清楚没有心体谅别人，我再怎么对他们好，回村了还照样给我给拐。"孔刚笑着说："听听你这想法，不拿现在就出发，何必说这些废话。"豹子说："不着急，去早了不好，候车室的服务员喝神端鬼地受气。"杜义说："不着急你就坐着，现在懒得不动弹，等车走了，不要怨别人没提醒你。"豹子说："不就一张车票的事嘛，你试量谁，信不信我今天就真不走了。"杜义说："你今天走了，就不是你们家泉里的水。"豹子低头笑着说："杜义你这话言重了，玩笑都开到祖宗头上去了。话能胡说，事不能胡干，我方便一下就出发。"杜义看着豹子的背影对孔刚说："看豹子这点出息，邋里邋遢的，我死看不上这人。你还把他好得跟亲兄弟一样。"孔刚说："兄弟没有亲后只有情义，我希望他能好起来。"杜义说："龙生龙凤生凤，老鼠生的会打洞。这种人天生的。"孔刚说："人哪有一概而论的，六十岁才明理的人多多的。"杜义看豹子已经回来，就不再说什么了。

　　孔刚催豹子背上行李，一伙人说笑着赶往火车站。这时已经开始检票，豹子这才慌了神，边跑边对孔刚说："还真让杜义的乌鸦嘴说准了，你回去了别告诉他这事，省得他天天笑话。"孔刚说："你赶紧上车，再说车都走了。"豹子匆匆检了票，也没来得及给孔刚说声再见，就慌忙挤上了车。孔刚急得在站台上挨着车窗找。还好，豹子和他的乡亲们很快打开了车窗，都对孔刚喊道："孔刚回去吧，我们会想你的。"孔刚也忙说："我也会想你们的。"这时列车已经缓缓启动，孔刚随列车走着对豹子说："回去了好好的，记着给我常来信。"豹子挥着手说"孔刚回去，我会给你写信的。"豹子说完就哭了起来，孔刚停住脚步，泪水也模糊了双眼，挥着手看着列车渐渐远去。

第五章　归故园

1

　　孔刚回来时，初升的太阳洋溢着每个人的笑脸，大伙都抱个西瓜吃得津津有味。孔刚心中越不是滋味，靠在树旁胡思乱想起来。杜义看着孔刚便说："还愣着干什么，赶紧吃完，我们去火车站。"孔刚答应着胡乱啃了些西瓜，便招呼大伙准备出发。杜义问孔刚说："这群抓来的人该怎么办？"孔刚说："随他们去吧。"杜义吆喝了一声，那伙人争先恐后地跑了。孔刚站着看那伙人跑远了，才跟在人群后面慢慢地走到了火车站。

　　小小的候车室被他们挤得水泄不通。孔刚怕人多慌乱上车拥挤，找到了驻站民警将情况一一说明，请求先让六个重病号提前进站，民警很随和，跟着孔刚走到病号前看了看，只说了声"进站后待在原地，不准乱跑"。孔刚又连忙让陆六的一班人也抬着行李跟了进去，又给大伙一再叮咛上车时不准拥挤。二十个人为一组，上一节车厢，不准在有病号的车厢上车，上车后再找回要坐的车厢。就这样，大家千等万盼，终于等到列车进了站。虽然孔刚一再吩咐，但这伙人还有些慌乱，幸好是分了人数，大家很快就上了车。

　　孔刚等车开动后，去餐车买来几份稀饭让病号们吃。孔龙坐不起来，孔刚就一口口喂他。孔龙边吃边对孔刚说："我这口袋里有钱，你掏了也去买碗来吃，本想着我是哥出来就是大树，可偏偏就不争气拖累了你。"孔刚说："大哥你就安心养伤吧，千万别说这见外的话，既然是兄弟，就少不了有这份情义。这世上没有了你，我活着有什么意思？没有了我，你又有什么意思？今生做兄弟是前世的缘分，只要你好起来，比什么都强。"孔龙又流着泪，紧紧拉着孔刚的手说："好弟弟，我枉做了你哥哥，这几天我躺着满心在想，我来人世白背了一张人皮，今生有愧于父母，有愧于弟兄。"孔刚忙要安慰大哥的，杜义却在身后笑着说："你们听听多感人，早知道这样我也受点伤，躺着让你们伺候着说些贴心话，我也舒舒服服地受用两天。"单飞就给陆六递了个眼色说："把杜义扔到火车下面，让他慢慢躺着受用去。"杜义忙求饶说："千万别来真的，火车上别说是扔下去，就是跳下去也是残废。"孔龙又拉着杜义的手说："兄弟你可千万不能胡说，身体是革命的本钱。我在你这岁数的时候，也有这想法，少条胳膊、断条腿算什么。岁数不饶人，现在试着，到底不是那么回事，人少一样都不行，尤其现在受伤站不起来，我这心里急得像蒙了块牛皮，晚上睡不着觉，我干瞪着眼想，要是能站起来我给七根发白干活，也比这半死不活躺着强，你们没尝过这滋味，你们不知道，那可真叫个难受。"杜义说："孔大哥你就安心歇着，人生福就是祸，祸就是福，哪有定数。我就觉得现在的你就招人疼，嘴也变甜了，心也善了，把什么话都能说得贴贴心心，不像以前，你就干脆一个纸老虎，动不动干打雷不下雨。"孔龙说："杜义你提的这些建议我也想到了，从此都改正了，我也刚刚强强活几天人。"杜义说："此话当真？"孔龙说："一言九鼎。"杜义高兴地接过孔刚手里的饭碗，说："拿来我喂，孔大哥有这种想法简直是可喜可贺，做人就应该像他一样，经一事长一智才能进步，有错误别遮遮掩掩地改了，心里才干净。我们是庄稼人，没有文化，可我们心里是亮堂的，走哪我们都堂堂正正，看谁能咬掉我们的啥？"单飞和孔刚就站在旁边听着笑。杜义回过头说："你俩龇牙咧嘴地笑什么？都回去睡，孔大哥我陪。"孔刚说："还是我来陪他，你昨晚就一夜没有合眼。"杜义说："你别管我，我早就给你们说过，干正事，我比你们能吃苦。"孔刚说："那你别忘了让他们喝药。"杜义说："我忘了，人家病人忘不了，你们老是拿我当三岁孩子看待，不放心，你们就等着看他们吃了药，你俩再走。"单飞忙说："我们没别的意思，只是提醒你，乏困了多说些别人的坏话就精神了。"孔刚忙拉单飞走了。杜义和孔龙你一言我一语，一直说到目的地。

一下车，杜义就扔了手中的行李，向着东坪沟方向大声喊道："东坪沟，我们回来了。"单飞用胳膊捣着孔刚说："这杜义是不是真让七根发给折磨成精神病了？"杜义转过身说："难道你们心里没有这种感觉吗？第一次出远门就遇了这么个工头，在工地上干活的时候我在想，这么辛苦干活，到时候能不能从三寸钉的手里拿到钱，不要连路费都没有回不了家，那可怎么办？这些话本想给你们说说，但又怕你们笑话，所有一直憋在肚子里，现在我们终于拿着钱回来了。我看到东坪沟，心就如同从地狱里走出来一样，感到它有一种从未有过的亲切。"单飞说："废话你留着以后再说，先去和陆六把你们两家的马车弄来，一辆车拉孔大哥，一辆拉行李。"杜义一面走一面说："那是自然，回自家的地盘，干什么事还不方便。"陆六和康青、赵成三个也跟着杜义边走边说："我们的车也弄来，两个车怎么够。"孔刚和大伙把孔龙抬到树下，等着杜义他们赶车来拉。

足足等了一个小时，杜义四人才各自赶着马车回来。杜义在马车上放了麦草，上面铺了一条羊毛毡，说是拉孔龙的专列。孔刚和乡亲们把孔龙抬到杜义的马车上，陆六的马车拉了行李。孔刚等人分别坐在康青和赵成的车上。刚准备要走时，杜义在前面大声说："各位旅客请注意，本次列车是由312国道通往东坪沟的无人售票车，请不要将你们的手和脚伸出窗外，以免再次受伤。"听得大家都笑翻在马车上，孔龙笑得喊肚子疼。杜义不等大伙笑完，又说："各位旅客，现在是播音时间，接下来请大家欣赏山歌。"杜义说完又唱道："东边的妹子哎西边里看，哥哥们可是回来了。又是秋天的九菊花儿开，一年想你着又没弄成啥，偷着买了块小手帕，早捏成了汗疙瘩。天上的燕子哀叫声长，地上的哥哥们人断肠，不知道你心里怎么想，同意了给哥哥们招给个尕手腕………"杜义看离村近了，便住了口。孔龙也忙对杜义说："再不敢这么信口开河了，这种歌不是随便唱的。"杜义说："孔大哥，山歌不是唱的，难道是说的吗？你这次受了点伤，是不是连五音也不能入耳了？"大伙听着又笑了起来，孔龙挣扎着要打杜义，杜义笑着跳下车去了。

2

　　东坪沟的乡亲们知道外出务工的人回来了，男的、女的、老的、少的黑压压挤了一村头。孔大妈先跑着迎了上来，一看杜义的车上躺着孔龙腿受了伤，便拉着孔龙的手哭了起来。大伙忙跳下车，围着孔大妈相劝，杜义赶着马车先走了。孔大妈又擦着泪转身，细细看着孔刚说："儿子，你怎么瘦成这样了？"孔刚心里一酸，拉着妈妈的手说："那边天热，可能是汗流得多，我们先把大哥送回家再说。"孔刚说完拉着母亲的手来到孔龙家。

　　杜义几个早把孔龙抬在炕上，薛兰一边给孔龙放枕头，一边说："别人都好好的，单你撞上鬼了，要不是去的人多，我看你一个人学蚂蚱跳着回来？"孔龙不说话只是看着薛兰笑，薛兰又忙着给杜义几个人倒茶说谢，杜义却说："孔大嫂，谁眼热你那碗淡茶，爹妈还在家等着我们的，你要真心谢我们，哪天你把那只黑母鸡给宰了，才算你心诚。"杜义说完笑着先往外跑，其他人也跟着往外跑，刚跑出门，孔刚和孔大妈就走了进来。孔大妈忙喊道："又没有鬼赶，看撞了人。"陆六忙停了脚步说："孔大妈快走，去开你家的房门，我把孔刚的行李送过去。"孔大妈说："你先别急，我看看他哥的伤，我们再走。"陆六转身拉着孔大妈的手，边走边说："孔大哥的伤没什么大碍，我着急卸了行李还要回家去，你回去开了门，我把行李卸完，你再来看他也不迟。"陆六说完不由分说地拉着孔大妈走了。

　　孔刚走进孔龙家，虎子正眨巴着小眼睛看他父亲，孔刚一坐下，虎子就蹭了过来，他把虎子抱在怀里摸着他的头问道："这学期，成绩考得好吗？"虎子红着脸说："自从那日，你在后山上批评了我，我就在背地里学着暗下工夫，这学期竟然考了全班第一。"虎子说完得意地拿来试卷让孔刚看，孔龙就高兴地说："拿来我也看看，到底是我的儿子就像我，以后肯定有出息。"薛兰说："你安稳躺着吧，跟了你也是个倒霉鬼。别人都是空怀出门满怀进门的风光，你倒好，瘸腿烂胳膊躺着有功劳了。我青地里摸到黄地里，才把庄稼收拾完，你就把事给我找好了。"孔龙说：

"出事的谁也想不到，早知道这样我就不去了。"这时东坪沟的乡亲们听到孔龙受了伤，有提着几个鸡蛋的，也有拿着二斤白糖的，都来探看。孔刚就陪着乡亲们，喝过茶才回了家。

孔刚进了家门，看母亲正在做饭，就转身去了自己家的树林里，急着先看他栽的小树苗长势如何。只见小杨树长高了不少，小松树还是老样子，精神可爱，有一棵小榆树却枯了，刺玫瑰也长高了不少，玫瑰树花虽已败落，但结了满枝的小红果。那头老杨树似乎未变，大杏树还是老样子，地下多了些孩子们的脚印和枯枝。孔刚忙把枯枝收拾到一边，又溜到后院的菜园里去看。左边一小块芹菜碧绿挺拔，已经长到齐腰，右边一小块灯盏花有一半在开花，有一半已经结了籽，韭菜已经下了茬，三行萝卜个个都冒出了头，大白菜茎肥叶大长势最好，墙根边不知种过什么已经歇了地。最里边菊花正开的艳，孔刚忙走过去坐在菊花边，嗅了白的又闻红的，摸着紫的又看黄的……这时孔大妈在身后说："赶紧回去吃饭吧，年年都有的，又不是没有见过，今年后半年雨水广，园子里才比往年好些。"孔刚忙站起来问母亲道："今年庄稼收成好吗？"孔大妈回答说："老天捉弄人，哪有好收成，前半年那天旱得我不信迷信的人都烧了两次香，晒归晒，它总能结几个的。我和你爹起早摸黑都收拾上场了，谁知天又开始变了，阴雨连绵，一下就是十五天，雾浓得看不见对面，谁家都急得睡不着觉，等天晴，拨拉开粮食，全长芽了。回去你尝尝蒸的馍馍全是扁扁，做什么饭捞出来都是糊糊。可能杜义家和你白叔家有些存粮，其他人家吃也就这个，不吃也就这个。"孔刚忙说："妈，今年你和爹两人都辛苦了"孔大妈说："苦倒是小事，怕的是一年熬到头肚子都吃不饱，这庄稼人就当得没意思。你爹今年一年都愁得不成样子了。"孔刚忙问母亲道："我爹在哪里放羊？我去看看他。"孔大妈说："一大早就出去了，谁知道在哪。你先别忙这些，吃了饭好好睡一觉，明天你想去哪都行。"孔刚只好跟母亲回家吃饭。

孔大妈炒了一盘小葱炒鸡蛋，一盘土豆丝，凉拌了一盘菠菜，一盘萝卜丝，面条也已盛好，孔刚看着口水直流，端了碗让母亲先吃，孔大妈说："你先吃吧，人老一年不如一年，今年不到时间吃了胃里胀，我等你爹回来和他一起吃。"孔刚先狼吞虎咽吃了起来，孔大妈站在旁边看着孔刚吃得香甜，不停地给他夹菜。孔刚连吃了三碗，打着饱嗝喝着面汤问母亲道："二哥和三哥怎么没有看见人？也不知道他们今年的庄稼好不好？"孔大妈说："你快别提了，他俩的那地，种不种都无二。走哪看都是粮食一半草一半，哪有眉眼。人家喂牲口的青草地，看上去都一顺儿的青草，杂七杂八的东西就没有。你两个哥哥全是胡倒腾。四月里，几个人搭伙去河里掏金子，还没有十天就不去了，说是一天投个三块两块划不来。老天爷，黄金能富穷人吗？你就一天进个两块三块，也比没有强。可就是不去了，不去你就安稳在家待着。六月里，两兄弟又兴兴着去山里捕獐子，去了几天，连个毛都没有看见，回来就轮流和媳妇吵架。这几天收拾了些口粮，安稳了。你闲了过去劝劝，我说了他们又不听。一个个见了我，就跟仇人似的，男人女人头都甩得呜呜响。那两个婆娘更混账，我就五个母鸡在下蛋，看不好她们就把蛋摸走了，拿走你饶人也行，还动不动把鸡撵得飞上飞下，我都让她们欺负得走投无路了。"孔刚说："妈你别和她们计较，就一个鸡蛋，想拿她拿去，你就装个不知道。再说，都是自家人，她们也没有拿错。"孔大妈说："儿子，你也知道妈不是小气人，可这不是一个鸡蛋的事。他们这是往活人的眼里下蛆欺负人，我们老汉娃娃过日子容易吗？他们抢也抢了，拿也拿了，三捶两棒子弄光了，又来谋试我。"孔刚忙说："妈你别生气，明天我劝劝他们就是了。他们也实在没有，有也不拿你的。"孔大妈说："有没有就得出去挣，又不是缺胳膊少腿的残废，一个个正是得力的时候，到哪逛不饱肚子。女人不好，男人有个好样子也行，你两个哥哥的毛病你知道，村子里三天丢只鸡、两天少只羊的，全跑到我面前来叨唠，我都成他们背不是的驴了。就这他们还不嫌丢人，跑到人家面前说他知道是谁谁干的。蛇窜的窟窿蛇知道，他们可不清楚嘛。让人家骂的那话难听的，我都在村里抬不起头。他们死猪不怕开水烫，天天吃饭还讲条件，我把园子里的萝卜、白菜送了去，人家还不要，说是要买着吃茄辣子。我的祖宗吆，你就变成个茄子，也不值几个钱，自己的家底子自己不知道吗？陈家铺子里账都拉满了，他们也不着急。"孔刚说："哥哥们想吃些好的也没错，只是这偷偷摸摸的毛病太不应该，要不我现在过去给他们说说？"孔大妈说："你赶紧睡你的觉，等哪天你两个嫂子不在，你再找他们去说。现在你去了，他还不给你泼凉水。"孔刚就低头不再说话了。孔大妈接着又说:"我再去给猪喂点食,今年你爹抓的猪添欢,口壮得喂什么都吃,你没有看见都长半大子高了。我操心些喂,等进了腊月门就宰了,给你大哥、二哥、三哥,都分了过年。"孔刚就高兴地说:"那猪还真值事了,今年过年四家人都有肉吃。"孔大妈说:"我早盘算好的,你们哥四个,我也不偏着谁向着谁,手心手背都是肉。"孔刚说:"妈,你永远都是我的榜样,不管我怎么努力,都赶不上你。"孔大妈笑着说:"赶紧睡觉去吧,再别嘴甜了,你们儿女们才是妈的榜样,你们是什么样子,妈就是什么样子。"

3

孔刚也觉得乏困,回到自己房间,一觉睡到第二天十一点钟才起床,父母已不在房中。孔刚忙舀水洗了脸,走出房门,看母亲在院中正拆洗自己的行李衣服,他心都碎了,忙走过去抓住母亲的手说:"妈,这些行李衣服又厚又脏,您哪里能洗得动,还是我自己洗吧。"孔大妈说:"你把妈也说成老娇气了,玄乎得哪里就动弹不得,虽说妈现在身体不如以前,但这些洗洗补补干惯了的旧营生,我还不放在眼里。怕是老手旧胳膊的可能要费些工夫,反正长天老日地闲坐着,也是坐着,还不如干一样算一样。这次你出了趟远门,都瘦成骨头架子了,不是妈说你强做人,也得个好身体,锅里我给你煮了两个荷包蛋,去吃完了歇上两天,过后你想干家务活天天有。"孔刚哪里肯让母亲洗,急忙说:"妈,我知道你们老一辈的人心强,时间赶得紧,眼里不搁活,干什么事都早起晚收的。但这些东西实在太厚,还是我自己洗吧。"孔大妈只是不让,孔刚便要硬抢来自己洗。

这时薛兰走了进来,看到这情形便笑着说:"你们娘俩也可笑,一堆破衣服,又不是一盆金子,何必你争我抢。我劝你们都别争让开我来洗。"孔大妈和孔刚一听这话面面相觑,之后两人同时又看着薛兰,谁也不肯让。孔刚想着自己的衣服让嫂子来洗,有点过不去,所以不让。孔大妈想着儿媳妇平白无故地跑来抢着洗衣服,也不知道她安了什么心,所以也不让。薛兰看婆婆和兄弟如此对她,只觉得尴尬,但还是尽力抢着要洗这盆

衣服。

　　婆婆、媳妇、儿子一家三口人为洗一盆衣服正抢得不可开交，杜义却像幽灵一样站在他们身后，撑不住笑出了声，把孔大妈三人都惊了一跳，三双手同时从盆子里抽了出来。薛兰回头一看是杜义，才甩着手上的水说："这个杜义什么时候才能改了这毛手毛脚的习惯？"杜义笑着说："孔大嫂你可别冤枉人，我走进来的时候可是大摇大摆的，谁知你们三个人六只眼却没有看见我，反拿屎盆子来扣人，我可不是眼红来抢着洗衣服的。"杜义说完笑了笑，又接着说："不过，今天看着你们一家人，为洗一盆脏衣服能这么感人，东坪沟还真不多见。你们要不见外，我也要插个言说上两句，你们当婆婆的也别争，做小叔子的也别抢，这衣服按理让孔大嫂来洗才对。"薛兰听着念了声佛说："杜义，你今天终于说了一句人话。"杜义说："孔大嫂咱俩都一样，一杠子打进河里没个漂上漂下的，我想你都修行了，我能不烧一炷香吗？"薛兰也笑着说："谁跟你一样，我要真是个嘴上长毛的男人早不扒了你的皮，免得你天天话多惹人烦，你要真话多憋得慌，倒不如和孔刚两个一起去我家，你孔大哥躺在炕上正盼个说话的人。"杜义说："我只扫我家门前雪，不管你家瓦上霜。"薛兰忙说："你就去吧，嫂子给你留了好吃的。"杜义说："孔大嫂你可真高明，扣子里放肉还不说套狼的话，招惹得我还真想去了。"杜义说完拉着孔刚就要走，孔大妈忙说："急什么，锅灶里有两个荷包蛋一人一个吃了再去。"说完就坐在旁边看薛兰洗衣服。孔刚和杜义进门一人一口一个鸡蛋吃完了就走。薛兰又说："你俩到我家叫虎子把碗柜打开，里面有早起我炒好的鸡肉，小盘的你俩端了来吃，大盘的是我留给爷爷奶奶的，等会孔刚来时端着，晚上等爷爷回来再让他们吃。"杜义听了高兴地说："孔大嫂，今天真是个好日子，没想到人成佛也快，你就这么一收心结果就有了，连我也跟着沾光享口福了。刚才我一进你们孔家的门，这眼皮就跳得嘴抽筋，我还纳闷呢，不料竟遇着这种美事……"薛兰听着笑骂道："杜义，你再不闭嘴，我这一盆脏水就泼来了。"杜义笑着拉了孔刚走出门外，又小声对孔刚说："我看你大哥这次腿伤得值得。"孔刚问杜义道："你这话什么意思？"杜义忙说："你别误会，我这么说的意思是，你大哥虽然受了点伤，却医好了他两口子的心。"孔刚叹了口气说："但愿如此，我也希望他们能好起来。"杜义又说:"好不好是他两口子的事,我们先不操这心。我听爹说,前些日子有领导来东坪沟开会提倡农村拉电用电。"孔刚忙说:"好事啊,有了电家家户户明明亮亮的,就不用在找着去灌煤油了。"杜义说:"可有一半人不愿意,说是电灯能照坏眼睛还不如煤油灯好。我估计是他们怕出钱才这么说的。我们东坪沟的人我知道,要是免费的事他们早跑断腿了。"孔刚说:"电不能不拉,回头我们去发动乡亲们赶入冬一定要用上电。"杜义说:"牛不喝水,强按不倒。人家不同意的事你怎么办?"孔刚说:"我们可以给他们做思想工作,把这次出外用电的好处给大伙讲讲,人心都是肉长的,是好是坏他们能听得出来。要是有多一半的人同意了,我们就行动。"杜义说:"我回头找村长说说。"孔刚说:"问他还不如不问,他你不清楚吗?干事从来都是哪边风大往哪边跑,自己没有主见。"杜义说:"那不行,我们办事他拿钱吃闲饭还不美死他了。"孔刚说:"随便你,无论如何,这次一定要拉上电。"杜义又说:"开会时,领导还提出气温变暖、灾情严重,让村民们注意防范,自己想办法摆脱困境。"孔刚说:"你听错了吧?让我们自己想办法,那还要领导干什么?"杜义说:"是这么说的,会后那领导在村长家吃喝完才走的。"孔刚说:"让群众自己想办法,还开会有什么意义?我们村的情况闭上眼谁都知道,环境破坏严重引起重重灾难。"杜义说:"说说说你又来了,总是拿那些破树林来说事。"孔刚说:"大祸临头了还破坏树林,再不赶紧植树造林,过几年你就该逃荒了。"杜义说:"哪有你说得这么严重,不一定明后年又风调雨顺了,我看你还说什么。"孔刚说:"你等着吧,人不杰者地不灵,我们这地方已经不养人了。"杜义吹着口哨进了虎子家,他从心里反对孔刚。

　　孔龙正躺着听虎子读课文,看孔刚杜义两个来了,忙使虎子说:"去把鸡肉端来让你两个叔叔吃。"孔刚忙说:"大哥不急,我们先看看你的伤。"孔龙说:"不用看,比前几天疼得松了。"杜义笑着说:"孔大哥你到底是腿疼还是心疼?前几天还哭爹喊娘的,回家才一天你这腿就好了?"孔龙说:"好是没好,在外面可能是抬来抬去的,有活动就是比现在疼。"虎子端来了鸡肉,孔刚让大哥也来吃,孔龙说:"那是留给你们的,我有不放辣子的。"孔刚要让虎子把不带辣子的鸡肉取来,让他爹吃,孔龙忙说:"一天到晚只是躺着活动不了,肉吃多了难消化,我刚吃过再不敢吃了。"孔刚又让虎子也来吃,虎子也不吃拿上书本写作业去了。杜义和孔刚就吃了起来,这一盘鸡肉哪里能够他俩吃,杜义吃着直喊香,又让虎子拿来馍馍泡在鸡汤里吃了个精光。孔龙又让虎子给他两位叔叔倒了热茶。杜义喝着茶又招手让虎子过来。虎子正在做作业,听大人接二连三地使唤他,就有些不愿意了,噘着嘴巴走过去问杜义道:"叔叔又是什么事?"杜义说:"把你爹的棋盘找来,我和你小叔杀上几盘。"虎子只好去找了来。杜义脱了鞋子上了炕,把炕桌搬到孔龙旁边,让孔龙观棋。孔龙平时最爱下棋,忙挣扎着坐起来说:"倒要指点指点。"于是杜义坐上首,孔刚坐下首,孔龙在旁边观看,三人一惊一乍,手中的棋子一起一落,吆喝着下将起来。结果杜义连输三盘,耍赖不和孔刚下,要和孔龙下,孔刚就给虎子检查作业去了。杜义和孔龙下了三盘,自己又输了就不高兴地说:"今天手气真臭,平时我不动半盘棋都能赢孔大哥。"说完拉了孔刚就走。孔龙还不尽兴,隔着窗户喊道:"杜义,明天还过来下两盘吗?"杜义在院子里边走边说:"那就看你们家明天还杀不杀鸡。"孔龙又忙喊道:"孔刚快回来把鸡肉端了去,让爹妈也吃点。"孔刚和杜义又回来端了鸡肉,各自回家去了。

从此后,孔刚天天忙着去上学。杜义叫上陆六,两人提包瓜子拿盒烟摆副象棋天天坐在村口,逢人就讲这次出远门的事,还添油加醋地把孔刚夸得神乎其神。这个季节真是农闲时候,天天都围了很多人来听,杜义又有天没地地把电的好处讲给大伙听。陆六在一旁等时机一到,第一个拿出钱来嚷着要拉电。杜义又求又劝,发动乡亲们出钱拉电。

其实东坪沟的村民们多数人还是想用电的,只是不知道电的好处,拿不定主意。这些日子天天听杜义说电有多好多好,又看陆六拿着钱立等着拉电,于是多数人都动了心,回家后在私下里商量了两天,都决定要出钱拉电。那些不想用电的人,看多数人都参加了,自己去怕上当,不去又觉得不安心,左右为难了几天,还是参加了。剩下两户实在不想用电的,大伙也不强求。杜义领着乡亲们出钱出力大干了一个月后,东坪沟村的夜晚终于明亮一片。

孔刚也想和乡亲一起拉电,只是没有时间。这学期一开学就发现自己

落下了不少功课，老师又监督得紧，孔刚只好没日没夜地学习，星期天连家都回不了。这周星期五，杜义提着馍馍来看他，告诉孔刚村里的电已经使用五天了，杜义还打算要给家里买台电视机。孔刚心里急得像着了火，找老师请了假，陪杜义去电器店挑了台价格合适的黑白电视机，两人坐上车赶回了东坪沟。

乡亲们听说杜义家买了台电视机，都陆续跑来观看，杜义家屋里挤满了人，都坐不下了。有些人就挤在门口和窗口看，杜义一看没了办法，倒是孔刚说："今晚天气还不算冷，不如把电视搬到院里去，这样大家都可以看到。"大伙听了兴高采烈地把电视机搬到院中，一直看到停台才散去。

4

这年冬天本地乡政府搞计划生育政策，他们并没有按党的方针路线办事。开始只有村长领着计划生育工作组在村子里弄点吃喝，收敛着罚点小款，后来就由乡长亲自带队领着全乡政府工作人员，前面吉普车领路，后面大解放车紧随，一进村罚款的罚款拉粮的拉粮，见牛牵牛见羊抓羊，只要能入眼的东西都被搬走。一个多月后，东坪沟的乡亲们人心惶惶，晚上关门闭户，白天望风而逃。无论是不是计划生育对象，都无一幸免。很多胆小无钱的年轻人，挨不住乡政府的勒索，悄悄地拖家带口逃到外地当超生游击队去了。

这日孔刚放学回家，一进村口，看见村里的妇女和孩子们坐在一边，有说的，有哭的，也有骂的。另一边男人们顺着墙根坐了一溜，嘴里叼根烟叭叭嗒嗒地抽。孔刚忙跑到男人这边问发生了什么事，男人们还没来得及说话，那头的女人们哭喊着说："还不是搞计划生育的那伙打砸抢干的，把我们家里都搬空了。"还有的骂道："那伙驴们，抢了我们的钱粮，去给他们家的儿子续尾巴了……"女人们哭说了半天，孔刚还是没有听明白发生了什么事。杜义只好把乡政府的人如何抢村民们钱粮的事从头到尾讲了一遍，最后还说他刚买的新电视也被拉走了，孔刚家的两只羊也被拉走了。孔刚听后气得险些咬碎牙齿，将书包一扔，转身要到乡政府去。乡亲们忙拦住他说："不用你去，明天一早他们自己就来了。"孔刚只好作罢，回家晚饭也没有好吃几口，躺在床上翻来覆去，想到半夜才睡去。

第二天一早，孔刚和乡亲们等在了村口，果然乡政府的人又开着汽车尘土飞扬地进了东坪沟，刚到村口，被乡亲们一拥而上，把车拦截住了。孔刚走到吉普车旁边问道："你们谁是乡长？"从车上下来一位红光满面的中年男子，他低着头只管拍着大衣上的尘土，反问孔刚道："你这是在挡我的道吗？"孔刚也不回答，又大声问道："乡长是谁？"那个胖子才阴着脸笑了笑说："连乡长我都不认识，你这村民也做得太不称职了。"孔刚听到他就是乡长，又看到他这个样子，早就火冒三丈，强忍着火气又问乡长道："你作为人民的一乡之长，你知道你在干什么吗？"乡长冷笑了两声，回答说："搞计划生育。"孔刚也冷笑着说："我还以为你是在搞断子绝孙的事。"乡长一听急了，指着孔刚问道："小子，你这话什么意思？"孔刚说："什么意思，乡长你最清楚。计划生育是国策，是人民的大事，肯定是明明亮亮的，它需要领导宣传，引导人民提高思想觉悟，让人们认识、理解、接受了，才算是政策。可你们都干了些什么？滥用私权，不管不顾，你们这是要教我们干什么？如果国策让人民陷入水深火热中，那它就不叫国策，是下策。不要老拿些荒谬的理由来蒙骗百姓。谁喜欢过穷日子？谁愿意养七八个孩子缺吃少穿活受罪？谁不知道拿上钱儿自个花？你们谋私利，别拿公事当令箭。"孔刚一说完，乡长马上就指着着他的鼻子说："小子，你血口喷人，我们只是对不实行计划生育的人进行罚款，哪是谋私利！"孔刚又问乡长道："你们不谋私利，那乡亲们的粮食、牲畜，还有杜义家的电视和我们家的羊，被拉到乡政府干什么？"乡长说："因为你们不交罚款。"孔刚又问："我们家又不是计划生育对象，为什么也要罚款？"乡长说："因为你爹妈一月时间还不会背计划生育宣传单，所以要罚款。"孔刚怒气冲天咬着牙说："我爹妈一字不识，怎么给你们背宣传单？"乡长得意地说："所以要罚款，这是政府的规定，一定要彻底严办，你们就得配合。"孔刚又问："除了罚款，你还有没有别的领导办法？你以为你这张嘴就是王法，我们这些村民搞不搞计划生育都是你说了算吗？"乡长得意地摸了摸头顶说："王法是我定的，当然我说了算。"孔刚指着乡长的鼻子说："你再说一声王法是你定的。"乡长说："我就再说一万声'这个乡王法是我定的'又怎么样？"乡长话音刚落，孔刚就在他的嘴上打了一拳，乡亲们一看孔刚动了手，也一拥而上把车上其他的工作人员拉下了车。工作人员哪里见过几百号人吆喝喊打的场面，早吓破了胆，在人们的拳脚下连滚带爬地跑了。

　　孔刚抓着乡长一直未放，等乡亲们平静了，孔刚才指着他的鼻子说："今天我告诉你三件事：第一，你也有妻有子，我们也要监督你的计划生育；第二，乡政策是党和人民的，我们不需要你们这种人来污蔑，你看哪里有招强盗的，你到哪里躲着去，别再给共产党脸上抹黑；第三，我现在就放你回去，把我们东坪沟拿走的钱粮物品，赶在明天中午之前送来。要是差一颗粮食，我们都到你家去拿，顺便也给你家搞搞计划生育。"乡长早吓得面无人色，孔刚说一声，他应一声，等孔刚一说完，他就拔腿要跑。孔刚又喝住乡长说："开辆卡车回去，你这身体一口气跑回乡政府怕是要得肺病，别的车等明天把东西拉来再开走。"乡长答应着开车落荒而逃。第二日，有人把东坪沟的钱粮一分一厘不差、一粒一颗不少地送了回来。

　　乡政府刚停止出动，这块肥差顺其自然又落到了村长贾林身上，贾林就是贾林，他可知道自己能吃多少饭就端多大碗，不像乡长那样鲁莽大扫荡。贾林的规矩是专赶计划生育对象，一个人拿个公文包欺下瞒上，有吃有喝，钱数不多不少就能办事。

　　这一日贾林来到陆六家，陆六小两口有酒有肉热心款待，说话也听着顺心，贾林一高兴多吃了点，也多喝了点，酒足饭饱后给陆六开了一张五十元的罚款便条，一边用火柴棍剔着牙，一边流着口水，看着陆六媳妇想入非非。

　　贾林回家后千等万盼，这日终于打听到陆六去了远房亲戚家，他在家喝了点酒，给老婆说了声出去办公，乘着天黑神不知鬼不觉地溜进陆六家。一进门贾林先将腊梅的手捏了一下，接着又在她的屁股上拍了一巴掌，说是自己家的炕头凉，要在腊梅家借宿一宿。腊梅是个聪明女人，清楚贾林要干什么，故意说了几句俏皮话，来挑逗贾林。贾林喜得浑身发热，一发热就把衣服给脱了个精光，腊梅先骗贾林上了炕，说自己要去小解和锁院门。贾林激动地腰抽筋，喘着粗气一个劲地催腊梅快。腊梅拿了把锁答应着出去了，一出门立马把房门锁了，飞也似的跑去杜义家。

123

杜义家里有很多乡亲在看电视,一听腊梅说明来意,大伙都气得跳了起来,杜义先吩咐两个小兄弟去村长家,让他们把村长老婆先骗到陆六家,两个人答应着跑了。杜义又让大伙挑了家伙,跟着腊梅来到陆六家,杜义摇手让大家等村长老婆来。这时屋子里传来贾林的声音:"腊梅,你要再不快点来,往后的计划生育可就不好搞了。"杜义忙让腊梅给贾林应声,腊梅只好说:"村长小声些,别让人听见不好,我给骡子加些草就来。"房子里没了声息。

贾林的老婆让两个小家伙拉着一路跑来,站在院中直喘气,一看院子里站满了人,手里还拿着家伙,便心想道:"不是要请我过来吃肉的吗?怎么这阵势看着不像?"贾林老婆想要开口问问人,只是气喘得说不出话来。杜义从腊梅的手里要过钥匙开了屋门,先把贾林的老婆推进屋去,村长还以为是腊梅进来了,抖着声音说:"腊梅你快些,要不可就没劲了。"杜义拉亮了灯,贾林老婆看贾林赤身裸体地躺在腊梅家炕上,哭喊着扑上去,骑在贾林身上又咬又打,又哭又抓。贾林这才知道中了腊梅的计,恼羞成怒,一把推开老婆拿起裤子来就穿。杜义早将一条草绳套在贾林的脖子上把他拉下了炕,指着贾林的鼻子骂道:"你这禽兽还知道羞耻吗?"贾林双手拿着裤子挡着下身不敢直腰。杜义气呼呼地拉着贾林前面走,后面的乡亲用棍子打着贾林骂道:"牲口,女儿都嫁人了,还想干这没脸的事,您老婆都骚成狐狸了,你咋不知道窝里配,还骚狗一样跑来欺负人?"贾林实在挨不住疼,大声讨饶道:"我是来搞计划生育的。"杜义把贾林拉到陆六家门外的骡槽前捆了,冲着人群喊:"腊梅,把你家的剪刀拿来,我把这个说话少条尾巴的给骗了,也算给计划生育做些贡献。"腊梅早羞得躲了起来,哪里还见人影,乡亲们答应着要去找剪刀。贾林忙连连向杜义求饶,贾林老婆一听,慌忙跑过来拦在村长前面,杜义更是气不打一处来,冲过去踢了贾林老婆一脚,骂道:"你这老妖精也不是什么好货,整天把你这张黑麻脸都快擦成灰台了,就知道寻着吃人家的肉,你男人都骚成狗了也看不见,你只知道把自己打扮成老蜜蜂躺在窝里养膘。"杜义越说越气,用手敲着贾林老婆的脑袋说:"我看你这骚头还不如个土豆,土豆它还有个水分,你这就是个干牛粪。"杜义的话听得乡亲们哄堂大笑。杜义生气,自己要去陆六家找剪刀,贾林老婆趁机挣扎着解开草绳，抚着贾林如受惊的野兽一样消失在夜色中。杜义只好让人把孔大妈和喜子媳妇请来给腊梅做伴，才和乡亲们各自回家去了。

陆六探亲回来知道了此事，提了菜刀要去找贾林拼命，乡亲们鼎力相劝，才把陆六劝住。但陆六怎么也咽不下这口气，找杜义两人在村口的南墙下嘀咕了一天，等孔刚回来，三人又坐在一起计划了一下午。

过了几天，乡政府门口县政府门口都贴满了大字报，字报上写着某乡乡长、某村村长和全乡领导利用计划生育之便干了某某某事。第四日后，东坪沟便传来了消息说乡政府的领导全部撤职开除，东坪沟村长贾林也被撤职。乡亲们欢呼成一片，唯有贾林一家耷拉着头不敢出来见人。

后来政府新官上任气象果然不同，先在各乡村的墙壁上写满了计划生育宣传语，接着又派工作组驻扎在村民家，耐心给村民们做思想工作，让村民了解什么是计划生育，为什么要计划生育，计划生育有哪些好处等。两个多月后，村民们才真正认识和理解到计划生育的好处，铲除了重男轻女、养儿防老的旧思想。最后乡政工作组又传达了党的好政策，两女户待遇、独生子女户待遇及无子女户的待遇等，村民们听了无人不喜。

第六章 阑珊处

1

也是这一年冬天，孔祥和孔齐兄弟俩看天一天比一天冷，家里又缺柴少米断盐差醋，只是苦于没有个生财之道，计划生育的队伍又天天前来催要罚款。实在没有办法，孔齐又在村庄里寻找了三夜，只是现在的乡亲们都被他偷怕了，一到晚上家家都紧锁门户，一有风吹草动，都会有人出来探看，而且现在有了电，门灯一拉，照得外面亮如白昼。孔齐冒着风寒，发狠又等了几夜，还是没偷到半根鸡毛，回来受了点风寒，天天流着鼻涕和媳妇生闷气。虽说孔大妈也给他些米面油盐，但毕竟数量有限，哪里能够他一家人吃喝。

孔齐正在无可奈何之时，幸好天无绝人之路，往日和他联手过的邻村小伙李虎，领着一位省城叫阿龙的前来找他。孔齐如遇菩萨，吆喝着刘婷倾家相待，还怕一个人照应不够，把哥哥孔祥也叫来陪酒。孔祥也认得李虎，知道他是性情中人，倒也高兴，忙从家中弄点酒肉过来一起吃喝。

酒过三巡，闲谈之中，孔齐怕阿龙看低了自己，便在话言话语中故意透漏了些蛛丝马迹。阿龙早知道孔齐是个什么样的人，但不说破，只是故意问孔齐道："像三弟这样的人才，窝在这穷乡僻壤里实在可惜。我们城里的钱来得容易，你为何不去试试？"孔齐说："天堂我都想去的，只是没有门路。"李虎笑着对孔齐说："算你小子走运，我这位省城来的大哥刚好路过此地，打算要收两个小弟回省城的，但不知他能不能看上你。"

孔齐听了受宠若惊，举着酒杯对阿龙说："大哥你要是带我去省城，你就是我的再生父母。"阿龙忙说："兄弟言重了，这事还得从长计议。"孔齐忙点着头说："大哥，不急不急。"

　　阿龙拿个鸡爪慢慢吃着，讲些他在省城如何发财、如何消费的事，听得孔家二兄弟目瞪口呆，阿龙又叹着气说："我为你们抱不平，不是我在吹牛，我长这么大从不差钱断酒，也不知道穷是个什么滋味，就拿眼前这鸡肉来说，你们稀罕从没宽吃过，哥早几年就把它煮着吃，蒸着吃，炒着吃，炸着吃，都吃遍了，现在吃着跟嚼木渣一样。这世道笑穷不笑娼，只要你有钱，鬼都好使唤。"孔祥趁机对阿龙说："大哥，你要是真看得起我们哥俩，就拉攀兄弟们一把，领我们也到省城去过过好日子，我们哥俩不是亏人的人。"阿龙说："孔家兄弟不是当哥的不近人情，你们也知道，金钱虽好，王法难犯，哥我干的是偏门买卖，如何能拉你二位下水？"孔齐忙跪在炕上双手捧着酒杯敬了阿龙三杯酒，拉着哭声说："大哥，如果你能带我们离开这穷山沟，就是上刀山下火海，我们兄弟俩死而无憾。"阿龙并不简单，哪能轻易答应他，脸上装出为难之色，说："兄弟们，你这是给当哥的出难题，把你们留在这里受苦，哥为难；领你们去冒风险，哥也为难，让我都不知道该如何是好。"阿龙说完，用眼看着李虎，李虎虽说在道上混，但毕竟老实，想不到在这件事上阿龙也用计，便求着阿龙说："大哥给我个面子领了他俩吧，往后有差错不怨你。"阿龙这才答应了，给孔祥、孔齐每人扔了一千元钱说了句"明天全家都走"，自己先睡了。孔家兄弟欢天喜地抱着钱细细数了一遍，各自忙着和老婆商量准备去了。

　　第二天早晨，孔大叔夫妇得知两个儿子要跟不三不四的人去省城，忙过来相劝挽留，孔祥、孔齐哪里听得进去。孔大叔夫妇又请来左邻右舍前来相劝，但也无济于事。孔龙也听到了消息，忙让妻子前来劝两位弟弟，孔祥、孔齐是铁了心要去，谁的话也不听。后来，劝说的人多了，两兄弟反倒恼了火，堵着门口骂道："你们这些缺少见识的人，哪里知道前途，我们做什么与你们有何相干？"前来相劝的人听了都散了。薛兰也回去把话捎给了孔龙，孔龙气得一迭声地骂道："好酒的不找卖茶的。卖麻的专找死人的，都是好那口的，让他们去吧。"孔大叔夫妇看乡亲们都散完了，两个儿子还是要去。孔大妈心中着急，不管不顾地拉着孔祥和孔齐的手

127

说：“我的两个好儿子，你们听妈一句劝，京城虽好，非等闲之地，哪里可容不得你们去胡作非为。你们就在东坪沟老老实实地种庄稼，平日里勤劳些，也饿不死你们，强如你们这样没头没脑地跑出去。”孔祥孔齐都是无情之人，哪里能听得进去半句，都甩开母亲的手说：“算了吧，以前您老骂我们懒，不动弹，今天我们要出去挣钱，你却又拦在前头。”孔大妈听了又急又气地说：“君子爱财取之有道，你要有本事，哪里的水土都养人，男子汉大丈夫，穷死饿死也比做贼强。以前你们在村子里偷鸡摸狗，哪个乡亲不骂，只是人家都顾着情分，没有和你们算账，倒惯得你们胆子大了。今天又要跑到省城去害人，你们以为省城的人是瞎子，马路上的钱都堆成粪了，他们拿麻袋想背多少就装多少吗？就算钱是粪，在东坪沟里你起迟了，看能不能捡上一两块。堂堂七尺男儿为什么一定要活成这个样子？”刘婷早就听烦了，上前推开孔大妈，说：“你哪只眼睛看着你儿子偷了抢了？世上有你这样当妈的吗？别人说不说，你先张扬上了，就是个好人也让你说坏了。我们去哪不去哪，你管得着吗？”孔祥、孔齐二人也不理母亲，提了包要走，孔大妈起身推开刘婷，又扑过去拉着两个儿子的手说：“你们知道吗？你们成了这样全是妈的责任，是妈的不幸，是妈造的孽，你们要是不去省城就是把妈煮熟吃了，妈也不怨你们。”刘婷提着菜刀上前，又拦着孔大妈说：“你早干什么去了？现在说的比唱的好，有什么用？今天我们要走不了，我这条命就和你死老婆子拼了。”孔大妈知道刘婷的毛病，站着再不敢说了。李虎听着也难心，过来推着孔家二兄弟拎了包上了路。孔大叔夫妇看实在难留，就要跟着前去相送，孔家二兄弟却怕父母跟着伤阿龙的脸面，就拦住父母死活不让送。孔大叔夫妇没法，只好远远地跟在后面一路垂泪，一直来到公路上，远远地站着看儿子们上了车，两人坐在马路上抱头哭了一场才回去。

2

孔家两兄弟不顾一切地踏上了开往省城的客车，在他们心中去省城就是一切，在东坪沟来说这就是面子，不管他们曾经是否卑鄙。在路上颠簸了八个小时终于到达了省城，孔家六口人正看得眼花缭乱之时，汽车已经到站，孔祥、孔齐忙扶着老婆、牵着孩子，跟着阿龙、李虎匆忙下了车，穿街过巷、避人躲车地来到阿龙家。

进了阿龙家，孔家两兄弟喜得如到天堂，孔祥趴在煤气灶上看了半天也不知道是干什么用的，孔齐抱着暖气片想着这铁疙瘩没火也会散热，兄弟俩又看着各种高档家具着实感叹了半天。孔祥给孔齐递眼色，孔齐给孔祥挤眼睛，兄弟俩心满意足地对视一笑，仿佛他们已经拥有了这一切。阿龙看着孔家二兄弟，狠狠吸了几口烟，指着孔齐说："瞧你们那点子出息，对几片破铜烂铁都惊奇，要真见了好的还不绿了眼？以后你们有看烦它的日子，赶快把房间里打扫打扫，哥领你们去吃大餐。"杨秀想在阿龙面前显个能，忙起身说："你们坐着都别动，这收拾房间的事我最干得来，以后这样的活我全包了。"杨秀一边说着，一边把地下的酒瓶放在了桌上，把桌上的锅碗又放在了地下，抡起扫把三五下就把房间里弄得尘土飞扬，呛得阿龙不敢吸气，指着杨秀骂道："哪里宽，你到哪里去折腾，我这里容不下你这扒粪的手脚，你快停了手，放下笤把，我们去吃饭，我看你是饿慌了神，尽干些恶心人的事。"杨秀不依，继续扫着说："你们要嫌呛，去到外面等，我扫完再吃。"其他人无法，只得站在门外，等杨秀扫完地锁了门才一起去吃饭。

这时天已黑尽，省城的街道夜雾弥漫，朦胧的路灯下仍然车来人往，孔齐几个说笑着来到一家小酒店，阿龙说这是他经常光顾的地方，一进门一位胖得浑圆的女人迎上来，拉着阿龙的手说："兄弟，可有两日没见你的人了，姐可是天天泡着龙井茶等你的，刚才我还坐着给自己找原因，是不是跑堂的小子们年轻嘴笨说错了话，还是炒菜的师傅做菜没放盐？还没想完，你人就到了。好兄弟，多少看着姐的脸面别往心里去，有什么意见提出来，回头我让他们改，可千万别藏在心里不说出来。"阿龙早听惯了紫琼捧场做戏的说话，边走边问紫琼道："这些天生意淡吗？"紫琼回答说："可不是，你看看外面走路的人多，今年运气不好，生意难做，物价涨，工资高，来吃饭的人也少，要不是你们这些老顾客常来捧场，姐我都快撑不下去了。"阿龙笑着说："你们生意人一天不进钱心里就慌，别人再怎么有钱，也比不过你两个马儿驮柴，这些年，你酒店的生意稳赚不赔，还有那一院子房屋的房租，东边不亮西边亮，月月有个麦儿黄，还常

在我面前哭穷干什么？"紫琼拍着手说："姐姐没有，要有，还不高兴，一月里锣也敲鼓也敲，省吃俭用，拿出来还不够你阿龙畅快的一顿饭钱。"阿龙坐下说："你们听听，生意人不敢说个有字，哪像我们心直口快的人，进一个花两个，全扔给你们听响声了。"紫琼笑着说："肥水不流外人田，你阿龙不帮姐帮谁？"阿龙也笑着对紫琼说："你也不用人帮，总而言之，你是想着我这几个钱的，你不说我也知道该怎么办，就算你以后只卖葱花开水汤，兄弟也要天天来喝几碗的。"紫琼听得心花怒放，忙拍着阿龙的肩头说："兄弟就凭你这句话，就是想吃天上的月亮，姐也想办法给你削半块来，今晚高兴，送你一瓶好酒尝尝。"阿龙说："还真没有见过你紫琼姐这么火辣辣地大方过，机会难得，倒是要尝尝你这瓶酒。既然有了酒，菜还是老规矩，羊肉要肥的，鸡肉要辣的，鱼要鲜的，鸭子要烤的，外加两斤牛肉，耳脆自然少不了，再来四碟素菜。今天新来的两位兄弟都胃口好，肥肥的红烧肉再来一盘，排骨也点上，菜少了怕不够，要让他们吃过瘾。"

紫琼吆喝着跑堂的倒茶传菜，自己却看着孔祥一伙问阿龙道："他们是你乡下的亲戚？还是……"杨秀忙站起身对紫琼说："是兄弟，亲溜溜的兄弟。"阿龙只好说："是我两个兄弟和家属。"紫琼笑着对阿龙说："我明白了，阿龙你果然好眼光，这次新收的两位小弟虎背熊腰，你要好好带带他们，倒是两个好帮手。"阿龙让紫琼坐在旁边说："人心难测，谁能看透谁，混江湖又不是卖苦力，脑子要灵光，他们别给我添乱就算好的，难道指望他们来给我遮风挡雨吗？"紫琼忙说："吉人自有天相，你阿龙洪福齐天。今天收了小弟这是好事，姐也跟着随喜随喜，如果你们不嫌弃，我倒要凑个趣儿，豁上这条老命陪你们喝上两杯。"阿龙忙说："求之不得，正要向姐姐请教请教生意上的事，以防今后吃不到饭，也有个正经路子。"紫琼拍着手说："好兄弟，别再糟蹋姐了，就这烂摊子给了你，你也不要，从早到晚两条腿硬撑个身子，挣个辛苦钱算什么屁正经事！我要是男人，也跟了你去，走街串巷地风光风光。"阿龙笑着说："要不我们换了干干，你领着我这些兄弟，想到哪里风光就到哪里风光去，我在你这里做几天老板。"紫琼听着忙摆手说："兄弟实话实说，你姐我不是这块料，要真有本事，十年前你姐夫离世后我就上道了，我这人属鸡的，命苦，一辈子只有拨拉着过了。"阿龙又问紫琼道："你那位堂弟现在还在抽大烟吗？"紫琼说："提不成，那就是个要命的主儿，谁提谁倒霉。那么好一院子家业全抽光了，现在穷得和鬼一般，还在抽，他亲姐姐都不让他进门了，三天两头地来缠我。我高兴了给他两个，那嘴甜的，姐长姐短地叫，要不给他，还给你来横的，叫些烟鬼来放半瓶酒也不喝，嗦儿抖颤地坐在那里胡说八道。上次把我惹毛了，我进后堂拿菜刀出来在他干腿上一刀背，他跑得比兔子还快。从那以后，再没看见他人影。就一个尕强子，别说你抽大烟，就是天天吃大烟，我也不怕你，龇牙咧嘴地吓唬陌生人可以。都是从小长大的人，谁不知道谁的骨头软硬。我这生意不好，也有他一半原因。"阿龙听着就不再说什么了。

　　这时饭菜已经做好，鸡肥鸭美地摆了一桌，孔祥的儿子冬子伸着小手就要去抓盘里的菜来吃，杨秀起身打着冬子的屁股骂道："没有家教的东西，老娘还没尝一口，你就先伸上爪子了，家里什么好吃的没有，跑外面来见个哄嘴菜也急。我让你丢脸，我让你嘴馋。"孩子被打得大哭起来。阿龙听着心中越不是滋味，咳嗽了两声，看着李虎，李虎忙走上前，拉开杨秀，给孩子递了个鸡爪哄着不哭了。紫琼忙斟满酒，先敬了阿龙一杯，又敬了李虎一杯，接着又对孔家两对夫妇说："各位兄弟姐妹远道而来，也不知高姓大名，实在可惜得很，今日借花献佛，敬各位一杯，认识了以后就是一家人……"杨秀忙说："我叫杨秀，她叫刘婷，这是我男人孔祥，那是他男人孔齐，你看他俩长的模样，就知道是一个裤裆抖出来的。"紫琼只好说："既然都是自己人，那就更不用客气，姐也没啥本事，以后你们想吃碗汤儿菜儿只管来，即使我这儿没有的，我也会想法子到别处弄去……"杨秀又打断紫琼的话说："姐姐到底大方，不像我们乡下人小气得很，有个吃嘴的东藏西塞，怕人知道……"阿龙恼火，指着杨秀说："你少说两句，别人还在站着给你敬酒的。"杨秀又说："那就更要命了，我们乡下人讲究，妇女喝酒败家风。"紫琼红着脸看着阿龙，阿龙生气地看着孔家两兄弟说："你们两人是木头吗？还不把酒喝了。"孔家二兄弟这才看着紫琼齐声说："一定一定。"一扬脖子一干而尽。阿龙想了一会，又问紫琼道："你那还有空房子吗？"紫琼说："我那没有，房后老太太家多得是，要给你这两位兄弟租房子吗？"阿龙说："让家属住，他俩住

我那，办事方便。"紫琼说："要租现在就去，老太太睡得早。"阿龙又对李虎说："你领着他们老婆孩子去吧，安顿好了，你再来吃饭。"李虎忙让刘婷、杨秀牵着孩子跟他走了。

阿龙对紫琼说："等李虎回来，你还照这样的饭菜再做一桌，让你的服务员端到老太太家，让他们的家属就在那边吃吧，我看他们坐在这里也紧张。"紫琼更是高兴地说："阿龙，你这大哥做得真真好。"阿龙说："好不好也就这样了，等会儿你还把那开车的联系联系，让他把车开了来，等我们吃过饭，让他领着孔家两位兄弟去夜总会乐和乐和。"孔齐刚把一块羊肉塞到嘴里，听阿龙说要让他们去夜总会，还以为是要去参加什么会议，愣着眼问阿龙道："大哥，你们城里也兴开会吗？"紫琼听了，把刚喝进嘴的茶笑喷了一地，阿龙也笑着对孔齐说："不开会你不长见识，以后怎么混？"

这时跑堂的来请紫琼，紫琼忙告辞而去。阿龙看着紫琼的背影说："你们看看这就是做生意的人，如果哪天我们没有了钱，到她这白吃上三天，这胖婊子非把我们兄弟几个炖了王八汤……"阿龙还没说完，就见孔齐把一大块鱼肉连刺吃进嘴里，便忙喊道："孔齐小心，鱼肉上面有刺。"孔齐早扎了喉咙，狼狈地把鱼肉全吐在桌上。阿龙叫跑堂的端了醋来，让孔齐含在口中，气得摇着头说："教你做小弟就像教头牛一样费劲，吃顿饭又没人跟你抢，像做了八辈子和尚没开过荤似的，往后天天让你们吃这些，看你们还这样不。"孔齐听着把含在嘴里的醋又吐在刚吐的鱼肉上，说："大哥，兄弟今天实在饿得慌。"阿龙也没了兴头，把剩下的酒一干而尽，等李虎一回来，他问李虎去不去夜总会，李虎嫌累说不去。阿龙便给孔家两兄弟吩咐道："你俩先在这里吃，等吃够了去找刚才那位紫琼姐，有人送你们去夜总会，今晚你们就在那过夜。明天早起出了夜总会门，往右拐一百米，有个小停车场有人在那里等着，接你们回来。"孔家兄弟俩忙起身送阿龙和李虎出了店门，又回来坐着一顿海吃才去找紫琼。

8

紫琼旁边有个光头男子早等得不耐烦了，领了孔家二兄弟匆匆走出门口，二话没说自己先上了车，孔祥、孔齐打不开车门只好红着脸站着。司机等了半天不见他哥俩上车，才明白是怎么回事，便在心里暗骂道："就这德行，还敢出来混社会，我看早晚也是替人垫背的货。"想着又下车打开了车门，孔家兄弟忙半爬半滚上了车。司机把车开得飞快，路边的灯像倒了一样向后飞去，兄弟俩才盯住红的绿的又闪了过来，又盯住绿的黄的又闪了过来，两人正五颜六色地迷惑着，车已经停在一座大厦下面。孔家兄弟俩下车仰着脖子认了半天，才识得半楼间有几个"醉春堂夜总会"的字在闪烁。司机催着他们兄弟俩上了楼，推开夜总会的门说了声"就在这里"自己就走了。

兄弟俩一进夜总会门口，一股烟味夹杂着些脂香迎面扑来，朦胧的灯光下到处走动着女人的身影，兄弟二人未曾见过如此场面，张着嘴巴仿佛到了极乐世界，脚下哪里还能挪动一步。早有两个老练的女子迎上来，一人一个把兄弟俩如同扶醉汉一样扶进房间，先是言语挑逗，后是身手改进，三两下便撩得孔家兄弟出气大进气小，连满嘴口水都不能自控了。兄弟俩正要动手出丑时，两位小姐变脸向他们索要钱财。孔家两兄弟此时魂魄早在云外，哪里还顾钱财，两手一掏，倾囊而尽。两位小姐一看，好处不少，喜得半推半就依了他俩。

第二天，孔家兄弟睁眼一看，两个女子早不见了踪影。两人忙穿戴整齐走出醉春堂，孔祥走前面，看孔齐一步一回头还有些不舍之意，便催他道："赶快走吧，我觉得也没多大意思，流着汗把钱挣来又躺着油花了。你再这么磨叽，去晚了又让那开车的笑话。"孔齐恨不得把骨灰都撒在醉春堂里，哪肯轻易回头，仍一边走一边回头向后望，不妨一头撞在电线杆上。孔祥看得又气又笑，忙过去掰开孔齐捂在脸上的手，只见右脸上擦破了些油皮，孔祥便对孔齐说："不碍事，仔细走路，城市里到处人挤车拥，照这样下去，你不到一月就面目全非了。"孔齐揉着脸说："我心里实在不舍。"孔祥气得瞪了孔齐一眼说："舍不得你就在这守着，不定哪个从良了，你还可以人财两得。"孔齐听了笑着说："有圣水也洒不到我身上。"孔祥说："知道你还不快走，只要你有本事，以后捞着钱了有你玩腻的日子。"孔齐忙说："那以后我们就常来这里玩好吗？"孔祥不再说话，照着阿龙说的路线先来到停车场，因昨夜不曾记住汽车款式和颜色，

133

更不记得车号。兄弟俩只好乱寻找了半日，还好，停车场那头司机又打喇叭又招手的。兄弟俩忙赶了过去，果然一见面，又被司机一顿数落才让他们上了车。

司机开着车，看坐在旁边的孔齐魂不守舍，故意问孔齐道："风流了一夜感受如何？"孔齐红着脸不说话。孔祥忙对司机说："男欢女爱平常事，何必问人。"司机说："淫心匿行，万恶之首，岂是平常？"孔家兄弟哪能听懂这些。孔齐却对司机说："别羡慕，哪天带你去享受享受，说真的，相当不错。"司机只好笑着说："坠落是天使，人欲是陷阱，当然有几份滋味，要不然你也不来，人家也不叫醉春堂。"孔祥说："好是好，只是太贵了些。"司机说："对你们当大哥的人，那几个小钱算什么，羊毛出在羊身上的事，你们还在乎这些？"孔家兄弟听得心花怒放，和司机一路说说笑笑，过了几个十字路口，孔齐就问司机道："师傅，你们这城里十字路口上的那灯一会红一会黄一会又绿，是不是红灯亮了红车走，绿灯亮了绿车走，黄灯亮了一起走？"司机听了，差点笑岔了气，想想他兄弟俩也可怜，便叹了口气说："我也不想回答，你这幼稚的问题，待久了你自然会明白。其实城市就是这样，它对外来人有一种诱惑力，让人觉得什么都新奇，什么都能得到，可当你倾家而来，求租一间房屋寄人篱下时，又觉得它什么都没有，有的只是失业和无聊的空虚。人们每天在空虚中寻找现实，不择手段地活在城市泡沫的影子里，斗智斗勇，迷惑的广告文化，能累得你死去活来。"孔家二兄弟更听不懂这些，孔齐忙问司机道："大哥，你这话什么意思？"司机说："我说这话也没有什么别的意思，人心深似海，无路起波涛，乡下的想跑到城里来，城里的又想跑到农村去。"孔齐忙说："农村有什么好，一年四季翻土，吃土，睡土，狠土。"司机说："你那是怕劳动才这么说的，人不靠土地吃饭空活吗？跑城里来你想翻土都没有你的份，说句不好听的话，城里连个好太阳都没有……"孔齐故意问司机道："手稠遮住了太阳？"司机说："遮没遮住，你自己抬头看，何必要闭着眼睛问人？"孔齐又说："我们穷，顾不上太阳。"孔祥也说："城里乡下都一样，哪里有钱哪里好。"司机说："命该如此就如此，前世注定好的，虽说我们乡下人清苦，但一个萝卜一个坑，老婆孩子热炕头，那是一种幸福，也是一种朴实的美，有几斤米几斤面自己清楚，日子该怎么过自己可以筹划，乡亲们生活过得都不相上下，没有他天天吃山珍海味你喝面汤的压力，更没有他住高楼你住棚的歧视，人们守着同一块地无忧无虑。我也是乡下人，来这里五年了，哪好哪坏，我还是知道的。"孔齐说："司机大哥，你的意思还是蛤蟆待在井底好？"司机说："随便你怎么想，我是有这种想法，把这破车卖了再回乡下去种地。"孔齐吃惊地说："你真要舍本逐末跳过肉架子吃豆腐？"司机说："那有什么好奇怪的，人多手稠机会少，靠它不做些偏门生意捞不到钱，做了又要担风险。细想想，还是自己身歪影斜，不如狠心断了妄想。我老婆到城里来才半年，前两月跟别人跑了。你说说，我在这里混着还有什么趣味？"孔祥想了想说："那倒也是。"司机又叹了口气说："像你们来省城干这事，还不如回家种地好，种地再不好它是人干的事，何必来这做贼挖窟窿的冒险。"孔祥低着头对司机说："谢谢你大哥，我们也是被逼无奈，才活得这么违心，若光阴稍微有些滋味，也不会跑出来这般丢脸。"司机说："谢我干什么，凡事都要靠自己，我不过看你哥俩还实在，怕到时候回不了头，白搭条性命。人生痛苦大不过于死，你死都不怕还怕痛苦？"孔祥说："穷苦岁月折磨人，你不经不理解人。"司机说："苟且偷生属蚁道，人怎么能用？"孔齐便嘲笑司机说："你妻离子散，心存悲愤，杞人忧天，我虽出身贫贱，但妻贤子孝并无大忌。说句你不爱听的话，这年头撑死胆大的饿死胆小的，我天生就是贱骨头，还就爱干个做贼挖窟窿的事。"司机听了冷笑着说："兄弟，凡事都是有代价的，你以为男人骨头贱也能值钱吗？这城里一年半载有多少像你这样手长脚短的人，都被政府像韭菜一样割了一茬又一茬。"孔齐却对司机说："你说谁的不是，照你这意思我们就不如草了？"司机有些激动，停了一会接着说："算了吧，只当我没说一样，只是回头千万别告诉龙哥我说过这事。"孔祥说："大哥你就放心，我们也知道你是一番好意。"司机说着已经把车停到了路边。孔齐忙问："怎么就不走了？"司机说："还往哪走，这已经到地方了。"孔家两兄弟忙下了车，一看已经到了阿龙家门口。

兄弟俩进门一看阿龙和李虎象棋下得正紧，站着不敢吭声，阿龙杀完一盘猛抬头看孔齐脸上有伤，便放下手中的棋子，问孔齐道："怎么脸上带彩回来，是不是昨夜为女人争风吃醋让人给涮了？"孔齐摸着脸不好意思地说："哪里是，走路不小心在电线杆上撞的。"阿龙说："不是就好，以后走路小心，城里车多。"孔齐答应着过来站着观棋。阿龙想抽烟，一看烟盒里却是空的，乜了一眼孔齐说："到外面买两盒烟回来，我这里腾不开手。"孔齐口上答应着，却不见去。阿龙走了两步棋，看好丢马夺帅，确定能胜李虎才松了一口气，又想抽烟，抬头看孔齐还站着，便问道："孔齐，不是让你出去买两盒烟回来吗？"孔齐红着脸说："龙哥，不是没有听到，昨晚出去把钱花光了。""什么？"阿龙吃惊地问。孔齐又小声地说："昨夜把钱花光了。"阿龙又问道："装了多少钱，全花光了？"孔齐说："我四百多元。"孔祥也说："我五百多。"阿龙生气地骂道："你们兄弟俩是不是八辈子没见过女人？一见女人就把脑袋都长到人家裤裆里去了，让人家想怎样拨拉就怎样拨拉？就你们这点出息，吃不会吃，玩不会玩，如何在江湖上叱咤风云？你们这是去嫖娼，不是给你们家媳妇送彩礼办嫁妆。"孔家二兄弟低头不敢吱声，阿龙越说越气，随手把棋一推说："李虎去把司机叫来，我们到醉春堂走一趟，看看她们那儿的婊子长得是金的还是银的，这都快卖到天价了。"李虎忙问道："龙哥，有这个必要吗？"阿龙说："怎么没有必要，我们两天不去，她们就连规矩都反了，连自家兄弟她们都要烫，这不明摆着给我眼睛里扬沙子吗？"李虎听了只得去找司机。

　　阿龙看孔家兄弟还站在那里，便说："别老站在那里丧眼，进去照着镜子好好想想，把脸给我弄展样了再来。"孔家兄弟忙答应着去洗脸，阿龙气得瞪着他俩的背影，突然又想抽烟，便喊孔齐回来，孔齐忙又回来，阿龙给了钱让他去买烟，孔齐拿着钱走了。阿龙下了半日棋，觉得头昏，侧身躺在床上养起神来。孔齐买烟回来，看阿龙在闭目养神就轻声说："龙哥，烟买回来了。"阿龙微睁着眼接在手中在烟盒上端详了半天，才打开取一只叼在嘴里，孔齐忙给点了火。阿龙叹道："去吧，收拾整齐跟我走，到那边学着点，以后别再这么丢人现眼。"孔齐答应着去了。

　　孔家兄弟洗漱完了回来，阿龙就对孔齐说："你去门外看看李虎回来没有，要是还不见他回来，你再去昨天吃饭的地方，让紫琼打发个人去催催他。现在的李虎办事越来越花拳绣腿了。"孔齐忙答应着往外走，一开门和李虎撞了个满怀，司机也跟在后面。龙哥先看着李虎说："是不是在家闷慌了，一出去就和别人吹牛秀口不知道回来了？"李虎忙说："我到他们家他不在，我在外面等了这半日，他一到我们就来了。"阿龙从床上坐起身看着司机说："知道为什么叫你来吗？"司机忐忑不安，低着头问阿龙道："兄弟笨拙，不知道你找我有何吩咐？"龙哥冷笑着说："你现在是请都请不来的神仙，别具一格，我奉承还来不及，谁敢给你吩咐挑遣，你今天就给我说说，是不是嫌我给的钱玷污了你的清白，给我干事才不肯脚踏实地？"司机紧张地说："龙哥，兄弟哪个地方做错了，请你指教。"龙哥说："你别在扯这些闲蛋，我花钱让你帮忙，你却能把自家的兄弟送到虎口里去。"司机还以为是刚才给孔家兄弟说的话泄漏了攥着拳头悬了半天的心，听阿龙却也不为这个，他才松了一口气说："龙哥，千万别生气，有什么事你说明了，兄弟来承担。"阿龙指着李虎说："你问他。"李虎把孔家兄弟昨晚被宰的事说了一遍，司机听了摸着脑袋说："原来是这么回事，龙哥急煞了兄弟，昨夜原本想给他俩提个醒的，可又一想在道上混的兄弟，谁不会个吃喝嫖赌，他们哥俩也没问我这事，我更怕失了他们的脸面少说句话，早知道这样烂了舌头，我也要说的。看来这次是我疏忽大意，我这就去醉春堂把钱要回来。"司机话说完就往外走。阿龙看着司机说："回来，你也是越混越昏了头，哪有嫖完女人还去问人家要钱的理，这要传出去了，往后你还怎么在这街面上走？"司机只好站在一边。孔齐战战兢兢对阿龙说："龙哥，我们还是不去吧？就当是交了学费。""你给我闭嘴，交学费也是别人给我交。"阿龙说完领着哥几个上了车，直奔醉春堂而来。

1

哥几个走进醉春堂，醉春堂的人还在昏昏大睡，大厅里只有一位老汉在打扫卫生。阿龙找了个位子随便坐了，李虎走上前问老汉道："大叔你好，你们老板在吗？"老汉说："不早了，这还早吗？"李虎又气又笑，只好又大声说："你们老板在哪？"老汉说："我们不买棉花。"这次李虎哭笑不得，拍着手说："醉春堂这是什么地方，连个灵光人都没有。"说完只好自己上楼去找。阿龙倒不着急，掏根烟坐在那里吞云吐雾，斜眼看墙壁上又添了幅新画，画面上有一座小楼，一条小径，一位女子身披红纱坐在门前。旁边有首诗写着：

若问桃李何处艳，
唯有春堂夜来香。
红窑本是误身地，
是去是留君自酌。

阿龙猜着这是朱虹的作品，想起身去细细看，不料此时，从楼上传来了一串铜铃般的声音，说："阿龙，你今天这是怎么了，这么冷的天，想姑娘们了，让司机拉两个过去，何苦亲自来。今年冬季干，眼下流行感冒多，你还坐在风口里，这不是诚心让我难受吗？"阿龙不说话，只是看着跟在李虎后面的朱虹笑，朱虹穿着一件粉红色大衣，里面是一件绿色睡衣，半截头发裹在里面，一步三摇地来到阿龙面前。阿龙看了朱虹半天才说："有你这么待人的吗？这才几日不见，就连舌头也拉得喷香喷艳的，能说会道了，你这是怨我来早了，还是根本就不想让我来？"朱虹笑着说："阿龙，何必每次见面都要说些没意思的。有今日这么贫嘴的，早干什么去了？这么多年来，我就把心给你吃了，你也不说声好，我是个女流之辈，又干了这么个肮脏行业，我知道很多人都看不起我，但天地良心，你阿龙可不能对我胡说八道。"阿龙也笑着说："和你开玩笑的，谁敢说你朱虹的不是，我是怕你天天熬夜，才这么心疼你两句，谁知倒在你的伤口上撒了盐巴。"朱虹忙说："阿龙，咱们先不说这些闲话，这里冷，楼上房子暖和，你们先去坐坐，等我换了衣服来，就是割我身上的肉吃也随你。"朱虹说完，拉着阿龙招呼着兄弟们上了楼。

朱虹的房间里暖意洋洋，一股淡淡清香迎面扑来，有几样仿古家具布置得很是到位，让人看着舒适大方。朱虹让大伙都坐下，笑着对李虎说："李虎兄弟有劳你，桌上有茶，你先帮我给兄弟们泡杯茶喝，还有水果瓜子，哥几个先磨磨牙。我这才刚刚睡起，手脸还没来得及收拾，你们坐，我去去就来。"说完给阿龙送了个秋波笑着走了。

哥几个喝着茶，孔家兄弟看着桌上的几碟水果，只觉饥肠辘辘，想吃又不知道如何吃法，只好盯着果碟儿咽口水。李虎看在眼中，明白他俩之意，随手拿个荔枝慢慢剥了皮，放进嘴里吃净了果肉，把核儿吐出放在桌上，说："当年的杨贵妃为了吃这破荔枝，也不知道累死了多少人马。"说完看着孔家兄弟，示意让他们照样子吃就行了。孔齐拿了几个荔枝看，阿龙在喝茶，忙起身对阿龙说："龙哥，别喝茶了，来吃几个破荔枝。"阿龙笑得撑不住，喷了一地茶。李虎忙剥了一个荔枝塞进孔齐嘴里说："兄弟，吃你的，没人把你当哑巴。"阿龙虽然笑着，但心里不是滋味，看着孔齐说："不是我说你没人样，实在是你自己丑出得好。照这样下去，你别说是白天出来混日子，怕是晚上出来都鬼见愁。你连几个果名都说不会，还只管嘴馋爪子勤。这叫荔枝，不叫破荔枝。幸好人家主人不在，要是主人在，你这不是打人家的脸吗？"阿龙说完又看着李虎说："快给他哥俩挨个教教吃法，识个名字，我跟着丢不起这个人。"李虎只好一边给孔家兄弟说果名，一边给他们教吃法。

　　朱虹去了足足一个小时才回来，穿了套纯白色小西装，里面配了件淡青色羊毛衫，脚上穿了双黑色高跟皮鞋，阿龙又瞪着眼看了朱虹半天说："你再往后站站，让我好好看看，这身衣服你穿着，真的看上去很漂亮！"朱虹说："阿龙，讨厌，别再这么有天没地的了，你这是夸衣服漂亮，还是在说我难看？"阿龙忙说："不信你转身照照镜子，只有你这身材穿了这套衣服才叫般配，你瞧那胸，再看那腰、那腿、那屁股，简直一个美人胚子……"阿龙还没有说完，朱虹便说："停停停，阿龙，你是不是想女人想疯了，拿我当活眼靶用？你要再这么见缝插针地胡说，我这儿的小妹妹给你多叫两个来。"阿龙忙说："我就免了，你要给我这几个兄弟叫就行了，我可是知道你这儿的姐妹们不是罩子里垫卫生纸的，就是隆过胸的，不是整过鼻子的，就是割过双眼皮的，没一个真货。"朱虹笑着说："阿龙，你别白吃萝卜还嫌辣，你想找真货去到大十字等等看，兴许你能碰个，我这真货还真没有。"阿龙笑着说："有短护短，说句玩笑话也急，这方圆百里谁不知道你醉春堂和夜来香的姑娘们个个是好的，就连六十岁的聋老汉也知道了，跑到你这里来听传说。这不大冬天还招来了我们这群苍蝇。"朱虹笑着说："今天的阿龙，像个掉了把的茶壶光剩嘴了。"阿龙说："近朱者赤近墨者黑，见到你一高兴我把上面给吹没了。"朱虹笑着对阿龙说："好，难得今天你有这么好的兴致，我们就在这闹热他一天，有天大的事也放在一边，咱们来个一醉方休。"朱虹说完转身冲门外喊道："姐妹们都快进来。"外面应声走进五个年轻貌美的女子，站一排鞠躬说："龙哥好，各位哥哥好。"阿龙也忙抱着双拳说："有劳各位妹妹了，怎么多日不见越发招人喜爱了？"李虎忙招呼让五位女子坐了，孔家兄弟紧张得手足难容，偷眼细看，只是不见有昨夜那两个女子，今日来的这些妹妹更是年轻漂亮，两人低着头在那里暗喜。阿龙却看了眼坐在身边的大金花说："妹妹，实在抱歉得很，今天，我只是想和你朱姐好好叙叙旧，其他的就勉了。"大金花顿时一脸尴尬，朱虹忙对阿龙说："你这是干什么，青天白日，大家坐一起喝酒也不多她一人，你又何必如此待她？"朱虹说完又看着大金花说："大妹，我在隔壁酒店订了菜，你过去催催，让他们在上面盖了东西再送来，你照旧来，今天我想和你好好喝两杯的。"大金花答应着去了。

朱虹看着大金花走出门去，才瞪了阿龙一眼，阿龙倒不在乎，吸口烟吐着烟圈。这时司机看了眼窗外，起身对阿龙说："龙哥，来了这半日外面都下雪了，我还有事就先告辞了。"阿龙也看了一眼窗外说："下雪好啊，我们刚好在这里过阴天不好吗？"司机忙说："我还有事，就不陪哥几个喝了，改天不开车和你们干什么都行。"阿龙说："就今天是时候，你别再推脱，世上的钱挣不完。我劝你放松放松，别一天到晚瞎忙活，你要是怕耽误了时间，我这不差钱，哪里能亏你了？"司机却执意不肯，阿龙无法只好拿出些钱来给他，司机哪里敢收，临走时对阿龙说："今天免费图个畅快，下次多给些也一样。"司机说完匆匆告辞去了，朱虹叹气说："这开车的也算是个好人。"阿龙说："好人个屁，他这是吃不上树上的吃地里的去了。这小子我清楚，挣我们的钱还看不起我们。"朱虹却说："好好的，这又是为何？人家又送你又陪你，浪费了不少时间，还没有收你一分钱，你何苦反过来说人家的不是。"阿龙说："他的不是多了，这小子是个人精，他只图钱，再什么都不好，真拿他没办法。"朱虹说："他不行就别让他干了，再换个别人就完事了，有车的不多吗？"阿龙说："你也糊涂，干我们这行的，司机换得勤对我们有好处吗？"朱虹想了想说："这师傅姓什么？"阿龙说："赵钱孙李全占了，一会说姓王，一会说姓张，到底有没有祖宗，谁知道。紫琼介绍的他，要不然，我早扒了他的皮。"朱虹就不再说什么了。

阿龙又指着孔家两兄弟问朱虹道："这俩小子你不认识吗？"朱虹看了眼孔家两兄弟，说："不认识，看着从未见过。"坐在旁边的三金花却说："我认识，他两位昨天是在这里过的夜！"朱虹又看了眼孔家兄弟说："我怎么不知道有这回事？"三金花说："你不知道这事，昨晚，你先去了夜来香，他俩后来的，是张璐、李翠陪他们过的夜，听说这两位哥哥给了她们不少的好处，赶早买了一堆化妆品，刚才还狠劲扭着屁股擦脸呢！"阿龙听了笑着说："昨晚，你们看见刚才走的那司机没有？"三金花说："那倒没有。"阿龙说："这就对了，你说他办的这叫什么事，我原本让他领着孔家兄弟到你这来，一是给你捧捧场，二来让他俩乐和乐和，谁知道他连门都懒得进，让你这里的两位姐姐把这两个愣头青给洗了个精光。"朱虹听了大吃一惊，忙问三金花道："真有此事？"三金花说："可能是真的。"朱虹怒道："你快去把她两个没有规矩的找来，给龙哥道歉。"阿龙忙说："罢罢罢，我最怕你当着我的面整家风了。"朱虹说："只许你当着我的面弄帮规，就不许我当着你的面整家风？"阿龙说："我怕她们来了哭哭啼啼臊摊子。"朱虹想了想看着三金花说："也罢，你去找着她两个，把孔家兄弟的钱全要了来，顺便给她两撂句话：'你们天天吃独食，难道想让老娘喝西北风去吗？'"三金花忙答应着要去阿龙阻拦说："算了吧，何必为这几个小钱失了身份，既然事情明了就让它过去，没必要伤了你们姐妹们的和气，先前是我对你有看法，还以为你朱虹利欲熏心，不认往日情分，故意刁难了我兄弟，现在一看是我阿龙错了，这比什么都值，那点钱算什么？"朱虹说："钱当然是小，可天天这样下去乱了规矩，我在这里白担着风险，还有什么意义？"阿龙听了笑着说："那就随便你吧，不要把自己当成妇联主任就好。"三金花听了要去，孔齐忙起身对三金花说："妹妹，不麻烦你，我自己去找她就好。"阿龙忙喝道："孔齐坐下，你这脸上真蒙了猪肚，愈翻愈乱，你不羞吗？"孔齐只好坐下，三金花笑着走了。

这时，去酒店催菜的大金花已经回来，后面跟着七八个酒店的服务员，每人都大盘小盘地端着菜，一气儿摆满了桌子，朱虹看了眼桌子，问服务员道："我们的菜全端来了吗?"一个服务员忙说："这次去了才能端完。"阿龙说："够了，桌子都摆满了，多了没地方放，冬天日子短，喝酒谁也没有那么好的饭量。"朱虹说："没有下酒菜，干喝着有什么滋味，你倒是想喝什么酒，说了好让他们送了来。"阿龙说："我无所谓，你知道我是个酒囊饭袋，什么酒都能倒得进去。"朱虹想了想对服务员说："把你们酒店高档的白酒拿几瓶过来，红酒我们这有。"服务员答应着走了。朱虹便招呼着让大家先吃菜，低头一看桌上竟然没有筷子，自己先笑了起来，大金花也笑着说："我还是再去一趟吧。"大金花刚走出门，有两个服务员端着筷子餐具笑着走来赔了不是，大金花让她们把酒具餐具一一摆放好了才去。这时端菜拿酒的又来了。朱红看一张桌上摆不下这许多菜，又让服务员搬来了张桌子拼了，才打发他们走了。

朱虹看着一切收拾停当，大家都各就各位坐了，便说："今天，我们能聚在一起是缘分，谁都不要拘束，大家都大大方方的，想吃什么就吃什么，想喝什么就喝什么，没有的我派人要去，要是谁客气就是看不起我朱虹。"说着先端起杯酒一饮而尽。孔家兄弟看着一桌子美酒佳肴，又听朱虹这么一说，也不顾美女当前，兄弟俩相互递了眼色，无论酸的甜的辣的咸的，只要是手能够到的，便一顿海吃，等吃到六七成饱时，才发现别人都不见动筷子。兄弟俩才觉得有些尴尬，忙停筷子看了一眼，阿龙和朱虹两个正在举杯相望，李虎却搂着旁边的二金花，让二金花在给他斟酒喝，只有坐在他们身边的四金花和五金花目不转睛地盯着他哥俩看。孔祥红着脸，端了酒杯对着两位女子说："山里来的，让两位妹妹见笑了。"说完要敬两位女子。五金花说："看着你哥俩吃饭，倒是种享受，你们到我们这来是客，哪有让你们先给我们敬酒的理，倒不如我们敬哥哥们一杯。"说完一人一杯灌给了孔家两兄弟，孔祥、孔齐越是喜欢得手舞足蹈，四金花和五金花又连敬了他兄弟几杯，孔家兄弟酒高色起，一手举着酒杯，一手慢慢在她们腰上摸来摸去。

三金花回来，一进来就大声说："来迟了，来迟了，罚我三杯。"众人都吓了一跳，大金花便骂道："你要死啊，去了这半日，回来还大惊小怪地吓人，是不是趁机出去，又找你那老男人投怀送抱地骚疯了，跑到这里来叫春?"三金花倒不在意，指着喝酒的其他姐妹们说："自己看看，到底是谁没见过男人，一和男人坐一起，脸就烧成茄子了，眼睛也直了，下面也左腿跷右腿了。"朱虹笑着说："你们别再扯，你去了这半日事情办好没有？"三金花一本正经地说："报告队长，两个俘虏全部拿下，经过我的批评教育，她们也做了深刻检讨，赃款全部没收，请领导指示。"朱虹也开玩笑说："一律归还同案犯。"三金花便把钱递给了孔家兄弟，孔家兄弟一听喜不自禁，巴巴地看着阿龙，阿龙想了想，点头让他俩收下了钱。

三金花洗了手，先自斟自饮了三杯以表歉意。朱虹却不依，非要让三金花唱歌助兴。三金花不唱，大金花看着三金花说："你不唱最好，免得听了晚上睡不着觉。"三金花看着大金花说："听了我唱的歌，你真的睡不着觉？"大金花故意说："睡不着，五音不全，叫得像猫头鹰，听着瘆人。"三金花说："你不听我偏要唱。"说完便喝道："今夜有谁相邀，去摘月亮的容貌，魂儿就留在树下，去等待要开的梅花，风凄凄，君莫问，愁系云天是何年，雪飘飘，寒苦处，谁能相依度此生……"阿龙听了先拍手叫好，朱虹也微微点了点头，又看着大金花说："大妹，让我们也听听你的金喉银嗓吧？"大金花忙摆手说："妹妹的虽是猫头鹰叫，但她还能叫出来，我这破锣要敲开了，怕你们都要跑光。"三金花不管大金花说什么，抓着她就要挠痒，大金花连忙答应着唱道："黄河浪尖托碎梦，春闺夜里泪洗寒，醉里难辨此生事，几度文阳读残年，惜往日，惜往日流水远去……"众人听了也喝了彩。朱虹又说："二妹、四妹和五妹合唱一曲。"三个人无奈只好同唱道："多少次牵过的手，都已无奈，多少次流过的泪，变成谎言，你不信，今夜里还来，我还让你在寂寞里徘徊，别怨我薄情寡义，别怨我日复一日，伤心的岁月留在心间……"众人听了也喝了彩，唯有大金花说："你们三人，也不过是鸡鸣狗叫青蛙笑，上演了一出山野大杂叫，可真是难听死了。你们要想听好的，就先鼓掌，请我们的朱虹小姐来唱吧。"朱虹也不推辞，清清嗓子唱道："总被风吹，总被雨打，就那么一朵玫瑰，怎经得起春秋冬夏，丢开手随风去吧，再不怕解不开的愁，再不怕放不下的缘，在酒中，谁还管是否完美，我尽把红尘一一喝下去……"朱虹唱完掌声不断，阿龙连夸朱虹比上学时更有才了。朱虹也高兴，理了理头发说："近日闲着无事，收拾房间找出个以前的旧笔记本，上面还写了几首歪诗，要不要拿来看看?"阿龙一连声地说拿，朱虹也忙笑着去取。

　　阿龙酒也不喝了，等朱虹回来先抢过了本子，如获珍宝地仔细看着说："纸都变黄了，而且还这么厚，也不知道藏多少年了?"朱虹笑着说："从高中毕业，一直放在现在。还是我姨妈送的，那时候，人穷，得这么个笔记本，已经算是稀罕物了。我姨妈人好，对我更是疼爱有加，所以，我把它当宝贝来珍藏了。"阿龙听着打开本子看第一首写着：

胡杨赞

邀一路疲倦的尘土
在凉石上铸一场
惊喜的
梦

深情的眼睛染满
诗色
去点燃前面的胡杨
起伏的激情
烤干我沸腾的血

在这片土地上
是谁
如此热爱生活
把一颗颗赤心伸向
太阳

是谁
敢把自己点燃
穿透十月的沙漠

刻骨铭心的今天
我不需要香山的红叶
更不想破雪的红梅
让这团轻柔的火光
焚烧我如柴的躯壳

秋 思

谁把些刚阳的誓言
拢在怀中
点燃又熄灭
在一件薄衫上
补一层尘土
依然在风雪中
习惯痛苦

一个想留住
秋天的归路人
注定是个失败者
不知道
摆累的枝头
叶子被谁藏去

在远方
你问过风吗
它真的相信我
能把些承诺
一一穿透

明明白白中
夕阳被黄昏接走的瞬间
太阳在谁的怀中
都是日子

可我善待过的人生在哪里
踌躇间
挥洒的
何止是泪

等到春来
稻草还是稻草
可我的守候里
那只归雁
却没有你的音信

你知道吗

当第一场雪
在我指间滑落的瞬间

秋的气息依然
把记忆重重涂抹

飘累的叶子
宿在街头
堆成
繁琐的愁绪
让风雪一页页
把你朗诵

那一汪

灵气的眸子

酝酿的智慧

附在你背影上

在今夜远去的黄昏中

难留味道

秋菊的傲骨

掠走我

稻草般的气节

夜夜

肩上扛盖

暗淡的路灯

将你的容颜

用被温暖

情　韵

你还能记得清

自己的容颜上

有多少我折射的目光

被你一一扔在路旁

沐浴那些小草

长一身三月的胆气

藏在冬日的石缝里

出卖春天

闭上眼

早已枯肠

谁在上面
勾勒诗的灵魂
那温热的痕迹
一步步踩碎
梦的胸膛
被风
次次吹淡

睁开眼
你已不见
我多想敲碎
最后那片失落的雪
把它折叠
装进你远去的行囊
只留一块沾湿的衣襟
等到天暖
你来
再去融化

深　情

不要击碎
那颗
停留在
叶瓣上的露珠
让我在清晨明亮眼睛

也别去
梳理那些附在
树枝上的情感

让他在秋风里
颤成
片片的韵
一一落在
我的心里
去抚平那些苦日子

离冬天还那么遥远
谁还会去想归宿的路

任意在哪个晚上
让思念撕破虚伪的
躯壳
放灵魂到天堂
去探视
今生
我是否
真的愧对你

那一夜

中秋
在小西湖前
谁有吞掉河山的气魄
一碗碗端起滚动的月亮
让激情失落在血管中流淌

撷花归来的挚友们
满身豪气
都把情意用手

掌管在握别时
个个挥洒

我才不去打断这一夜
皓月如诗的思念
让它在千万次的轮回中
等
那颗流星把眼划分

偶尔飞起的夜鸟
惊醒了露水的灵气
用湿润的眼睛
看着独醉的我
怎样在天空中
将你的身影
一一绽放

离　别

盼望的日子来了
你却走了

风在前面
我在后面
只给那片
空寂的夜
留盏摇摆的灯
在起航的黎明
温暖漂泊的你

今夜
不知愁云宿何处
停下吧
风
留住吧
你
别再想起那一夜
在一千一万次
轻语中化落的雨

就在你
最后一次的顾后时
我请你
回头来看
那一群怀抱而唱的家雀
永远把歌声
扯向低调

那一行
裹紧素腰的垂柳
再等
下次的欢跳

老槐树
那双抚琴的手
依然在马路旁弹奏
满天的音符
向你诉说
其实
我好难过

乞食者

昨夜
那最后一片雪
不知落入谁家

后院的葡萄架下
藏了些枯干的梦
在瑟瑟中
被风翻阅
让星猜度

邂逅的清晨
第一个踏雪者
肩挑黎明
惊破夜的寂静
在一片犬声中
踩响悲歌
去街头
乞讨生活

今夜依旧

暮色里
一眼能看穿
夜的诡计

谁还能把承诺
守候终生

抹不掉的沧桑啊
你才是我心头上的烙印
次次在远方潮湿眼睛
在一张飘颤的纸上

我一个人
一辈子
活在一种
执著里

秋天的小路

路那么短
走不走都是遗憾

心这么慌
说不说都没有意义

九月菊还没有开的季节
秋的神情都被我
用袖一一包裹

反反复复的回首中
这条路
注定是我
命中那根常青藤下
宿命的梯
步步踩碎
局限中

移动的橄榄绿

眼规矩的停留在巷口
向远去的灵魂招手
心就陶醉在那件
荡在秋千里的青衫上
汩汩流血

我兜回些干涩的记忆
晾在枕边
在梦中翻得死去活来

千纸鹤

白天黑夜
星光月亮
还有那遥远的地方

我的心我的泪
我的手重重叠叠

载着我的一切
千纸鹤
飞吧
千万别等我

投敦煌

重柳才摆嫩枝芽,
春风已过却初夏。

志走阳关丝绸路,
意失河西玉门关。

窗　口

十八岁的纯情
是金
总被男人的目光侵占

心的晃动是危险的靶
常防止被箭射穿

美躲在衣服下
描画四季
尝试羞的滋味

衣领是最美的设计
开与不开的窗口
是诗
只是看懂了才会
百感交集

画中话

小径还没有走熟
杜鹃已啼红了四季

白云在蓝的颜色中
拥成情人
大雁在没有太阳的

空中飞错方向
水在血色里保持沉默

桥上
不知谁家的情人
再等
那只划过的船

七月七

熟在架上的故事
摘下来
老人也听
孩子也听

年轻的心中
夜夜去想
男儿举起来是酒
少女品过后是诗
总嚼不透那神话里
凄凉的甜

喜鹊送来的信里
熬得灯花爆跳
七夕的夜晚
踩着它的脊梁
搭成的桥
到天河里去听
两颗星的情话

牛郎织女
在天堂里等待着
每年的七月七会
天荒地老

母亲河

还没有走近
脉搏已经流成水的澎湃
心在漩涡里找寻
九曲十八弯中
母亲走过的艰辛

在她身旁滑过的冰凉里
有美的胴体
有浮的气息
有生的勇气
有命的价值

千百年不变的颜色
在古人的笔下走成
各种心肠
文人润过的笔墨
武人试过的战船
都是它抚平的伤痕

好也是儿女
坏也是儿女
全是她身上的血

祭母亲四十岁生日

四十年前的今日
你来到世上
哭着睁开眼睛
看到了太阳

从此
日子是被你看透了的网
苦是你晒在路旁的希望

闪烁的星星
是你心中数过的善良
感受是月亮
没有人能理解的曲线
愁是女儿藏在腑中
难言的话
凝聚成今日蜡烛上
欲滴的泪

我不知
你今日是否快乐
生日是生命
生活是音符
让你变老的数字

我在那块蛋糕上
尝到你刀切后的味道
酸甜苦辣

把我感化成你
今生今世
唯一的牵挂

小镇春天
燕子
用尾巴剪出三月的容貌
柳枝的柔笔下顿时
布满诗情画意

一对两对的恋人
难舍难分
缠绵出前世
今生和来世的盟

偷听的桃蕊
羞红了脸
借得此情放开了怀
那边的杏花
也有三分醉
熏出晨露一二点

初升的月亮
在他们心中
是一盏长明灯
柔和而羞怯
今夜的春天
海枯石烂

阿龙看完感慨万千，想着朱虹沦落到这般地步，实在可惜，又想起他和朱虹从小学到高中形影不离，直到他因为朱虹打抱不平而去坐牢……

朱虹看阿龙看了诗，只是坐着呆想，便说："阿龙，看了半日你倒是说句话，是不是写得不好，难开口？"阿龙忙说："说哪里的话，写得实在是好，只是不知道，你这'投敦煌'和'胡杨赞'是怎么得来的？"朱虹笑着说："你怎么忘了？我是去过新疆和敦煌的？"阿龙说："对对对，想起来了，你和两个女孩一起去的，上下不到半年就回来了，嘴上大泡摆小泡，说是不习惯，想想那时候，你那傲慢劲儿，我就来气，劝着不听，穿身牛仔服，以为地球就像鸡蛋大，背个小包，送都不让我送就走了。"朱虹笑着说："阿龙，我们俩是谁气谁的？我当初叫你，你怎么不陪我去。"阿龙也笑着说："怎么，现在还想不通吗？"朱虹说："在我年轻的记忆里是不会原谅你的，可现在回想起来，那就是个笑话。"阿龙说："理解万岁，我毕竟大你两岁。"朱虹低头喝着茶不再说什么了。阿龙把笔记本递到朱虹手里，说："保存好别丢了，好不好留着以后是个念想。当初你怎么不拿去投投稿，碰碰运气或许还能成。"朱虹叹了口气说："人家那里门槛高，进不去。"阿龙问道："为什么？"朱虹叹气说："怀才不遇的人无处不在，也不多我一个，先前我去过几趟报社，稿子也看了，也说是好的，让我多拿几份去挑，可后来又说报上不刊登诗歌这些玩意，让我到诗社去试试，到了诗社还是老一套，也是让我多投稿子，等诗社跑熟了人，跑出了名好办事，你说这世道还叫人怎么说，谁天天有闲心不吃不喝了，跑着去找个伯乐来证明自己是千里马？"朱虹才说完，阿龙就急忙说："朱虹，可惜了，如果你坚持到现在，肯定功成名就。"朱虹说："人就是鬼，鬼就是人，我们不挖这坟了，提它还不够伤心钱，我们继续喝我们的酒。"阿龙也只好作罢。

这时天色已晚，有位女子来找朱虹，说已经来了客人，朱虹摆摆手说："我这里脱不开身，你们自己弄去吧，今晚给你们破个例，谁有本事弄了是谁的，只是不准宰客人坏规矩。"那女子答应着去了。朱虹看着大金花和三金花不知说什么说得正在兴头上，便说："大妹和三妹，你俩不去吗？"大金花说："我们就不去了，每天和那些臭男人没完没了地钩心斗角，都让人觉得反胃，难得今天有机会和三妹好好说会话。"朱虹笑着说："别今晚图了高兴，明天，你又怨我没挣到钱。"三金花说："谁有你那么财迷？把我们叫来当电灯泡不说，还耻笑我们。这辈子，我把自己都糟蹋了，还在乎钱这王八蛋吗？"大金花就对三金花说："你不爱钱，你那死男人每次要走时，是谁拉着人家的手说'下次没钱，就别来找我'的话？"三金花说："我是这么说的，难道你们每次来男人都对他们说'亲爱的，只要你来过了我的骚瘾，我就倒给你钱吗'……"朱虹打断三金花的话，说："喝酒，一个个说说就说到下流处去了。这么多人在，说这话脸也不红。"阿龙喝了口酒说："都是自家人说句玩笑话怕什么，现在的女孩子，都比时代走得快，看模样全都像明星，一接住吓人一跳。我在小西湖一个小商店里，遇见了一位女老板，有个二十出头，高挑个儿，人打扮得顺眼，模样也长得好，一身儿细皮嫩肉，尤其她那双眼睛，一闪一闪再一闪，就像会说话。我当时被她的气质给迷住了，就站在那猜着，她肯定是名门之秀，要是能和她就好一日死了也愿意。于是，我就在她店里买了盒烟，又在她那货架上东摸西摸地问。还不到十分钟，她竟然和我熟了，人一熟，肝花心肺都能听出来，水上漂一个。果然三句不是话，言语里放纵驰荡，我看她流里流气，却不是什么正经货，故意说肚子饿想走，谁知她说也饿。没办法，我领她去了一家菜馆，拿来菜谱，竟然大字不识一个，菜谱却背得滚瓜烂熟，闭着眼尽挑贵的来了一桌，还特意要了瓶白酒。这下好，三杯酒一下下肚更不像人了，淫词浪语连绵不断，拉我的手附在身上，摸我的钱包。当时吃饭的人多，人家看着不雅，私下里不知说些什么，我实在顶不住，忙结了账，还往她手里塞了十元钱，说要上厕所撒尿，才脱了身。"朱虹说："色不迷人，人自迷。你那是瞎猫撞了个死老鼠。怎敢把天下的女子一概而论？"阿龙笑着不说话了，朱虹又看着阿龙说："你自己说说，你们男人肝胆相照的有几个？但凡我见过的，认识的，都是一副色狼相。若遇个年轻貌美的陌生女子，你就站旁边冷眼看吧，有十个男子，十一都如蝇附膻，容易到手的嫌贱，不着边际的拼了命也要周旋。"阿龙说："朱虹，一个巴掌拍不响，你那是职业病，看谁都像送钱的。"朱虹笑着说："还不承认，让姐妹们说句公道话，你阿龙到嘴的肉不吃谁信，你是不是遮遮掩掩，把后面不好听的没有说出来？我听上次那个兄弟说来，你在什么地方，看到个四十岁的半老徐娘，愣在人家门前转悠了半月，逼着人家搬走了才罢。"阿龙忙说："老天有眼，如果我说了半句假话，我就是姑娘养的，那天那女孩真让我恶心。"孔齐听得心醉神迷，满满夹了一筷子菜却不吃，抬头看着阿龙说："龙哥，苍蝇也是肉，你说你这事，让我听得多可惜。"听得众人都笑了起来，阿龙也笑着说："孔齐，你要觉得可惜，哪天我带你去。你孔齐，也就得找这么个女子给你治治。"孔齐却说："去就去，只要她人长得模样好，我才不管她啥素质，再说，素质好的轻易都勾搭不上。"阿龙说："在你孔齐眼里，老母猪也是西施。"朱虹听了瞪着阿龙说："你们再这么恶心人，这酒我可真不喝了。"大伙听了接着喝酒，再不敢胡说八道了。

　　一直喝到深夜，都有八九分醉了，孔家二兄弟本来就是酒色之徒，在这中场合更是如鱼得水，孔齐搂着五金花，孔祥抱着四金花只管亲嘴摸屁股，李虎还在给二金花劝酒，大金花和三金花两人相互搀扶，高一句低一句地说着酒话，朱虹满脸通红，举着酒杯对阿龙说："阿龙，岁月不饶人，时不再来，转眼，你不再是哪个意气风发的少年，我也人老珠黄，想想以前，你才华横溢，一心向上，却为我落了个身败名裂……"阿龙摇着头说："过去的就让它过去，你又何必再提。"朱虹说："欠你的，终究是欠你的，这么多年来我一直在想，为什么我要给自己的人生涂污点，为什么我要给自己的爱情套枷锁。如果，当初我不那么任性，你也不会落到今天这般地步。"阿龙说："命该如此，你又何必耿耿于怀。"朱虹说："是我一时糊涂，害得你我忧患余生。"朱虹说完，泪如雨下，阿龙忙说："喝酒了别提伤心事，看前面衣服都湿了半片。"朱虹又哭说道："龌龊之事，岂不悲，岂不悔！"阿龙说："人非圣贤，孰能无过，悔不如改，悲不如忘，不要自贻伊戚，人生一场看淡些也就罢了。"朱虹刚要说什么的，只听身后"扑通"一声，忙回头去看，原来是三金花摔倒在地上。朱虹站起身想要去扶，却觉得自己也有些站不稳，忙扶着椅子定了定神，挨个细细看了一眼说："二妹，你们几个还不领着他们回房去，在这里出什么洋相？"孔齐几个忙答应着一对一对地走了。朱虹也扶了阿龙要走，三金花从地上爬起来说："朱姐，你们一对一对地走了，那我和大姐呢？"朱虹便回头笑着说："你们姐妹俩不是情谊最深，还在乎别人吗？"三金花听了气得又一屁股坐在地上，还是大金花扶她回了房间。

　　第二天，兄弟几人睡到司机来找才陆续起床，因昨夜喝多了酒又风流了一夜，现在起来还觉得头昏脑涨，几个人就在附近酸酸吃了一碗牛肉面才坐车回来。一进房门又一头栽倒床上，睡到第三天才缓过神来，吃过早饭，阿龙便将李虎叫来吩咐道："你去，让孔家二兄弟把他们的老婆孩子给打发了去吧，回头你带他们哥俩熟悉熟悉路线，过几日也该他们行动了。"李虎为难地对阿龙说："大哥，这样做恐怕不妥，当初可是你答应带他们来这享清福的，现在怎么好打发人家回去？"阿龙生气地说："我们混江湖是要担风险的，不是提个棍混着养家糊口的，他们那两个婆娘口馋心贱必生祸端，我这么做还不是为他们好。你再别废话，照我说的去做吧。"李虎无法，只好出去找孔家两兄弟说明情况，孔祥、孔齐不敢违抗只得照办了。

　　李虎领着孔家兄弟送走了老婆孩子，三人便走街串巷，从车站、码头、商场、酒楼一路认着走来。李虎一一指给他们哪里有警亭、哪里有派出所、哪个地方有小巷可以逃生，又说哪种人有钱、哪种人怕生等，从早走到晚，一连半月天天如此。

第七章　坠深渊

/

孔家兄弟慢慢熟悉了路，胆子也大了，把省城的东南西北也弄清楚了。第十六天早晨吃过早饭，阿龙问李虎道："孔家兄弟这半月进展如何？"李虎说："勉勉强强。"阿龙说："差不多也该让他们练练胆了，今天上午就不用再出去了，等吃过中午饭，你领他们哥俩再去趟上月踩点的地方，看那广东佬还在不在。要是还在，就劫了他，好让他兄弟练练手。"李虎听了便和孔家兄弟合计去了。

三人匆匆吃过午饭，坐车来到服装批发市场门口，李虎让司机在门口等着，领了孔家兄弟走进一家小型服装批发商铺，三人装模作样在店里东瞅西看。那广东老板还和往常一样忙忙碌碌。李虎递眼色让孔家兄弟看清了老板的模样后，出了店门，回车里让司机把车开到离市场不到两百米的地方。那里有条便道，是市场通向后面居民区的唯一的通道，有三四百米长。路两旁是大楼院墙，墙很高，巷子现得很深很偏，夜稍微一黑很少有人敢单独通行，有人称此巷为虎口巷。李虎领着孔家二兄弟，一直走到巷头，指着前面的居民区说："广东佬就住在那里，这条巷子是他每晚的必经之路，你们看仔细想明白，我们明晚就动手。龙哥要试你们的胆气，这次行动只许成功不许失败。你们要是谁失了手，往后可就不好混了。"孔祥求李虎道："能不能给我们哥俩详细说说，你也知道，我们这是第一次干这种事情，万一失手，给你脸上也抹黑。"李虎笑着说："打家劫舍下流营生，哪有高风亮节。看稳了抢着包，逃生就好，万不得已，不许伤人，我们的目的是为了钱。"三人说着已到车前。李虎看时间还早，四人开车找了家小菜馆，要了些酒菜，边喝边聊，消磨时间。一直坐到下午七点，四人又返回巷子，找了个隐蔽地方停了车，四人就坐在车上盯着巷口，天刚黑的时候，就见那老板提着包匆匆走进巷口。四人便打道回府，阿龙早备了酒菜，催着让兄弟们吃喝过了早点休息，养足精神好明天动手。

这一夜，其他人都睡了，唯有孔齐一想到明天真的要去抢劫，心就紧成疙瘩，在辗转反侧时，发现自己有些狼狈，便安慰自己，以前偷鸡摸狗也是家常便饭，想当初在东坪沟也是人物，怎么就怕了呢？但还是怕。于是，他想用各种办法把自己从恐惧中抽出来，但无济于事，前思后想，一直到天亮，正要蒙头睡去时，外面又传来一阵刺耳的警笛声，孔齐惊出一身冷汗，瞪着眼再不敢去睡，等到别人都起了床，自己才跟着爬了起来。孔齐吃过早饭，却觉得乏困厉害，又倒头睡去。别人看他睡得手脚抽筋，都说他胆大，夸他是块当贼做盗的料。

孔齐一觉醒来，已经到了出发的时间，李虎和司机在院中换车牌，阿龙不知在给孔祥说什么，幸好桌上还留了饭菜，孔齐随便拨拉了几口就完事了。

等孔齐吃过饭，阿龙给他递了面具，催着大伙上车出发了。车开到离虎口巷不到一百米处停下，阿龙让李虎领着孔家二兄弟先去望风，孔齐下了车，就觉得双腿发软，勉强跟在李虎和孔祥身后，在胡同里走了一圈。李虎看胡同两侧并无异常，就让孔家二兄弟等在胡同口，自己走回车前小声对阿龙说："我看一切正常，完全可以动手。"阿龙说："正常就好，动手的时候利索点，别他娘的阴沟里翻了船。你看到没有，孔齐那窝囊废都快吓得横着走路了。"李虎笑着说："你放心吧，有我照着的。"李虎说着从阿龙手里接过面具，吹着口哨来到孔家二兄弟面前，耸了耸肩，做了个无所谓的动作，才把面具递给孔家二兄弟，又小声问道："等会就要动手，你们哥俩怕不怕？"孔齐不敢应声，孔祥说："进了菜子地，不怕穿黄衣。等会动手时，你给我递个暗号，看我动手就行。"李虎看有人走了过来，忙说："老二，轻点声，我知道你一身胆气，但还是要谨慎为妙。"说完又拉着孔家二兄弟，靠墙小声叽咕了一阵。

这时天色渐黑，胡同里人已稀少，那位广东老板像往常一样，准时走进了胡同。先从孔齐面前走过，孔齐低头不敢看。又走过李虎面前，刚走过孔祥面前，李虎一招手，孔祥在广东老板身后一把拽住了钱包转身就想跑，谁知广东老板也有防备，惊叫了一声，一面紧紧抓住钱包死死不放，一面大声喊着："快来人呀，有人抢劫了。"孔祥急了，想拉断包系，那广东老板更是着急，把包抱在怀里蹲下身去。李虎看孔祥一时半会不能得手，忙一个箭步冲上前，一拳打在广东老板的脸上，疼得广东老板只好放了包，两手捂着眼睛大声哭叫。李虎和孔祥忙抢了包跑到车前，才发现孔齐没有回来，李虎又急忙冲进胡同，看孔齐手里提着面具傻站在那里，尿已经湿了两条裤腿，李虎忙拉着孔齐跑回车里。阿龙瞪着孔齐一路冷笑。

事后七八天，孔齐还是心神不宁。白天茶饭不思，晚上彻夜难眠，几天下来人都瘦了一圈。这是孔齐平生第一次感受到生活的压力，也第一次想到了东坪沟，想到了远方的亲人，想起了母亲的教诲，也想到了自己，也想到了要回头。孔齐没有想到，这一切只是他噩梦的前兆，接下来才是噩梦的开始。

就在这一日，阿龙把孔齐叫到面前，手拿一把明晃晃的匕首不停地摸着刀锋，后又用刀尖在孔齐的脸上来回轻划，直划得孔齐头冒冷汗，阿龙又突然收了刀，抬手在桌子上猛拍一下，吓得孔齐"妈呀"一声跪在地上。阿龙看孔齐这副模样，更是气得抬腿要踢，李虎和孔祥急忙上前劝挡。阿龙哪肯罢休，挣开手指着孔齐的鼻子骂道："别他娘的靠装孙子过日子，我看你八成是想死了找不见断头台。"孔齐不敢吱声，阿龙又接着骂道："你信不信，我灭你就跟灭苍蝇一样？"孔齐越吓得浑身发抖，哪里还敢说话。阿龙又对着李虎说："去把那开车的找来，天一黑，把孔齐拉到三号桥洞下面去，他今晚再不动手，我就废了他。"李虎一听情况不妙，忙答应着把孔齐拉到他的房间里，擦着孔齐头上的汗，说："兄弟，这事你该掂量掂量了，今日谁也帮不了你，他要真想灭你就是挥挥手的事，所以你自己心里有个谱，琢磨琢磨今晚该怎么办，别到时候吃了亏，弟兄们也跟着没意思，我去找那开车的来。"孔齐不应声，像个木头人一样躺在床上，李虎看着孔齐这个样子叹了口气走了。

天一黑，阿龙催着让兄弟们上了车，一直来到三号桥洞下面，阿龙狠

狠打开车门,给孔齐递了把匕首说:"今天,你再不放开手脚干,我就让你做王八,永远都趴在地上起不来。"孔齐下了车,脑子里一片空白,无奈地回过头看着车内,车里人谁敢理他。孔齐无法,手提匕首,恍恍惚惚一步步向前走去。眼看都要走过桥洞去了,孔齐崩溃了,手举匕首在人群大叫了起来。此时,刚好有个小痞子走到孔齐面前,看孔齐如此吓人,顿时唬破了胆,忙从兜里掏出钱来,索儿抖颤地递到孔齐手里,转身一溜烟似的跑了。慢慢地,孔齐回过神来,看看右手的刀,又看看左手的钱,再摸摸自己的脸,才明白第一次打劫就这样轻而易举地到手了。孔齐一阵狂喜,趁着兴起放开胆,逢人便乱抢一气,桥洞里顿时喊叫声一片。

车里除阿龙外,大家都替孔齐捏着一把汗,后来听桥洞里有人连喊:"抢劫了,抢劫了!"便知道是孔齐动了手,大家才松了口气。阿龙也面露喜色,让李虎下车把孔齐叫了回来。孔齐喘着粗气上了车,说:"这还没过瘾,咋就完了?"说着话四肢却还在颤抖。阿龙随手给孔齐来了一拳说:"你小子,黄泉路都不走了,一步就跨进阎王殿去了。"大伙听着想笑又不敢笑。阿龙想了想说:"把车开到醉春堂去,今晚咱们无醉不归。"众兄弟听着求之不得,直奔醉春堂闹了一夜。

从此后,孔齐一天比一天坏,一日比一日狠,直闹得半个省城人心惶惶,警民不安。看着风声一日紧似一日,直到阿龙出面阻拦,孔齐才肯罢休。

2

这几日闲着无事,阿龙又天天跑到火车站去转悠,几日后带来个十三四岁的小男孩,众兄弟一看都认得,是火车站领着四五个孩子,偷钱包的小混混叫狗蛋。其他人都明白阿龙别有用心,唯有孔齐不知,拍打着小狗蛋的头,连问阿龙道:"龙哥,你带这小要饭的来干什么?"阿龙说:"你看这孩子,长得人模人样,却是个孤儿,天天在火车站闲转悠,我看着可怜,所以就带了他来。"孔齐忙说:"龙哥,你哪里知道,这小子根本就不是什么善人,你看他这双手是不是比我们的都长?"阿龙气得瞪了一眼孔齐说:"你也比别人袖子短,我怎么干事还需要你来教吗?"孔齐再不敢言语,众兄弟笑着一哄而散。

没过几日，阿龙给当地派出所所长送了礼，又请吃了几天饭，两人商量好了。又给小狗蛋如此这般教了一番。狗蛋从小没有父母，靠乞食索衣摸钱要饭度日，今日看有派出所所长出面，又有龙头大哥撑腰，岂不胆大怎不欢喜？第二日，就带着他的几个小兄弟又拉拢了几个逃课的学生，就在附近夜夜专撬商店，光偷好烟名酒。天天虽有失主报警，派出所却不深究。

阿龙又相中了一家生意火爆的小饭馆，天天给些钱让孩子们只管去吃喝。此店以卤排骨出名，老板是一对夫妇，甘肃定西人，男人姓张名华，女人姓胡名芳。夫妻俩虽做着小本生意，却也有些积蓄。这几日见每天来一帮小孩，出手大方，次次还可以白得些烟酒零钱。高兴得夫妇俩每次见了他们都是双手欢迎。一连十几天，双方都混熟了，阿龙又让孩子们拿着三瓶五瓶的好酒名烟，去半价卖给张华，张华贪图便宜便一一买了下来。阿龙又让李虎几个轮流到饭馆高价把那些东西收购回来。张华看这些烟酒有利可图，每天都盼着孩子们能多带些来，可过了几日，孩子们只是来吃喝，却再不拿烟酒来。阿龙又多派些兄弟，天天轮流到饭馆去收购名酒名烟，急得张华整天团团乱转，连饭店生意都无心料理，只盼着这些孩子们能再带货来。

这天中午，阿龙算算时间差不多了，又派了人去饭馆假意求购烟酒一趟，再给孩子们拿了些烟酒，细心教了一番，便打发他们去了。张华看孩子们又带些烟酒来，如遇财神，忙里忙外殷勤一番后，又泡了一壶好茶提来，说："小哥们，这可是上等的好茶，送给你们，还有这桌菜也算我的。"狗蛋头也不抬地说："我这不差钱。"张华忙说："可不是富济贵人，小哥人财两旺全占了。"狗蛋说："我没你说得这么好，只是有些闲钱随身。"张华说："还是小哥看得淡，钱财如粪土，我们不谈，谁有谁没有都是身外之物。人活一世，情义最重。这桌菜算是我一点心意，还望笑纳。"狗蛋说："酒无好酒，宴无好宴，哪能胡吃乱喝。这些烟酒送你当做饭钱。"张华听了正中下怀，忙收下烟酒，笑着对狗蛋说："小哥气度不凡，实在让张某仰慕得很。"狗蛋说："好不好你就收下吧，以后想也没有。"张华忙问道："是何原因？"狗蛋故意叹了口气说："今非昔比，真真让人昼思夜想。以前我们老板货多客户少，现在却客户多货源少，不瞒你说，我们哥几个也正为此事抱不平。那些以前卖给你的烟酒，全是老板看淡了的，随手送给我们几个卖了来吃嘴的当头，如今抢着买好酒好烟的人都扎堆了，害得我们几个也手头紧。"张华听了额头直冒汗，等狗蛋一说完，就忙问狗蛋道："小哥，听你这意思，我们这买卖以后就没得做了？"狗蛋说："办法肯定是有，怕是要费一番心思才行。"张华听了精神一振，拍着手说："只要有办法，我就不怕。"狗蛋说："办法只能从我们老板那里去想，第一，价格肯定要贵一些，第二，本钱要多。少了，我们老板看不在眼里。"张华说："大买卖才能赚到钱，我喜欢。"狗蛋听张华上了钩，便忙问道："也不知你手头宽裕不宽裕，我怕你有肉也吃不到嘴里，别连累我白跑腿，还在两头不落好。"张华说："不用担心，十年辛苦还多少有些存款，我这儿要不够，出去张个嘴，亲戚朋友多，拿个千儿万儿的谁都有。赚着钱了，分他们一点，谁不喜欢？"狗蛋说："老板果然高明，机会看得清抓得稳，运气好，半年就发了。"张华笑了笑，又问狗蛋道："你们老板价格能贵多少？"狗蛋说："我们是五五，他那是三七。"老板又问："那数量最少能给多少？"狗蛋故意摇着头说："这倒没在意，看着天天都整车往外拉，估计是要用些本钱。你就多准备些钱放着，剩下还在你手上，别人拿不走。要不够，还得麻烦你。我们老板眼里也扎了刺，你下次不好合作。"张华再顾不上和狗蛋说话，去柜台细算了一番，觉得还是有利可图，便求狗蛋立刻带他去见老板。狗蛋折了半截筷子剔着牙说："急功近利最能坏事，我劝你就轻取重，见不见老板不重要，做生意本钱是一切，没有家当，空嘴说空话谁理你。"张华忙问狗蛋道："依小哥之见，如何是好？"狗蛋说："钱能帮你出主意，有了它，你自然知道该干什么。豆腐换肉的账你会算，货有数有价，你验货给钱，难道还怕骗了你不成？"张华忙笑着说："我这不也是怕进不来货吗？"狗蛋说："你就放心等着，既然答应了你，回去磕头碰脑，我也给你把货弄了来。"张华听了高兴地说："小哥果然爷们，让我实在感激不尽。"狗蛋说："留着慢慢感激吧，现在你去筹备资金，我们这就去替你求情要货，要顺利，估计不到天黑，你就可以收到货了。"张华忙说："有劳小哥了，等事成后，我这自有重谢。"狗蛋说："重谢就免了，记住下次做菜少放点葱头菜叶辣皮子，就算你心诚。"张华红着脸不好意思地说:"又让小哥见笑了……"狗蛋一伙也不等张华把话说完,早出了店门,争着跑去向阿龙作了汇报。阿龙让兄弟们点清了货,在天黑前把货送了过去,满满一车,张华几乎花去了所有的积蓄。夫妻俩看着这堆货,喜忧参半,左点右数,着实盘算了一夜。

  等天一亮,夫妻俩饭馆生意也不做了,出店门挂了"暂停营业"的牌子,就坐在货旁,专等来买烟酒的客人。候到中午时刻,还不见有人来买货,胡芳先沉不住气了,起身来到店门口,靠着门框一个一个看着过路的人。张华泡了茶哼着小曲,坐在椅子上准备大赚一笔。

  转眼过了晌午,还不见有人来买货,渐渐地,张华心中也着急起来,不由自主来到店门口张望。胡芳气狠狠地一掀门帘,转身走回店里,才坐下,越觉得心急如焚,只得又走回店门口。张华偷偷地瞥见妻子脸色难看,眼泪要往外流,自己忙走回店里,也觉得心烦意乱,想拿根烟来抽,抬手却打翻了水杯,茶水流了一桌,湿了烟盒。张华心中烦躁,扔了水杯,坐着只是唉声叹气。胡芳看丈夫抓耳挠腮乱了方寸,自己就想放声大哭起来,但又觉得不妥,只好又掀帘子气呼呼走进店来。张华怕妻子有怨言,忙起身躲到店外。夫妻俩饭也不曾吃,你来我往在店里穿梭不停。

  谁知祸不单行,就在太阳落山的时候,两辆警车风驰电掣般停在饭馆门前。借着灯光,张华看见车上有很多警察,狗蛋也坐在车中,她便明白了八分,顿时吓得口干舌燥,双腿筛子一样抖起来,半天也不能挪动一步。在惊慌未定之时,双手已被戴了手铐,两位警察把他推到货旁。派出所所长早站在那儿,嘴里叼着烟,一眼一眼地看着货,头也不抬地问张华:"知道为什么抓你吗?"张华下牙磕着上牙,哪里还能说话。所长等了半天,不见张华吭声,抬头瞪了一眼张华,厉声说:"开饭馆的,我再问你话,难道嗓子也起了肥膘,说不出话来?"张华还是不敢应声,气得所长破口大骂张华道:"瞧你这副德行,还敢收赃窝藏,我看你油头油脑老油条,只知道挣钱取利,不懂得王法。你就给我站着左腿软右腿硬得装。"所长说完手一挥,"连人带货全部拉走。"他的手下一拥而上,带人的带人,搬货的搬货。胡芳心如刀割,哭着先去护自己男人,看看护不住了,转身又趴在货上护货,可哪里能挡得住,转眼被人扔在一旁,被吆喝得不敢起身,她只好躺在地上发泼大哭起来。后来听车开走了,胡芳怕男人到派出所要吃亏，又挣扎着起来，拿了家里所有的钱，高一脚低一脚地出了店门，打车赶往派出所。

张华已经在审讯室受审，胡芳不敢造次，悄悄隔着门缝偷听，只听派出所所长说："你别结结巴巴地拉扯别人，你只交代你自己收赃销赃的事，谁信你一个精明的生意人会上一个小孩子的当，再若胡言乱语，我现在就把你送走……"胡芳听到这里，吓得腿一软撞响了门，门又很快被重重关死。胡芳无可奈何，靠着墙慢慢坐在地下，不停地说："贪小便宜吃大亏，害了自己……"

审讯笔录终于做完，警察将张华带到地下室的老虎凳上铐了，幸好还留了门。胡芳忙走了进去，看丈夫全身血迹斑斑，知道被打得不轻，一把抱住张华的头痛哭起来，张华也觉得这个哑巴亏吃得说不出话来，放声哭了起来。夫妻俩哭天喊地，悲声不断。很快警察来了，他用手铐狠狠敲着铁门厉声喝道："再哭，两个都送走。"夫妻俩不敢再哭，胡芳抽噎着提衣服给张华擦着脸上的血迹，问道："还疼吗？"张华说："手脚麻木，也不觉得疼。"胡芳狠声地说："派出所是秉公办事的地方，为什么警察要下黑手打人？"张华说："算了吧，都是灯下黑，怪自己眼睛不亮，钻了人家的圈套。"胡芳听着吃惊地问道："什么圈套？"张华说："现在我明白了，全是他们设计的陷阱。"胡芳忙说："你小声点，好好的说事就说事，怎么又扯起警匪，圈套来了。"张华说："你哪里知道，狗蛋那小子就是派出所的线人，他把东西偷了来，把赃物低价卖给我们，又和派出所串通好了来陷害……"不等张华把话说完，胡芳忙捂了张华的嘴，说："你不会是吓傻了吧？只管胡言乱语，这事没根没据，可不能信口开河。"张华气得一扭头躲开妻子的手，说："我亲身经历的事，怎么没根没据？我上了警车，那狗蛋就坐在我身旁，连手铐都没带，半道上说要撒尿下车跑了，警察也不去追，只说'未成年的毛孩子没办法'，当时我也没有在意。但到派出所做笔录的时候，警察一口咬定我是主谋，是我逼孩子们去入室偷盗。没有的事我自然不认，但不认就得挨打，我没有经过这种事心里害怕，又听着他们吆喝威胁得紧，看那架势，今天我要不揽了这事，就要命丧黄泉。我细想，认了去坐牢，也比和这些魔鬼们缠得强，也就随了他们写了笔录，做完笔录问题又来了，他们又详细登记了咱家的地址，还一再威胁我不能去找狗蛋报复。你说这不是圈套是什么?"胡芳说:"屈打成招,已经让人听着毛骨悚然,怎么又多出个包庇罪来?你真真是吓傻了,只管造谣生事。"张华说:"实事求是,信不信由你,现在我身落难处,想救了是你的情义,不管也没人怨你,我这就喊警察来送我去吃几年牢饭。"胡芳气得跺着脚对张华说:"你真真胡搅蛮缠,在我面前放刁撒泼耍无赖有用吗?有本事我们找警察闹,凭什么他们颠倒是非,陷害好人?"张华忙说:"我的姑奶奶,胳膊能拧过大腿吗?你我总有不是才让人这样拿捏的,要是自己堂堂正正,不用你教,我也咽不下这口气。"胡芳气得掐一把张华说:"清楚你就坐着,以后没有骨头就别干这种事,现在落个人财两亏,你倒知白守黑有说头了。"张华低头不知想些什么,胡芳又看了两眼张华说:"你是铁了心要去吃牢饭吗?"张华说:"傻子才想去吃牢饭。"胡芳说:"不想去,你也不想办法,等着人家放你吗?"张华说:"犯了坐牢的事他早送走了,人家留了门,就是给你留了路,你我见不上面说不上话,他们能拿到钱吗?"胡芳听着愣在那儿,只是看着丈夫的脸,张华又说:"你看我干什么?还不赶紧回饭馆,把剩余的钱拿来给他们,我一刻也不想在这活阎王殿待了。"胡芳忙说:"钱我已经拿来了,不知道够不够?"张华说:"多少是个够,这世上哪有喂饱的狼。你先拿了去试试,就说实在没有,他要不答应,你就连夜去城北妹夫家,就说我们有事要急着回家,把饭馆转让给他,把事摆平了我们回老家,只是别提这发生的事,人要知道我们让个孩子给骗了,这老脸还往哪搁?"胡芳便答应着去了,果然,派出所所长嫌钱少,连看都不看一眼。胡芳无法,只好去了城北妹夫家,照丈夫的意思把饭馆转让给了妹夫,连夜又返回派出所救出了丈夫,第二日便乘车回了老家。

8

阿龙得知张华回了老家,心中大悦,对孔齐说:"去给兄弟们说,趁今天天气不好,都到醉春堂快活一天,顺便把狗蛋也叫上,让朱虹给他另找个去处。"孔齐高兴地把拳头攥了又攥,三步两步地跑去找李虎传信。听了要到醉春堂快活,众兄弟无人不喜,都忙来见阿龙,唯有李虎半日才来，一进门便说道："那开车的不讲道义，龙哥对他不薄，谁知这几日没见人，竟然偷着把车卖了，连个招呼都不打就回老家去了。"阿龙想了想说："他本来也和我们不是一路人，跑就跑了，反正他屁股也不干净，谅他去了也不敢胡说，有车的满街都是，他走了也无大碍，只是以后我们麻烦些，干脆再不用固定的车，省得多操一份心。"李虎忙说："那倒是。"阿龙又说："你赶紧找辆干净的车来，我们好走。"李虎忙说："车已经在门外候着。"阿龙听着笑道："你也不早说，那还不赶紧走，坐在这里等着喝西北风吗？"大家拥出门外，临上车时阿龙又对李虎说："以后上车下车多走几步，都到前边拐弯处上下，现在人多，免得引人注意。"李虎便忙答应着上了车。

进了醉春堂，大家各自都找相好的去了。阿龙来到朱虹门前，猜着朱虹这个时候还在睡觉，便想吓她一下，推门一看，朱虹却坐在镜子前梳妆。朱虹从镜子看到进来的是阿龙，喜出望外，笑着起身道："难怪上学的时候，老师夸你有灵气，刚才我还想着你的，你这就到了。"阿龙笑着说："心有灵犀嘛。"朱虹笑着说："你这话听着倒舒服，可谁知道有几分是真？该不是你那群虎兄狼弟又想女人了，领来糟蹋我这里的姐妹了吧？"阿龙忙说："看你说的，再怎么着也不让你们吃亏。"朱虹说："和你开玩笑的，我醉春堂的姐妹们也不是省油的灯，岂怕你那几个干巴虫。"阿龙说："这么想就对了，世上只有累死的牛，哪有耕坏的地，到头来还不是我的兄弟们吃亏……"朱红忙打断阿龙的话说："打住，你现在三句话不离本行，全是些拿腔捏调的，哪有一点当大哥的风度。有这闲扯淡的工夫，也不知道把自己弄体面了再来，衣服都穿成擦锅布了，你也好意思。"阿龙坐在凳子上，低头看了一眼自己的衣服，说："都习惯了。"朱虹转身从柜子里取出一件衣服来，说："前几日去商场，看这衣服面料做工都不错，买的人也多，我也给你买了一件来。本想在你过生日的那天送你的，不如你现在就穿了吧，试试看合不合身。"阿龙也不客气，脱了旧的，穿上新的，试着却十分合体。朱虹让阿龙站起身，绕着阿龙看了一圈说："好是好，只是藏蓝色，你穿着显老。"阿龙说："别在意这些，衣服穿着舒服就好，我们又不是什么名人贵族，讲那些排场干什么！"朱虹说："看你说的，雅人有雅兴，俗人有俗趣，穿穿戴戴形表象里，怎么能不讲究，是不是嫌这衣服不好才说出这话？"阿龙忙说："你朱虹送的就是张羊皮，裹着也能温心。我只是想着你也不容易，这么多年你总给我添添补补，我却心不应口，连个线头都没给你买过。"朱虹看着阿龙说："看把你会说的，你要真心实意，哪天领我去体体面面买一套来给我穿着。"阿龙忙说："今天就是时候，过了又怕忘在脑后。"朱虹笑着说："我信你是真的，只是别那么急三火四，好东西留在自己心里比什么都好，等哪天你能想起来就买件带来，别今日我刚送你一件，你再去给我买来一套，这不成了做买卖换着穿衣服了吗？"阿龙点点头说："那倒也是。"朱虹说："今天，还像上次那样，多要些酒菜来，我们再热闹他一天。"阿龙忙说："就咱们两个，少要点酒菜，清清静静地坐坐，我还有重要事和你说，那几个现在哪里能顾上吃喝。你还要一份像上次那样的炖羊肉，只是让他们再炖烂些，顺便再要几瓣大蒜来吃。"朱虹边走边笑着说："我才不给你要大蒜，吃了谁还闻。"阿龙笑着，看朱虹走出房间，先在镜子前细细照了一番新衣服，放了音乐，躺在朱虹的床上闭目听了起来。

　　朱虹要好菜，等着让服务员端着送了来，看阿龙已经在自己的床上睡着了，便在柜子里找了根毛线，蹑手蹑脚地来到床边，拿毛线在阿龙脸上来回轻挠。阿龙睡沉了，脸上的筋一下一下地抽着，只是不醒。朱虹看毛线弄不醒阿龙，就用手指捏紧了他的鼻子。阿龙被憋得"妈呀"一声从床上翻了起来，想半天才明白怎么回事，起身抱住朱虹就要挠痒。朱虹忙笑着求饶道："好哥哥，别弄了，再不吃羊肉都凉了，等吃过饭，你想怎样我都应你好吗？"阿龙才放了手，看了一眼桌子上的饭菜说："还是上次那地方要的吗？"朱虹说："对呀，怎么了？"阿龙说："他们家的炖羊肉吃着还行，这鱼就不好，土腥味太重。"朱虹说："我吃着还行，可能是上次的鱼不新鲜。"阿龙尝了口鱼说："吃着果然和上次的不同。"朱虹说："好吃就多吃点，鱼肉比羊肉好。"阿龙笑着说："我还是吃羊肉有嚼头，鱼吃着心急。"朱虹说："随便你，早知道就给你要份红烧的，清炖的看着油腻。"阿龙说："就是要原汁原味喝碗汤的，光吃肉有什么意思。"阿龙说着挑了块精瘦的羊肉递给朱虹，朱虹忙说："我受不了羊肉那膻味，炒了还能吃两口，这样炖的，看着都油腻。"阿龙说："不会吧？记得在上小学的时候，我从家里偷了两块凉羊肉给你，你怎么差点连骨头都吃了，现在倒怕它膻了？是不是害怕长胖了嫁不出去？"朱虹笑着说："无聊。"阿龙又说："你就放一百个心吧，就你这身段，放在在油缸里泡上十天半月，它也只是肿不会胖。"朱虹笑着说："破箩儿总有个烂对头，只要你还是单身，我就不怕嫁不出去。"阿龙笑着说："你也只有我要。"朱虹听着阿龙的话心中无比感动，笑着说："等明年我们都洗了手，找个陌生的地方，过几天安稳日子行吗？"阿龙说："那也得等到明年，眼下是不成了，但愿关二哥能保佑我平安到明年，我们就去南方，给你开一家大酒楼，你想吃什么有什么，我就转悠转悠给你进货。"朱虹说："我才不开酒楼，起早睡晚，两不见日，人熬得跟乌鸡眼一样，生意好了还行，要是生意不好，那真是在熬岁月。东边那家小酒店生意不好，见个人进去，就像见了亲人一样忙前忙后。今天跑了厨师，明日又缺个切菜的，到月底还捞不到一分钱，谁能经得起那折腾。"阿龙说："好好好，到时候随你的便，你想干什么就干什么。"朱虹说："那倒也是，现在说了如同白日做梦，你不是有事要跟我说吗？"阿龙说："是呀，你去关紧了门。"朱虹便去锁了门。阿龙说："你这边现在怎么货老是紧缺，是不是你那些个姑娘们也在吸？"朱虹笑着说："半天你却为这个，我这儿的姑娘们哪敢吸，五金花近日钓了条大鱼，是个包工头，天天领着一帮人来吸，而且都是重量级的烟鬼。"阿龙说："好是好，但要谨慎，这人的背景搞清楚了吗？他是包什么活的？"朱虹说："这人没什么背景，只是有钱，是个修路的。"阿龙说："金桥银路，果然是个肥主儿，放心让五金花套牢了，反正这包工的也不是什么好东西，你看把那民工整得哪有个人样。"朱虹说："吸毒吸到那份上了，还用我们套吗？只是有钱，他要没钱，见了你还不叫爹。"阿龙说："让送货的弟兄们再谨慎些，这几日风声紧，若稍有闪失，后果不堪设想。你这头派出所的还照样吗？"朱虹说："还是一月来一次，吃了喝了玩了，走时再拿上，他还想咋的？"阿龙说："我是怕换了新所长，你又得费周折。"朱虹说："这么多年了所长换了几茬子，我看哪个都一样。"阿龙说："这可不能一概而论，我不是给你说过吗，我们那上位所长，就是个铁面无私难下手的。这次来的位姓王的倒好，只要给他吃了喝了玩了，再给些钱，他就能拍着胸脯给你打天下。"朱虹说："这种人靠不了多久。"阿龙说："有几天算几天，相互利用，这年头谁靠谁一辈子。"朱虹说："这倒也是……"阿龙又接着说："还有千万别让你的姐妹们告诉我那些弟兄，这些农转匪没见过世面，他们要知道了，没人给我跑腿。我把狗蛋也带来了，让送货的兄弟们带走，培养培养是个好苗子……"朱虹忙给阿龙递了个眼色，阿龙停住说话。朱虹用嘴向门口努了努，这时有人在敲门。朱虹去开了门，原来是三金花，朱虹知道是她刚睡起，便故意道："三妹，想喝酒也不能急成这样吧，敞胸露怀的，也不怕感冒。"三金花笑着先和阿龙打了招呼，才对朱虹说："谁稀罕喝你那猫尿，我是来告诉你，老五和孔齐正在楼上吵嘴。"朱虹忙问："好好的，又吵什么嘴。"三金花说："刚才来了位客人，要见老五，老五要去，孔齐却不让，所以两人就吵上了。"不等朱虹说话，阿龙忙说："三妹，再麻烦你跑一趟，把孔齐这没出息的给我叫来。"三金花答应着要走，朱虹忙拉住她，要敬一杯酒，三金花不喝，挣开朱虹的手说："你看我这个样子，怎么能喝酒，再说，我也不在这儿当电灯泡。"三金花说完便笑着走了。

　　孔齐趿拉着鞋进来，一见面就要嚷着吃喝，气得阿龙破口大骂道："孔齐，你给我滚一边站着，狼心狗肺，见什么都急，五金花又不是你亲娘，割不断奶，你要死要活地缠着。"孔齐不敢吭声，只是站着，阿龙又骂道："你赶紧，提上鞋滚回去吧，别站在那里丧眼。"孔齐忙提了鞋走了出去。朱虹见孔齐走出门，才对阿龙说："有话就不能好好说，再怎么也给他留些面子。"阿龙说："他有屁的面子，孔齐这小子最不是东西，你没有见过，他家里都快穷成坑了，有点钱也不知道攒着，十天里有八天就跑出去嫖娼，我们一伙的都叫他采花大盗，他还昂首挺胸，只管引以为荣。"朱虹忙举起酒杯说："少说两句，我们喝酒吧，不为这些他也不出来混，干我们这行的，谁没个三长两短。"阿龙也举起酒杯说："话虽这么说，可他这小子也太贪色了。"朱虹举着杯子抿着嘴笑着说："谁都像你那么惜身，你觉得活着还有意思吗？"阿龙说："身体命之根本，我岂有不惜之理？不过今天我却要弄个破釜沉舟。"说完就要抱着朱虹求欢。朱虹笑骂道："阿龙，你今天这是要死吗，油手油嘴的，你猴急什么？"阿龙却不管不顾，把朱虹抱上床去。

　　次日起床，阿龙才想起昨天喝了酒，生气地把孔齐给骂回去了，看着今天外面又冷，知道孔齐没有钥匙进门。匆匆告辞了朱虹，阿龙催着兄弟们赶了回来，进门等了半日，却不见孔齐踪影。阿龙心中着急，让李虎前去紫琼那里打探，李虎回来摇头说不在。阿龙只好作罢。

眼看要到吃中午饭的时候，孔齐才打着哈欠回来。阿龙忙问："孔齐，你跑哪去了？"孔齐说："你不让我在醉春堂玩，我就跑到夜来香去了。"众人听了都笑着说："孔齐，本来就好这一口，他能亏着自己吗？"大伙笑着要散。阿龙却叫住李虎，问道："这些天，你举动异常，是不是想当什么高人雅士？"李虎被阿龙问得莫名其妙，忙回答道："没有呀，龙哥怎么了？"阿龙说："没有？没有你天天坐在人家小姑娘的书店里干什么？"李虎忙说："这不闲着没事，也想看看书，学习学习。"阿龙冷笑着说："你还学习个屁，就是放开你的手脚，你能折腾个什么出来？连个老天的天字都认不得，你还学哪里的习，天天抱本书装样子不累吗？是不是看着人家小姑娘长得俊，你别有用心？"李虎忙说："龙哥，真的没有，我就是想看看书，慢慢识两个字。"阿龙说："去吧，我不管你是看人，还是识字，这两天给我把紧风，若再出个岔子，我就天天煮了书给你吃。你也鞍前马后跟了我这么多年，难道这道上的规矩你忘了吗？"李虎忙回答说："没有。"阿龙又说："还嘴硬，你为什么这些天干什么事都身懒？崔家赌场收账的事，你吃人家的，拿人家的，怎么不给人家办事？"李虎吞吞吐吐地说："我打听到，欠他钱那家人后台硬，才没敢下手。"阿龙听了怒骂道："别放你娘的屁，你当时甩着腮帮子吃喝的时候，怎么没听见你说一声怕的，这定钱都拿来了，你却给吓怂了，你是不是不想混了？"李虎忙说："我这就去办。"阿龙说："等等，让孔祥、孔齐也带了家伙一起和你去，过去他要是嘴硬，放心撬了他的牙，我倒要看看，是他的后台硬，还是家伙硬。"李虎忙答应着提着家伙走了。

收完账回来之后，阿龙就不再让兄弟们出门，大伙都知道，城南那面出了几条人命大案，这几天满城查得鸡犬不宁，朱虹的醉春堂也暂停营业了。阿龙看风声一日紧似一日，又到派出所细问了情况，回来把孔家二兄弟叫到身边说："城南那边的人命案你们也知道，我听说这件案子里面掺和的人多，怕一时半刻难平息，他们要没头绪，我们这也不敢动，所以，还不如你兄弟俩先回家去看看老婆孩子，等到月底再来。"孔祥听了心中高兴，忙说了声好，就去收拾准备回家，孔齐却面露难色，站着不动，半

177

天才嘟哝着对阿龙说:"回家是好,可这手头上不宽裕,回去也让人看不起。"阿龙正在专心看昨天新得的一个狼牌打火机,听孔齐如此说,由不得火冒三丈,便咬牙切齿地骂道:"孔齐,你就放心回去吧,谁都知道,你孔齐有章没制,你缩着脖子或伸着头在别人眼里都是正常的,有今日这么拿捏的,当初你拿着钱去找你那些淫姑荡娘的时候,你怎么不眨眨眼?就是让人家扫出门外,你都不知道后悔的。孔齐,我可给你说清楚了,每次弄来的钱,可是当着大伙的面分给你的,次次也没扣着,我这再没有你一分钱了。如果你要用钱,写个借条,千儿八百的,我借给你。"孔齐千恩万谢,找了纸笔要写借条,可横七竖八写了半天,也写不出个借条来。阿龙只好帮他写了两千元的借条,让孔齐按了手印点了钱才罢。

4

孔家二兄弟坐上回家的客车,才觉得归心似箭。一路无心说话,也不管旁事,只嫌车慢,好不容易到了地方,两人争着往家赶。过了河畔要进沟时,隐隐听有人再叫,两人往沟里细细一看,原来是杜义。

杜义早认定是孔祥和孔齐,扔了铁锹,飞快地从沟底爬了上来。孔齐看杜义到了面前,便不愿理睬,双手提着裤子,轻迈着脚步故意走了几步,说:"可惜了这双皮鞋走土路,你看看,黄土干得还是能呛死人。"孔祥见了杜义却觉得亲切,忙握着杜义的手说:"杜义,这么远,你怎么就认得我们了?"杜义忙说:"看你说的,从小光腚玩大的人,扫一眼还认不出来吗?"孔祥也忙应声说:"那倒是,这么冷的天,你掏着金子没有?"杜义忙对孔祥说:"挖金子指着发财,指不了养家。我也是三天打鱼两天晒网,瞎碰个运气。"孔祥忙给杜义塞了盒烟,杜义高兴地看着孔祥说:"去省城一趟回来,皮肤也好了,也气派了。"孔齐便在旁边接着说:"那是当然,我在你眼里可不是阔,你以为谁都和你一样,一辈子走风走水捣出送进。"杜义瞪着孔齐说:"你在说谁?"孔齐也瞪着杜义说:"怎么,你现在耳朵也穷聋了,还是压根就没头没脑?"杜义说:"没头没耳也顶你孔齐这样的十个。"孔齐往杜义面前走了走说:"来,比比?"杜义说:"不用比,养驴三年必知其性,你孔齐,天下无二。"孔齐说:

"杜义，你在骂人。"杜义说："骂不骂尖蹄子下冰川，挺着一路的险，谁都能看到。"孔齐咬牙说："杜义，你再胡说八道，我就撕碎你的嘴。"杜义更是不让，拍着胸脯对孔齐说："我初一不放火，十五不杀人，怕你什么？就凭你孔齐，别说是跑到省城去混了几天，就把你放到少林寺三年，我还是一只手放在裤袋里，你也不是我的对手。不信你过来试试，今天，我让你倒着来的顺着去。"孔祥忙给杜义手中塞了十元钱说："兄弟，别嫌少，拿着给孩子们买糖吃。"孔齐也拍着口袋说："杜义，这年头比钱，比臭力气谁没有。"杜义又将钱塞给孔祥说："孔齐，学你般的活人，东坪沟三岁的孩子也是汉子，你别以为穿双皮鞋回来，我就会把你刮目相看，你就是穿个金盔金甲来，也是烂羊皮捂了狗腔子，不够你馋嘴的钱。你看看，东坪沟的谁还学你般欠钱？"孔齐说："你不欠钱，这么冷的天在沟里翻腾什么？"杜义说："穷和欠是有区别的，穷是自然，欠是偶然，偷是必然。"孔齐说："杜义，你别管我怎样，你没钱是真的。"杜义说："一瓶不满，半瓶咣当，谁有没有钱也不长在身上，你孔齐先叫得紧。"孔齐说："有了才敢说，你杜义要有，扁的圆的掏两个出来看看。"杜义忙摸着口袋说："有了也不让你孔齐看，让你这少钱的看了，半夜我还得操心。"孔齐往前又走了一步："杜义，你再说句不好听的，试试。"杜义说："说不说都一样，你孔齐黄土挨夯死成墙，打肿脸充胖子，有钱没钱腰挺不起来。你不提便罢，一提穷富，我倒想起一件事来，你赶紧回去看看，你那媳妇现在连锅都揭不开，人都快瘦成黄花花了，还有你那儿子更可怜，满脸都是菜叶儿色。多亏了孔大妈三天两天给他端一碗去，要不然可就不好说了"。这下孔齐可真忍不住了，扑过去，就要和杜义打斗，却被孔祥厉声喝退了。但杜义却不让，孔祥死力抱着杜义不放。杜义一抱头蹲在地上对孔祥说："老二，不是我杜义挑是非，可你这弟弟太欺人，你们去外面再荣耀，本该是你们自己的事。回村了放老实，好不好我们是家乡人。你们一走，扔下女人孩子，还不得乡亲们照看，人这东西没良心。村子里每个人都在天天念叨你们，盼你们回来，尤其是你妈，早上香晚磕头，为你们保平安，可你们回来了，不就穿了双皮鞋吗？就嫌这里的黄土能呛死人了，你说这话，东坪沟的谁听见了能受？这里再不好，也是生你养你的地方，这辱没故乡的话，你怎么就轻易说出了口？"孔齐却满不在乎地说："我就说了，那又怎么样?"杜义说："不怕遭雷劈，你就胡说。"孔齐说："杜义，绳子细处断的，你管好你自己，淘金子别冻死了眼珠子。"杜义恼火，跺着脚说："昨夜梦着孩子缠身，今日却遇小人……"孔齐抢着说："杜义，沟里的沙子是君子，你去翻吧，这年头小甲虫有钱是黑大哥，癞蛤蟆有钱是扁嘴三爷，你杜义没钱，小人都不算。"杜义气得面红耳赤，摸着口袋只是掏不出钱来。孔祥怕杜义和孔齐又要打架，忙拉了孔齐就走。

杜义气狠狠地看着孔祥和孔齐，突然又想起件事来，忙招手又叫他俩回来，孔齐瞪着杜义问道："你又想说什么?"杜义不理孔齐，往孔祥面前走了走，摸了一把脸说："孔祥，刚才说长论短，就是忘了提正事，你这一上去就进村了，可千万别从你大嫂门前过，她要看到你们这样热乎乎地回来了，又要难过。"孔齐生气地看着孔祥说："你听杜义哪里能说句人话，嫂子看我们热腾腾地回来了难过，难道是盼着我们冰凉凉回来才高兴吗?我看他没事干诚心找打。"孔祥也不高兴地看着杜义，杜义知道自己说错了话，又忙说："去年腊月，你大哥去煤矿挖煤，死在了煤矿，所以我才说你嫂子看见你们回来她伤心。"孔齐冲上前在杜义脸上打了一拳，骂道："你哥才死了，我把你这乌鸦嘴捣肿，看你还胡说不胡说。"杜义一把推开孔齐，擦着嘴角的血说："我知道你们不相信我说的话，可这是事实，你大哥坟上都快长出草来了，不信你们到梯田台上看去，谁还敢红口白牙地胡说这事?我是不是中了邪，为你们孔家的事总是倒霉!"孔齐半信半疑地看着孔祥说："我们走的时候，大哥还活得旺旺的，我就不信这才几个月不见人就没了?"孔祥相信杜义说的话真的，听孔齐在问，随口说："人死如灯灭，就是一闭眼的事……"

孔齐不信，逼着要杜义说详情，杜义说："这事说来话长，这里冷，不如我们捡些柴来，点上火，我再慢慢说给你们听。"孔齐就在附近捡了些柴来，点了火，急得搓手，催杜义快说，杜义才说："你们走后没多久，你大哥的腿伤痊愈了，天寒地冻没有事干，我们几个天天打打牌，斗斗嘴，下下棋，都入腊月门了，大家都忙着办年货，可就是那几日，我们村又来了位开煤矿的老板找干活的人。因为上次去玉门大家都吃了亏，这次我们商量了无人再去。也活该倒霉，谁知道那挨千刀的老板自有办法，还是老招数，还是老路子，我们又上当了。他从村东头挨家走到村西头，只要是有壮劳力愿意跟他到煤矿去干活的，先给家里预支一千五百元。自古钱眼里有火，这下可好了，东坪沟都像开了锅，你串到我家，我又跑到他家，男的女的老的少的都在说这事。当时我也财迷心窍，去找你大哥和单飞商量，谁知他们两人也想去。当天晚上我们收拾好行李，第二天就跟着那老板动了身，上车时我数了是二十五个人……"杜义正说着，孔齐却听急了，打断杜义的话插嘴说："杜义，你能不能废话少说，拣要紧地说来听。"杜义生气地说："孔齐我劝你耐心，我这口干舌燥地还心烦，你是不是想为你们孔家的事要了我的命才甘心？我说简洁，怕你智商不够听不懂；我说多了，你又浮躁，你横也不是竖也不是，干脆我就不说了，你回村里去听，有嘴有头的人多，别耽搁了我挖金子。"孔祥忙对孔齐说："三弟，你别插嘴，让杜义慢慢说。"杜义狠狠瞪了孔齐一眼，又接着说："在下午四点之前我们才进了山，那荒山野岭，山架大得十里五里不见一户人家，只是漫山遍野白茫茫的雪。天黑尽了我们才到煤矿，下车后才知道住的是窑洞，还好煤矿上煤多，白天黑夜地烧着却热。当天晚上我们就分好了班组，三班多一人，刚好有个做饭的差，你们也知道白龙人能，上炕裁缝下炕厨子，爱干个女人们的活，做饭的事就由他来负责。我和单飞刚好是第二天的白班，你大哥没有和我们分在一组，他是三班。第二天天一亮，我们就跟着老板的小舅子对对眼，坐着小矿车下了井，看着那昏黄的电灯慢慢移动着，我就觉得像入了十八层地狱，后来感觉呼吸都困难了才到了井底。别说干活，就让人站几个小时也受不了，但我们还是咬着牙干了，好容易熬到下班回来后才知道没有水，拉来的水早就冻成冰了，做饭的用炭火在钢桶里边烤边用，哪有洗漱的水，三天过后人都和煤一样黑，除了牙是白的眼睛是动的，不说话谁都不知道是谁。就这样过了八九天，我们也渐渐习惯了，大伙算算账，收入还凑合，心一横都豁出去了，准备泥里娃娃泥里缠，都要坚持干到开春种田再回去。可谁知道天不随人意，刚干到第十二天早上，你大哥他们上的是白班，我们接的是他们的班。当时我们正在吃饭，听着煤台上乱喊着井下出事了，单飞吓得饭碗都掉在了地上，我腿也软了。两人手拉手挣扎着爬上煤台去问情况，从井里上来的人都吓破了胆，只是乱喊着不说话。我和单飞忙往井下跑，半道上遇着个人趴在地上只是喊着"妈呀,妈呀",我和单飞把他扶起来却是柴虎,我们问柴虎井下还有没有人,他不说话,只是用手指着井里。这下事情不妙了,我和单飞又往井里跑,井里坡陡放不开跑,我们跑一截溜一截,安全帽也忘了戴,手电也没拿。还好井下有灯是亮的,我们又往里走了走一看,天哪,塌了半窑的煤,哪有半个人影,我和单飞着急先冲上去搬煤救人。这时我们班组的人全到了,大家齐心协力救人。我嫌人少,又让单飞上去叫人,单飞去得快回得也快,和他来的只有上夜班的人,单飞说上白班的人,死活也不敢下来了。于是,我们十三个人,整整六个小时,没有停歇一刻,身上的衣服全让汗湿透了,总算挖出三个人来,可哪还有个活的,都让煤压得面目全非,根本认不出谁是谁来。大伙把他们三人的尸体抬上了煤台,我们根据少的人数和他们的身段,才知道最高的是你大哥,矮一些的是沈冰,再矮一些的是陈方……"

杜义说着已经开始抽泣,孔祥也哭得像泪人一般,孔齐想知道后面发生的事,杜义刚住口,他忙催问杜义道:"你快说,后来怎么样了?"杜义擦了把泪说:"后来能怎么样,想给他们洗一洗也没有水,我们一群人都围着他们哭,记得是单飞提出来要去找老板的,我才忙着要去。做饭的却说,不用去了,一出事对对眼就骑摩托车走了,肯定是去找他叔叔的,出这么大的事老板能不来吗?我们正说着老板已经赶到,那王八一看出了三条人命,脸色都白了。狗日的也能装,硬拍着胸脯说大话,天大的事由他顶着让我们别怕,挑几个人跟他到火化场烧人,留下的还继续开工。我一听就恼火,一朝被蛇咬,十年还怕井绳,活生生的三个人死了尸骨未寒,也不下井去看看,井里出事故是什么原因,还敢让人再下去干活,老板以为我们的人命都是黄草价,他闭着眼想烧多少就烧多少吗?如果他这么不管不顾,我们也怕,谁敢拿生命开玩笑,如果我们这二十五个人再打个盹,活不过半月全都让他拉去进火葬场了。这老鬼一听我话硬,哭丧着脸咧着大黄牙对我说,千万别误会,他并没有草菅人命的意思,大伙儿也是亲眼看到的,事出不由人,死的已经死了,大家总不能把他们放在煤台上不管吧?命价的事大家不用担心,凡是煤矿事故死亡的人都有两万元钱的赔偿。再说活着的也不能让死了的给耽误,大家出来就是为了挣钱,一寸光阴一寸金还是抓紧得好。一听他这话,我恨不得找个东西来砸他,但又一想我和他争执没有道理，不如先把他给稳住以后，慢慢和他算账，于是我又对他说：'人命关天，不是你说句话就能了结的事，我们这里没有一个人是死者的亲属。虽然是乡亲，但我们不能做这个主，倒不如把他三人的尸体放着，我去叫了他们家当事人来，你让人家看一眼囫囵身子，你们两家怎么处理是你们的事，我们回村好见人。'老板耷拉着头不再说话，我还以为他答应了，就给单飞他们打了招呼，拦了辆煤车出山了，到公路上再坐班车时，才知道自己忘了换衣服，黑得跟熊一样，根本就没人让我上车，后来死皮赖脸拦了辆破中巴车，我说我一个人买两个人的车票，那司机想拉我又嫌我脏，问我愿不愿意坐在车地板上，我说：'只要你把我拉回县城，你让我坐在行李架上都行。'这位司机还好，笑着给我一条塑料袋，我就坐在车地板上回到县城……"

孔齐听着生气地骂杜义道："你狼心狗肺，不拿别人的事当事，这个时候还有心情跑到县城去逛。"杜义说："孔齐，你别绕着弯子骂人，我这心上不能写字，要能写字，掏出来让你看看上面的痕迹，我当时都烦成什么样子了。这哪是去逛县城，我实在是不敢回东坪沟，你们说回东坪沟我怎么给乡亲们交代？我只能到学校去找你弟弟孔刚。来到学校大门已经上锁，我怕人笑话没敢去敲门，绕到学校后面翻墙进去，幸好孔刚还在看书，我敲开门，孔刚二话没说，先打水来让我洗，等我洗净换了他的干净衣服才告诉了他实情。孔刚当时哭得碰头抓脸，前半夜我在劝他，可怎么也劝不住，后来实在困得不行了，我就趴在他床上睡了。等我醒来，天都大亮了他还哭，一双眼睛红肿红肿的，前边的衣服都湿了半边，也不知道他哪里那么多的眼泪。我看着也难心，拉着他的手就往东坪沟走，可出了学校门，他反拉我来到一家律师事务所。不是我夸，有文化的人干事就是与众不同。我们找到了一位漂亮的女律师，她一听孔刚要咨询煤矿事故的事情，就问是私营还是国企的，孔刚说是私营的。那律师便说：'没什么好咨询的，私人煤矿十有八九都不合法，更别说是出了事故。'孔刚又问她为什么私人开煤矿就不合法，那女律师回答说：'一般来说国家办厂矿企业都是以人为本，目的就是为了给人民谋利益。所以国营厂矿企业它都是把人身安全放到第一位，其次是饮食健康、经济保障、技术设备等。目前来看，私人煤矿只是私人老板为自己谋利的工具，他们不会为别人太着想，他的煤矿能维持多久，自己心中没底；甚至有些新开煤矿的老板，随便弄个地方就敢打洞挖煤，挖下去有没有煤层，他自己也没有把握，就是挖出煤来，他也不清楚地下的煤层有多少，所以这些人一般不会花血本给你弄什么好的机械设备，更不懂地理、地质，只凭着一点小经验就敢雇人在地下采煤。每年私人煤矿出事故的都有，而且一出都是大事故，私人煤矿它就是一个煤毒瘤。它所含的危险性会给国家和人民带来无法估量的损失。'那女律师说完，孔刚又问：'既然私人开煤矿不合法，为什么还有很多人在继续开？'那女律师叹了口气说：'这就是改革的代价与矛盾，改革毕竟不是斗地主分财产，开私人煤矿的他也有人权，他也有妻儿老小，这些人停了煤矿又如何谋生，这些都是要面对的问题。在改革发展的道路上，每个人应懂得它的内含或价值，改革并不是简单地让人富起来，而是一种新面貌，人的创造力量提升是一种新文明，道德精神的进步和人文价值的升华会让每个人都坚守社会的公平正义。我们为什么要发展，怎样才有真的发展？这是让人值得深思的问题，值得我们每个人去思考，值得我们去想一月，或是想一年，或是想一生，我真的希望每个人都为发展做好献身的准备，时刻为美好的未来而奋斗。我们再不能拆东墙补西墙地糊弄自己了，修条路就让它百年畅通，别今天修了，明天再挖开埋根管子进去，补丁摞补丁让人看着心里不是滋味。修个湖就让它千百年都存在，平平静静照亮每个人的心。依我看，不为百年做打算的都不叫发展，我们哪怕慢一些也要想的有头有尾、有肝有肺，让每件事活起来，动起来，让它迎着时代走下去。'女律师说完，听得我一头雾水，孔刚倒是紧握着拳头，看样子是听感动了。本来孔刚想请她出马的，却被她拒绝了，她说：'你知道私人开煤矿不合法，这还不好办吗？'她这一句话点醒了梦中人。她还劝我们回去多学些法律知识，说法律在谁手中都是武器。临走时孔刚又问律师，私人煤矿出事故受害者应得到多少钱赔偿才合理？女律师说：'六万元到十万元不等，看事故的原因而定。'我和孔刚告辞了律师，急着往东坪沟赶，到了东坪沟我们没说实情，只说孔大哥等人受了轻伤在住院，需要人看护。孔大妈哭着也要跟了去看，我和孔刚劝半天才劝住，赶紧叫了沈冰和陈方家的人往回赶。到了煤矿，我们先去了煤台，可孔大哥他们的尸体却不见了踪影。我忙喊单飞，喊了半天，单飞才从洞里走出来，手里抱着骨灰盒子，我一看便知道不好了，忙问单飞是怎么回事，单飞还没有来得及回答，孔刚和陈方的父亲早抢了骨灰盒子哭得不可开交。我劝谁也劝不住，只好怨单飞办事不力。单飞却说这事怨不得他，原来我前脚一回东坪沟，后脚老板也领着他侄子走了。可能过了一个多小时，他们开车拉着十几个地痞，带着些酒肉回来耍阴谋。谁知人心难测，我们村的人没骨气，吃了肉，喝了酒，拿了钱，就和那老板一个鼻孔出气了，又让那几个地痞一哄二骗三吆喝，这些没头苍蝇们就抢着出来抬人。可怜单飞忍着饥饿，在煤台上一人守着三个死尸，后来看这伙人吃喝够了，都跑来煤台上抢着抬尸体，拦又拦不住，只好坐在地上看着他们抬走了尸体。你说气人不气人，好马还知道护一群的，可我们东坪沟的人，就是这么对待乡亲们的。人干绝事知道悔改也行，可这老板偏不懂事，在这时候他还拿大，不亲自来，只打发着他的侄子来煤台叫人。我和单飞劝着孔刚等人来见老板，刚开始还行，老板还能说句人话，后来他看孔刚三人老的老少的少，又不多言，摸着脾气，以为孔刚他们好欺负，把准备好的六万元钱往桌子上一扔说：'事就这么个事，钱我已经准备好了，你们愿意，就在我这多住两天，不愿意现在就可以走人。'我一听急了，还给他特意递了个眼色，说：'老板，好好想想，我劝你和人家的家人商量了再做决定。'谁知这缺心眼的不但不听人劝，还掰着指头算起账来，说：'没什么好商量的，你们自己也算算，才来几天就出了这么档子事，我都快赔成驴了，就这六万块钱，都把家里的箱底子全打凑尽了。老婆孩子跳楼的跳楼，上吊的上吊，这不我先跑来顾这头了吗？我劝你们也知足吧，我现在也是家破人亡，逼急了我也不好惹。'我听他想耍赖，就对他说：'听你侄子讲，你开煤矿十几年挣了不少的钱，怎么今日就哭穷了？'老板说：'你别听那坏小子胡说，他就是吃闲饭吃成对对眼的。就这烂煤矿挖出来的是煤，不是金子，我辛辛苦苦，也就挣个分分毛毛钱，还没有你们干活的人落得多。'这时，孔刚开口说：'老板，我们就事论事，我们是来要人的，不是查你家财产的。'那老板一听这话就傻眼了，只是用手指着骨灰盒不说话。孔刚又说：'活要人在，死要尸在，你把他们烧成灰是什么意思？'那老板说'这不是怕你们见了伤心吗？'孔刚又问他：'你把他们烧成灰，我就不伤心吗？'这下老板无言可对了。我想他是没把孔刚放在眼里，耍横把放在桌子上的钱装了回去，还骂孔刚刁民一个，敬酒不吃吃罚酒，骂完还想拍屁股走人。孔刚那里容他放肆，一脚把凳子踢到他面前。这个老板真真不识好歹，转身指着孔刚说：'小子你想清楚了，跟我斗，没有你占的便宜。'孔刚冷笑着说：'我不想和你斗，只想挖出你的胆来看看到底有多大，三条人命的事放着，你还敢跳上跳下？'那老板冷笑着对他侄子说：'二虎，这小子口气不小，你先给他放放血，看他还敢不敢猖狂。'他侄子长得结实也混账，答应着从床下摸出把二尺长的大马刀冲了上来。当时我真吓坏了，忙去给孔刚找个防身的东西，等我拿了铁锹回来，那小子已经躺在地下抱着肚子在叫唤。不过对对眼也狠，都这样了，他还想在孔刚的后腿上偷砍一刀，我一锹打在他手腕上他才扔了刀。老板看他侄子不是孔刚的对手，倒也不怕，张牙舞爪伸手就来掐孔刚的脖子。我一看他就是找死，果然手还没有挨到孔刚脖子上，孔刚的左手已经抓住了他的手腕，一个大转身，头一低，就把那老板背翻在地。那老板挨了一摔，随手捡起地下的大马刀，就往陈方他父亲的大腿上砍去。这下可好，砍到地方了，人家陈方的父亲是老革命，当年在战场上就是玩命的主儿。你说这老板，他把人家的儿子葬送了还砍人家老汉，老汉能轻饶他吗？陈方父亲从我手中抢过铁锹，一顿狂打，打得那老板扔了马刀，抱头也不是，护脚也不是，缩成一团，杀猪般地叫了起来。就这陈老汉还不解恨，问我有没有炸药，我说有，问干什么用，陈方老子指着那老板说：'干什么，把这挨千刀的拉到煤矿里去，找个地方绑了，美美地给他轰一炮，把他弄没了，我们也不要钱，送给他造个来世去。'我一听吓坏了，刚要劝陈伯伯的，却看陈伯伯给我们递眼色，我们明白了他的意思。孔刚和单飞吆喝着拉了那老板就往煤行里走，我抱了一捆炸药，和陈伯伯跟在后面。刚开始，那老板还嘴硬，叫着不怕的，可走到半路，两腿就蹬直了。我们只是拉着他往下溜，他就开始哭叫起来，我们也不理他，只管往里走，还没走到十米，他就吓出了一裤裆的屎尿，爷一声爹一声地喊着饶命。孔刚和单飞放了手，陈伯伯走上前，拧着那老板的猪脸说：'我还以为你是黑白无常，专门给阎王挖地道送人命的魔鬼，原来是个纸老虎一拍打就露馅了。'那老板却只是求着说'爷，只要你饶了我，我这一辈子都给你当孙子。'陈伯伯却说：'我要你这么的孙子还怕遭罪，你就老实告诉我，你这煤矿一共出了几起事故？死了多少人？伤了多少人？'那老板忙说：'一共出了十七起事故，死了四人，伤了三十多人。'陈伯伯又问：'全是拿这么多钱打发人家的吗？'那老板点头说是。我们都吃了一惊，陈伯伯回头看着我们说：'你们听听这天杀的多可恶，就是让他死上一百回，也不嫌多。'那老板一听吓得魂飞魄散，打着颤音求道：'爷……爷……爷们，只……只要……放……放我出去，要……多少钱……都行。'陈伯伯看着孔刚说：'听口气，这小子钱还不少，你过去和他谈好了我们走，我腿疼，懒得再和他说。'孔刚直截了当给他说明了煤矿出事故，应给受害人赔偿的价格。那老板听了便抢着说：'每人赔八万，八万不行赔十万。'结果陈伯伯对他说：'你别拉硬屎，我看你也不是什么攒劲人，不要现在为了活命连身上的肉都许给别人，我们可没有时间和你磨，我看每人七万块就够了，我们不像你吃人不吐骨头。'陈老伯说完领我们出了洞。我们上煤台等那老板的时候，孔刚问陈老伯：'要不要先去当地派出所报案。'陈老伯说'不用了，法律来得慢，对待这种人我自有办法，今天我们以其人之道还治其人之身，一次取了他这耍赖的毛病。'我们这头说着，那头老板像受伤的熊一样从煤矿里爬了出来，一瘸一拐地又让我们赶着上了汽车大车厢。陈老伯又问单飞：'老板那侄子会不会开车？'单飞说会，陈老伯又说：'弄了来让他开车，顺便再喊一嗓子，想回家的让他们收拾了东西和我们一起回。'我说：'没有什么好收拾的，都成了擦煤的布子谁还要？'陈老伯说拿了放在车上挡风寒。单飞过去一吆喝，那些没出息的乡亲们挟着行李卷上得比兔子快。为了安全起见，陈老伯和孔刚坐在驾驶室里，我们其他人坐在货厢里顶着寒风来到那老板家。老板家果真有钱，一砖到顶的二层小洋楼，就连养着的两条清一色狼狗也肥得看不见脖子。我们留了单飞和孙成守门，其他人都进了老板家，客厅里黑压压挤了一屋子，老板娘和她女儿生气地摔碟子掼碗。我们也不理她，只管吃喝着让老板娘找了药来，先给陈老伯包扎好伤口，再让老板拿了钱，催他叔侄二人开车送我们到了县城。我们一下车，那叔侄两个恨不得把脚伸进油箱里开着车飞了。我们个个都空着肚子的，看他们走了，都抢着找饭馆买饭填肚子，唯有孔刚身上虽有七万块钱却舍不得吃口饭，抱着你大哥的骨灰盒子站在外面，我和单飞把嘴皮都说破了他还是不吃。没办法，我们只好快快吃完就

187

往东坪沟赶。到了东坪沟，谁知道孔大妈怎么就先闻了风，迎上来抢了孔大哥的骨灰盒子哭得死去活来，紧接着村子里到处都是哭声，谁家的跑去哭谁家的人了，不相干的都走了，只剩下我和单飞两人，劝着孔大妈和孔刚。虎子和他妈又哭着来了，过去再劝他们，谁知你爹又哭着来了。看看劝不住了，幸好我妈和八九个婶娘也得了信赶了过来，我和单飞才抽了身，叫了六个会挖坑的，赶紧到你们家墓地上去挖坑。可那土冻得像石头一样，我和单飞又回来背了干羊粪点了火，一边烤一边挖。第二天天亮，坑总算挖好了，我们都回去准备埋人，进门一看却不见了虎子和你大哥的骨灰盒子，我们吓了一跳，赶紧叫了你妈他们分头去找。全东坪沟都让我们翻遍了，也没找到虎子的人影，还好你大嫂去草房里给牛添草，才发现虎子躲在里面抱着他爹的骨灰盒子睡着了。你们说这才多大个孩子，那可怜样子在场的人看了谁都心酸流泪。孔大妈和你大嫂更是哭得撕心裂肺，孔刚又抢了盒子死活不放。天下哪有死了人舍不得下葬的，你看那陈老伯他们两家就讲究，连死人的骨灰盒子都没让进门，第二天赶天亮都埋了，只听着陈方他妈嚎了几嗓子都没事了。可你妈他们就是劝不住，我们只好硬抢了骨灰盒子。可我们前面一走，他们后面就跟着来了。死人还没下坑，活人就先跳进去了，都喊着要随了你大哥去。死了的一蹬腿就走了，可活着的人难受，你妈哭着没了儿子，你大嫂哭着没了丈夫，孔刚哭着失了手足，更可怜虎子这么小就没了父亲，那难心劲儿我一辈子也忘不了，惹得我们埋人的人也跟着哭上了。直到村上的人都来了，我们还在哭，也不知道乡亲们是怎么把人埋了的，后来还是他们扶着我们回了村。都想着把人埋了就完事了，谁知道第二天天亮，你爹他们四人又跑到坟头去哭上了，谁劝也劝不住，谁拉也不回来，一直哭到天昏地暗，四人才相扶着回来。就这样一连七天，天天从早到晚哀声不断，听得全村人人伤心个个流泪，就连孩子们也偷偷喊着：'孔小虎命里苦，不到十五披丧衣，风里来，雪里去，梦里还在坟头哭，喊破了嗓，哭断了肠，再没有亲爹买花糖。'这虽是小孩子们信口编的，可见当时的情景有多悲惨。一晃腊月三十日到了，眼看今天的日子明天的年，我和单飞动员了我们两家的人，硬拦了他们几天才算不去了。就现在你去看，你大嫂和你妈隔三差五地做了好吃的，都要端到你大哥坟头上去泼散。你说你们要是不知道，嘻嘻哈哈从你嫂子门前一过，她看见你们都神气活现的，唯独没有了你大哥，能不伤心吗？"杜义说完叹着气往火里放了两块柴。孔齐听了杜义最后几句话，又指着杜义说："你说事就说事，别趁机挑拨离间，你是不是盼着我们也缺胳膊少腿地回来才高兴？还是我大哥死了，我们孔家人都要在人前矮上一头才行？"杜义生气地瞪着孔齐说："你真真乌鸦混成猪了，我不给你解释，越描越黑。"孔齐刚要骂杜义的，却听孔祥哭着说："三弟，求你别再说了，你要是心急就先回去，弟妹还在家等你的。"孔齐又看着孔祥说："你也别在学娘们，动不动就咧着嘴抹眼流泪地哼叽，我看大哥他就想得开，早死早脱孽，与其在人间吃苦受罪活不好，还不如到阴曹地府去碰碰运气。"孔祥听了孔齐这句话气得跺着脚说："孔齐，大哥死了，你怎么能说出这么混账的话来？"孔齐说："我没什么好悲伤的，什么兄弟不兄弟，大哥他活着的时候也没拉过我半把，他死去活着在我心中都一样。"孔祥说："老三，天地良心，从小到大，大哥哪次吃饭不是给你留半碗，哪一件衣服没有脱给你穿过，你把陈方家的牛腿偷打断了，都是大哥给你扛的，挨着人家的骂，把牛喂了三个月，牛腿好了，人家才算是点了头，难道这些你都忘了吗？"孔齐说："那是他应该做的。"孔祥又说："就算大哥不做什么，那也是我们一母同胞的亲兄弟，你怎么能不念兄弟情分，在他死后还说出如此无情的话，你这样做怎么让大哥在九泉之下瞑目？"孔齐说："那又怎样，我都活得七上八下鬼一般的，我还管他八泉九泉干什么。"杜义听了无可奈何，故意抬头看了看天说："孔祥，我看这时候也不早了，要不你等等我，我去拿了工具和你一起回去。你再别和孔齐一般见识，他是生旧的骨头长旧的肉，有的他就有了，没有的你撒上化肥他也长不出来。"孔齐听杜义又说到了自己，忙说："杜义，我现在比你差什么了？"杜义说："孔齐，有些话好说不好听，论人样你孔齐一表人才，但有人骂你人模狗样。"孔齐问道："是谁说的？"杜义说："这就多了，你孔齐现在是我们东坪沟的焦点人物，茶余饭后谁都议论你，还给你编了些好听的赞美词，要不要说出来你自己听听？"孔齐说："讲。"杜义说："我说了你可不能发火。"孔齐说："有一句不好听的话，我让你杜义吃不了兜着走。"杜义说："那你听好了，乡亲们说你孔老三蹲着圆，身子虽好志不全，猴子身材猪的胃，偷鸡摸狗全干尽，没肝没肺心不

定，见了棺材不落泪，三角眼呀腮无肉，无情无义把娘忘尽，今年的腿子长有长，明年就锯成秃孤桩，为啥成了这下场，他要做贼去上房……"杜义正说着，看见孔齐在地下捡了块石头，就忙改口说："孔齐，饶了我吧，谁都知道你天下第一……"嗖，石头就从杜义耳边飞了过去，杜义看孔齐动了真格，也在地上捡了八九块小石头一气乱打，吓得孔齐转身就往家跑，边跑边喊着说："杜义，等回到村里再收拾你。"杜义又扔了两块石头说："你快滚你的蛋吧，到哪你也是个蛤蟆。"孔齐早拐过山嘴没了人影。

　　杜义看着孔祥说："老二你看那没出息的孔齐，一转眼，跑得不见了人影。"孔祥便对杜义说："我们孔家的弟兄让乡亲们见笑了。"杜义说："是非朝朝有，不听自然无。阳世三间的人谁不笑话谁，在意这些三头六臂应付也不够。活着不要逆天行事就好。"孔祥忙说："可我心里总不踏实。"杜义笑着说："心虚是有原因的，敢情是你发了混财？"孔祥也笑着说："杜义，你又取笑哥哥了。"杜义说："不诚实不好。你等我把工具拿上来我们再聊。"孔祥说："你去吧，我等你。"杜义答应了一声，吹着口哨一路小跑下沟去了。

　　孔祥看着杜义下沟的样子，心里就有些嫉妒地想："杜义这小子也不知道是怎么想的，成天到晚乐呵呵的，也没见他愁过，难道这里的生活在他心中真那么美好吗？"孔祥低着头把以前在东坪沟的日子回忆了一遍，土豆、萝卜、大白菜，再就是一脑子的穷，没什么让自己美的。在省城盼着回家，可回来了又能怎么样，大哥照样不死于非命，想到这里，孔祥打了个冷战，摸着口袋里的钱，嘴边挂着一丝冷笑，得意地看杜义又从沟底爬了上来。

　　杜义还没走到孔祥面前就说："孔祥，赶紧回家吧，别老在火堆旁坐着，不小心一个火星儿蹦到你衣服上，高档货烫个洞你可就赔本了。"孔祥站起身说："哪是什么高档货，只是看着新些罢了。"杜义又说："孔祥，给兄弟说实话，你们去省城到底干什么营生？情况好不好？要好把哥们也拉攀一把，你看我这穷得都叮当响了。"孔祥忙回答说："我们在外面干什么事你也明白，何必要刨根问底揭人脸面。"杜义说："隔行如隔山，你在千里万里的路上干什么事别人怎么猜度得来。难道是真的发了财怕人知道路数？"孔祥低着头说："那只不过是在刀刃上跳几天舞，虽说能弄点小钱，恐怕也只是日后的黄昏纸，怎敢把它当回事在人前说？"杜义又故意问道："孔祥，什么事这么玄乎，听着跟拉杆子起义一般？"孔祥这才意识到杜义是想把自己的事打听清楚好去村子里胡说八道，忙改口说："整天爬杆上架可不是危险。"杜义又故意说："既然有危险，这次就别再去了，在东坪沟守着一亩三分地还饿不死人。"孔祥却说："人穷顾眼前，走一步看一步吧。"杜义说："我劝你还是别去好了，说句不怕你生气的话，我们村这两年邪，李老汉最近又不好了，那老棒子打了一辈子光棍，也不知从哪弄来个带彩寡妇，领着一男二女三个孩子，他当了现成的爹，躺在炕上吆三喝五地使唤了几天，前两天让人家连箱底子都卷跑了，这几天正躺在家里放命。"孔祥听了叹气说："李老汉也可怜，干柴般放了这几十年，这才燃着了火没几天，看来这次是彻底让人给浇灭了。"杜义说："可不是，也就这一两天的事，弄不好还得下葬去。"孔祥说："好不容易回来一趟，尽赶了些不好的事。"杜义说："喜事也有啊，李奇家的女儿初八要嫁人，这次可是找着了个正主儿，那男人是开煤矿的瘸子，有些钱，二话不说先把彩礼送到李奇心坎上了。他那傻女儿也整天欢天喜地，把那张高粱红的脸粉抹得有钱儿厚，瘪着嘴逢人就说：'三（山）上的地也不阵（种）了，以后有强（钱）买着吃。'她那些叔伯婶娘们心更坏，一起得了些好处，前后还不到两个月都撺掇着把结婚日子定了。乡亲们村前村后见了李奇劝他别唐突，李奇还哼着鼻子说：'别吃不上葡萄说葡萄酸。'以后别人都不管了，我看结婚那天乡亲们都没人去。"孔祥却冷笑着说："婚姻这事，只要双方愿意就好，别人何必多事。"杜义急了，瞪一眼孔祥说："路不平众人修，自古以来东坪沟嫁姑娘、娶媳妇的都是见婚姻说成的，可这次他李奇撒土迷自己的眼睛，硬把姑娘往火坑里推。听说那瘸子吃喝嫖赌样样占全，每次来都要和李奇喝一场，刚开始喝还岳父女婿分得清，等喝过头两人手拉手成哥俩好了。李奇老婆更丢人，每次她那瘸女婿要回去，她总要依依不舍走在前面，她那女婿就跟在后面，走一步往前瘸一下，说一声岳母你回去，走一步往前瘸一下，说一声岳母你回去，看着让人又生气又可笑。"孔祥笑着说："我看哪瘸子就比你杜义强，人有花钱的习惯就有挣钱的能耐，这姑娘当初要嫁给你杜

义，还不得在东坪沟里翻土块。"杜义也笑着说："我还是那句话，李家那丫头倒搭一汽车土豆，我也不要。"

5

杜义和孔祥二人说笑着来到村口，杜义看着孔祥说："离我家近，要不先到我家去坐会，喝碗茶暖暖身子你再回去？"孔祥说："不用，我这就回去，改天买两斤好酒咱哥俩聚聚。"杜义忙说："算了吧，和你在一起干别的事还行，唯独不能喝酒。"孔祥说："这是为什么？"杜义说："这是我给你孔祥定的谱，武松喝酒打虎，钟馗喝酒治鬼，孔祥喝酒学狗，喝上十场十一场都是吐，天天谁还去挨你那婆娘的叨叨。"孔祥说："好心没好报，不喝拉倒，省着这二斤酒钱还能给家里多添几斤油吃。"杜义听了又忙改口说："既然说了就得算，男子汉大丈夫一言九鼎，后天我在家等你，不见不散，谁失言谁孙子。""就看后天有没有时间。"孔祥笑着说完，就往自己家赶去，远远看见妻子杨秀抱着儿子等在院门口。孔祥忙赶了上来，杨秀抱着孩子，只是望着前面的山头，却不看孔祥一眼，儿子也用好奇的眼神看着自己，孔祥便觉无趣，忙说："儿子，来，让爹抱。"杨秀说："你还知道有老婆孩子啊！"孔祥说："好好的，你这又是为何？"杨秀说："人家老三回来都吃过了饭，你只管和你那些死娘活老子闲扯淡，看来你的眼里还是外人亲，我们娘俩都是多余的。要真是这样，你就挑明了说，我们回娘家去，剩你一个想找谁找谁去，只要你不怕别人往你头上扣屎盆子，你就张扬去。"孔祥红着脸说："我和杜义说了会话，你这又是何必？"杨秀说："你明知道杜义是个闲话筒子，你还要扳着指头和他说，他今日哥长哥短叫得亲，过两日还不知要造些什么谣出来损你。"孔祥说："不怕的，我这半天给他嘴上抹了点蜜。"杨秀说："他那嘴子客，除非你天天让他喝你的血，他才不说三道四。你要不见他三天，他还不拿你当黄豆般嚼，那才叫怪。去年冬天，我们回来，他早就宣传好的，什么三指手、二流子，说了一骡车难听的。"杨秀说着把儿子猛往孔祥怀里一放，边走边说："看你穿那身衣服，就像鸡身上长出凤凰毛来一样。"孔祥笑着跟在后面，一进门就故意嗅着鼻子说："做什么好吃的，这么香?"杨秀说:"你家里除了土豆、白菜,还有什么好的能拿出手?"孔祥笑着说:"土豆、白菜是治家的根本,如何能嫌弃,经过你那双巧手一拨拉,它还不变成一碟美味佳肴?不管是什么先盛上一碗来吃,我想吃你做的饭菜都快想疯了。"杨秀却不搭理,瞪眼在镜子看着孔祥说:"想吃自己动手,别出去了三天,回来就油腔油调地充男人,等着让人伺候。谁不知道你那点子德行,半辈子过去了,回来挣没挣到钱就得意得屁颠屁颠的,你要真有本事,就带我和儿子再去趟省城,让我们娘俩也过几天好日子才算你能。自从嫁到你孔家这穷窟窿里,动个草秆儿也做不了主,天天听着你妈箩儿簸箕地叨叨,光烦都烦死了。一家子都是窝里狠,一个看不上一个。如果你不带我去省城,我就回娘家去,好不好能落个耳根清净。"孔祥说:"听你说得这叫什么话,当初你要嫁给我,都是你情我愿,就这屋子就这人,我也没骗你我家是开银行的,何苦现在说这种丧气话来损人。你就是现在回娘家去,在你妈手里也没好日子过,难道你忘了当初是谁拉着我的手,求着我说:'哥,赶紧择个好日子把我娶过门吧,和你在一起哪怕是要饭我也愿意,我再也受不了我爹娘的气……'"杨秀听着笑了一声说:"谁说这没脸的话了,我看你这次出去,钱没有挣到,只是在邪门歪道上下工夫,张口闭口都是些没有道理的歪词。是不是和不三不四的女人接触得多,变花心了?"孔祥忙说:"我刚回来,你先胡说八道地气人。"杨秀又说:"你要是变心了也好,我是人家的人你不心疼。儿子总是你自己的吧?自从你走后,别人家有个好吃嘴的,你没有看见,孩子那可怜劲儿,小指头放在嘴里,趴在人家的门缝里看,喊他又不回来,想给他买又没钱,只好打他两巴掌骂他没骨气,怨他老子没本事。"孔祥从口袋里掏出钱来往桌子上一扔说:"这不是钱是纸吗?"杨秀见钱眼开,眉开眼笑地拿起来细细数了一番,才说:"这还差不多,有这么多钱,你就没舍得给我和儿子买个鞋儿衣服?"孔祥说:"城里卖的衣服不是卡腰的,就是紧身的,买了来你也只能看看,再说,我也不知道你们穿多大号的。"杨秀起身拧住孔祥的耳朵说:"我是骆驼还是熊?她城里女人能穿的衣服我穿不成?"吓得孩子"哇"的一声哭了起来,杨秀才松了手接过孩子哄住了。孔祥说:"不服人不行,城里女子就是苗条,也会收拾自己,天天都在秤头儿上过日子,瘦了她们就喜欢,要是胖了她们就着急,断食吃药想办法把自己整瘦了才满意。本来一张脸白白胖胖的，多自然，可她们就是不满足，非弄成个猴屁股了才罢。"杨秀瞪着眼听丈夫说完，才说："你接着往下说，城里的女人，还让你哪个地方忘不掉？你去把她叫来，让她天天在地里晒着，过一年你再看，她是不是豆腐渣？"孔祥忙说："可不是老婆说得对，好女人也得有个好地方养。"杨秀说："知道你还不领我去省城。"孔祥忙说："你学人家不习惯，饿半年还不剩一堆皮了。"杨秀问道："为什么？"孔祥笑着说："你顶住鼻子的饭量，一碗人家吃三顿。"杨秀咬着牙说："再说我半句不是，你今晚就睡外面。"孔祥忙说："老婆，你想哪去了，说句闲话何必当真。"杨秀说："你那几根花花肠子，谁不清楚吗？每次陆六他媳妇来，你就苍蝇见了血般喜拢上去，想着法儿调戏那女人，想摸手说是看手相，想摸腰你说看衣裳，你以为别人都是傻子，看不出你那坏心肠。我看还是人家大方，要是换着我，不给你头上蒙个裤衩，拉你到村上臊一回，我就不是女人。"孔祥说："你以为每个女人都和你一样，整个一个醋罐子，动不动泼泼洒洒，颇烦人。"这下杨秀可不依了，放下孩子狠劲拧着孔祥的耳朵问道："我是母老虎要吃你，你看谁家的女人好能入你的眼？说出来，今天我就成全你。"孔祥被拧得挨不住了忙求饶说："好老婆，松手吧，天底下除了你杨秀，谁还能看上我这出山相。"杨秀还是拧着不放，说："我就知道，你孔祥，一斤上不来半斤上不站，今天你得给我保证，以后不准在我面前提别的女人的长短。"孔祥忙答应道："我保证，以后就是七仙女，我也不看她一眼。"杨秀松了手说："把你爪子洗净了盛饭去吧，还想着七仙女的，撒泡尿照照，你自己看吓人不？"孔祥再不多说，盛了饭给儿子一口一口喂起了饭，谁知这孩子倒也可爱，孔祥给他喂一口饭，他就望着他爹憨憨地笑一下，看得杨秀心里甜甜的，上来抱着儿子亲了一口，孔祥也泪水花花地说："明天，领儿子到县城去，给他多买些吃嘴的来。"杨秀说："亏你现在能说得出口，大老远来了，也没给孩子带半块糖，还好意思在儿子面前提吗？"孔祥说："走得急，哪能顾上这些。"杨秀说："我不管你那么多，这次要去省城我和儿子也要去。上次去也没逛，随便就回来了。尤其省城那碗牛肉面，让人吃一碗想一碗，这次去了我要吃个够。"孔祥冷笑了一声说："嘴淡找个沙石头磨去，我去是不去还拿不定主意，你还一扑一丈地跳,你以为城里是天堂,睡着就能衣来伸手饭来张口？"杨秀说:"省城又不是你家,别人说说也不行。"孔祥说:"心比天高命比纸薄,你杨秀也没有那睡着吃的命,在东坪沟只要你有个借字,还饿不死你,好不好还有个热太阳晒；在省城一天没有钱,别说吃牛肉面,连吸口空气都觉得费劲。"杨秀说:"我不管你说什么,反正我是去意已定,一天也不想在这穷坷垃里待,我就不相信到了省城有你孔二吃的,就没有我杨秀喝的？"孔祥说:"已经给你说了,我去不去了心里还矛盾,你非要在这乱盘算。"杨秀说:"好不容易有了这么个来财路,为什么不去？"孔祥说:"瞎子脚下哪有好路走。你明知道是火坑,还要掺和了去跳。"杨秀说:"就你命贵重,前怕狐狸后怕狼,李虎在省城混,多少年人家也没少根头发掉根毛。"孔祥说:"此一时彼一时,现在不像往年,你去省城看看,现在管得有多严。风险是我担还是你担,去不去谁说了算？有本事你自己出去挣,我在家守着。"杨秀听孔祥话头不对,又忙说:"我这么做还不是为了孩子,趁着我们年轻还不给儿子多攒点钱,让他长大了别像我们这般寒酸。我们这次去也不贪心,就干他一年,挣点钱回来好过日子,你看行吗？"孔祥说:"人心不足蛇吞象,不撞南墙不回头。要改现在就改,迟一刻引火烧身。你有妄想别往孩子身上推。"杨秀说:"世上哪有好挣的钱,干什么你都不往前走一步。"孔祥说:"往前走一步也许是悬崖,有十条命也不够拼的。"杨秀说:"在东坪沟有十条命照样也饿死。"孔祥说:"以后的事回头再说,赶紧吃饭吧,我这坐了一天的车,现在觉得有些饿。"杨秀说:"饿了你先吃,儿子我喂。"孔祥先低头吃了起来。杨秀喂着孩子又对孔祥说:"你倒是别光顾着吃,也说说那省城到底有多好,让我也听听。"孔祥说:"你不是去过了吗,好不好就那样,除了楼房就是人,除了车辆还是人。"杨秀说:"让你说点省城的新鲜事,倒引出你这半箩筐的闲话。"孔祥放下饭碗说:"就这你不想听,我还不爱说。"说完上炕拉被子蒙头睡了。杨秀也不理他,把孩子哄睡着,洗了碗筷也睡了。

　　第二天吃过早饭,孔祥等媳妇领孩子出了门,忙来到父母家中。父亲不在,母亲正忙着洗碗,弟弟在看书。孔祥看母亲又老了许多,孔刚比先前高了,也瘦了。孔祥给母亲问了好,坐在凳子上,本有千言万语,但此

时又觉得无话可说，只好从身上掏出两百元钱来，走到孔大妈面前说："妈，我攒了点钱，你别嫌少，留着零花吧，想给你们买件衣服，我也不会。"孔大妈不要，摆着手说："你能回来，我就谢天谢地了，谁还指望花你的钱。"孔祥有点尴尬，只好看着弟弟。孔刚也劝母亲道："妈，你就收下吧，难得二哥这么有心，您老也别辜负了他。"孔大妈看着孔刚说："你哥哥为钱走上了绝路，当娘的再糊涂也不会花他这种钱。"孔刚听了不再吭声。孔祥只好把钱放在桌上转身就往外走。孔大妈拿了钱追了出去，孔祥忙进了自己家门，孔大妈也追了进去。谁知此时杨秀已经领着孩子回来，看着他娘俩一追一跑进了家门，婆婆又在桌上放了两百元钱就走了。杨秀明白是怎么回事，盯着孔祥看了半日才说："热脸贴到冷屁股上了吧？挣三个半钱来得意得姓什么都不知道，你明知那老东西不识好歹，还非要拿着钱儿去买臊，这回献上一趟子黄脸回来就舒服了？"孔祥生气地看着杨秀来回在地上走动。杨秀越是生气地说："你还吹胡子瞪眼的有理了，难道我说得不对吗？谁又不是外人，你鬼鬼祟祟地干这事，你怎么没想着给我爹妈买个针儿线儿的送去，非要拿着这么多钱去塞冰岩，你要是给我妈拿个十块八块去，我妈他还不把你当人看。"孔祥说："到底是谁的心不公？你娘家拿我的东西还少吗？就连锅碗瓢盆都不知拿去了多少。"杨秀一听孔祥这话，哪里肯受，便哭喊道："孔祥，你个没良心的，你今天就给我说出来，我娘家拿你什么来？让你动不动翻旧账来找茬，我家深宅大院的什么没有，还要你去送？你给我家当了这几年的女婿，就前年给我妈买了个铝锅，这就刻到心上了，三天两头地提起来说，你出去问问，谁家的女婿不是大车小车地拉着东西给丈母娘送，难道我妈用你一个破锅还有错吗？"孔祥说："错不错，我也不想提，但要一碗水端平，谁的妈都是妈，你摸着胸口说句良心话，这么多年我妈喝过你一口开水吗？"杨秀说："好个孔祥，你妈好，你和你妈过去，我这就回娘家。"杨秀说完在儿子屁股上狠狠拍了两巴掌，抱着孩子走出门去，孔祥跺着脚说："这过得叫什么日子？"说完锁了门，紧追媳妇去了。

第八章　前路难

1

孔大妈和孔刚在房间里,听到孔祥和杨秀吵了起来,忙先后出了家门,孔刚着急得对母亲说:"妈妈你也是,二哥给您钱,您留着用就是了,又非要拿了去,害得二哥挨骂,嫂子又哭哭啼啼回娘家去了。"孔大妈对孔刚说:"你也有糊涂的时候,难道你不知道怜恶害恶?我要是花了他这钱,不就等于把他往火坑里推吗?"孔刚听了又忙说:"妈,那我出去把嫂子劝回来吧!"孔大妈说:"你千万别去,去了反倒添乱。你嫂子一有钱就往娘家门上跑的毛病,你又不是不知道,别理她,过两天她就和你二哥一起回来了。你倒是操心他家的猪和鸡别丢了,该喂食给它喂点食。"孔刚还没应声,杜义就慌慌张张地推门进来,冲着孔大妈说:"孔大妈,不好了,刚才我去李老汉房间,看李老汉奄奄一息,不能说话,怕是活不过今天,房子里没个别人,您老快去看看。"孔大妈说:"昨天我和你叔去过了,看他那样子也就是这一两天的光景。你先过去,孔刚还小就别去了,到别处给我叫几个年长的帮手来,最好先把杜义他妈也叫来。我把这盆猪食喂了就过去。"孔刚和杜义答应着要走,孔大妈又把他俩叫住,从衣柜里取出个红布包袱递给杜义,杜义忙问道:"孔大妈,这是什么东西?"孔大妈说:"是你大叔的老衣,拿去准备给李老汉穿。"杜义惊讶地说:"孔大妈,这种东西怎么能随便送人?"孔刚也忙问母亲道:"妈,您这么做,我爹他愿意吗?"孔大妈看着孔刚说:"这是你爹本人的意思，昨晚我们已经商量好了，你爹还要把棺木也送给李老汉，刚开始我不同意，但后来一想，做人嘛也对，有能力帮别人就帮他一把，总比跑到庙里烧香拜佛要积德。再说李老汉这辈子孤苦伶仃，从小没有父母老了又单身一人，我们村的人总不能让他赤裸裸地来了光溜溜地去吧？"杜义和孔刚提着包袱笑着忙往外走。

　　出了孔刚家大门，杜义就拉着孔刚说："和你商量个事，行吗？"孔刚说："没忙没闲，你又想搞什么鬼？"杜义说："我们俩把活换了干，我去叫人，你和李老汉投缘，你去陪他，李老汉半人半鬼地躺着，我害怕。"孔刚一把夺过包袱，说："平时你话大，紧要关头，老出洋相。"杜义还要说什么的，孔刚忙催他说："省点劲，赶紧叫人去吧。"杜义笑着先走了，孔刚也忙赶到李老汉房间，看李老汉面无血色，嘴唇也干得厉害，便喊道："李叔，你怎么样？"喊半天，李老汉才眨了一下眼，孔刚又忙问道："李叔，想喝水吗？"李老汉又微微眨了一下眼，孔刚忙找了水杯去倒水，谁知壶是空的，忙去水缸舀些凉水，水缸也是空的。孔刚只好拿着杯子忙往自己家跑，半路上看见母亲也急急地赶了过来，孔刚忙迎上去说："妈，你快过去看看，李大叔不好得很，连眼睛都不眨了，想是渴得厉害，但他家中没有水，我这就去倒杯水来。"孔大妈说："我不是让你去叫人吗？"孔刚说："杜义去了。"孔大妈也顾不上再说什么，忙往李老汉家赶去。

　　孔刚来到自己家，倒了水，锁了门，看院中有六只鸡是二哥家的，怕丢了鸡，等嫂子回来，又和妈淘气。孔刚只好放下水杯，追着鸡往圈里赶，五只鸡全进去了，唯有一只大公鸡就是不肯进，孔刚伸着两手，追着鸡满院子叽叽嘎嘎地跑。刘婷听到了动静，走出门，看着孔刚追鸡的样子，便笑着说："四弟，是不是趁着你二嫂不在家，想把她这只公鸡给炖着吃了？要不要我也搭把手，炖熟了分我碗鸡汤喝喝。"孔刚停住脚步说："嫂子，我是怕它丢了，往鸡圈赶，你快过来搭把手帮我截截。"刘婷这才帮孔刚把那只赶进了圈里。孔刚谢过嫂子，端着水杯忙往李老汉家赶。

　　李老汉家已经围了满满一屋子人，孔刚进不去，只好站在人后大声说："妈，我把开水端来了。"孔大妈在炕上说："你快端了来，等你半天了。"孔刚趁着乡亲们回头看他时，趁机挤了进去，杜义也在人群中冲着孔刚挤眉弄眼地扮鬼脸,孔刚也不理他一气儿挤到炕前,只见母亲和六位老人围了李老汉一圈,早已把李老汗的帽衣鞋裤换了新的。孔大妈手中拿根小汤勺立等着接过孔刚手中的杯子,一勺一勺地给李老汉喂水,一连喂了五六口,李老汉就不往下咽了,呼吸也一次次弱了下去,突然李老汉眼睛盯着房顶,双手死死拉住被角不放。孔大妈忙放下水杯,对杜义妈说:"这次真不行了,快把他手拉开。"杜义妈拉着李老汗的手说:"死老鬼,你就撒手去吧,阳世三间是是非非有什么好留恋的。"但李老汉只是不松手。孔大妈也着急地说:"李家兄弟,你就去吧,你孔大哥把他的老衣棺木都给你了,衣服我已经给你穿了,棺材我回头让刘木匠给你做去,别的后事你不用扯心,有我们乡亲们在,能亏了你吗?"地下的乡亲们也齐声道:"孔大妈说得对,李老汉,你就闭眼去吧,有我们乡亲们在。"李老汉又强挣扎了一下,眼里慢慢涌出些泪花,嘴唇抖了几抖,慢慢松了手,闭了眼。

　　孔大妈看李老汉已经断了气,拿黄纸遮在他脸上,看着地下的乡亲们说:"李老汉已经走了,我们不能对一个死去的人说谎,剩下的事要靠乡亲们来帮忙,李老汉才能入土为安。我希望大家有钱的出钱,有粮的出粮,就是啥也没有的,也空手来走走,算是给李老汉长精神,阔阔地把他打发了,也不枉了他和我们邻居一场。让他李永贵到了阴曹地府也忘不了我们,下辈子还投胎到东坪沟来和我们当邻居。"孔大妈刚说完,杜义妈就说:"我那头猪,就捐给他李老鬼。"吴婶也说:"我捐一只羊。"陈方他妈说:"我捐八只鸡,三十个鸡蛋。"李三也慢悠悠地说:"我那头小牛犊不长,天天喂着麻烦,倒不如捐给我这位老大哥,虽说我们同姓不宗,但五百年前我们也是一家人。"此时,其他人也七嘴八舌乱喊了起来,有嚷着要捐钱的,也有捐粮食的,乡亲们都各有所捐,孔大妈感动地说:"也不知道,这是李老汉哪辈子修来的福,让乡亲们如此热心。孔刚你快去拿了纸笔,给大伙一一登记清楚,再让白石匠刻个碑立到李云贵坟头上去,让他下辈子来我们村照着数给乡亲们还。"乡亲们一听还要刻碑留名,更是跳跃万分,都争着把要捐的东西拿了来,让孔刚一一登记清楚后,男人们抢着杀猪宰羊,女人们争着炒菜做饭。全村男女老少不曾少来一人,大家高高兴兴忙活了三天,才把李老汉给埋了。

　　全村人休息了一天,第二天便是三月初三,按习俗这一天,全村的人都不吃早饭要到庙里过庙会，孔大妈忙着把屋子里外收拾干净，急着又往庙里赶，快到庙门口就听单飞媳妇说："王磊两口子，地也不好好种，钱也不出去挣，整天嘴皮子干巴巴的，也不知道在想什么，人问一句，爱理不理，过半天才答一句。"陆六媳妇说："听说他那媳妇娘家的什么亲戚在新疆种棉花，可能是两口子也要投奔了去吧！"杜义媳妇又说："有个门道迁移了也好，我们这里已经不养人了，收成一年比一年少，气温一年比一年高。去年六月正是庄稼要雨的时候，那天旱得眼看都要晒绝了，急得你婆婆、我婆婆，还有孔大妈三人天天跑到东山顶上去求雨，幸好后来落了一场。下雨那天，三个老人高兴地在我们家又烧香又磕头，我正在家里粘鞋底，等我把鞋底粘好了却找不到东西压，顺手提了我婆婆平时坐的小板凳压了鞋底。谁知道她们三人敬完香，我婆婆就眼瞅着她那三炷香，摸着往平时坐惯了的地方一屁股坐了下去，摔得响响亮亮放了一个大屁，我笑着忙去扶她，她却骂我故意使坏。记得雨下了四天，她就四天没和我说过一句话，等第五天雨停了跑出去一看，田地让水冲得沟沟坎坎，路也断了，我婆婆又赶回来说：'孩子们，老天爷可是想要人的命了，晒着剩下这点了，它还要给你淌光'……"孔大妈听到这里，便故意咳嗽了两声。三个媳妇回头一看是孔大妈，忙迎了出来。孔大妈说："大清早的，你们三个站在庙门上嚼什么舌根。"三人都红着脸说："我们等您老不来，顺便拉了几句家常。"孔大妈说："快跟着进吧，有你们那么拉家常的吗？"三人听了伸着舌头跟孔大妈进了庙门。

　　此时，村上的人陆续来到庙里，孔齐也郑重其事地备了些供品，兴冲冲地往庙里走来，走到庙门口恰巧又遇上了杜义从庙里出来，杜义看孔齐拿着些香纸，装着吃惊的样子拦在孔齐面前说："怎么，今天的孔齐也洗心革面来做善事了？"孔齐说："我也来表表心意。"杜义说："你那心肠不用表老天爷就知道，还用得着跑到庙里来对照吗？"孔齐说："你这话什么意思，难道只许你杜义烧香，就不准我孔齐拜佛吗？"杜义说："这种和菩萨牵手的事，我劝你还是少做，万一老菩萨要真看上了你这佛缘，把你超度去了怎么办？"孔齐一反常态的说："杜义，我知道有对不住你的地方，在你眼里我就是一堆臭狗屎，今天你有什么不满就全说出来，我还你一句不是人。"杜义摇头说："我不信你孔齐没进庙门就成佛了？"孔齐说："我才不想充和尚扮道士，假装正经。今天我想让你帮我办件事。"杜义问道："什么事？"孔齐说："等庙会散了，你帮我去打听打听，看有没有人愿意要我那几间破房子。"杜义忙说："我知道了，这次你肯定捞了不少回来，想把旧房子卖了盖新房子。"孔齐说："我就是真有钱，也不会在东坪沟安家立业，我想把那几间破老鸦架处理净了，带老婆孩子到省城去。"杜义说："孔齐，你别和我开这种玩笑，我心脏不好受不了。"孔齐说："我说的全是真的，我和媳妇已经做了决定，过几天我们就走。东坪沟再没有盼头。"杜义忙说："孔齐，你我虽是冤家，但无冤无仇，细想想无趣得很。"孔齐说："杜义，是不是早晨的露水进了脑子？我说东你拐西，找些不着边际的话来糊弄我。"杜义说："人生事事相关，物物相系，比我你能知自己，比天你能知高低，比地你能知大小。"孔齐笑着说："早给你说过的，比钱。"杜义说："比什么都是一场空，人生一场到头来就占巴掌大个地方。李老汉一辈子贪财怕死能留住什么？还不两手空空地去了吗？"孔齐说："李老汉的死让你受到了刺激？"杜义说："可不是，人死账烂，他还欠着我家一只羊的。"孔齐笑着说："笑人不如人，我看你比李老汉还差劲。"杜义说："你误解我了，道理话听懂就好，你孔齐去省城无非干些不好的事情，还敢带了家属去惹祸，更可笑你那混账媳妇也敢跟了去添乱，她去了能给你拉金还是尿银？上次去三天半回来，没记性，又去。"孔齐说："我想让她去摆个小摊，学做买卖。"杜义笑着说："你媳妇数字都认不正确，怎么做生意？"孔齐说："不会让她慢慢学，总比坐在这里晒南墙好，这种事你不用操心，我只求你帮我卖了房子，我一定重重谢你。"杜义说："这种忙我帮不了你，像你这种情况别说卖房子，你就是白送也没人要，不信你自己去打问。"孔齐只好说："我便宜卖还不行吗？"杜义说："便宜，你还不如不卖，留着防个以后。"孔齐忙给杜义递根烟，拉他坐在墙根边，只管求着杜义给他帮忙。

谁知他俩说的这些话让单飞媳妇全听去了，跑去一五一十又讲给了孔大妈。孔大妈提了扫把要去寻人，单飞媳妇忙说："正在庙门口和杜义两人晒太阳筹划。"孔大妈提着扫把来到庙门口，照着孔齐劈头盖脸打了起来。孔齐着实吓了一跳，忙抱着头说："妈，好端端的，为什么打我。"孔大妈边打边骂道："你这个孽障，一个人出去丢人还不够，非要把妻儿

201

也拉攀着去给你垫背，你说你知不知死活？"孔齐一听知道是刚才的话漏了风，忙求饶说："妈，别再打了，我是和杜义闹着玩的。"孔大妈住了手，看着杜义问道："孔齐是和你在开玩笑，还是在说真话？"杜义如实说："我看他斩钉截铁不像开玩笑。"孔齐忙指着杜义对母亲说："杜义的话，多听少信。"孔大妈听了更是生气，拢扫把又打起了孔齐。乡亲们闻风忙来劝解，孔刚也跑来抱着母亲问道："妈，无缘无故打三哥干什么？"孔大妈扔了扫把说："你问他自己。"说完忍不住哭了起来。孔刚忙扶起孔齐，看他脸上划了几道血口，有一条划得深，在流血。孔刚忙用手擦着孔齐的脸问道："三哥，这到底是为什么？"孔齐站着不说话，只是喘着粗气。杜义忙说："还就那事，他想卖了家产带老婆孩子去省城。"孔刚跺着脚对孔齐说："三哥，谁知你如此糊涂，竟沾些污泥浊水来毁自己。"孔齐只好说："我只是和杜义开个玩笑，谁知让哪个是非婆子听去了，找妈嚼了舌根让她来打我。"孔大妈又哭着说："我不管你真真假假，今天你就在乡亲们面前发誓，改了前非重新做人。你要有半点犹豫，妈今天就撞死在庙门上以警你心。"孔刚忙跑过去抱着母亲，催着让孔齐发誓，乡亲们也都劝道："孔齐，你就改了吧，以后我们帮着你过。"孔齐被逼无奈，只好红着脸大声说："今天，我孔齐，当着乡亲们的面发誓，从今以后重新做人，若有再犯天打雷劈。"孔齐话音刚落，周围便响起了一片掌声。孔大妈也转悲为喜，上前拉着孔齐的手说："三儿，你要是真改了，妈这辈子也有盼头。等会跟妈去，妈给你包你最爱吃的洋芋饺子。"

2

大伙笑着正准备要散，却听单飞说："你们快看，那是谁？"大伙顺着单飞手指的方向一看，原来是村长黄明喝多了酒，一摇三晃地正向庙里走来，杜义妈骂道："这个黄明真是混账，村长当了一年，没干出个什么屁事，倒是学会喝酒了，大清早又不知去谁家灌丧醉了。"单飞说："早起我看他进了李奇家，肯定是在那喝的酒。听说今年的救济款又下来了，他能不借此机会喝两场吗？"杜义妈皱着眉头说："单飞，你去把他拦住，别让他到庙里来。"单飞忙跑上前拦住了村长。黄明睁醉眼看着单飞说：

"你要扶就扶，别站在我面前晃，晃得我头晕眼花。"单飞说："村长，是你喝醉了酒，赶紧回家去吧。"黄明说："你才喝醉了酒，快让开，我要去烧香。"单飞说："你喝酒不能进庙堂。"黄明说："我是村长，我怎么不能进。"黄明说着要推单飞，结果自己给绊了个跟头。单飞忙把黄明扶了起来，黄明却怨是单飞推倒了他。杜义看单飞被黄明给缠住了，就笑着走上来拍着黄明的肩膀说："我们村长又到哪里去搞腐败了？"谁知黄明又一把拉住了杜义说："你这是哪个小子，会不会说话，本村长这是去落实工作，不是去搞腐败，你给我听清楚了吗，以后再胡说小心你的皮。"黄明说着要厮打杜义。单飞和杜义忙各拉一只黄明的胳膊站在那里。孔刚生气地走上前来说："你们两个放开手他的胳膊，让他自己站着，他要再敢往前走一步，我就让他爬着回去。"单飞和杜义就放开了黄明的手。黄明看是孔刚，不敢往前再走一步，站在那里吓得酒醒了一半，低头转身要走。孔刚便喝道："你给我回来。"黄明只好乖乖回来，站在孔刚面前。孔刚问黄明道："大清早喝得醉醺醺的，还有个当村长的样子吗？"黄明却说："我祖上就是放牛的，你们非要选了我当村长，现在又怪我当得不像，又没个人教我，都是李郎见了说李郎的话，张郎见了说张郎的话，弄得我顺了这个不行，应了那个也不得，现在我自己也不知道是人是鬼，今日正好赶上这个机会，你们大伙都在，你们说怎么做才算是好村长。说好了我就干，说不好谁愿意干谁干。"杜义也在旁边喊着说："对，是该好好教教他。让孔刚说说我们大伙也听听。"乡亲们把孔刚围在中间喊着要孔刚讲话。孔刚无奈，只好说道："既然乡亲们如此看得起我孔刚，那我就给你们说说我的想法。首先，我不针对哪一个人来说话，关于村里的事，我们每个人都有不可推卸的责任，我们生活在这穷乡僻壤的地方是事实，我们每个人从小就装着一脑的贫穷在活着，看不到希望找不到未来。我们日复一日地在同一个错误中自暴自弃，浪费生命，不去努力也不懂得努力，谁都认为自己一辈子活完了就是世界的句号，不去为后代着想，不去为他人着想，山林遭到砍伐，生态失去平衡，每个人自私的面孔上没有安逸与和谐。我们大家都是这个村子的罪人，是我们没有去爱它，没有去保护它，是我们毁掉了这块土地。我们现在应该警醒，再不能破坏身边的一木一草，要加大力度植树造林，造桥补路，节约用水，搞养殖业，年轻人出去学技术，小孩到学校受教育。更不能欺负到我村来的小商小贩，他们才是拉动我们经济的主要命脉，只要他们价钱合理买卖公道，我们就双手欢迎。我们要想办法把事情办好，而不是搞砸，耍些小阴谋。不管结果是输是赢，我们都要坦坦荡荡。至少我们在以后的日子里不后悔，不自责。给别人一个说法，给自己一个交代，给这个世界留下一点美好的东西。"孔刚一讲完，四周便掌声响成一片，把个黄明听得目瞪口呆，杜义却说："孔刚，你讲得虽好，但有些地方大伙听不懂，你说要植树造林，可是没有水怎么栽树？还有用水的事，山泉水明白夜黑地在淌，又不要花钱节约它干什么？养殖到底是要搞些什么？年轻人出去了学什么技术？这些事你再给我们细细讲一遍。"孔刚笑着说："我先说植树和用水，其实植树造林和节约用水是一回事，我先说水，虽说我们的泉水不用花钱，但它毕竟还是有限的，只够我们全村人的生活用水。我们村每户人家的用水量，平均每天是四到五桶，如果节约一点三桶就够了，那我们村每户人家在白天就可以节约两桶水；如果下午再去挑回来两担水，那么我们每户人家一天就有多余的四五桶水，雨水集结工程修的窖正好可以利用，一户人家一年轻轻松松可以储存三大窖水，有了这些水我们到夏天不但可以种树，每家还可以多种几园子蔬菜来吃。我们每个人在一年里栽活一棵树，我们全村有五百多人，那一年就能栽五百多棵树，十年以后我们的村庄周围会呈现出什么样的景色，这不用说大家也会知道。山头绿了，水源自然有，这是天道酬勤的事。"孔刚一说完，乡亲们开始小声议论了起来。孔刚又接着说："接下来我要说的是，我们应该如何投资招商。我们不能再过每家养一头猪、十只鸡、二只羊的日子了，我们想富起来就不能图清闲，依我看我们村的目前情况，每户人家都可以多养四到五头猪、五十到六十只鸡的能力，乡亲们你们自己来算算，一年多养五头猪，留一头自己吃，卖掉四头，每头最少按一百斤算，当前的猪肉价是每斤四元，那么一头猪就可以买四百元，四头猪可以卖到一千六百元，再加上卖出的鸡和蛋，每户人家将会有一笔不少的收入。再说这养猪养鸡，都是我们村婶子、大嫂们的拿手好戏，每户多养些猪和鸡没有太大的困难。我们村就不宜多养牛马，牛马养多了夏天没那么大的草山，冬天你也没那么多的草料喂它，它们还会给我们的植树造林带来一定的破坏性。每户只要按自己种地面积,草料多少养殖就行……"孔刚还没有讲完,乡亲们又开始小声谈论起来,孔刚看了一眼大伙,又接着大声说:"如果我们真养殖了这些东西,我们就要有销路,目前我们的销路只有靠那些小商小贩,我们要想让他们经常来我们村做生意,我们只有把路修好,最好修得四通八达。如果人家小商小贩的车来了,再像从前那样,三天掉沟里两天陷进泥里。再加上我们村的某些人还对人家有欺诈哄骗现象,这些事都会直接威胁我们村的生机。"孔刚才一停,单飞的媳妇就抢着说:"孔刚说得对,杜义、单飞,还有孔齐就经常干这事。"孔刚说:"不管是谁,以后都要改了这种不良行为。"杜义在人群中着急地喊着说:"改,改改,现在就改,你们再别打岔,让孔刚接着往下说。"孔刚吸了一口气,又接着说:"我再要说的是,我们村十八岁到三十岁的年轻人都要出去学技术,再不能背个行李卷东奔西跑地当杂工。我们年轻人要懂得规划自己,投资自己,利用时间,进取拼搏;一定要和这个时代同步前进,再不能毫无目标地到处乱跑。我们村的人文化程度低,适合做厨师、驾驶员、电焊工、木匠、砖匠、理发这些职业,这些行业在现在和将来都有可持续发展性。我们更要让每个小孩子都受到教育,学到文化,不能只留一块贫穷的土地,让他们看不到希望,找不到未来。我们更应该尽最大的力量,把家乡建设好,让他们在温暖的环境中去创造未来。我们要想建设好自己的家园,想富起来,就必须要有一个好的领路人,不能随便找个人就来当村长。作为一村之长,他应该有良好的思想觉悟,懂得如何发家致富,要经常号召大家一起学习,讨论如何才能提高生产技术,提高村民们的整体素质,绝不能找像黄明这种见人说人话,见鬼说鬼话,哄吃骗喝,贪污点小救济款的软主子,我们跟着他只会更贫穷,更懒惰。如果我们每个人都有了等吃救济粮的心态,那将会发生比贫穷更可怕的灾难。我希望我的父老乡亲们,从今以后但凡有生活能力的,就不要再去争抢救济款,而是自觉地让那些真正需要救济的人得到救济,他们本来活得就很痛苦,我们不但没有去帮助他们,还抢他们的救济款。我们从眼前看是占了点小便宜,但从本质上,如同猪狗如同野兽,我们要给这些弱势群体一个新家园、新天地,与他们同欢呼同命运。我们决不能再让同一个悲剧在我们身边发生两次。乡亲们请相信我,我们现在行动还为时不晚。"听了孔刚的话,东坪沟的人们暂时沸腾了，掌声和呐喊声响成一片。在人们的掌声里杜义大声地喊着："今天，是我们村历史以来最激动人心的一天。"渐渐地，人们又安静了下来，有人问道："孔刚，你刚说的办法是不错，可钱是硬头货，我们没有资本，怎么干这些事情？"孔刚说："这也不难，我们可以找政府和银行帮忙贷款。"乡亲们听了商量着三三两两地散去。杜义还是余兴未减，拉了单飞来到孔大妈面前说："孔大妈，您老回家了，辛苦些多包几个水饺，回头，我和单飞也要到你们家去蹭饺子吃。"孔大妈笑着说："大妈我心不苦，手苦，看把你那猴嘴会说的，哪次吃好的差着你们了？"杜义看一眼单飞，两人笑着走了。孔大妈也笑着右手拉了孔刚、左手拉了孔齐，一路高兴地来到家中。

孔大叔正在家里修锅，看他娘仨高高兴兴地回来了，倒是愣在那儿。孔大妈从他手中抢过锅盖说："老头子，你这是愣个啥劲，赶紧去把我们家那只大花公鸡给宰了来，我先和些面。"孔大叔更是好奇地说："又不逢年又不过节，怎么想着吃起鸡来了？前半月去城里我看街上到处摆的是柿子又大又软，嘴馋想买两个来吃，你都没有舍得，怎么今天倒大方地吃起鸡来？"孔大妈笑着说："你让儿子们评评理，到底是谁小气，我不给你买柿子吃那是为你好，怕你肠胃不行，吃了又闹腾，哪里就舍不得了！谁还像你一样，吃个鸡非要等到年头节下才行。"孔大叔说："你可想好了，别今日吃了，过了明日又叨叨。"孔大妈说："你去吧，今日就是把黄牛给宰了，以后我也不说你一句。"孔大叔便拎了菜刀杀鸡去了。孔刚也要跟了去，孔大妈说："你就不用去了，杀个鸡兴师动众地用两个人吗？你赶紧去把你二哥还有你嫂子、侄儿们全叫来，吃不吃也让他们过来坐坐。"孔刚说："那只鸡厉害，我怕爹抓不住它。"孔大妈说："你就放心去吧，你爹还没老到那种程度。"孔刚只好站着想了想说："妈，有了鸡肉就不用再包饺子了，你和些面等会鸡汤拌面条吃着就好，这么多人吃饺子，你一个人要忙到什么时候去。三哥他要想吃，改天你给他再包也不迟。"孔齐也忙对母亲说："妈，弟弟说得对，有鸡肉吃就好，不用再包饺子了。"孔大妈只好说："那就等明日妈再包了给你吃。"孔齐忙答应了。

孔大妈又对孔刚说："你先去把你大嫂和虎子叫来，刚才也没有看到他母子俩去庙里，整天孤儿寡母地待在家里不出门，也不知道是怎么想的。自从你大哥没了，我看她母子俩都变了样子，你大嫂从早到晚哀哀戚戚，吃饭也胡乱凑合，连往日的半份平常心都没有。虎子也一天书不离手蒙头看，哪里还像个孩子，他们真要是这么活一辈子，该如何下场？"孔大妈说着不由地落了泪，孔刚忙说："妈，今日谁都高高兴兴的，你别再提这些伤心事。"孔大妈擦净了脸上的泪水说："妈，这也不是为了高兴吗？"孔刚这才出去请哥嫂侄子们去了。孔大妈看着孔刚走出门才对孔齐说："不是妈多嘴，你们三个当哥的加起来也不如你这一个弟弟好，可惜这孩子生在我们这么个家庭里，让他从小就没个靠头，活得学生不像个学生，农民不像个农民的。这都是我们做父母兄长的给他造的孽。回头你们也好好想想，你们要真改了，有他一半好，当娘的这辈子也算没白来人世一趟。"孔齐红着脸站起来说："妈，你先忙，我去把二哥叫来，免得让孔刚一趟一趟地跑。"孔大妈说："那你去叫了他们就来，我这就动手给你们准备饭菜。"

　　孔齐来到孔祥家门口，听里面正在说话，故意咳嗽了两声才走了进去。孔祥一看孔齐来了，高兴地起身让座。杨秀给孔齐沏了杯茶，说："三弟，你来得正好，帮我劝劝他，你看我们家这软骨头，哪里还像个有雄心的男人，我们做了这么多年的夫妻，他从来就没和我一条心过，我说东他偏要向西，我说西他非要向东。"孔齐忙问杨秀道："嫂子，不知道二哥又哪个地方没随你的意，惹得你如此大发雷霆，说出来我帮你劝解劝解。"杨秀说："还不是为了要去省城的事，我磨破了嘴皮子，他还像上刀山一样犹豫不定，哪里像你们两口子夫唱妇随，干什么都往一处想。"孔齐听了正合心意，便忙说："嫂子，你小声些，正为这事闹呢，如果你真想去省城，可千万别说出去，这次我妈动了真格，早起就逼着我在人前起誓，我看妈那样子非同往日，我就在人前发了假誓，她就高兴地正在家准备饭菜，还要让你们也过去一起吃喝，这不我才有机会来给你们提个醒。"杨秀说："谁稀罕吃她那碗饭，腿长在我身上，想走那又不用她背，老是吆三喝五地管闲事，我们躺着她给吃喝吗？"孔祥忙对孔齐说："去不去省城这是你自己的事，何必去骗老人。"孔齐说："我要是不哄妈，她就要在我面前寻短见，撞死在庙门上，你说让我该怎么办？"孔祥说：

"既然你已经发誓不去了,那我们干脆洗了手重新做人,何必出尔反尔。"孔齐说:"二哥,你说得倒轻松,如果我们现在不去,那阿龙能让我们好活吗?他心狠手辣,还不照样让你后半辈子贼一般躲着,与其在这里东躲西藏地受苦,还不如去了再拼一回,好歹有花不完的钱,反正我们已经跳进黄河也洗不清了,怕什么?"杨秀忙点头说:"还是三弟想得对,为了过好日子冒点风险也是值得的。我要是男人,绝对不这么窝囊。"孔祥红着脸说:"要妈真不让我们去了,那又如何是好?"孔齐说:"我已经想好了,我们把这里处理净,晚上悄悄坐夜班车走,妈她在哪里知道。"孔祥说:"这办法到底不好,要真走还要从长计议。"三个人正说着,只听院子里杜义喊叫道:"孔家的兄弟们到底不像话,孔大妈做了酒菜还拉拢不齐他们的心。"

$\S$

孔祥三人忙走了出来,院中却不见有杜义的踪影,三人只好走进孔大妈家里,只见薛兰、虎子、单飞、杜义和刘婷全来了。孔大妈看着孔齐说:"让你去叫人,你反倒坐下了,杜义和单飞提了酒肉来给你们助兴,一进门就嚷嚷着去请你,也就是你们从小玩大的哥们,要换了别人,还以为是你故意躲起来了。"孔齐不说话,笑着走到媳妇面前接过儿子坐在一旁。孔祥看着杜义和单飞说:"还说要请兄弟们喝酒的,今天倒是让二位破费了,真是不好意思。"杜义笑着对孔祥说:"你也别扳指头分你的我的,我们兄弟又不做账,何必太在意,趁着今天大家都高兴,我和单飞也来凑份热闹。""那倒也是。"孔祥说着忙走到薛兰面前,低着头说:"大嫂好。"薛兰也忙起身说:"二叔好。"孔祥一时又找不出别的话来,只好随口又说:"嫂子,你坐。"孔祥说完拉了虎子的手坐在了旁边。薛兰也坐下,眼泪由不得流了下来,忙低了头,侧过身坐去。孔刚看在眼里,也觉得心中一酸,忙看着杜义向大嫂努了努嘴。杜义明白孔刚的意思,站起身来说:"依我看,今天的孔大妈就别再亲自下厨了,有我们年轻人在,你们二老就洗了手上炕去等着吃现成的吧,放着你们家三个能烹会炒的巧媳妇在,还愁吃不到爽口饭?"杨秀先站起身看着杜义说:"你倒会借花献佛得很，你以为我们的力气是水泡泡，让你在嘴里一吹就大了，等我们做好饭，偏不让你吃上半口，看你还敢不敢胡说八道？"杜义忙说："好嫂子，我给你们剁鸡、捡菜、烧水、添柴，还不行吗？"杨秀这才抿着嘴说："这还差不多，哪有不劳而获的美事次次都让你杜义碰上。"杨秀说完叫了刘婷，两人和面去了。杜义笑着来到薛兰面前说："孔大嫂，你炒鸡用的鸡块是剁大好还是剁小好，说了我这就动手。"薛兰只好说："留一只，我先清炖了给爷爷、奶奶、孩子们吃，剩下的两只剁小块，我炒了来你们吃。"杜义说："孔大嫂做事果然非同寻常，虽然她没有亲自动手，但安排得井井有条，她使唤了我又关乎着大家，让我不得不心服口服。"听得满屋子人都笑了起来。薛兰也笑着说："杜义，你要是再话多，看我不撕烂你的嘴。"杜义笑着对薛兰说："话说多了好，不得上火的病。"薛兰说："不烦你就说，哪天牙咬着舌头了，你看是不是怪事。"杜义已经左一刀右一刀地在鸡身上乱剁了起来，薛兰急忙从杜义手中夺过菜刀说："看着跟墙头般的一个人，却连只鸡也不会剁。"杜义红着脸说："你们几时见我干这事了，今天还不是让你们给逼上了。"薛兰说："满脑子都是大男子主义，连个鸡都不会剁有什么用，我就不信你们男人做顿饭就能变成太监？"杜义忙说："我才没有什么大男子主义，在我们家除了洗衣服做饭这些事我不会，干别的事我可是我媳妇心里的红太阳，不信你们问单飞。"单飞忙说："杜义这话不假，我可以作证，我们要每次出去回来晚了，他就不敢一个人回家，都是我陪了他回去。他那媳妇就早准备好了搓板，吊个脸只盯着杜义看，过不了五分钟，杜义自己就跪下了，害得我扶也不是不扶也不是，我看着他媳妇那架势，就知道杜义屎都能吃。"单飞说完，听得全房子的人又笑了起来。杜义也笑着说不出话，指着单飞的手上下划了几划才说："单飞，你小子行，竟然钻空子占我便宜。"单飞说："谁占你便宜了，你本来就怕你媳妇，我不过是实话实说。"杜义刚要说话，孔大妈却先说道："年轻人知道疼媳妇就好，女人嘴硬心里软，当男人的就该让着些才对。"杜义听孔大妈说完就拍着手说："大伙听听老人说话金口玉言，我做丈夫的对自己的妻子好些不对吗？"孔大妈点着头说："对，像个男人。"杜义越是高兴地眉飞色舞，说："孔大妈，你就是我心中的太阳，您老一说话就能把我的肺腑照得亮堂堂，要不是你给我说句公道话，他们又要赠我个怕老婆的名声。"孔大妈舒了舒腿说："我哪是什么太阳，你才是你自己的秤砣，别人才看得出你占几斤几两，平时你到底也做得好，我才这么照实说说。"杜义说："我再好，也顶不上你们家孔刚半个。"孔大妈望着孔刚笑笑了说："孔刚这孩子好是不假，可偏又生在我们这么个家庭里，让他前没个指望、后没个靠头，要不是你和单飞春种秋收帮着些他，怕是连学他也上不成。"杜义忙说："孔大妈你快别这么说了，眼前我们都辛苦些，等孔刚有了出头之日，他再帮我们还不一样？"孔大妈叹了口气说："前头的路是黑的，谁知道以后的事，人一辈接一辈，枝子苦了叶子也苦。以后他能不能报答你们的恩情还难说。"杜义忙说："就是没有那一天，我也不怨他，其实孔刚付出的已经比我们付出的多，我哪还敢再想以后。"

　　大家都听着孔大妈和杜义说话，只听单飞在旁边"哎哟"叫了一声，大家忙回头来看，原来是单飞边装暖瓶边抬头去听杜义说话，不小心一滴开水溅到脚面上，疼得单飞叫了一声，大伙知道不碍事，都看着单飞笑。杜义也看着单飞说："就你那半脑子人，干事还敢三心二意？"单飞放下暖瓶对杜义说："你那么有本事，去年从山上往下滚石头，我还站在边上说了声'小心，别放偏'，可你看着我却把石头放偏了。结果那石头滚进陈方家麦地里，直溜溜滚了十几米，气得陈老伯望着山顶上骂：'山上是哪个圆蹄子，想吃麦苗你就下来，还狡猾地踩下块石头来探路，等我上来，看砸不砸断你那驴腿！'你怎么跑得比兔子还快，我还没弄清楚是怎么回事，你就跑到山头那边去了。"杜义说："我又不傻，学你站在那里等着让人来揍。"单飞说："陈老伯他也没揍我。"杜义说："没揍你，那滚进去的石头是谁抱出来的？"杨秀接着说："你们听杜义这张嘴，也就是肉长的，要是木头的也不知道烂几回了，从进屋到现在，活没有干一把，一张嘴却没有停过。你要嘴没有说困就塞根烟，过来帮我把面案板抬到桌子上去。"杜义忙走过来抬着案板看着杨秀说："二嫂，你那火药捻子要是点着了火，响了也跟雷一般。是不是我们说着你没有插上言，给憋慌了，想在我这点火？"听着屋子里的人又都哄笑起来，杨秀也笑得弯着腰抬不起案板，硬站着对杜义说："这次我真饶不了你。"杜义一个人把案板放到桌上，脱了鞋三步两步跳上炕去了。

孔大妈笑着说："上来就对了，大伙都上来，虎子、冬子、全子，你们也到奶奶这里来，我这炕热。"三个孩子高兴地脱了鞋，上炕坐在奶奶左右，孔大妈说着谜语给他们三人猜。孔大叔往被子上靠了靠，看着孔刚说："去把牌拿来，让你哥哥们玩玩牌，闲着也没个说头。"杜义听了先高兴地给孔刚打手势催他快点。孔刚瞪了眼杜义，才慢慢去拿了扑克牌回来，看杜义几个每人点了一支烟在吸，就急忙看着杜义说："你们赶紧把烟灭了，有孩子们在，你们还敢四五个人一起抽烟？"孔齐嘴里叼着烟说："没关系，孩子们都是熏惯了的！"孔刚忙对孔齐说："三哥，你自己就是抽烟人，难道你不知道吸烟对人体有害吗？你们这么吞云吐雾的，满房子都是烟，孩子们也可以直接吸到，吸到这种烟的人比你们抽烟人受到的危害要多。"孔祥看着孔刚说："反正在抽，谁还深究这些。"孔刚说："不知道就更可怕了，一次两次孩子们还能受，要长年累月这么熏着，后果你自己想。"孔祥想了想先灭了烟，又看着杜义几个说："你们也灭了，有孩子们在。"杜义却故意又吸了一口烟才说："我儿子又不在这里，我凭什么要灭？"孔祥说："谁的孩子都是孩子，今日你护着我的，明日我疼你的还不一样？"杜义这才熄灭了烟。孔祥又对杨秀说："快打开门，让进些新鲜空气来，往后谁想抽烟就到外面去抽。"

孔齐拿了把好牌，大概看了一眼有七分能赢的把握，忙合上牌，看着杜义说："不如我们把酒拿来，谁输了谁喝，这样打着岂不有趣？"杜义说："我也正有此意。"孔大妈忙说："千万使不得，酒空腹喝多了伤胃还容易醉，等鸡炒熟了，吃点东西垫垫胃，你们再喝。"杜义却说："孔大妈，你放心不会有事，酒是五谷的精华，吃不吃饭喝着都一样。"单飞看着杜义说："你现在能吹醉牛，埋李老汉那天，是谁吐得跟狗一样，扶着墙根妈呀妈呀地叫。"杜义说："单飞怎么尽揭人的短，就不知道体谅人。那几天我连熬两天夜，又偏遇了些猜拳好的，在他们面前我不是喝一五就是喝六零，你单飞算算就是个酒桶，你不停往里倒酒，它溢不溢？今天你把酒拿过来，是骡子是马拉着再遛遛。"单飞说："比就比，喝酒谁怕谁。"孔齐早打开酒瓶，给每人斟了一杯放在桌上，催着杜义打起牌来，前一局孔齐赢了，接下来可就局局都输。孔齐无奈，只好对站在地下的刘婷说："怎么不见孔刚的人影，你去把他叫来给我代喝两杯，我这手头背，光输不赢。"刘婷瞪着孔齐说："能喝你自个喝，别李话地张话天地拉拢人，孔刚有时间也不会在这猫尿上费工夫。"杜义听了刘婷的话越是催着孔齐说："还是你媳妇说得对，男子汉提得起放得下，你自己输的酒自己喝，搬救兵不算。"孔大妈却说："你们把孔刚也叫来，哥儿兄弟们好不容易聚到一起，他又偏要惜这一时半会，读书就是为人，光有知识不重人，那不学成一张白纸了，还有什么意义？不要像邻村的王老爷子年轻时，一个大男人却让书迷掉了本性，整天抱本《要斋》，把自己弄得神一路鬼一路，天还没黑尽，自己一惊一乍地不敢出门了。心里有鬼就有鬼，躲在家里就撞不上吗？最后弄得自己大病了一场才肯放了手。"孔刚笑着从里屋走出来对孔大妈说："妈，你说错了，那本书的名字叫《聊斋》，不是《要斋》。"孔大妈也笑着说："我又不识字，哪里记得清你们那些聊斋还是聊鬼的，但这事是真的，你那位王爷爷现在还活着，每次遇见他提起这事，他就红着脸下不了场，摸着胡子对我们说：'人就是吃五谷生百病，度阴阳丢万丑的，不经还不热闹，从那以后我就明白了，像我这种稀里糊涂的人，一贪事，歪门邪道全上门了，所以往后我学着把凡事都看淡了，才得此长寿……'孔齐不等母亲把话说完，就急得伸着脖子说："妈，你少说两句吧，我这还等孔刚给我帮忙喝酒的。"孔大妈忙说："好好，妈不说了，你们喝酒。"孔刚忙对孔齐说："三哥，你又什么时候见我喝酒来着。"孔齐说："你也老大不小了，该学会的你得慢慢学着，现在这世道去外面办事，你离了烟酒这玩意就伸不开手。"杜义却对孔齐说："你赶紧把酒喝了吧，我和你二哥都在等着杯子的。你别再拿这些凡夫俗子的策略，摆到酒桌上来高谈阔论。就你这喝二两的身子，还能到外面去应酬吗？"孔刚忙阻拦杜义道："你这又是何必，喝酒是为了取乐，你们却要斗气赌量，我虽不会喝酒，却知道这是喝酒之大忌，我看你们先休息一会，三哥输的这杯酒，我就借花献佛敬大嫂了。"孔刚说完双手端着酒杯来到薛兰面前，薛兰看了眼孔刚，笑着接过酒杯一饮而尽。

这时，薛兰已经炒好了鸡，端上桌来果然色泽红亮，满屋飘香，馋得杜义流着口水说："要是再有一盘孔大妈做的酸菜吃就更好了。"孔大妈说："酸菜倒还有，只是这个时候吃着也不好了，去年腌菜的时候我这双肘疼，也没有心情做好，结果就把盐放轻了，吃着只是酸，就没有往年那么脆。"杜义忙对孔大妈说:"我知道你腌的酸菜再不好,也比我们家的强,我们家的菜也不知道她们放了多少盐,吃到嘴里只是咸,后来我都吃怕了,吃的时候先拿凉水泡,泡过吃着还是咸,哪有个酸菜味。"孔大妈听了笑说:"那是你妈太能了,把你那猴嘴给喂馋了,吃什么都有挑剔。"杜义也笑着说:"我妈能是能,腌的酸菜就不行……"杜义正说着,单飞媳妇却慌慌张张地跑了进来,也没和众人打招呼,就冲着单飞喊:"孩子都烧成火炭了,你还只管在这里喝酒。"惊得孔大妈忙问单飞的媳妇道:"好闺女,你倒是慢慢把话说清楚,你这是要吓死大娘吗?"单飞媳妇这才看着孔大妈说:"大妈,都怪我急昏了头,没把话说明白,吓着您老了,我们家栓子感冒有两天了,今天早起开始发烧,我催单飞抱孩子去看医生,他推说散了庙会再去,我也想着小孩子头疼感冒是惯了的事,给他喂了药,想他就会好的,谁知到这个时候孩子都烧得发迷了,躺在炕上咬着牙像是要抽风的样子……"孔大妈听着,不等单飞媳妇把话说完,就指着单飞说:"你还不赶紧去抱了孩子看医生,如果我那孙子有个三长两短,我先饶不了你。一个大男人像个没嘴的葫芦,早说了我陪你媳妇去看孩子,你们哥几个在这喝酒,非要拖到火烧屁股才着急,黑天半夜地让杜义和孔刚也陪了你去,等把孩子的病看好,改天你们再慢慢喝。"单飞、杜义、孔刚三人答应着出了门,一口气跑到单飞家,孩子果然烧得厉害,慌得单飞抱着孩子就往外跑,杜义和孔刚提着皮衣跟在后面喊住了单飞,给孩子裹了皮衣,三人就往诊所赶去。

4

　　三人急急忙忙来到河边,谁知这几日正是消冰化雪之时,河面上冰中间都已化尽,不能过人,三人只好找了处冰厚水浅的地方,冒着风寒蹚过去了。好容易来到诊所,杜义把门板都快敲破了,里面却没人应声,杜义气得骂道:"得病的偏要找这赤脚的,也不知道这游大赶是怎么当医生的,关键时刻你连他的魂都找不到,还指望他给你在寺庙里晾人参的。"孔刚忙说:"这都大半夜了,人家不在也是正常的,我们现在赶快想办法给栓子看病要紧。"杜义说:"想什么办法,只有搭车去县医院了。"三人

说着来到公路边上，足足等了半个时辰也不见有一趟班车经过。栓子已经睡醒了一觉，挣扎着手哭得撕心裂肺。单飞摸了摸孩子的头好像比先前更烫了，急得瞪着眼，一遍又一遍地问孔刚和杜义该怎么办。杜义和孔刚也急了，站在公路边上，向每一辆通往县城方向去的车辆招手求救，竟然没有一辆车停下，杜义和孔刚只好又走到马路中间去拦挡。谁知道这样不但拦不住，过往的车辆反而老远就鸣喇叭，加大油门从他俩面前轰隆隆擦身而过。单飞正在绝望之时，幸好孔刚拦停了一辆煤车，司机问明情况后，忙让他们三人一起挤进驾驶室里。一路无话，司机只是不停地抽烟，一阵风似的把车开到县医院门口，感动得孔刚三人千恩万谢。单飞又掏出些零钱来以表谢意，司机不收，吸着烟说："快去给孩子看病吧，我不是喜图钱才帮你们的。记着以后要有什么紧急事搭顺路车，可千万别再像刚才那样拦车求救，大半夜的，你们一拦一扑，这样危险，还拦不住车。"司机说完开着车走了，孔刚三人也忙赶进了县医院。

　　医院里静悄悄的，只有值班室的桌子上一位老头趴着睡觉，孔刚在窗户上轻敲两下，只是不见动静，杜义就对着窗户大声喊道："看病了。"惊得老头猛地站了起来，双手做了个向前推的样子，看着窗口，迷迷糊糊地问杜义道："你要干什么？"杜义说："到你们医院来，还能干什么？"孔刚忙把杜义推到一边，自己对着窗口说："叔叔，我们家孩子发高烧，要找医生给孩子看病，麻烦您，帮我们叫叫医生。"老汉听了松了一口气，一屁股又坐在椅子上，用手在自己腿上搓捏着说："我这双腿给压麻了，等我疏散疏散就去。"孔刚忙说："大叔，您别着急，要不你告诉我医生的房间，我自己去请也一样。"老汉忙说："你千万别去，今晚值班的那女人是非多，她要看是你去叫她，回来肯定怪我失职，明天她还不在院长面前捅刀子。我都奔六十的人了，还惹这麻烦干什么？"孔刚听得百思不得其解，看着老汉瘸瘸拐拐地打开过道灯，上二楼去了。

　　不一会儿，二楼上皮鞋声响得尖脆，前前后后走下六位穿白大褂的女子。走在最前面一位年纪稍大些，手里提着听诊器，看样子是位医生；跟在后面的五位都是十八九岁年轻姑娘，个个挺着腰，一脸的严肃，一阵风似的来到单飞面前。那位女医生在栓子的额头上摸了一把盯着单飞说："孩子都烧成这样了，为什么现在才来就诊？"单飞没有听懂"就诊"两个字的意思，但琢磨着也和孩子的病有关，急忙回答说："白天忙给耽搁了，没顾上及时纠正。"医生听了笑着说："你们山里人不厚道，说谎就像撒豌豆，从不把诚实的时间当太阳，这个季节的人怕是都在忙着贪杯喝酒吧？"单飞只好说："是喝了两杯。"杜义听了女医生的话，早佩服得五体投地，忙碰碰孔刚的手说："今天晚上真邪门了，前面才遇着个活菩萨，现在又碰着个女神医，她怎么连我们今天喝酒了的事都能知道？我看她那神气，不比我们村里那许巫婆差。"孔刚冷笑着，张嘴冲杜义哈了两口气，杜义还是不以为然地耸了耸肩。接着，又听那女医生说："谁是孩子的家长，还不快跟我去办公室交五百元钱押金，我好给孩子看病。"单飞一听傻眼了，知道自己才带了一半的钱，便忙求医生道："少一点行吗？我这才有二百多元。"杜义也忙对医生说："看个伤风感冒，用得着花这么多钱吗？"女医生脸一沉看着杜义说："小伙子，这是县医院不是车马店。我们没和你做多一毛少一分的生意买卖，我们这里的规定就是这个价，少一分也没商量。"孔刚也忙求医生道："这位大姐，我是县中学的学生，我叫孔刚。因为来时走得匆忙，没带足够的钱，求你先通融通融给孩子看病，等明天天一亮，我找班主任把钱给你补上，你看行吗？"女医生一听孔刚是县中学的学生，便打量了一番问道："你是县中哪个班的学生，班主任是谁？"孔刚回答道："我是高三一班的学生，我的班主任是陈华老师。"医生似乎和陈华老师认识，微微想了想说："既然是陈华老师的学生，那我就暂时先给孩子看病，不过我把话说清楚，赶今天天亮十点换班之前，你们必须把剩下的钱全部补上，要不然我也过不了关。"杜义顿时来了精神，往前迈了一步拍着胸膛说："好医生，你就放一百个心吧，你看我们哪一个像为两三百元钱折腰的人？"女医生不理杜义，催着单飞先交了钱办了手续，让护士抱着栓子去了诊断室，也不知如何诊断了一番，又把孩子抱进了一间注射室，接着有两个女护士大瓶小瓶抱来了好些药水。栓子被来回拨拉着，此时也醒了，睁眼一看全是陌生面孔，又有一个针头在他面前乱晃，便"哇"的一声哭闹了起来。这些医生护士似乎是看惯了的，等调好药剂，四个小护士便抓手的抓手，按腿的按腿，把栓子平放在一张小床上，栓子动弹不得，哭得更加厉害。女医生就在栓子的右手上先扎起了针，一针、二针、三针，一连扎了六次也没有扎准孩子

的血管。栓子已经拧着腰哭得声嘶力竭，人们顿时紧张起来。单飞心疼地看两眼医生手中的针，再看看栓子的脸，实在觉得爱莫能助，就转身走开两步，再走回去看一眼栓子，又走开两步。孔刚也捏了两手的汗，不停地在走动，杜义坐在过道里不停地抽烟，那位医生的额头上也渐渐爬满了汗珠，护士们的每双眼睛，都盯着那医生手中的针，在栓子的肌肉里进进出出。

　　此时，县医院里的空气里也仿佛飘满了揪心的紧张，随着栓子的哭声撞在每个墙壁上，这种气氛一直持续到天亮，六位医生护士从栓子的左手扎到右手，又从左脚扎到右脚，一直再扎到了头，也没扎准栓子的血管一次。栓子已经哭不出声来，泪也流干了，也不挣扎了，只是躺在那儿在轻微地抽泣。女医生只好无奈地看着单飞说："你这孩子血管实在难找，要不我先给他打个肌肉针，等十点钟护士长来了，让她再给孩子扎行吗？"还不等单飞开口，站在旁边的杜义就对医生说："早干什么去了？我还以为你有多大的行头，摆得谱是谱调是调的，光话说得有棱有角顶个屁用，尽拿些绣花的本事来糊弄人，就你这样子，我们村的瞎五妈给你扎两针也比你强。我都不敢相信堂堂一个县医院，竟然敢让一群做针线活的婆娘在这里给人看病，这真是天大的笑话。如果我们这孩子因病误出个三长两短，我不把你们这乱事堂子给弄平了，我就不姓杜。"女医生看着杜义说："你这小伙子说话别满堂混搅，谁是做针线活绣花的婆娘？你也瞪眼看着我们忙了这大半夜，虽说针没扎成，可我们也是用了十二分的力气，没有功劳也有苦劳，你怎么能说出如此无情的话来伤人，再说医者父母心，我们的心还不和你们一样？"杜义冷笑着说："什么医者父母心，我看你们是爷爷奶奶心，全拿我们这些病人当孙子逗乐儿，你手一挥说坐下，我们就坐下；你说出去，我们就出去；你说掏钱，我们就掏钱；你说完蛋了，我们就没命了吗？最后你们就像今晚一样，拿根针像拿根铁棍一样胡乱比划上这半夜，耽误了病人不说，你们还说辛苦了，尽力了。我们大半夜来，是给孩子看病的，又不是来蹬着腿儿伸着脖子看你卖苦力的，你喊什么苦，叫什么累？你嫌辛苦，不在家舒舒服服地睡觉，谁又没用八抬轿抬来让你出丑。"杜义说完把个医生气得无言可对。孔刚知道在这个时候吵架实在多余，但也没有更好的办法，低着头在过道里来回走动。

　　孔刚正在无计可施之时，突见楼梯口守门的大叔在向他招手，孔刚忙跟着老汉来到警卫室，老汉附在孔刚耳边小声说："城南有个老医生，看病几乎是药到病除的，尤其是看小孩子头痛感冒更是好，你们快抱了孩子去，出了医院门口往右拐，有条石坡下去第一道巷子进去，挂着个'和善堂'牌子的便是。"孔刚听了心中高兴，忙道了谢转身要走，老汉又一把抓住了他的手说："到里边千万别说漏了嘴，要不可就要了我老汉的命。"孔刚又忙安慰了一番老汉，才回到注射室。

注射室里医生和杜义还在吵架，单飞抱着栓子无助地摸着他的脸，孔刚忙走到医生面前说："我们在没有把事情解决之前吵架是愚蠢的，我们这些人当中数你年龄最大，又是主治医师，你是最有主见和发言权的，你应该想办法给这孩子看病要紧，不能和我们这些门外汉一般见识。"医生说："谁想和你们吵嘴？你也听见了，你们这小伙子说话有多难听。"孔刚说："医生，你别生气，我这哥哥他也是着急才这么说的，今晚他不说这话我也要说的，医病人刻不容缓的事情，要换了是你的孩子，你也早大发雷霆了。大家都有慈善心，在这里谁都有是有非，我们又何必说长论短地多加事端。你自己说说，我们这么多人而且有医有药，却治不好一个感冒的孩子，这种悲剧是谁造成的？"医生忙看着孔刚说："我的好兄弟，天地良心，你也看到姐姐是尽了心的，要不我现在就给他打肌肉针退退烧？"孔刚说："我看就不必了，说句你不生气的话，我现在已经对你的医德和技术有所怀疑，我认为你们做医生和做其他事的人一样要专业有效，并不是大瓶套小瓶、小瓶接小针地复杂化了，最后加重病人的痛苦。如果这样是为了提高你们的荣誉，今天我觉得就是拉来一车的药水，你也医不好这孩子的病。所以，我们想到别处去看看，不想再麻烦你们了。"医生却说："既然你们把话说到这份上了，就请自便吧。"旁边一位护士看着孔刚接着说："转院可以，但交过的押金是退不回来的，一则医院有规定，只要是开过票的一律不退，这在门口看病须知栏里写得清清楚楚。二则，药水一旦出库使用便不得退换，不经过本院同意擅自出院和转院的，一概不退押金。"听完护士的话，杜义先火冒三丈，瞪着那护士说："就你们这德行，倒给别人钱，别人来不来还是回事，还敢收了钱不退，你信不信我到县政府里走两步，保证封了你这张混饭的嘴？"医生忙对护士说："去把押金给他们拿来，今晚的全部费用由我来承担。"护士无法只好去拿了钱来递到单飞手里。单飞三人抱着孩子忙往外走,女医生看着他们要走,觉得心中内疚,便跟在他们后面说:"今晚实在对不起。"还不等别人开口,杜义就没好气地说:"我们不怨你,谁让我们家的孩子血管没长粗。"

5

三人走出县医院,照着老汉指的方向,一口气来到和善堂门前,有位六十多岁的老医生,身穿一件蓝色中山装正在门前练太极。孔刚走上前说明来意,老医生却不是本地人,用一口四川话说:"这么早来,必是病得不轻吧?"孔刚忙说:"这不在县医院给耽误了一夜吗。"老医生再不多言,领着孔刚三人进了店内。

老医生给孩子号了脉,听了诊,又问单飞一些孩子的病情,结果单飞一问三不知。老医生就不再多问,给孩子打了肌肉针,拿来一瓶白酒倒在碗里加了些药沫,让单飞把孩子的衣服脱了,给孩子身上搓起酒来,不到十五分钟孩子的烧就退了,孔刚三人才放了心。老医生又让单飞在外面买了碗稀饭给孩子喂了,二十分钟后又喂了药,多喝了开水,抱到里面的床上哄睡着了。这时看病的人陆续多了起来,老医生的一男二女助手也已赶到。孔刚看人多地方小,自己闲站着碍事,就和杜义单飞商量,由单飞一人留着看孩子,他和杜义到外面逛街去。

孔刚和杜义走出和善堂,在附近的一家早餐店吃了早餐,又买了一笼包子和一碗稀饭送给了单飞,两人才往街面上走来。一路上看有几家早餐店生意火爆,杜义看着心中羡慕,边走边思谋着问孔刚道:"你说,我学厨师能成吗?"孔刚说:"能成,你这人只要是想干的事情,什么事都能干成。"杜义说:"我看这里卖吃嘴的东西生意好,而且挣钱,像刚才我的早餐包子核桃大一碗清米汤,个个鬼里鬼气的,还贵得要死。我要是尽着肚子吃十碗八笼,还不知道够不够。"孔刚说:"人家做买卖总是要挣钱的,不是放舍饭让你填肚子的。"杜义说:"所以我想学了技术,也到这里来开家餐馆。"孔刚说:"你的想法是不错,只是怕等你学了技术,这里的餐厅都开满了。"杜义说:"就算自己开不了餐厅,有了技术也可以帮别人做，一样可以挣钱。"孔刚说："你想好了，在家里你可是从来不碰勺子、不碰锅，等着吃现成饭的少爷，做厨师可是要做饭伺候人的。"杜义说："家里的饭有什么好做的，每天都是汤汤水水的一个味，你看人家大厨炒菜，锅里冒着火翻得哗哗的，炒出来的菜酸就是酸，辣就是辣，吃着多过瘾。"孔刚想了想说："既然你想学厨师，我倒是想起个地方，我们学校北边有个川菜酒楼，平日里看着人扎着堆儿往里进，我们学校的老师每逢请客都跑到那儿去吃，想必是菜味做得不错，不如我们到那里去问问？如果你要在这地方做了学徒，学出点名堂来，以后倒也不差。"

孔刚和杜义商量已定，两人直奔川菜酒楼来。到门口，杜义拦住了孔刚说："我自己去问就行，不要两人热哧哧地进去了，人家不愿意，热脸贴个冷屁股，我自己倒无所谓，别把你也弄个没意思。"孔刚只好等在门外，杜义探头探脑一个人进了川菜酒楼。

不一会儿，杜义兴高采烈地走了出来，孔刚忙迎了上去问杜义道："怎么样。"杜义拍着孔刚的肩膀回答说："你哥哥我走到哪都是受欢迎的人，那老板一看我这身板就喜欢得不得了，一个劲地夸我好身体，我又随他说了几句奉承话，那老板越是看中了我，拉着我的手非要让我今天就干。我猜他是正缺人，我也来得巧，就和他谈工资，他给我伸出四个指头，我说：'山里的牛一天借出去，别人也给个十块八块的，你最起码也给我出个人工价吧？'结果把他给逗乐了，最后他竟然让我自己说要多少钱的工资，我给他伸了六个指头，老板一听说'六百给不了，最多给五百。'我想五百就五百，反正我也是有目的的。再就是我也看上了他们那一帮干活的人，一个个和颜悦色对人客气。我就答应了他后天来上班。"孔刚听了也高兴地说："既然定了，不如明天就来，何必又等后天？"杜义说："后天好，你不是也要来学校吗？我们两一道，你去你的学校上学，我到我的菜馆学手艺，好不好咱哥俩每天还能打个照面。"孔刚叹了口气说："我这学上得三天打鱼两天晒网，我都不想再上了。"杜义说："好好的，你怎么又闹起情绪了？"孔刚说："我不是闹情绪，我这是没办法，这两年收成不好，我们家更是吃穿紧张，每次我从学校回来看到父母忧愁的样子，我就觉得我不是在上学，而是在煎熬两位老人的岁月。那种撕心裂肺的感觉你不明白，我的整个人都活在矛盾里，我上学对不起父母，不上学更对不起他们。这次回家妈妈又告诉我，她掉了最后一颗牙，我就知道我不能再上学了，如果我再坚持下去，也许父母失去的不再是一颗牙。"杜义忙劝孔刚道："振作起来不要向困难低头，凡事没有你想的那么严重，我现在挣的钱虽是少些，但月月有个麦儿黄，还够我们两家用的，你就安心上学，这是奔前程的事丝毫也不能放松。只要你记着，背后永远有我们支持你就行了。"孔刚苦笑一声说："前程，什么是前程？我一个人的前程需要牺牲这么多人吗？拖累着父母连累上朋友，我宁可和你们在一起吃一辈子辛苦饭，我也不要这种虚名。"杜义说："孔刚，我不想听你说这些丧气话，你不是说过凡事要执着吗？今天你自己倒跳过肉架子吃豆腐，半途而废。"孔刚叹了口气说："杜义，说心里话，我也希望能读完书的，可事实不容我在前进半步。是好是坏，肚子吃饱才能分辨。"杜义说："好，只要你不怕你父母伤心，随便你干什么，我没意见。"孔刚说："不会的，我懂父母难什么。"杜义说："这我相信，但我还是替你可惜。"孔刚说："没什么好可惜的，世界上哪有十全十美的事，人总得顾一头舍一头吧。眼前孝敬父母是头等大事，别的都不重要。机会也许还能再来，但爱却不能。"杜义说："你不上学，真能让你父母过上好日子吗？"孔刚说："我尽力而为，过日子也是学文，好不好还得看自己筹划，行动比空想更贴近人心。我真不想再看到我父亲弯着腰担水的样子有多艰难，也不愿再听到母亲为少收半袋麦子而愁到天亮的叹气声，更不想看两位脱了牙的老人啃干馍馍的样子，你不知道那是一种什么感觉，真的揪人心肺。细细想想，还是我自己干得不够好，我没有真的和他们贴贴心心想一块。"杜义听了也心里难过，他理解孔刚的无奈，便忙说："既然，你决心已定，我就不再强劝了，原本打算，在这里学手艺离你近，可以早晚见见面，让你给我们那炒菜师傅天天说说好话，多教教我，谁知道，师傅是光脸还是麻脸的都没见着，你却要走了。怎么着，你也得陪我这一学期，等我学出点眉目来，你再打算不行吗？"孔刚看着杜义说："我觉得学炒菜，没你想得那么复杂，每个师傅做菜，他都是把油盐酱醋放在明处的，他炒菜如何配料加工，这都是可以看到的。他每炒一道菜，你一次记不住，十次八次还记不住吗？记住了配料，你就去尝味型，把每一道菜的味道都记到脑子里。就像我妈炒的糊锅大白菜，好吃吧？我平日常吃着，就把这道菜的味道熟悉了，后来我母亲一做这道菜，我就在旁边一边帮忙，一边看，看三次后，我也照做了一次，虽然不是一模一样，但吃着味道也八九不离十。"杜义说："大白菜好炒，怕是炒别的就难了，你想，我们村婚嫁死丧来做席的那胖子师傅，光看他拿的那口炒菜锅，就有簸箕大，炒出来的菜各式各样，不过炒久了，我看他那头上的汗，就像泼水一样往下淌。你让我端那么大个铁锅，炒一天菜，不可能，晚上我都躺不下身了。"孔刚笑着说："我看那胖师傅的身体，就不及你半个好。他炒菜我仔细看过，用的是巧劲，锅底不离炉身，锅的重量全在炉子上，利用锅底和炉子拦火圈支点使用技巧，不是你想的他拿个锅，在那傻翻得热火朝天。实在不行，你就天天用锅翻沙子，练两三个月，就你这身段，炒菜还不和玩一样，不管它是土豆、萝卜、大白菜，只要懂得味儿，还不一口气炒了。"杜义说："想想我心里就虚，要是来学不出个名堂，丢人的怎么好回家？"孔刚说："功到自然成，学手艺，不是等着天上掉天书，看一夜就功成名就的事，心急你是不会，会了你才知道不易。万事总有个开头，就你这性子，不受些煎熬，也难成气候。我就不信，你杜义在食堂里干上个三年五载，除了人家那些鬼鬼祟祟，藏在身上的秘方你学不到，那些个丁丁条条的家常菜，你还不会炒吗？你别现在装老实，也许，进了食堂还不到三月，见了我们，你就吹连满汉全席都会做了，那时候我可是不饶你的。"杜义说："我不管你说千儿道八百，再不行，你也要陪我个十天半月，才够哥们。"孔刚无法，只好答应说："行，就陪你两个星期，多一天也不干，本来，这次回家我就不打算再去学校的。"杜义忙求孔刚说："好兄弟，这世上哪有白吃的亏，等我学会炒菜的时候，就第一个做给你吃。"孔刚说："等着吃上你炒的菜，牙都掉了，我们还是去商店，给单飞的儿子买点吃嘴的，赶紧回诊所吧。"两人说着走进商店，买了零食就来到诊所。

诊所里病人还多，单飞坐在床边，扮着鬼脸逗儿子乐，栓子看上去好了许多，躺在床上抱着手在笑。看见孔刚手里提着零食走来，便嚷着饿。孔刚把零食给了栓子，摸着栓子的脑袋问好些了吗？栓子只顾吃零食，却不理孔刚。单飞说："好多了，医生说了，再打一针，我们就可以回家。"栓子一听又要打针，"哇"的一声哭着爬起身，扭着屁股要下床。单飞忙把栓子抱在怀里哄说:"打完针出去买凉皮吃。"栓子才不哭了。

等医生给栓子打完针配了药,单飞结了账。杜义在旁边听着才结了不到四十元钱,高兴地说:"你们听听,大医院和小诊所之间的收费真有天壤之别,我是记住这教训了,以后有个头痛感冒,硬可抗一夜,也不到大医院花大价钱买眼色看。"杜义站在诊所里感叹了一番,回头一看,单飞和孔刚抱着孩子已经走远了,忙跑着追到单飞身后说:"单飞,你个没良心的,人家给你医好了孩子,你连句好话都不说就走了?"单飞说:"好事就留给你来代替,我们要说了,岂不把你发挥人品的机会给耽误了,那多没意思。"杜义又转到孔刚这边说:"孔刚,我们白熬这一夜,替他忙活着省了好多钱,他还想戏弄人。"单飞忙说:"我请你们吃饭,还不行吗?"不等杜义开口,孔刚却对单飞说:"你别穷大方,想吃饭,回家在吃,都上有老下有小的,不宽裕,自家兄弟,饿了挨一会,吃顿饭到家里吃多少没有,这石头街上,你装多少钱来花都不够。想吃,等杜义把厨师学成,也开个餐厅,我们天天到他那去吃。"单飞一听杜义要学厨师,便吃惊地看着杜义问道:"怎么,你要学厨师?"杜义得意地点着头说:"地方都找好了,就是孔刚学校北边一家大酒楼,那里生猛海鲜、南北大菜样样都有的。"单飞听了心里高兴,嘴上却说:"做饭要靠心灵手巧,你杜义五大三粗,怎么能学得了炒菜?你就说嘴馋,想去别人家食堂,天天摸两片肉吃,这我还相信。你别屁颠屁颠地去,给人家洗上几日碗,回来可就不光彩。"杜义一听这话急了,伸手要去揪单飞的耳朵,却被孔刚给拦住了。杜义只好说:"今天的单飞,毛毛虫上脸,不知道死活,要不拍打他,他就不舒服。"

单飞看杜义是真急了,才笑着说:"真是孩子气,稍微不顺心都不行,我怕你干事没恒心,才给你说些侧面加油的话。别像我媳妇娘家门上的一个表兄弟,好像是去年五月份,咋咋呼呼地来县城学电焊,结果不到三个月,就和师傅干上仗了。从这以后,师傅一干活就不让他靠近,别说摸人家的焊把,就是给人家提鞋,人家都嫌烦。最后自己觉得没意思,卷行李回家了。前几日,我陪媳妇回娘家还遇着他,冒着吐沫星儿给我来了句'现在,立等着村上通电,我第一个开家电焊铺'的话。我嘴上没说,心里想,他开个鸟蛋还差不多。所以说,这种光说不练的人,人都恨,满瓶不响，半瓶咣当，全是嘴上的功夫，谁有时间理他。"杜义听了心里不自在，红着脸不说话了。孔刚忙对单飞说："杜义不是这种人。"杜义又说："我要是也像那王八，我脸还往哪里放，你们不信就等着瞧，我日后但凡来了，他这菜馆子就是火坑，我也要进去炼它几颗钉子出来。"单飞听了喝彩道："这次的杜义像个男人，有破釜沉舟的决心。"杜义说："单飞，我什么时候做事像女人了，今天你得给我说清楚？"说完又要冲上去和单飞打闹，孔刚忙拉住杜义的手说："人家都说，阳刚里夹些女人味，才算真真的男人，就怕你还没有。单飞抱着孩子的，你们开玩笑别伤着孩子。"

　　杜义却不听，猛挣开手窜了过去，杜义这一扑，却把单飞抱着的栓子给逗乐了。杜义停了手，把栓子接过来自己抱了，亲着栓子的小脸说："这孩子，比他爹还皮实，病还没好利索，就又开始了。"孔刚也说："栓子也着实让人心疼，昨晚受了一夜的罪，今日里却还有这精神。"单飞忙说："孩子们都一样。"孔刚说："到底不一样，你看吉庆哥家的那两个孩子，一旦有点小痛小病，躺在炕上三五天都起不来，哪里能给你有个笑模样，你问上十句，他应上一句，只是闭着眼，伸手抓天花似的要东西吃，哪里有栓子这半个泼皮？"杜义又接着说："吉庆那媳妇也一样，六月天感冒了，她都披头散发抱个膀子，鼻子吸得嗤嗤的，你要是遇到了，问她怎么样，她连个气丝儿都没有。你都过去了，她才给你说，这几日身上不舒服，你说她养的孩子能不像她吗？"单飞听了笑着说："这倒是真的。"

　　孔刚又接着说："我曾留意过，在我们东坪沟，像栓子这样的孩子不多，我们家虎子也算一个，平日里看着大向就不错，耐心教导，孩子们长大了有出息。"单飞忙说："养儿女的事，谁能说清以后。张齐家那孩子小时候多乖多听话，上学了倒是不让人抬爱，隔三差五偷家里的钱，到学校里去充老大，三天两头让他老子打得鼻青脸肿，过后了还是不改，气得张齐天天搓手没办法。"杜义也说："这是真的，张齐家那两个孩子看着真让人头疼。"单飞说："孩子再不好，总是父母心头上的肉，自己再怎么着都可以，别人要是说什么了还是不舒服，上次张齐他媳妇打孩子，我听打得狠，忙进去拉了一把，最后就给他儿子说了句：'小孩子偷钱不是好习惯，一定得改的。'结果张齐媳妇三天没和我说一句话，一见我就挺着胸脯、阴着脸，嗓子里咳得咔咔的，像是我打了孩子偷了钱似的。"杜义听了笑着说："你活该，本来你就是那种人，爱管闲事还管不好，像那次陆六家的马脱了缰，我们站着那么多人都没动，就你逞能，甩个罗圈腿儿，愣是把马给截到小庄家菜地里，让小庄妈骂的那话多难听；还有柴虎家的草垛着火那次，别人都拿土和水往上泼，你急忙拿个大簸箕在那拼命扇，最后火没救灭，人都怨是你扇的火，就这你还死有理与别人争得脸红脖子粗的，你说你这人，让人说你好还是坏？"单飞说："我是着急才出的差错，不像你那么二百五，一大群人站在那里说话，明明人家冯虎也在，你却说人家冯虎妈妈这长那短，结果让冯虎一耳光，你才想起来冯虎也在场，红着脸怎么跑得比兔子还快？"杜义听了自己也笑着说："我也不清楚，那天是怎么了，说说说就说到他家去了。不过我说了句实话，冯虎他妈就邋遢，不管你哪天去他家，一进门，锅朝天碗朝地，筷子东一支，鞋子西一双，被子也不叠，尘土钢镚钱厚，苍蝇扎堆儿飞。冯虎他妈天天夹个鞋片子，东家里串到西家里，光议论别人家的长短。"单飞说："不知道这些，一年也不去他们家一次，难道就真的不成样子？"杜义说："可不是，冯虎是让这个家给害了，三十岁了还找不到媳妇，自己也没信心，穿衣服左边长右边短，懒懒散散的，不像年轻人，庄稼更是提不成。他那两个姐姐也一样，农忙了也不见来搭把手，娘儿俩种着五口人的地，一年四季还喊着没吃的。"孔刚说："冯大妈也难，一个寡妇拉娃娃，一拉就是十多年，要是冯虎他爹还在，他们家也不是现在这个样子。"单飞说："家家有本难念的经，我们的事，在人家眼里也有把柄，偷听一回，照样气掉牙。"杜义说："没有的事，他怎么造谣？我们起码能把些生活中，看到的想到的一些事情处理好，那些想不到看不到的事，让人说嘴没办法。"孔刚说："我看不能怪老人，还是冯虎没志气，三十岁的人，又不是孩子不懂事，不管有钱没钱，嘴上总要叼根烟，每次下地干活，都看他扭头甩脖子不愿意，好像是给他妈去干一样。"三人说着话一路来到车站。

都要坐车了，杜义才想起来要给母亲买布，孔刚和单飞无法，只好又陪着杜义去了市场。市场里倒还热闹，有摆小吃摊儿的，也有卖瓜儿果儿蔬菜的，也有买鞋衣帽袜的，还有卖杂货的。三人一路边走边看，找了家卖布料的小摊，杜义正要掏钱买布，单飞却用胳膊肘不停的碰他，努嘴让杜义看路边。杜义忙回头一看，有个十七八岁的小伙子正在一个女子的包里偷钱。杜义扔了布，吼一声冲了过去，那小偷做贼心虚，一听有人喊叫，撒腿就跑，杜义追了十几米看小偷弃了钱包，就不在追赶，谁知那小偷看杜义不去追，他也不跑了。杜义捡了钱包往回走了几步，那小偷也跟着往回走了几步；杜义又转身做了个要追的姿势往前跑了几步，那小偷也往前跑了几步；看杜义停下了，他也停下，气得杜义在路旁捡了块砖头，一气儿追了上去，那小偷急忙钻进一条小巷子跑得没了人影。杜义才回来，把钱包还给那女子。那女子着实感动，双手抱着钱包不停地给杜义道谢，杜义忙说："不用谢，下次上街自己注意，偷的抢的谁见了不气，今天换成是他偷我的钱包，你也会喊两嗓子的。"杜义又给那女子大话了一番，才扯了二尺青布，又在旁边给栓子买了一串冰糖葫芦，从单飞手里接过栓子，抱在怀里先离开了市场，孔刚和单飞就跟在后面，看他逗孩子。栓子好像又瞌睡了，两只小眼睛盯着糖葫芦，不吃也不吭声。杜义停了脚步，转过身，看着后面的单飞和孔刚说："栓子这孩子，给他买了好吃的，也不笑一声。"单飞看着栓子笑着说："儿子，给你小叔笑一下，他今天可是给你干了榜样的事，长大了也要像小叔一样，有见义勇为的精神。"杜义听了倒不好意思，红着脸说："吓个十五六的毛头小贼，不值得在孩子面前显摆，你不抱栓子，还不早冲上去把那小子揍成稀巴烂了。"单飞忙说："我不行，刚才你追那小家伙的时候，我心还跳得呼呼的，怕他们一伙人多，谁知道就那么个小毛蛋竟然敢出来偷包。"杜义说："看你吓的，有孔刚在，就有只老虎还不照打了？"单飞说："你原来是'癞蛤蟆占着雷的气'，难怪你不怕。"孔刚忙说："你两个说就说，别往我脸上镀金，今天这件事，你俩一个盯贼，一个抓贼，一等一的功劳，在我心里，你们两人都是有分量的。"杜义忙说："都别争了，这又不是在上战场。一个人出来逛，想管个事也放不开，上次来县城看到三个泼皮，把一个女子打得满头满脸是血，我恨得牙都疼，但身边没个帮手，只好一路骂着我自己窝囊。要是今天再遇上那样的事，我们三人不就把他摆平了吗？"三人说着话又返回车站坐了车。

半路上，杜义悄悄把孔刚要退学的事告诉了单飞，单飞听了回头吃惊地看着坐在后排的孔刚，孔刚觉得莫名其妙，还以为是自己脸上有脏东西，忙用双手擦起来。杜义知道孔刚不懂单飞的意思，忙笑着和他换了座位，单飞等孔刚坐好后说："孔刚，你一向做事有始有终，怎么今天如此唐突？"孔刚突然明白是杜义告诉了单飞自己要退学的事，便说："你们要是能理解我，就别再劝了，这是我前思后想才决定的事。"单飞忙说："退学也得打算好下一步，你就这么没头没脑地回来，也像我们一样翻土种地吗？"孔刚说："种田有什么不好？你们能种，祖祖辈辈的人能种，我怎么不能种？"单飞说："我知道你疼父母急着尽孝道，但对你来讲，上学比疼父母更重要些，等考上了名牌大学，还愁帮不到老人？目前，以你父母的身体状况来看，还硬朗得很，对这事我劝你三思而后行。"孔刚说："难道不上名牌大学就不能活？在你们心目中，坐在大学的座位上就是人生的顶峰吗？"单飞说："农村人，能上大学当然是好，天下十个有九个人都在盼。你学习要不好，我也不说这话，对你来说，上大学就是往前走一走，熬两年的事，这都是眼前能看到的好处，你却要放弃。"孔刚说："人上学的目的就是学知识受教育，学到了知识就应该学以致用干些实事。而不是学了知识就要摆谱，把自己装扮成一个不食人间烟火的纸老虎，等着上天堂。既然你们以为我是个有些知识的人，那我就更不能忍受，我的父母和朋友为我受苦受难，而我却置之而不顾，你们说我上学有什么意义？随便想个办法弄点小钱，自自私私地过日子就完了，何必每天起早睡晚地咬文嚼字？"单飞说："你这哪叫自私，现在看看你周围的人，哪个不是绞尽脑汁地在为自己做打算？自私都成了这个社会的通病，你上学也能光宗耀祖，怎么就和这些扯上关系？"孔刚刚要开口，杜义却对单飞说："你这不是让人违心吗？你别光把话说得顺人心，你那么看得开，怎么不和你父亲分开了单独去过？谁都是妈生的，谁的爹妈不重要？人活在世就没这个理，连父母都不管的人，他还能好到哪里去。人家孔刚这么做比考上清华大学的都光荣，你又何必去强劝他。人一辈子光想着往高处走，也不见得有什么好下场，有一片赤诚之心干什么都行。"单飞说："我也没说孔刚不读书就有错，我只是觉得上学更重要些。"杜义说："这本来就是两难的事，只有火烧眉毛顾眼前了，你让他上着学又顾着家，到底顾哪头好，还不如狠了心断了一头，也许还活得自在些。"单飞说："还是想个好的办法，就这么说不念书就不去了，我都不甘心。"杜义说："除了捋牛尾巴，还有什么好办法？"单飞说："牛身上有牛尾巴还有牛角，我们是摸头还是摸屁股，这还是有选择的。"杜义说："你能你给孔刚想办法，在东坪沟里待着，除了翻黄土，我就找不出来还能翻什么。"单飞低着头想了一会，突然拍了一把大腿说："有了，现在当兵的也很吃香，不如孔刚先念完这个学期，到冬天征兵的时候去报名，如果合格过关了就去当兵，如果征兵不成就还上学，你们看这样行不行？"杜义忙说："让孔刚去当兵倒是可以，文武双全在部队里肯定有前途，保家卫国的也合他的胃口，只可惜我结婚了，要不再去和孔刚当一回战友。"单飞看了一眼杜义说："你就是泥把，抹到哪里都糊。人提天你也能上，人提地你也能入。就你那二条弯弯腿，别说是当兵，你出去给别人当驴马，你看别人嫌弃不嫌弃。八字还没一撇的事，你就先扯上了。"杜义却不以为然地说："这有什么好扯的，孔刚要是去当兵，他还能有个什么好挑剔的，在我们乡，像他这样的都不要，他们还要谁？"单飞看着孔刚却对杜义说："人家孔刚本人还不知道是什么想法，你在那里白激动什么？"孔刚却说："以后的事再说吧，你们先别在我娘面前提这事，等杜义的事有了头绪，我就退学，在家好好陪陪父母，等到征兵的季节再做打算，当兵上学还不是一回事。"

第九章　好梦破

1

车已经停在东坪沟路口，三人下了车来到村口，孔大妈和单飞媳妇早等在那里，孔大妈先迎了上来，还没走到面前就急着问道："给孩子看个感冒，怎么就去了一天一夜？"杜义忙将昨夜的事说了一遍，孔大妈听了忙安慰说："把孩子病看好就好，你们三人也算没有白辛苦，单飞快去把孩子放屋里，还到我家去吃饭，昨天的鸡肉还给你们留着的，今天我又添了些面。你媳妇都急疯了，也没有准备饭，你们两人也过来一起吃吧。"单飞夫妇担心孩子，就没去吃饭。

杜义在孔刚家吃了饭，几个人坐着闲话，孔刚把杜义要去学厨师的事向母亲说了。孔大妈听了高兴地看着杜义说："学个厨师好，风不吹雨不淋，还整天有酒有肉，家里人也跟着享口福。"杜义低着头说："像我大字不识几个的人，也只能干这些伺候人的事，谁还知道能不能学成。"孔大妈说："你们现在的青年人，哪个脑子不好，虽说字识得不多，但你们见识广，心也比我们细，学个什么都快。你那王大叔笨的，他都学会了木匠，虽说做的家具笨重些，但还是有人喜欢结实，我们家这两把椅子就是他做的，都快十个年头了，还是好好的没坏。我们旧社会过来的人吃得苦多，但穷讲究也不少，把个唱戏、剃头、做饭的全看成是下九流的角色。因为我们那个年代的人追求平等，想着干这个行业的人与人接触面广，平日里见人总是一股子热情劲儿，所以被人看贱了。其实这是一个年代，一种社会风气，它就是要束缚这三种行业，不让它发展，因为那个时代的人都穷，这三种行业又恰恰是非得花钱的地方。人一辈子要打扮吃饭学习的，所以，你听我的话，只要人类不灭绝，我老婆子就敢给你保证，厨师、理发、演戏它永远是个热门儿，不管人愿不愿意，有钱没钱，他都会不由自主地在这几个门里进进出出。你们现在的年轻人，哪里还要这旧思想，放开脚步撵人都迟半年了。"杜义说："可我总怕人笑话。"孔大妈说："你想错了，人要紧随时代才能进步。你看现在的电视里，不管播出唱歌的还是跳舞的，不管是好是坏，台下的观众手舞得跟绕线绳一样，台下的喊声比台上得高，我就喜欢这气氛儿，它说明现代的人好，富裕了知道捧人场的，放下了钱不说，还有热情人情在。"杜义忙赞叹说："孔大妈，你让我们年轻人自愧不如。"孔大妈也笑着说："人总是要随着时代走的，总不能老缩个脖子在原地转圈儿吧？"

杜义却说："我爹就特古板，见不得新鲜事，在他心里土地黄牛才是宝，别的一概很难接受，就连我媳妇唱两声歌，他都能气得转圈圈，我这次学厨师还不知道他同不同意。"孔大妈忙说："杜义，你放心吧，过过苦日子的人我清楚。你爹虽是怀旧，但心善是重情义的人，你有这样的上进心，他高兴还来不及，怎么会不支持你？依我看还是你心中藏私，没有和您老子想一块，平日里他只不过将你们喊叫紧些，恨铁不成钢，还不是因为他小时候受了那么多苦，希望你勤谨些把日子过好吗？"

杜义却说："他受了那么多的苦，只怪他命不好，生在那个年代了，我有什么办法。"孔大妈听了杜义这番话，有些生气地说："你说的这些话，我可有些不爱听，年轻人就不能说些别的，一个个除了怨父母还有什么本事？我们那个年代到底离你们有多远，你们可得弄清楚，我们是活着的历史，许多艰难的岁月都是我们扛过来的，为什么在你们的心中我们受过的苦，就和你们没有关系？"杜义笑着说："我们没有经历过，我们怎么知道？"孔大妈说："真让那外国人笑话对了，中国人容易满足、容易麻痹。朝朝代代有的大灾难，哪次不是一茬子人满足在麻痹的睡梦中，酿出祸来让另一茬子人受的？你们现在说的话也是五惊六怪地吓人，闭着眼只是瞎摸，根本就不向后看。"杜义忙说："孔大妈，我们这不都在你们老前辈的带领下，一直往前看的吗？"孔大妈说："光看有什么用？我们村的半大小伙子，哪个不是油腔滑调说得好？可心都不往实际处操，对生活没有一点真感触。你们不比较过去，不珍惜现在，哪有未来？现在生活条件这么好，往前进一步难吗？"杜义忙说："我们这不都在想办法找路子吗？"孔大妈说："按理说，有些话都不该是我们说的了，我们还能吃几年的饭，可你们让人看着可惜，年纪轻轻地都想图轻闲。虽说现在生活宽裕了，但气温升高可不是个好兆头，可能又要落个坏年成，就这事也够你们年轻人头痛一辈子了。老天爷要逼着你们与他斗，你们还有时间坐着空想吗？"杜义却说："那只有听天由命了，老天爷的事人能管得了吗？"

一旁的孔刚却插言说："气温上升不全是老天爷的事，人们大量砍伐树木，浪费水资源，开车排放二氧化碳，焚烧煤炭，这些都是造成气温上升的原因。"杜义听了吃惊地说："我的妈呀，汽车我们好好都没坐过几趟，就已经多得把老天爷的屁股都擦热了？孔大妈还怪我们想多了，我们要是再不想着些，还真成了给这个世界垫背的了。"孔大妈听了笑着说："杜义这猴儿，说说就和我贫嘴了，你赶紧和孔刚到你桑叔家去看看，听说你桑叔家出了事，也不知道他们家来了个什么样的亲戚，你桑叔还将家里好的做了饭菜来招待他，谁知他们家这亲戚灌丧多了，耍酒疯把你桑叔给打了，他反倒蒙被子睡了，这不明摆着欺负人吗？你桑叔那婆娘也是个没嘴的葫芦，也不来通个信儿，要不是你七婶告诉我，我还不知道有这回事的。你们快过去看看，要真把你桑叔打重了，就别让他那混账亲戚给溜了，等他酒醒了讨个说法，为啥要平白无故地打人？"孔刚两人忙答应着去了。

不一会儿，孔刚一人回来了，擦着汗对孔大妈说："桑树是被打得重，头上脸上全是伤，左手腕肿得动不了，像是错了骨，他那亲戚早跑了。"孔大妈忙说："那你们还不拉了他去冯接骨家去瞧，又回来干什么？"孔刚说："杜义在备车，我怕你等着着急，过来给你说一声再去。"孔大妈忙催道："你赶紧去吧，记着给他带顶帽子，有伤口，风地里又别破伤风了。"孔刚答应着告辞了母亲，匆匆来到桑树家门口。杜义已经扶着桑叔上了马车，孔刚也赶紧坐了，杜义赶着马儿一路来到冯接骨匠家。

冯接骨正在家里收拾农具，看孔刚三人来了，忙让进屋子，给桑叔先看了伤势，洗了伤口上了药，搓着桑叔受伤的手腕，与桑叔一句一句拉家常，冯接骨看桑叔完全放松时，抓着桑叔的手猛地一拉一推，把错骨给复位了，又用热酒化了淤血，才对桑叔说："酒喝着到底没意思，一年光酒的风波就不少。前些天，我们这的几个年轻小伙子的事，你们也听说了吧？"杜义说："听说了的，六个人喝了五瓶白酒还要喝，想打发一个小些的去买酒，小的不去，五个大的就一起动手，活活把那个小的给打死了。"冯接骨点头说："是这么回事，你们说说理，为了喝瓶酒，死了一个赔了五个值个什么？还有下村的老石匠也是在这酒上送的命，上月初他在我们村的小商店里买了一瓶老白干、几把花生米，就在商店里坐着一吃一喝，晕晕乎乎地顺着公路回家了，半路上让一辆货车给当场撞死了。那司机也胆大，竟把老石匠的尸体往货箱里一扔就拉走了。不料那丧尽天良的现世现报，在乌鞘岭那边下坡拐弯处，又和一辆迎面来的货车给撞上了。没多久交警就赶到了，发现司机酒后驾驶，车里还有一尸体，就把他给铐了，那司机交代了实情，交警又连夜把老石匠的尸体送了回来。你们说，老石匠一辈子在石头上叮叮当当的，他也不是个弱人，可一瓶酒一喝丢了命，还险些把死身子也丢了，留下些风言风语的，着实让人思想。"杜义却说："死在酒上的死不到水上，这是命里注定好的，怨不得酒。"接骨匠听了笑着摇头说："最好还是少喝酒，古人说过了的'酒装在瓶里是水，喝到肚子里闹鬼'，这掺了鬼的事能好吗？"桑叔听了冯接骨这话忙说："我是记住这次的教训了，以后就是天王老子到家来，他自己能喝他喝去，我是再不劝酒了。"杜义接口说："桑叔，你们娘舅两个的账好算，今天他给了你这么一手，改天你到他家去，也给他来上这么一手，扯平就算了，何必耿耿于怀？"孔刚听了忙笑着对杜义说："你别在这没大没小地胡扯，赶紧回去，明天还有事要做。"杜义这才扶起桑叔，让冯接骨结算医药费。接骨匠却说："随便给个一块两块的就行。"孔刚忙说："冯叔，你该收多少收多少，乡里乡亲的，可别亏了本。"冯接骨却说："祖上留下的规矩，要能赚钱还不早开铺面去了。"杜义听了可惜地说："你们听这规矩定得让人难理解，别人都是想法儿找条致富路的，你们却有路子怕财源来，难道是怕钱多了烫手不成？"冯接骨笑着回答说："那倒不是，其实我们冯家的推拿接骨店在我祖爷爷在世的时候就开了，而且店里生意火爆，家里相当有钱。可家里有钱了，后人们未必争气，我有三个太爷，大太爷吸毒，二太爷爱酒，三太爷花销，三个太爷都是想着法子花家里钱的人，最后家业败光了不算，兄弟三人都还背了一屁股账。债主儿天天围着祖太爷要，祖太爷一怒之下摘了招牌，关了店门，在祖宗灵前发了誓，定了这规矩。从此，冯家后代只许行医救人，不许从中谋利。等到我爷爷和父亲的时候，冯家已经穷得揭不开锅，他们都没敢破了这规矩，现在轮到我，我还能在祖宗脸上抹黑吗？"杜义却说："这规矩定得虽伟大，但没有持续性和发展性，你们行医的人也要养家糊口，光行善不挣钱，谁还有心思把他当个正事干？"冯接骨说："可不是有影响，我两个儿子都说了，他们不指望着捏骨头过日子，天天都在羊皮上去做文章了。"孔刚听了担心地说："冯叔，这怎么能行，你们这么好的医术要失传了，岂不可惜？我听我妈说，你们冯家不但推拿接骨闻名，在用药上更是了得，特别是你家秘制药，治跌打损伤最有效。这方圆百里不知道有多少人得到过你们的帮助，虽然你们做的是亏本买卖，我想大家还是记着你们这好的。"冯接骨听着点了点头说："这倒不假，平日我要到别的村上去，只要是认识的人见了都亲热，我那两个儿子能把羊皮生意做得这么好，还是这个原因。只要是我们乡镇周围的羊皮，别人再高的价钱也拿不走，全留给我那两个孽子了。有的人有了羊皮都捎着信来，有的顺路就送到门上来了。就凭这一点，我就可以看出来，我们冯家几代人的心血没有白费。我那两个儿子，虽是爱钱些，心里倒也明白，平日里嘴上虽硬，背地里还是下着工夫地研究，到底是祖上留下的东西，他们也不敢轻易丢手。"孔刚听了才放了心，给冯接骨道了别，扶着桑叔上了马车，大家才返回了村庄。

快到村口的时候，桑叔叫停了马车，杜义和孔刚忙问是何原因，桑叔说："你看那村口人站得比平日都多，肯定在等着看我老头子的笑话，偏又是自己家亲戚出的这丑，好不好，脸面子是要顾的。我自己走回去，以后闲话少些。"孔刚和杜义只好让桑叔下了车。

杜义赶着马车，一路来到孔刚家门口，拴了马，笑着对孔刚说："我还惦记着那半瓶酒的，在你们家放着也是摆设，我找你二哥来把它喝了，省得让我老觉得有个东西放不下。"孔刚说："随便你，刚才还说喝酒的事，你就是不上心。今天我提醒你，别喝两盅又坐在那里没完没了地叨叨，我明天可是要起早的。"杜义笑着说："你想听我谈古论今，我也没时间。"孔刚笑着先回家去了。

　　杜义来到孔祥家门口，看门却是锁的，只好又来找孔齐，孔齐家的门也是锁的。杜义觉得无趣，只好来到孔刚家，进门看孔大叔正抱着个匣子挑铜钱，孔大妈忙着准备做晚饭。杜义先来到孔大妈面前说："孔大妈，怎么每次到你们家来，你都在忙着做饭？"孔大妈说："人老了手脚慢，一天都趴在锅灶上忙着三顿饭了，哪里能腾出手来干别的！"杜义说："您老还是心强，整天变着花样做了给孔刚吃。我妈这两年越不行了，她要是十天半月做上一顿饭，叨叨地让人难下咽。"孔大妈说："你妈那是命好，女儿听话，媳妇孝顺，手下有靠头，哪里像我，前没个指望后没个靠头，自己不做，能等谁来给我端碗便宜吃？"杜义听了孔大妈这话，忙偷眼看了一眼孔刚，再不敢往下说了，他捡了两瓣大蒜放在一边才说："天这么晚了，孔祥和孔齐家都锁着门的，也不知道他们兄弟俩去哪了？"孔大妈回答说："早起，我看都领着婆娘娃娃出去了，这几日他们往媳妇娘家门上跑得勤，这时间不在家里，肯定没有回来。"

　　杜义一听没有陪他喝酒的人，就喷着嘴走到孔大叔身旁，坐着看孔大叔挑铜钱，孔大叔手里拿着个大铜钱，翻来覆去地细看。杜义也跟着一遍一遍地看，看半天也没有看出铜钱有什么特别的，但孔大叔还是拿着铜钱不肯放手，杜义有些不耐烦，也伸手抓了一把铜钱看了看说："孔大叔，麻钱有什么好看的，我听爹说，你们家修房的时候挖了不少的银元，拿两个出来摸着多过瘾，顺便让我也开个眼见，听别人说银元吹一口气就是响的，只是从来没见过。"孔大叔停了手看着杜义说："原来是你爹造的谣，总共就挖出三十二个来，哪里就有不少的？怪不得有人在背后议论说我发了横财，得了成坛的金银给小的留着，煽动得三个大的和我闹，说我偏心，前年为这事气不过，都拿出来给他们兄弟三人分了。为这几个臭老钱，我不知道受了多少气。真想找出那个放风的问问，谁想到竟是你爹在起事端。东西挖出来的时候他也在场，他是让烧土豆吃糊了眼，还是脑子撞墙了，二三十个东西数不清？"杜义忙笑着说："你们老一辈人的事谁清楚，这是我爹的原话，不信你去问他。"孔刚怕父亲真要去找杜义父亲，就忙对杜义说："想喝酒你就喝酒，自己不知道的事提它干什么？"孔大妈一听杜义要喝酒，便忙对杜义说："想喝酒，也等我把油白菜拌了再

233

喝，没个下酒的怎么喝？你孔大叔要找你爹去对闲话，就放心让他去，那是他们老弟兄的事，我不信他们能一个把一个给吃了。"

2

孔大叔收起铜钱匣子说："杜义，你放心，我才不去和你爹磨牙，你把酒拿来我也喝两杯，今天早起老觉得心里乏困，我也喝几口酒提提神。昨晚本想也喝两口的，等着你们没人理睬，今天总觉得嘴干。"杜义高兴地拿过酒杯，先给孔大叔斟了满满两杯，让孔大叔喝了，自己也斟了两杯喝了，喷着嘴对孔大叔说："孔大叔，我多敬你几杯，把昨天的也补了，您老别把这事记在心上，只怪我们年轻人心粗失了礼节，没尊重到您老。"孔大妈忙插言说："你们听听，这么老的人了，喝个酒也要和年轻人较劲，这是你自己家，想喝你自己不会倒了喝，谁还敢拦着你？再说你那初一喝十五又不喝的毛病，谁知道你哪天想喝哪天又不喝。"孔大妈说着话已经拌了一盘油白菜端上桌来。

杜义看孔大妈做的菜油油绿绿很诱人，先尝了一口，便求着孔大妈说："孔大妈，你把这做菜的窍门也给我教教，让我心里有个底，去那边也学得快。"孔大妈忙笑着说："我做的这些家常便饭，哪里有什么窍门，家里有什么就做什么，哪有人家大厨做菜讲究，要辣子就得有辣子，要花椒就得有花椒，差一样都不行。"杜义说："家常饭你也比别人做得好，肯定有窍门，您老别嫌麻烦给我教教。"孔大妈说："我知道做饭炒菜有一样，它是相通的，那就是盐味。盐是每道菜每碗饭的主要调味，人们常说，好厨师一把盐，说得就是一个准头儿，一道菜把盐放多了咸，放少了淡，只有把盐放合适了，吃着才可口，想把菜做可口，最好要把比例搭配好。比如炒一盘油白菜，你首先要知道用多少油白菜就可以炒出来一盘，定好菜量，再去定盐量，看炒一份油白菜到底放多少盐才适量。菜量和盐量能掌握了，这蔬菜都好炒了，想吃个蒜香味，炝锅时放点蒜蓉；想吃个葱油味，就放点葱花；没有了葱和蒜也能炒，放点盐和味精炒出来它也是清香可口的。炒茄子油放宽，多添些蒜，一炒就香。"杜义听了孔大妈这么一讲，高兴地说："孔大妈，经你这么一指点，我好像都会炒菜了。"

孔大妈也笑着说："看把你猴精的，哪有这么容易的事，我们中国的吃喝道道儿多，天南海北的菜名多味道也杂，做厨师哪像我们家庭妇女做饭，一辈子趴在锅头上守着一口锅，就那几个碟子那几个碗，一家人爱吃个什么味道都清楚，一年四季翻来覆去地就会炒那几样菜。你们做厨师的可是要会做百家饭的，要不然人家五湖四海的人吃了，能买你的账吗？"杜义急忙问孔大妈道："天下那么多菜名，那要等到什么时候才能学会？"孔大妈说："急出来的不是真汗，作为一个初学者，你就不该有这急于求成的想法，还不会走就想着飞，与其这样，你还不如不学。做事虽要个开始与结果，但过程是最主要的，什么样的过程就会导致什么样的结果，这是铁的真理。我们村，从我嫁过来到现在，大大小小的事情上不知道请过了多少厨师，多一半都是些半调子二把刀，有些厨师还能用两回，有些做一次自己就不敢再来了，他自己难受不说，挨不起我们村这些年轻媳妇的白眼。更可笑的是，还来过两回这样的厨师，插手摆腰买一大堆的调料来，一炒菜却无从下手了，自己慌得连锅都翻不了，勉强炒了两锅煳菜，推故出去撒尿，就跑得没了人影，还不是我硬撑着把客人给打发了才算。"

杜义忙说："这些我都是知道的，所以心里才怕。"孔大妈说："你怕什么，这些人都是半道上杀出来的程咬金，只会三下，你又不去骗人，心里装这些想法干什么？"杜义说："心中紧张，担心多。"孔大妈笑着说："紧张是你太在意了，等看淡的时候你也会了。"杜义笑着不再说话，孔大妈又接着说："我们村的人现在都认那姓张的厨师，这人炒菜虽然一般，但他还多少有些功底，做个菜儿汤儿还有些方法，炒出来的菜虽都是些家常味儿，可吃着还不难吃。我们这种地方请个好厨师人家也不来，你要是用心学个十月八月地回来，都比他强，到时候我们村的人都抢着请你去帮忙。"杜义听孔大妈讲着话，酒也不喝了，只是点着头搓手往心里记。等孔大妈说完，他诚恳地说："孔大妈你放心，只要我杜义学会炒菜，给乡亲们帮忙那都不在话下。"孔大妈点着头说："我还有些巧门要教给你，刚才我给你说的菜量和盐量，这是每道菜的核心。千万记着，饭菜做出来是人吃的，所以不能马虎。不能说人多就多炒点菜，人少了就少炒点菜，菜量多了多少，少又少了，多少自己心里没数。菜量没了准头，放盐更难把握。最好的办法你就是成份儿地炒，人多了一份，不够炒两份，两份不够，炒三份，这样你对盐量好换算。像我炒菜用的就是厨师平常用的调料勺，炒一份菜，放一调勺半盐，炒两份放三勺，炒三份放四勺半。只要菜量是我亲自配准的，我炒出来的菜，尝都不用尝，就能放心地端到桌上。现在生活好了，做饭还不是容易的事，最起码调料油盐酱醋不差。前几年你桑叔家穷，做饭炝锅油都不放，锅烧热水一添，等叽里一响，菜倒进去炖熟了就吃。"杜义说："孔大妈，菜量和盐量的事情，我是记死了，你还有什么好方法都快教我了吧。"孔大妈接着说："你把我这话记心里，炒菜你都会了一半，在掌握了菜量和盐量的基础上，你就可以做出酸、甜、苦、辣等各种味的菜肴。做个糖醋味儿，你就在盐的基础上重用糖醋；炒个酸辣味儿的，你就在盐味的基础上突出酸辣。会炒一盘酸辣土豆丝了，你就可以炒很多酸辣味的菜来；会做一盘糖醋里脊，你同样可以做出来一盘糖醋排骨来。所以学炒菜，你一定要先学味儿，要不然，我们国家有上千道菜，一道菜一道菜地去学，学到胡子白，你也学不会。"杜义等孔大妈一说完，又急着问道："孔大妈，是不是炒菜做饭就是在盐味的基础上，可以调出各种味儿来，各种味儿又能演变出许多菜品来？"孔大妈说："对，你很聪明，是个做厨师的料，万事开头难，等你入门了你自己也会钻研。"杜义听孔大妈这么一说，又高兴地问道："孔大妈你还有什么好方法？"

　　孔大妈说："以下就是刀功、勺功、火候、切配、选料和加工了，这些事虽然都有窍门，但要在你实际操作后才能得来，口头上说了也白搭。像我切菜的手法就与众不同，别人切菜的手法是横的，要不就是斜横样的，我的刀却是直竖着切的，只有切肉的时候，刀才握成斜横着的。"杜义忙走到孔大妈面前说："孔大妈，你现在就把切菜用刀的手法给我教教，我以后就照着这法子学着切了。"孔大妈说："你先别着急，等我拿个土豆削了皮，教你切土豆丝。"杜义等孔大妈拿出土豆，忙抢在手中，提了菜刀削起了皮，孔大妈站在旁边，看杜义削了两刀说："还是拿来我削吧，你这样把土豆都削没了，还切什么？"杜义只好让孔大妈来削，自己站在一边细看。孔大妈削完土豆皮，却不急着切，舀了半盆水把土豆泡在水中说："这个时候的土豆都软了，在水里泡上几分钟切着才好，趁着这工夫我教你磨刀。"孔大妈说着取了磨刀石，蘸了水对杜义说："想切好菜，就要先磨好刀，磨刀不能只磨刀刃不磨刀身，菜刀最怕膛厚，膛厚的刀切出来的东西上薄下厚。所以，磨刀一定要刀刃刀膛一起磨，刀刃和刀膛磨成一个平面，切起菜来才能顺手均匀。"孔大妈说着磨好了刀，在清水里洗了，站着切起了土豆丝。杜义忙走近前来看，孔大妈边切边对杜义说："切菜时首先要站直，身向握刀的手这边微倾斜，把刀握成一条竖直线，把菜放成横直线，让刀和菜形成九十度。切时要眼看刀背，让刀始终保持一条竖直线，刚开始切不要赶急图快。想切好土豆丝就要先切好土豆片，土豆片切薄切均匀，切出来的土豆丝才细才匀。"杜义听着不解地问道："孔大妈，为什么切菜时不看菜而却去看刀背？"孔大妈提着菜刀说："你看，这刀造的刀背就是直的，这是有讲究的。刀背这条直线是给切菜的人造的水准线，切菜时，看着刀背掌控就行了，用不着躬下腰去看菜，躬着腰切菜时间长了累，切出来的东西还没有看刀背切出来的东西好。还有这刀膛、刀刃也造得不一般厚，前半部分薄，后半部分厚，用时讲究个前切后剁。"孔大妈说着把切好的土豆丝放入清水盆中，果然根根如火柴棒粗细，看得杜义心中欢喜，酒也不喝了，嚷着要立刻回家学着切土豆丝。孔刚忙拦住说："你就在我家吃了饭，陪我去泉台担两桶水回来，这片儿、条儿的，有你切烦的时候。"杜义说："我还是回家去吃吧，天天在你们家吃，我们家又顿顿剩饭，回去了又挨叨叨，你等着我吃过了饭，就陪你一起去担水。"杜义说完便告辞去了。

　　孔刚帮母亲做好了饭，看父亲多喝了酒，脸上发红，忙倒了一杯热茶。孔大叔却不喝，端起饭碗满满吃了两碗汤面条，哈哈笑着说："喝了点酒，多吃了些饭，倒也舒坦。"孔大妈和孔刚听着都笑了。孔刚匆匆吃过饭，给牛添了草料，本想还给黄牛刷刷毛的，却听到杜义在门口一遍一遍地吹口哨，他只好挑了水桶，与杜义去担了两趟水回来，天已黑尽。孔大叔早已睡了，孔大妈坐着纳鞋底。孔刚对了热水让母亲泡了脚，自己也洗了，又给父亲掖紧了被子，陪母亲坐着说了会话才睡去。

3

　　第二天，天刚亮，孔大妈起了床，刚准备生火做饭，只听屋顶院内都有响动，细听像是地震的样子，吓得腿先软了，扶着炉子就喊："孔刚，地震了快起来跑。"吓得孔刚鞋也没来得及穿，背了父亲，扶着母亲跑出门外。让他们吃惊的是，孔祥和孔齐家的院内，有人在搬东西，有人在拆房顶，孔大妈越是吓得抖着身子对孔刚说："你哥家进强盗了。"孔刚一看并没有地震，原来是进了贼，反倒不怕，忙安慰着把母亲父亲一个个扶进房去，自己穿了鞋，顺手从门后提了扁担冲出门外。刚好碰见有两人抬着柜子从二哥家走来，孔刚便一棍横扫过去，那两人惨叫着连人带柜被打翻在地。孔刚还要冲进屋去，屋顶上却有人喊叫道："孔刚小弟，快住手，别伤了自己人。"孔刚听着声音有些耳熟，便转过身喝问道："你们是什么人？敢到我家来打劫？"屋顶上的人忙回答说："我是你二嫂的哥哥杨平。"孔刚说："既然是你，为什么不白天来做客，非要黑天半夜翻墙揭瓦地来偷盗？"杨平忙说："我这哪里是什么偷盗，你二哥和三哥每人拿了我两百元钱，把这些家业卖给我了，我才请了些帮忙的，偏又租了辆没手续的车，只能赶早来，想在交警上班之前把东西拉走，谁知来早了看你们还再睡，就没敢打扰，才造成这种误会。"孔大叔和孔大妈在屋里听得真切，两人都气得流着眼泪来到院中，孔大叔狠狠地用木棍捣着地说："不管你是谁，马上给我滚下屋顶来说话。"杨平只好让帮忙的人都下屋顶，但墙高易上难下，这些人都骑在墙头上不敢往下跳。孔刚取了梯子来要给他们接着，孔大妈却拦着说："别管他们，有本事上去，我还不信没能耐下来。"孔刚也就不再理睬他们。

　　这时东坪沟的乡亲都听见了动静，一传十十传百地全赶来观看究竟。杜义和单飞得了风也忙跑了来，挤到孔刚面前问明了情况，杜义提了铁锹，单飞拿了木棍，照着墙头乱打了起来，吓得墙头上的人连滚带爬地跳了下来。杨平看势头不对，忙跑到孔大叔面前赔不是，孔大叔却不理他。旁边的孔大妈边说："这不是杨家侄子吗？你怎么也抹布擦黑地干起这见不得人的事了？听我那儿媳妇常说，她娘家的人最是顾脸面的，怎么你今天竟偷起自己家人来了？"杨平忙解释道："我这哪里是偷，我这是花了钱买的。"孔大妈问道："既然他们把东西卖给了你，为什么你不正大光明来拿，非要黑天半夜地来胡闹，你这是在欺负我，还是在糟蹋你？"杨平忙说："都不是，他们昨天钱一拿就走省城了。我想这两日人闲，有帮忙的，这不也没多想就来了。"孔大妈叹了口气说："我看你也是个糊涂人，这十里八里的，也只有你才长这歪脑筋，要是旁人干这事还让人能理解，你是自家人，怎么能干这窝囊的事？你那妹妹、妹夫的为人，难道你不清楚吗？他们今天急用钱把房子卖给了你，你拆着拉走了，哪天他们在外面混不住，空着手又回来了去找你闹，你没凭没证的，我看你拿什么给人家？"杨平听了这话，低着头不吭声了。孔大妈又接着说："你要是个明白人，就听我一句劝，自个吃个哑巴亏，挨个肚子疼，把人家的东西，从哪抬出来的原放回到哪去，房顶上哪个地方挖破了，你原给人家补上。你要是怕吃亏，你就拆了抬着装车去，我也管不了这两个冤孽的事。"说完她独自回屋坐在椅子上流泪。杨平知道这东西他是拉不走，又气又悔，憋着一肚子火却不敢吭声，招呼着人把东西搬回原处，和了泥巴把房顶也补了，才愤愤地离去。

　　杜义孔刚单飞三人，盯着杨平他们走远了才回到家。孔大叔不在家，孔大妈却蒙着被子睡了。孔刚知道母亲心里难受，忙给单飞和杜义递了眼色，三人又走出门外。孔刚对杜义说："今天，你只能一个人去县城了，我怕是不能陪你。"杜义说："也只能这样了，我看孔大妈这次是伤心坏了，只怕一时半会儿想不开。"孔刚说："等会，我去送你上车，等你走了，我就回来陪陪妈"杜义忙摆着手说："不用了，你家里都乱成马蜂窝了，单飞帮我把东西拿到公路上就行。"孔刚又说："那你先去吧，过两天我们再去看你。"单飞也说："对，过几日，我和孔刚找你还有事要商议。"杜义看着单飞说："有什么话，在这里说着不方便，还要巴巴地跑到县城去说？"单飞说："这事我还没有想好，等过几天想好再说。"杜义生气地说："我就看不上你单飞这一点，干什么事都优柔寡断在心里捂几天，又在嘴里吞吞吐吐染缠上几日，要听你一句囫囵话，每回都得等上半个月，今天我就和孔刚等你把话说完，免得我们也跟着你不舒服。"单飞说："我今天就不说，看能不能急死你这急性子。你以为谁都和你一样，倒进去二两送出来二两的……"杜义不等单飞把话说完，伸手抓住了单飞的左手往后一拧，另一个胳膊就揽住了单飞的脖子，逼着让单飞说。单飞挣扎不开，忍着疼只是不说。杜义看单飞硬是不说，只好又放了手求着单飞道："好哥们，你就快说了，我这胃口还真让你吊得心里急。"单飞说：

"你承认你自己是狗腔子我就说："杜义急得跺着脚答应说："只要你说出来是什么事，你就骂我狗猪都行。"单飞笑着说："其实，也不是什么秘密大事，我只想和你们商量商量，我们三个人合伙买一台农用拖拉机，我听说今年公路要重修，我们村有不少人想买了车来拉沙子卖。"杜义听了忙说："买，买，买，他们人有的，我们哥仨都得有，墙头般的三个人，要是落了后，还不让人笑话？而且说买这几日就行动，别像谢五那怂货，电还没接通的时候就吹牛说，电视机买来都生锈了。电都通了这几年，他还天天抱着个收音机捏吧捏吧。他光吹牛自己难受，别人也看不起。"单飞说："我是想买一台来，我们三家用，但是还差点钱，就说借点钱买了来，又没人敢开，你们也知道，我从小就怕动这些机器。"杜义说："这还不简单，差多少钱到我家拿去，你不敢开没关系，这不还有孔刚在吗？"孔刚忙说："我也没学过开车，你让我怎么开。"杜义说："你把那么大个牛都能玩转，我就不信一个农用车你没办法，又不是高速车，你放个慢档跑两天，还不就学会了。"孔刚说："在平宽处学两天也能学会，就怕车刚买了怎么从县城开回来？"杜义说："这也好办，哪天要买车去早点，就让那卖农用车的在现场教上你一天，我还不信你学不会。"孔刚想了想说："这倒也是个办法。"杜义又看着单飞说："什么问题都给你解决了，你现在自己决定什么时候去买车？到县城也叫上我，让我也坐坐新车。"单飞说："明后日就去。"杜义又说："我先把话说在前面，硬可多花点钱，要买就买辆好的，差多少钱我先垫上。你现在先买了，赶着春节我再买一辆，两辆车三家人先用着，过了明年孔刚也买一辆。"孔刚忙说："我就先蹭你们的用吧，这两年我恐怕是没钱买车。"杜义说："没钱也要买，买辆汽车万大万的我们掏不起，买辆农用车，他别人能买起，还能少了我们吗？"孔刚只好说："等明年再看吧，眼下我是想都不敢想。"杜义说："犹豫不得，这个年代牛来马去地赶不上趟，落在人后头遭笑话。过了明年，你孔刚有多少出多少，剩下的我和单飞一人一半给你出。你那性格我知道，宁可让你背着我们的钱账，也不能让你背着我们的情账。"孔刚听了心中感激，刚想对杜义说些感谢的话，单飞却说："等孔大妈好些了，我们两人就去把车买回来。"孔刚连连点头答应了。三人商量一定，单飞和杜义就告辞去了。

孔刚回到房中，看母亲还在睡，也不敢打扰，悄悄洗了脸，生着了火，才盘算着要怎么做早饭，孔大叔已经饮牛回来。孔刚知道父亲每天早晨要喝茶的，忙给父亲舀好洗脸水，又泡了杯浓茶。孔大叔进了门，随手洗了把脸，就坐在椅子上喝起了茶，才喝两口，就笑着对孔刚说："砖茶泡着喝没有味道。"孔刚忙说："火才生着，还没有来得及烧。你就先将就喝吧，等会我再给你烧壶热茶。"孔大叔喝着茶不吭声，孔刚又问道："爹，想吃什么饭，说了我好做。"孔大叔说："昨天不是剩了好多菜吗？溜些热馍馍一吃就完了，这个时候了还做什么饭？也不知道你妈心里是怎么想的，一遇个事饭也不做，自己先躺下了。"孔刚忙说："妈可能有些不舒服，让她再躺一会儿，我做也一样。"孔大妈挣扎着翻起身来说："孔刚，放着我做吧。"孔刚看母亲哭得眼睛都肿了，赶紧拿热水泡了毛巾递上去，心疼地说："妈，先擦把脸，再歇会，热馍馍热菜菜的事，我还会做。"孔大妈接过毛巾擦着脸，才想起孔刚没去上学，忙问道："孔刚，今天你怎么又没去上学？"孔刚刚要开口，孔大叔却接着说："你都睡着不起，让他怎么去上学，都一大把年纪的人了，心里还搁不住事，动不动躺下就不难受了？儿子们都是有儿有女的人了，你还扯着心不放，人家要去干什么你还能缚了手脚？"孔大妈说："谁扯心他们？我是想着我那两个孙子。"孔大叔说："孩子们能有什么事？他们又不跟着偷去抢去。"孔大妈不再吭声，热了馍菜，让孔刚父子俩来吃。孔刚看母亲不吃，自己也不吃，端了碗开水，硬让孔大妈来喝。孔大妈勉强喝了一口，一股心酸翻江倒海涌了上来，泪水像断线珠儿一般，扑哧扑哧滚入碗中，忙用手擦了一把，放下碗走出门外。孔刚看母亲哭着走了出去，也忙跟在后面要去。孔大叔忙说："孔刚，坐着吃你的饭，你妈越劝越哭，过一会她自个就好了。"孔刚无法，只好坐下来随便扒拉了几口饭，就跑出门外，看母亲还站在三哥家门前哭泣，忙过去连推带劝，和母亲来到杜义家。

杜义妈一看孔大妈这个样子，自己心里便明白了八九，忙把孔大妈让上炕去，倒了热茶，拿来了两张纸取了把剪刀，放在孔大妈面前说："老嫂子，还是照着上次那模样，再帮我剪副鞋样，我再给儿子他媳妇做双鞋。"孔大妈只好拿着剪刀剪起了鞋样。杜义妈又从柜子里拿出一双布鞋，递到孔刚手中说："穿上试试，只知道你的脚和杜义的一样大，又比他的瘦些，我就试着做了一双，不知道你穿着夹不夹脚。"孔刚忙问杜义妈道："杜义走了吗？"杜义妈说："估计是过河去了。"孔刚放下鞋子说："我去送送他。"杜义妈忙拦着孔刚说："学个厨师又不是去上大学，大张旗鼓地送什么，你就是去了也白跑，他早坐着车走了，还不如坐着陪我们说说话。"孔刚只好坐下。

杜义妈从柜子里拿出一瓶香槟来，满满倒了一杯，放在孔刚面前说："知道你不爱喝茶就没给你倒，这瓶香槟是我特意给你留着的。过年了，也不见你怎么吃东西，在自己家都羞脸，外面出去了还不挨饿？越大越腼腆了，等会我让她们包了饺子来吃，你可是不能客气。"孔刚忙说："婶子，你也歇会吧，我们说说话就回，再不用麻烦着做饭了。"杜义妈说："不麻烦，啥都是现成有的，你这轻易不来，来了又不吃就走，哪里像自家的孩子，你再这么见外，婶子可要生气了。"

孔刚再也不敢说话，端着杯子喝起了香槟。杜义妈又找了线绳上了炕，坐在孔大妈边上，催着孔大妈说："老嫂子，剪快些，我这还等你绞脸的。"孔大妈抬头看了一眼杜义妈的脸，说："你脸上又没有上化肥，前两日才绞过的又绞。"杜义妈笑着说："这不今天有空吗，过几日都忙着去种田了，谁还顾得上脸。"孔大妈剪好鞋样放在一边，看着杜义妈手中的线绳说："你怎么不拿根麻绳来让我给你绞？"杜义妈也低头看着线绳问道："怎么，粗了吗？"孔大妈不应声，只是看着线绳。杜义妈忙下地又找了根细的来，递在孔大妈手中说："这根总可以了吧？"孔大妈接过线绳沾了茶水才给杜义妈绞起了脸。杜义妈闭着眼对孔大妈说："祁昌那矬婆娘天天跑了来烦人，缠着让我给她换麦种，别人都忙着换种的时候，她手背到粪门上装得和没事人一样。眼看地里要埋种了，她才急红了眼，谁也没欠着她的，一趟儿一趟儿地来丧眼。"孔大妈说："有你就好歹换她些，又何必叨叨？"杜义妈说："有了我也不换给她，年年现成的等惯了，去年还不是我借她的。"孔大妈说："你们以前不是跟亲姐妹一样吗，怎么现在闹僵了？"杜义妈说："以前，我还觉得她可以，这两年越老越变得没个人样了，走到哪里都想捡便宜，说是非。"孔大妈忙劝说道："不好了就别尽揭人的短，顾着些好时的情分。"杜义妈忙说："谁揭她短了，她现在就是变成这么个老奴了，借了陈方他妈五十元，硬赖着说还了，小奎两口子打架，还不是她挑端的。"孔大妈说："这我不清楚，你知道我们两家不私交，平日她到我们家去得少。路头路尾碰到了，总见她客客气气的，想不到现在也愚了。"杜义妈忙说："可不是提不成了，去年夏天下着雨，我往菜园子里撒化肥，剩了半碗放在桌子上，碰巧赶上她来我们家，一进门抓一把就吃到嘴里去了，吓得我赶紧让她吐，就这她都咽半口了。从这以后，我一看见她都起鸡皮疙瘩，哪还敢再和她交往？"孔大妈说："想来她日子过得清苦才会这样，你们既然是好姐妹，多担待她些就是了，不要为一些小事情伤了和气。"杜义妈却说："她过什么苦日子了，每天早起，不管男人孩子吃不吃，她先两个荷包蛋装肚子里去了。十天半月要吃不上一顿肉，她能把祁昌的祖宗全骂遍了。"孔大妈说："她那岁数还没到糊涂的时候，怎么就不顾家了？"杜义妈说："谁知道，反正就不自重了，一天到晚只图着她那张嘴了。"孔大妈又说："连丈夫孩子都不疼，做女人还有什么意思？"

  孔大妈说着就停了手，杜义妈还伸着脸闭着眼，只管等在那，说："人都是知面不知心的，不深交，哪里能看得出来。"杜义妈等了半天，还感觉不到孔大妈动手，便睁开眼笑着问道："老嫂子，刚绞舒服怎么就停手了？"孔大妈说："脸皮都快绞破了，还绞，你只知道生个头享受，我这胳膊受得了吗？"杜义妈忙笑着说："老嫂子，辛苦你了。"孔大妈也笑着说："我这左胳膊都酸了，你还得帮我捏捏。"杜义妈说："捏捏捏，就你这么一个老嫂子了，我不疼你还疼谁？"说着忙给孔大妈捏起了胳膊。

  孔刚看母亲脸上渐渐有了喜色，才放了心，赶紧把剩下的香槟给母亲倒了一杯，再给杜义妈也倒了一杯。孔大妈却摇着头不喝，杜义妈忙对孔大妈说："老嫂子，你喝，这香槟是饮料又不是酒。"孔大妈说："你们喝吧，我从早起到现在冷水没沾牙，空着肚子，哪里能喝这些凉东西。"杜义妈看着孔刚说："你妈早饭都没有吃，怎么也不吭声？"孔刚红着脸说："我害怕妈不吃，所以再没有提。"杜义妈又怨道："你这孩子，天大的事，填饱肚子才撑得住，不吃不喝光顾着悲伤，这不等于又添一层乱吗？"孔刚明白这话是说给母亲听的，便不敢打岔。

  杜义妈说着早下了地，端了一盘馒头来，又给孔大妈换了杯热茶，看着让孔大妈吃。孔大妈吃了半个馒头，喝了两杯热茶觉得精神些了，顺手把桌上撒的几粒馍渣儿也用指头沾着吃了，才对杜义妈说："你这次的馍馍蒸得蓬，碱放得也合适，吃着味道好。"杜义妈说："这是媳妇和姑娘们做的，我现在什么事都不管了，由着她们做去，做好了多吃，做歹了少吃，管多了不落好。"孔大妈说："现在的年轻人都手巧，干出来的活儿一样赛一样得好。杜义他媳妇送我的那个枕头，做得太让人喜爱了，上面的牡丹花绣得活鲜鲜的，两年了我都没舍得枕，一直在柜子里放着的。"杜义妈说："拿出来枕吧，我听说她又给你绣着的。"孔大妈忙说："快别让她绣了，劳神费力，把孩子累坏了，我一个死老婆子枕什么不一样。"杜义妈说："你不枕，她一样送给别人了，反正她一天都在针线活儿上下工夫。"孔大妈说："媳妇手勤还不好，难道你想让她学别人家的全都买了来穿，你才高兴？"杜义妈说："手勤什么，整天都抱个针线篮，再什么心都不操，看着人都心急。"孔大妈忙说："你快别再嘴碎了，我要是有你这么一个媳妇，我都烧高香了。"

正说着，杜义媳妇端着盆子走了进来，先和孔大妈打了招呼，又笑着让婆婆拌馅子。杜义妈却说："让你孔大妈拌，你孔大妈拌得馅儿香。"孔大妈看了眼盆子，笑着对杜义媳妇说："你快去再把土豆捣烂些，肉再剁碎些，铺在上面，多切些葱花撒上面，有干菠菜叶儿泡了水，切碎了放里面，拿了花椒面、大香粉、盐巴、味精来。"杜义媳妇答应着端了盆去了厨房，杜义妈看着儿媳妇出去了，就对孔大妈说："你看，就这散漫劲儿能不让人说吗？"孔大妈却不理她，低着头抠着桌子上面的黑点说："我家还有些萝卜种子，取了来你种去，今年我少种些菜，年年种一园子，到秋天，风欺雪压的，没个收成。"杜义妈说："有了就送我些，收成好不好都得种，要不然我们这么大一家子光买着吃菜，哪有那么多钱。"孔大妈又说："今年，你快别再往菜园子里撒化肥了，蔬菜就吃个鲜，你哗哗啦啦地撒那么多化肥，吃着不恶心吗！有了鸡屎羊粪的上一点，只要雨水广，随便在哪种些菜，还不够你家吃。"杜义妈拍着腿说："我的老天爷，说的就是这个话，它要一年能落上几场及时雨，谁还生这些乱七八糟的方儿。"孔大妈说："怎么，你现在也后悔了？不是你一直喊着要砍尽烧光的吗？现在树也没了，草也没了，你又嫌干燥了？"杜义妈后悔地说："这不见识短才落下的祸根吗？想想我们那个年代的人真是糊涂，竟然想着树长在山里不保险，拿到家里才安心，谁都没想到树砍光会变成这般田地。我现在只能盼着，我们村的人真如孔刚说的，今年就开始植树造林，到时候我就是拼了这条老命，也要多栽几棵树。"孔刚忙说："婶子，你也不要太自责了，毕竟我们还是些填不饱肚子的老百姓，现实不允许我们为将来做打算，正因为穷，都愁着解决眼前的吃饭穿衣了，谁还去打算十年百年以后的事情。其实，气温上升并不单是我们村的人砍光了树木才造成的。"杜义妈忙说："我的好侄子，可不是这个理，但话说得再好，我们总是有罪的人，你说说，我们村的人还能把树种成原来的样子吗？"孔刚说："众人的事很难说，就看乡亲们是如何看待这件事情的。如果我们村的人，要从今年开始植树造林的话，再过十五年到二十年还是有希望；若稍有松懈，我们就要面临背井离乡的可能。"杜义妈吃惊地说："孔刚，没那么严重吧，听着都让人害怕。"孔刚肯定地说："其实，我们已经进入了这个可怕的年代，如果气温继续上升，我们村的人还不赶快植树造林，这灾难很快就要降临。"杜义妈听了，担心地说："要真是这样，那该如何是好，也不知道除了种树，还有没有别的好办法？"孔刚说："很渺茫，首先我们村没有水浇地，常年干旱会引起很多人受饥荒。虽说山下有一河的水，要把它引上来难度非常大，如果得不到政府的帮助，我们是没有能力去完成这项工程的，就算把水引上来了，陡坡陡洼的山地也浇不成水，还得用喷灌的方法才能行。婶子想想，种树容易还是引水容易？"杜义妈听了，吓得伸着舌头不吭声了。孔大妈却看着孔刚说："你光嘴上说得好，怎么不去好好上学？"孔刚笑着对母亲说："妈，就算我现在好好上学，考上了大学，等我毕业后家乡都不存在了，你说我这学上的还有意义吗？"孔大妈说："你上不上学，该发生的事它还是要发生，我就不信你是救世主，手一挥使个回天术，就能让我们这里变成青山绿水了？"孔刚说："能不能做了救世主，我都要进一番心意的，我一个人活风光了，算什么本事。"孔大妈正要说些什么，看杜义媳妇端着馅儿盆子、调料瓶儿走了进来，只好住了口，趴在炕上，指点着让杜义媳妇先在馅子里放准了盐，再让她又放些花椒粉、八角粉、味精，又说："端回去，多烧些热油淋在葱花上面，拌匀了就行。"杜义媳妇答应着去了。

单飞送走了杜义，也来到杜义家，看孔刚也在，心中高兴，坐在孔刚旁边，做了个开车的样子，又伸个大拇指，孔刚知道单飞把买车的事全办妥了，就高兴地点了一下头。不料这一切让孔大妈全看在眼里，但又不明白他们在比划什么，就生气地说："你们两个坐在那里挤眉弄眼地搞什么鬼，我和你婶子又不是外人，说什么话还要防着我们吗？"孔刚忙说："妈，我们哪里在搞什么鬼，单飞想学开车，就给我做了个开车的样子。"孔大妈不信，摇着头说："单飞要有这想法，还不早咋呼圆了，能坐在那里装斯文吗？你们肯定是在搞些什么小阴谋，怕人知道才在那里鬼鬼祟祟地划哑谜，要是以后让我知道了你们在搞鬼，小心你们的皮。"单飞忙说："孔大妈，我就是想学开车想疯了，一高兴就要做这么个开车的动作。"孔大妈听了又气又笑。杜义妈却知道单飞他们的意思，便忙笑着对单飞说："你快去到我们家厨房，帮忙端些馅子和皮子来，我们包饺子，就你那笨手笨脚地也开不了车。"单飞笑着去了厨房，端来了馅子和皮子，放在炕桌上，孔大妈和杜义妈头对头包起了饺子。

　　杜义妈怕孔大妈还不高兴，便搜肠刮肚地想了些陈年往事说："嫂子，我们村前五年，来过一位矮矮胖胖的年轻乡长，你还记得吗？"孔大妈说："怎么不记得，他算个什么狗屁乡长，下地连青稞小麦都分不清，还说是来下乡指导农业技术的。人长得矮还吃得胖，脖子里那多余的肉，一圈落一圈的像千层饼，从村西口走到梯田地，一个来回还不到一里路，就走得他左一把汗右一把汗地怨天热。回来吃个鸡肉还挑肥拣瘦的，一会儿嫌肉没炖烂，一会儿又说没味道，啃过的骨头肉还连着一大半。就这他还不饶你，多喝了几杯酒，伸着腿说着劳累过度，要让陈方他参捏两把，你想陈方的老子能饶他吗？端一杯茶就冲那胖子脸上泼去了，谁知这贱货挨了这么一下，倒睡过去了。第二天，耷拉着头走了，再没到我们村上来。这都是几年前的事了，你怎么又想到他了？"杜义妈说："听说贪污了扶贫款，让群众给告下台了。"孔大妈说："这种人早就该滚蛋了，老百姓能让他混上五年，都是他的富气，就他一斜二歪的样子，还不清廉些。老百姓又不是痴子、茶子，国家给的实在好处，能让他一个人得了吗？"杜义妈笑着说："谁知道，我们乡政府，一年四季尽出丑，去年为选先进模范，那场面就假得吓人，把个狗屁没干的人，硬让扛上一袋面粉，头上洒些水，说是经常帮助别人的人。那些抬摄影机的，前面后面忙着跟拍戏造假一样，好不好地方上的人谁不清楚。他们就这样糊弄人，也不怕伤民心。"孔大妈说："北边的野胡萝卜，挖了到南边充人参去了，就看你识货不识货。最后那人还不是在电视里出来了，胸前大花小章地戴满了，让人看着还怪有模范气魄的，手一挥一挥，光荣事迹也讲得有鼻子有眼，知道他的人你白生气，在别的地方他还是先进，还是榜样。"杜义妈说："我们乡政府的领导也胆大，难道他们就不怕上面来查吗？"孔大妈说："地方上出了先进模范是好事，又不是出了恶霸，谁还下来查？"杜义妈说："这倒也是，那捧上去的这人，不就白占便宜了吗？"孔大妈说："那可不是，总而言之还是现在的政策好，上面给老百姓给的好处多，才让这些贪心的人们有机可乘。"杜义妈却说："谁知道，多不多反正又落不到我们手里，人家的亲戚朋友都插不上手，我们这些后娘养的就更不得想了。"单飞听了，忙笑着对杜义妈说："婶子，你们这家庭条件好，也还盼那几个救济款吗，要是真给你了，怕你也不要。"杜义妈说："要不要一碗水要端平，年年有了钱儿粮儿都让那几个手长的拿了，像我们这些矮了半截的，稠的没有，稀的也没有。这是共产党给穷人的好处，凭什么年年都让他们得了？"孔刚忙说："婶子说得对，钱多钱少是个道德问题，人又不是野兽，强的撑死，弱的饿死，下次在社员大会上，我们一定要提出这个问题，让大家评论，谁才是真正的困难户，就把这扶贫款发给谁，再不能让黄明由着他的性子做了。要不然，我们村的人总为这些事，闹得不团结。"单飞也点着头说："对，一定要提出来，他黄明同意就同意，不同意我们就重选队长。"孔刚又说："还有修路，植树这两大问题也一定要解决。"孔大妈听了，拍着腿对孔刚说："你还是安心上你的学吧，就别再掺和这些事了，我们村的人，我还不知道吗，这种出力不见钱的事，他们能给你干吗？说不一定，你前脚干了，他们后头就搞破坏，反过来还要看你的笑话。"孔刚说："我不管有多困难，都要尽最大的能力去解决这些问题，要不然我活得不甘心，其实我是真心希望乡亲们能过上好日子，在这件事上我希望大家能理解和支持我。"孔刚说得心里激动，不觉两眼含满了泪水。杜义妈便抢着说："孔刚你放心，谁都是吃饭的肚子想事的心，这是公益事他谁不支持你？我第一个先支持你，明天我就挨家挨户地去说，把大伙都动员起来，就让我们的村子今年变个新模样出来。"孔刚也高兴地说："这样最好，要是乡亲们能齐心协力，我们村肯定能一年一个样，十年八年后，后顾之忧都不会存在了。"孔大妈却皱着眉头说："赶紧下饺子吃吧，我肚子都饿了，你们兴起来不过三天半，孔刚就在这里空嘴说空话，我就不信你神通广大，一面上着学还要顾着家，还要修着路种着树？"孔刚知道自己说漏了嘴，吓得赶紧住了口。

等饺子下熟后，杜义妈先让单飞给孔大叔也端去了。孔大妈和孔刚却要等着杜义爹回来一起吃。杜义妈不让等，说杜义爹下棋瘾重，不到天黑不回来。

4

孔刚母子俩在杜义家吃过饭，又拉了会家常才告辞出来。这时，学生已经放学回家，虎子老远就看见了奶奶和小叔，忙跑了来缠着让孔刚帮他做弹弓。孔刚却不理他的请求，先抱着他，从上到下把孩子身上的泥土拍打尽了，才说："这么大个人了，还不懂事，你看天上还有几只鸟在飞了，还敢提着弹弓儿去惊吓？有你这淘气的工夫，去把自己的卫生讲一讲，看这脖子上的垢土都快黑出圈来了。"虎子吓得搓着小手不敢动。孔大妈看着心疼，忙走过去揽着孩子的头说："别理你小叔，他嘴上说得好，怎么一冬天放着书不看，狠劲在那里追兔子。"孔刚红着脸说："野兔子最是讨厌，放着满山的青草不吃，非要跑到庄稼地里来糟践粮食，比那田鼠还可恶。"孔大妈生气地说："就你说的都是真理，单这野兔子心就坏，一年光糟蹋粮食，你打它就是除害。这雀儿乌鸦的都益善，那它们一到秋天，黑压压的，都在田地里啄来啄去，是在是给你挑虫子吃？这么小个孩子，他懂个一长两短吗？你这么小的时候，还不是明白夜黑，提个弹弓到处瞄来瞄去。"孔大妈说着看孔刚再不说话了，才拉了虎子的手，说："走，跟奶奶回去，奶奶给你煮鸡蛋吃，今晚上就住着不回去了，陪奶奶睡，你小叔他要不给你做个弹弓来，他就别想进门。"孔刚无奈，只好又去找单飞，二人做了个弹弓带回家，孔大妈这才高兴，接过弹弓亲手递给虎子说："收起来，空闲了玩玩，记得玩时要小心，千万别伤着人。"虎子得了弹弓，心中万分欢喜，当着叔叔的面又不敢玩耍，只管低着头在那里抚摸。孔刚看着虎子这样子，生气地说："你还不放下了写作业，一次让你写的作文写了吗？"虎子慌忙收起弹弓，从书包掏出作文本双手递给了孔刚。

孔刚打开虎子的作文本念道：

我的家乡，坐落在海拔3200米高的乌鞘岭山脚下——龙沟河畔以东的一个小山沟里，这里四面颓秃的山梁上背着沧桑和神话，似我母亲温暖的怀抱伴我成长。

从我记事起，我们这儿就绿暗红稀，缺树少花，却很少见有大人们去种它。加上近几年气温连续上升，又遭干旱，家乡的面貌看上去又添了几分衰败和荒芜。

炎炎六月，黄土似热血般沸腾，每道山梁都有种痛苦的渴望。我细心地抚摸过它们，但又猜不出它们在想要什么。炊烟在早晚飘的有气无力，大人们的脸上总是堆满惊慌，常为些鸡毛蒜皮的事情而愁肠。我们小孩子，就变成又吃闲饭又败家的角色，只好默默地在自家的土墙上划下些希望。好在村南有一汪充满灵气的山泉，在每个清晨，都能奏响快乐的乐章，夹杂在柔和的阳光里穿越冬夏。

也许，在别人的眼里，我的家乡贫穷而逊色，可谁又能知道，在它的每个角落里，都藏满我风铃般的梦想，随我幼小的脚步在岁月里摇晃。

由于环境因素，我的家乡只能种些小麦、豌豆、大麦、青稞、土豆、大豆、油菜之类的农作物，除这些外，就连很平常的茄子、辣子、西红柿是怎样开花结果的，我都从来没有见过。

为了让我长点见识，小叔在我八岁那年，在菜园子多种了几样蔬菜种子。等到四月过后，竟然长出了三棵西红柿苗，四棵辣子苗，一棵玉米苗子，我惊喜如狂，早晚守候在它们身边。在我精心呵护下，七月底，西红柿和辣子都终于开了小花，玉米也抽了穗儿。乡亲们知道后，都轮流来看。可一直到秋尽冬初时，小柿子才鸡蛋大，辣椒也只有大人拇指般粗细，玉米棒儿含着一包

甜水早死了。

  天慢慢冷了，我看它们逐渐枯萎的样子，在冷风里瑟瑟，但又不忍心动它，最后，还是让一场厚雪埋得无影无踪。

  后来，我的小叔每年都帮我种一棵小树在后院里。第一年栽的是棵榆树，长势很好，已经超我一头。第二年栽的是棵白杨，也很茁壮，去年夏天绿叶儿已经窜出墙外。第三年栽的是棵松树，虽然长得慢，但看上去胖胖的也很旺盛。

  去年，小叔说刺玫泼皮，我栽到哪里都能活，就给我多栽了几棵，果然一棵比一棵长得起劲。看着这些小树们生机勃勃的样子，我再次疯狂。在和它们朝夕相伴的日子里，渐渐地，我好像也懂了些什么，走在千回百转的山路上，不再那么空寂。

  孔刚看完虎子的作文，心中感慨不已，嘴上却说："写得虽比上次的好，但文章中心突出不是很明显，回头多找些类似的文章读读，下星期再做一次。"虎子忙答应了。孔大妈心疼地摸着虎子的头说："到底是我的孙子，文章儿做得一是一二是二，听着朗朗爽口，情感也真，不像你小叔，从早到晚叽里呱啦，满嘴的之乎者也，听听听，把人都听晕了，还听不懂他讲些什么，他还一天尽臭美。等会鸡蛋煮熟了，他别想摸一摸，全给我虎子吃。"虎子倒也乖，再不说话掏出作业本，趴在桌子上认真地做了起来。

  孔刚笑着走出房门，想牵了牛去给饮水，走进牛棚牛却不在，知道是父亲牵去饮了，只好把牛槽细细地扫了一遍添了长草洒了水，在草上面撒了些麸皮拌匀了，又拿铁锹把湿牛粪铲出了棚外，薄薄垫了层干土。等父亲牵牛回来，孔刚就在院里拿扫把将黄牛身上细细扫了一遍，才把牛拴进棚里，站在一边看黄牛吃草。谁知墙边的裂缝里，突然钻出只大老鼠跳入牛槽，黄牛受了惊，蹬着四蹄向孔刚这边迅速靠来。孔刚也吓了一跳，眼看牛就要踩着自己的脚了，忙一翻身骑在了牛背上。黄牛更是惊慌，喘着粗气，挣断绳子，向棚外冲去。孔刚眼看就要撞到牛棚门上，忙身子向后一躺，双手抓住门框，黄牛就像箭一样从他的胯下窜出棚外。好在有惊无险，孔刚并没有受伤，也顾不上多想，忙去追牛，还好院门是关的，黄牛站在门口，高翘着尾巴在那里张望。孔大叔听到响声，走出房门拦着孔刚问明情况，就让孔刚先回屋。孔刚害怕牛伤着父亲，便不敢回去，孔大叔只好说："我们俩都回屋去，等牛过了惊气，我们再来拴它。"

父子俩一前一后回到屋里，虎子就只是望着爷爷笑，孔大叔知道奶奶孙子又捣了小鬼，慢慢走到虎子面前，抓着虎子要挠痒痒。虎子忙求饶说："爷爷，是奶奶说你比牛还犟，养的家禽也不听话。"孔大叔并不生气，放开虎子，捋着胡子说："人当然要比牛犟，要不然就不如头牛了。"孔大妈对孔大叔说："说你胖，你就喘上来了，话这么大，出去把黄牛牵进棚里，让我看看？"孔大叔说："这牛也就是我自己的，要换成生产队的时候，你看我能不能卸了它一条腿。"孔大妈笑着对虎子说："你听听你爷爷，生产队养的是牛，他养的就是麒麟。"孔大叔笑着说："公私还是要分明的，生产队里那是啥阵势，一放出来就是好几百头牛，就两三个人放，心不狠能管得住它们吗？我这稀稀罕罕才一头牛，春种秋收全靠它，谁还能舍得打它。"孔大妈说："你总是今天说的不是明天的话，大前年养的那头乳牛，你怎么隔三差五的追着打？"孔大叔说："你一提那淘拴鬼我就来气，六月天它还能背身孳毛。给水不喝给草不吃，一天尽抬个头在那里瞅青苗地。那牛活该就不添欢我家，自从卖到杜义家，它爹毛头也顺了，每年都下个小牛犊子，高兴得杜义他爹走路都牛哄哄的。"孔大妈瞪了一眼孔大叔说："后悔了，你就找杜义他爹说去，谁占便宜谁吃亏那是你们哥俩的事情，别老在我们面前叨叨。"孔大叔说："提起了这事我就随便说说，牲口也是会择主的，它不富你，你再费劲也白搭。"孔大妈说："知道你还和我硬拌嘴。"孔大叔笑着说："我不和你说了，你蒸些米饭让虎子吃吧，我去把牛拴了，要不三磨两磨天又黑了。"孔大叔说完就走了。

孔大妈不放心，忙对孔刚说："你快去看看，你爹那性子，三扯两扯愚气又来了，牛打不着却把他给撂倒了。"孔刚忙答应着走出房门，虎子看小叔走出去了，瞪着眼问孔大妈道："奶奶，这已经星期二了，小叔怎么还没去上学？"孔大妈说："谁知道，这次回来，他总是今日推明日、明日推后日地不肯去，看样子又是不想去上学了，等他回来了你问他，看他怎么给你回答。"虎子忙摇着头说："我不敢问，小叔这么做总是有苦

衷的，要不然他是不会轻易旷课的。"孔大妈叹了口气说："也许是这两年事多吧，你小叔在学习上总没有以前那么专心了。现在连村里的事他都扯上了心，又想修路还要植树造林，在众人面前喊得山摇地动的。现在的人谁管你这一套，明理些的人还能说句好话，不想事的人还以为是他念书念傻了，也不知在人背后怎么嚼舌根笑话他。"虎子却说："我就觉得小叔的想法好，比上学更伟大，我都每天想着，只要我们村能变成满山遍野绿树鲜花，我就是每天放牛也舒畅，像现在这个样子，一出门山光秃秃的，人看上去也干巴巴的，就是到学校里去心里也是空荡荡，也不知道是怎么回事，就觉得不自然。"孔大妈生气地说："写你的作业吧，你和你小叔一路货，一天尽想些不切实际的东西，你要是不好好上学，看我不拧断你的腿。"虎子看奶奶生气了就忙拿着作业本说："奶奶，今天的作业全做完了，不信你让小叔来检查。"孔大妈说："检不检查那是你自己的事，一个小孩子家从小就该有个好习惯，自己能做的事就自己做，别老想靠别人，要是习惯养成自然，我看你长大了该怎么办。"

虎子趁奶奶说话不注意，想趁机溜出去玩，蹑手蹑脚地刚走到门口，就被孔大妈从衣领里拽了回来，让他洗了手吃鸡蛋。虎子却不吃，摆着小手对奶奶说："鸡蛋先留着，等爷爷回来我和他一起分享，现在我要出去帮爷爷赶牛。"孔大妈只好松了手，看虎子出了房门。孔大妈刚要淘米做饭，虎子又闪电般回来，哈哈笑着说："奶奶，果然让你说对了，那牛就是不听话，死活不进棚，气得爷爷吹胡子瞪眼没办法，只好在棚外拴着喂了。"孔大妈说："你赶紧安稳坐会吧，上蹦下跳地不安闲，让你小叔回来一顿收拾，你就该老实了。"虎子这才坐在椅子上，正好孔大叔父子俩也进来了。虎子等爷爷在炕上刚坐稳，也拿了鸡蛋上了炕，剥了蛋皮给爷爷喂蛋吃，孔大叔高兴地搂着虎子的腰说："还是孙子孝顺，吃个鸡蛋能想着让爷爷沾上光，可爷爷现在老了，吃啥都一样，你现在正是长身体的时候，就别再让我了，你自己吃吧。"虎子还是把鸡蛋放到爷爷嘴上，让孔大叔咬了一口，自己才把剩下的吃完了。孔刚看虎子吞下鸡蛋后噎得说不出话，还馋得舔嘴，就问母亲道："妈，你就煮了一个鸡蛋吗，怎么不多煮两个让虎子吃？"孔大妈回答道："煮的还有，留着明天他上学的时候再吃，我怕鸡蛋吃多了撑，等饭做好了他又不好好吃了。"孔刚听着点着头对虎子说:"你先去给你妈说一声,再回来吃饭,免得她又东家西家地去找你。"孔大妈也忙对虎子说:"那你就赶紧下来去吧,光顾着我们奶奶孙子乐和了,倒把你妈给忘了,你今晚上陪我在这睡,你妈又孤孤单单的一个人。还是等吃完了饭我们到你家去,今晚奶奶就住在你家。"虎子摇着头说:"奶奶,还是你去陪我妈睡吧,我今晚想和小叔一起睡。"孔刚便看着虎子催道:"你在哪睡都行,总得让你妈知道你在这儿吧?"虎子答应着下了炕,穿了鞋一路小跑来到自己家,就站在门口给母亲说:"我在奶奶家。"说完转身又往回跑,在路上看见有好多小伙伴已经吃过了晚饭,开始在土场上玩耍。进了门他就跟在奶奶后面,催着让孔大妈炒好了菜,匆匆吃了一碗米饭,趁孔刚不注意,悄悄摸了弹弓溜出去玩了。

　　孔刚送母亲去了虎子家回来,烧了热水,让父亲先洗了脚,又从土场上把虎子叫来,给他洗了澡。等父亲睡了,孔刚就躺着给虎子讲故事,还没讲两句,虎子就眨巴着眼睛犯困了。孔刚继续讲着一直到虎子睡实了,才悄悄走出院门外,就在门前打了几趟拳。刚收了气,就听有人在村那头,鬼鬼祟祟说着话走了过来,孔刚以为又是杨平一伙,便忙躲在暗处观看究竟。等那几个人走近,孔刚才听出原来是大奎几个,商量着要到山里去偷伐木头。孔刚大怒,等大奎他们走远了,进屋找了一件父亲的羊皮大衣反穿了,出了房门,抄近路跑到南湾最僻静处藏了起来。等大奎他们走到眼前,孔刚突然窜出来,怪叫着翻了几个跟头扑了过去,吓得大奎几个失声儿往回跑,跑到半路都跑不动了,全都停下来哈着腰喘气。不料孔刚又赶到了他们前面,学着刚才的样子又扑了上来,大奎几个只好又往回跑,眼看又跑回刚才的地方,几个人就不敢再往前跑了,都停住脚步,惊慌地看着前方。孔刚这次并没有闪电般行动,而是慢慢站起身,一步步向他们走去,这个样子在黑夜里看上去更恐怖,大奎几个人又掉头拼命地往回跑,孔刚就跟在他们身后,始终保持着一定的距离,一直追到村口,才闪身悄悄回到家中睡了。

　　第二天早晨,孔刚还在熟睡。孔大叔叫醒了虎子,让他洗了脸吃了饭,催着他上学去了。孔大妈也赶了过来,看孔刚还在睡觉,气得敲着桌子让孔刚起了床,逼着让他去上学。孔刚推说身体不舒服又没去学校,早饭也不吃,悄悄去杜义家把杜义妈请到自己家里陪母亲坐着闲话。快到下

午时分，孔刚看母亲比昨天高兴了许多，就出了家门去找单飞，路上听村里人把昨晚闹鬼的事吵得沸沸扬扬。孔刚心中暗笑，也不理睬，找着单飞说定了明日去县城买车，回来装模作样收拾了东西，说是第二天要去上学。孔大妈看着心中欢喜，坐在炕上一样一样地说着让孔刚装。

5

  孔刚和单飞到了县城，先去了学校，找到老师把要退学的事说了。陈老师听了自己的得意弟子要退学，心中万分沮丧，站着对孔刚百般劝说。孔刚执意不肯，陈老师无法，只好含泪取笔相赠。孔刚热泪盈眶，双手接过，怕老师过于难过，低着头匆匆告别。陈老师依依不舍，定要相送，孔刚百般阻拦，老师还是握着他的手来到校门口。孔刚看着老师，看着母校大门，忍不住哭出声来。陈老师把孔刚抱在怀中，擦着他脸上的泪水说："孔刚，既然决定了就去吧，老师理解你的难处，记得秋天再到学校来一趟，我帮你办个高中毕业证。"孔刚抽泣着说："老师，毕业证就不用办了，今年学校植树造林的时候，要是有多余的树苗给我留些，我想在家乡多栽些树。"老师听了心疼地说："树苗年年有的是，只是老师没法给你送去。"孔刚忙说："我有个老乡叫杜义，在川菜酒楼里做学徒，到时候烦你给他带个口信，我到学校来拉。"陈老师答应着催孔刚回去，孔刚哪里肯走，推让着让陈老师回了学校，才和单飞二人来到饭店叫上杜义，三人去了农机厂。

  农机厂的院子里，从这头到那头，农用车停得满满当当，三人都不懂车，挨个看过去后，杜义选了辆最贵的，要求老板要教会孔刚开车才行。老板当然乐意，拉着他们三人来到一片无人的空地上，让孔刚坐在旁边开着车转了几圈，又给孔刚讲了开车的基本要领，拿了钱就溜了。

  孔刚开车慢慢试了几圈，照着老板教的方法先慢后快，不到下午，已经把车开得停走自如。三人兴奋不已，兴高采烈地把车开到了川菜酒楼，随便点了两道小菜，单飞和杜义买了瓶白酒，孔刚也买了瓶香槟，就在川菜酒楼里相互庆祝起来。

吃喝完毕，告辞了杜义，孔刚和单飞开车回到东坪沟天已黑尽，孔大妈看孔刚去学校一天又回来了，心里特别生气，坐在炕边也不说话，只是盯着孔刚看。孔刚忙对母亲撒谎说："今年学校要搞义务活动，偏偏抽中了我们班，我去晚了没赶上，我们全班同学都已经去了农场参加义务劳动了，所以我才回来。"孔大妈听了信以为真，拍着大腿说："你们学校也太不像话了，我们农民家的子女一年都让黄土给缠晕了，自己家田里的活都放着没人干，上个学又竟遇上这种事，早知道就不打这麻烦了。"孔刚瞒过了母亲，背地里却把实情告诉了父亲。孔大叔知道儿子被逼无奈才如此这般的，细想也没有好的办法，只好伤心地坐在门前的青石板上，一袋袋地抽着旱烟。

这几日，孔刚和单飞天天开着车，边磨合边练技术，尘土飞扬地在村子里来来回回奔驰着，看得乡亲们又嫉妒又羡慕。也有十七户人家东借西挪地凑够了钱，在三日内东坪沟就新添了十八辆农用车，每天排成长队停在村口的土场上相互炫耀。

转眼已到春种时候，孔刚先把虎子家的种了，又把二哥三哥家的种了，又和单飞把杜义家的也种了，看着别人家的地都种完了，自己家的地里还没有埋一粒种子，急得孔大妈天天跟在孔刚后面唠叨。单飞和孔刚两人又起早摸黑地加班，没几日也全种完了，孔大妈才歇了心。

孔刚计划着春种完乡亲们都暂时闲着，就和单飞去找黄明，让黄明通知乡亲们开始修路。黄明只好打发两个孩子挨家说去了。

修路第一天，每户一个人全都来了，第二天只来了一半，第三天来了三十个人，第四天只剩下陈方老子、杜义老子、单飞、孔刚四人了，气得单飞坐在石头上只盯着孔刚看。孔刚说："你看着我有什么用，这种事全靠自觉，你让我挨家打去还是骂去？"单飞生气地说："别人我都可以原谅，唯独这黄明气人，他是村长，这种事应该由他带头负责，可他不但不管，还第一个打了退堂鼓。不行今天回去开会，他这村长能当就好好当，不能当就一边去，我们重选人。"孔刚说："你说开会人家就会来吗？你又没白给大伙瓜子花糖吃。要开会也得等个阴雨天，让黄明通知了再开，你这风风火火地回去说开会，人家谁理你。"单飞噘着嘴干活，一下午都没和别人说话。

老少四人，虽有怨言，但仍在坚持修路。可更让单飞受不了的是，这边路还没有修完，那边工地已经开工了，每天看着村里的人开着车去拉沙挣钱的嚣张样子，急得单飞也要催了孔刚去，苦于孔刚不应，单飞只得忍着性子修完了路。

　　单飞和孔刚拉沙挣钱的第一天，两人就商量好，比别人少拉一趟，提前收工赶在别人面前，把车开到离村子近的地方，选了个路窄处把车停了。两人就躺在草地上休息，后面下班的人的车开过不去，全被拦停在路上。人们都着急回家，但又怕惹孔刚不敢前来打扰，只是远远地站着大声说话。孔刚两人只是装睡，眼看都过了吃晚饭的时候，田青和张七两人等急了，走向前来推起单飞，单飞故意打着哈欠说："睡得真香，谁这么烦人。"田青忙说："天黑了，快点回家吧。"单飞说："你回你的家，叫我干什么？"田青说："你们车挡着道的，我们大伙都过不去。"单飞又故意问道："你们的车不都是航天的吗？怎么陆地也能挡着你们？"田青就憨笑着说："单飞，你别挖苦人，我们哪有这本事。"单飞说："知道你们上不了天，还不修路？"田青红着脸低下了头。单飞又说："光脸红顶个屁用，行动比什么都重要，今天我心情好把你拦到这里，让你们坐着先想想，哪天要是遇个天阴下雨，你连车带人地滑进沟里去了，我看你还急不急？"这时孔刚也翻起了身，招手把大伙全叫到面前，看着乡亲们说："我知道把乡亲们拦在这里过不去，大家都很生气，可前几天你们在挣钱，我们在修路，我们也很生气，你们都知道我们家更需要钱。只是我觉得都是乡亲，谁能挣到钱都一样，我修路的目的也是为了让大家过得更好些。但问题路是大家的，总不能一年四季都指望着我们几个人来修吧。这不公平，我们也办不到，今天我不管你们乐意不乐意，有件事我一定要说的，从明天起每辆车收工的时候，都要拉一车沙子回来铺到路上，一直铺到村里为至。如果有谁不愿意，那我们也跟他不客气，这种人我眼里也看不上，那他以后也就真别在走这条路了。"孔刚说完和单飞开着车先回去了。还好，从第二天开始，十八辆农用车，每天下午回来都拉着沙子石子，一车挨一车地铺到了村口。

　　孔刚和单飞每天开车拉沙挣钱，虽是辛苦，但还能挣些辛苦钱。孔刚每天收工时，总要买些鲜菜鲜肉带回家让父母吃，还让母亲存了些积蓄，孔大妈嘴上虽有怨言，但心中欢喜。

转眼到了种树季节，孔刚急得寝食难安，好容易等了个下雨天，就和单飞来找黄明，让黄明去通知乡亲们开会，来参加开会的人还不到一半。孔刚知道指望乡亲们种树的事儿又黄了，但还是在乡亲们面前说出了自己的想法，希望大家能和他一起植树造林，建设家园。有些人听完就走了，留下的都说只要有树苗出个力还行，要是自己掏钱买树苗，那是一分钱都没有，说完也都散了。

孔刚又气又悲又无奈，又逼着单飞和黄明两人去找乡政府协商，黄明和单飞回来说，乡政府的领导说上面没有这个政策，政府更不管这事。孔刚没办法只好和单飞来找杜义妈商量，三家人合计着出些钱，先少买些树苗来种。但让孔刚高兴的是，下午去县城的大奎带来了杜义的口信，陈老师给孔刚留了一千五百根树苗在学校，让他赶紧想办法去拉。单飞和孔刚穿了雨衣，开车连夜冒雨去了县城，把树苗拉了回来，放在蓄水池里泡了。

孔刚得了这些树苗如获珍宝，等天一亮就叫了父母，还叫了单飞杜义家所有人，开始在村东头一块洼地里种树，三家人用了六天时间，终于把一千棵杨树和五百棵榆树苗子全栽完了。孔刚又和单飞又开车拉水给树苗儿细浇了一遍，隔了七天后又浇了一次水。月底，杨树和榆树苗子都撒开了小树叶儿，一片片翠绿夺目，招人喜爱。

第十章　骨肉散

1

这年又遇天旱，沿东坪沟一代的山区，农作场高不过尺，不到六月底粮食全部青黄，乡亲们只好提前抢收。苦于小麦稀疏身短，难以下镰收割，人们只好跪在地上，用手一把把连根拔起。别人家还能应付，唯有孔刚一个人种了三家人的地，如何能忙得过来，虽有父母鼎力相助，但两位老人毕竟年老体弱，不济于事。孔刚心中着急，跪进地里从早拔到晚，匆匆吃过晚饭，又借着月色连夜赶工，一连干了三天三夜后双手全是血泡，睡一觉醒来，痛得伸不开手，就对到嘴上吹气，把手心哈湿了才慢慢伸开，伸开双手再相互对着搓，搓热了又忍痛再拔。孔刚把自己家的收拾完了，到二哥家的地头一看，麦秆儿已经干裂不好下手，幸好单飞和杜义两家的都已提前收完，杜义妈催了大伙前来给孔刚帮忙，孔刚这才松了口气。

这天，大伙正干得起劲，杜义背着半袋西瓜，从地头冒了出来，看大家都在低头忙着，杜义先找了个阴凉的地方，掏出两个瓜切好，悄悄走到孔刚和单飞身后，站着看他俩拔麦子。单飞拔好一把麦子，回头要放在身后，一转身，猛看到有个人站在自己后面，吓得心里咯噔一下，抬头一看，原来是杜义。单飞放下麦子，抓起把黄土就打杜义，杜义早笑着跑远了。大伙看杜义回来了，都高兴地围了过去，杜义忙招呼着大家到阴凉处吃西瓜，人们正渴得口干舌燥，看到有西瓜吃，谁还顾得上理杜义，都跑过去围着吃西瓜了。单飞连吃了两块西瓜,才笑着对杜义说:"你们看,杜义这才去了饭店几个月,就吃的肚子也挺了,重下巴也有了,白白胖胖地换模样了。"孔大妈也笑着说:"男儿嘴大吃四方,小伙子家走到哪能吃就对了。"杜义忙说:"我这胖,吃是一方面,主要原因是我们那家饭店的后堂通风不好,这一夏天整个后堂都热得跟蒸笼一般,一天不停地喝水,饭倒吃得少。"杜义母亲便瞪了儿子一眼说:"出去又没让你图吃嘴去,有本事把手艺学成了再说,你在外面再热,好歹渴了还有水喝,我们这一天黄田背上老日头,渴死了到哪喝口水去?"单飞忙说:"我看杜义这样兴高采烈,肯定是有收获的。"杜义就得意地说:"收获自然是有的,要不然怎么好意思回来见你们。"杜义说着从口袋里掏出几个烹调秘方来,递到孔刚手里让孔刚看,孔刚打开一看,见第一个方儿是大盘鸡和椒麻鸡制作配方:

大盘鸡秘料:十三香120克,胡椒粉60克,花椒粉40克,八角粉30克(四种调料和在一起搅拌均匀),自制辣酱(线椒和板椒对半用热水温泡剁成酱泥)。

选净膛三黄鸡(土鸡)1公斤,600克剁块,加生姜五片备用。

在锅内加入适量清油、白糖40克,用中火炒起糖色时,放入鸡块,迅速将糖色煸炒匀(加入朝天椒适量,自制辣酱30克,花椒10粒,八角3个,秘料一勺,料酒50克),转大火,煸至水分干,出红油时放入土豆块,煸炒后加入五勺水、六调匀盐,转入小火炖至土豆快熟时,再加入秘料一勺,马蹄葱80克,青椒50克,蒜片10克,香醋少许,味精适量,出锅即可。

椒麻鸡秘料A:干姜130克,胡椒120克,花椒100克,小茴香90克,香果80克,肉扣70克,栀子60克,沙姜50克,桂皮40克,香草30克,草果20克,八角10克(称好一起粉碎)。

秘料B:清油10公斤,灯笼椒500克,朝天椒1.5公斤,青花椒1200克,花椒1000克(加水一公斤,用小火熬制辣椒发黑时,捞出麻辣油,已成)。

秘料C:清油5公斤,青花椒1公斤,花椒200克(制成麻油)。

制作时将净膛土鸡取翅尖断翅中，放入冷水锅中（加少许盐，放姜片、胡椒粒、白酒适量），小火煮到鸡皮欲裂时捞出，立刻放人凉水中过凉，再用鸡汤熬制D料，以1.5公斤鸡汤加入朝天椒、灯笼椒（注：爱辣味者多放，不爱辣味者少放）、10克花椒、20克胡椒，再放两调勺半A料、鸡油10克、清油15克，小火熬至45分钟，加入精盐，味精即成（注：盐味要重一层），将熟土鸡用手撕好后，放葱段，青椒段，放D料B料C料拌匀即可。

注：D料要多放（鸡汤），汤要宽，B料要适量（麻辣油），C料比B料多一些才好（麻油）。

第二页是这样写的：

四川火锅制作秘法A料：豆蔻、草果、八角、小茴香各30克；排草、灵草、沙姜、香果、桂皮、洋姜、肉蔻、砂红、香草各20克；丁香、香叶、木香、荜拨各10克；栀子、紫苏、甘松、山楂、陈皮、草寇各5克（将以上23种调料称好后，混合在一起备用）。

B料：放适量油用小火将2.5公斤豆瓣酱、剁椒1瓶、老干妈1瓶、豆豉300克、蒜300克、姜300克、葱300克、小米椒1袋（剁碎），炒干水分对入5公斤红油，再放南乳汁半瓶、美极鲜半瓶、冰糖500克（泡24小时后滤渣）。

C料：清油10公斤、水1公斤、朝天椒1.5公斤、子弹头辣子1.5公斤、青花椒600克、花椒500克、熟牛油4公斤、大油1公斤、鸡油500克放入A料用小火煎至椒变黑时捞渣，待凉时和B料合并即成。汤料水35公斤、老母鸡半只、鸭半只、鱼一条、鲜姜200克、虾皮100克熬制奶白色时即成。

臊子面秘方制作方法。

A料：十三香120克、胡椒粉60克、花椒粉40克、八角粉30克，和在一起搅匀。

B料：大葱300克、洋葱300克、胡萝卜300克、香葱100克、生姜200克、香菜100克、香菇300克、虾皮200克、老母鸡半只、牛骨1个、水50公斤（用小火熬四小时）。

C料：五花肉丁2公斤、清油500克、A料两调勺、辣子面50克、醋70克（将五花肉炒至油清时，加入A料辣子面，最后放醋烹香后出锅）。

D料：土豆丁红萝卜丁（放葱花轻炒熟放盘待用，豆腐丁略水后待用，木耳和黄花泡水后切碎待用，香菜切丁待用）。

将B料沥出渣，在另一个桶内舀入10公斤鲜汤，加盐、味精、鸡精、两调勺半A料、花椒粉半勺、胡椒粉半勺、美极鲜酱油、麻油浓缩鸡汁各少许（用大火烧开后转入小火保温）。

将手擀面250克煮熟后捞入碗中，放入肉丁、土豆丁、红萝卜丁、豆腐丁、木耳、黄花后加入汤，撒上香菜、蒜苗即可。

孔刚看完方子，抬头又看着杜义高兴地说："你在短短几个月，就能得到这些方子，可见不一般。我虽看不出它的好坏，但这对你来说，也许很重要。"杜义得意地说："这可不是烹饪书上随便的方子，这可是我师傅在二十二年烹调生涯中精心研制而成的独门秘方。"单飞有些不相信地说："这么贵重，怎样让你给轻易得了？"杜义叹了口气说："在你们心里，我也就是几个月的时间，可其中艰辛只有我清楚。刚去的前半月，我穿了一件脏工作服，不是提煤就是擦锅台，谁脸色不好我都提心吊胆。从早熬到晚脚痛得脱不了鞋，切菜没有菜刀，用这个人家不让用，用那个不让用，整天让那些人把我弄得晕头转向，晚上睡在床上觉得自己像个不受欢迎的小老鼠，心里生气，都想着回家算了。但又想着再熬二十天看，如果还这样就回家。还好，半月后，人也混熟了，后堂的道道也摸清了，也习惯了，有了脏活累活我全包了干。我这么一做，别人都喜欢，也愿意给我指教。机会难得，我早睡晚起，趴在菜墩上狠切，下午四点到六点，别人都去休息，我不休息，一个人站在后堂里继续练刀功，不到一个月，我就可以切土豆丝肉丝了。也是该我运气好，到元月份，配菜的小伙子喝了点酒，风风火火地提菜刀剁鸡，一刀下去半截中指就砍没了，这下可好，没有了配菜的，老板硬逼着赶我这只鸭子上了架。到底配菜比打杂轻松得多，我又把心用到师傅和炒锅上了，一有闲时间，我先把师父的灶台上锅儿、勺儿、调料盒子收拾得干干净净、顺顺手手；师傅的工作服脏了往那一扔,我马上拿去洗了;饭熟了,先舀了端去给师傅吃,师傅喝醉了,每次我都把他背到楼上去。我看他爱喝两杯,隔个十天半月再给他买瓶好的喝喝。人心换人心,师傅炒菜的时候,但凡我有空,他总要把我叫去边炒边给我指点,剩个一道两道菜,师傅就干脆让我学着炒。我看师傅这边是没得说了,又找了个旧锅,起早睡晚地开始练翻锅。记得是上上个月吧,等晚上下班后,我又给师傅买了一瓶好酒,两人就着花生米喝,师傅和老板吵了架,心情不好,多喝了几杯,就让我不要叫他师傅,叫他哥。说现在不流行叫师傅,叫哥们还亲切。师傅就是师傅,我哪里敢叫哥呀,可师傅瞪着眼就这么定了,还掏了纸笔,一气儿把这些方子全写给我了。说真心话,我是半信半疑把这几张方子装起来的。师傅又讲了些他以前的经历,说他五湖四海哪都去过,他是我们老板经过朋友介绍,高薪把他请来的,他嫌这里条件差,不想再继续干了。还说等我把这里的菜全都能拿下他就走,我以为这是他喝酒说的面子话,当时听着也没往心里去。谁知道就在那个月底机会又来了,炒二灶的年轻师傅耍脾气和师傅吵架,师傅一生气炒了他鱿鱼。这下可好,顺其自然该我炒二灶了,我师父也确实待我不薄,想方设法地教我。有时候来个一桌二桌的,他就站在旁边指点让我炒,每次配秘方他也叫上我,我核实了几次,配过的料和我这方子上的一模一样。"

单飞看着杜义说:"看来,你倒真走狗屎运了。"杜义忙说:"现在高兴还有些早,再过半年也许才能松口气。"杜义妈也对杜义说:"知道自己毛病不好,还张狂。"杜义不吭声,脱了个光膀子看着大伙说:"你们都先歇着,我去拔麦子。今年整天都闷在房子里,就没畅快过一次。"孔大妈忙说:"杜义,快把衣服穿上,这个季节的太阳,穿着衣服都能晒起皮。"杜义却不在乎地说:"真想好好晒晒才舒服。"说完就进地里拔麦子去了。杜义妈生气地对孔大妈说:"别理他,他就这么个人,从小在家里就是霸王,谁说脖子歪谁,让他到外面去试试,看是不是人人都顺着他的,让他受点流徙他就老实了。"年轻人们一听杜义刚来,杜义妈又要叨叨,都到地里干活去了。

孔大妈用劲捏着酸疼的膝盖,看年轻人都走了,忙对杜义妈说:"你现在也老愚了,嘴碎得见人就叨叨,儿子不回来你天天念叨,回来你有没好话。"杜义妈说："明知道忙不过来,他还故意躲在避世堂子里不来,回来了还猖猖狂狂地和我不答话。他在外面有酒有肉地自在,哪里能想到我们黄田老日的苦。"孔大妈说："孩子在外面肯定也有难处,哪有你想的那么自然。要是我孔祥、孔齐突然能回来,我保证不怨他们一句。"孔大妈说着流下泪来。杜义妈忙劝孔大妈道："老嫂子,快别难过了,谁都是当母亲的,谁不盼着自己的儿女们守在身旁全全欢欢的?他们非要离开父母走江湖,勉强不成,还不如由他们去,我们为拉扯他们受了一辈子难心,难道把老命也要献给他们吗?"孔大妈哭着说："你哪里知道,自从他兄弟俩走后,我每天心惊肉跳,晚上透夜做梦,每次醒来都是浑身的冷汗。白天去庙里烧香,香不是断一根,就是点不燃,我深知自己罪孽深重,菩萨不喜,百般祈祷,终无灵验。"杜义妈忙扶起孔大妈说："菩萨再能,也还是个泥胎,终究没能超生脱俗去,从古到今也没有听说她把那一个虔诚的人普度成神。我看地里的活不是今日就是明日就完了。我们还是回家去,你调汁子,我擀面,给他们晾凉面去。"杜义妈说着扶孔大妈回家去了。

　　孔刚白天才把最后剩的麦子拔完,晚上就下起了雨,总算踏实睡了一夜。第二天早晨,听雨还下得滴滴答答,他又蒙头睡了会懒觉才起来,随便吃了些早饭,想着要去找杜义的,杜义却来了。孔大妈给他俩炒了些豌豆,让他们边吃边聊。谁知单飞也来了,阴着脸坐在旁边不说话,一眼一眼地看着孔刚。杜义看着单飞这个样子,还以为是单飞有事瞒着自己,就生气地说："这才几个月不见面,单飞就会用眼睛说话了,鬼鬼祟祟地把谁当外人?"单飞生气地瞪着杜义说："你以为谁都和你一样,心内存疑,口里藏奸,鬼鬼祟祟地待人。"杜义说："你不存,你不藏,心里憋着什么?"单飞说："我这是气得说不出话来。"杜义也瞪着单飞说："你本来就不利索,吞吞吐吐的,哪次不得人说你?"单飞不理杜义,往前坐了坐,看着孔刚说："我们栽的树苗,全让人拔光了。"孔刚和杜义不信,跟着单飞走到苗地前一看,一千五百棵树苗踪影全无。孔刚当时就坐在泥地上不起了,单飞和杜义只好把孔刚劝回了家,两人分头到村里调查此事去了。

　　过了中午,杜义和单飞回来,两人都生气地对孔刚说："查出来了,是你姑妈和柴虎他妈两个老太太干的，一千五百棵树苗全被剁成五寸长的截，藏在两家的草房里，我们推说找兔子翻了出来，现在人赃俱获，你看怎么办？"孔刚无奈地说："我栽树也是为人，拔都拔了，还能怎么样？"单飞和杜义听了也只好作罢，倒是孔大妈和杜义妈两人知道了这事，追过去找着柴虎妈和孔刚姑妈吵了三天，逼着让两家说好明年赔树苗才饶了。

孔刚和单飞送杜义去了县城后，两人又继续拉沙。孔刚自从树苗遭到破坏后，终日心中不快，干什么都提不起兴头，一天勉强拉几车沙，回家吃过饭蒙头就睡。孔大叔和孔大妈以为孔刚这几月劳累过度，才会这样，便不多想，每日都随着他早睡早起。

2

八月过后，东坪沟每天都要来两三个穿着整洁、虎背熊腰的生意人，带着些不同的精致货物来卖，每天都停留在孔大妈家门口，或多或少，或卖或送，每天都来。慢慢地，这些人和乡亲们混熟了，总要有意无意地打听些孔祥、孔齐的事情。孔大妈似乎察觉到要有什么事情发生，但细想又无道理，整天猜猜疑疑寝食难安，还不到一月整个人又瘦了一圈。

很快到了征兵季节，单飞催着让孔刚也去报了名。应征这天，孔刚的文凭、身体样样过关。回家后告诉了父母，孔大叔和孔大妈都高兴得把一切给孔刚准备好了，可等别人都换了军装，孔刚还没有接到通知，孔刚知道情况有变，但不在意。倒是单飞忙去探看，结果打听到孔刚有殴打政府官员史的前科，名额被吊销。孔大叔和孔大妈听了，觉得无脸见人，常待在家里不愿走动。

天渐渐冷了，单飞和孔刚两人闲在家里，这日两人正在孔刚家下棋，孔大叔坐在旁边观看。孔大妈出外小解，刚出门看一辆警车停在她家门口，车里下来两名警察，孔大妈认得其中一名警察是经常到村里来卖货的商人，心知不妙，忙让进屋里问明情况。警察并不隐瞒，将一份孔齐的死亡通知书和孔祥的抓捕令递给了孔刚，并向孔大妈说了实情：原来，孔祥、孔齐一伙有涉黑贩毒、抢劫、杀人嫌疑，在7月28日实施抓捕时，其他人都落网，唯有孔齐和阿龙两人畏罪在逃，公安部门全力调查终无线索，只好派人到东坪沟来装扮商人蹲点抓捕。谁知孔齐并没有离开省城，潜藏了几月后，仍贼心不改，独自一人踩了点再次作案。这次孔齐运气不好，遇了个比他更横的，他刚拿刀威胁抢劫人家，那人为了自卫，夺刀在孔齐腹上刺了一刀，等110赶到把孔齐送到医院，结果抢救无效，在本月2号凌晨3点25分死亡。

  孔大妈听了如当头一棒，坐在炕沿上直挺挺地背过气去。众人连忙救起，孔大妈慢慢苏醒后，浑身哆嗦，口不能语。孔刚看母亲这样，慌得六神无主，抱着孔大妈只是号啕大哭。倒是单飞忙求两位警察，让他们帮忙开车送孔大妈去医院，两位警察认为救人要紧，二话不说，帮忙把孔大妈抬上车，拉响警笛，风驰电掣般赶往医院。走到半路，孔大妈却能言语了，指着胸口喊疼。孔刚喜出望外，以为母亲病情有所好转，忙给孔大妈揉胸口。孔大妈又慢慢闭上眼，过了片刻，又睁开眼，眼里含着泪水，先看着孔大叔说："老伴，我是要先走了，剩下的苦难可能得你一个人来扛了。"孔大叔忙说："好好的又胡说什么，那次你发高烧四五天水米未进都挺过来了，何况这次又无病根，只是受了惊吓，等明日你好了，我还陪你纳鞋底看落日。"孔大妈凄凉地笑了笑说："我也希望能这样，但命该如此，我怕是不能陪你了。"孔大叔紧紧拉着老伴的手说："不好的我们不说了，我相信你不会有事。"孔大妈又看着孔刚说："我的好儿子，妈虽把你拉扯大，但终究没让你成个家，把你孤孤单单地留在这世上，妈不忍心。妈真的希望你能好好上学，将来有个出头之日。"孔刚哭着说："妈，你别生气，只要你好起来，我明天就去上学。"孔大妈微笑了一下说："傻儿子，妈怎么能怪罪于你？让你活得这么无奈，全是妈的责任，是妈对不住你。妈在临走前还有一事要托与你，要不妈会死不瞑目。"孔刚紧握着母亲的手说："妈，有什么事，你只管吩咐儿子去办，你又何必客气。"孔大妈虚弱地说："无论如何，你一定要把你二哥三哥的两个孩子找回来，把他们抚养成人。"说完，她含泪闭上了眼，孔刚一边哭着答应，一边呼唤着母亲。

  孔刚看母亲慢慢闭上眼睛，手脚也凉了，知道母亲真的与世长辞了，便哭昏了过去。孔大叔也哭得肝肠寸断。警察看孔大妈已死，只好调转车头，又开车回到东坪沟。单飞看孔大叔父子悲伤不已，无人料事，忙去请

杜义妈过来帮忙，不料杜义妈一听死讯，也哭得哀哀不起。单飞无奈，只好请众乡邻在孔刚家园内搭了木棚设了灵堂。第二日又去县城通知杜义，两人连夜赶回东坪沟。

　　杜义红白事情参与得多，有经验，先让单飞扶着孔刚给乡亲们挨家报了丧，又请来了陈方的父亲求他做了主持，将孔家的大小事情全都一一托付于他。自己腾出手来，找了纸笔，将要买的茶米油盐、肉食蔬菜、糖醋酱面、棺房木材等所需用品都一一例了单子，算了成本在自己家拿了钱，叫了五个有农用车的邻居，到县城把东西买办回来，连夜请了木匠过来给孔大妈赶做老房。自己又领了六个能干的年轻媳妇，收拾厨房准备亲自下厨。

　　第二天杜义里外走了一遍，看一切安排妥当，便心下稍宽，来到孔大妈灵堂前，烧了纸，敬了香，想起孔大妈生前许多好处，跪在灵前痛哭了一场，又让单飞到外面去请来了一班道士和尚，为孔大妈念经超度了七日七夜，才抬去埋了。

　　自从母亲去世后，孔刚看父亲又老了许多，每晚都要起夜四五次。孔刚怕父亲孤单，就搬出自己的房间和父亲一同住了。

3

　　这日，下了初冬第一场雪，孔刚给黄牛添了草，站在院内扫雪，李奇不知为何事却突然冒风雪而来，孔刚忙把李奇让进屋去。原来李奇的儿子今日定亲，想请孔大叔过去坐坐。孔大叔平日最看不起李奇的为人，孔李两家一向无来往，谁知李奇今日却为儿子的亲事贸然来请。孔大叔本想不去，但又不好推辞，只好穿戴了准备要走。孔刚看外面风紧雪急，忙给父亲找了件大衣穿了，边扣扣子，边对父亲说："爹，你去坐坐就来，别等天黑路滑不好回来，单飞还要等我去修车的。"孔大叔却莫名其妙地发起火来，袖子一甩，转身脱鞋上了炕，敲着桌子对孔刚说："不去了，就你成天半日出去玩，我这还没出门就限起时来了，你妈活的时候，我也没这么不自由过一天。"孔大叔说完便落下泪来，孔刚看父亲无缘无故这样，便忙说："爹，你过去想坐多久就坐多久吧，好好的，又提妈干什么？"

孔大叔却说："我怎么就不能提你妈了，这才埋了几天，你把她忘了，我却是记得的。"孔刚听了急得跺着脚问父亲道："爹，我妈尸骨未寒，我怎么就把她给忘了？你这不是要折煞儿子吗？"孔大叔说："你怎么没忘记你妈？她在临终前留下遗言，要让你去把你两个哥哥的孩子找回来，至今你怎么还无动于衷？"孔刚正为此事烦恼，但在父亲面前有千言万语也不好解释，只得说："爹，我走了，你一个人怎么办？"孔大叔却说："我一个死老头子你扯心什么？再说我这手脚还能动弹，又饿不死，就说哪天真躺下了没人管，让狗拖出去啃着吃了不就完了。"孔刚听了父亲这话真是越发生悲，只好含泪说："爹，你先别着急，等我找单飞和杜义两把有些事安排了我就走。"孔大叔却不再理孔刚，侧身躺在炕上装睡。

　　李奇并不是诚心实意来请孔大叔去喝喜酒的，只因孔李两家多年不睦，多次发生争执，但李奇终究没能占到便宜，所以一直怀恨在心。如今看孔家连连出事，走了背运，自己的儿子和孔刚同龄，先找了对象要定亲。李奇就想了软方儿，想借此机会来显摆显摆，后来看孔家父子两斗上了嘴，正合了他的心意，也不告辞，沾沾自喜地回去了。

　　下午，薛兰的耳朵里便传来了许多欺辱孔家的话，说什么孔家的厄运已经开始，丧妻的丧妻，死子的死子，走的走，散的散，就剩下个孔刚顾老顾不了小，顾小顾不了老，早晚也是累死的货。薛兰听了这些话，气急败坏地牵着虎子直奔孔大叔家来，一进房门，母子俩就跪倒在孔大叔面前，把孔大叔吓得手足无措，扶也不是，不扶也不是，忙叫孔刚来。孔刚也以为是出了什么大事，忙扶起虎子来问，虎子却摇头不知。孔大叔越觉得不对劲，急得跺着脚，对跪在地下的薛兰说："有什么话，你站起来说，跪在地上算什么事？"薛兰仍跪着问孔大叔道："爹，我是不是你孔家的儿媳妇？"孔大叔听了这话，更是吃了一惊，还以为儿媳妇有了别的想法，忙说："你这傻孩子，你不是我孔家的人，那你是谁家的人？"薛兰说："既然我是孔家的人，你们有事为什么不找我商量？"孔大叔悬了半天心，听儿媳妇却为这事，忙说："孩子，快站起来吧，你孤儿寡母过日子，我哪敢再往你头上摊事。"薛兰说："爹，这就是你的不是了，难怪让别人如此小看我们孔家，孤儿寡母怎么了？我们顶不了天立不了地，过日子难道也有问题吗？我承认在年轻的时候是糊涂了些，没孝敬过公

婆，那时候想着兄弟们多，有靠头，并不代表我这人心坏，可后来我也收敛了，但有什么用？还是让别人钻了空子，就连走路走不利索的孤寡老儿李奇，也敢爬到我们头上来拉屎撒尿。我已经在人前捎口信过去了，他要是再敢捣出送进说我孔家的闲话，不用孔刚过去，我就能拔掉他的牙。"孔大叔听了点着头说："原来又是那老不死的在说闲话，他不是早上就来过我们家一趟吗？怎么又跑到你那里去了？"薛兰站起身说："我家他倒是没去，可他在柴虎媳妇面前说了一大堆我们孔家的难听话，结果又让柴虎的媳妇传给了我。"孔大叔听了生气地说道："他对我们孔家不满，肯定说了不少的难听话。"薛兰将听来的话又说了一遍。孔大叔听了，穿上鞋就要去找李奇拼命。孔刚连忙拦住父亲。薛兰也拽着孔大叔的衣角说："爹爹息怒，想找李奇算账，何必要在气头上去生事端，他算哪根葱，凭什么他吹一口气，我们就要跟着动？再说我们自家的事要紧，等我们自家的事处理好，想让那老鬼难受几日就让他难受几日。"孔刚也忙说："爹，嫂子说得对，传来的话有几分是真的，柴虎那婆娘本来就嘴毒，谁知道又添油加醋地捏造了多少不好听的在里面。为些闲话折腾个事出来，不值得，我们家本来就不顺，让人家议论也是难免的，我们自己再跟着掺和进去，那才真让人给愚弄了。"孔大叔想想也只能这样了，便唉声叹气地坐在炕上。

薛兰倒了茶，递在孔大叔手中说："爹，你也别太愁肠，我已经想好了要搬过来住，让孔刚去把他二哥三哥的两个孩子找回来，我拉扯，我就不信没有办法了。以后虎子和你睡一屋，让他早晚陪着你。等孔刚走了，我就住他那间，等他回来，我们娘俩再搬回去。"孔大叔说："你那边怎么办？"薛兰说："把有用的东西都搬过来，屋门一锁，就那几件老鸦架有什么要紧的。"孔刚听嫂子在这关键时刻能说出如此深明大义的话，心中非常感动，便插言道："嫂子，你这么做，岂不是太辛苦了？"薛兰说："我在家里有吃有喝的，辛苦什么？倒是你去外面风餐露宿的怕是要受苦，走的时候多带点钱，别困在半路上又让人笑话。"孔刚说："不会的，兰州离我们不远，来来回回也就几天。"薛兰说："哪有你说得这么轻松，在我们东坪沟，孩子藏起来了也得找上半天，你在大城市要找个人那还不跟大海捞针一般，更何况你去了人生地不熟的，哪有你说得这么容易的事。"孔刚说："这个简单，李虎他媳妇去过省城，肯定知道地址，我去问清楚，到省城接着人就能回来。"薛兰说："你也有糊涂的时候，按理说你二哥三哥出事这么久了，你嫂子她们俩应该都回来了，就算不想回来也该给家里通个信的。可直到现在却音讯全无，我琢磨是那两个婆娘怕人耻笑，不敢回来，要不怕是有了什么变动。当然谁都盼着你去了能找到人，就怕他们挪个地方，就够你找的了。"

孔大叔也对孔刚说："你嫂子说得对，家里还剩几百元钱，你全拿了去，无论如何也要把人给我找回来。"薛兰笑着说："你听爹说的这是谁家的话，你那些钱就留着零花用吧，几百元钱让孔刚拿着够什么。我这有，让孔刚走的时候拿个两三千防备上。"孔刚忙说："嫂子，你这钱我更不能动了，留着让虎子上学用吧，我去找杜义先借些。"薛兰生气地说："你这是哪门子歪理，难道嫂子还不比外人亲，别人的是钱，我的是纸，你拿了要咬手？"孔刚看嫂子发了火，就不再吭声。

孔大叔沉思片刻说："孔刚，你就先拿你嫂子的钱用吧，等你回来，再想办法还她也一样，有什么事总去麻烦人家杜义也不好。"孔刚只好答应了。薛兰这才高兴地对孔刚说："钱你放心用，我算了，剩下的足够虎子上学和爹零花，你出门外别舍不得吃舍不得喝，不要又像你大哥一样精打细算活了一场人，还不是空着两只手走了吗？"孔刚一听嫂子又提到了大哥，就急忙伸出双手说："嫂子，你看，我这手里哪有个舍得舍不得的钱？"薛兰说："不着急，有你这么个聪明人，以后想挣多少还不有的是。"

孔大叔却听得不耐烦了，脱鞋上坑坐里面说："你俩再别扯这没用的，既然商量好了就抓紧行动，还不知道我那两个孙子在外面怎么样了。"薛兰忙答应着领虎子回家收拾去了。

第二天，孔刚叫了单飞帮忙，两人开车把薛兰家的东西全搬了过来。薛兰在家收拾，孔刚和单飞就坐车去县城找杜义告辞。

杜义刚忙过中午，正坐着喝茶休息，看单飞和孔刚两人来了，喜得绕着桌子走了两圈，吆喝着让服务员上了壶好茶，自己进厨房炒一桌菜端来。单飞看桌子上摆得琳琅满目，早就馋涎欲滴，不管三七二十一，先挨个尝了一遍。孔刚等杜义回来便埋怨说："都是自家兄弟，你何必这么铺张浪费，炒这么多菜吃不了倒掉，岂不可惜？"杜义笑着说："遭罪就遭罪，我们哥俩长这么大，也就今天能像模像样地吃顿饭。这些菜全是我最拿手的，炒了让你和单飞尝尝，要不然我油头油脑地学个厨师干什么？"单飞笑着对孔刚说："你就动筷子吃吧，好不容易等杜义这么大方了一会，我们再不鼓励鼓励他，那他以后就更抠门了。"杜义也笑着对单飞说："知道你就赶紧说想喝什么酒，要不然等我反悔了你就坐着干噘嘴。"单飞说："武威人，喝皇台酒最好。"孔刚便阻拦说："酒免了，杜义上着班，我又不喝酒，就单飞一个人，也是喝不了几口酒的人，别剩下又浪费。我们赶天黑还要回东坪沟的。"杜义说："你不喝酒，不知道酒的好处。这个季节又不干农活，你着急什么？前些日子我还想着你们来的，想回家一趟去看看，只是抽不开身，我师傅又在这个月初走了，现在这么大个店头灶二灶就剩下我一个人拨拉，到晚上累得我这右手腕儿都疼。今天我也不管他老板不老板，既然把你们都盼来了，我们哥俩就好好痛快他一下午。"孔刚忙说："这怎么能行，不要因为我们来你就跟着起混，把人家这么大个店撂着不管，万一老板生气，想着你才学会了手艺就拿把人，日后你们心中都有了想法，一个横眉一个吊脸，难共事。"杜义说："这你放心，我们老板也不是小气人。他比谁都清楚，我在这店里里里外外地操心，还一个人干着两个人的活，来个朋友，就耽误他一下午时间，这点面子我想他还是给的。你们都安心，我这就找老板说去，他要是同意我们就喝，他要不同意我们另做打算。"单飞听了杜义的话，高兴地点头称赞道："这样最好，正合我意。"杜义也不管孔刚同意不同意，转身找老板商量去了。

孔刚无奈，只是用眼瞪着单飞。单飞笑着对孔刚说："你眼睛翻我干什么？你也知道杜义说风就是雨的性子，我们要不顺着他，到晚上他还不切腹自杀。"孔刚说："我不知道杜义会怎么样，但我敢保证，你今天要喝不到酒，晚上肯定睡不着觉。"两人正说着，杜义已经得意洋洋地回来敲着桌子说："怎么样，让我说准了吧，老板累得跟乏羊一般，坐着哈欠眼泪地打盹，我过去一说，他倒精神了半截，南腔北调地唱了段歌，高兴得像是我给他放了假，提着包走了。我看他前言不搭后语地出去了，说真心话，人都一样，命重要，钱财到底是身外之物，就算坐在钱堆上他也得有精力数。"单飞笑着说："杜义这张嘴什么时候都能把死的说成活的，活的说成死的。"杜义一边倒酒一边说："你们来了我高兴才这么畅快的，平日里我说一不二，在工作时间不开玩笑，时间一长，人就觉得很憋闷。今天你们来了，我们哥仨好好乐一乐放松放松。"孔刚听了不解地说："你该怎样就怎样，怨气冲天的，难道还有人要管着你这些自由不成？"杜义忙说："我现在身操井白，哪用人管，求别人安稳些还来不及，若是稍微随和些，配菜的人先蹬鼻子上脸了，粗一根细一根，多一份少一份闭着眼递来了；你正炒着菜，打杂的又嘻嘻哈哈凑上来，勾肩搭背地和你闹；服务员也是嬉皮笑脸，端着盘子扭一路撒一路，整个后堂唱的跳的都乱套了。"孔刚忙说："定些规章制度说明白，该工作工作，该玩笑玩笑，凭你使脸色怎么好约束人。"杜义摇着头说："他们一个个全是十八九岁的小伙子、小姑娘，激情就像火一样，说着就着了，说灭就灭了，他们哪有什么责任心，都是搭伙儿疯的，比我们小时候更要命。"单飞听了却幸灾乐祸地拉长声调说："那以后可有你杜义受得了。"杜义吃了口菜说："可不是，我现在从早到晚都是挺着腰板，到晚上累得头都疼。"孔刚忙劝说道："杜义，别思想压力大，和你们老板商量商量，有闲时间给员工多开开会，让他们学习学习，让他们懂得团队精神和责任心，比什么都主要。都是年轻人，只要思想一进步，干事还不顺利？"杜义给单飞递了一杯酒说："我们喝酒，这些事以后我想办法，人家都是来当临时工的，谁还吃你这一套。制度在他们眼里就是枷锁，定得越多效果越差，都看在钱的面子上，两天她不干了三天我要走的，哄还来不及，谁还敢得罪这些奶奶爷爷们？"孔刚说："行行出状元的，是不是你们店里工资低？"杜义说："工资高低不说，端盘子倒水就不是一辈子干的事，人家小娃娃出来都是图红火混日子，谁还往这上面费心？"单飞接过酒杯一饮而尽，看着杜义说："闲话等酒足饭饱了再说，饿着肚子就是有个好办法要教给你，也早忘了。"杜义就笑着只管给孔刚和单飞夹菜。

孔刚挨个尝了一遍杜义炒的菜，点着头对杜义说："菜炒的果然色香味美，看来杜义艺成业定，在不像以前那马有章没制了。"杜义忙说："雕虫小技，算得了什么，哪敢在你才子面前炫耀！"单飞笑着对杜义说："谦虚是你亏吃得多，知道夹紧尾巴做人了。"杜义也笑着说："你单飞要不要也来试试？"单飞忙摆手说："我就免了，你这里一个萝卜一个坑，我自由惯了，怕受不了这些。"孔刚又看着杜义问道："你菜做得这么好，是你师傅教得好，还是你自己研制得好，还是从烹调书上学来的？"杜义说："师傅教得好，多数烹调书上的方儿不实用。刚开始学炒菜的时候信心大，长买些书来照着做，结果炒出来的菜味不正，后来挨了师傅的批评才丢了手。"孔刚吃惊地问道："那是怎么回事？"杜义摇着头说："不知道，可能是写书的人不是专业厨师，就算是也没交实底，尽弄了些数字写在上面糊弄人，这个两克，那个十克，看着倒是精确，其实与味无关，操作也难。炒一盘鱼香肉丝简单，将肉丝和配料一过油，放红油，葱姜蒜炝锅，豆瓣酱、糖、醋放成正比后煸香，再放几粒味精，倒入配料翻两下收汁出锅，就香。你再看书上那就成数子串了。"孔刚却有些不相信地说："这怎么可能，书上的东西哪有不精确的？也许是各个地方的口味不同，或是你没读懂人家的操作方式吧？"杜义却说："你不信这个，还有比这更让你受不了的事，前几天，有个小伙来我们店应聘配菜，说是在职业学校，花了五千元学费，用了三年的时间学的烹饪。我心想人家资格都比我老，就忙答应了。等中午开饭时候，我在这头炒菜，他在那头切配，一桌菜还没有上完，他就赶不上趟了，我耐着性子忙完了中午，把小伙叫到前面来细问情况，小伙子自己也觉得委屈，红着脸给我说了实情。原来他们学校有四五十个学生，就一个烹饪老师，今天要学一道菜，老师买点材料来，一大帮学生你挤我推地站着看，老师一个人在那里嚓嚓切了，放进锅里一炒，让每个学生尝一口，就算这道菜学完了。回头让学生们照着课本背理论去，一背就是七八天，又该学新菜了。老师又买些别的材料来，一切一炒一吃又学完了。学生们只学了些理论知识，实际操作一点不懂。那小伙子在那学校里一来二去白耗了三年，自己先扛不起了，生活费、住宿费，这些钱花不起，本来是三年的学期，两年多就跑回来了。"单飞说："这小伙子错了，熬到头终有个好结果的，牛身子都进去了，还害怕个尾巴？"杜义说："没用的，再耗下去也是白搭时间，那小伙子说了，有比他学早的人，到了年限也一样，只是能拿一张厨师证，最后让学校随便联系个地方，名义上是去实习，实际是去做杂工，学员一切还得从头再来。学校却美其名曰地吹捧，能给学员安排工作，招摇过市的大做广告，继续招收新学员。"孔刚说："按理，学校是人不容置疑的地方，人家的孩子奔前程的事，也敢随便当儿戏？"杜义说："疑不疑，就看人傻不傻。这世上，有卖当的就有上当的。"孔刚又问杜义道："你有没有问他，是我们这里的学校，还是外头的？"杜义说："这我倒没问他，我看这小伙子可怜，就把他留下了，现在可能在后堂，要不我叫来问问他？"单飞插言道："别再啰唆了，问不问都两个无，就是问明了我们又能怎么样，还不是平白无故地找扫兴。"杜义也笑着说："单飞说得对，问多了小伙子越难受。"孔刚就不再说什么，低头只是吃菜，杜义和单飞二人举杯畅饮起来。

酒过三巡，单飞话更多了，一口气把孔刚要出外寻亲的事情给杜义说了。孔刚也将家中之事一一相托于两位好友。杜义听孔刚要外出寻亲，心中不舍，又看孔刚穿的鞋单衣薄，心中越是难受，便失去了喝酒的兴头，勉强坐着吃喝完。杜义让单、孔二人坐着喝茶，自己推说有事，独自走出店门外，来到街市，挑好的买了些东西，悄悄回宿舍放在柜子里，才回来陪单飞和孔刚玩纸牌。杜义等孔刚去小解时，小声对单飞如此这般说了一番，单飞点头答应着。孔刚回来看杜、单两人正在交头接耳地说什么，还以为是杜义和单飞要捣鬼赢他，就生气不玩了。杜、单二人无法，只得收了牌睡去。

第二日，孔刚和单飞告辞了杜义要回去，杜义提包递给单飞，说是帮忙捎回家的，单飞明白杜义的意思，提了包和孔刚乘车回到东坪沟。

孔刚回到家，一夜不曾入睡，好不容易躺到天亮，匆匆吃过早饭就要起程。孔大叔、薛兰、虎子三人定要相送，孔刚看外面天冷，便含泪将他三人拦住，一个人背着包来到公路边，拦下一辆开往兰州的客车。刚准备要上车时，单飞却窜了出来，一手提着一个包，递给孔刚说："这包是我送你的，另一个是杜义送你的，我们哥俩祝你一路顺风，早日回来。"单飞说着连人带包把孔刚推上车去。孔刚还没来得及给单飞说声再见，车就开动了。孔刚只好找了座位坐下，先打开单飞的背包一看，里面装着一只卤鸡，二十个熟鸡蛋，一件新棉衣，一条新毛裤，五百元现金。杜义的包里装着一件新棉衣，一双新皮鞋，一千元现金。孔刚看着这些东西，忍不住热泪盈眶。

第十一章　寻亲侄

1

孔刚来到兰州车站时，已到下午，太阳在雾气中朦朦胧胧。孔刚匆匆穿过人群，按照李虎媳妇讲的地址，很快找到孔祥他们以前住过的地方，可惜早已人去楼空，嫂子和侄子不知去向。这下孔刚真着急了，忙向房东打听。房东是位六十多的老太太，一头银发，看上去很慈祥，知道孔刚是来接孩子们的，便摇头惋惜地说："你早来二十天都能见着人，你嫂子们走的那天上午也没给我打招呼，我也是下午才知道她们走的。"孔刚忙追问道："阿姨，你知不知道她们去哪了？"老太太摇着头说："说不准，估计是去得远，锅碗行李都没拿走。而且住在她们隔壁房里的两个西藏男子也是同一天走的，也没带过行李。平日里你两位嫂子和那两个男子成天在一起打牌，他们走了后，院里的人十个有九个都议论着她们是那两个男子拐跑了她们。"老太太咳嗽了一声，又接着对孔刚说："孩子，我说这话你别往心里去，无风不起浪，人们这些谣言还是有根据的。你两个嫂子和那两个西藏男子在一起鬼混已经不是一天两天了，成天在一起不是打牌就是喝酒。大人们糊涂，孩子跟着受罪，孩子要是闹了就遭一顿好打。你两个哥哥没事前，三天两头不回家，就是回来了，也喝得酩酊大醉，不是骂婆娘，就是打娃娃。邻居们都看着孩子可怜，你家给个苹果，我家给个香蕉。我还偷偷劝过你三哥的，别在跟那姓龙的贼骨头混了，我们本地人知道的躲还来不及，他们反倒称兄道弟地认上了，这不是引火烧身吗？

可你哥听不进去，还以为是我挑拨离间，从那以后见我还大呼小叫的。结果案子一犯，死的抓的全是他们这帮替死鬼，人家早领着姓朱的女人头个月就跑得无影无踪了。就算警察把他抓回来，顶多也就是幕后操作者，凡事人家没有动手参加，判不了死刑的。人家脑子好，算路清，干事留着余地的。不像你两个哥哥糊涂虫，有了血的教训就该早回头。谁知他们竟然把孩子也带来受罪，这下好，那两个西藏男子也都是二流子，两个孩子跟着也是受不完的罪。或许你做叔叔的能找到他们，如果能接回来，也是那两个孩子的福。"孔刚听老太太这么一说，急得更是心如火烧，忙催问道："阿姨，您老知不知道那两个男子是西藏哪个地方的人？"老太太说："不知道，我们这的房客都是先付房租后住人，我们从不登记的。"孔刚谢过老太太直奔火车站而来。

　　这时通往西藏的铁路还没修通，孔刚并不知道。只好买了张去青海格尔木的车票，当夜乘火车来到青海格尔木。孔刚下车后天还没亮，找了个旅馆暂且住下，一觉睡到下午，又错过了乘车时间。孔刚心中着急，信步走到大街，来到一饭店门口时，看黑压压围了一群人，里面传出了孩子的哭声。孔刚顿时来了精神，拨开人群观看究竟，却是一黑汉正在殴打一个十一二岁的小男孩。孔刚以为是孩子淘气，父亲只是随便管教他而已，并不在意，转身准备离去。刚走出人群，却听那孩子惨叫着连喊救命，孔刚感觉事情不妙，忙转身又挤进人群，看孩子已经蹲在地下，一双小手捂着鼻子，手上脸上全是血。那黑汉还在继续用皮鞭抽打他。

　　孔刚忙走向前，喝住那大汉说："这位大哥，孩子有什么错，领回家好好教导就是，为何要在大街上这般毒打？"那孩子一听有人来救，便拼命地跑到孔刚面前说："哥哥，快救我，他不是我爸爸，是这家饭店的老板。"孔刚问道："他为何打你？"孩子回答说："今天，我扫地的时候捡了十元钱，不料让他看到，冤枉我偷了他五十元钱，花去了四十剩下这十元，他抢走了钱，还逼我承认欠他四十元钱的账，让我以后多干活给他顶账，我不愿意，他就动怒打我。"孔刚又忙问孩子道："你在这家饭店打工吗？"孩子回答说："就算是吧。"孔刚问明情况后，指着那黑汉说："你好大的胆子，雇用童工，还敢虐待。"那黑汉姓马名黑三，绰号黑金刚，会些三脚猫的功夫，是本地一地痞。传说在可可西里淘金的时候，他

275

一人打死过两只狼，因此这条街上无人敢惹。

黑三看孔刚是外地人，哪里放在眼里，冷笑着对孔刚说："我捡个小流浪汉来，管他吃管他住，让他干点活，管教管教不成吗？"孔刚说："人心是肉长的，你不能欺负人，别人家的孩子也是孩子，堂堂七尺男儿欺压童叟，算什么本事？"黑三恼羞成怒，指着孔刚骂道："在我的地盘上，有人敢管老子的闲事，难道这世上真的还有比这孩子更欠揍的人吗？"黑三说着扬鞭向孔刚打来，孔刚闪身躲开，就势抓住那黑汉握鞭的手腕，黑三动弹不得，心中吃惊，左手抽刀向孔刚刺来。孔刚哪里容他放肆，一侧身将黑三拧翻在地，黑三知道不是孔刚的对手，忙趴在地上求饶，孔刚松了手。黑三弃刀逃进店里，转身站在店门口，指着孔刚骂道："小子，有种你到店里来打你三爷。"孔刚看这黑汉如此无礼，心中大怒，牵着孩子打进店来。黑三慌忙招呼伙计们拿家伙前来帮忙。孔刚早拿起桌上一盘剩饭，连盘带饭按在黑三脸上，抬腿一脚将他踢翻在地，两个伙计忙前来相助黑三，又被孔刚打翻。后堂里又出来几个油头的厨师，手里提着菜刀、勺儿、铲儿冲了上来，孔刚心中暗笑，展开手脚将他们打得落花流水。黑三看斗不过孔刚，第一个抱头跑了，剩下的伙计们看老板逃了，谁还恋战，便一窝蜂似的向外逃去。孔刚伸手抓了位跑在最后的厨师，让他去弄些饭菜来。那厨师哆哆嗦嗦，去了半日端来一盘熟牛肉，一盘烧饼放在桌上，趁孔刚不注意也溜了。

孔刚让那孩子过来一同吃喝，孩子吓得闭嘴不停地摇头，孔刚笑着边吃边问那孩子道："你是哪里人？"孩子回答说："西藏日喀则人。"孔刚又问道："叫什么名字。"孩子回答说："扎西。"孔刚又问道："你为何跑到青海来。"孩子说："想看看外面的世界。"孔刚又问道："外面的世界好吗？"扎西倒也聪明，一听孔刚这话，便跪倒在地说："哥哥，你要是把我送回家，那你就是我的再生父母。"孔刚忙扶起扎西说："你跟着我，难道不怕我是坏人吗？"扎西说："你不像坏人。"孔刚说："好人坏人脸上有没写字，你怎么能看得出来。"扎西说："你要是坏人就不会来救我。"孔刚说："我救你也许另有目的呢？"扎西却说："哥哥，我相信你是个好人，你要救我回家，我阿爸阿妈一定会感谢你的。"孔刚却说："你要真想回家就过来吃饭，等吃饱了我们再商量，这黑鬼不知吸了你多少油水，你吃他一顿饭还怕吗？"扎西吃了一口牛肉说："我才不怕他，你要能教我些武功，过两年我就敢扒了那魔鬼的皮。"孔刚笑着摸了把扎西的头说："你小鬼倒想得美，我没收拾你，你倒算计上我了。"扎西忙跪在地上说："哥哥，我哪里敢有什么妄想，我只是盼着你能教我武功，以后遇着坏人，再不像今天这么狼狈，也不辜负你今日搭救之恩。"孔刚忙扶起扎西说："你要真想学，有机会就教你，何必要这样。"扎西听孔刚答应了，高兴地站起来，蹦蹦跳跳地要和孔刚拉钩起誓。孔刚看扎西这般天真，心中喜欢便和他拉了钩。

这时，店门外面喊声四起，黑三又领着十几个壮汉，手提砍刀冲进店来。孔刚看这帮人来势凶猛，怕伤着孩子，四下一看，店内并无顺手家伙，忙从厨房内抱出一摞盘子放在桌子上，展开身手一阵飞碟飞盘，将那群人打出店外。扎西趁机捡了把砍刀递给了孔刚，孔刚提刀追打了出去。这群乌合之众，哪里是孔刚的对手，一瞬间被孔刚用刀背打翻了六个，剩下的还想来围攻。孔刚觉得不给这群人一点颜色看看，他们是不会轻易罢手，便一侧身来到一位留着长发汉子面前，手起刀落，头发撒了一地，惊得那汉子魂飞魄散，半天回过神来，用手一摸头还在，便"妈呀"叫了一声，弃刀逃命去了。孔刚又趁机打翻了两个，剩下的便四散而逃去了。黑三也想逃跑，孔刚刀一挥架在了他的脖子上，逼黑三进了店来。

孔刚让黑三给扎西道歉，黑三点头哈腰，只是给扎西赔不是，扎西噘着小嘴看都不看黑三一眼，嘴里只是说："你要是真的知道错了，就把我一年零两个月的工资给我结了。"黑三忙说："我的小祖宗，工资不是月月都给你算清楚的吗？怎么又扯上这事了？"扎西说："你这是坑人，哪是算账，说好每月一百元钱的工资，一年多了谁见过你一分钱，到月底，你破计算机一按，扣光了。我在你这里只是白受苦，你还嫌我吃多了喝多了，三头五日地找茬打我，我身上青一块紫一块就没好过，你比那山里的野狼还狠毒。"黑三忙笑着对扎西说："你这孩子，叔叔这么大个店，没个条条框框怎么行，你们这么多人，今日他打个碟子，明日你摔个碗，要是都不赔钱，那我一年四季尽买餐具了，还挣什么钱？"扎西说："红脸黑脸全让你一个人唱了，那些大厨们成摞儿地打碎碗，你还得站着给他们赔笑脸，别说扣他们的钱，你连声都不得吭。一天到晚瞪着眼珠子光盯我

们这些好欺负的，猪屙的狗屙的，到月底全扣到我头上了，这一年多我只打碎了二十个碟子十七个碗，睡迟了八次，这我全记着的。你再怎么胡搅蛮缠，数字是真的，你总不能又赖皮说你的是金碗银盘子吧？"黑三忙说："我月月买来的盘子，用去的费用何止一两百元，这你也是见着的，怎么能说我胡搅蛮缠？"扎西说："你怎么做了老天爷知道，你也就只能欺负小孩子，在厉害人面前你还不如一条狗。"黑三忙说："孩子，好不好我是你叔叔，你别这么又咒又骂地糟蹋人，会遭报应的。"扎西说："岁数大点的牛还是伯伯，你去和它比比看你差些啥？你凭良心想去吧，我的工资，你想给你就算了，不想给，你就留着吃药吧，我阿妈说了，江上来的水上去，你要不信，你就等着瞧。"

孔刚却听不下去了，拉黑三的手放在桌面上，手起刀落，黑三手前的桌子被齐齐砍断，吓得黑三脸色苍白。孔刚又问道："怎么听，也是你这黑鬼无理，当初你招这孩子来做工，就应该想到是孩子就容易犯错误。他犯了错误，你就要给他改过的机会，这是普天下都公认的事。你是我第一个见到这么对待孩子的人，你的这种行为让我很惊讶，也很气愤，所以，这事我管定了，你要不把这孩子的工资结了，我就砍下你一只手，为这孩子讨个公道。"黑三相信孔刚会这么做，忙从兜里掏出钱递给扎西。扎西点点还不够数，便赌气把钱扔到桌子上说："怎么还差四百元？这钱我不要。"黑三狡诈地笑着说："差的，我到吧台拿来补上。"孔刚松了手，黑三如漏网之鱼，三摇二摆跑出店门外去了，孔刚也不想再生事端，让扎西收了钱，两人匆匆离开饭店回到旅馆。

2

次日，孔刚领扎西赶早乘坐了开往拉萨的客车，离开了格尔木。到拉萨又转车坐到日喀则，走了一天的山路，才到扎西家。

这时，扎西的家人都已经准备要睡觉了，看失踪一年的扎西突然破门而入，全家人都惊呆了，扎西的母亲搓着脸，用藏语喃喃自语道："这难道是在做梦吗？"扎西扑进母亲的怀里说："阿妈，真的是你儿子回来了，扎西知道错了，以后再也不离开阿妈半步。"扎西的母亲抱着扎西痛哭起来。扎西的阿爸洛桑也含着泪水说:"孩子回来了是好事,我们应该高兴,怎么又哭起来了?"洛桑说着把扎西拉到自己怀里,细细看着扎西脸上的伤,说:"孩子,你在外面受苦了。"洛桑说完也泪如雨下。扎西依在父亲的怀里不吭声,双手只管摸着父亲腰里的烟袋。扎西的姐姐卓玛,笑着从衣柜里取出件新衣服,拉扎西站在一边说:"自从你走后,阿妈天天拿着这件衣服在外面等你回来,你还不赶紧把脏衣服脱了,把这件衣服换上,让阿妈看看。"扎西便撒娇让姐姐给他换。卓玛笑着给扎西脱了脏衣服,把新的给他穿上。扎西看新衣服,却短了半截,望着姐姐伸舌头扮鬼脸,逗得一家人都在笑。

孔刚看扎西一家人高高兴兴地团聚了,自己也欣慰地笑起来。扎西这才想起了自己的救命恩人,忙把孔刚拉到父母面前说:"就是这位哥哥救了我,是他把我送回家的。"扎西的父母忙对孔刚千恩万谢,孔刚虽听不懂他们在说什么,但看样子是在感谢自己,忙对扎西说:"告诉你父母,千万别这样,我只是做了些微不足道的事,根本用不着这么客气。"扎西却对孔刚说:"哥哥,是你太客气了,你救了我,我阿妈阿爸能不感谢吗?再说我们藏族人最是注重情义,你要不接受我阿爸阿妈的报答,他们会内心不安的。"洛桑早做了个请的手势,要让孔刚上炕到里面坐,孔刚看不懂,忙问扎西道:"你阿爸这是什么意思?"扎西指着炕桌最上方说:"这个位置是我们留给最尊贵的客人坐的,我阿爸要请你上坐。"孔刚忙摇着手对扎西说:"快给你父亲说,这万万使不得,你们有你们的习俗,我们有我们的礼节,有长辈在,我怎么能坐此位置?"扎西不说,孔刚无法,只好笑着将扎西的父亲连推带让,让他坐了上方。洛桑无法,只好用藏语开玩笑说:"这不成了阿爸的家里,阿爸大了吗?"听得扎西和卓玛都笑了起来。孔刚被他们笑得莫名其妙,只好红着脸看着扎西。扎西笑着把父亲的话翻译给了孔刚,孔刚听着也笑了起来。

这时,扎西的母亲端来了上好的酥油茶和炒面,扎西早饿得饥肠辘辘,三五口喝掉了半碗茶,在碗里加了炒面,用中指迅速的搅拌均匀后,捏成一个个的小糌粑,津津有味地吃了起来。孔刚忙向扎西做了个用筷子吃饭的手势,扎西这才恍然大悟,忙用藏语喊着让姐姐给孔刚拿双筷子来。孔刚接过筷子拌了炒面,狼吞虎咽地吃了一碗,觉得满嘴都是酥油的

香味，就还想拌一碗了来吃。扎西就给孔刚满满倒了一碗茶说："你先喝茶，我妈在煮手抓羊肉，还有风干牦牛肉，等会我们吃肉，酥油炒面不顶饿，想吃以后有的是。"孔刚只好坐着喝茶。

扎西依在父亲旁边，讲起了他如何拿了家里的钱，又如何坐车偷跑到格尔木，如何在格尔木花光了钱流浪在街头，让黑三收留了他在饭店当杂工，在饭店黑三又如何虐待他，又如何被孔刚救了回来的事。洛桑听完儿子的这番经历，流泪摸着扎西的头说："下次，再不敢一个人往外跑了，自从你走后你阿妈从来就没有笑过，每天黄昏都要拿着你这件棉衣，站在门口等你回来。看着实在让人揪心，想劝又不敢劝，把你找不回来我无法给她交代。现在我们一家人又欢聚一堂……"扎西忙说："阿爸，你放心，再也不会有下次了，现在我已经明白世上只有阿爸阿妈的胸怀才是最美的天堂。"洛桑说："傻孩子，你还小，等你再大些，你也能知道人总要把些简单的道理弄复杂了，才明白世界上还有一种东西叫愚蠢。我们大人都要犯错误的，不要说你一个孩子了，活一场人不容易，不是你们想象中一蹦三跳就能蹦跶完的。不管你在外面受了多少苦，我们受了多少煎熬，你能回来，一切都是值得的。"扎西说："我就是想多了，才犯了错误。"洛桑说："人生从一到十是件完美的事，愚蠢人看到了一想到了十，忽略了中间的数字，经常半途而废，聪明人看到了一想到二，一步步走向成功。正如你们小孩子长大一样，从一岁到十岁一年年慢慢长大，不管你心中有多着急，都脱离不了这个事实。如果一个十二岁的孩子经常想去做十八岁孩子想做的事，那么这个十二岁的孩子，将会把自己停留在十一岁的智商里开始糟蹋自己的人生。你们孩子的心就是天真纯洁的花园，不敢有一丝丝邪念放在里面，一就一，二就二，认真对待，千万不要挑三拣四。阿爸是过来人，能理解你的想法，也知道该如何面对这些事情，我希望你能记在心里，时刻约束自己。"扎西低头不再说话，洛桑又说："只是辛苦了你这位哥哥，也不知道他是专程送你回家的，还是顺路来西藏办事的？"扎西回答说："这我倒没问。"洛桑说："你快问清楚了，我好感谢他，看着一个好青年，很想和他说说话，只是语言不通没法交流，让人干着急。"扎西忙说："阿爸，你想和他聊，我可以做你们的翻译，我现在汉语说得可好了。"扎西的父亲忙问道："你是怎么学会的汉语？"扎西回答说:"坏蛋黑三逼的,在他店里第一天,他就提着皮带,见着盘子让我说盘子,见着碗让我说碗,后来我被打怕了,见着不会的自己就练上了,三个月后我就慢慢学会了讲汉语。"扎西的父亲叹了口气说:"看来天下还真是没有白吃的亏,你虽然受了些苦,但也学会了些东西。"扎西却不愿意了,努着嘴巴鼻子一抽一抽地不说话。

洛桑看儿子不高兴,又忙哄道:"乖儿子,阿爸逗你玩的,你快坐好了给我们当翻译,我和你这位哥哥聊些家常。"扎西这才来了精神,盘腿坐好看着孔刚说:"哥哥,我阿爸想和你说话,让我来给你们做翻译,你看行吗?"孔刚正坐得无聊,听了自然愿意,忙点头答应了扎西。扎西说:"我阿爸让我告诉你,你专程从格尔木把我送回来,他内心很感激,想谢谢你又不知道该怎么做,只是盼望你能在我家多住一段时间,以表他对你的感激之情。"孔刚忙说:"小扎西,快告诉你阿爸,我也是路过格尔木凑巧碰上了你,这也算是你我有缘,根本不值一提的事。我到西藏来也有事要办,人生地不熟自然有麻烦你们的地方,人活一世谁不用谁。"扎西忙问孔刚道:"不知你到西藏来有何要事,有什么需要我们帮忙的,只管开口就是了。"孔刚便将寻亲的事说了一遍,洛桑听了兴奋地握着孔刚的手,用藏语不知说了些什么,孔刚听不懂,着急地看着扎西。扎西忙给孔刚翻译说:"哥哥,我阿爸让你不要着急,他每年夏天都要到各处去收羊毛,你就在我家安心过冬,等明年夏天,我阿爸带你到四处去打听,你们可以一边收羊毛做买卖,一边打听那两个小弟弟的事。收了羊毛赚了钱,你和我阿爸平分了,这不是两全其美的事吗?"孔刚听了心中欢喜,忙对扎西说:"快告诉你阿爸,我长期住在你们家里,已经是麻烦事,哪里还敢再想挣钱不挣钱,只要你阿爸能帮我在西藏找着我那两个侄子,我就感激不尽了。"扎西却说:"哥哥,你就听我阿爸的安排吧,我们也有帮人的心,更何况你是我的救命恩人,就算不是,我阿爸也一样会帮助你的。你不知道我阿爸阿妈都有一颗金子般的心,如果你不接受他们的好意,他们也会很难过的。"孔刚忙说:"扎西,就因为你阿爸阿妈是好人,我做事才要将心比心,过分了我自己也内心不安。"扎西听了着急地说:"哥哥,你就答应了吧,这是我第一次为别人着想,你难道就忍心让我失望吗?在我们小孩子心中,接受可是比付出更能感受到爱的。"孔刚听了便

笑着说："小鬼，汉话说得比我还好，我就先答应了你，不过以后可得酌情再定，要是你阿爸利润好，我少分些钱也成。"扎西听孔刚答应了便忙向父亲说明。

洛桑高兴地催着卓玛端来手抓肉让孔刚吃，孔刚也不客气，甩开腮帮子狼吞虎咽吃将起来。洛桑看着孔刚吃得香甜，又让女儿拿来了青稞酒让孔刚喝。孔刚连忙谢绝，洛桑只好自己喝了一碗，等孔刚吃过后，陪他在堂房里睡下。

第二天，孔刚刚起床，扎西和他母亲就拿着一包东西走了进来，孔刚忙让座。扎西先拉着孔刚的手说："哥哥，我阿妈担心你在我们这里水土不服，怕你生病，让我阿爸赶早去了趟洛巴叔家，给你买了件新衣服，不知你穿着合不合身？"孔刚忙给扎西妈说谢。扎西催着孔刚穿了皮大衣，换了新皮靴，戴上大毡帽。孔刚穿着十分合体，只是觉得有点沉。扎西又让孔刚把毡帽戴斜一点，大衣的腰带勒松一些，左胳膊穿在袖子里，右胳膊却从前衣领露出来，又让孔刚把裤子塞到皮靴里，才高兴地拉着他阿妈的手用藏语说："阿妈，你看哥哥让我这么一打扮，变得比我们藏民还藏民。"扎西阿妈笑着对扎西说："才回来一天就又淘气了，还不快告诉你哥哥，让他在刚来的这段时间里尽量少运动。"扎西忙向孔刚转达了阿妈的意思，孔刚回答说："扎西，快告诉阿妈，请她放心，我的家乡也是在海拔很高的山区，我到这里来并没有一点高原反应。"扎西又把孔刚的话说给了母亲。扎西的阿妈才放心地点了点头，转身准备早饭去了。

吃过早饭，扎西先领着孔刚到院里先看过了经旗，又在屋后看过了白塔，就站到牛群中——指给让孔刚看，哪个是牦牛，哪个是犏牛，又牵出大青马让孔刚骑了一圈后，就缠着让孔刚给他传授武艺，孔刚选了块平地就教扎西练起了基本功。卓玛看着好奇跑了来也要跟着学，孔刚也只好答应了。

8

从此以后，孔刚每天上午教卓玛和扎西习武，下午教他们学些汉语汉字，自己也跟着他们学些藏语。渐渐地，孔刚发现卓玛心地善良，贤惠大方，天生有一副好嗓子。卓玛告诉孔刚，她爱草原，爱这里的一草一木，在她眼里一切都是神的化身，一切都有存在的意义。在她小时候就梦想成为天使，长一双洁白的翅膀，能在草原上飞翔，为草原而祈祷，为草原而歌唱。孔刚听了很惊讶也很敬佩，就又教她认些音谱，鼓励卓玛大胆去唱，希望她能唱出草原，唱出中国，让全世界的人都能听到她的天籁之音。卓玛却不愿这么做，她说她生于草原，死于草原，绝不离开草原半步。孔刚很失望，但仍然给她讲了许多扬名立万的好处，卓玛却坚守主见，毫不动摇，孔刚只好作罢。

　　转眼到了夏天，洛桑和孔刚骑马翻山越岭访村问户，一边收羊毛一边打听失散的亲人，每趟出去少则十日半月，多则两月三月。每次回来，洛桑总要或多或少分些利润给孔刚，孔刚看洛桑家里并不缺钱，就收了起来，自己留些零用钱，剩下的都寄回老家，并写信给家里人说明自己的情况。孔刚每次办完这些事情，总要陪卓玛和扎西放几天牧，再和洛桑到另一个地方去。就这样，孔刚和洛桑跑遍了日喀则地区，和阿里地区二十个县各个乡村。

　　这次，洛桑陪孔刚又去了趟日土县，由于路途遥远，他们并没有收羊毛，在日土县周围打听了孩子们的消息后，四处留了些寻人启事，两人便往回赶。途中洛桑又染风寒，回家后日日咳嗽。孔刚每天请医生来给洛桑叔看病调理，十日后才渐渐康复。

　　从此后，孔刚不让洛桑领他外出，天天陪扎西去放牧，看看已是夏尽秋初，孔刚心中着急，算算来西藏已经有四年之多，可要找的人却如石沉大海。于是整天坐在草地上无精打采，扎西看孔刚这样，自己也觉得提不起神来，斜躺在孔刚旁边的草地上默默无闻地陪着他。

　　这日卓玛也来放牧，看孔刚和扎西不似往日活泼，认为孔刚还在为上次和她斗嘴而生气，便不去理睬他们。唱着歌在附近采了些花草来，坐在孔刚对面，自言自语地用藏语问着这是什么花，又用汉语答着这是什么花，一把花草玩到最后一枝时，看孔刚还不理她，卓玛就生气地一瓣瓣揪着花说："我让你小气，小气。"说完扔了花向前面走去，卓玛刚爬上山坡，看勒多骑马迎面而来，忙转身就往回躲。勒多早已看见了她，喊着卓玛的名字追了上来，卓玛装作听不见，继续往前走。勒多已经催马赶到面前，翻身下马拦住卓玛说："卓玛，告诉我，为什么自从那外乡小子来了，你就不再理我？"卓玛低着头不理勒多，只是往前冲，勒多急了，伸着胳膊就要拦挡。扎西看得真切，站起身在背后喝道："勒多，你再敢欺负我姐，小心我拧断你的脖子。"勒多拦不住卓玛，又看扎西跑来添乱，心中更恨孔刚，拔出腰刀直向孔刚扑去。孔刚以为勒多和卓玛只是闹着玩而已，并不在意，不料勒多竟拿刀向自己刺来，不由吃了一惊，忙躲到一边，用藏语问勒多道："我与你无冤无仇，你为何要下毒手用凶器来害我？"勒多冷笑着说："小子，你别装蒜，识相的你就滚回老家去，要不然可别怪我刀下无情。"孔刚看勒多蛮不讲理，生气地说："你算老几，我凭什么听你的？"勒多一边舞着刀一边说："就凭我这把刀。"卓玛早站在孔刚面前喝问勒多道："你要干什么？"勒多对卓玛说："你让开，我们男人的事，让我们男人来解决。"卓玛却说："你和他交手还不配，别以为你拿把小刀，你就换把枪来，也未必能打赢他。"勒多看卓玛这么护着孔刚，更是气如牛斗，指着孔刚骂道："小子，有种你过来和我单挑，躲在女人后面，算什么英雄好汉？"卓玛却对勒多说："你要不往我这砍一刀，你就不是男人。"勒多听了又悲又气，跺脚大喊了一声，把刀扔在草丛中骑马而去。孔刚被勒多这么没头没尾闹一场，心中百思不得其解，细细想想平日并没做过对不起勒多的事，只好问站在旁边的卓玛道："勒多，他这是为什么？"卓玛听了又气又羞，红着脸转身走到一边去了。扎西却在孔刚耳边小声说："哥哥，我不知道，你是真傻还是装傻？"扎西说完也笑着跑远了。孔刚无奈，躺在草地上双手抱着脑袋，胡思乱想了一下午。

这时的卓玛，已长得亭亭玉立，是位二十岁的大姑娘了，在她心中早对孔刚一往情深，只要孔刚不外出，卓玛总要想方设法向孔刚表达她的深情。卓玛以为在孔刚心中也是有她的，整天都是快快乐乐的。不料经过今天这事，卓玛才明白孔刚根本不懂她的心，根本就不爱她。卓玛伤心欲绝，夜里蒙着被子整整哭了一宿，第二天起身一照镜子，双眼肿得厉害，又怕被孔刚看见，忙又上炕钻进被子里睡了。扎西母亲进屋连催三遍，看卓玛还不起身，便掀了被子一看，女儿两眼肿得像个脓包，忙问是何原因。卓玛撒谎说："可能是昨天摘花玩，不知是什么花上有毒，沾手揉眼睛去了。"母亲信以为真，忙温了两条毛巾给她敷上。扎西却知道姐姐的心思，趁母亲出去换热水时，悄悄对卓玛说："姐姐，你等着，今天我让哥哥多采些双惠草来给你疗伤，保证你的眼睛在夜里就能闪亮。"扎西说完扮着鬼脸溜出房门，和孔刚吆着牛羊放牧去了。卓玛听他们走远了，才起身下床，随便洗了脸，也不吃早饭，呆呆地走到门前的草地上，一直坐到天黑。

这日，孔刚终于收到虎子寄来的第一封信，虎子在信中说：家乡的气温越来越高，收成一年比一年差，乡亲们很惶恐，政府又提倡搞小康村，鼓励乡亲们修建新砖房，政府给补贴一半的钱。有几家人已经开始着手修建，单飞叔、杜义叔、还有虎子妈，都很想征求一下孔刚的意见。另外虎子还告诉孔刚，爷爷身体还好，只是饭量减了一半，天天都盼望小叔能找到两个弟弟早日回家。杜义早就不在那家酒店干了，自己在县城开了家小饭馆，生意十分火爆。单飞开着农用车到四处做些小本买卖，也还能勉强度日。虎子已经上了高中，只是学习有些吃力。孔刚忙给虎子写了回信，在信中孔刚向家人一一问好，并叮嘱虎子好好学习，又向杜义、单飞代问好，孔刚在信中一再写明："现在政府给我们东坪沟建小康村简直是掩耳盗铃。依我看修房屋的事暂时就免了吧，我们是农民，田地是根本，田地里没有了收成就等于失去了一切，住间新砖房与实际不相符。如果行的话，让乡亲们找政府去协商，把这些修房屋的钱用在修水利和绿化环境上，也许一切都会有好转。如果这两个问题不能解决，现在修的房屋就等于是给以后五年修的庙。"

孔刚骑马给虎子寄了回信，回来越觉得心神不宁，夜里躺在炕上久久不能入睡，便悄悄起身点了灯，拿本书索性看到天亮。早晨起来便觉得精神恍惚，也无心吃饭，一个人先赶了牛羊无精打采地来到牧场，找了处安静的地方躺在草地上，闭上眼睛感觉到自己好悲伤、好无奈。

早起，扎西看孔刚比往日更是不同，心中不安急得也不吃早饭，拿了些干粮就去追他，远远看孔刚进了牧场就躺在草地上，扎西越觉得奇怪，加紧脚步来到孔刚身边。果然，孔刚闭着眼，两眼角上有两颗晶莹的泪珠。扎西从未见过孔刚这样，知道他一定有什么事瞒着自己，但又不敢去问,只是用手轻轻推了推孔刚,将手中的干粮递到孔刚面前。孔刚睁开眼望着扎西,又看了眼扎西手中的干粮,本想给扎西说声谢谢的,但好像又有什么东西强压着胸口说不出来,脸微一动,两颗泪水就流了下来。扎西怕孔刚还要难过,也不敢再去打扰,将干粮放在旁边,进牧场看牛羊去了。

4

天黑回来,孔刚还是懒懒散散,随便吃了几口饭就想去睡觉。谁知经常来扎西家借宿的老喇嘛来了。喇嘛和孔刚很熟,每次来睡一起都能说到半夜。这次老喇嘛特意给孔刚带了双胶鞋来,本想和孔刚好好说会儿话的,不料才说几句,孔刚就唉声叹气,答非所问。老喇嘛猜着孔刚心中有事,笑着对孔刚说:"你们不入空门的人都一样,吃饱喝足了有想法,饿了累了有想法。穷也有想法,富也有想法。一生日日有想法,夜夜还是有想法。你们在想法上用去了太多的时间。正因为这些太多的想法,让你们变得愚蠢、贪婪、白痴、脑力衰竭,甚至忘记了生命的存在。我认真地问过很多人,他们真正的想法是什么,他们没有回答只有茫然。我劝他们与其伤脑筋想五百年前后的事,还不如就在眼前觅一件有意义的事,把它想通想透,做好做精。其实人生没有那么累,道理很简单,如果你是一粒小尘土,想变成金子那是不可能的,你还不如化成泥土,育一株擎天大树,它也是一件伟大的事。何必风来了跟风跑,雨来了跟雨走,一生缥缈。比拼是竞争的主要因素,满不满足取决于思维。贪婪是心灵的腐化剂,一点点摧毁灵魂。如何把握自己,还得冷静思考。人活到四十岁看人生是一回事,活到六十岁又是一回事,等活到八十岁再回头来看人生,就会觉得人生就不该拿生死来衡量。"孔刚听完老喇嘛的话,知道他误会了自己,忙向老喇嘛说明了自己的心思。老喇嘛听着叹了口气说:"人不高兴,无非有两件事,一是失去了什么,二是想得到什么。听我一句劝,静下心,闭上眼,万事万物,终归自然。只要你尽心了,就别再勉强。"孔刚笑着对老喇嘛说:"大师,谢谢你。"老喇嘛说:"尘归尘土归土,留也是你去也是你,谢我干什么?"孔刚只好和老喇嘛聊到深夜才睡去。

昨晚,洛桑听到了孔刚和老喇嘛的谈话,明白了孔刚的心思,细算算孔刚来到自己家中已经有四年之多,虽是让孔刚挣了点钱,但他要找的人却音讯全无。洛桑心中也觉得不是滋味,晚上让妻子备了些酒菜,尽力劝着让孔刚吃了些饭菜,又照老规矩洛桑喝了三大碗酒,孔刚陪了三大碗茶,洛桑才问孔刚道:"是不是想回家了?"孔刚红着脸回答说:"想,但又不忍心放弃,毕竟花费了四年的心血,回家无法向父亲交代,也无法向九泉之下的母亲交代。"洛桑沉思片刻,说:"也许,回家对你来说是个好办法,看样子是我们找错了方向,可能我们要找的人根本没来西藏,也有可能他们就根本不在藏南一带。但无论怎样,你已经尽心尽力了,我可以作证,大半个西藏人也可以给你作证,你的执着和真诚让很多人感动,让更多人懂得如何去爱,其中我就是一个被你所感动了的人。我也不想就这样放弃,对这件事我也参与了,也关注了,也费心思了,也花时间了,可有什么用,回报我们的又是什么?"

洛桑说到激动处,端起一碗酒来一饮而尽。孔刚知道洛桑是真心想帮自己早日找到孩子的,但四年的辛苦奔波,终究没能让他们如愿。孔刚理解洛桑此时此刻的心情,双手端起茶,真诚地看着洛桑说:"感谢你这么多年来的帮助,所有的一切都因我而起,是我拖累了你。"孔刚说完将一碗茶一饮而尽。洛桑忙说:"孔刚,现在还不是摆账本算功劳的时候,人没有找到一切都等于零,我们在这个时候放弃和不放弃的代价都同样大,对于你本人而言,放弃这件事会让你解脱,你已经是二十多岁的人了,也该打算打算自己的将来。我和你不一样,干的就是东跑西奔的工作,损失对我而言相对要少一些,所以我想让你先回家,我一个人再四处慢慢替你打听,一有消息马上和你联系,你看这样行吗?"孔刚听了忙摆手说:"这怎么能行,天底下哪有把自己的事托付与别人,自己去逍遥的道理?"洛桑说:"孔刚,在关键时刻要冷静考虑问题,我们不能死钻牛角尖,四年了我们没有得到一点线索,那说明我们的出发点有问题,这你我都是心知肚明的,如果再坚持下去,恐怕还是白费精力,浪费时间。我仔细地看过西藏的地理图册,我们才走过了西藏三分之一的地方,还有三分之二的地方我们没有去,那么剩下的这些地方,我们还需要三年、五年或者十年才能走完。"孔刚听完一片茫然，低着头不说话了。洛桑又喝了一口酒说："如果你真不忍心放弃，我倒是有个办法。从此以后我们得分头行动，不能再耗到一起了。拉萨市是我们西藏的首都，西藏人都爱去那里，在拉萨我们可以接触到来自四面八方的人，只要我们留一个人在拉萨，我们就可以得到各个地方的消息。另一个人从山南地区开始，一直往林志、昌都地区寻找。"

洛桑说的这种办法其实孔刚早就想过，但孔刚不愿再这么做了，他不想再拖累洛桑叔了。在他来到洛桑叔家的这四年里，只因与洛桑叔日夜忙于奔波，洛桑叔明显苍老了许多，他家的经济收入也在下降，牛羊也死了不少，这所有的一切都因他而起。目前只有离开洛桑叔家，才能让他家恢复原来的样子。孔刚知道洛桑叔的脾气，如果给他讲明了，他肯定不愿意，只好撒谎说："我也不想放弃，但前日收到家信，信中家父特别提到有要事与我相商，命我速回。我想是父亲年事已高，想念我，才急切催我回去，可我想回去又不忍心放弃，这两日心中着实矛盾，但无论怎样父命难违，只有回去，找孩子的事，等回家后与父亲相商后再作打算。"洛桑沉思了片刻说："这事还要你自己拿主意，如果真要回去的话也别着急，好好休息两日。这个季节的羊肥，我宰一只，煮上一锅，我们坐在这儿慢慢说会话。"孔刚忙笑着说："洛桑叔，感谢你的深情厚谊，我何曾不想再陪你几天，无奈这两日归心似箭，情绪难安，心中实在着急得慌，就是再住几日也怕是要辜负你的一片好意。"扎西站在地下笑着对孔刚说："四年你都熬过来了，急也不在这一两天，我还说陪你去一趟布达拉宫的，谁知你说走就要走了。养我者父母，知我者兄弟，这四年的情感如何能用言语来表达。"孔刚忙对扎西说："实在对不起，我也不想这么唐突的，自从看了家信后心中不由自主，恨不得长了翅膀飞到家中，能看到家乡的父老乡亲，所以我决定明日就动身，希望你们能理解我的心情。"扎西听了先落下泪来。洛桑也叹了口气，看着扎西，又仿佛在对孔刚说："四年没有回家换谁都一样，既然你哥哥决定了，大家都早点睡吧，休息好了让他启程。"大伙只好各自睡去。

这一夜，最痛苦的人是卓玛，当她听到孔刚明天要走时如万箭穿心，失魂落魄地走回房间，灯也不点，被子也没拉就躺在炕上，只恨孔刚薄情寡义，真想拿刀将他碎尸万段。辗转难眠中，卓玛觉得自己没理由恨孔刚，又恨起了自己，恨自己的多情，恨自己的缠绵，恨自己的无奈，恨自己的无缘无故。卓玛攥紧双手想让自己静下心来，但心好像离了自己无法控制，她又想让自己好好睡一觉，等醒来后把一切都能忘掉，但无济于事，怎么也睡不着。慢慢地，卓玛又觉得自己好可怜好愚蠢，于是在心中暗骂道："去就去，就当没认识一样。"卓玛想着起身擦了泪点了灯，拿过镜子来把自己细细照了一遍，并没有发现自己有什么不足之处，虽是皮肤黑了些，但牙还白得耀眼。卓玛就对着镜子扮着各种表情，想着孔刚到底是喜欢那种女孩，文文静静，风情万种，泼泼辣辣，甜言蜜语，还是嬉皮笑脸？卓玛想着想着，对镜子里的自己，也不知道是属于哪种类型的女孩，心一酸，扔了镜子，蒙头一直哭到天亮，恍惚中听孔刚已起身吃了早饭，备了马在院中要告辞离去。

　　卓玛再也躺不住了，翻身起来不顾一切地冲出门外，从父亲手中夺过马，说了声"我去送他"，便跨上马背，狠狠给大青马抽了两鞭。大青马受了惊，长嘶一声，展开四蹄狂奔而去。所有人都吃了一惊，孔刚和扎西来不及给洛桑夫妇说声再见的话，就骑马紧追而去。大青马是洛桑特训过的良驹，孔刚和扎西骑的马如何能赶得上它，才过了第一个山梁，卓玛就不见了踪影，孔刚和扎西紧催坐骑，马力有限，虽是一路狂奔，但终究迟了半截。等他们两人追到日喀则汽车站附近时，只见大青马拴在一家饭店门前，卓玛靠在店门上手提一瓶酒早喝得两腮飞红。看着孔刚他们来了，卓玛一摇三晃地迎了上来拍着孔刚的肩膀说："车票我已经给你买好了，现在离开车时间还有一个多小时，我在这家店里要了些酒菜，算是给你践行吧，我想终究认识了一场，到头来还是要好聚好散。不知你是否赏光进去坐坐？"孔刚拴好马顺手夺过卓玛手中的酒瓶说："好好的，你这是要干什么？"卓玛又夺回酒瓶说："好不好，你又感受不到，凭什么要拦我？"扎西忙说："有什么话进去坐着慢慢说，这里不是说话的地方。"卓玛走进店来，一口气倒了三碗酒，等孔刚坐下，卓玛端起第一碗说："这碗酒我先敬天。"她说完手一扬泼在地上，接着又端起第二碗说："这碗我敬地。"她说完又泼在地上，接着又端起第三碗说："这一碗我敬你，愿你一路顺风，扎西德勒。"卓玛说完一仰脖子将一碗酒一饮而干。

孔刚和扎西知道卓玛从不沾酒，今日也不知道喝了多少还要喝，扎西急得两眼含着泪花说："姐姐，你不是从不喝酒的吗？"卓玛摆着手说："酒也没什么了不起的，之前没喝过想着它肯定辣，现在喝着它就是水。"孔刚也对卓玛说："喝多了我看你怎么骑马回去？"卓玛自嘲地说："骑马回家那还叫个事吗？我在娘肚子里就开始骑马了，就是喝成一摊泥，只要上了马背我就能回家。你们别再往远里扯，如果有心就都坐下陪我喝喝酒。今天我才知道喝酒的感觉真好，不信你们也试试，酒懂人性。"孔刚又说："喝归喝，适可而止，喝多了伤身。"卓玛痛苦地说："伤身？心都没有了要身干什么？你们不喝我自个喝，我这人命贱。"卓玛说完又要端酒来喝。孔刚看拦不住卓玛，急得也端起酒碗来说："喝喝喝都喝，从来就没见过你像今天这么不讲理过。"孔刚说完喝了一口酒，却被呛得眼泪也流了出来。卓玛看孔刚呛成这个样子，反倒阻拦孔刚道："不能喝就别喝了，谁让你逞英雄？"孔刚也不理卓玛硬是把一碗酒喝光了。

卓玛看孔刚喝得痛苦自己先泄了气，噘着嘴把酒碗全部推到孔刚面前说："要喝你自己喝，反正我是不喝了。"孔刚生气地说："不喝你嚷嚷什么？有什么话就不能坐着好好说，非要拿酒来说事？"卓玛却说："谁有什么话要对你说，我只是想喝酒。"孔刚说："想喝怎么又不喝了？"卓玛回答说："喝够了，不想喝了还不行吗？"孔刚说："你闹也闹了，喝也喝了，现在我们静静地说会话好吗？要分开了大家心情都不好，你就别再添乱了行吗？你平日里最有头脑，今天为何这般胡闹？难道是有什么事情瞒着我吗？"卓玛忙摇着头说："没有，我能有什么事瞒着你，只是想着在一起四年还不如一场梦，眨眨眼说散就散了，我一时接受不了。"孔刚听了才放心地说："我们兄妹之间有情有义是对的，但不能为了一时的离别就乱了分寸。作为家里的长女，你要学会顶天立地，等我把事情办得有头绪了，就回来看你们，那时候我们就在这家店里喝上他三天三夜。"

卓玛听孔刚只说兄妹之情，丝毫不提相爱之意，越觉心如刀绞，后来又听孔刚还要回来，倒是心中有了些希望，不由微微动容说："你真的还要回来吗？"孔刚说："这还有假？我答应过你妈要带她坐飞机去趟北京的。你们全家人的恩情我还没有报答，怎么就能一走了之？听我的话乖乖回家，好好帮阿爸阿妈打理家务。扎西虽然大了些，但还是要有人督促他

学习才行,你每日辛苦些盯着扎西,让他抓紧习文练武,别懒懒散散地半途而废了。"卓玛只好低头答应了。扎西听着却不愿意了,红着脸对孔刚说:"我都这么大个人了,还用人督促吗?"孔刚说:"你别再强词夺理,有人管你就是福,虽然你在努力,但终究没有十分用心。男子汉大丈夫,要有一日不见让人刮目相看才对,难道你忘了上次我五天没有回来,你五天就没有看书的事吗?"扎西红着脸低头不说话了。孔刚看时间已经来不及了,催着服务员把酒菜打了包让扎西带回家,又给他们姐弟俩说了些努力,珍重的话便匆忙上了车。卓玛如丢魂魄,看车已启动,便疯了般跑到车窗前,大声对孔刚喊:"孔刚,我等你回来。"卓玛说完坐在地上哭成一团,孔刚听得真切,闭上眼两行热泪早已滚落下来。

第十二章　终身误

1

孔刚来到拉萨，先找了个住处住下，第二日就去拉萨的大街小巷里贴了寻人启事，盼望着等几日就能有喜讯。可五天过去了还渺无音讯。孔刚心中着急又去了趟布达拉宫，希望能在哪里打听出些侄子们的蛛丝马迹。路途中见有许多来朝圣的人，这些人多半来自西藏各地的藏民，他们不远万里三步一叩一路走来，为信仰不屈不挠，孔刚深受震撼，和他们亲切交谈，并向他们打听要找的人，整整一月，孔刚都往返在拉萨和布达拉宫之间，转眼已到冬天，孔刚还是没有得到半点线索。眼看所带盘缠所剩无几，孔刚便在拉萨市的一家酒吧里应聘了个服务生的差事来做。

这家酒吧里有一位女子，姓严名茹，年芳十九，青海互助县人，此女有几分姿色，人称"黑牡丹"，在拉萨市小有名气。自从孔刚一来，严茹偏看上了孔刚，每有闲空处总找孔刚闲聊，日日捏造些自己痛苦之事来说给孔刚听，渐渐地孔刚也对严茹起了怜爱之心。几月后两人辞了职，在拉萨一僻静处租了间房屋同居了。孔刚和严茹朝夕相伴，每日一边四处游玩，一边打听孩子的下落，日子倒也过得快活自在。

不料好景不长，两人很快将积蓄挥霍一空，常为钱的事情而吵架。严茹生平耐不住贫穷才坠入红尘，眼下手头无钱，她心中怎不惊慌。孔刚倒不在意，在外贴了些招生告示，收了几个学生做起了家教辅导老师。可这些微薄收入哪里能够严茹开销。

孔刚一再要求严茹勤俭节约，严茹却只怪孔刚无能。孔刚心中恼火，这日想出去多招些学生来教，谁知许多夫妇都告诉孔刚，他们不相信陌生人。孔刚回来后心中越不是滋味，晚饭也无心好吃就睡了。

这日，孔刚又收到了虎子的来信，信中虎子提到高考在即倍感吃力，心中紧张而恐慌。虎子又提到家乡已起了翻天覆地的变化，大部分人都迁移去了新疆，田地政府可能要退耕还林，单飞和杜义誓死要等他回去再做打算，爷爷已经盘算着还当护林员等。孔刚看完心乱如麻，即可给虎子写了回信，在信中孔刚写道：

侄子：

好久没有见面了，你还好吗？替我向爷爷及你母亲问好。

今天你别把我当叔叔，我也不把你当侄子，我们只从一个普通高中生的话题来谈谈，你看好吗？

因为单拿我和你的血缘关系来谈问题，不但太俗而且自私。首先我没有在你的回信里看到你的心，一个青少年火热的心、理想的心、奔放的心。我所看到的是你自私而胆怯的顾虑。在我心中你不仅是我的侄子，你更应该是这个国家的儿子，这个社会的儿子。你现在上学的目的，也更应该是为以后如何更好地为他人服务而奋斗。

也许你不知道，在我们不太认真的人生里，有太多的人值得我们去依靠，值得我们去学习，值得我们去努力。而不是整天的抱怨，更不是鸡毛蒜皮你好我坏的斤斤计较，如果你真是这样，那么你就得赶紧回头想想，你为什么而上学，为什么要努力？为什么要在明明白白里虚度年华，却又不去改正不去珍惜，任凭时光似水流去。

我不知道你发现没有，在我们农村千千万万个高考生中，最后榜上有名的却寥寥无几。为什么？难道这些问题都无人在意？这些问题都不够吓人？还是穷的都瘫痪了大脑？那么成千上万的学生都去到学校里练踢球吗？可中国的足球还陷在泥潭里无人打捞。

究竟是为什么？贫穷是枷锁？是绊脚石？为什么让人这么头

疼？如果文化真的源自于贫穷，源自于熬心煎肺的艰苦岁月，那么我们农民子弟上学为什么还要给贫穷找借口，漫山遍野地辛苦？一粥一饭的生活想过吗？一点一滴的事情在意吗？我想他们并不穷，穷还没有进入他们的骨髓，穷还没有让他们撕心裂肺，他们还没有站在贫穷的边缘想办法，他们不懂的贫穷，不理解贫穷，不原谅贫穷。换句话说，他们不懂文学，不理解文学，不原谅文学，却一味地追求文学，这原因是学生自己造成的，也许是急于想享受精神上的富有吧。大部分学生都太注重于前程而忘了读书的本意。女生们挖苦心思想让自己变成一只金凤凰，从穷山沟里飞出去，男生们更想飞黄腾达。但怎么能变成金凤凰，怎么才能让自己飞？这恰恰又是书里没有交给你们的，所以你们觉得读书无趣无味，想放弃吧又都不甘心，便神经兮兮地幻想着大学就是人生的最高峰，大学才是你们想要的转折点。却不知现在的在校大学生也活得很茫然，愁眉苦脸的，连自己抱怨什么都不知道。依我看做学问从小学到大学，正如登山观景一样，从这山到那山它都是山，却不知山外有山罢了。

　　接下来我想要对你说的是，你要学会投资自己，收获自己，不要做了文字的复印机，不要整天讨论就业问题，而应该问自己在一年中有多少次战胜过自己？一年中获取了多少社会信息？看了多少新闻？关注了多少国家大事？为多少个强者喝过彩？为多少个弱者加过油？从小学到高中像顺口溜一样背过的德智体美劳名言，在你身上有没有发出过一丝光亮？你有哪些好习惯并在坚持？你在一星期一个月一年内有没有问过自己读了几本书？你的整体素质是不是真的在文明中一天天提高？最后我希望你记住，你是和这个时代同步前行的，你是这个世界的未来，你是这个世界的挑战者。你心里的那些小思想别人不需要，国家不需要，也许你自己更不需要。如果你上学的目的不是我所说的这样，那就另当别论吧。

　　人的思想不单一形成了现代教育多元化。其实，多元化教育还是针对没有理想的大众群体，它广泛的知识面引导现代青年在以后的各种岗位生存下去。对于你来说，考不考得上大学已经不重要了，人提前明白事理比干什么都强，找点比想钱更重要的事去做做，也许你还来得及。

最后我要给你谈的就是时间观念，也许你比我更清楚，珍惜时间就是珍惜生命这句话的含义。但往往人们都更珍惜生命疏忽了时间，在一不留神间时间里就溜走了十年或是二十年。你现在面临高考时的压力，就是你以前浪费掉所有时间的浓缩，也许这就是盲目，这就是青春，它就是无知和冲动相交的公式，是我们在幼小时生活和我们开的小玩笑，需要你没日没夜去把它消化掉。

孔刚写到这里忍不住热泪盈眶，其实他明白现在的虎子，就像当年的自己一样，活得艰辛无奈，只是学习差了些。于是孔刚又写道：

其实你是最棒的，小叔不给你说这些还能说什么？因为你是学生，分数线决定你的命运。生活就是这么残忍，世间就这么不公平。如果你不放弃不抛弃，也一定会成功。

孔刚

2

孔刚给虎子寄了回信，当天下午，就在一家餐厅里又找了份钟点工来做，等孔刚完工回家后，严茹却不在家。孔刚吃了些剩饭，一直等到半夜，严茹喝得酩酊大醉，醉醺醺地回来。孔刚本想要责怪严茹两句的，严茹却大呼小叫地只管说醉话，孔刚只得扶她睡下。一连几天，严茹夜夜如此，孔刚明白严茹已经重操旧业，心中不免又添了许多烦恼。

这天早晨，孔刚起早做好早饭，想等严茹醒来和她好好谈谈，一直等到中午，严茹仍在呼呼大睡。孔刚耐着性子好容易等严茹起了床，严茹脸都不洗，又说要到外面去吃午饭。孔刚气得随口骂道："严茹，你必须活得有尊严。"严茹却回答说："孔刚，我不懂什么是尊严，可我知道吃饱肚子，有钱花比什么都强。"孔刚无言对答，严茹又对孔刚说："我知道你在想什么，可我们得面对现实，面对柴米油盐的日子，我不想再看到你被生活熬得焦头烂额，这个社会里没有尊严可以活，可没有钱却不能活。我是个活生生的人，不是石雕像。"孔刚说："就因为我们是活生生的人，才要活得有价值,想钱那是连三岁孩童都知道的事,我们不能依靠出卖灵魂、出卖肉体来获取金钱。我们有双手,我们有智慧,劳多少而得多少,踏踏实实,一步步走下去,问心无愧过一生多好。"严茹一听便躺在地上哭闹着说:"孔刚你个没良心的,现在把我玩腻了,就嫌我脏了,嫌我卖了,当初你瞎了眼吗?"严茹说完打滚撒泼闹将起来。孔刚也不拦劝严茹,接着说:"我们千里迢迢来到一起是缘分,能相互理解相互尊重是情分,你这么不管不顾的,算什么?你再这样下去,就是真有万两黄金,我们也未必能过上好日子。"严茹哭着说:"想钱怎么了?有车有房有钱的人再不行,也比你缺吃少穿的人好过。"孔刚说:"严茹,这话不假,我并没有说人有钱有什么不好,犯错的人有钱没钱都要犯。钱虽是发展的前提,但它不是根本。人们一切奋斗的目的还是为了人,把自己都不当人了,你还要钱干什么?"严茹说:"你管不着,我又不是你大车大马取来的媳妇,我想怎样就怎样。"孔刚说:"随便你,你也有头有手有脚,是做人还是做鬼,你自己选择。"孔刚说完忙自己的事情去了。

晚上回家,孔刚看严茹还是去了,生气也不等严茹回来,随便吃了饭便先睡了。从此以后两人虽生活在一起,却两心相驰,道路各别。孔刚时常给严茹买些零食回来,严茹也给孔刚不断地买衣添袜,但两人明显话说得少了,日子倒是安稳了许多。

8

这日孔刚又收到虎子的来信,虎子在信中说,家乡的退耕还林工程已定于明年,他爷爷和单飞被选为国家生态护林员,并给家里配了交通工具和通讯设备。虎子已高考落榜,也写了申请想当生态护林员,正在办理之中等。孔刚记了电话号码,再顾不上往下看信,匆匆走出门外,找了个电话亭拨通了家里的电话。接电话的是孔大叔,孔刚一下子哭得泣不成声,捂着嘴挂了电话。过了几分钟后,孔刚接着再打通,接电话的还是孔大叔,孔刚还是激动地无法控制自己,难以与父亲说一句话,他又挂了电话。等调整好情绪后,孔刚接着再打,结果还是如此。一连试了六次,孔刚就是不能控制住自己,急得孔大叔在电话那头一连声地问道:"孔刚,是你吗？你还好吗？怎么不说话，是不是生病了？"孔刚还是不能回答，最后挂了电话，坐在电话亭旁边哭了一场，付了电话费回到房中呆呆坐到下午，又去电话亭才勉强和父亲通了话。电话中孔大叔一再催促孔刚马上回家，孔刚流泪答应了。

　　半夜，严茹回来，看孔刚仍然躺着未睡，便觉奇怪，脱了衣服故意挑逗孔刚说："怎么还没睡，是不是在等我？"孔刚不理严茹，只是躺着。严茹无趣，只好自言自语道："爱理不理，好好地谁也没招你惹你，真是莫名其妙。"孔刚对严茹说："等月底结了账，我要回家。"严茹听孔刚突然说出这话，心中不由吃了一惊，整个人突然变得柔情似水，搂着孔刚的脖子轻声问道："开玩笑吧，你走了让我怎么办？"孔刚说："我在的时候你该怎么办都怎么办了，没我你还不痛快。"严茹撒娇说："别那么小心眼嘛，人生活在矛盾中，我们谁也别挑谁的毛病，你觉得你是对的，我还觉得我是对的。你为了过日子处处小心，我也为过日子时时冒险。总而言之，我们缺钱，有钱谁不知道躺着自在。"孔刚说："时间能证明一切，以后的日子还长，有钱没钱，自不自在，留着你慢慢去感受。"严茹说："我出去挣点钱，也是你的帮手，收入多些，日子就过得随心些。就像这几日有了钱，我们想吃什么买什么，想穿什么买来穿，平平静静的，谁身上也没掉一块肉。"孔刚说："严茹，你好自为之吧，等我走后，你也该认真想想你自己的问题了。"严茹说："我什么也不用想，我也要跟你去。"孔刚忙说："你别再闹了，我们家穷得锅都揭不开，你去了更没地方睡。"严茹说："再穷我也要去看看，在我心中虽然爱钱，可我更爱你。"孔刚听了心中难受，便又自嘲地说："泥菩萨不说话，也不知道她心中有没有真爱，你看天底下但凡活着的，猫爱沾腥，狗爱咬人，烟迷绿草。爱占便宜的也叫爱，爱出风头的也叫爱，爱嫖爱赌的也叫爱，爱财爱色的也叫爱。可能人就是爱细胞的组合，贪婪的化身，人一生到底爱什么，自己都不知道。也许身后的影子还记得，正如别人说的一样，生活像个小丑，人扮演的是哪个角色？为何我们都活得不伦不类，真理面前我们永远是个懦夫。难道真是我们做得太少，计较得太多？还是我们的灵魂原本就在天堂？那么，良心眼睛和四肢都哪里去了？"严茹说："你别拐弯抹角地挖苦我了，你要是不愿意就自己走，但不能忽略我的感受，我虽然贱，可不是木头……"孔刚听恼了，忙打段严茹的话说："离走还有半月时间，到时候再定吧，自始至终你也没体谅过谁。"孔刚说完便蒙头睡了。严茹生气地瞪了一眼孔刚，随手关了灯躺在床上想了一夜。

  第二天，严茹不在外出，整天欢颜笑语陪伴孔刚，比初识时更胜十倍。孔刚看严茹如此善变，越不习惯，便早出晚归，不曾与她照面。好不容易忍到临近月底，孔刚起早准备坐车去给学生们道别，不料遇个大雾天气，只得步行而去。孔刚辅导的学生中有个叫孙庆的孩子，父亲是位军人，母亲是摄影师，两人整天忙于工作，无法给孩子辅导作业，凑巧碰见孔刚做家教，先试着将孩子托付于孔刚。还好，孩子在孔刚辅导的这段日子里，学习进步了许多。孩子的母亲满心欢喜，正筹划着买点礼物要给孔刚送去，不想孔刚却来登门告辞。孙庆的母亲听了万分惋惜，为了答谢孔刚，孙庆母亲执意要请孔刚到饭店去吃顿饭。孔刚推辞不过，只得陪孙庆母亲一起去吃饭。刚到公路，迎面一辆卖水果的推车慌慌张张推来险些撞着孔刚。孙庆的母亲看着大街慌乱的人群说："这些都是可怜人，执法局却像追狼一样地赶。卖凉皮儿的她就要在风地里，拼凑两张桌子，吃的人也是挤在一起头对头，酸酸辣辣吃上一碗，鼻涕哈拉地一抹嘴走了，人就爱这么个乡土味儿。你要是把他撵到大店里去，店面装潢得金碧辉煌的，三五个人进去，一人要一碗凉皮坐在那儿，别说吃了，想着就酸不拉几的。还有这卖果蛋儿的，果子是红的脸蛋也是红的，吆喝声不断，人一到，一伸手袋子来了，一称一装就走人，是酸是甜你拿回家自己尝去。这就是个市面，这就是个意思，对谁都没大利没大害。还有那摆早餐摊儿的，清晨五六点起来，黑围裙一带，打着哈欠，空一下实一下地开始了，吃的人也是，碗里飘进个树叶捞起来一看一扔，接着继续吃。谁干净谁不干净，谁家的饭也不是脚做出来的。你吃不吃路过了闻个味儿提提神，一天都有劲了。要是没有这些人，大清早睡眼蒙眬地往街上一看连个鬼影都没有。你急急忙忙走过去，这一天都凉了。"孔刚听了，笑着对孙庆的母亲说："你们艺术家就是不一样，看得细，说得也好。"孙庆母亲却说："这还用看吗？三天两头就能碰一回的。"两人说着走进了一家饭店，孙庆母亲挑好的点了一桌让孔刚来吃。

  谁知严茹也在这家饭店陪客人吃饭，席间出外小解，发现孔刚在大厅里和一位年轻貌美的女子一起吃饭，不免心中起疑，就远远地躲起来观看

究竟。只见孔刚和那女子说说笑笑，你推我让吃得津津有味。严茹断定孔刚和这女子有染，心中怒气填胸，转身回到包间和客人周旋了一番才提包出来，准备和那女子大闹一场，不料出来晚了，孔刚和那女子早已不见踪影。严茹心中着急，想着孔刚和那女子此时肯定已成好事，便恨自己又蠢又笨，忙打了车追回房子，想着这次一定要将他俩捉奸在床。蹑手蹑脚开门一看，孔刚却坐着写东西，严茹心里一愣，但还是坚持自己的判断没有错，就又悄悄走到孔刚背后，看他到底在写些什么。只见孔刚写着：

思 乡

风在望
雨也想
遥远的故乡

云在飘
梦在游
我同龄的白杨

映在山泉中的月亮
和慈母的银发
涟漪着我那金色年华

还有那
春秋冬夏的夜风
吹不动黄土地的憨厚
牵牵挂挂

我曾来过

你从记忆中走来

披一身红纱

阳光透过天籁
照出身影的婀娜

多情的山歌
飘过牛羊的耳朵
感受的山谷回荡着

蓝天承诺着纯洁
转动的玛尼讲述着
善良的姑娘
那长长的秀发点缀着

就在你皮鞭响的那一刻
卓玛
草原
扎西德勒
别忘了
我曾来过

西　藏

神鹰飞起的地方
成群的喇嘛
敬仰焚烧着布达拉宫
上空缭绕着缕缕香——
远古的文化

雅鲁藏布江的岸畔上听到水响

珠穆朗玛峰的山脚下
明明是神在歌唱

蓝天牵着哈达
雪域捧着雪莲花
伴着朝阳在唐古拉山中游荡

青草地上的羔羊
美丽的姑娘
抚平我心里的忧伤

父 亲

从他的皱纹里
去找寻愁绪
从这头到那头
一条条
似
背我走过的小路
情真意切

他勤劳的双手
挥去生活的艰辛
酸甜苦辣
牵着我忘记
去选择生活
给了我所有的一切
他举起不舍的手臂
换回我另一个世界
那种悲美的姿势

模糊了双眼

一直走得很远

千里万里的路上

叮咛扯得他白发点点

穿越一个又一个年月

电话里的成败得失

他总能容纳

电话里的这头

我总被激情融化

其实

我知道

父亲

驼背的肩上

扛满了对我的爱

老黄牛拉的木架子车上

载满了思念

踩着希望的山坡

一遍又一遍

应声石

它的存在

让孩子们灰头灰脸

母亲的唤叫

它应着

我们却躲起来

童年的文物
在小手中出土
打拼成一个又一个
形象的姿态
生龙活虎
牛鬼蛇神
……

对着它叫
它答应着
印在天真的头脑中
勾画成一幅又一幅美的形象
留在夜夜的梦中
露出朴实的笑

狗爪草

悬在石崖中
吊出意念
引诱着孩子们
铤而走险

绿的枝条中
涩的液汁里
流露出神仙草的味道
用五彩线拴上根狗爪草
也跟着线开出五彩花
房屋内顿时
布满童话

秋

秋叶写满沧桑
飘向泥土的怀抱
去尝试归根的感觉

多情的蝴蝶飞不透
这个季节层层的秋波
激得风月把自己打扮得
既成熟又丰满

蜜蜂穿梭在人们中间
卖弄着细腰的勤劳
却从不吸收人类的智慧

黄色的裙边总被
雨露殷勤地打湿

嫉妒的大雁
伤心地飞过

留下我
输给了
这个季节

校 园

就这么屹立着
好像不是你的心肠

在老榆树的胡须
磨秃的墙角边
微风的口袋
不停地兜走
那一声声书香

总有几只被陶醉的燕子
在电线上停成
五线谱
用意念的骨髓
奏成诗的灵魂
索回流失的岁月

时　间

太阳是句号
常被白云的橡皮摩擦

月亮的神秘
是算式的规律
总被星星的眼睛省略

钟表是绞白头发的齿轮
让人常想起它走过的岁月
蜡烛是泪水流成的账本
活着就那么
一点一滴

无 题

那一湾小溪
总能拉响松涛的弦
在瑟瑟的秋风里
唱成一绝
谁在暮色里踩着松枝
去寻找那一只丢失的羔羊
叫着我的乳名
翻遍每个山梁

  孔刚告辞了孙庆母亲回来，想着不几日就能到家，心中高兴，哼着小曲拿过纸笔随手写了几首小诗，本想写完后再读一遍的，不料，严茹在他背后问道："写呀，怎么不写了。"孔刚吓了一跳，忙转身问严茹道："回来也不打声招呼，幽灵一般，想吓死我吗？"严茹便反问孔刚道："你这么害怕，该不是做了亏心事吧？"孔刚生气地说："亏不亏心自己知道，何必每次都用这些来套人，你要是不累你自个慢慢闹，我是要去睡了。"严茹一把拉住孔刚说："你给我站住，别装得和没事人一样，今天你要把话说不清楚，我就死在你面前。"孔刚看严茹又要无缘无故地胡闹，便忙问道："你要我说清楚什么？"严茹说："你刚才在诗里写的卓玛，是不是今天和你在一起吃饭的那个女人？"孔刚听严茹却为这个，便回答说："卓玛是位藏族姑娘，就是我在她家住了四年的那个，是扎西的姐姐。今天和我吃饭的是位学生的母亲，是位汉族人，你好好地问这些干什么？"严茹松开孔刚的手哭骂道："你别把你那些姨姨奶奶们搬出来欺负人，以前我还以为你是个正儿八经的爷们，谁知却是个朝三暮四的大尾巴狼。难怪这段时间你天天躲着我，原来是心里藏了奸，难道想另寻新欢抛弃我了不成？"孔刚忙说："你快住口，胡闹也就罢了，还血口喷人，扯上些无辜的人，你以为天下的女子都和你一个心肠……"还不等孔刚说完，严茹早已经碰头抓脸地闹将起来，孔刚看严茹比往日闹得更凶，便走上前抓住严茹的双手说："再别闹了，看脸上都抓破了油皮，何必要自讨苦吃。"严茹挣开双手说：

"你别管我，反正也不如你的意，活着也是叫别人看不起，还不如死了的好。"孔刚忙说："这事本来就是你无中生有，人家的母亲为了给孩子感恩，请我吃顿饭却被你说成这样，这事要是传出去让人家听到了，看人家撕不撕你的嘴。"严茹说："不用她来，明日我就找她去，我看她是个什么样的美人，把你迷成这样，让你一口一个好地护着她。"孔刚说："她好不好跟我没关系，你想和我闹，随你，我都受，可你不能总是拉别人来垫背，我说了人家是位正经女子，一个为自己的孩子而奔波的母亲，你怎么就不信？"严茹却说："她正经我就不正经？她陪你吃饭就是感恩，我出去陪人吃饭就是卖身，你这是哪门子的男人，有本事将成千上万的钱拿来，假装正经谁不会。谁家的良家女人陪男人吃饭就穿得畅胸露怀，脸上笑得七折八皱，敬酒夹菜还要搭个媚眼。她那副贱样子，傻子都能看出来她想干什么，你还宝一样地护着她。你要是觉得她好，你就搬走，免得我们这些不三不四的把你给玷污了。"孔刚看严茹好话不听，只管胡说八道，心中更不是滋味，也不想再和她多费口舌，拿了纸说了句"去厕所"便出去了。

孔刚回来看严茹直挺挺躺在床上，床头上放着水杯和药瓶，孔刚看此情景，心中已猜着了八分，忙上前推了一把严茹，严茹却不应声，孔刚吓得"妈呀"一声转身跑出去，想拦车来抢救严茹。此时天黑雾浓看不清路面，孔刚也顾不上许多只管尽力跑去，刚跑出巷口拐弯处，侧面开来一辆小车刚好撞在他身上，孔刚惨叫一声飞了出去。

3

孔刚醒来的时候已经躺在医院的病床上，护士告诉孔刚：他的两腿被碰成粉碎性骨折，昏迷了四天四夜，医院已经给他做了截肢手术。护士还告诉孔刚，撞他的是位藏族小伙子，新买的车和女朋友喝了点酒，一高兴开快了车把孔刚给撞了。这位小伙子也算是个好人，发誓倾家荡产也要把孔刚救活。

孔刚听完护士的话，就觉得自己的眼泪好像要把藏在心里的所有难过都要流出来，止也止不住，成股成股地往外淌。护士看着孔刚可怜，帮孔刚擦着眼泪说："别难过了，命保住还算你幸运。"孔刚这时才想起了严茹，慢慢在病房里看了一圈却不见有严茹，想问问护士，但觉得没有一丝力气张开嘴。护士看孔刚嘴一动一动地要说话，就忙给孔刚喂了几口开水，把耳朵贴近孔刚的嘴边，半天才听到孔刚一字一句地问道："有……没……有……一……个……叫……严……茹……的……女……孩……来……过？"护士直起腰看着孔刚说："是不是个子很高，留着长头发，人长得很漂亮的那个？"孔刚点了点头。护士说："来过，在你被撞的第二天早晨就来了，在你面前站了好久走了，之后就再也没有见过她的面。"孔刚又慢慢闭上眼睛，什么也不再去想，任凭泪水往外流。

在孔刚住院的这段日子里，只有房东阿爷天天提点粥端点汤来看望他，房东阿爷告诉孔刚，严茹根本就没有喝药寻短见，只是摆个空瓶子想吓唬吓唬他，谁知孔刚却信以为真，酿此大祸。房东阿爷还说，也不知道严茹是心里怕了，还是有内疚，在孔刚被撞的第二天下午就走了，临走时只留了些钱，告诉房东孔刚在医院请求他去帮忙照顾。

孔刚躺在医院的这段日子里，什么也不去想，什么也不敢想，他觉得每想起一件事情都能让他伤心流泪，每件事情都是那么刻骨铭心。为了不再让那位撞他的藏族小伙子为钱而发愁，也为了不再让医院的医生护士们为他整天忙碌，更为了不再让好心的房东阿爷来回奔波，孔刚便提出提前出院。

出院这天，是房东阿爷用轮椅把孔刚推回家的，屋子里一切都没有变，严茹什么也没有带走，四处仿佛还晃动着她的身影。

孔刚闭上眼睛，放开思绪，把自己的一生从头到尾回忆了一遍，南湾颓秃的山梁，离他远去的母亲，盼他归去的父亲，等他相聚的朋友，被他辜负了的卓玛，他疼爱着的虎子和扎西，帮他四年的洛桑，寻找不到的侄子，雅鲁藏布江的流水，珠穆朗玛峰上纯洁的白雪，最后他还想到了严茹。

孔刚转动轮椅扯断了电线。

第二天早晨，房东阿爷来给孔刚送粥，却怎么也敲不开门，慌忙报了警，等警察撬开门，孔刚早已触电身亡，只在一张纸条上留下一句话：人们用感情编织着一张网，而网里空空的，什么也没有，这就是所谓的爱情、友情和亲情。